Armin Krenz (Hrsg.)
Psychologie für Erzieherinnen und Erzieher

Armin Krenz (Hrsg.)

PSYCHOLOGIE für Erzieherinnen und Erzieher

Grundlagen für die Praxis

Mit Textbeiträgen von:
Joachim Bensel, Peter Dentler, Gabriele Haug-Schnabel,
Armin Krenz und Eckhart Müller-Timmermann

Bildquellen

Fotolia: S. 13 © Robert Kneschke, S. 15 © Photographee.eu, S. 17 © Petro Feketa, S. 22 © vege, S. 26 © Woodapple, S. 30 © 2013 all rights reserved Olena Zaskochenko, S. 54 © contrastwerkstatt, S. 83 © rcfotostock, S. 108 © Oksana Kuzmina, S. 114 © Iakov Filimonov, S. 147 © 2xsamara.com, S. 152 © lunaundmo, S. 229 © AntonioDiaz, S. 233 © Christian Schwier.de, S. 247 © hakase420, S. 257 © Oksana Kuzmina, S. 259 © Matthias Greipel, S. 260 © st-fotograf, S. 263 © Robert Kneschke, S. 265 © 2010 Darko Zelijkovic, S. 274 © Claudia Paulussen, S. 282 © vector_master, S. 291 © psd photography, S. 298 © Marcel Paschertz, S. 331 © tsuyoshit, S. 373 © LosRobsos, S. 427 © swambolt, S. 434 © Woodapple, S. 443 © JiSign, S. 464 © David Freigner, S. 469 © contrastwerkstatt, S. 470 © Andersen Ross, S. 482 © Lucky Business, S. 491 © Woodapple

Die Links wurden bei Redaktionsschluss (01. 12. 2015) überprüft. Es kann nicht ausgeschlossen werden, dass inzwischen ein anderer Inhalt angeboten wird.

Lektorat: Daniela Brunner, Korschenbroich
Umschlagkonzept & -gestaltung: Ungermeyer, grafische Angelegenheiten, Berlin
Titelbild: Shutterstock © Dragonskydriver
Innenlayout: Claudia Adam Graphik-Design, Darmstadt
Technische Umsetzung: Dagmar & Torsten Lemme – LemmeDESIGN, Berlin
Illustrationen: Florian Mitgutsch, München (S. 285, S. 288, S. 345, S. 389, S. 405, S. 411)

www.cornelsen.de

2. erweiterte und überarbeitete Auflage 2016

© 2016 Cornelsen Verlag GmbH, Berlin

Das Werk und seine Teile sind urheberrechtlich geschützt. Jede Nutzung in anderen als den gesetzlich zugelassenen Fällen bedarf deshalb der vorherigen schriftlichen Einwilligung des Verlags.

Hinweis zu den §§ 46, 52a UrhG: Weder das Werk noch seine Teile dürfen ohne eine solche Einwilligung eingescannt und in ein Netzwerk eingestellt oder sonst öffentlich zugänglich gemacht werden. Dies gilt auch für Intranets von Schulen und sonstigen Bildungseinrichtungen.

Druck: H. Heenemann, Berlin

ISBN 978-3-589-15874-4

PEFC zertifiziert
Dieses Produkt stammt aus nachhaltig bewirtschafteten Wäldern und kontrollierten Quellen.

www.pefc.de

Inhalt

	Einleitung	8

I Die Erzieherin im psychologischen Kontext — 11

1 Die Erzieherin als Person — 12
Armin Krenz

- 1.1 Berufsmotivation und Selbstmotivation — 15
- 1.2 Identität und Kompetenzen — 24
- 1.3 Persönlichkeit und Reflexionsansätze — 30

II Psychologisches Grundwissen — 59

2 Allgemeine Grundlagen der Psychologie — 60
Peter Dentler

- 2.1 Schulen und Teildisziplinen der Psychologie — 62
- 2.2 Begriffe und Methoden der Psychologie — 70
- 2.3 Grundlagen und Verfahren der Psychotherapie — 81

3 Entwicklungspsychologische Grundlagen — 94
Gabriele Haug-Schnabel, Armin Krenz

- 3.1 Was ist Entwicklung? — 101
- 3.2 Bildung, Erziehung und Betreuung als werteorientierter Selbstbildungsprozess — 171
- 3.3 Was ist Entwicklungsbegleitung? — 200

4	Erziehungspsychologische Grundlagen	208
	Joachim Bensel	
4.1	Erziehungsprinzipien und Beziehungsgestaltung	210
4.2	Resilienz bei Kindern und Jugendlichen	222

III Die Psychologie in der Praxis entdecken 251

5	Spielen	252
	Armin Krenz	
5.1	Zur Theorie des Kinderspiels	254
5.2	Spiele und ihre Bedeutung für die Entwicklung	258

6	Wahrnehmen	278
	Peter Dentler, Armin Krenz	
6.1	Wahrnehmungsprozesse	280
6.2	Wahrnehmungs- und Beurteilungsfehler	287

7	Beobachten	294
	Armin Krenz	
7.1	Beobachtung als Ausgangspunkt pädagogischen Handelns	296
7.2	Beobachtung von Entwicklungs- und Verhaltensauffälligkeiten	317

8	Kommunizieren und Interagieren	334
	Armin Krenz, Eckhart Müller-Timmermann	
8.1	Grundlagen der Kommunikation	336
8.2	Konstruktive Kommunikation	358
8.3	Interaktion in der Gruppe	392
8.4	Entwicklung und Bewältigung von Konflikten	415

IV Psychologie als persönlicher Gewinn 449

9 Überlastungsprophylaxe 450
Eckhart Müller-Timmermann

9.1	Stress	452
9.2	Burnout	455
9.3	Innere Kündigung	462
9.4	Prophylaxe und Bewältigung	463

10 Mobbing-Prophylaxe 472
Eckhart Müller-Timmermann

10.1	Was ist Mobbing?	473
10.2	Umgang mit Mobbing	476

11 Weiterentwicklung – Supervision, Coaching, Teamentwicklung und Fortbildung 481
Eckhart Müller-Timmermann, Armin Krenz

11.1	Supervision	483
11.2	Coaching	488
11.3	Teamentwicklung	490
11.4	Fort- und Weiterbildung	495

Anhang 503

Übersicht Startzeitpunkte von Entwicklungsmerkmalen	504
Psychologische Testverfahren	512
Literatur	528
Herausgeber sowie Autorin und Autoren	556
Register	557

Einleitung

Der rasche gesellschaftliche Wandel sowie neue Erkenntnisse aus Wissenschaft und Forschung fordern die Psychologen und Pädagogen dazu auf, bisherige Ziele neu zu definieren und Methoden sowie didaktische Schwerpunkte neu zu betrachten. In der Frühpädagogik hat sich z. B. der Erkenntnisstand in der *Resilienzforschung* (→ Kap. 4.2) und in der *Bindungsforschung* (→ Kap. 3.1.4 und 3.1.6) verändert. Ebenso haben sich einige Kernaussagen des Entwicklungspsychologen Jean Piaget gewandelt, die inzwischen durch neue Untersuchungsresultate aufgehoben und durch andere Belege ersetzt wurden (Haug-Schnabel, 2004) – was gestern für Pädagogen und Psychologen Gültigkeit besaß, kann heute schon widerlegt sein.

Stillstand bedeutet Rückschritt. Das gilt für alle Entwicklungen, sei es im Hinblick auf den Menschen, seinen Arbeitsplatz oder die Gesellschaft. Für Erzieherinnen und Erzieher macht dies notwendig, die mit dem Berufsbild verbundenen Traditionen und die Begründungen für die Gestaltung ihrer Berufstätigkeit zu reflektieren und weiterzuentwickeln. Wenn in der Elementarpädagogik der Anspruch „Qualität und Bildung von Anfang an" realisiert werden soll, dann bedeutet dies für ein professionelles Handeln, dass es auch am dokumentierten Ergebnis messbar sein muss – das kann eine gelungene Konzeptionsarbeit sein, eine gute Gesprächsführung oder ein qualitätsgeprägter Entwicklungsbericht, eine erfolgreiche Öffentlichkeitsarbeit, eine Sponsorenzusage oder die Transparenz der pädagogischen Arbeit. Diese Anforderungen an das Berufsbild konfrontieren Erzieherinnen mit der Notwendigkeit, sich neben der fachlichen Auseinandersetzung auch mit ihrer persönlichen Entwicklung zu befassen. Es gilt, eine persönliche Standortbestimmung vorzunehmen und die eigenen Stärken zu erkennen, die Berufsmotivation und die Wechselwirkungen zwischen beruflichem Handeln und der individuellen Biografie auszuloten (→ Kap. 1).

Dieses Buch möchte Erzieherinnen und Erziehern ein psychologisches Grundlagenwissen vermitteln, das für ihren Beruf relevant ist. Es transportiert nicht nur Wissen, sondern bietet auch Reflexionsfragen und Praxishinweise an, die neugierig machen und Freude bereiten, sich mit den Inhalten in der alltäglichen Praxis und auf der persönlichen Ebene auseinanderzusetzen. Um die Schwerpunkte in diesem Buch festzulegen, wurden die Ausbildungsrichtlinien für Erzieherinnen aus allen 16 Bundesländern gesichtet und Erzieherinnen befragt, welche psychologischen Themen sie für ihre praktische Arbeit als relevant einschätzen. Für die notwendige Aktualität haben wir in allen Teilbereichen sowohl zurückliegende Forschungsergebnisse als auch aktuelle Befragungen miteinander verglichen, ausgewertet und zu einem Ganzen zusammengeführt.

Das Buch nutzt nachfolgende Symbole und farbliche Hervorhebungen, die Reflexionsfragen, Praxishinweise und Begriffsdefinitionen rasch erkennen lassen.

Praxistipp / Merksätze

Definition

Reflexion

Überdies werden folgende Alterszuordnungen verwendet:
- Säugling von 0–1 Jahr
- Kleinstkind von 1–3 Jahren
- Kleinkind von 3–6 Jahren
- Schulkind von 6–12 Jahren.

Aus Gründen der Lesbarkeit verzichten wir auf die durchgängige Nennung der weiblichen und männlichen Form der Berufsbezeichnung. Da der größte Anteil der im Elementarbereich Beschäftigten weiblichen Geschlechts ist, sprechen wir meist von Erzieherinnen; mögen uns dies die wenigen Erzieher verzeihen und sich dennoch angesprochen fühlen.

Der Herausgeber, die Mitautorin und die drei Mitautoren haben an der Erstauflage dieses Lehrbuchs zwei Jahre gearbeitet, um frühpädagogischen Fachkräften – sowohl in der Ausbildung als auch in der Praxis – ein psychologisches Grundlagenwerk zur Verfügung zu stellen, in dem wesentliche Schwerpunkte der Psychologie erfasst werden. Gleichwohl gibt es in bestimmten Fragestellungen auch Querverbindungen zur Pädagogischen Psychologie und zum Feld der Erziehungswissenschaften, um Lesern ein vernetztes Gesamtbild zur Verfügung zu stellen. Wir danken allen Wissenschaftlerinnen und Wissenschaftlern, die uns bei der Diskussion strittiger Punkte wertvolle Impulse gegeben haben sowie unseren Familienangehörigen, die in der Zeit unseres Schreibens auf unsere Anwesenheit verzichten mussten. Nun erscheint diese Publikation in einer aktualisierten und in einigen Aspekten deutlich erweiterten Auflage, an der der Herausgeber sowie die Mitautorin Gabriele Haug-Schnabel und der Mitautor Joachim Bensel weitere Monate gearbeitet haben. Möge das Buch für alle Leserinnen und Leser ein fachlicher und persönlich bereichender Gewinn sein, um die anstrengende und gleichzeitig wunderbare Arbeit mit Kindern/Jugendlichen mit hohem Sachverstand und lebendiger Beziehungspflege zu gestalten. Mit diesem Wunsch des Herausgebers, der Mitautorin und der drei Mitautoren kann nun für alle Leser/innen die spannende Reise in das Feld der Psychologie beginnen.

Möge das Buch für alle Leserinnen und Leser ein fachlicher und persönlicher Gewinn sein.

Dr. Armin Krenz, Herausgeber

Teil I
Die Erzieherin im psychologischen Kontext

Seite

1 Die Erzieherin als Person 12

1 Die Erzieherin als Person

Armin Krenz

1.1	**Berufsmotivation und Selbstmotivation**	**15**
1.1.1	Berufsmotivation	15
1.1.2	Selbstmotivation	20
1.2	**Identität und Kompetenzen**	**24**
1.2.1	Entwicklung beruflicher und persönlicher Identität	24
1.2.2	Entwicklung von Handlungskompetenzen	27
1.3	**Persönlichkeit und Reflexionsansätze**	**30**
1.3.1	Persönlichkeit	30
1.3.2	Reflexionsansätze	49

Beim pädagogischen Handeln geht es um ein Ausloten von Möglichkeiten und Grenzen, Vorgaben und Freiheiten, Selbstbestimmung und Fremdorientierung. Bereits 1980 hat der Bundesverband Evangelischer Erzieherinnen und Sozialpädagoginnen e. V. ein „Berufsbild" erstellt, das seiner Zeit weit voraus war und noch heute als Grundlage für ein professionelles Berufsverständnis angesehen werden kann:

„Das pädagogische Handeln der Erzieher/innen geschieht im Spannungsfeld vielfältiger, oft widersprüchlicher Erwartungen, die von Kindern, Eltern, Träger und der Allgemeinheit an Erzieher/innen herangetragen werden. Erzieher/innen verstehen sich dabei in erster Linie als Partner/innen des Kindes und Jugendlichen und Anwalt ihrer Interessen. Erzieher/innen treten insbesondere für die Erhaltung und Verbesserung der Lebensbedingungen von Kindern und Jugendlichen aller Schichten, Nationen und Religionen ein. Von diesem Standpunkt aus müssen sie ständig neu die Berechtigung der Ansprüche prüfen, die an sie gestellt werden. Erzieher/innen treffen ihre Entscheidungen für ihr erzieherisches Handeln auf der Grundlage einer kritischen Auseinandersetzung sowohl mit den pädagogischen Traditionen als auch mit neuen, wissenschaftlichen Erkenntnissen und bildungspolitischen Strömungen. Das pädagogische Handeln der Erzieher/innen hat die Förderung der Gesamtpersönlichkeit des Kindes und Jugendlichen zum Ziel und geht damit über eine bloße Bewahrung oder die Schulung einzelner Fertigkeiten hinaus. Erzieher/innen berücksichtigen die Bedürfnisse der Kinder und Jugendlichen, ihre Lebenssituation und die Entwicklungsaufgaben der jeweiligen Altersstufe."

Die Erfüllung eines solchen Erziehungsauftrags gelingt, wenn sich Erzieherinnen regelmäßig mit dem eigenen beruflichen Selbstverständnis auseinandersetzen, individuelle Handlungsmuster erkennen und gegebenenfalls verändern sowie persönliche Herausforderungen als Entwicklungschance begreifen. Nicht nur die Berufsmotiva-

Abb. 1.1: Erzieherinnen bringen sich immer als Mensch mit ihrer Persönlichkeit in den Beruf ein

tion, sondern auch die Interaktion mit den Kindern und ihren Familien ist von den Erfahrungen mit der eigenen Herkunftsfamilie geprägt und davon, wie diese Erfahrungen verarbeitet wurden bzw. werden. Erzieherinnen bringen sich immer als Mensch mit ihrer Persönlichkeit in den Beruf ein. Deshalb ist eine individuelle Standortbestimmung der Erzieherin im psychologischen Kontext notwendig, um sich im Rahmen einer professionellen Berufsausübung mit ihrer Berufsmotivation und der Selbstmotivation (→ Kap. 1.1), mit ihrer Identität und Kompetenz (→ Kap. 1.2) sowie mit der Persönlichkeit und den Reflexionsansätzen (→ Kap. 1.3) auseinanderzusetzen.

1.1 Berufsmotivation und Selbstmotivation

Die Wahl des Berufes hat viele bewusste und unbewusste Aspekte, über die sich die meisten Menschen häufig erst im Nachhinein klar werden, wenn sie bereits im Berufsalltag stehen. Ihre Entscheidung ist von vielen Bedingungen abhängig, beispielsweise von den finanziellen Möglichkeiten, der Arbeitsmarktsituation, den familiären Gegebenheiten und der Beeinflussung im Lebensumfeld.

1.1.1 Berufsmotivation

Der Berufswunsch ist wesentlicher Teil des gesamten Lebensentwurfs. Er hat immer etwas mit der Person selbst, der eigenen Biografie und der besonderen Lebenssituation zu tun.

Die Ergebnisse einer Befragung von 700 elementarpädagogischen Fachkräften aus den Jahren 2004/05 (Krenz, 2006) nach ihrer **Berufsmotivation**, nach den Gründen für ihre Berufswahl spiegeln sich in folgenden exemplarischen Antworten:

- „Ich mag die weitestgehend freie Planung und Gestaltung der Arbeit, auch wenn wir uns an bestimmte Richtlinien und Erwartungen halten müssen.
- In diesem Beruf gibt es im Vergleich mit anderen vielfältige Möglichkeiten, auch eigenen Interessen nachzugehen und selbst entsprechende Arbeitsschwerpunkte zu setzen.
- Diese Arbeit bringt jeden Tag neue Herausforderungen mit sich und verlangt von uns Erzieherinnen und Erziehern Flexibilität und Kreativität.
- Für mich stand immer schon fest, dass ich einen Beruf ergreifen und erleben wollte, in dem es möglich ist, mit Menschen zu arbeiten. Ein technischer Beruf oder eine Bürotätigkeit würden meine Lebendigkeit abbauen und mich unglücklich machen.

Abb. 1.2: Ob Erzieherin, Kinderarzt, Computerspezialist oder Handwerker, der Berufswunsch hat immer etwas mit der eigenen Biografie und der besonderen Lebenssituation zu tun

- Es gefällt mir jeden Tag aufs Neue, mit Kindern zu spielen, zu lachen, traurig zu sein oder mit ihnen etwas Neues zu entdecken, womit wir uns dann für lange Zeit beschäftigen können.
- Kinder sind ehrlich und verstellen sich nicht. Das mag ich an ihnen. Sie sagen gerade heraus, was sie denken und wie sie sich aktuell fühlen. Solche Verhaltensweise vermisse ich bei Erwachsenen ganz stark.
- Welcher Beruf gibt einem noch die Möglichkeit, am Leben und der Entwicklung von Kindern so aktiv teilnehmen zu können?
- Kinder sind dankbare Zuhörer, Mitspieler und lernfreudige Menschen. Durch ihre besondere Lebendigkeit und Menschlichkeit werde ich auch heute noch fast jeden Tag motiviert, gerne in die Einrichtung zu kommen.
- Ich freue mich über strahlende Kindergesichter und lachende Augen. Kinder wissen es nahezu immer sehr zu schätzen, wenn man Zeit für sie hat und gemeinsam mit ihnen etwas unternimmt.
- Kinder geben uns viele Rückmeldungen auf unser eigenes Verhalten. Sie sind häufig ein Spiegelbild unserer eigenen Empfindungen und Lebenslagen. Insofern nutze ich ihre Rückmeldung auf unser Verhalten und betrachte sie auch als eine (in)direkte Hilfe für unsere eigene Weiterentwicklung.
- Man bleibt selbst körperlich und geistig fit – Ausruhen wäre fehl am Platz. Kinder halten uns alle beweglich, lebendig und fordern uns heraus.
- Kinder helfen einem dabei, die eigenen Sorgen und Schwierigkeiten des Lebens für viele Stunden des Tages zu vergessen. Mir ist dadurch sehr bewusst, wie viel wir Erzieherinnen den Kindern zu verdanken haben.
- Wo können Erwachsene heute noch in ihrem Berufsalltag selbst Kind sein, Theater spielen, Witze machen, tanzen, werken, Unternehmungen planen und durchführen, Lieder singen und texten, Musik hören und über die vielfältigen Dinge des Lebens philosophieren?"

Diese Aussagen stimmen weitgehend mit den Ergebnissen vergleichbarer Befragungen überein (Netz, 1997; Seitz, 1998) und es entsteht folgendes Bild – Berufswunsch und die Berufsmotivation ergeben sich häufig aus:
- Dem Wunsch, z. B. keine Bürotätigkeit oder technischen Beruf ausüben zu wollen
- Der Vorstellung, sich im Beruf in starkem Maße selbst verwirklichen zu können
- Der Überzeugung, persönliche als auch berufliche Freiräume zu erleben, zu nutzen und gestalten zu können
- Der Überzeugung, etwas für Kinder machen zu können und etwas Entscheidendes/Sinnvolles zu tun
- Einer persönlichen Sinngebung der Tätigkeit als Erzieherin

- Dem Glauben, auch selbst als Person bei der beruflichen Tätigkeit emotional nicht zu kurz zu kommen.

Wenn bei den Gründen für den Berufswunsch „Erzieherin" eine Abgrenzung im Vordergrund steht, z. B. nicht mit Maschinen, nicht mit technischen oder verwaltenden Arbeiten beschäftigt zu sein, ist es für die berufliche Entwicklung und ein zielgerichtetes berufliches Handeln hilfreich, positive Gründe für die Berufswahl zu formulieren.

> Überlegen Sie, welche Gründe zu Ihrer Berufsentscheidung geführt haben. Ein schriftliches Festhalten dieser Gründe kann den Selbstklärungsprozess unterstützen.

Die Berufsmotivation, gerne mit Kindern zu lachen, zu spielen, zu tanzen, zu werken und Musik erleben zu wollen, trägt ein ganz wichtiges Moment lebendiger Pädagogik in sich. Auch eigene Wünsche, Vorstellungen, Hoffnungen, Einstellungen und Werte können positiv in die Arbeit einfließen. Sie dürfen jedoch nicht zum einzigen Handlungsmotiv und zur alleinigen Begründung für pädagogische Ziele werden.

Zur gesamten Berufstätigkeit von elementarpädagogischen Fachkräften gehört auch:

- Sich mit Kolleginnen und Eltern, dem Träger und Fachkräften aus anderen Einrichtungen aktiv auseinanderzusetzen
- Durch aktive Öffentlichkeitsarbeit das Image und das Profil der Einrichtung und des Berufs zu pflegen bzw. zu verbessern
- Durch berufs- und gesellschaftspolitische Aktivitäten für eine Humanisierung des Lebensumfeldes einzutreten
- Den Qualitätsprozess der Einrichtung zu unterstützen und weiterzuentwickeln
- Durch Weiterbildungsmaßnahmen eigene Schwächen zu schwächen und Stärken zu stärken.

Abb. 1.3: Die Berufsmotivation, gerne mit Kindern zu lachen und zu spielen, ist ein wichtiges Moment lebendiger Pädagogik

Das Leben und Lernen mit Kindern ist nur ein Teilausschnitt aus dem weiten Arbeitsbereich einer Erzieherin. Um den vielfältigen Anforderungen und Notwendigkeiten des Berufs gewachsen zu sein und diese aktiv mitgestalten zu können, ist es notwendig, dass sich die Erzieherin jenseits der Beziehungsarbeit mit den Kindern und auch jenseits ihrer persönlichen Motive (→ Kap. 1.1.2) die beruflichen Realitäten bewusst macht.

Überlegen Sie, mit welchen beruflichen Realitäten Sie konfrontiert sind und inwieweit diese über Ihre persönlichen Motive hinausgehen.

Berufsmotivation kann für Erzieherinnen auch der bewusste oder unbewusste Wunsch sein, erfahrene Ungerechtigkeiten und/oder bedrückende Erlebnisse aus der Kindheit in der Arbeit mit Kindern auszugleichen. Der Beruf der Erzieherin wird so genutzt, das eigene Kindheitsdrama, die eigene Entwicklungsgeschichte in der Arbeit mit den Kindern oder deren Eltern zu bearbeiten. Auch ohne eine solche Berufsmotivation befinden sich Erzieherinnen ständig in der Situation, eigene familiäre Erfahrungen wiederzubeleben und sie zu wiederholen. Dies kann sich beispielsweise darin zeigen, dass sie sich häufig in der familiären Dynamik der Kinder und ihrer Eltern verstricken.

Ganz im Sinne einer „traumatisierten Wiederholung der eigenen Kindheit", wie es der Kinderpsychiater W. Hugh Missildine in seinem Buch „In dir lebt das Kind, das du warst" beschrieben hat, so schilderte auch die Diplompädagogin Aline Weiß bereits vor über 20 Jahren: „Jede Erzieherin hat selbst eine Geschichte als Erzogene hinter sich. Sie hat in mehr oder weniger starkem Maße den Werteverlust dieser kindlichen Person, die sie einmal war, erfahren. Diese vergangene Person lebt irgendwo in uns weiter, unbewältigt und nicht integriert in die erwachsene Person. Ab und an erinnert uns ein angenehmes Gefühl an sie, das wir dann mit dem Klischee der glücklichen Kindheit verbinden. Je stärker wir diesen Bruch an uns selbst vollzogen haben – und ich gehe davon aus, dass die meisten Frauen einen stärkeren Bruch zwischen Kindheit und Erwachsensein erleben als die meisten Männer –, desto mehr Schwierigkeiten werden wir haben, eine unangepasste, ungebrochene kindliche Person zu tolerieren. Die Forderungen und Wünsche der Kinder rufen zu viele eigene Versagungen in uns wach; unsere Überlebensstrategie würde ins Wanken geraten, wollten wir auf sie hören. Die Tragik der Erzieherin ist, dass sie täglich nicht nur an den Kindern, sondern damit auch am eigenen Leib die Unterdrückung wiederholt, die sie selbst als Kind erlebt hat. Dabei fühlen wir uns ganz selbstlos, denn wir kommen genauso wenig zu unserem Recht wie Kinder und wollen doch nur ihr Bestes. Wir müssen also ein neues Verständnis unseres Berufes finden; eines, das weniger auf angeborener Weiblichkeit und mehr auf Eigenschaften beruht, die uns selbst zugute kommen; eines, das uns weniger Opfer abverlangt und mehr Entwicklungsmöglichkeiten bietet. So, dass Kinder und Erzieherinnen auf ihre Kosten kommen." (1982, S. 20)

Eine hohe Sensibilität für die Wünsche, Bedürfnisse und Befindlichkeit von Kindern oder auch eine starke Ablehnung eines unangepassten kindlichen Verhaltens können unbewusst auf die eigenen Kindheitserfahrungen zurückgehen. Sie können Ausdruck einer Sehnsucht oder einer Hoffnung sein, im Nachhinein den Verlauf der eigenen Entwicklungsgeschichte über die heutigen Kinder zu verändern. Für den professionellen Umgang mit Kindern und ihren Eltern ist es für die Erzieherin wichtig, die persönlichen Beziehungsanteile immer wieder zu überprüfen.

> **Rufen Sie sich Situationen oder Beobachtungen aus Ihrer Praxis in Erinnerung, bei denen Sie sehr stark emotional beteiligt waren oder die starke Gefühle in Ihnen ausgelöst haben. Gehen Sie der Frage nach, was diese Gefühle ausgelöst haben könnte.**

Berufmotivation und Lebenskompetenzen

Welche grundlegenden Fähigkeiten sind nötig, um im Spannungsfeld der unterschiedlichen Erwartungen und Ansprüche sowohl das persönliche Leben zu gestalten als auch eine professionelle, qualitätsgeprägte pädagogische Arbeit zu leisten? Die WHO *(Weltgesundheitsorganisation)* hat **Lebenskompetenzen** genannt, die es ermöglichen, dass Menschen Anforderungen nicht als Belastung, sondern als eine produktive Herausforderung erleben.

 Lebenskompetenzen *(Life-Skills)*

„Individuelle, zwischenmenschliche, kognitive und körperliche Fähigkeiten und Kompetenzen, die es Menschen ermöglichen, das eigene Leben zu meistern und zu gestalten sowie die Kraft zu entwickeln, mit Veränderungen zu leben und Veränderungen in ihrer Umwelt herbeizuführen." (WHO, 1993)

Beispiele für Lebenskompetenzen sind:
- Eine gut ausgeprägte Kommunikations- und Konfliktfähigkeit
- Ein sorgsamer und aktiver Umgang mit eigenen und fremden Gefühlen
- Ein kritisches Denken

- Eine entscheidungs- und selbstaktive Handlungsfähigkeit
- Die Bereitschaft zur Selbstreflexion und ein Selbstbewusstsein
- Die Widerstandsfähigkeit gegenüber Gruppendruck
- Die Fähigkeit, mit Stress und Ängsten umgehen zu können
- Der Besitz von Frustrationstoleranz
- Das Interesse, auf Unbekanntes zuzugehen und es erkunden zu wollen
- Die Motivation, etwas mit anderen sinnvoll auszuhandeln, gestalten und verändern zu wollen.

Diese Lebenskompetenzen können auf die **Berufsmotivation** einer Erzieherin übertragen werden. Ihre Entwicklung unterstützt die Erzieherin darin, Sinnzusammenhänge zwischen eigenen Sicht- und Verhaltensweisen und ihren direkten und indirekten Auswirkungen auf andere Menschen sowie institutionelle Entwicklungen zu erkennen. Die Lebenskompetenzen helfen überdies, ihre professionelle Fachlichkeit weiter zu verbessern und zu stabilisieren sowie Innovationsaspekte in der Pädagogik differenziert und kritisch zu betrachten.

„Was wir aus uns machen, entscheidet sich also daran, wie weit wir bereit sind, uns selbst zu erziehen. Und wenn wir uns nicht gehen lassen wollen, so verweist das nicht nur auf Sekundärtugenden oder den pädagogischen Ethos, sondern es stellt zugleich die Aufforderung dar, das kritische Nachdenken nicht aufzugeben." (Gruscka, 1998)

1.1.2 Selbstmotivation

Dreh- und Angelpunkt für die Entwicklung von Kompetenzen ist die Motivation.

 Motivation (lat. movere = in Bewegung setzen)

Verhaltensbereitschaft in Richtung eines bestimmten Ziels. Jeder Motivation liegt ein Motiv zu Grunde, dessen Grad an Bedeutsamkeit den Menschen zu einem bestimmten Verhalten „bewegt".

Intrinsische Motivation: Besagt, dass der Anreiz für ein Verhalten in der Person selbst liegt und auch dann begonnen und aufrechterhalten wird, wenn mit ihm keine Belohnung von außen, wie materielle Anreize, einhergehen.

Extrinsische Motivation: Die Motivation für ein Verhalten kommt von außen. Fällt diese Motivation weg, wird das Verhalten nicht aufrechterhalten. Intrinsische und extrinsische Motivation schließen sich nicht notwendigerweise gegenseitig aus.

Der Begriff Motivation wird hier unter zwei Aspekten verstanden (Pommerenke, 2004): Einmal geht es um die Person, die sich selbst in Bewegung setzt, um ein Ziel erreichen zu wollen, zum anderen geht es um den Umstand, die anstehende Situation selbst, in die eine Bewegung hineingetragen werden soll.

Motive und ihre Bedeutung

Jeder Motivation liegt ein **Motiv** zu Grunde und die zentrale Frage lautet dabei, ob das Motiv selbst für die Person so bedeutsam ist, dass sie in sich einen Bewegungswunsch spürt, selbstaktiv wird und entsprechende Handlungsschritte unternimmt.

Motive
Sind in der Psychologie angeborene psychophysische Dispositionen oder Persönlichkeitsmerkmale. Ihre Ausprägung ist von Mensch zu Mensch unterschiedlich. Sie beschreiben, wie wichtig einer Person eine bestimmte Art von Zielen ist, die die Person bewegen, auf bestimmte Weise zu handeln oder zumindest den Impuls zum Handeln zu verspüren.

So viele Motive es auch geben mag und so unterschiedlich sie sich im Einzelnen auch darstellen, jeder Mensch entwickelt sein eigenes Motivationsprofil, bei dem (nach: Merkli, Paschen, Börkircher in Pommerenke, 2004) das Selbst-, Sozial-, Lern-, Sach-, Leistungs-, Zustimmungs-, Identifikations-, Aggressions-, Macht-, Geltungs-, Neugierde-, Strafvermeidungs- und Ehrgeizmotiv in unterschiedlicher Ausprägung vorhanden ist.

Wie sieht Ihr eigenes Motivationsprofil aus? Was bewegt Sie am stärksten zum Handeln und welches Motiv steht dahinter?

Jedes Motiv wird mit einer **Bedeutung** versehen; ein Höchstmaß an Bedeutung bewirkt auch ein ebensolches Engagement. Professionelles Engagement ist demnach mit einer **intrinsischen Motivation** verbunden, einem Handlungsbedürfnis, das durch die Person selbst entsteht.
Der Autor Reinhard K. Sprenger spricht von der Motivation im Sinne einer **Eigensteuerung,** ausgelöst durch die Neugierde, etwas bewirken zu wollen, durch die Freude, etwas bewirken zu können und das eigene Interesse, einen Arbeitserfolg im Sinne der Aufgabenstellung zu erreichen. Jedwede Motivation ent-

steht aus einem **Selbstengagement** heraus (Huhn/Backerra, 2005). Die Begriffe Eigensteuerung sowie Selbstengagement sind der Gruppe der so genannten Soft Facts *(Weiche Faktoren)* zuzuordnen. Diese Soft Facts lassen sich an bestimmten Ergebnissen ablesen, an den so genannten Hard Facts *(Harte Faktoren)*: beispielsweise an der täglichen Arbeit mit Kindern und Jugendlichen, an der Gestaltung der Zusammenarbeit mit Eltern, an der Interaktionskultur mit den Kolleginnen, an den Konfliktauseinandersetzungen oder der Umsetzung von Visionen.

Merkmale von Selbstmotivation

Anders als in der Industrie, wo beispielsweise äußere Anreize wie finanzielle Gratifikationen oder ein beruflicher Aufstieg in Aussicht gestellt sind, ist in den pädagogischen Arbeitsbereichen die **Selbstmotivation** ausschlaggebend, um bestimmte Ziele zu erreichen. Wie die empirischen Forschungsergebnisse des Psychologen Mihály Csikszentmihalyi ausweisen, entsteht Selbstmotivation vor allem dann, wenn:

- Ein eigenes Ziel verfolgt wird
- Sich die Person, die ein eigenes Ziel verfolgt, ohne Einschränkung mit diesem identifizieren kann
- Eine kontinuierliche und unmittelbare Rückmeldung über den persönlichen Erfolg gegeben wird
- Die persönlichen Fähigkeiten den Herausforderungen entsprechen
- Bei der Annahme der Herausforderung alte, bekannte und bisherige Fähigkeitsgrenzen überschritten und dabei neue Erfahrungen bemerkt werden
- Ein Arbeitserfolg nach eigener Einschätzung durch den ganz persönlichen Einsatz möglich geworden ist
- Die notwendige Konzentration dazu führt, die eigene Aufmerksamkeit auf ein abgeschlossenes, überschaubares Gebiet von Informationsreizen zu begrenzen (Huhn/Backera, 2005).

Abb. 1.4: Anders als in der Industrie, in der z. B. finanzielle Anreize in Aussicht gestellt sind, ist in den pädagogischen Arbeitsbereichen die Selbstmotivation ausschlaggebend

Ein weiterer Schritt in Richtung Professionalisierung ist es, die persönliche Herangehensweise an Aufgabenstellungen mit den Merkmalen der Selbstmotivation abzugleichen. Die Erzieherin macht sich dabei bewusst, inwieweit sie dem Gelingen der Tätigkeit eine ausreichend große Bedeutung beimisst und ob sie einen Arbeitserfolg auch als einen persönlichen Entwicklungsfortschritt wahrnimmt und würdigt.

> **Reflektieren Sie anhand einer konkreten Aufgabenstellung aus der letzten Zeit, inwieweit Ihr Handeln durch Merkmale der Selbstmotivation gekennzeichnet war.**

Um den Prozess der Selbstmotivation zu stabilisieren, ist es unerlässlich, dass Erzieherinnen immer wieder neue Herausforderungen suchen und annehmen. Ein solches Verhalten führt zu einer befriedigenden Erfahrungsvielfalt und verändert mögliche hemmende oder blockierende Einstellungen, Erwartungen, Annahmen und Glaubenssätze in aktive, positive:
- Einstellungen – Ich kann etwas bewirken
- Erwartungen – Was will ich tun, damit sich Änderungen ergeben
- Annahmen – Alles ist möglich, auch schwere Aufgaben sind zu meistern
- Glaubenssätze – Ich glaube an meine Fähigkeiten und Talente.

Es geht beim Prozess der Selbstmotivation darum, die vielfältigen Möglichkeiten eigener Handlungsressourcen zu entdecken, wahrzunehmen und in geplante Tätigkeiten umzusetzen. Auf diese Weise wird der Ist-Zustand flexibel und nicht zu einer festen, unveränderbaren Größe der eigenen Persönlichkeitsstruktur erklärt. Professionalität kann sich nur dort entwickeln, wo bisher unentdeckte Spielräume genutzt werden und „eine neue, mentale Landkarte" (Clint Callahan, 2005) des eigenen Lebensterritoriums entworfen, entwickelt und genutzt wird.

1.2 Identität und Kompetenzen

Der Schriftsteller Max Frisch schreibt in einem seiner Tagebücher: „Auch wir sind die Verfasser der anderen; wir sind auf eine heimliche und unentrinnbare Weise verantwortlich für das Gesicht, das sie uns zeigen, verantwortlich nicht für ihre Anlage, aber für die Ausschöpfung dieser Anlage." Dieser Satz lässt sich auf die hohe Verantwortung der erzieherischen Tätigkeit beziehen.

Erzieherinnen haben mit ihrer Persönlichkeit eine prägende Wirkung auf Kinder. Entsprechend dem Watzlawick-Axiom (→ Kap. 8.1.1), wonach sich der Mensch nicht nicht verhalten kann, bringen sie ihren Einfluss körpersprachlich und verbal ins Interaktionsgeschehen mit Kindern ein – wirkend und ständig Einfluss nehmend. Und damit sind die Verhaltensweisen der Kinder auch eine subjektive Reaktion auf das Verhalten der (elementar)pädagogischen Fachkräfte. Insoweit gilt es bei der Planung von pädagogischen Maßnahmen, sich gemäß der Äußerung des Psychoanalytikers Carl Gustav Jung (→ Kap. 2.1.1) bewusst zu machen: „Wenn wir bei einem Kind etwas ändern wollen, sollten wir zuerst prüfen, ob es sich nicht um etwas handelt, das wir an uns selbst ändern müssen." Dieser Zusammenhang zwischen der Persönlichkeit der Erzieherin und dem Interaktionsgeschehen macht es notwendig, die Frage nach der eigenen **Identität** zu klären sowie solche **Kompetenzen** zu entwickeln, die der individuellen Entwicklungsaufgabe und den beruflichen Anforderungen dienlich sind.

1.2.1 Entwicklung beruflicher und persönlicher Identität

Berufliche Anforderungen professionell und kompetent zu erfüllen und gleichzeitig die Balance zwischen privaten Anliegen und beruflicher Auslastung herzustellen, erfordert viel Geschick. Durch den sozialen Wandel haben sich in den letzten Jahrzehnten die Eindeutigkeit von privaten und beruflichen Rollen, vertraute berufliche Rahmenbedingungen und Traditionen ebenso verändert wie kulturelle, religiöse und politische Normen. Damit ist der Mensch immer mehr gezwungen, seine eigenen Deutungen vorzunehmen, Positionen zu beziehen, Handlungsperspektiven selbstständig zu entwickeln und sich selbst einen Ankerplatz für sein Leben zu schaffen.

Vorhersehbarkeit und Verlässlichkeit für den eigenen Lebensentwurf gibt es immer weniger und plötzlich auftretende Brüche in bisherigen Sicherheiten, der Verlust von vertrauten Situationen sowie der permanent wachsende Informationsfluss stellen den Menschen vor eine Vielfalt von Entscheidungen. Die **Identitätsbildung** wird zu einem „individualisierten Projekt" (Tschöpe-Scheffler,

1998). Der Psychologe Heiner Keupp spricht von einer „Patchworkidentität". Er sieht den Menschen dabei als „Produzent individueller Lebenscollagen, der sich aus den vorhandenen Lebensstilen und Sinnelementen" seine eigene Biografie in einem Prozess der Auseinandersetzung mit sich und anderen zusammensetzen muss.

> **Identität**
>
> Alle Merkmale, die ein Individuum ausmachen und anhand derer ein Individuum von anderen unterschieden und eindeutig identifiziert werden kann. Ein weiteres Begriffsverständnis unterscheidet zwischen objektiv vorhandenen Merkmalen und dem subjektiven Bewusstsein dieser Merkmale.

Die **berufliche Identität** der Erzieherin ist mit der **persönlichen Identität** auf das Engste verknüpft. Beide Identitätsbereiche entstehen nicht von allein. Sie entwickeln sich vielmehr aus der eigenen Motivation heraus, humanorientierte und professionelle Verhaltensmerkmale auf- und auszubauen, um einerseits selbstverantwortlich mit sich umgehen zu können und andererseits eine qualitätsgeprägte und bildungsoffensive Pädagogik zu gestalten. Die persönliche und berufliche Identität entwickelt sich im (selbst)kritischen Umgang mit den eigenen, fremden und den für das Arbeitsfeld spezifischen Erwartungen und Anforderungen.

> Welche Erwartungen stellen Sie an sich selbst bezüglich der Erfüllung Ihrer beruflichen Aufgaben? Welche Erwartungen gibt es von Seiten der Kinder, Eltern, Kolleginnen und des Trägers an Sie? Welche dieser Erwartungen sind fachlich berechtigt?

Nach Ansicht von Helga Fischer zeichnet sich das realisierte Berufsbild von Erzieherinnen durch zwei Merkmale aus. Das berufliche
- Selbstbewusstsein bleibt weit hinter der Bedeutung der tatsächlich geleisteten bzw. zu leistenden Arbeit zurück
- Selbstverständnis ist geprägt von einer überhöhten Bereitschaft, möglichst allen Verhaltenserwartungen, die an sie gerichtet werden, gerecht zu werden.

Erfolgt die Auseinandersetzung mit der beruflichen und persönlichen Identität nicht nur auf der persönlichen Ebene, sondern auch im Team, so werden:

- Widersprüche entdeckt und geklärt
- Rigide Verhaltensmuster entdeckt und verändert
- Auseinandersetzungen mit sich und anderen geführt
- Immer wieder Stellungnahmen abgegeben
- Gesamtentscheidungen mitgetragen bzw. durchgehalten
- Selbstaktivitäten gezeigt
- Standpunkte fachlich begründet und offensiv vertreten
- Lernmöglichkeiten gesucht
- Selbstverantwortungsbereiche übernommen und neue Handlungsstrategien ausprobiert.

Persönliche und berufliche Irritationen lassen sich eher meistern, wenn die Erzieherin selbstreflexiv die eigene Lebensgeschichte und ihr direktes Verhalten mit dem konkreten Alltagsgeschehen vor Ort vernetzt. So kann sie feststellen, welche Handlungsmomente konstruktiv und welche destruktiv waren bzw. sind. Wer in den unterschiedlichsten Lebens- und Arbeitssituationen in Selbstbetrachtungen und -verhandlungen eintritt, lernt subjektive Einstellungen, Vermutungen und Vorurteile zu identifizieren und eine Wahrnehmungsoffenheit zu entwickeln. Auf diese Weise gelingt es, Lernanregungen selbst zu bemerken, Lernräume für sich zu gestalten und Handlungsalternativen für die Situationen zu finden, für die bisherige Problemlösungsversuche nicht ausreichten.

Abb. 1.5: Wer sich in den unterschiedlichsten Lebens- und Arbeitssituationen selbst betrachtet und reflektiert, lernt subjektive Einstellungen, Vermutungen und Vorurteile zu identifizieren und eine Wahrnehmungsoffenheit zu entwickeln

„Niemand gewährt dir Freiheit. Du fesselst dich selbst. Und wenn du es getan hast, gibst du die Fesseln vielleicht weiter – an einen anderen, an viele andere, an alle anderen oder an dich selbst. Das letzte ist vielleicht am schlimmsten. Denn jener Sklavenmeister ist am schwersten zu erkennen. Und am schwersten zu stürzen. Aber er ist am leichtesten zu hassen – und zu verletzen. Ich weiß nicht, wie ich dir helfen soll, frei zu sein. Ich wünschte, ich könnte es. Aber ich kenne einige Zeichen der Freiheit. Eines ist zu tun, was du tun möchtest – obwohl dir jemand sagt, es nicht zu tun. Ein anderes ist, zu tun, was du tun möchtest – obwohl dir jemand sagt, es zu tun." (Stanley M. Hermann. In: Rosenkranz, H., 1990, S. 168)

1.2.2 Entwicklung von Handlungskompetenzen

Zu den Aufgaben von Erzieherinnen gehört es, Entwicklungsziele für Kinder zu formulieren. Sie versuchen, den pädagogischen Alltag so zu gestalten, dass Kinder **Handlungskompetenzen** entwickeln. Kinder sollen sich z. B. auf unterschiedlichste Herausforderungen einlassen, Wesentliches von Unwesentlichem unterscheiden lernen, Fragen stellen und Hypothesen bilden. Sie sollen Theorien entwerfen und diese handlungsorientiert überprüfen, ihre Handlungen durch Versuch und Irrtum immer wieder neu ausrichten, an neuen Erkenntnissen arbeiten und Erfolge erringen. Und ebenso sollen Kinder lernen, unbrauchbare Strategien zu verwerfen und expansiv die Herausforderungen der Zeit und der Welt aufzugreifen.

Wenn eine solche Entwicklung bei Kindern unterstützt werden soll, so genügt es nicht, für Kinder Entwicklungsziele zu formulieren und die situativen und methodischen Möglichkeiten für die nötigen Lernprozesse zu nutzen. Bildung und Lernen erfolgen immer über den persönlichen Bezug. **Entwicklung** im Sinne von Persönlichkeitsbildung kann nur dort erfolgreich sein, wo sich auch die Erzieherin diesem Entwicklungsprozess stellt und durch ihr Vorbild ihre Kompetenzen für Kinder erlebbar macht. Pestalozzi hat es einmal so formuliert: „Erziehung ist Liebe und Vorbild. Sonst nichts!"

> Für Kinder formulierte Entwicklungsziele erfahren eine lebendige Umsetzung, wenn die Erzieherin diese zunächst zur Zielsetzung für sich selbst erklärt und auf sich überträgt.

Entwicklungsarbeit in pädagogischen Einrichtungen beginnt dort, wo Fachkräfte selbst Freude und ein hohes Interesse daran haben:
- Immer wieder neues Wissen zu erwerben und offen auf alles Unbekannte zuzugehen
- Vertiefende Kenntnisse aus dem weiten Feld der Psychologie und Pädagogik zu gewinnen
- Lernherausforderungen zu suchen und Handlungskompetenzen zu erweitern
- Konfliktkompetenzen zu erwerben, um schwierige Situationen zu meistern
- An der eigenen Lern- und Lebensgeschichte zu arbeiten
- Bisher verborgene Talente zu entdecken und zu nutzen
- Sich immer wieder selbst zu motivieren, mit Engagement und Risikofähigkeit die Welt humaner mitzugestalten.

Bereiche von Handlungskompetenz

Für eine Professionalisierung im Sinne von Selbstentwicklung und Selbsterziehung brauchen Erzieherinnen **Handlungskompetenzen**. Deren Entwicklung hängt in großem Maße mit der eigenen Motivation zusammen (→ Kap. 1.1.2). Der italienische Politiker Giuseppe Mazzini vertrat die These: „Das Geheimnis des Könnens liegt im Wollen." Und Professionalität entsteht dort, wo „innere Bremsen" (Kellner, 2004) entdeckt und gelöst werden. Die folgenden drei Bereiche von Handlungskompetenz beschreiben die verschiedenen Denk- und Selbstentwicklungsansätze.

Selbstkompetenz

Im Bereich der **Selbstkompetenz** geht es darum:
- Das „innere Kind" (Leman/Carlson, 1994) zu entdecken, eine eigene Biografiearbeit auf sich zu nehmen, eine Beziehung zwischen der eigenen bisherigen Lebensgeschichte, der Berufswahl, der Berufsgestaltung und den Handlungsmotiven herzustellen und dabei Veränderungsnotwendigkeiten aufgeschlossen gegenüber zu stehen
- Für Entspannung und Entlastung im privaten Bereich zu sorgen, um persönliche Irritationen und Schwierigkeiten nicht in den beruflichen Bereich hineinzutragen
- Sich der eigenen Modell- und Vorbildwirkung auf Kinder, Kolleginnen und Eltern bewusst zu sein und sich immer wieder selbstreflexiv mit der eigenen Wirkung auf andere auseinanderzusetzen
- In der Selbstauseinandersetzung die Stärken zu stärken und die Schwächen zu schwächen
- Von der grundsätzlichen Wirksamkeit der eigenen Arbeit überzeugt zu sein
- Die eigenen handlungsleitenden Werte und Normen zu kennen, diese im Hinblick auf die fachliche Zielsetzung zu überprüfen und sich bei Widersprüchen mit sich selbst auseinanderzusetzen
- Eigene Standpunkte von Zeit zu Zeit überprüfen, in Frage zu stellen und die Bereitschaft mitzubringen, neue Standpunkte zu durchdenken und gegebenenfalls zu übernehmen
- Eigene emotionale Verstrickungen aufzugreifen und in der Lage zu sein, diese aufzulösen, damit persönliche Probleme nicht zu arbeitsfeldspezifischen Schwierigkeiten werden.

Sachkompetenz

Die Auseinandersetzung mit dem Bereich der **Sachkompetenz** bedeutet:
- Die Gestaltung der beruflichen Tätigkeit aus berufspolitischen, gesellschaftlich notwendigen und fachlich begründeten Anforderungen heraus abzuleiten und persönliche und private Interessen in den Hintergrund treten zu lassen
- Die beruflichen Anforderungen und Ansprüche dahingehend zu überprüfen, ob sie fachlich vertretbar sind und eine Sinnorientierung für die praktische Pädagogik besitzen
- Fachlich unberechtigte Ansprüche abzuwehren und stattdessen eigene Handlungsschritte fachlich transparent zu machen
- Aktiv den Berufsalltag zu reflektieren, um auch aus Fehlern lernen zu können, sowie Arbeitsergebnisse regelmäßig auszuwerten und die Ergebnisse in neue Arbeitsvorhaben einfließen zu lassen
- Arbeitsvorhaben zu strukturieren, didaktisch zu gliedern und mit Methodenkompetenz zu gestalten
- Ein lebenslanges Lernen und aktuelle, wissenschaftliche Erkenntnisse zu schätzen, die für das eigene Arbeitsverständnis und die praktische Tätigkeit bedeutsam sind
- Fachliche Visionen zu entwickeln und aktiv dazu beizutragen, dass Visionen zu einer neuen Wirklichkeit werden
- Sachliche und persönliche Konflikte als Lernchancen einzustufen.

Sozialkompetenz

Im Bereich der **Sozialkompetenz** geht es für Erzieherinnen darum:
- Bei fachlichen Auseinandersetzungen mit dem Kollegium, dem Träger, den Eltern, der Öffentlichkeit eine konstruktive Konfliktkultur zu pflegen und Beziehungs- und Machtkämpfe zu vermeiden
- Spannungen und Irritationen in Beziehungen zu bemerken, aufzugreifen und mit den Beziehungspartnern zu thematisieren
- Gemeinsam getroffene Absprachen einzuhalten und erst dann zu verändern, wenn neue Absprachen die alten Regelungen aufgehoben haben
- Mit einer fachlich-rhetorischen Gesprächsführung in der Lage zu sein, konstruktive Dialoge mit anderen Personen zu führen
- Die Beziehungsqualitäten „Nähe und Distanz" situations- und personenorientiert differenzieren zu können, um nicht in Interessenskonflikte zu geraten
- Zivilcourage zu zeigen, wenn Menschen ungerecht bewertet, ausgegrenzt oder in ihrer Menschenwürde verletzt werden

- Durch ihr Zugewandtsein und ihre Aufgeschlossenheit dazu beizutragen, dass sich andere Menschen persönlich angenommen fühlen, als Voraussetzung für eine entwicklungsförderliche Umgangskultur.

1.3 Persönlichkeit und Reflexionsansätze

Wird die **Persönlichkeit** zum Ausgangspunkt für Professionalität und Qualität erklärt, dann konzentriert sich die Aufmerksamkeit auf folgende Kernfrage: „Was für ein Mensch bin ich und was für ein Mensch will ich sein?" (Tugendhat, 1979)

1.3.1 Persönlichkeit

Als sich die wissenschaftliche Psychologie in ihren Anfängen mit der **Persönlichkeit** des Menschen und ihrer Erforschung auseinandersetzte, wurde zunächst der Begriff *Charakter* verwendet. Darunter wurden typische Eigenschaftsmerkmale eines Menschen zusammengefasst und entsprechende Rückschlüsse auf die Gesamtpersönlichkeit gezogen. Im Laufe der Zeit wurde der Charakterbegriff immer stärker vernachlässigt, weil man davon ausging, dass damit einerseits etwas Unveränderliches, Starres, Anhaltendes zum Ausdruck kommt und andererseits der Annahme einer genetischen Programmierung eine zu große Bedeutung zugesprochen wird. Der Begriff „Persönlichkeit" beinhaltet zwar auch etwas Stabiles sowie relativ Konstantes in der Verhaltensstruktur eines Menschen, doch lässt er auch Veränderungen zu, die sowohl durch bestimmte Prozesse in der Person selbst als auch durch Entwicklungsimpulse von außen möglich

Abb. 1.6: Wird die Persönlichkeit zum Ausgangspunkt für Professionalität und Qualität erklärt, konzentriert sich die Aufmerksamkeit auf folgende Kernfrage: „Was für ein Mensch bin ich und was für ein Mensch will ich sein?" (Tugendhat, 1979)

sind. Noch haben sich die Forscher bis heute nicht auf eine gemeinsame Definition des Persönlichkeitsbegriffes einigen können. Der Psychologe und Persönlichkeitsforscher Raymond Bernard Cattell hat dies folgendermaßen ausgedrückt: „Mit der Persönlichkeit ist es wie mit der Liebe. – Jedermann weiß, dass es sie gibt, aber niemand weiß, was sie ist."

Das eigene Menschenbild eines Wissenschaftlers ist Ausgangspunkt für seinen theoretischen Forschungsansatz oder fließt zumindest in seine wissenschaftliche Arbeit ein. Und damit sind auch die *Persönlichkeitstheorien,* die bislang entwickelt wurden, personen- und fachrichtungsgebunden. Die bekanntesten Persönlichkeitstheorien stammen aus der Psychoanalyse (Sigmund Freud), der Individualpsychologie (Alfred Adler), der psychosozialen Persönlichkeitsentwicklung (Erik H. Erikson), der personzentrierten Theorie (Carl R. Rogers), der sozial-kognitiven Lerntheorie (Albert Bandura), der sozialkonstruktivistischen Persönlichkeitstheorie (Kenneth J. Gergen) sowie der Theorie der persönlichen Konstrukte (George A. Kelly) (→ Kap. 2.1.1).

In all diesen Definitions- und Beschreibungsversuchen kommen die besonderen, eigenen Weltanschauungen, Überzeugungen, Einschätzungen und Haltungsaspekte der Wissenschaftler zum Ausdruck: „Wissenschaftler sind Persönlichkeiten mit Vorlieben und Abneigungen, mit persönlichen Überzeugungen, mit Weltanschauungen und mit unterschiedlichen Menschenbildern. Ihre Theorien entsprechen ihrer Persönlichkeit." (Langfeld, 1996)

Persönlichkeit und Persönlichkeitsmerkmale

Aufgrund der großen Bandbreite von Persönlichkeitstheorien stellt die folgende Auflistung den Versuch dar, sich über die Betrachtung der Begriffe Persönlichkeit und Persönlichkeitsmerkmale aus verschiedenen Blickwinkeln einer Begriffsklärung anzunähern:

- Jede Persönlichkeit eines Menschen ergibt sich aus einer Summe unterschiedlicher Merkmale, die zwar auf der einen Seite eine relative Konstanz, also eine gleich bleibende Ausprägung, in sich tragen, andererseits aber nicht genetisch starr programmiert und damit unveränderbar sind. Damit sind beispielsweise bestimmte Interessen, Einstellungen, Sichtweisen, Grundstimmungen, Begabungen und Lebensorientierungen gemeint
- Persönlichkeitsmerkmale können auch als Wesenszüge des Menschen bezeichnet werden. Im Vergleich sind diese bei verschiedenen Menschen nur sehr selten identisch ausgeprägt. Vielmehr zeigen sie bei genauerer Betrachtung unterschiedliche Entwicklungsstärken
- Die einzelnen Persönlichkeitsmerkmale eines Menschen weisen eine relative Zeitstabilität auf. Sie verändern sich nicht grundsätzlich

- Persönlichkeitsmerkmale sind relativ situationsübergreifend. Das heißt, dass sie in unterschiedlichen Erlebniszusammenhängen zumindest annähernd ähnlich in ihrem Ausdrucksverhalten sind
- Die vielfältigen Persönlichkeitsmerkmale eines Menschen sind stets miteinander vernetzt und können daher nicht als Einzelmerkmale betrachtet und eingeschätzt werden. Diese Vernetzung führt zu einer „Struktur der Persönlichkeit"
- Die vielfältigen Persönlichkeitsmerkmale selbst, das Maß ihrer Ausprägung und ihre Verbundenheit führen stets zur Einzigartigkeit und Unverwechselbarkeit des Menschen. Sie prägen letztlich die persönliche Identität
- Die aus dem Zusammenspiel der vielfältigen Persönlichkeitsmerkmale entstandene Persönlichkeitsstruktur führt dazu, dass der Mensch in seinen unterschiedlichen Lebenssituationen entsprechende Eindruckswerte in einer eher gleich bleibenden Art und Weise aufnimmt und anschließend in immer wiederkehrenden Verhaltensweisen ausdrückt
- Die dem Menschen innewohnende Persönlichkeitsstruktur kann nicht direkt beobachtet werden. Vielmehr ergibt sich aus vielfältigen Beobachtungen im Sinne eines Rückschlusses ein Bild, das dann als „Persönlichkeitsstruktur" angenommen wird. Sie ist damit immer ein indirektes Ergebnis aus dekodierten, also entschlüsselten Deutungen und Interpretationen
- Der Begriff „Persönlichkeit" stellt letztlich immer nur ein gedachtes und persönlich konstruiertes Gesamtgefüge aus unterschiedlichen Erhebungsmerkmalen dar (Hobmair, 2005).

Erzieher/in sein bedeutet: in einer starken Erwartungsvielfalt stehen und immer wieder neuen Belastungen ausgesetzt zu sein

Auf der einen Seite ist der Beruf Erzieher/in für viele Frauen und einige Männer in diesem frauendominierten Beruf ein wahres Geschenk und scheint die Erfüllung der beruflichen Vorstellung zu sein. Auf der anderen Seite werden die vielfältigen Klagen über zurückliegende und gegenwärtige Einschränkungen und Herausforderungen im alltäglichen Arbeitsfeld nicht geringer, sondern scheinen sogar eher deutlich zuzunehmen. Insofern verleitet die Beurteilung, ob die Entscheidung, Erzieher/in zu werden und zu sein eine lohnenswerte, glücklich machende, mit Zufriedenheit angefüllte Berufstätigkeit darstellt, nahezu immer zu einer gegensätzlichen Aussage. Die Antworten vieler Erzieher/innen, ob sie heute noch einmal diesen Beruf ergreifen würden, beginnen in vielen Fällen mit einem „Grundsätzlich schon, aber ..." bzw. „Selbstverständlich, dennoch ..." Der Traumberuf ist für die überwiegende Mehrzahl der Erzieher/innen zwar nicht zu einem Alptraum (mit einem hohen Resignationsfaktor) geworden – trotz vielfältiger Herausforderungen, ständig neuer und erweiterter Anforderungen, großer

Erwartungen von außen und starken eigenen Ansprüchen. Die Bipolarität der Einschätzung (einerseits, andererseits) ist aber überall herauszuhören. Und doch bleiben mit Abstand die meisten Erzieher/innen bei ihrem Beruf / ihrer Berufsentscheidung und kämpfen sich regelrecht durch den Alltag.

Erzieher/innen sehen sich zunehmend mit immer stärkeren Herausforderungen konfrontiert

Der Beruf Erzieher/in hat unbestrittene Vorteile und Vorzüge gegenüber vielen anderen Berufen. Zunächst steht das gemeinsame Leben mit Kindern und der Umgang mit deren Eltern ebenso im Vordergrund wie die enge Zusammenarbeit mit einem Kollegium, das meistens gleiche Ziele verfolgt, eine gleiche/ähnliche/berufsverwandte Ausbildung hat und mit Interesse die gestellten Aufgaben umzusetzen versucht. Dabei ist der Alltag außergewöhnlich abwechslungsreich (und der genaue Ablauf zumeist nicht vorhersehbar), der Arbeitsort ist mit vielen Abwechslungen verbunden (drinnen und draußen, projektbezogene Außenaktivitäten, Naturerkundungen, Gemeinwesenorientierung) und von Langeweile oder stupiden Arbeitsabläufen kann an keiner Stelle die Rede sein. Gefordert sind dabei **Flexibilität, Wahrnehmungsoffenheit, Engagement, Neugierde, Selbstaktivität sowie Lernfreude** – und das Ganze ist immer wieder in beziehungsorientierten Verbindungen zu unterschiedlichen Menschen eingebettet. Hier geht es nicht um starre Arbeitsabläufe oder stupide Vorhaben, sondern vielmehr um situationsgerechte Einschätzungen und Entscheidungen, die den ganzen Menschen und gleichzeitig ein hohes Maß an Professionalität fordern.

Doch gleichzeitig wirken auch immer wieder massive Kräfte und Einflüsse gegen eine freie Entscheidungsmöglichkeit, den Arbeitstag nach eigenen Vorstellungen zu strukturieren und zu gestalten. Da gibt es beispielsweise die länderspezifischen Bildungsrichtlinien mit ihren teilweise rigide formulierten Zielen und eine kaum überschaubare Menge von Programmen, von denen jedes von sich behauptet, das „non plus ultra" im Bildungskanon zu sein. Ferner gilt es, die teilweise völlig überhöhten Erwartungen vieler Eltern zu erfüllen, die Erwartungen der Grundschule im Auge zu haben sowie die trägerspezifischen Ansprüche zu beachten. „Nebenbei" müssen die Qualitätsstandards – entsprechend dem vor Ort gültigen Qualitätsverfahren – erfüllt/umgesetzt, Lerntagebücher der Kinder geführt, Portfolios mit den Kindern gefüllt, das pädagogische Tagebuch geschrieben und die Konzeption überarbeitet, Praktikant/innen angeleitet und begleitet sowie regelmäßige Entwicklungsgespräche über die Kinder mit den Eltern geführt werden. Doch damit immer noch nicht genug: Teamberatungen erfordern eine gute Vorbereitung, regelmäßige Elternabende und Elternaktionen kommen dazu, aktuell bedeutsame Fachliteratur (Bücher und Zeitschriften) soll(te) gelesen werden, um fachlich möglichst „up to date" sein und schließlich (über)rollen gänzlich neue Anforderungen das ohnehin schon volle Tages- und Wochenprogramm: Inklusion (statt Integration) oder die Öffnung der Kita zum „Familienzentrum" stellen gravierend neue Herausforderungen (mit neuen Kompetenzanforderungen) dar. Und das bei einer oftmals mangelhaften Fachschulausbildung mit praxisfernen Lehrkräften, wenig aktueller Grundlagenliteratur, einem immer noch (heimlich existierenden) fächerspezifischen, funktionalisierten Fächerkanon sowie einem überholten Notengebungsverfahren.

Wer an dieser Stelle meint, damit seien die Alltagsanforderungen an elementarpädagogische Fachkräfte vollständig benannt, irrt gewaltig. Bei einer gleichzeitigen – in vielen Kita-Gesetzen geforderten – Verpflichtung zur Weiterbildung sollen Fortbildungsseminare besucht, Supervisionssitzungen, ein periodisches Coaching oder Fachtagungsbesuche wahrgenommen werden und bringen Erzieher/innen nebenbei besonders dann in Schwierigkeiten, wenn wieder einmal krankheitsbedingte Personalausfälle die Personalbesetzung in tief rote Zahlen bringen. Diese Anforderungen – und noch viel mehr – sollen/wollen Erzieher/innen im Sinne einer „guten Pädagogik" leisten. Ihr Anspruch, dabei jedem Kind gerecht zu werden, ist nicht erfüllbar – so hart es klingen mag: Es ist eine irreale Utopie! (Nebenbei müssen bei kleineren Kindern die Windeln gewechselt, traurige Kinder wollen getröstet werden und die Zunahme an verhaltensoriginellen Kindern erfordert eine vertiefte Aufmerksamkeit.)

Vieles wäre sicherlich besser umsetzbar, wenn …

Ein Blick auf die Rahmeneckwerte der meisten Kindertageseinrichtungen lässt praxisbezogene Fachleute aus Wissenschaft, Forschung und der Praxis selbst zusammenzucken: angefangen von dem nicht vertretbaren Personalschlüssel über die viel zu große Zahl der Kinder in den Gruppen, den häufig unverschämt kleinen Weiterbildungsetat für die Mitarbeiter/innen bis hin zur autoritären Trägervorgabe, welche Fortbildungsseminare besucht werden dürfen und welche nicht, die eingeschränkten Räumlichkeiten in vielen Kitas, den spielraumeingeschränkten Etat zur Anschaffung von Materialien, die oftmals wenig schmackhafte „Speiseversorgung von außen" bis hin zum stundenreduzierten Angestelltenverhältnis bzw. zum sehr geringen Gehalt (z. B. im Vergleich zu Lehrkräften) verlangen von Erzieher/innen eine überaus große Toleranzbreite! Und hier wird der Widerspruch am deutlichsten: Auf der einen Seite steigen die Erwartungen an diese für die Gesellschaft höchst bedeutsame Berufsgruppe ins nahezu Unermessliche, auf der anderen Seite sprechen viele Rahmeneckwerte signifikant dagegen, dass diese Erwartungen im Gesamtpaket erfüllt werden können. Und dennoch bleiben nahezu alle Erzieher/innen in ihrem Beruf. Warum?

Persönlichkeit und Reflexionsansätze

Der Erzieher/innenberuf kann ein (Lebens)Traum sein …

Viel besser, eindringlicher und lebendiger als alle akademischen Betrachtungen zum Erzieher/innenberuf ist sicherlich eine Kurzbetrachtung einer engagierten, selbstreflektierten Kita-Leitungskraft zur Fragestellung, was den Beruf so wunderbar macht:

Warum ich meinen Beruf trotz der vielen Widrigkeiten liebe

(Kathrin Nürge, Leese/Niedersachsen)

- Ich mag das pure Leben. Lebendigkeit – Bewegung – Innehalten – sich wohlfühlen und genießen können – zu werden, wer man ist. Berührt sein und berührt werden mit allen Sinnen. Leben, Lieben, Lachen!
- Ich mag das Zusammensein mit Menschen und ganz besonders mit Kindern. Kinder sind einzigartig, voller Wunder und sie faszinieren mich in ihrem bedingungslosen und wahrhaftigen Sein. Sie erinnern mich an meine eigene Kindheit und an das Kind, dass ich einmal war und das schafft eine tiefe Verbundenheit mit ihnen. Es erzeugt jeden Tag aufs Neue eine große Dankbarkeit in mir, viel Zeit mit Kindern im gemeinsamen Miteinander teilen zu können: mit ihnen zu spielen und kreativ zu sein, gemeinsam Projekte zu gestalten und mit allen Sinnen die Welt zu entdecken, sich zu bewegen und auch die ruhigen Augenblicke des Alltags genießen zu können, beobachten, sehen, hören, staunen, miteinander zu reden und zu philosophieren, zu streiten und sich auseinanderzusetzen, drinnen und draußen, gefühlsbetont gemeinsam den Alltag zu gestalten, mit allem, was dazugehört. Entwicklungsbegleiterin und Bündnispartnerin für ihre Interessen und Bedürfnisse zu sein, damit sie Fähigkeiten und Ressourcen aufbauen können, um nachhaltig ihr Leben gestalten zu können.
- Ich mag es, Verantwortung zu übernehmen und Entscheidungen zu treffen, die für das Wohl von Kindern sorgen und Kindern einen Raum schenken, in dem sie Kind sein können und in dem Entwicklung stattfindet. Ich mag es, durch meinen Beruf einen wichtigen Teil im großen Ganzen zu übernehmen und sehe darin eine bedeutsame Aufgabe für die Entwicklung in der Gesellschaft.
- Ich mag die vertrauensvolle und intensive Zusammenarbeit mit den Kolleginnen und Kollegen. Sich gemeinsam auf den Weg zu machen, um Kindern Gutes zu tun und sie in ihrer Entwicklung in der Verbundenheit mit den Eltern wachsen zu lassen. Ich mag es, wenn wir uns gemeinsam auf die oft anstrengenden Herausforderungen des beruflichen Alltags einlassen, sie meistern und auch belastbare, aktuelle Gegebenheiten und Konflikte zusammen klären, überstehen und dadurch gemeinsam wachsen. Ich mag den in-

tensiven, lebendigen und doch oft schwierigen Austausch im Team, insbesondere wenn es eine Bereitschaft gibt, sich selbst und die eigene Persönlichkeit zu reflektieren und sie zur Ausgangslage für eine entwicklungsförderliche Arbeit mit den Kindern, den Eltern und anderen am Kita-Leben beteiligten Menschen zu machen. Ich mag die Supervisionssitzungen und die gemeinsamen Fortbildungstage, die das Team noch intensiver in die Entwicklung bringen.

- Ich mag die Zusammenarbeit mit dem Träger, wenn sie wertschätzend, einfühlsam und engagiert stattfindet und die Interessen und Bedürfnisse der Einrichtung ernst genommen und zuverlässig im gemeinsamen Dialog bearbeitet werden.
- Ich mag den intensiven Dialog und die Zusammenarbeit mit den Eltern. Hier treffen viele unterschiedliche Charaktere und Erwartungen aufeinander, so dass es zu vielfältigen Auseinandersetzungen bis hin zu schwerwiegenden Problemen kommen kann / kommt. Sie sind eine Chance, voneinander zu lernen und Wege zu finden, wie man mit Blick auf die Kinder und zu ihrem Wohl, gemeinsam Möglichkeiten findet, um die Kinder / das Kind in der Entwicklung zu begleiten. Ich mag es, wenn Eltern sich mit ihren Fähigkeiten einbringen und sich selbst als einen Teil der Einrichtung verstehen.
- Ich mag die gemeinsamen Aktionen (Feste, Gartenaktionen, Ausflüge) mit den Kindern, Eltern, Kolleginnen und Kollegen. Sie tragen zu einem ausgelassenen, genussvollen, aktiven und handlungsorientierten gemeinsamen Zusammenleben bei und führen ganz automatisch zu einem inneren Dialog, der sich positiv auf alle Beteiligten auswirkt.
- Ich mag die konzeptionelle Arbeit, die Teilnahme an Selbsterfahrungsseminaren, das Lesen von Fachliteratur und die Auseinandersetzung mit den wissenschaftlichen Erkenntnissen aus der Entwicklungspsychologie und der Bindungsforschung. Sie geben mir die Möglichkeit, mich persönlich weiterzuentwickeln und meine eigenen Standpunkte zu überdenken und dementsprechend zu festigen.
- Die Kita ist ein Ort für pures Leben. Die Kita ist ein Ort für vielfältige Begegnungen mit ganz unterschiedlichen kleinen und großen Menschen. Begegnungen, die mich neugierig machen, andere Erwachsene und Kinder kennenzulernen und zu verstehen. Mir bereitet es Freude, Menschen zu berühren, glücklich zu machen und sie in ihrer Entwicklung begleiten zu können. Die Kita schenkt mir einen Arbeitsbereich, in dem ich all das erleben kann.
- Wenn da nur die Widrigkeiten nicht wären. Ja, es stimmt, da gibt es unzureichende Rahmenbedingungen und ganz verschiedene Stressoren, die einen an die eigenen gedanklichen, körperlichen und psychischen Grenzen bringen. Da gibt es genug Gründe für Zweifel, Entsetzen und Frustration. Ich versuche immer, so gut es mir möglich ist, bei mir zu bleiben, meinem Herzen

zu folgen, das Wesentliche vom Unwesentlichen zu unterscheiden und nach vorne zu schauen im Vertrauen darauf, dass ich da, wo ich bin, etwas Wunderbares bewirken kann.

Kompetenzen, die im Berufsfeld notwendig sind und als Grundlage für eine professionelle Arbeit dienlich sind

1. Eine aktuell geprägte Fachkompetenz, die dazu beiträgt, Handlungsschritte fachlich begründen zu können;
2. eine ausgeprägte Team(-entwicklungs-)kompetenz, um gemeinsam mit dem Kollegium begründete Ziele anzuvisieren und geplante Schritte zu deren Erreichung umzusetzen;
3. eine hohe Kommunikations- und Konfliktkompetenz, damit einerseits eine wertschätzende Umgangskultur für eine freundliche Arbeitsatmosphäre sorgt und andererseits bei auftauchenden Konflikten/Irritationen eine inhaltlich orientierte Auseinandersetzung stattfinden kann und beziehungsgesteuerte oder egozentrische Einstellungen notwendige Klärungen nicht verhindern (können);
4. eine gute Dialogfähigkeit, um Ziele in gemeinsamen Aktionen und Handlungsschritten erreichen zu können;
5. eine anstrengungsbereite Selbstdisziplin, damit bei schwierigen Herausforderungen die fachliche Notwendigkeit im Vordergrund stehen bleibt und keine vorzeitigen Handlungsabbrüche eine Zielerreichung verhindern;
6. die Kunst der Selbstmotivation, um aus sich selbst heraus die Kraft/den Elan/die Willensstärke zu schöpfen, gesetzte Ziele zur Wirklichkeit werden zu lassen;
7. eine innovative Perspektivübernahme und ein visionärer Weitblick, um nachhaltig bedeutsame Entscheidungen zu treffen und sich nicht in kurzfristigen, wenig bedeutsamen Zielsetzungen zu verlieren;
8. eine innerlich zustimmende Identifikation mit der Einrichtung und den Zielen, damit erlebte Widerstände und/oder ein fehlender Bezug die Arbeitsmotivation nicht drückt.

Wege aus dem Erwartungswirrwarr und notwendige Innovationen

Die bisherigen Ausführungen machen Folgendes deutlich: Der Erzieher/innenberuf lebt durch die Persönlichkeit der Fachkraft, durch die notwendige Selbstmotivation, aufgabenorientiert zu handeln statt sich problemfixiert in Klageliedern festzubeißen. Eine humanistische Haltung, ein tief verinnerlichter Optimismus, klare und fachlich begründete Zielsetzungen auf der Grundlage eines eigenen Gefühls von Richtigkeit sowie eine deutliche, professionelle Abgrenzung gegenüber unberechtigten Erwartungen oder heilsversprechenden, eintagsfliegenartigen Programmen sorgen für einen Freiraum im Beruf, der zudem eine äußerst wichtige, gesellschaftspolitische Funktion innehat. Wer an einer humanen, demokratischen Gesellschaft interessiert ist, wird sich dem Erziehungs-, Bildungs- und Betreuungsauftrag von Kindertageseinrichtungen gerne mit seinem Erzieher/innenberuf zur Verfügung stellen. Doch wenn die Gesellschaft diese Frauen und Männer nicht verlieren will, muss sie sich endlich noch weitaus wertschätzender dieser Berufsgruppe zuwenden und in vielen Bereichen für deutlich verbesserte Rahmenbedingungen sorgen. Lippenbekenntnisse gab und gibt es landauf, landab und zu allen Zeiten zur Genüge – hier müssen Handlungsbereiche gesehen, ernst genommen und in Absprache/einer Zusammenarbeit mit den elementarpädagogischen Fachkräften umgesetzt werden. Partizipation ist nicht nur eine Aufgabe der Pädagogik; sie muss auch im Umgang mit Erzieher/innen eingesetzt und gepflegt werden!

„Projekt Selbstentwicklung" – Persönlichkeitsentfaltung trägt zur Professionalität im Beruf und zur hohen Wertschätzung des Berufsbildes bei

Jeder Beruf, der eine hohe Bedeutung für eine fortschrittliche und zugleich human geprägte Gesellschaft besitzt, hat es verdient, in besonderem Maße geachtet zu werden! Das trifft neben vielen Berufsfeldern gerade auch für alle Berufsgruppen zu, die im Bereich der Pflege, Erziehung und Bildung tätig sind. Doch in der Elementarpädagogik hat es für das Berufsbild der elementarpädagogischen Fachkräfte (und damit sind alle Berufsgruppen gemeint: Erzieher/innen, Kinderpfleger/innen, Sozialassistent/innen, Kindheitspädagog/innen) zu keinem Zeitpunkt eine durchgängig hohe Wertschätzung gegeben – und eine solche steht bis heute immer noch aus. Dazu lassen sich viele Hintergründe heranziehen und anführen. Gleichwohl hilft es wenig, sich diesen schwerpunktmäßig zuzuwenden. Vielmehr bedarf es einer konzentrierten Ausrichtung auf die Frage, was vor allem notwendig ist, um für eine deutliche und zugleich nachhaltige Aufwertung des Berufsbildes zu sorgen.

Ausgangsdaten einer deutlichen Einstellungskorrektur liegen zunächst in einer Verhaltenskorrektur durch die elementarpädagogischen Fachkräfte selbst. Eine berufliche Wertschätzung kann in der Öffentlichkeit nur dort entstehen, wenn die Fachkräfte selbst Verhaltensweisen (innerhalb und außerhalb der Einrichtung) zeigen, die immer wieder durch Professionalität gekennzeichnet sind: *„Wir finden unsere größten Chancen und Gelegenheiten zu wachsen jenseits unserer Bequemlichkeitsbremse." (Neale Donald Walsch)*

Professionalität beginnt stets mit der eigenen Persönlichkeitsentwicklung

Ganz im Sinne des Refrains eines Liedes von Heinz Rudolf Kunze könnte es für elementarpädagogische Fachkräfte als Erstes heißen: *„Ich geh' meine eigenen Wege, ein Ende ist nicht abzuseh'n; eigene Wege sind schwer zu beschreiben, sie entstehen erst beim Geh'n."* Und der bekannte Psychoanalytiker Carl Gustav Jung äußerte einmal, dass wir, wenn wir bei einem Kind etwas ändern wollen, zuerst prüfen sollten, ob es sich nicht um etwas handelt, das wir an uns selbst ändern müssen.

Professionalität und eine damit verbundene Wertschätzung des Berufes verlangen danach, dass sich elementarpädagogische Fachkräfte verstärkt auf die eigene Persönlichkeitsentwicklung (durch Selbsterfahrung, Supervision, Coaching) einlassen, um an der eigenen Lern- und Lebensgeschichte zu arbeiten und um sich selbst und eigene Handlungsvorhaben/-tätigkeiten genau anzuschauen, bisher verborgene Talente zu entdecken und neu zu nutzen sowie auf deren Bedeutungswert hin kritisch zu überprüfen. Es gehört dazu, regelmäßig (und nicht nur punktuell) neues Wissen erwerben zu wollen (vor allem auf den Gebieten der aktuellen Entwicklungspsychologie, Bindungs-, Resilienz- und Bildungsforschung, Verhaltensbiologie, Ethnologie, Neurobiologie) und sich auf unterschiedlichste, fachlich stimmige Herausforderungen einzulassen, Lernherausforderungen (auf-)zusuchen, Freude daran zu haben, neue Handlungskompetenzen aufzubauen bzw. zu erweitern und dabei Wesentliches von Unwesentlichem unterscheiden zu lernen, weltoffen auf alles Unbekannte zuzugehen, dabei wegweisende Fragen zu stellen und Hypothesen zu bilden, neue Handlungen durch Versuch und Irrtum zu evaluieren, an neuen Erkenntnissen zu arbeiten, unbrauchbare, nicht zielführende Strategien zu verwerfen, den Mut aufzubringen, vor Kolleg/innen, Eltern, Fachberater/innen, dem Träger fachliche Stellungnahmen klar und unmissverständlich abzugeben, fachlich begründete Positionen – auch in der Öffentlichkeit – zu beziehen, sich in sozialpolitisch geführte Diskussionen einzumischen und expansiv die Herausforderungen der Zeit und der Welt aufzugreifen. Außerdem sollten sich Erzieher/innen immer wieder bei schwierigen Arbeitsanforderungen selbst motivieren und konstruktive Konfliktkompetenzen erwerben, um vorurteilsfrei, offen und neugierig schwierige Situationen zu meistern und mit Engagement und Risikofähigkeit die Umgebungswelt humaner mitzugestalten. All das mag sich gewaltig anhören, doch geht es erst einmal darum, diese Forderungen innerlich zu bejahen, dann im Kollegium zu thematisieren und schließlich Schritt für Schritt Wirklichkeit werden zu lassen. Dass für die Umsetzung der Teilschritte entwicklungsförderliche arbeits- und motivationsunterstützende Organisationsmerkmale sowie entwicklungsfreundliche Grundbedingungen im Arbeitsfeld mehr als hilfreich sind, bedarf sicherlich keiner besonderen Erwähnung. Zum „Wollen" gehören ein „Können" und ein „Dürfen". Hier haben besonders die Träger eine unverzichtbare Mitverantwortung für das Können und Dürfen und die Ausbildungs- und Fortbildungsstätten haben für ein wissenschaftlich fundiertes Können zu sorgen! Dieser ‚Dreiklang' bildet eine sinnverbundene Einheit, wobei die (Selbst-)Motivationsstärke – das Wollen – jeder einzelnen Fachkraft in einem funktionierenden Team der Ausgangspunkt ist. *„Damit das Mögliche entsteht, muss immer wieder das Unmögliche versucht werden." (Hermann Hesse)*

Eine berufliche Wertschätzung verlangt Selbstentwicklung

Rolleneindeutigkeiten und lang vertraute Tätigkeitsschwerpunkte, Traditions- und Berufssicherheiten haben sich in den letzten zwei Jahrzehnten auch für sozialpädagogische Fachkräfte ebenso verändert wie kulturell bekannte, religiös verwurzelte und politisch eindeutig zuordenbare Positionen. Damit sind Fachkräfte immer mehr gezwungen, eigene berufsbezogene Deutungspositionen und arbeitsfeldspezifische Handlungsperspektiven selbstständig vorzunehmen. Vorhersehbarkeiten und Verlässlichkeiten für den eigenen Lebensentwurf können immer weniger eingeplant werden, so dass die Identitätsbildung immer mehr zu einem ‚*ganz persönlichen Projekt'* wird. Abbrüche von bisherigen Sicherheiten, der Verlust von vertrauten Situationen sowie der permanent wachsende Informationseinfluss sorgen dafür, dass Fachkräfte in eine immer stärker werdende, gleichzeitig stark eingeschränkte Entscheidungsvielfalt hineingedrängt werden. Gleichzeitig sorgen die große Anzahl der öffentlichen und heimlichen Meinungsmacher (was eine ‚gute' Kindertagesstättenarbeit auszeichnet) sowie die Programm-, Literatur- und Warenindustrie dafür, dass es immer schwieriger ist, einen fachlich klaren Überblick zu gewinnen bzw. zu erhalten, um für sich selbst fachlich vertretbare Entscheidungen zu fällen und professionelle Verhaltensweisen zu zeigen. Um diesem Anspruch gerecht zu werden, bedarf es weiterhin gerade im Arbeitsfeld der Elementarpädagogik immer wieder der professionellen Fähigkeit,

- ständig neue Erwartungen (durch Träger, auch Fachberatungen mit dogmatisierten Sichtweisen) sorgsam und mit Zeit auf deren fachliche Berechtigung zu prüfen, sich von modernistischen Strömungen abzugrenzen und sich damit auch offen gegen diese zu positionieren;
- sich sachdienliche Informationen (durch Bücher, Fachzeitschriften, Internetlinks, Webseiten) zu einer anstehenden Fachthematik zu besorgen, um fachliche Grundsätze zu erkennen und zu vertreten,
- sich auf sachorientierte Vernetzungen gedanklich einzulassen sowie nachhaltige Auswirkungen abschätzen zu können.

Professionalität verlangt konkrete Handlungsschritte

Es besteht kein Zweifel daran, dass es den elementarpädagogischen Fachkräften gelingen muss, in Zukunft immer stärker und immer ausgeprägter eine Professionalität im Beruf zu zeigen, um die dem eigenen Berufsbild zustehende Wertschätzung zu unterstreichen. Professionalität kann nur dort entstehen bzw. weiterentwickelt werden, wo „innere Bremsen" entdeckt und gelöst werden, z. B.: belastende Kindheitserlebnisse (die für entwicklungshemmende Übertragungsphänomene verantwortlich sind), private Irritationen oder Nöte (die den Fokus auf die Arbeit verhindern und die für Übertragungsbelastungen im Beruf sorgen), Ängste, Risiken einzugehen, Fehler zu machen, Stellung beziehen zu müssen (und die für Lernblockaden Pate stehen und ein mutiges Verhalten verhindern), normative Zwänge (die in entwicklungsförderliche Werte verwandelt werden können) oder emotionale Verstrickungen (die eine gedankliche Freiheit zerstören). Schuldzuweisungen an äußere Bedingungen sind auf der einen Seite schnell gefunden, führen aber auf der anderen Seite von einer nachhaltigen Lösung des Problems immer weiter weg. *„Man gibt immer den Verhältnissen die Schuld für das, was man ist. Ich glaube nicht an die Verhältnisse. Diejenigen, die in der Welt vorankommen, gehen hin und suchen sich die Verhältnisse, die sie wollen. Und wenn sie sie nicht finden, schaffen sie sie sich selbst."* (George Bernhard Shaw)

Motivation ist der ausschlaggebende Antrieb für Entwicklung

Eine gelebte Professionalität – auch mit dem Wunsch verbunden, dadurch dem Berufsbild zu einer stärkeren Wertschätzung zu verhelfen, ist stets mit einer ‚intrinsischen Motivation' verbunden – einem starken Handlungsbedürfnis, das durch die Person selbst entsteht, gesteuert durch die eigene Überzeugung, den Beruf in seiner Bedeutsamkeit möglichst kompetent auszufüllen. Motivation wird im Sinne einer Eigensteuerung verstanden, ausgelöst durch das hohe Interesse, etwas bewirken zu wollen, durch die Freude, etwas erreichen zu können und das eigene Interesse, einen Arbeitserfolg im Sinne der Aufgabenstellung zu erzielen.

Dabei muss leider festgestellt werden, dass viele entwicklungshinderliche Merkmale gerade durch fehlende Motivation und ein eingeschränktes Engagement erst entstehen (können). So z. B. bestehende Teamkonflikte, die ungelöst im Raum stehen bleiben, Beziehungsprobleme zwischen einzelnen Mitarbeiter/innen, die nicht nur das duale Verhältnis belasten, sondern die Atmosphäre einer ganzen Einrichtung vergiften können, ein fehlendes und leicht verwechselbares, schwammiges Profil der Einrichtung oder eine qualitätsineffiziente Konzeption; eine vorhandene Bequemlichkeit, die davor schützt, sich auf neue Entwicklungen einzulassen oder die Angst vor Fehlern, Auseinandersetzungen oder Neuerungen. Diese bringt fatale Folgen für eine Qualitätsentwicklung mit sich: innovative Schritte werden nicht gewagt, notwendige Herausforderungen bleiben unbeachtet, Harmonisierungstendenzen gewinnen bei Konfliktbearbeitungen die Oberhand, alte und bekannte Herangehensweisen in der Pädagogik werden bevorzugt beibehalten, Unruhe bringende Vorschläge werden beiseite gedrückt und vor allem enden dann manche Innovationsversuche mit der Formel, dieses und jenes sei „sowieso unter den gegebenen Umständen nicht möglich".

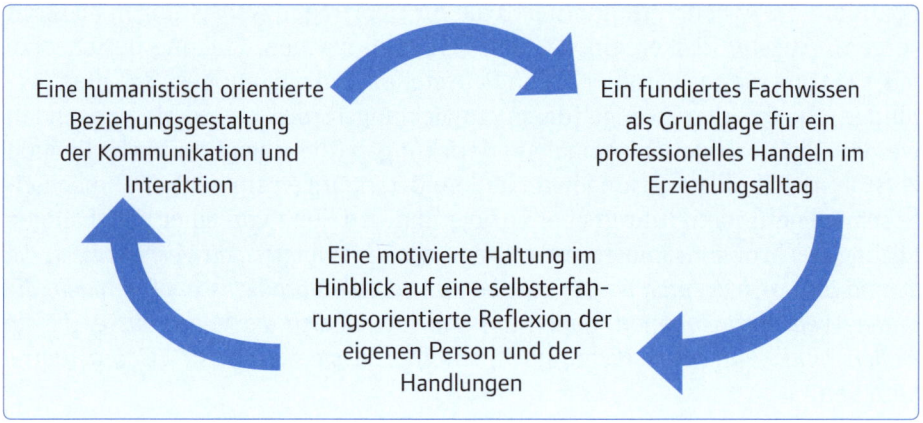

Abb. 1.7: Die drei primären Ausgangsdaten für ein beziehungsorientiertes und professionell gestaltetes Sachhandeln

Der Aufbau einer beruflichen Wertschätzung beginnt jetzt: hier und heute!

Wenn die Elementarpädagogik (als eigenständige Disziplin in der Pädagogik bei einer gleichzeitig vernetzten, interdisziplinären Zusammenarbeit mit entsprechenden Fachrichtungen) einen deutlichen Wertbedeutungszuwachs erreichen möchte, müssen die elementarpädagogischen Fachkräfte kontinuierlich und deutlich vernehmbar an diesem Prozess mitarbeiten. Sie dürfen nicht darauf hoffen bzw. warten, dass „irgendwann" eine „von oben in Gang gesetzte" Wertschätzungsstrategie ins Leben gerufen und konsequent umgesetzt wird. Worthülsen (von politischer Seite) und verbale „Streicheleinheiten" (ohne nachhaltige Auswirkungen) gab es immer schon – geändert hat sich dadurch nichts. Im Gegenteil: wenn derzeit aufgrund eines Mangels an elementarpädagogischen Fachkräften in einigen Bundesländern Billigjobs in Kitas implantiert werden sollen und Kurzausbildungen zur/zum Erziehungshelfer(in) bis zum Berufsabschluss „Erzieher/in" angeboten werden, dann fällt die Bildungspolitik der Verbesserung des Berufsbildes geradezu in den Rücken! Was zählt, ist eine professionelle Einstellung der Fachkräfte mit entsprechend umgesetzten Handlungsstrategien, die zu folgenden Erfahrungen führen: „Ich kann etwas *bewirken*", statt: „Was kann *ich* schon Großes ausrichten?; „Was *will ich* tun, damit sich Änderungen ergeben?", statt: „Was *müssen erst die anderen* tun, damit das Ganze auch eine Aussicht auf Erfolg hat". Dadurch modifizieren sich sowohl Annahmen (alles *ist möglich,* auch schwere Aufgaben sind zu meistern, statt: diese Anforderung *übersteigt meine Kompetenz* und fordert zu viel Kraft von mir) als auch subjektiv geprägte Glaubenssätze (ich glaube an meine Fähigkeiten und Talente, statt: für *diese Arbeitsanforderung bin ich bei weitem nicht geboren bzw. das habe ich nicht gelernt*). Es geht also darum, die vielfältigen Möglichkeiten eigener Handlungsressourcen zu entdecken, wahrzunehmen und in geplanten Tätigkeitsversuchen umzusetzen statt den „Status quo" zur festen, starren Größe der eigenen Persönlichkeitsstruktur zu erklären. Eine Zunahme der beruflichen Wertschätzung entsteht dort, wo bisher unentdeckte Herausforderungen angenommen und neue Spielräume geschaffen sowie genutzt werden. *„Wer keine Visionen hat, vermag weder Hoffnungen zu erfüllen noch große Vorhaben zu verwirklichen." (Thomas Woodrow Wilson)*

Selbstbildung als Herausforderung und Notwendigkeit – Wer bin ich, was kann ich, was bewirke ich?

Benjamin Franklin, einer der Gründerväter der Vereinigten Staaten, hat einmal den Satz ausgesprochen: Drei Dinge sind extrem hart: Stahl, ein Diamant und sich selbst zu kennen. Gerade in der Pädagogik ist es von eminent hoher Bedeutung, sein eigenes „Ich" möglichst realistisch zu erfassen, um Wirkungen des eigenen Verhaltens und die daraus mitbedingte, spezifische Reaktion des Gegenübers zu verstehen, weil jedwede Interaktion eine gegenseitige Beeinflussung bedeutet. Gleichzeitig sitzen elementarpädagogische Fachkräfte – und hier in besonderem Maße die Leitungskräfte – immer zwischen allen Stühlen und sind stets aufs Neue aufgefordert, berechtigte Ansprüche von innen und außen fachkompetent zu erfüllen und unberechtigte Ansprüche professionell und klar abzuwehren.

Selbstbildung ist nicht nur ein Recht der Kinder

Die Elementarpädagogik in Deutschland hat sich in den letzten Jahrzehnten immer stärker – wenn auch in einer Wellenform – zu einer funktionalen und stark gesteuerten Disziplin entwickelt, in der hohe Erwartungsansprüche an Kinder gestellt wurden bzw. werden. Besonders zeigt sich dies ganz aktuell in den meisten Bildungsprogrammen, in denen festgelegt wird, was Kinder in den unterschiedlichen Bildungsbereichen alles „lernen sollen". Dabei wird in den wenigsten Bildungsprogrammen – und hier sei vor allem das Bildungsselbstverständnis im Bildungsprogramm für Kindertageseinrichtungen in Sachsen-Anhalt sowie in der Bildungskonzeption von Mecklenburg-Vorpommern als überaus rühmliche Ausnahme im Vergleich mit den 14 anderen Bildungsprogrammen besonders hervorgehoben – die Person der elementarpädagogischen Fachkraft in den Mittelpunkt gestellt, ist sie es doch, die den Ausgangspunkt für Qualität bildet, um dem Mittelpunkt der Pädagogik – dem Kind – entwicklungsförderlich zur Seite zu stehen. Bei einer Schwerpunktlegung auf das Bildungsverständnis einer Selbstbildung geht es nicht um eine „Veränderung von Kindern", sondern um eine veränderte Einstellung der elementarpädagogischen Fachkräfte zum eigenen Selbstverständnis und dem von Kindern. *„Alle Erziehung ist nur Handreichung zur Selbsterziehung." (Eduard Spranger, 1882–1963)*

Bildungsprogramme beinhalten in erster Linie (in indirekter Form) Anforderungen an die Selbstbildungsmotivation der Fachkräfte

Ebenso wie Kinder nicht gebildet werden können sondern sich durch Beziehungsangebote, Bindungserlebnisse und ein impulsgebendes Umfeld selbst bilden, brauchen elementarpädagogische Fachkräfte die innere Motivation, ihre eigenen Kompetenzen kritisch zu beleuchten, inwieweit sie durch ihre Persönlichkeitsstruktur und ihre personalen Ressourcen in der Lage sind, die für eine Unterstützung der Selbstbildungskräfte der Kinder notwendigen Kompetenzen zum Ausdruck zu bringen. Dies entspricht dem Grundsatz Pestalozzis, wenn er die Grundmaxime vertritt, Erziehung sei Liebe und Vorbild, sonst nichts. Und der große, irische Dichter und weitsichtige Humanist, Oscar Wilde, war stets der festen Überzeugung, dass Persönlichkeiten und nicht Grundsätze das Zeitalter bewegen und zugleich der einzelne Mensch keine Beziehung eingehen kann, solange er nicht seine unverwechselbare Individualität für sich entdeckt. Das Ganze fordert zur selbstständigen Reflexion auf – vor allem Menschen, die mit anderen Menschen arbeiten und den Anspruch haben, durch ihr Wirken (als Person und mittels ihrer Arbeit) förderliche Entwicklungsprozesse beim Gegenüber auszulösen. Fremdbeobachtung wird dann zur Selbstbeobachtung, Bildungsangebote für Kinder werden dann zu Bildungsanforderungen, die die Fachkraft an sich selbst stellt, Erziehungsziele werden dann zu persönlichen Zielen umformuliert und Erwartungen/Ansprüche an Kinder oder Eltern werden zu Qualitätsansprüchen an die eigene Person umgedeutet. Es ist durch die Bildungsforschung und Neurobiologie weithin belegt, dass alle Bildungsprozesse durch das Kind selbst angetrieben werden: den Treibstoff dafür liefert das Kind mit seiner Neugierde bzw. seinem Wunsch, die Welt zu entdecken und sich selbst zu erkunden und den Funken zur Zündung reicht ihm die Fachkraft mit ihren humanistisch orientierten, kommunikationsförderlichen Persönlichkeits-

und hilfreichen Interaktionsmerkmalen. *„Zwischen Lachen und Spielen werden die Seelen gesund"* *(Arabisches Sprichwort)*

Ausgangspunkte für die Berechtigung der Selbstbildung

Alle Erwachsenen – so auch die elementarpädagogischen Fachkräfte – leiten ihre Vorstellungen über Kinder und ihre Entwürfe zur Pädagogik aus unbewussten Bildern sowie Erfahrungen/Erinnerungen aus ihrer eigenen Kindheit ab und übertragen diese auch auf die ihnen anvertrauten Kinder. Bowlby, der Pionier der Bindungsforschung, vertrat die Ansicht, dass jeder Mensch dazu neigt, anderen das anzutun, was ihm selbst angetan wurde, so dass der tyrannisierende Erwachsene das tyrannisierte Kind von gestern ist. Selbstverständlich geschieht dies unterbewusst, unbeabsichtigt und gleichzeitig in der festen Überzeugung, die an den Tag gelegten Handlungen seien „gut für das Kind". Insofern sind Maßstäbe, normative Sichtweisen und verinnerlichte Grundsätze, die alle im Alltagsgeschehen zum Ausdruck kommen, nicht per se professionell, mit Kompetenz ausgestattet oder durch Qualität gekennzeichnet.

Um von einer Defizit- zu einer Ressourcenorientierung bei Kindern zu kommen, sind die folgenden fünf Kehrtwendungen notwendig:
1. Ein radikaler Paradigmenwechsel von einer Defizit- zu einer Ressourcenorientierung (verbunden mit der Forderung, dass die Selbstbildung von Kindern nicht durch permanente, funktionalisierte und teilisolierte erzieherische Förderprogramme eingeschränkt, abgebaut oder zerstört wird).
2. Ein Verständnis, dass Kindheit eine eigenständige Lebensphase darstellt (und nicht als ein „unfertiges Erwachsenensein" verstanden wird).
3. Ein Selbstverständnis der elementarpädagogischen Fachkräfte, dass sie selbst mit ihren Ausdrucksweisen und Umgangsformen die wichtigste Bildungsmethodik darstellen und diese nicht an künstlich inszenierte Angebote delegieren.
4. Der Begriff „Bildung" ist als ein Prozess der „Persönlichkeitsbildung" zu verstehen (in deutlicher Abgrenzung von einer kognitiv orientierten Belehrungsabsicht).
5. Selbstbildungsarbeit muss sich in erster Linie auf die Fachkräfte beziehen – sie beginnt mit einer anspruchsvollen, selbsterfahrungsorientierten Ausbildung, setzt sich über die gesamte Berufstätigkeit in Form von Fort- und Weiterbildungen (als Pflicht) fort und wird von Trägerseite aktiv gefördert und unterstützt.

Um diese Perspektivwechsel umsetzen zu können, bedarf es einer hohen Selbstmotivation, Mut, Anstrengungsbereitschaft, Belastbarkeit und Neugierde, um Innovationen zu initiieren, zuzulassen und voranzutreiben. Diese Arbeit im Sinne einer Selbstbildung ist schwer. – Neale Donald Walsch hat daher folgerichtig die Konsequenz formuliert, dass der Mensch seine größten Chancen und Gelegenheiten zum Wachstum stets nur jenseits persönlicher Bequemlichkeitsbremsen findet.

Selbstbildung führt in einen laufenden Prozess der Identitätsentwicklung

Es geht im Selbstverständnis der Selbstbildung stets darum, Ziele, die beispielsweise für Kinder formuliert werden, zunächst zu eigenen Zielen zu erklären und dabei zu überprüfen, inwieweit die eigenen Verhaltensweisen den externen Zielen entsprechen.

Jeder Mensch besitzt ein ganz bestimmtes Selbstbild von sich und ist der festen Überzeugung, sich selbst gut zu kennen. Doch demgegenüber haben viele Wissenschaftler/innen immer wieder deutlich gemacht, dass die Fähigkeit des Menschen, sich selbst zu (er-)kennen, eher mangelhaft bis ungenügend ausgeprägt ist. Die eigene Selbsteinschätzung entspricht häufig einer Selbstüberschätzung und Fehleinschätzung. Es erscheint notwendig, sich selbst mit Fragen auseinanderzusetzen, die dazu geeignet sind, dem „inneren Kind" immer stärker auf die Spur zu kommen und den Prozess der Selbstbildung in Gang zu setzen bzw. zu vertiefen.

Fragestellungen, die eine Selbstbildung initiieren:
- Welche Interessen und Motive liegen meiner Berufstätigkeit zugrunde und welchen persönlichen „Profit" ziehe ich aus meiner Arbeit?
- Wann/wo/wie habe ich mich mit meiner Sozialisation/Biografie aktiv beschäftigt und dazu beispielsweise Selbsterfahrungsseminare besucht / ein Individualcoaching in Anspruch genommen?
- Wie motiviert bin ich, mich in Kollegiumsgesprächen/Supervisionssitzungen persönlich aktiv einzubringen, um mein pädagogisches Handeln zu überprüfen / zur Diskussion zu stellen?
- Fällt es mir schwer oder leicht, eigene Gedanken und Gefühle öffentlich zu äußern und welche Hintergründe gab/gibt es dafür in meiner Biografie?
- Vereinbare ich (un-)regelmäßig Ziele mit mir selbst, die ich im Hinblick auf meine weitere Persönlichkeitsentwicklung erreichen will?
- Welche Handlungsschritte habe ich bisher unternommen, um meine

> Fähigkeiten/Fertigkeiten realistisch einschätzen zu können (Selbstwahrnehmung versus Fremdwahrnehmung) und zu welchen Handlungsschritten hat mich diese Erkenntnis geführt?
> - Welche Zielsetzungen verfolge ich grundsätzlich in meiner Arbeit und was haben meine Zielsetzungen mit meiner Biografie zu tun?
> - Welche Werte bestimmen meine Handlungen, leiten mich in meinen Handlungsausführungen und welche Werte habe ich in meiner Sozialisation erlebt?
> - Welche Normen bestimmen mein Denken/Handeln und wie (entwicklungsförderlich – entwicklungshinderlich) wirken sie sich auf kindliche Selbstbildungsprozesse aus?
> - Besitze ich einen grundsätzlich persönlichen/pädagogischen Optimismus oder Pessimismus und worauf führe ich diese Haltung im Hinblick auf meine Biografie zurück?
> - Welche Handlungsstrategien zeige ich in der Regel bei persönlich erlebten Verletzungen, Angriffen, Ungerechtigkeiten – woher kenne ich solche Reaktionen aus meiner Kindheit und welche Bedeutung hat diese Erkenntnis für mich heute?
> - Besitze ich eine eher positive Einstellung zu einem lebenslangen Lernen oder fällt es mir schwer, mich von „alten Denk-/Handlungsstrukturen" zu lösen?
> - Schaffe ich es, mich selbst in belastenden Situationen zu motivieren, problemlösungsorientiert zu denken/zu handeln oder halten mich Belastungen eher in einer starren Problemfixierung fest? Wann bzw. wo/wie habe ich gelernt, problemlösungsorientiert vorzugehen?
> - Durch was bzw. wie sorge ich in der Einrichtung für eine eher positive oder negative Atmosphäre?
>
> (Dieser Fragebogen kann mit vielen weiteren, eigenen Fragen ergänzt werden.)

Selbstbildung führt zu einer stabilen Selbst-, Sach- und Sozialkompetenz

Selbstgerechtigkeit, Selbstbefangenheit, Selbstsucht, Selbstisolierung, Selbstbeschuldigung, Selbstvernichtung, Selbsthass, Selbstvorwürfe, Selbsttäuschung oder Selbsterniedrigung führen zu einer fortschreitenden Selbstentfremdung. Hingegen trägt eine Selbstbildung dazu bei, Selbstüberwindung, Selbstfindung, Selbstbefreiung, Selbstständigkeit, Selbststeuerung, Selbstachtung, Selbstvertrauen, Selbstbejahung, Selbstheilung und Selbstbestimmung in der Person voranzubringen. Die erweiterte Transaktionsanalyse würde hier im ersten Fall von einem Kindheits- bzw. Eltern-Ich, im zweiten Fall von einem stabilen Erwachsenen-Ich sprechen. Selbstbildungsorientierte Fachkräfte besitzen eine intrinsisch orientierte Reflexionsbereitschaft zur Selbstbetrachtung, gehen mit einer großen Wahrnehmungsoffenheit auf bekannte und unbekannte Situationen zu, um aus selbst formulierten Fragen unterschiedliche Antworten abzuleiten, wollen den Auswirkungen ihrer Biografie auf ihr jetziges Verhalten auf die Spur kommen, betrachten ihre Kommunikationsstruktur und Interaktionskultur sorgsam und kritisch, überprüfen immer wieder ihre Handlungsauswirkungen, zeigen eine hohe Bereitschaft, aus eigenen Fehlern zu lernen, setzen sich mit eigenen Vorurteilen auseinander, arbeiten an ihrer Selbstmotivation, gehen mit Leistungsfreude auf schwierige Herausforderungen zu und schätzen die Möglichkeit eines lebenslangen Lernens als ein höchstes Gut ein.

„Ich fürchte, unsere allzu sorgfältige Erziehung liefert uns Zwergenobst." (Georg Christoph Lichtenberg, 1742–1799)

Fazit

Selbstbildung ist die Grundlage für eine humanistisch geprägte Pädagogik im pädagogischen Selbstverständnis von Pestalozzi, Rousseau, Rogers, Freinet sowie Korczak und gehört zum festen Bestandteil einer qualitätsgeprägten Entwicklungsarbeit an sich und einer verantwortungsvollen Entwicklungsbegleitung von Kindern. Mit einer kontinuierlichen Zunahme und Ausweitung einer funktionalisierten und von wirtschaftlichen Interessen geprägten Elementarpädagogik geriet dieser fundamentale Aspekt immer mehr ins Abseits, obgleich der Begriff selbst – vor allem durch die Ergebnisse der Bildungsforschung und Neurobiologie – im Rahmen der „Bildungsarbeit mit Kindern" eine herausgehobene Wertigkeit zugesprochen bekam. Doch anstatt diese für sich selbst in Anspruch zu nehmen, wurde sie theoretisierend und häufig dogmatisch geprägt den Kindern zugesprochen. Es ist an der Zeit, einen notwendigen Perspektivwechsel vorzunehmen, um im Sinne der Erkenntnisse aus den Feldern der Bindungsforschung sowie der Lernpsychologie einen beziehungsintensiven und kommunikationsaktiven „Lernalltag" zur entscheidenden Grundlage einer lebendigen sowie natürlichen Elementarpädagogik werden zu lassen. Damit würde sich der Kreis schließen, um Kindern durch das eigene, positive Selbstkonzept (Ich bin …), die eigenen Selbstwirksamkeitsüberzeugungen (Ich kann …) und ein eigenes, stabiles Selbstwertgefühl (Ich habe …) in effizienter Form zu helfen, diese drei basalen Ausgangsdaten für eine förderliche Entwicklung gleichsam auf- und auszubauen bzw. zu stabilisieren.

1.3.2 Reflexionsansätze

Um die Professionalität im Beruf und die Qualität in der Beziehungsarbeit weiterentwickeln zu können, ist es notwendig, die eigenen Persönlichkeitsmerkmale näher zu betrachten. Die folgenden zwei **Reflexionsansätze** können diesen Prozess der Selbsterkenntnis unterstützen und dazu beitragen, aus möglichen destruktiven und kontraproduktiven Beziehungsverwirrungen herauszufinden.

Das Konzept der Transaktions-Analyse als Reflexionsansatz

Ein **Reflexionsansatz** ist das Konzept der **Transaktions-Analyse (TA)**. Es geht auf den kanadischen Psychiater Eric Berne zurück und bezeichnet eine aus der Psychoanalyse (→ Kap. 2.1.1) abgeleitete Theorie und ein daraus folgendes psychotherapeutisches Verfahren.

Das ursprüngliche Konzept der Transaktions-Analyse geht davon aus, dass jede Person drei so genannte „Ich-Zustände" besitzt: das **Kindheits-Ich**, das **Eltern-Ich** und das **Erwachsenen-Ich.** Diese Ich-Zustände sind „organisierte Einheiten, mit deren Hilfe wir Realität definieren, Informationen verarbeiten und auf die Umwelt reagieren" (Babcock & Keepers, 1980). Diese Zustände sind „in sich fest gefügte, meistens deutlich voneinander abgrenzbare Erlebnis-, Denk- und Verhaltensmuster. (…) Sie bestimmen sowohl das intraindividuelle Verhalten einer Person (in Form eines inneren Dialogs) als auch deren interindividuelle Beziehungen (in Form von Transaktionen)." (Corsini, 1987). Der Begriff „Transaktion" bedeutet hier die kleinste Kommunikationseinheit zwischen zwei Personen bzw. deren Ich-Zuständen. Jeder Ich-Zustand beinhaltet typische Selbsteinstellungsbilder und zugleich typische Kommunikationsformen, die sich dann in der Regel wiederum zu typischen Interaktionsmustern entwickeln.

Die drei Ich-Zustände

Das **Kindheits-Ich** zeichnet sich durch für Kinder typische Ausdrucksformen aus: Es genießt alle sich spontan ergebenden Freiräume und Gelegenheiten und vergisst dabei schnell bestimmte Absprachen oder notwendige Handlungsvorhaben. Es lässt sich von aktuellen Gefühlen und Spontaneindrücken beeinflussen, sucht die Nähe zu anderen Menschen, reagiert bei Misserfolgen häufig trotzig und hat große Schwierigkeiten damit, von Personen, die ihm wichtig sind, abgelehnt zu werden. Das Kindheits-Ich lässt sich schnell von anderen überzeugen, wenn die Erwartungen den eigenen, alltagstheoretischen Sichtweisen entsprechen, es findet schnell Gründe, um sich anspruchsvollen Anforderungen zu entziehen, und freut sich darüber, wenn andere ihm unangenehme Entscheidungen oder anstrengende Arbeiten abnehmen. Es hält sich in der Regel nur so lange an Absprachen, wie diese ihm gefallen, es will bei Konflikten und gleichzeitigem Gefühl der Unterlegenheit Harmonie herstellen oder unternimmt bestimmte Dinge heimlich, wenn offene Konflikte vorprogrammiert sind, und es gibt bei Misserfolgen schnell anderen Personen die Schuld für das Scheitern in eigener Sache.

Das **Eltern-Ich** besteht aus Gefühlen, Verhaltensweisen, Gedanken und Einstellungen, die eine Person durch direkte und indirekte biografische Erfahrungen – z. B. mit den eigenen Eltern, Großeltern, Erzieherinnen, Lehrern oder kirchlichen Amtsträgern – verinnerlicht hat. Das Eltern-Ich besteht vor allem aus moralischen und normativen Überzeugungen. Solche, von Autoritätspersonen präsentierten Ver- und Gebote, wurden (un)bewusst übernommen und drücken sich in der Gegenwart durch folgende Sicht- und Handlungsweisen aus: Beispielsweise lebt das Eltern-Ich viel aus Vermutungen und Alltagstheorien, kämpft bei Machtauseinandersetzungen fleißig mit und legt Wert darauf, dass die eigene Meinung von anderen beachtet und akzeptiert wird. Das Eltern-Ich versteht es, anderen Menschen ein schlechtes Gewissen zu bereiten, ist hilfreich, um andere zufrieden zu stellen, und glücklich darüber, wenn der eigene Einsatz gewürdigt wird. Es hält an einmal gefundenen Standpunkten lange Zeit fest und lässt sich nur widerwillig auf überzeugende Argumente ein, geht nur überschaubare Risiken ein, ohne wirklich offen für neue Erfahrungen zu sein. Das Eltern-Ich hält an gelungenen Problemlösungen fest und beruft sich immer wieder auf eigene Erfahrungswerte, es übt Kritik eher an anderen Personen, als sich selbst in Frage zu stellen, und drückt Gefühle möglichst kontrolliert aus, um die Kontrolle über sich, andere Personen und Situationen nicht zu verlieren.

Das **Erwachsenen-Ich** lebt aus den kognitiven Anteilen und nutzt seine Qualitäten im reflektierten, logischen und abstrakt-analytischen Denken. Dieser Ich-Zustand trägt dazu bei, Augenblicke der Realität wahrzunehmen, die geleistete Arbeit rückwirkend zu durchdenken und anstehende Arbeitsvorhaben strukturiert zu planen. Das Erwachsenen-Ich pflegt die Auseinandersetzung mit Inhalten und Personen auf der sachlichen Ebene, entdeckt Vorurteile selbst und löst sie, wenn möglich, auf. Es zeigt ein hohes Maß an Anstrengungsbereitschaft und Selbstdisziplin, kann die Appell- und Beziehungsebene von der Sachebene (→ Kap. 8.1.2) trennen und als falsch erkannte Entscheidungen korrigieren. Das Erwachsenen-Ich gibt im persönlichen, beruflichen und politischen Bereich klare Stellungnahmen ab, vermeidet Machtkämpfe im Sinne einer aktiven Deeskalation und geht in alltäglichen Herausforderungen auch nicht überschaubare Risiken ein. Es ist der Überzeugung, dass es für alle Schwierigkeiten einen geeigneten Lösungsweg gibt und richtet seinen Blick auf wesentliche Aufgabenstellungen im privaten und beruflichen Alltag.

Die Merkmale der drei „Ich-Zustände" stellen eine Auswahl möglicher Gefühls-, Denk- und Handlungsstrategien dar, die unterschiedlich stark ausgeprägt sein können und bei denen Abweichungen möglich sind. Dennoch ist ihre Grundtendenz zu erkennen.

Mögliche Transaktionen

> **Transaktion**
>
> Kleinste Kommunikationseinheit zwischen zwei Personen bzw. deren Ich-Zuständen.

Nimmt eine Person Kontakt mit einer anderen auf, so wird dies als (Transaktions-)Stimulus bezeichnet und deren Antwort als (Transaktions-)Reaktion. Es ist entscheidend für eine gelungene Kommunikation, aus welchem Ich-Zustand heraus jeweils der Stimulus und die Reaktion gekommen sind und an welchen Ich-Zustand der Stimulus gerichtet war. Hierbei werden folgende **Transaktionen** unterschieden, die:
- **Parallele** *(komplementäre)* **Transaktion**
- **Gekreuzte Transaktion**
- **Latente** *(komplizierte)* **Transaktion.**

Bei der **parallelen Transaktion** (→ Abb. 1.8) sind die Varianten am erfolgreichsten, bei denen sich beispielsweise das Kindheits-Ich an das andere Kindheits-Ich wendet und dieses wiederum aus dem Kindheits-Ich heraus reagiert. Eine parallele Transaktion findet ebenfalls statt, wenn das Eltern-Ich beim anderen das Kindheits-Ich anspricht und der Adressat auch aus seinem Kindheits-Ich heraus reagiert.

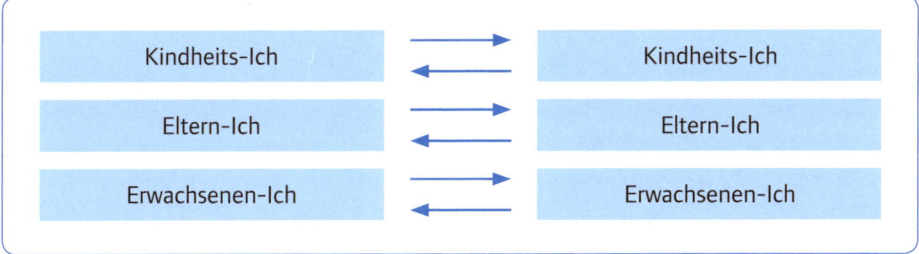

Abb. 1.8: Bei der parallelen (komplementären) Transaktion agieren und reagieren die Teilnehmer in demselben Ich-Zustand

Bei der **gekreuzten Transaktion** (→ Abb. 1.9) reagiert der Angesprochene aus einem anderen Ich-Zustand heraus, als dies vom Stimulus-Gebenden gemeint war: Wenn etwa eine Kollegin bei einem Konfliktlösegespräch im Kindheits-Ich verstrickt ist, sich an ein fürsorgliches Eltern-Ich wendet und dagegen auf ein Erwachsenen-Ich trifft, so kann dies leicht dazu führen, dass sie sich unverstanden fühlt. Dies kann die weitere Kommunikation stören.

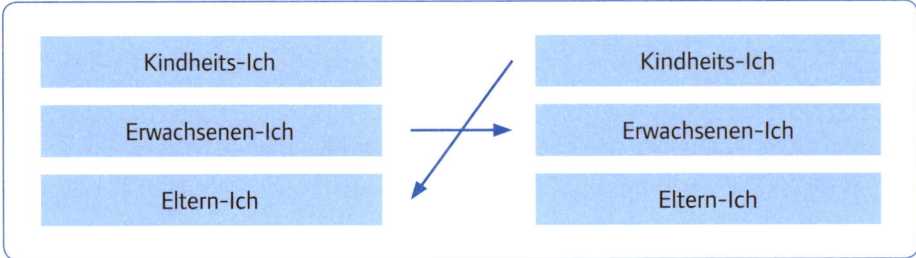

Abb. 1.9: Bei der gekreuzten Transaktion reagiert der Angesprochene aus einem anderen Ich-Zustand heraus, als dies vom Ansprechenden gemeint war

Wenn die Erzieherin eine solche gekreuzte Transaktion erkennt und sieht, dass das Gegenüber momentan nicht aus dem adressierten Ich-Zustand heraus agieren kann, also beispielsweise nicht mit dem Erwachsenen-Ich reagieren kann, sondern im Kindheits-Ich verhaftet bleibt, so kann es sinnvoll sein, erst einmal die unterschiedlichen Erwartungen abzuklären.

Bei einer **latenten Transaktion** (→ Abb. 1.10) ist zumindest ein Teilnehmer in mehr als einem Ich-Zustand aktiv. Er sendet zwei unterschiedliche Botschaften aus, eine offene und eine latente, verdeckte Botschaft. Wenn beispielsweise zwei Personen auf der Ebene des Erwachsenen-Ichs kommunizieren und einer von beiden sendet gleichzeitig eine verdeckte Botschaft aus seinem Kindheits-Ich an das Eltern-Ich des anderen, so kann die Interaktion in diesem Fall nur erfolgreich sein, wenn der andere diese verdeckte Botschaft erkennt und bereit ist, darauf einzugehen. Diese Art der Transaktion kann zu schweren Konflikten führen.

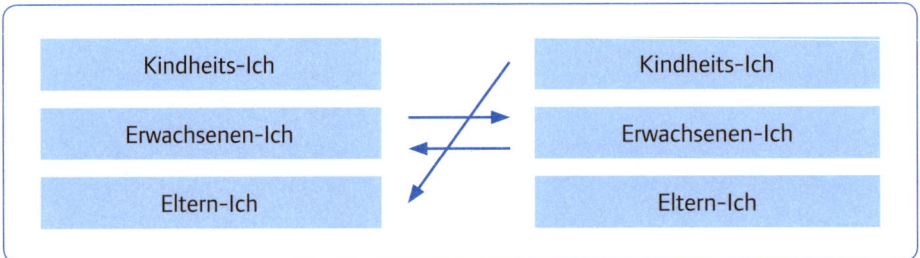

Abb. 1.10: Bei der latenten (komplizierten) Transaktion ist zumindest ein Teilnehmer in mehr als einem Ich-Zustand aktiv

Die Beantwortung der Reflexionsfragen kann Klarheit über das eigene Interaktionsverhalten bringen und einen Selbsterkenntnisprozess in Gang setzen.

- Überlegen Sie, welcher Ich-Zustand im Umgang mit welchen Menschen und in welchen Situationen am häufigsten bei Ihnen zum Vorschein kommt.
- Welche Auswirkungen hat dieser Ich-Zustand auf Ihr Selbstbild, auf Ihre Kommunikation mit anderen Menschen, auf Konflikte (verschärfend, harmonisierend oder lösungsorientiert), auf die Lösung von Aufgaben und Arbeitsvorhaben?
- Welchen Ich-Zustand zeigen Ihre Mitmenschen und welche Folgen hat dies in Verbindung mit dem von Ihnen gezeigten Ich-Zustand:
  - Für die Beziehungsebene?
  - Für den Arbeitsverlauf im Umgang z. B. mit Kindern, Eltern, Kolleginnen?

Das Selbstkonzept als Reflexionsansatz

Die Frage, welche Bedeutung das Selbstkonzept des Menschen für seine Entwicklung besitzt, hat sich in der Psychologie zu einem zentralen Thema entwickelt (Entwicklung des Selbstkonzepts bei Kindern siehe Kap. 3.1.4).

 Selbstkonzept

Umfasst die Wahrnehmung der eigenen Person und das Wissen über die persönlichen Eigenschaften, über Vorlieben, Gefühle, Fähigkeiten sowie über das eigene Verhalten.

So vielfältig die Untersuchungsergebnisse zu diesem Thema sind, so unterschiedlich sind die Begriffe, die meist synonym für den Begriff Selbstkonzept benutzt werden: *Selbstbild, Selbstbewertung, Selbstwertgefühl, Selbst-Theorie, Selbst-Schema, Selbstvertrauen, Selbsteinschätzung, Selbstakzeptanz* oder *Selbstmodell*.

Jeder Mensch hat eine ganz bestimmte Vorstellung über sich selbst, die das Selbstkonzept prägt. Es ist gekennzeichnet von der persönlichen Einschätzung der eigenen Fähigkeiten und individuellen Eigenschaften und resultiert aus dem Vergleich der vermeintlichen subjektiven Fähigkeiten mit den Anforderungen, mit denen sich ein Mensch konfrontiert sieht. Die Gesamtheit dieser persönlichen Bewertungen ergibt das emotional geprägte und selbst evaluierte **Selbstwertgefühl** *(Selbstachtung)*.

Das Selbstwertgefühl ist davon abhängig, wie viel Respekt und Achtung eine Person vor sich selbst hat und wie viel Zuneigung sie sich selbst schenkt. Es richtet sich daher nicht nach dem Wert, den andere Personen oder Gruppen dem betreffenden Menschen beimessen.

Wenn das Bedürfnis sehr im Vordergrund steht oder zum „Motor" der Selbstmotivation wird, sich beispielsweise von den Kolleginnen „menschlich wertgeschätzt", von allen Kindern „gemocht", vom Träger „anerkannt", von den Eltern „akzeptiert" und sich von den externen Kooperationspartnern „verstanden" zu fühlen, dann kann die Intensität diese Wünsche oder das Leiden darüber, wenn eine Akzeptanz und Wertschätzung von außen ausbleiben, ein Hinweis sein auf ein niedriges Selbstwertgefühl.

Ein niedriges Selbstwertgefühl kann dazu führen, dass inhaltliche Notwendigkeiten oder fachliche Erfordernisse vor persönlichen Unsicherheiten in den Hintergrund treten. So können beispielsweise Befürchtungen, was andere Menschen über einen denken könnten, das Verhalten beeinflussen. Wenn Ängste und Unsicherheiten eine Abhängigkeit von fremden Meinungen bewirken, so kann dies Lernchancen blockieren und neue Lernerfahrungen verhindern.

Ein ausgeprägtes Selbstwertgefühl bedeutet nicht, dass Menschen in bestimmten Situationen keine Angst spüren oder keine Unsicherheiten bemerken. Der Unterschied liegt darin, dass Menschen mit einer positiven Selbsteinschätzung solche Gefühle als aktuelle, zeitbegrenzte Tiefpunkte begreifen und es sich um kein vorherrschendes Grundgefühl handelt.

Abb. 1.11: Das Selbstwertgefühl hängt davon ab, wie viel Respekt und Achtung eine Person vor sich selbst hat und wie viel Zuneigung sie sich selbst schenkt

Merkmale von Selbstwertgefühl

Menschen mit einem guten Selbstwertgefühl:
- Tragen einen ausgeprägten und grundsätzlichen Optimismus in sich, dass es immer eine Lösung für ein Problem gibt, und besitzen die Offenheit für neue, ungewohnte Problemlösungen
- Sind davon überzeugt, stets eine Wahl zu besitzen, und sind bereit, die entsprechenden Folgen zu tragen
- Können Hilfen von anderen annehmen, versuchen jedoch zunächst in Eigenaktivität eine Aufgabenstellung zu meistern
- Können viel mit sich alleine anfangen und gehen ihren eigenen Hobbys und Interessensgebieten nach

- Haben ihre Emotionalität nicht mit starren Regeln belegt, sondern öffnen sich ihren Emotionen; sie schauen hin, welche Gründe und Auslöser es für die momentanen Befindlichkeiten gibt und stellen Sinnzusammenhänge zu möglichen Ursachen her
- Tragen eine grundsätzliche Zuversicht in sich, dass das, was sie sich vorgenommen haben, klappen wird
- Setzen ein tiefes Vertrauen in die eigenen Kräfte wie auch in andere Personen, indem sie zunächst immer „das Gute im Menschen" sehen.

Persönliche Einschätzung

So unterschiedlich die Menschen sind, so unterschiedlich wird ihre **persönliche Einschätzung** ihrer Person ausfallen. Bei diesem Prozess rücken zwei Begriffe in den Mittelpunkt der Betrachtung: Die eigenen Stärken und Schwächen. Die Auseinandersetzung mit ihnen bietet einen guten Einstieg in die Klärung des Selbstkonzepts. Die Aussagen in der Tabelle 1.11 können zu einer solchen Klärung herangezogen werden.

Einschätzungsmöglichkeiten	+2	+1	−1	−2
Für mich gilt die Handlungsdevise: Es gibt keine Probleme, es gibt nur ständig neue Aufgaben				
Ich bin davon überzeugt, dass durch meine eigenen Anstrengungen alle privaten Probleme und beruflichen Irritationen lösbar sind				
Ich entdecke immer wieder Neues und Unbekanntes, anstatt an Bekanntem und sicherheitsgebenden Gedanken- und Handlungsstrukturen festzuhalten				
Ich gebe nicht den Lebensbedingungen der frühen Kinder- und Jugendjahren die Schuld für mögliche Unzulänglichkeiten, sondern baue aktiv meine Ressourcen und Kompetenzen auf und aus				
Für mich ist es wichtiger, nach vorne zu schauen, aktiv zu planen und immer wieder neue Wege zu beschreiten, als vergangenen Situationen nachzutrauern oder an belastenden Ereignissen der Vergangenheit gedanklich und emotional festzuhalten				
Ich freue mich mehr über Erfolge, wenn ich selbst den entscheidenden Anteil dazu beigetragen habe, als über Erfolge, die ich dem Einsatz anderer Personen zu verdanken habe				
Bei Misserfolgen suche ich zunächst bei mir die mögliche Ursache und delegiere nicht automatisch die Schuld an andere oder an die Verhältnisse				

Einschätzungsmöglichkeiten	+2	+1	−1	−2
Ich mache keinen Unterschied zwischen Menschen aufgrund ihres gesellschaftlichen Ansehens oder eines akademischen Titels				
Ich bin bereit, eigene Zielsetzungen und Vorhaben zurückzustellen, sofern es die aktuelle Situation notwendig erscheinen lässt				
Es gelingt mir ohne große Überwindung, mich bei anderen für Fehler zu entschuldigen				
Ich kann über mich selbst bei Fehleinschätzungen lachen und mir mit Humor begegnen				
Bei seelischen Verletzungen ziehe ich mich nicht zurück oder mache mir Selbstvorwürfe, sondern ich werde aktiv, um diese Irritationen mit mir selbst und den dafür verantwortlichen Personen zu klären				
Anderen Personen gefallen zu wollen bzw. von ihnen gemocht zu werden, spielt weder bei meinen persönlichen Interessen noch bei meinem beruflichen Selbstverständnis eine große Rolle				
Es macht mir nichts aus, abweichende Einschätzungen in einer Gruppe zu äußern und mich der Meinung anderer Gruppenmitglieder zu widersetzen				
Zivilcourage und Mut gehören zu meinen Persönlichkeitsmerkmalen				
Es fällt mir nicht schwer, mich von Personen zu trennen, die einen entwicklungshinderlichen Einfluss auf mich ausüben				
In meinem Leben spielt das Gefühl der Freude eine größere Rolle als das Gefühl der Angst				
Es macht mir nichts aus, Erwartungen, die an mich gestellt werden und die ich sachlich für ungerechtfertigt halte, abzulehnen und stattdessen alternative Vorschläge zu unterbreiten				
Es fällt mir auch dann leicht, auf andere Menschen zuzugehen und mit ihnen offen und ehrlich zu kommunizieren, wenn ich Irritationen erzeuge				
Ich beurteile mich danach, was ich aus eigener Kraft leiste und in meinem privaten und beruflichen Leben bewirken kann				
Ich rechtfertige meine Schwächen nicht, sondern sehe es als eine alltägliche Lebensaufgabe an, an ihnen zu arbeiten				

Einschätzungsmöglichkeiten	+2	+1	−1	−2
Ich kann mich darauf verlassen, dass ich mein eigenes Verhalten und Situationen um mich herum richtig einschätze				
Ich habe keine Angst, Fehler zu machen und sehe eigene Fehler grundsätzlich als eine Herausforderung an, aus ihnen zu lernen und ein anderes Verhalten auszuprobieren				
Kritik ist ein wesentlicher Bestandteil meiner Entwicklung. Sie fordert mich auf, über mich und mein Verhalten nachzudenken und macht mich auf „blinde Flecken" aufmerksam				

Tab. 1.12: Merkmale zur Einschätzung des Selbstkonzepts. Die Auseinandersetzung mit den eigenen Stärken und Schwächen hilft bei der Klärung des Selbstkonzepts

Die Einschätzungsmöglichkeiten bewegen sich zwischen vier Kategorien:
+2 = trifft genau; +1 = trifft eher; −1 = trifft weniger bis kaum zu und −2 = trifft gar nicht zu. Die Häufigkeit der positiven Bewertung gibt Hinweise auf ein stabiles Selbstkonzept.

Literaturhinweise zur Vertiefung des Themas „Selbsterfahrung/Persönlichkeitsbildung"

1. Beruf

Born-Kaulbach, Christiane / Cammenga, Tido / Welter, Joachim (Hrsg.) (2015). Wundersame Wandlungen zur Selbstwirksamkeit. Neue lösungsfokussierte Strategien der Begleitung von Kindern, Jugendlichen und Familien am Beispiel der Jugendhilfe. Dortmund: verlag modernes lernen

Diekhof, Mariele (2015). Kita KITOPIA. Eine Reise ins Land der spannenden Pädagogik für PädagogInnen und Eltern. Ein Abenteuer-Fachroman der ganz besonderen Art. Dortmund: verlag modernes lernen

Dunkel, Rainer (2011). Lebensfreude im Beruf. Vom Glück der inneren Zufriedenheit. Hünfelden: Präsenz Kunst und Buch

Galeitner, Silke Brigitta / Reichel, René / et al. (Hrsg.) (2014). Wann sind wir gut genug? Selbsterfahrung, Selbstreflexion und Selbstsorge in Psychotherapie, Beratung und Supervision. Weinheim: Beltz Juventa

Greine, Rita / Heilmann, Heike (2013). Einfach professionell! Mit pfiffigen Ideen raus aus dem Kita-Trott. Berlin: Cornelsen

Günster-Schöning, Ursula (2012). Ich bin dann mal Erzieherin. Ausbildung und berufliche Realität. Göttingen: Vandenhoeck & Ruprecht

Hense, Margarita / Kunz, Hildegard (2014). Traumberuf Erzieherin. Ein Lesebuch zur Schatzsuche im pädagogischen Alltag. München: Don Bosco

Müller, Günther F. / Braun, Walter (2009). Selbstführung. Wege zu einem erfolgreichen und erfüllten Beruf- und Arbeitsleben. Bern: Hans Huber

Rodner, Manuela / Greine, Rita (2012). Die Haltung macht's! Kinder brauchen Sie – Wege aus dem Konzeptdschungel. Berlin: Cornelsen

Theißen, Bettina (2015). Der Mutmacher für Erzieherinnen und Erzieher. Wie Sie den Berufsalltag souverän meistern. Mülheim: Verlag an der Ruhr

Weiner, Christine (2010). Als Erzieherin gelassen und erfolgreich. Fit im Beruf durch Selbst-Coaching. München: Kösel

2. Selbsterfahrung, persönliche Weiterentwicklung

Asendorpf, Jens B. / Neyer, Franz J. (2012). Psychologie der Persönlichkeit. Heidelberg, 5. Aufl.: Springer

Brede, Andreas / Ballach, Sascha (2011). Raus aus deiner Komfortzone. Das Übungsbuch für die Entwicklung deiner Persönlichkeit. München: mvg

Chopich, Erika J. / Paul, Margaret (2009). Aussöhnung mit dem inneren Kind. Berlin: Ullstein

Chopich, Erika / Paul, Margaret (2012). Das Arbeitsbuch zur Aussöhnung mit dem inneren Kind. Berlin: Allegria

Cullberg Weston, Marta (2011). Auf der Suche nach dem inneren Kind. Wege zu mehr Selbstachtung. Weinheim: Beltz

Earley, Jay (2014). Meine innere Welt verstehen. Selbsttherapie mit Persönlichkeitsanteilen. München: Kösel

Frick, Jürg (2011). Die Kraft der Ermutigung. Grundlagen und Beispiele zur Hilfe und Selbsthilfe. Bern, 2. Aufl.: Huber

Gendlin, Eugene T. (2012). Focusing. Selbsthilfe bei der Lösung persönlicher Probleme. Reinbek, 10. Aufl.: Rowohlt

Jocob, Gitta / van Genderen, Hannie / Seebauer, Laura (2011). Andere Wege gehen. Lebensmuster verstehen und verändern – ein schematherapeutisches Selbsthilfebuch. Weinheim/Basel: Beltz

Holmes, Tom / Holmes, Lauri (2013). Reisen in die Innenwelt. Systemische Arbeit mit Persönlichkeitsanteilen. München, 3. Aufl.: Kösel

Kersig, Susanne (2014). Freiraum finden bei Stress und Belastung. Das praktische Übungsbuch mit CD auf Basis von Focusing und Achtsamkeit.

Kubitscheck, Gabriele (2012). Das Anti-Stress-Buch für ErzieherInnen. Übungen und Tipps für mehr Kraft und Zufriedenheit. München: Don Bosco

Missildine, W. Hugh (2012). In dir lebt das Kind, das du warst. Seelische Belastungen bewältigen. Stuttgart, 20. Aufl.: Klett-Cotta

Pommerenke, Ulrich (2013). Motivation und Erfolg. Strategien und Self-Coaching für ErzieherInnen. München: Burckhardthaus-Laetare

Ramsay, Graham Gordon / Sweet, Holly Barlow (2010). Reiseführer zum Selbst. Wer bin ich und wer will ich sein? Bern: Hans Huber

Rohr, Richard / Ebert, Andreas (2013). Das Enneagramm. Die 9 Gesichter der Seele. München, 47. Aufl.: Claudius

Rohr, Richard (2013). Das wahre Selbst. Werden, wer wir wirklich sind. Freiburg: Herder

Vogel, Georg (2013). Selbstcoaching konkret. Ein Praxisbuch für soziale, pädagogische und pflegerische Berufe. München: Ernst Reinhardt

Teil II
Psychologisches Grundwissen

		Seite
2	Allgemeine Grundlagen der Psychologie	60
3	Entwicklungspsychologische Grundlagen	94
4	Erziehungspsychologische Grundlagen	208

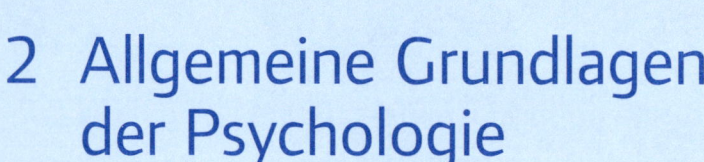

2 Allgemeine Grundlagen der Psychologie

Peter Dentler

2.1	**Schulen und Teildisziplinen der Psychologie**	**62**
2.1.1	Schulen der Psychologie	65
2.1.2	Teildisziplinen der Psychologie	69
2.2	**Begriffe und Methoden der Psychologie**	**70**
2.2.1	Die Begriffe Norm und Normalität	70
2.2.2	Die Begriffe Kausalität und Korrelation	74
2.2.3	Die Begriffe Objektivität und Wahrheit	76
2.2.4	Methodische Vorüberlegungen in der Psychologie	78
2.3	**Grundlagen und Verfahren der Psychotherapie**	**81**
2.3.1	Grundlagen psychotherapeutischer Verfahren	81
2.3.2	Verfahren der Psychotherapie	85

Die Psychologie wurde, ausgehend von den antiken griechischen Philosophen (→ Kap. 2.1), über die Jahrhunderte hinweg zunächst als **erkenntnistheoretisches Thema** behandelt.

> **Erkenntnistheorie**
>
> Befasst sich mit der Frage, bei welchen Methoden und Beweisführungen welche Erkenntnisse als wahr oder gerechtfertigt bezeichnet werden können. Setzt sich traditionell als eine der Disziplinen der Philosophie mit Wissen bzw. Annahmen über physikalische und metaphysische (nicht mit menschlichen Sinnesorganen erfassbare) Sachverhalte auseinander. Erkenntnistheoretische Konzeptionen z. B. der griechischen Antike legten die Grundlagen für einen naturwissenschaftlichen Wissenserwerb.

Die erkenntnistheoretische Auseinandersetzung in der Antike trat im Mittelalter hinter die theologische Auffassung von „Seele" zurück. Mit der Renaissance fand die Beobachtung von Mensch und Natur wieder mehr Raum und mit der (Weiter-)Entwicklung der Naturwissenschaften wurden auch das menschliche Verhalten und die weltlichen Gesichtspunkte des Begriffs „Seele" wieder Forschungsgegenstand. Dieser Forschungsbereich bediente sich zunehmend allgemeingültiger wissenschaftlicher Methoden und wurde so zu einer Wissenschaft vom Verhalten und Erleben des Menschen. Der Gegenstand der wissenschaftlichen Psychologie kann heute mit den Worten des Psychologieprofessors Philip G. Zimbardo beschrieben werden (→ unten).

> **Psychologie** *(nach Zimbardo, 2004)*
>
> „Die akademisch-wissenschaftliche Psychologie definiert sich selbst als eine Wissenschaft vom Verhalten, Erleben und dem Bewusstsein."

Die Psychologie will das allgemein bekannte normale und nicht normale Verhalten systematisch untersuchen, beschreiben und erklären und auf mögliche Gesetzmäßigkeiten hin überprüfen. Darüber hinaus lässt sich der Gegenstand der Psychologie nach Zimbardo weiter ergänzen um die äußeren und inneren Entwicklungsbedingungen des Menschen und um deren Vorhersagbarkeit.

2.1 Schulen und Teildisziplinen der Psychologie

Das Verständnis von Psychologie als *empirische Wissenschaft* ist mit dem Jahr 1879 verbunden, als der Physiologe Wilhelm Wundt in Leipzig das erste Institut für experimentelle Psychologie gründete und damit nicht nur die erste **Schule der Psychologie** ins Leben rief, sondern die Psychologie auch in den Rang einer eigenständigen Wissenschaft hob. Psychologie als empirische Wissenschaft setzt sich nicht mit der Seele oder dem Geist im theologischen oder philosophischen Sinne auseinander und auch nur in ihrer **Teildisziplin** der Klinischen Psychologie (→ Kap. 2.1.2) mit psychischen Problemen. Vielmehr ist es ihre Aufgabe, Hypothesen zur Beantwortung bestimmter Fragestellungen oder Theorien mit wissenschaftlichen Methoden zu prüfen. Dabei sind beispielsweise ein experimentelles Vorgehen, Versuche und systematische Beobachtung sowie statistische Testverfahren wichtige Werkzeuge, um wissenschaftlich Erfahrungen zu gewinnen.

Empirie und Hermeneutik

Der Zugang zur Beobachtung und Erklärung der verschiedenen Phänomene, sei es in der menschlichen oder in der uns umgebenden Natur, führt stets in die altgriechischen Wissenschaftstheorien zurück. Die zwei berühmtesten Vertreter antiker Denkschulen in Athen waren Platon (427–347 v. Chr.) und sein Schüler Aristoteles (384–322 v. Chr.). Sowohl die Philosophie des Platon als auch die des Aristoteles bilden die Grundlage des europäischen Wissenschaftsverständnisses. Platon entwickelte eine Ideenlehre, wonach es in der Welt Dinge (Ideen) gibt, die tatsächlich wahrnehmbar, erfahrbar und beobachtbar sind (Physik) und solche, die nicht mit menschlichen Sinnesorganen wahrnehmbar sind (Metaphysik). Platons Schüler Aristoteles vertrat eine Denkweise, die mit dem Begriff Empirie verbunden wird. Beide Denkweisen sind auch heute noch Bestandteil von grundlegenden Fragestellungen und immer wieder Anlass zum Streit der wissenschaftlichen Schulen untereinander.

Aus den Denkschulen der altgriechischen Philosophen entwickelten sich gegensätzliche Herangehensweisen bzw. Methoden der wissenschaftlichen Erkenntnis, die sich mit den Begriffen **Empirie** und **Hermeneutik** fassen lassen. Beide sind anerkannte wissenschaftliche Verfahren.

Empirie

 Empirie *(Empirik)*

Wissenschaftlich gewonnene Erfahrung mittels Methoden wie Experimente, systematische Beobachtungen oder Befragungen von ausgewählten Einzelpersonen oder Gruppen.

Der Denkansatz des Aristoteles besagt, dass jede Wahrnehmung und jede Erklärung immer auch tatsächlich nachprüfbar, zählbar und messbar sein muss. Dieses Gedankengut fand nach der fast ausschließlich theologischen Weltsicht des Mittelalters um 1600 wieder Einlass in die Gedankenwelt von Philosophen wie dem Engländer Francis Bacon, der den so genannten *Empirismus,* die Orientierung an der Wirklichkeit, entwickelte oder dem Franzosen René Descartes, dem der so genannte *Rationalismus,* die Orientierung an der Vernunft, zugeschrieben wird. Diese beiden Strömungen mündeten in eine Vielfalt von philosophischen Disputen und Auslegungen, bis im 20. Jahrhundert der heute verbreitete wissenschaftstheoretische Standard geschaffen wurde, wie ihn Karl Popper lehrte.

Hermeneutik

 Hermeneutik

Diente in der Antike und im Mittelalter des Christentums dem Verstehen, Deuten oder Auslegen grundlegender Texte. Entwickelte sich in der Neuzeit zu einem Erkenntnisverfahren der Interpretation und zu einer Philosophie des Verstehens.

Die **Hermeneutik** ist ein Erkenntnisverfahren, welches sich eher auf das Quellenstudium und dessen Interpretation bezieht als auf experimentell veränderbare und konkret beobachtbare Fragestellungen. Meist geht es dabei um Erkenntnisphilosophie, also etwa um Fragen nach dem Verhältnis vom Leib zur Seele oder um die Existenz des Menschen überhaupt, also um Themen, die sich der Empirie weitgehend entziehen und deshalb methodisch anders untersucht werden müssen.

Die hermeneutische Herangehensweise findet sich überwiegend in juristischen, theologischen, soziologischen, psychotherapeutischen oder pädagogischen Fragestellungen. Ein Beispiel für den hermeneutischen Forschungszweig im 20. Jahrhundert ist die so genannte *Frankfurter Schule* mit Theodor Adorno, Jürgen Habermas oder Alexander Mitscherlich, dem Mitbegründer des Fachgebiets der Psychosomatik.

Der Philosoph, Pädagoge und Psychologe Wilhelm Dilthey hat eine Unterscheidung in „verstehend" für die Hermeneutik und „erklärend" für die Empirie angeregt, die heute noch gebräuchlich ist (→ Tab. 2.1).

Hermeneutik	Empirie
Verstehend, deutend	**Erklärend,** messend, zählend
Interpretation von Quellen	Wissenschaftlich gewonnene Erfahrung
Von Platon bis Freud	Von Aristoteles bis Popper
• Theologie; Augustinus, Luther • Existenzialismus; Sartre, Heidegger • Phänomenologie; Husserl • Frankfurter Schule; Adorno, Habermas, Mitscherlich • Dilthey	• Rationalismus; Descartes • Empirismus; Bacon • Kritischer Rationalismus; Popper • Positivismus; Comte

Tab. 2.1: Denkansätze und prägende Vertreter der hermeneutischen und empirischen Herangehensweise

Die hermeneutischen Forschungszweige schließen eine empirische Herangehensweise nicht aus. Dagegen lehnen strenge Empiriker die hermeneutische Vorgehensweise meist als unwissenschaftlich ab. Darunter leiden die Pädagogik und die Psychotherapie. Die Erziehungswissenschaften versuchen bereits durch die Namensgebung ihren Anspruch klarzustellen.

Für die Psychologie als Wissenschaft trifft dieser Vorwurf kaum noch zu, da sie sich längst als empirische Wissenschaft darstellen und behaupten konnte. An vielen deutschen Universitäten wird sie als so genanntes Brückenfach über die Fakultätsgrenzen der Geisteswissenschaft, Sozialwissenschaft und der Naturwissenschaft hinweg gesehen (→ Tab. 2.2).

Geisteswissenschaften	Sozialwissenschaften	Naturwissenschaften
Pädagogik, Soziologie, Sprachen, Jura, Theologie, Geschichte	Pädagogik, Soziologie, Wirtschaft	Physik, Chemie, Medizin, Biologie, Ingenieurwissenschaften
Psychologie	Psychologie	Psychologie

Tab. 2.2: Die Psychologie als Brückenfach: Sie spielt in verschiedenen Wissenschaftsbereichen eine Rolle

2.1.1 Schulen der Psychologie

Eine Schulenbildung gibt es in den meisten Wissenschaftsbereichen; dies gilt vor allem für die hermeneutischen Bereiche der Forschung.

> **Schule** *(Denkschule)*
>
> Bezeichnet gemeinsam vertretene Theorien, Forschungsansätze, Methoden, eine gemeinsame wissenschaftliche Tradition, eine gemeinsame Lehrmeinung eines Kollegiums oder eines Forschungsteams.

Die so genannten **Schulen der Psychologie** sind bestimmte wissenschaftstheoretische Herangehensweisen. Sie nehmen häufig in einem Forschungsteam um einen Professor herum ihren Anfang, der durch entsprechende Veröffentlichungen in Zeitschriften, Büchern und vor allem auf Kongressen eine weithin beachtete Lehrmeinung vertritt. Weil dann der wissenschaftliche Nachwuchs oft in dieselben Fußstapfen tritt und die vorhandenen Forschungsansätze weiterentwickelt, gibt es eine über Jahre oder sogar Jahrzehnte anhaltende Lehrmeinung. Die Schulen sind keine Teildisziplinen (→ Kap. 2.1.2) der Psychologie. Es geht vielmehr um die Frage, mit welchen Theorien und Methoden die vorhandenen Fragestellungen am besten bearbeitet werden können. Sie unterscheiden sich demnach in ihren Grundannahmen und in ihrer Methodik. Heute gibt es innerhalb einer Teildisziplin der Psychologie verschiedene Schulen oder Ansätze, von denen sich manche jedoch stark voneinander abgrenzen.

Die verschiedenen Schulen oder Ansätze bilden eine wichtige Grundlage für das Verständnis der Psychologie und der verschiedenen therapeutischen Konzepte, die sich daraus entwickelt haben (→ Kap. 2.1.3). Ein solches Verständnis ermöglicht es Erzieherinnen, Begriffe und Informationen beispielsweise in der Kooperation mit externen Institutionen leichter zuzuordnen.

Leipziger Schule

Die erste empirisch-wissenschaftlich orientierte Schule gründete der Physiologe Wilhelm Wundt 1879. Er betonte die Bedeutung des Willens und des Menschen in psychischen Vorgängen. In der Völkerpsychologie erforschte Wundt Probleme wie Sprache, Mythos und Sittlichkeit, die er für eine ursprüngliche Anlage hielt.

Berliner Schule

Die **Berliner Schule** für experimentelle Psychologie wurde von Carl Stumpf 1893 gegründet. Nachdem Stumpfs Schüler Wolfgang Köhler 1922 die Leitung des Instituts übernommen hatte, wurde die Berliner Schule eine Schule der **Gestaltpsychologie** oder *Gestalttheorie*.

Die Gestaltpsychologie (→ Kap. 6.1.1) beschäftigt sich vor allem mit der Entstehung von Ordnung im psychischen Geschehen. Sie geht von einer Theorie der Wahrnehmung aus, die annimmt, dass der Mensch stets nach der „guten Gestalt" sucht. „Das Ganze ist mehr als die Summe seiner Teile", dieser Satz aus der Antike kann als Motto der Gestaltpsychologie gelten. Sie hat ihren Ursprung in den Forschungsarbeiten der bekanntesten Schüler von Carl Stumpf, Max Wertheimer, Wolfgang Köhler, Kurt Koffka und Kurt Lewin und betont den ganzheitlichen Charakter des menschlichen Wahrnehmens, Erlebens und Handelns. Dieser Ansatz wandte sich z. B. gegen den klassischen Behaviorismus und die ursprüngliche Triebtheorie.

Die Leistungen Kurt Lewins (1890–1947) liegen in verschiedenen Bereichen. Er hat entwicklungs- und erziehungspsychologische Untersuchungen veröffentlicht (z. B. über die Auswirkungen verschiedener Führungsstile auf Gruppen) und war Mitbegründer einer experimentellen Sozialpsychologie. Lewin begründete die Aktionsforschung, bei der der Forscher selbst Gegenstand der Forschung ist, und gab Anstöße zur Gruppendynamik im Sinne der Selbsterfahrung.

Behaviorismus

Der Behaviorismus als eine Theorie der Wissenschaft vom Verhalten entstand Anfang des 20. Jahrhunderts in den Vereinigten Staaten und geht auf John B. Watson zurück. Ausgehend von den Beobachtungen des russischen Mediziners Iwan P. Pawlow, dass Verhalten auf Reflexen beruht *(Klassische Konditionierung)*, legte Watson zugrunde, dass das Verhalten von Menschen und Tieren mit den Methoden der Naturwissenschaft untersucht werden muss und lehnte die Introspektion als Untersuchungsmethode ab.

Der Behaviorismus wurde in den 1950er-Jahren von Burrhus F. Skinner (*Operante Konditionierung*, → Kap. 3.1.7) radikalisiert: Er forderte, dass alle Ursachen für ein Verhalten mit naturwissenschaftlichen Begriffen beschrieben werden müssen, und konzentrierte sich ausschließlich auf die Vorgänge, die sich zwischen Mensch und Umwelt abspielen. Er verzichtete darauf, innerpsychische Vorgänge zur Erklärung von Verhalten heranzuziehen, da sie nicht mit naturwissenschaftlichen Begriffen zu beschreiben sind, und schloss auch andere nicht naturwissenschaftliche Einflüsse auf das Verhalten wie soziale oder kulturelle Zusammenhänge aus. Das bedeutendste Forschungsmittel der Behavioristen waren Laborstudien, da nur so alle Einflussfaktoren auf das Verhalten kontrollierbar waren.

Die Verfechter des Behaviorismus waren jahrzehntelang sehr einflussreich an den Universitäten und entschiedene Gegner der zeitgleich entstandenen *Psychoanalyse*. Sie haben wichtige Grundlagen für die Verhaltensforschung und für die meisten Lerntheorien erarbeitet. Der radikale Ansatz hat dem Behaviorismus jedoch auch heftige Kritik eingebracht und er verlor in den 1960er-Jahren seine vorherrschende Stellung in der akademischen Psychologie.

Tiefenpsychologische Schulen

Die Bezeichnung Tiefenpsychologie fasst die psychologischen Schulen oder Ansätze zusammen, die die seelischen Vorgänge mit bewussten und unbewussten Anteilen beschreiben. Die Tiefenpsychologie geht davon aus, dass sich unter der Oberfläche des Bewusstseins tiefere, unbewusste Schichten der Psyche befinden und auf das bewusste Seelenleben einwirken. Diese Vorstellung wurde von der akademischen Psychologie (→ Kap. 2.1.2) lange Zeit abgelehnt.

Bekannte **tiefenpsychologische Schulen** sind die von Sigmund Freud (1856–1939) gegründete **Psychoanalyse,** die Analytische Psychologie von Carl Gustav Jung und die Individualpsychologie von Alfred Adler. Alle drei Richtungen der Tiefenpsychologie betrachten die Kindheit als bestimmend für die Entwicklung der späteren Persönlichkeit. Die Ursachen für psychische Störungen werden mit der Interaktion zwischen dem Kind und seinen wichtigen Bezugspersonen in der Phase der frühen Kindheit in Verbindung gebracht.

Die Psychoanalyse nach Freud

Die **Psychoanalyse nach Freud** wurde zur größten Schule ihrer Art und zu einer geisteswissenschaftlichen Bewegung. Sie suchte anhand eines umfassenden Modells viele, wenn nicht gar alle menschlichen Verhaltensweisen zumindest im Groben einzuordnen:
- **Topographisches Modell** – das Bewusste, das Vorbewusste, das Unterbewusste
- **Instanzenmodell** – das Ich umgeben vom kontrollierenden Über-Ich und dem triebhaft fordernden Es (→ Tab. 2.3)
- **Phasenmodell der psychosexuellen Entwicklung** – orale, anale, phallisch-ödipale Phase, gefolgt von einer Latenzphase und schließlich einer genitalen Phase.

Psychische Instanzen	Verhaltensweisen
Über-Ich	• Ich-Ideal • Gewissen • Internalisierte elterliche Gebote und Verbote • Hat bewusste, vorbewusste und unbewusste Anteile
Ich	• Realitätsprinzip: Vermittler zwischen Es und Über-Ich • Abwehrmechanismen • Bewusste und unbewusste Anteile
Es	• Lustprinzip • Angeboren • Unbewusst • Eros • Später zusätzlich: Todes- oder Aggressions-„Trieb"

Tab. 2.3: Das Instanzenmodell von Freud zur Einordnung menschlicher Verhaltensweisen

Seine Modelle und viele der Begrifflichkeiten von Freud sind längst in die deutsche Sprache eingesickert. So z. B. der Begriff der „Freud'schen Fehlleistung". Hier zeigt sich die Wirkung von unbewussten Prozessen beispielsweise in Versprechern, die verborgene Gedanken oder Wünsche des Sprechers zum Vorschein bringen. Auch der Begriff „Verdrängung" als Abwehr von emotional unangenehmen Erinnerungen aus dem Bewusstsein gehört zum Wortschatz vieler Menschen außerhalb des psychologischen Berufsfeldes.

Humanistische Psychologie

Die **Humanistische Psychologie** entwickelte sich in den 1960er-Jahren in den USA und verstand sich neben dem Behaviorismus und der Tiefenpsychologie als die dritte Kraft in der Psychologie. Abraham H. Maslow und Erich Fromm sind die Gründerväter dieser Bewegung. Sie strebten eine Psychologie der seelischen Gesundheit an und studierten auf ihrer Suche nach einem positiven Menschenbild die Eigenart besonders gesunder und in ihrer Menschlichkeit ausgereifter Menschen. Damit unterschied sich ihr Ansatz von Sigmund Freud, der eher krankheitsorientiert die Folgen fehlgeleiteter Sozialisierung untersuchte, sowie auch von der behavioristischen Sicht auf den Menschen. Dieses Konzept wurde später von Carl Rogers aufgenommen und für den praktischen Bereich weiterentwickelt.

2.1.2 Teildisziplinen der Psychologie

Die akademische Psychologie wird in **Teildisziplinen** gelehrt. Es wird zwischen Grundlagenfächern und Anwendungsfächern unterschieden (→ Tab. 2.4).

Allgemeine Psychologie	Teildisziplinen/Grundlagenfächer. Beispiele
Befasst sich mit den grundlegenden psychischen Funktionsbereichen wie • Bewusstsein • Wahrnehmung • Lernen • Gedächtnis • Problemlösen • Denken • Wissen • Sprache • Motivation • Kommunikation	• Methodik • Wahrnehmung und Denken • Biologische Psychologie • Pädagogische Psychologie / Lernpsychologie • Entwicklungspsychologie • Sozialpsychologie • Differenzielle/ Persönlichkeitspsychologie
Angewandte Psychologie	**Teilsdisziplinen/ Anwendungsgebiete. Beispiele**
Bearbeitet Fragestellungen aus den Anwendungsgebieten auf Basis der Grundlagendisziplinen. Aus der Forschung heraus entwickeln sich neue „Techniken" wie • Therapien • Trainingsmaßnahmen • Qualitätssicherungssysteme	• Klinische Psychologie • Forensische Psychologie • Arbeits- und Organisationspsychologie • Politische Psychologie und Demoskopie • Psychologische Diagnostik • Verkehrspsychologie • Neuropsychologie • Gerontopsychologie

Tab. 2.4: Die Teildisziplinen der Psychologie unterscheiden sich in Grundlagen- und Anwendungsfächer

Die Benennung der methodisch-wissenschaftlichen sowie der konkret anwendungsbezogenen berufspraktischen Teildisziplinen spricht für sich selbst: So beschäftigt sich etwa die *Sozialpsychologie* mit dem Menschen in der Gruppe (→ Kap. 5.3) und die *Entwicklungspsychologie* steht für die systematische Analyse der Entwicklung von Individuen (→ Kap. 3).

Die Teildiziplinen Sozialpsychologie, Entwicklungspsychologie sowie die Erkenntnisse aus der *Wahrnehmungs-* und *Gestaltpsychologie* (→ Kap. 6.1.1) behandeln zentrale, berufsfeldrelevante Themen für Erzieherinnen. Die Auseinandersetzung damit kann Erzieherinnen das Rüstzeug liefern für eine professionelle Interaktion mit den Kindern.

2.2 Begriffe und Methoden der Psychologie

Die **Fragestellungen der Psychologie** beziehen sich auf das gesamte menschliche Verhalten und Erleben. Im Gegensatz zur Alltagspsychologie versucht die wissenschaftliche Psychologie, ihre Aussagen daraufhin kritisch zu überprüfen, ob sie wahr oder falsch sind. Für eine solche Überprüfung braucht sie geeignete **Methoden,** die ein systematisches Vorgehen und Auswerten ermöglichen.

Da es nicht für jede Fragestellung die geeignete Methode gibt, müssen Methoden entwickelt und überprüft werden. Es gibt innerhalb der Psychologie Methodenfächer, die sich mit dem psychologischen Handwerkszeug des Erkenntnisgewinns befassen. Sie stellen für andere Disziplinen Verfahren bereit und entwickeln eigene Methoden neu oder weiter. Für Wissenschaftler heißt dies beispielsweise, sich mit der Wissenschaftstheorie (→ Kap. 2.1) auseinanderzusetzen, mit der Versuchsplanung und -auswertung oder mit Statistik. Ebenso ist es unumgänglich, sich auf ein Verständnis von Begriffen zu einigen, um Eindeutigkeit herzustellen und Unschärfen zu vermeiden.

Erzieherinnen können über zentrale **Begriffe** wie *Norm, Kausalität, Objektivität* und über die methodische Vorgehensweise am Beispiel „Gewalt in den Medien" – von der Hypothesenbildung bis zur Interpretation der Ergebnisse – besser verstehen lernen, wie wissenschaftliche Ergebnisse der Psychologie zustande kommen.

2.2.1 Die Begriffe Norm und Normalität

Der Begriff der **Normalität** lässt sich vielfach interpretieren und hat entsprechend dem Wertesystem des wertenden und des bewerteten Menschen eine andere Bedeutung. Was ist also normal? Wenn Normalität bedeutet, der **Norm** zu entsprechen, so ist ein genauerer Blick auf den Begriff der Norm notwendig.

Soziale Norm

> **Soziale Norm** *(moralische Norm)*
>
> Übereinkünfte, Regeln, Richtwerte, die bestimmt sind durch die gesellschaftlich entwickelte Ethik (Lehre von der Moral). Soziale Normen können weltweit gelten, z. B. „Du sollst nicht töten", regional, z. B. in Staaten und ihren Gesetzen, oder nur in Kleingruppen, z. B. in der Familie. Soziale Normen bzw. ein solches Normengefüge bestimmen die Regeln des Zusammenlebens und bewerten Verhaltensweisen nach qualitativen Kriterien.

Soziale Normen sichern den Bestand von Gesellschaften und Gruppen; Verstöße werden sanktioniert. Die soziale Norm ist ein Soll-Wert; sie ist identitätsstiftend durch Glaubenssätze und religiöse Gebote, sie bestimmt, was gut oder böse ist und legt Verantwortung und Schuld, Gesetze und Sanktionen fest. Auch politische Programme, das Konzept der Demokratie oder der Menschenrechte sind von Menschen entwickelte Vorstellungen von sozialer (ethischer) Norm. Immanuel Kant (1724–1804) brachte dieses Thema auf die Formel des „kategorischen Imperativ": Handle stets so, dass die Maxime deines Willens jederzeit zugleich als Prinzip einer allgemeinen Gesetzgebung gelten könnte (→ Tab. 2.5).

Soziale Normen	Beschreibung	Wirkungsgrad und -dauer	Anspruch, Soll-Wert
Ethik; Lehre von der Moral	• Regeln des Zusammenlebens • Religiöse Gebote, Gut oder Böse • Gesetz und Ordnung, Verträge • Kant: kategorischer Imperativ • Ideologien, politische Programme • Menschenrechte, Demokratie • Verantwortung und Schuld • Qualitativ, identitätsstiftend	• Weltweit und überdauernd • Regional und kurzlebig	• Sichert den Bestand von Gesellschaften und Gruppen • Verstöße werden sanktioniert

Tab. 2.5: Soziale Normen sichern den Bestand von Gesellschaften

Statistische Norm

> **Statistische Norm**
>
> Empirisch erfasste quantitative Häufigkeitsverteilung eines Merkmals oder einer Verhaltensweise.

Statistische Normen sind bezogen auf eine gezielt erfasste Bevölkerung oder eine möglichst repräsentative Stichprobe davon. Meistens werden die gefundenen Werte erst als Zahlen und dann der leichteren Erfassbarkeit wegen als Fläche auf der **Glockenkurve nach Gauß** *(Normalverteilung)* (nach Carl F. Gauß 1777–1855) abgebildet (→ Abb. 2.6).

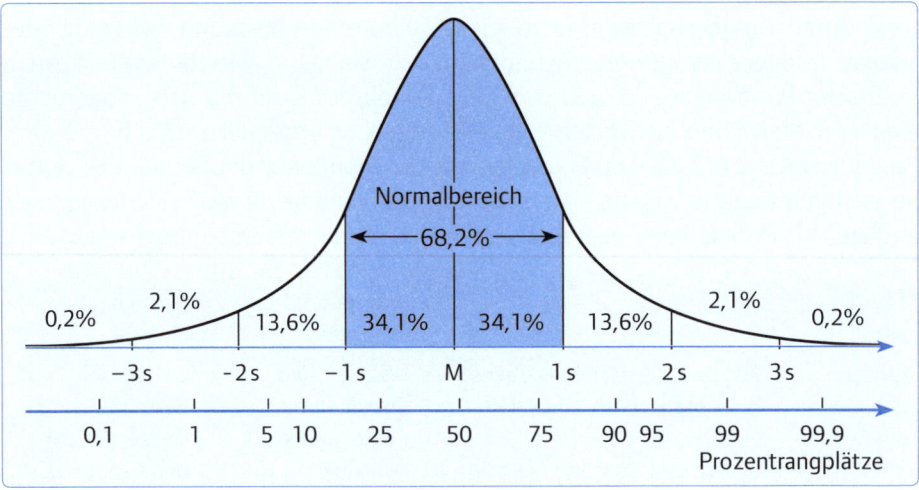

Abb. 2.6: Die Glockenkurve nach Gauß erfasst den Normalbereich

Als durchschnittlich und damit „normal" gelten ca. 68 % der Fläche unter der Glockenkurve, ausgehend vom Mittelpunkt der Skala unter der Kurve, der Rest ist „abweichend" und wird als unter- bzw. überdurchschnittlich bezeichnet. Dabei handelt es sich um einen Ist-Wert, einen beschreibenden Vorgang (deskriptive Statistik), der zunächst noch keine Beurteilung erfährt. Statistische Normen dienen der Ordnung und der Kategorienbildung und bilden damit die Grundlage für Diagnostik und Förderung (→ Tab. 2.7).

Im Alltag sind wir mit messbaren statistischen Normen konfrontiert, die unseren körperlichen oder geistigen Zustand vergleichen und einordnen: medizinische Normen wie Gewicht, Blutdruck oder psychische Normen wie Intelligenz, Leistung, Merkfähigkeit, Konzentration, Emotionalität. Die momentanen Werte werden verglichen mit statistischen Werten. Dies sind Messergebnisse, die mithilfe von geeichten Messinstrumenten vorher aus einer repräsentativen Bevölkerungsgruppe erhoben worden sind. Erst nach der Einordnung der gefundenen Werte wird von Experten beurteilt, ob und wie behandelt oder gefördert werden soll.

Statistische Norm: Beschreibung		Anspruch
• Normabweichungen • Häufigkeitsverteilung, quantitativ • Normalverteilung nach Gauß (→ Abb. 2.6)	• Deskriptiv • Nicht bewertend	• Ist-Wert: • Beschreibt und ordnet in Kategorien
• Idealwerte • Medizinische Norm, z. B. Gewicht, Blutdruck • Physisch-ästhetische Norm, z. B. Schönheit • Psychische Norm, z. B. Intelligenz, Leistung	• Physiologisch • Ästhetisch • Kognitiv	• Grundlage für Diagnostik und Förderung

Tab. 2.7: Statistische Normen vergleichen und ordnen

Normabweichungen

Eine statistische **Normabweichung** als Faktum ist zunächst weder negativ noch positiv: Ein Mensch kann – in Zentimetern ausgedrückt – groß oder klein sein. Auch die Intelligenz kann als hoch oder niedrig gemessen werden. In diesem Verständnis ist auch eine überdurchschnittliche Intelligenz eine statistische Normabweichung.

Erst die **soziale Norm** entscheidet, ob und wie etwas sanktioniert wird. Dabei ist es unbedeutend, ob statistisch durchschnittliche Normalität vorliegt. Angenommen, die Mehrzahl einer Bevölkerung lügt und betrügt, so ist das statistisch gesehen normal, aber bei anders lautendem moralischem Anspruch ist es als negativ und falsch zu bewerten.

Ein besonderes Problem stellt sich, wenn Normabweichung mit Krankheit gleichgesetzt wird. Ein hünenhaft gewachsener Mensch ist bestimmt nicht „normal", was seine Größe betrifft, doch ist er deshalb nicht unbedingt krank. Krankheit hat nicht nur mit objektiver Normabweichung zu tun, sondern auch mit subjektivem Leidensdruck. Und deshalb sollte niemand gegen seinen Willen behandelt oder gefördert werden, nur weil er nicht der Norm entspricht. Nicht nur Psychologen oder Ärzte müssen sich stets dieses Unterschieds bewusst bleiben. Auch für Erzieherinnen heißt dies, sehr reflektiert mit Beobachtungen und Bewertungen wie abweichendem Verhalten oder (noch) nicht erreichten Entwicklungsnormen umzugehen.

Technische Norm

Technische Normen wie z. B. DIN (Deutsche Industrie Norm), ISO (International Organization for Standardization), Schulnoten und Zensuren, Währungen, aber auch Uhrzeit, Kalender sind Konventionen, die der Standardisierung dienen. Sie ökonomisieren einerseits Arbeitsabläufe und Materialeinsatz, andererseits vergleichen und sichern sie Qualitätsmerkmale, die vom Kunden oder von Geldgebern gewünscht werden. Während bei der sozialen Norm das jeweils gültige Rechtssystem die Einhaltung und Kontrolle regelt, übernehmen diese Aufgabe bei den technischen Normen der Markt oder der TÜV (Technischer Überwachungsverein).

In psycho-sozialen Arbeitsfeldern definieren ISO-Normen häufig nur fließende Übergänge oder formale Aspekte. Eine umfangreiche Dokumentation von Vorgängen und Arbeitsabläufen kann die subjektive Befindlichkeit und das Wohlergehen von Klienten nicht hinreichend beschreiben. Streng genommen handelt es sich deshalb dort eher um eine **Quantitätssicherung**, welche die Qualität subjektiv empfundener menschlicher Zuwendung oft zu einem Nebenprodukt macht.

Ausschließlich markt- und betriebswirtschaftlich orientierte Methoden sind als Maßnahme der **Qualitätssicherung** in der psycho-sozialen Arbeit auf ihre Aussagefähigkeit zu prüfen.

2.2.2 Die Begriffe Kausalität und Korrelation

Eine wichtige Unterscheidung in der Wissenschaftssprache stellt das Begriffspaar **Kausalität** und **Korrelation** dar. Es handelt sich um zwei messbare, aber verschiedenartige Zusammenhänge.

 Kausalität

Bezeichnet die Wirkungsbeziehung zwischen Ursache und Wirkung, empirisch und statistisch nachweisbar und im Experiment zuverlässig wiederholbar und damit vorhersagbar.

Die empirische Forschung sucht unentwegt nach **kausalen Zusammenhängen**. Doch die meisten Faktoren, die wir als Bedingungsgrößen für menschliches Verhalten annehmen, lassen sich (noch) nicht bis ins Detail experimentell untersuchen. Gerade in der Psychologie und den Erziehungswissenschaften, aber auch in der Medizin muss oft mit modellhaften Erklärungen gearbeitet werden, weil die ursächlichen Wirkungszusammenhänge zwar vermutet, aber (noch) nicht bewiesen werden können.

Die Aussage, ein Verhalten sei genetisch bedingt oder vererbt, ist in den meisten Fällen genauso wenig kausal nachweisbar wie die Aussage, eine schlechte Kindheit bedinge spätere Verhaltensauffälligkeiten: Für beide Behauptungen gibt es **korrelative Anhaltspunkte**, aber noch keine Methodik, um Kausalzusammenhänge zu bestätigen.

> **Korrelation**
>
> Mathematisch-statistisch nachweisbare Wechselbeziehung zwischen zwei oder mehreren beobachtbaren Variablen *(Merkmalen)*, jedoch ohne im Detail sagen zu können, welche Faktoren diese Abhängigkeit bedingen und somit ohne nachweisbare Ursache-Wirkungs-Beziehung.

In den Naturwissenschaften wie der Physik oder der Chemie lassen sich die zu untersuchenden Faktoren immer wieder neu zusammenstellen. Bei der Untersuchung des menschlichen Erlebens und Verhaltens stellt sich für den Wissenschaftler dagegen sehr schnell die Frage der Ethik – niemand würde Kinder von ihren Eltern trennen, um so den Einfluss auf ihr Bindungsverhalten zu untersuchen.

Es können Bindungen untersucht werden, die bereits voneinander getrennt sind. Doch handelt es sich dabei um eine Rückwärtsuntersuchung, ex-post-facto genannt, bei der die experimentellen Bedingungen nicht mehr gezielt und isoliert gesteuert werden können. Bei solchen Untersuchungen können zwar hohe mathematisch-statistisch nachweisbare Zusammenhänge gefunden werden, z.B. eine Häufung von Verhaltensauffälligkeiten bei Scheidungskindern, doch handelt es sich dabei zunächst um eine rein rechnerische Beziehung, also eine Korrelation. Ob überhaupt ein inhaltlicher oder gar kausaler Zusammenhang besteht, bleibt offen. Nicht jedes Kind geschiedener Ehen wird notwendigerweise verhaltensauffällig. Darüber hinaus kann sich eine Verhaltensauffälligkeit in sehr unterschiedlicher Weise und Intensität zeigen. Es ist also keine Vorhersagbarkeit gegeben.

Je vielschichtiger der untersuchte Gegenstand, je größer also die Anzahl der zu isolierenden Variablen ist, desto schwieriger und unwahrscheinlicher wird es, kausale Zusammenhänge zu finden und zu isolieren. Dies gilt insbesondere für komplexe Verhaltensweisen von Lebewesen.

Die meisten empirischen Untersuchungsergebnisse in der Psychologie wie auch in der Pädagogik sind Aussagen korrelativer Art. Dann kann anhand von Modellen und Theorien versucht werden, die Beziehungen zwischen den Phänomenen besser zu verstehen. Doch erst wenn Beziehungen empirisch als kausal nachgewiesen werden können, sind sie auch erklärbar und vorhersagbar.

2.2.3 Die Begriffe Objektivität und Wahrheit

Bei den Begriffen **Objektivität** und **Wahrheit** handelt es sich in der Wissenschaftssprache um zwei völlig unterschiedliche Aspekte.

Objektivität

> **Objektivität**
>
> Erfordert größtmögliche persönliche und emotionale Distanz zum Beobachtungsgegenstand, um Wertungen oder subjektive Verzerrung zu vermeiden. Objektivität eines wissenschaftlichen Experimentes bedeutet die Unabhängigkeit von den äußeren Bedingungen und vom Versuchsleiter.

Soll **Objektivität** gewährleistet sein, müssen verschiedene Beobachter ohne persönliche oder emotionale Ablenkung bei der Beobachtung und Beurteilung einer Sachlage zu demselben Ergebnis kommen. Doch selbst bei hoch spezialisierten Gutachten kann es ein Gegengutachten geben, das wiederum zu anderen Ergebnissen kommt. Dabei kann durchaus eine Übereinstimmung der gemessenen Ergebnisse vorliegen – doch die Beurteilung, die Interpretation dieser Ergebnisse ist unterschiedlich. Objektivität ist demnach das Ausmaß der Übereinstimmung von Fachgutachtern. Es gibt also nicht *die* Objektivität, sondern ein niedriges oder hohes Ausmaß an Objektivität. Objektivität ist keine festgelegte oder unveränderliche Größe: Sie ändert sich bei neuen Erkenntnissen und ist nur vorläufig gültig – also ein Ist-Wert.

Bei jedem wissenschaftlichen Versuch, jedem Experiment, Interview oder Test (standardisiertes Experiment) gibt es eine Aussage über die Objektivität der Durchführung, eine Objektivität der Auswertung und eine Objektivität der Interpretation. Diese Aussagen werden mathematisch berechnet und in Zahlen, so genannten Koeffizienten, ausgedrückt. Nach wissenschaftlichem Verständnis muss ein Experiment willkürlich, variierbar und wiederholbar sein. Doch ist es im Bereich der Pädagogik und der Psychologie nicht einfach, diesen Ansprüchen zu genügen, da beispielsweise „Aggression" oder „die Eltern-Kind-Beziehung" nicht einfach zu definieren sind. Dies sind so genannte **hypothetische Konstrukte**, denn z. B. Aggression selbst ist nicht beobachtbar, sondern nur ihre Wirkung.

> **Hypothetische Konstrukte**
>
> Prozesse, die selbst nicht beobachtet werden können, sondern lediglich die Wirkungen dieser Prozesse. Die Kenntnis der Wirkungen sowie das Bezugssystem einschlägiger Erkenntnisse ermöglichen Rückschlüsse auf das, was nicht sichtbar ist.

Eine weitere Schwierigkeit ist die Tatsache, dass die zu untersuchenden Personen nicht einfach stillhalten, bis das Experiment zu Ende ist. Sie befinden sich dauernd in tatsächlicher oder emotionaler Bewegung, meistens auch noch abgelenkt und beeinflusst durch das Experiment selbst. Diesen Faktor bezeichnen Psychologen als Reliabilität. Sie ist wie die Objektivität messbar.

Wahrheit

> **Wahrheit**
>
> Umgangssprachlich ist Wahrheit das Gegenteil von unabsichtlich geäußerter Unwahrheit oder absichtlicher Lüge. Wahrheit oder Lüge entscheiden über Schuld und Verantwortung und damit über Strafart und Strafmaß gegenüber den Rechtsnormen einer Gemeinschaft. Deshalb ist Wahrheit ein hohes moralisches Gut, eine wichtige **soziale Norm.**

Der Philosoph Immanuel Kant (1724–1804) hat sich auch mit der **Wahrheit** auseinandergesetzt. Er setzt Wahrheit einem Glauben, einer Überzeugung gleich: Entweder man glaubt etwas oder man glaubt es nicht. Es gibt keinen Mittelwert, und genau da liegt der Unterschied zwischen Glaube und wissenschaftlichem Wissen – Glaube ist absolut. Glaube wird auch nicht dadurch objektiv, wenn Millionen Menschen dasselbe glauben, denn es fehlt die wissenschaftlich experimentelle Überprüfbarkeit. Wahrheit ist absolut, Objektivität ist relativ. In diesem Sinne ist Wahrheit, anders als Objektivität, eine qualitative Größe. Die Wahrheit kann fortdauernden Bestand haben, weil sie auch unabhängig von Sachargumenten weiter geglaubt werden kann.

Nach heutigem Wissenschaftsverständnis ist Wissen selten absolut, sondern meist vorläufig. Diese Erkenntnis darf aber nicht zur grundsätzlichen Ablehnung von wissenschaftlichen Aussagen führen. Denn das, was zurzeit als nachprüfbar sowie hoch objektiv gilt und damit gegenwärtiger wissenschaftlicher Stand ist, bietet Erzieherinnen eine Orientierung für eine professionelle Berufsausübung. Es gilt, sich ständig über neue Erkenntnisse zu informieren und festzustellen oder zu erfragen, wie sie zustande gekommen sind.

2.2.4 Methodische Vorüberlegungen in der Psychologie

Anhand einer Reihe von **methodischen Vorüberlegungen** am Beispiel „Gewalt in den Medien" wird exemplarisch dargestellt, wie sich die Psychologie einem Thema zu nähern versucht. Eine methodische Vorgehensweise in der Psychologie bedeutet, sich mit der **Hypothesenbildung, Definition und Operationalisierung** sowie mit der **Auswertung** und **Interpretation** der Ergebnisse auseinanderzusetzen.

Hypothesenbildung

> **Hypothese** *(altgr. = Unterstellung, Voraussetzung, Grundlage)*
>
> Aussage, deren Gültigkeit unter bestimmten Bedingungen vermutet wird. Sie muss widerspruchsfrei und begründbar sein und mit dem allgemeinen Wissen übereinstimmen.

Gewalt ist ein stark emotional besetztes Thema. Auf der einen Seite geht es um einen gesellschaftlich-moralischen Konsens, inwieweit Kinder der in den Medien gezeigten Gewalt überhaupt ausgesetzt werden dürfen, ohne sie in ihrer Persönlichkeitsentwicklung zu beschädigen. Auf der anderen Seite geht es um Presse- und Medienfreiheit, aber auch um Geld in Form von Einschaltquoten. Hinzu kommt, dass jeder Wissenschaftler auch eine persönliche Biografie hat. Sie wird sich in seine Überlegungen einschleichen. Sei es z. B. die Generations- oder die Geschlechtszugehörigkeit, beide Faktoren haben seine bewusste und seine unbewusste Vorstellung von Gewalt beeinflusst. Es ist deshalb sinnvoll, solche Einflussfaktoren einzubeziehen bei der Betrachtung des aktuellen Wissens- und Forschungsstands bzw. der bereits existierenden Hypothesen und Theorien.

In der Öffentlichkeit sowie der einschlägigen Literatur (Langfeld/Nothdurft, 2004) wird der Verdacht geäußert, dass die in den Medien dargestellte Gewalt verantwortlich sei für die Zunahme von Gewalt in Schulen und auf der Straße. Der Psychologe Herbert Selg hat dazu eine vergleichende Übersicht vorgelegt (2004). Zu seinen Theorien zählen die:

- **Risikotheorie,** wonach sich durch Gewalt in den Medien die Aggressionsbereitschaft ständig erhöht. Für diese Theorie sprechen viele empirisch gesi-

cherte Befunde wie etwa die des Sozialpsychologen Stanley Milgram (1933–1984) zum Thema Autorität und Gehorsam
- **Katharsistheorie** (griech. = Reinigung), wonach sich konkrete Gewaltbereitschaft durch die nicht tatsächlich, sondern nur im Bild und in der Vorstellung vollzogene Gewalt sozusagen als ein die Psyche reinigendes Aggressions-Gewitter entlädt.

Sowohl von der Psychoanalyse als auch von den Lerntheorien kommen bedeutsame Beiträge zu diesem Thema hinzu. **Lerntheorien** sind Hypothesen, die versuchen, Lernen im Sinne einer relativ stabilen Verhaltensänderung psychologisch zu beschreiben und zu erklären. Es gibt vier Haupttheorien:
- *Lernen durch Einsicht;* Köhler (1887–1967), später: *kognitives Lernen*
- *Klassisches Konditionieren;* Pawlow (1849–1936) (→ Kap. 2.1.1)
- *Instrumentelles Lernen;* Thorndike (1874–1949) und Skinner (1904–1990), Skinner; operantes Konditionieren (→ Kap. 2.1.1)
- *Lernen am Modell / Nachahmung;* Bandura (geb. 1925).

Das **Lernen am Modell** des Psychologen Albert Bandura bietet folgende Hypothese an: Kinder lernen durch das Vorbild in den Medien, dass man mit Gewalt fast alles erreichen kann.
Wird das **Modell des operanten Konditionierens** hinzugefügt, könnte die Hypothesenbildung lauten: Die erfolgreiche Nachahmung von Gewalt aus den Medien verstärkt dieses Verhalten und vergrößert damit die Wahrscheinlichkeit des Auftretens.
Vor dem Hintergrund des scheinbar *kausalen Zusammenhangs* (→ Kausalität und Korrelation) von Gewalt in den Medien und der zeitgleichen Zunahme an Gewaltbereitschaft bei Kindern und Jugendlichen wurde also eine erste Hypothese aufgestellt. Hypothesen werden aus methodischen Gründen meist negativ formuliert. Sie lautet demnach: Gewalt in den Medien erzeugt oder fördert nicht die tatsächliche Zunahme an Gewaltbereitschaft bei Kindern und Jugendlichen. Dies muss durch die Untersuchung widerlegt (falsifiziert) werden. Eine Frage lautet also, ob dieser angenommene Zusammenhang überhaupt bestätigt werden kann. Die andere Frage besteht darin, ob ein statistisch gefundener Zusammenhang durch Nachahmung zustande gekommen ist.

Definition und Operationalisierung

Nach der Hypothesenbildung muss genau definiert werden, was unter den Begriffen „Gewalt, Gewaltbereitschaft" zu verstehen ist. Die zu definierenden Begriffe sind zunächst hypothetische Konstrukte. Der Begriff „Zunahme" benötigt außer einer Definition auch einen statistisch erfassbaren und konkret nachvollziehbaren Ausgangspunkt (vergleichbar der eigenen Gewichtszunahme auf der

Waage, die sich nur dann feststellen lässt, wenn man sein Ausgangsgewicht kennt.). Eine zutreffende Definition alleine genügt jedoch noch nicht: Das zu untersuchende Merkmal muss so aufgeschlüsselt werden, dass es beobachtbar und am besten auch zählbar gemacht werden kann. Diesen Schritt nennt man **Operationalisierung** (lat. opera = Arbeit).

Auswertung und Interpretation der Ergebnisse

Nach der genauen Definition von beobachtbaren Verhaltensweisen muss der Forscher entscheiden, wie beobachtet, untersucht und ausgewertet werden soll: durch ein Experiment, durch ein Interview oder durch andere Möglichkeiten der Verhaltensbeobachtung. Auch dazu gibt es wieder viele Standards und Details zu berücksichtigen, damit Beobachtungs- und Auswertungsfehler weitgehend ausgeschlossen sind. Darüber hinaus ist vorab genau festzulegen, für wen die Ergebnisse repräsentativ sein sollen. Meist ist die Auswahl einer geeigneten Stichprobe mühselig und langwierig. Viele Untersuchungsergebnisse leiden unter Stichprobenfehlern und sind schon deshalb nicht als repräsentativ für eine ganze Gesellschaft zu bewerten.

 Stichprobe

Teilmenge einer Menge aller potenziellen Untersuchungsobjekte, die unter bestimmten Gesichtspunkten ausgewählt wurde. In der psychologischen Forschung wird häufig mit Stichproben gearbeitet, da es in der Regel nicht möglich ist, die Gesamtbevölkerung zu untersuchen. Mithilfe des Prinzips der Induktion wird von besonderen auf allgemeine Fälle geschlossen.

Die Frage, wie die Ergebnisse einer Beobachtungsreihe ausgewertet und dargestellt werden sollen, begleitet den ganzen Prozess der Untersuchung. Wird es eine Darstellung mithilfe beschreibender Statistik, also z. B. Zahlen in Diagrammform, so dass die Ergebnisse besser erfasst werden können? Oder werden darüber hinaus statistische Analysen angestellt, die die Ergebnisse etwaiger Vergleichsgruppen zueinander in Beziehung setzen?
Eine weitere Möglichkeit ist es, auf mathematischem Wege abzuklären, ob die gefundenen Werte nur Zufallsprodukte sind. Wird nur ein einziges Verhaltensmerkmal untersucht, ist das schon schwierig genug und bedarf größter Sorgfalt und Vorbereitung. Wenn aber mehrere Verhaltensmerkmale und Einflussgrößen gleichzeitig und in gegenseitiger Abhängigkeit untersucht werden sollen – und das ist die Regel – dann wird das ganze Untersuchungsverfahren zu einem großen, kostspieligen Aufwand.

Sind die für die Fragestellung nötigen Vorarbeiten geleistet, werden die Ergebnisse von den Wissenschaftlern interpretiert und veröffentlicht. Und damit kann auch eine öffentliche Diskussion einsetzen, die oft genug weniger an den Fakten interessiert ist, sondern daran, ob die Ergebnisse und ihre Interpretation ins jeweilige Konzept passen. Von der Psychologie wird die konkrete und möglichst schnelle Umsetzbarkeit von Ergebnissen in die praktische Arbeit erwartet, doch Grundlagenforschung kann solche Erwartungen nur selten erfüllen. Vielmehr geht es darum, die Alltagspsychologie und die Überzeugungen des „gesunden Menschenverstands" zu überprüfen, zu differenzieren, zu bestätigen oder zu widerlegen.

2.3 Grundlagen und Verfahren der Psychotherapie

Aus den verschiedenen Schulen und Ansätzen der Psychologie (→ Kap. 2.1.1) entwickelten sich verschiedene Modelle und **Verfahren der Psychotherapie.** Erzieherinnen haben meist nur indirekt mit diesem Thema zu tun. Werden sie zu diesem Themenbereich um Rat gefragt, sollen sie Auskunft darüber geben können, was Psychotherapie ist bzw. wo anerkannte Psychotherapeuten zu finden sind. Die Begrifflichkeiten und Differenzierungen zu kennen, ist ebenso für die Kooperation mit entsprechenden Institutionen hilfreich.

2.3.1 Grundlagen psychotherapeutischer Verfahren

Die therapeutischen Konzepte der Familientherapie, der Kindertherapie, der Spieltherapie, der systemischen Therapie, der Verhaltenstherapie sowie der Psychoanalyse werden oft nebeneinander gestellt. Die Betrachtung ihrer historischen und methodischen Herkunft macht ihr über- bzw. nachgeordnetes Verhältnis zueinander deutlich.

Historische und methodische Grundlagen

Die wichtigsten **historischen und methodischen Grundlagen** für viele psychotherapeutische Verfahren sind das psychoanalytische und das lerntheoretische Modell. Während sich die Lerntheorien und die daraus abgeleitete *Verhaltenstherapie* begrifflich klar unterscheiden lassen, steht *Psychoanalyse* (→ Kap.

2.1.1) gleichzeitig für ein Persönlichkeits- und Entwicklungsmodell des gesunden Menschen wie auch für eine therapeutische Methodik des kranken Menschen.

Die deutsche Sprache und die Begriffswelt der Pädagogik sind bereits durchsetzt mit Denk- und Ausdrucksweisen der Psychoanalyse und der Lerntheorien: So wich Sigmund Freud beispielsweise von dem bis dahin verbreiteten statischen Persönlichkeitsmodell ab. Für ihn war der Mensch nicht „so, wie er ist", vielmehr entwickelte er ein dynamisches Persönlichkeitsmodell – der Mensch ist „so, wie er sich durch Erziehungsbedingungen entwickelt hat." Dieser Zusammenhang spiegelt sich auch in vielen pädagogischen Ansichten wider. Auch die von der Psychoanalyse ausgehende Annahme, dass hinter jedem psychischen Leiden wahrscheinlich auch ein bis in die Kindheit zurückliegender Konflikt stehe, ist heute weit verbreitetes Gedankengut. Lerntheoretische Begriffe wie die positive und negative Verstärkung oder das Lernen am Modell haben inzwischen in die pädagogische Begrifflichkeit Eingang gefunden.

Der Begriff Psychotherapie

> **Psychotherapie**
>
> Behandlung psychischer und psychosomatischer Krankheiten, Leidenszustände oder Verhaltensstörungen mit psychischen und/oder pharmazeutischen Mitteln.

Psychische Mittel, die therapeutisch zum Einsatz kommen, sind in der Regel psychotherapeutische Gespräche mit oder ohne erlebnisaktivierende Maßnahmen (→ Kap. 2.2.2) der Selbsterfahrung, einschließlich von Träumen.

Behandlung bedeutet jedoch nicht automatisch Heilung. Viele Krankheiten können zwar behandelt, aber nicht geheilt werden. Ebenso bewirkt Psychotherapie nicht automatisch eine Verhaltensänderung: Meist werden bescheidenere Ziele wie der Erhalt von Selbstständigkeit oder die Akzeptanz eigener Unzulänglichkeiten als Erfolg gesehen.

Viele Pädagogen bestehen aufgrund ihres Selbstverständnisses auf der grundsätzlichen Veränderbarkeit des Menschen. Dies ist eine alte philosophische Fragestellung, welche sich mit der Freiheit des Menschen (Selbstbestimmung) oder seiner biologischen und sozialen Determiniertheit (hier: Fremdbestimmung) beschäftigt. Ein eindeutiges Ergebnis zugunsten einer dieser Positionen ist noch nicht gefunden.

Seit rund 60 Jahren ist die Therapie der Psyche auch mit Psychopharmaka möglich.

> ✎ **Psychopharmaka**
>
> Medikamente, die auf die Psyche des Menschen einwirken wie Antidepressiva, Neuroleptika oder Beruhigungsmittel. Sie dienen vorwiegend der Behandlung psychischer Störungen und neurologischer Krankheiten.

Die Therapie der Psyche mit Psychopharmaka ist bei bestimmten Diagnosen nicht nur angezeigt, sondern das Mittel der Wahl. Der oft wiederholte Einwurf, dies sei *nur* eine symptomorientierte Behandlung, ist ungerechtfertigt. Denn auch bei der Behandlung von körperlichen Krankheiten, insbesondere bei Schmerzen, kann meist ebenfalls nur symptomorientiert vorgegangen werden, weil die genauen Ursachen noch unbekannt sind.

Der Ruf nach ursächlicher Behandlung setzt das Wissen um nachweisbare kausale Zusammenhänge (→ Kap. 2.1.3) voraus. Diese sind aber aufgrund der Komplexität menschlichen Verhaltens und des Mangels an geeigneter und ethisch vertretbarer Methodik noch nicht wissenschaftlich nachweisbar. Deshalb müssen sich Psychotherapeuten, auch wenn es sich um psycho-edukative, also erzieherische, übende und trainierende Verfahren handelt, im Interesse der Klienten mit symptomorientierter Behandlung begnügen. Natürlich fragen Klienten stets nach Ursachen und genau so selbstverständlich reagieren Helfer mit Erklärungsmodellen, die stillschweigend Kausalität unterstellen.

Sowohl das psychoanalytische wie auch das verhaltenstherapeutische Modell sind weitgehend in sich geschlossen. Sie können aber nicht exakt und wiederholbar voraussagen, wie eine Entwicklung im Einzelfall verlaufen wird; dies gilt ebenso für die Rückwärtssuche in der Biografie eines Klienten. Wissenschaftlich ausgebildete Psychotherapeuten sind sich dieser Einschränkung stets bewusst und deshalb zurückhaltend mit „Wenn-dann-Aussagen". Trotz dieser Widrigkeit müssen Therapeuten und Pädagogen mit demjenigen Modell (→ Kap. 2.2.2) arbeiten, mit dem sie sich am glaubwürdigsten identifizieren können. Den Klienten hilft die angebotene innere Logik eines Denkmodells ohnehin mehr als eine wissenschaftlich nachgewiesene Kausalität – sie können ihre eigene Logik daran abgleichen und verändern oder bestätigen.

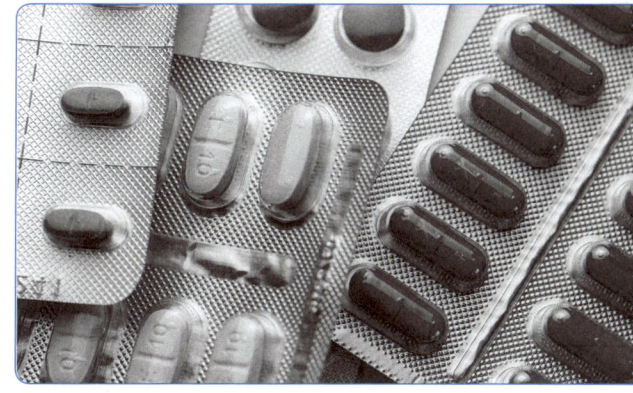

Abb. 2.8: Die Therapie der Psyche mit Psychopharmaka ist bei bestimmten Diagnosen nicht nur angezeigt, sondern das Mittel der Wahl

Gesetzliche Grundlagen

Die Psychotherapie ist eine Zusatzausbildung, die in Deutschland nicht an Hochschulen gelehrt wird, jedoch inzwischen ein einschlägiges wissenschaftliches Studium als theoretische Grundlage vorausgesetzt. Seit dem Jahre 2000 gibt es aufgrund einer gesetzlichen Neuregelung die Berufsgruppe der so genannten Psychologischen Psychotherapeuten, organisiert in einer Landes- und Bundespsychotherapeutenkammer. Diese Kammern sind auch zuständig für Anfragen aller Art zum Thema Psychotherapie.

Die durch die Kammer approbierten Ärzte, Psychologen, Sozialpädagogen und Heilpraktiker können aufgrund ihrer anerkannten Zusatzausbildung die Psychotherapie anbieten und durchführen. Eine „fachrechtliche" Anerkennung durch die Psychotherapeutenkammer schließt allerdings nicht automatisch die „sozialrechtliche" Anerkennung durch die Krankenkassen ein – sie muss bei den kassenärztlichen Vereinigungen beantragt werden. Genehmigt werden nur bestimmte Psychotherapieverfahren, die so genannten Richtlinienverfahren: Psychoanalyse und Verhaltenstherapie.

Nur die Behandlung eines Leidens mit Krankheitswert wird von den Kassen bezahlt. Entsprechend werden die Kosten für Psychotherapie nur dann von der Versicherung übernommen, wenn nicht nur ein Leidensdruck, sondern eine Krankheit vorliegt. Dies wiederum wird nach Rücksprache mit den Ärztevereinigungen und Versicherungen in Sozialgesetzbüchern festgelegt. Siehe Tabelle 2.9 zu den verschiedenen Aspekten des Krankheitsbegriffs. Entscheidend ist jedoch die Diagnose eines Arztes oder eines Heilpraktikers.

Politisch	**WHO** *(Weltgesundheitsorganisation)*	Gesundheit ist die Abwesenheit von physischen, psychischen und sozialen Beeinträchtigungen
	Sozialgesetzbuch (SGB V)	Regelwidriger Körper- und/oder Geisteszustand mit Behandlungsbedürftigkeit und/oder Arbeitsunfähigkeit
Objektiv	**Medizin**	Objektive Normabweichung und/oder Funktionsstörung nach Tabellen
Subjektiv	**S. Freud**	„Arbeits- und Genussunfähigkeit"
	Betroffene	Individueller subjektiver Leidensdruck
	Angehörige	Familiärer subjektiver Leidensdruck

Tab. 2.9: Aspekte des Krankheitsbegriffs aus politischer, objektiver und subjektiver Sicht

Krankheit wird als eine vorübergehende Beeinträchtigung definiert, Behinderung als eine dauerhafte Beeinträchtigung. Da diese Unterscheidung nicht immer und ohne weiteres gelingt, werden Listen aufgestellt, in welche die Krankheiten und Behinderungen aufgenommen werden. Weil beide aus verschiedenen finanziellen Budgets bezahlt werden, führt dies immer wieder zu Diskussionen.

2.3.2 Verfahren der Psychotherapie

Aus einer übergeordneten Betrachtungsweise heraus lassen sich die psychotherapeutischen Modelle in vier große, logisch weitgehend in sich geschlossene theoretische Krankheitsmodelle und daraus abgeleitete **Verfahren der Psychotherapie** einteilen: die *Psychoanalyse,* die *Verhaltenstherapie,* die *Systemische Therapie* und die *Humanistische Psychotherapie.* Ursprünglich lagen diesen Modellen verschiedene Menschenbilder und Selbstverständnisse zugrunde, die auch nach wie vor unterscheidbar sind. Über sie wird in akademischen Kreisen gestritten.

Fast jede therapeutische Richtung entwickelt sich weiter und bringt dabei im Lauf der Jahre auch „Ableger" hervor. Alle diese Richtungen betonen die Ganzheitlichkeit ihrer Betrachtungsweise sowie die direkte oder indirekte Einbeziehung des Umfelds der Klienten. Allerdings beanspruchen einige Fachverbände bestimmte Begriffe wie „ganzheitlich", „ressourcenorientiert" oder „lösungsorientiert" ausschließlich für sich selbst. Die meisten Psychotherapeuten haben aber ohnehin mehrere Zusatzausbildungen und -qualifikationen erworben und arbeiten eklektisch. Das heißt, sie sind für fast alle thematischen Inhalte ansprechbar und wählen aus den ihnen zur Verfügung stehenden Methoden diejenigen aus, von denen sie sich versprechen, dass sie ihren Klienten in seiner Zielsetzung weiterbringen.

Bezeichnungen wie Ehe-, Paar-, Gruppen-, Sexual-, Familien-, Musik-, Mal-, Theater- oder Tanztherapie sind unvollständig und führen zu Missverständnissen, denn sie sind unspezifisch hinsichtlich ihres theoretischen und methodischen Hintergrunds. So sagen die Begriffe Ehe-, Paar- oder Gruppentherapie zunächst nur etwas aus über die Anzahl der Teilnehmer, also über das so genannte „Setting", die Zusammensetzung. Die Bezeichnung Musik-, Mal-, Theater- oder Tanztherapie gibt die Methode an und Sexualtherapie sagt etwas aus über den inhaltlichen Gegenstand der Therapie.

Die Psychoanalyse und auch einige andere Therapierichtungen haben eine Kinder- oder Spieltherapie hervorgebracht sowie eine Gruppentherapie und eine Familientherapie entwickelt. Beinahe alle Richtungen bieten Therapie für Einzelne, für Paare oder für spezielle Symptomgruppen an.

Früher wurde in der Psychiatrie unterschieden in „große" und „kleine" Psychotherapie (→ Tab. 2.10). Die große Psychotherapie stand meist für die intensive und lang andauernde Psychoanalyse nach Freud. In manchen ärztlichen Bereichen steht der Begriff Psychotherapie immer noch fälschlicherweise synonym für Psychoanalyse. Inzwischen wird die Psychoanalyse allgemein als eine der Hauptformen der Psychotherapie gesehen.

Psychotherapeutisch wirkende Ansätze	Vertreter (Beispiele)	Verfahren der „kleinen" Psychotherapie (Beispiele)
Konzentrationsverfahren, Entspannungsverfahren	• Johannes H. Schulz • Edmund Jakobson	• Autogenes Training • Progressive Muskelrelaxation
Körpertherapien, Atemtherapien	• Moshe Feldenkrais • Ida Rolf	• Feldenkrais • Rolfing
Meditation, religiöse Praktiken		• Zen-Buddhismus, Taijiquan

Tab. 2.10: Verfahren der „kleinen" Psychotherapie. Der Begriff steht in Abgrenzung zur „großen", lang andauernden Psychoanalyse

Ausgewählte therapeutische Verfahren und Konzepte

In den Tabellen 2.11, 2.12 und 2.14 sind verschiedene therapeutische Verfahren und Konzepte nicht nur nach ihrem theoretischen Ursprung, sondern auch nach ihrer überwiegend verwendeten Methodik geordnet. Die Tabelle 2.13 zeigt am Beispiel der Familientherapie den fließenden Übergang der Therapierichtungen, wie er großenteils in den USA gesehen wird und dort in eine entsprechend generelle Ausbildung einfließt.

Psychoanalytische Verfahren

Die Tabelle 2.11 gibt einen Einblick in die Begriffswelt, die sich seit und parallel zu Sigmund Freuds Psychoanalyse entwickelt hat. Dabei werden Tiefenpsychologie (→ Kap. 2.1.1) und Dynamische Psychologie oft in einem Zug mit der Psychoanalyse genannt.

Psychoanalyse, Tiefenpsychologie, Dynamische Psychologie (seit 1890)	
Psychoanalyse	Sigmund Freud • Traumdeutung • Übertragung • Es/Ich/Über-Ich, orale/anale/phallisch-ödipale/Latenz-/enitale Phase • Abwehrmechanismen wie Verdrängung, Projektion, Regression

Psychoanalyse, Tiefenpsychologie, Dynamische Psychologie (seit 1890)	
Individualpsychologie	Alfred Adler • Minderwertigkeit und deren Kompensation
Analytische Psychologie	Carl Gustav Jung • kollektives Unbewusstes, Archetypen
Neo-analytische Schulen	**Wilhelm Reich** **Harald Schultz-Hencke** **Karen Horney** **René Spitz**
Ich-Psychologie	**Heinz Kohut** **Ernst Hartmann** • Narzissmus-Theorie • Theorie des Selbst
Wichtige Autoren im Umfeld der Pädagogik	• **Erich Fromm** • **Bruno Bettelheim** • **Alexander Mitscherlich** • **Horst-Eberhard Richter** • **Alice Miller**
Tiefenpsychologische Gestaltungs- und Imaginationsverfahren (expressive Therapie). Beispiele	
Psychodrama	**Jakob Levy Moreno** • Rollenspiel • „Aufstellungen"
Katathymes Bild-Erleben	**Hanscarl Leuner** • geleitete Fantasien
Gestaltungstherapie	**Erich Franzke** Therapie mittels • Musik • Tanz • Gestaltung • Atmung
Philosophische Modelle	**Ludwig Binswanger** **Edmund Husserl** **Martin Buber**
Logotherapie	**Viktor E. Frankl**

Tab. 2.11: Namen und Begriffe aus dem Bereich der psychoanalytischen Bewegung (Beispiele)

Humanistische Therapie

Hinter dem Begriff **Humanistische Therapie** verbirgt sich eine ganze Reihe von Psychotherapieverfahren. Viele ihrer Begründer waren Psychoanalytiker, die als europäische Juden in die USA geflohen oder ausgewandert sind und ihre Therapierichtungen dort weiterentwickelt haben. Dabei handelt es sich überwiegend um körper- und erlebnisaktivierende Verfahren (→ Tab. 2.12), die ab den 1960er-Jahren nach Deutschland zurück „importiert" wurden. Ihnen allen ist ein humanistisches Menschenbild gemeinsam, das auf Einfühlsamkeit in die Situation des Patienten bedacht ist.

Humanistische Psychologie und Psychotherapie seit 1940 nach Abraham Maslow, Erich Fromm	
Gestalt-Therapie, aufbauend auf der Gestaltpsychologie (→ Kap. 2.1.1)	**Fritz Perls** **Hilarion Petzold**
Transaktionsanalyse (*TA* → Kap. 1.3.2)	**Eric Berne** **Fanita English**
Primärtherapie	**Arthur Janov; „Urschrei"**
Bio-Energetik	**Wilhelm Reich** **Alexander Lowen**
Klinische Hypnose	**Milton Erickson**
Rational-Emotive-Therapie *(RET)*	**Albert Ellis**
Klientenzentrierte Gesprächs-Psychotherapie	**Carl Rogers** **Reinhard Tausch**

Tab. 2.12: Verfahren und Vertreter der Humanistischen Psychotherapie (Beispiele)

Die Auflistung der Verfahren in Tabelle 2.12 ist insofern problematisch, als auch andere Verfahren wie die systemische Familientherapie den Anspruch erheben können, humanistische Verfahren zu sein. Das ist allerdings eine eher akademische Diskussion. Wichtig zu wissen ist allerdings, dass bislang keines dieser Verfahren als wissenschaftlich fundiertes Richtlinienverfahren (→ Kap. 2.2.1) gilt und deshalb von den Kassen nicht bezahlt wird. Lediglich der Therapie nach Carl Rogers wird zugesprochen, dass sie wenigstens in der Ausbildung zum Psychotherapeuten in Erscheinung treten darf.

Kinder- und Spieltherapie

Kindertherapie ist meistens **Spieltherapie**, weil man Kindern nicht die Einsicht und das Verständnis in ein therapeutisches Modell zumuten will und weil Kinder eher auf der Handlungsebene angesprochen werden wollen. Man nutzt das kindliche Verlangen nach Spiel sowohl für diagnostische wie auch für therapeutische Zwecke. Man kann einige Konzepte nach ihrer Herkunft noch weiter in Kategorien unterscheiden, so z. B. nach direktiver und nicht-direktiver Spieltherapie. In der direktiven Spieltherapie überwiegt die Anleitung des Spiels durch die Therapeuten, bei der nicht-direktiven bleiben Auswahl und Prozessrichtung überwiegend dem Kind überlassen.

Ursprünglich wurde die Spieltherapie von den Analytikerinnen Anna Freud (1895–1985, Kinderanalyse) und Melanie Klein (1882–1960) entwickelt und geprägt. Dann kamen auch Forscher wie René Spitz hinzu (1887–1974, Säuglingsforschung und Entwicklungspsychologie). Es gibt inzwischen eine Vielzahl von spieltherapeutischen Konzepten, die sich von verschiedenen psychotherapeutischen Modellen ableiten.

Familientherapie

Die **Familientherapie** behandelt nicht nur den „identifizierten Patienten", sondern nach Möglichkeit auch sein soziales System. Wie bei den anderen Therapieformen auch gibt es nicht *die* Familientherapie. Vielmehr gibt es viele Forscher, die das Konzept der Therapie der Familie bzw. die Therapie mithilfe der Familie begründet und entwickelt haben.

Eine psychoanalytische Richtung der Familientherapie kam aus Italien, das so genannte Mailänder Modell nach Mara Selvini Palazzoli (1916–1999). Im deutschsprachigen Raum entwickelte sich ebenfalls eine psychoanalytische Familientherapie (Horst-Eberhard Richter, geb. 1923) sowie eine systemische Familientherapie (Helm Stierlin, geb. 1926).

Im Ursprungsland der neueren Familientherapien, den USA, wurden seit den 1950er-Jahren viele Schulen der Familientherapie begründet, so z. B. die entwicklungsorientierte Familientherapie von Virginia Satir (1916–1988). Es folgten die strukturelle Familientherapie (Salvador Minuchin, geb. 1921), die direktive Familientherapie (Jay Haley, geb. 1923) oder die systemische Kurzzeit-Familientherapie im Umkreis von Steve de Shazer (1940–2005) und seiner Partnerin Kim Soo Berg. Allgemein gilt Psychotherapie in den USA eigentlich immer als „Family Therapy" insofern, als stets Familienangelegenheiten über die Generationen hinweg zur Sprache kommen und bearbeitet werden, auch dann, wenn nicht die ganze Familie an den Gesprächen teilnimmt.

Beim „Import" der Familientherapie aus den USA ist es gelegentlich zu einiger Verwirrung gekommen, was die Zuordnung bzw. die Abgrenzung voneinander betrifft. Deshalb ist der Ausgangspunkt der Tabelle 2.13 die ganz pragmatische Unterscheidung der Behandlungsmethoden, wie sie in den USA üblich ist: und zwar danach, ob und inwieweit die Klienten Einblick (insight) in ein zugrunde gelegtes Störungsmodell nehmen wollen und können. Die Tabelle 2.12 stellt ein Kontinuum dar von „wenig Einsicht", wenig Interesse, Motivation und kognitive

Fähigkeiten, bis „viel Einsicht", viel Interesse an der eigenen Biografiearbeit und Aufarbeitung entlang eines Erklärungsmodells. Die Zuordnungen schließen einander nicht aus, zumal die verschiedenen Verfahren nicht gleichzeitig entwickelt wurden, sondern historisch und sehr pragmatisch orientiert gewachsen sind.

Merkmale	Ressourcenorientierte Verfahren			Einsichtsorientierte Verfahren	
	• Eher wenig Interesse an Hintergründen • Was kann ich tun? • Erst Änderung, dann evtl. Einsicht			• Eher viel Interesse an Hintergründen • Wie ist es gekommen? • Erst Einsicht, dann Änderung	
Zugrundeliegende psychologische Ansätze	Psychoedukativ	Verhaltenstherapeutisch		Humanistisch	Psychoanalytisch
Wichtige Vertreter	**Milton Erickson**			**Carl Rogers**	**Sigmud Freud**
	Jay Haley	Steve de Shazer	Salvador Minuchin	Virginia Satir David Gordon	Murray Bowen Hans-Eberhard Richter Helm Stierlin
Therapieformen	Directive Family Therapy	Strategic / Brief (kurze) Systemic Family Therapy	Structural Family Therapy	Family Therapy	Family Systems / Systemic Therapy

Tab. 2.13: Zuordnungskriterien der familientherapeutischen Verfahren. Viele der neueren Famlientherapien wurden seit den 1950er-Jahren in den USA entwickelt. Die Zuordnungskriterien gehen dort fließend ineinander über

Verhaltenstherapie

Die **Verhaltenstherapie** basiert auf den Lerntheorien (→ Kap. 2.1.1; Kap. 2.1.3; Kap. 3.1.4), wobei sich der Blick der Pädagogik lange Zeit besonders auf das Modell der Nachahmung (Albert Bandura, geb. 1925) und das der operanten Konditionierung (Burrhus Frederic Skinner, 1904–1990) konzentriert hat. Es entstanden eine Reihe von Methoden, die schließlich unter dem Begriff der Verhaltenstherapie zusammengefasst wurden: in Südafrika die Systematische Desensibilisierung (Joseph Wolpe, 1915–1997), dann in England (Hans Jürgen Eysenck, 1916–1997) sowie das SORKC-Modell und das Selbstmanagement in den USA (Frederick Kanfer, 1925–2002).

Für die Verhaltenstherapeuten ging es zunächst nicht um die Analyse frühkindlicher Konflikte und Störungen, sondern um konkret erlernbare und messbare Verhaltensänderungen. Sie betont ihre empirisch-wissenschaftliche Herangehensweise (→ Kap. 2.1) im Unterschied zur überwiegend hermeneutischen Methodik der Psychoanalyse.

Im Laufe der Zeit hat sich das Spektrum der Verhaltenstherapie um eine große Zahl differenzierter Techniken erweitert. Sehr verbreitet sind neuere Methoden wie das Biofeedback im Zusammenhang mit Schmerztherapie, das EMDR (Eye Movement Desensitization and Reprocessing von Francine Shapiro, 1998) und die dialektisch-behaviorale Therapie bei Borderline-Störungen von Marsha Linehan, 1993. Die Rational-Emotive-Therapie, ursprünglich von Albert Ellis entwickelt und weitgehend als eine der humanistischen Psychotherapieverfahren klassifiziert, hat inzwischen eine eigene verhaltenstherapeutische Variation erfahren (→ Tab. 2.14).

Verhaltenstherapie (seit 1940)		
Lerntheorien	**Iwan Pawlow** **Edward Thorndike** **Burrhus Skinner** **Albert Bandura** **Wolfgang Köhler**	• Klassisches Konditionieren • Instrumentelles Konditionieren • Operantes Konditionieren • Modell-Lernen/Nachahmung • Lernen durch Einsicht
Verhaltenstherapie (VT)	**Joseph Wolpe** **Hans Jürgen Eysenck** **Frederick Kanfer**	Bekannteste Begriffe: • Positive/negative Verstärkung • Bio-Feedback • Systematische Desensibilisierung • Kognitive Verhaltenstherapie • Selbst-Kontrolle
Andere kognitive Modelle wie Kommunikationstheorien	**Paul Watzlawick** **Ronald D. Laing**	→ Kap. 8.1.1
Neuro-linguistisches Programmieren (NLP)	**Richard Brandler** **John Grinder**	• Double-Bind

Tab. 2.14: Begriffe und Vertreter aus der Verhaltenstherapie (Beispiele)

Entsprechend dem Umfang des lerntheoretischen Modells und der Vielfalt therapeutischer Techniken dauert eine solide Grundausbildung viele Jahre. Allerdings erwerben manche Therapeuten lediglich einzelne Techniken, um diese dann in ihr Konzept einzufügen.

Systemische Therapie

Die Entwicklung der **Systemischen Therapie** ist nicht ohne die Entwicklungen in anderen Wissenschaften denkbar. Albert Einsteins Relativitätstheorie beispielsweise ermöglichte einen neuen Denkansatz, indem die Beziehung zwischen den Objekten betrachtet wurde, das heißt ihre gegenseitige Abhängigkeit und ihr Aufeinanderbezogensein. Dieses Wissen beeinflusste andere Wissenschaftsgebiete wie die Mathematik und die moderne Biologie. Es entwickelte sich die Systemtheorie, die Systeme aller Art beobachtete und erforschte – und schließlich auch das „System Familie".

Die Konflikte in der Familie werden nicht auf den „Symptomträger", den so genannten „Indexpatienten" oder „identified patient" reduziert. Sie werden vielmehr als Zusammenwirken verschiedener Beziehungsstörungen in der Familie betrachtet. Es folgt eine Analyse von Mustern im Kommunikationsverhalten mit dem Ziel, Verständnis für die Haltung der übrigen Beteiligten zu entwickeln. Der dann folgende Beratungsprozess wird meist mit „lösungs- und ressourcenorientiert" beschrieben. Erklärtes Ziel ist es, Systeme zu „verstören", also durchaus verwirrende und auch provokative Impulse zu geben, die auf der kognitiven Ebene aufrütteln und zu neuer Betrachtung und Bewertung führen sollen.

Um Systeme zu „verstören", werden Techniken verwandt, die auch bei der so genannten klinischen Hypnose oder Hypnotherapie von Milton Erickson oder beim Neurolinguistischen Programmieren (NLP) von Bandler und Grinder eingesetzt werden: z. B. zirkuläre Fragen, welche die Meinung Dritter aufzeigen sollen, das Umdeuten von Verhalten (Reframing), die paradoxe „Verschreibung" und insbesondere die Arbeit mit Metaphern und ineinander verschachtelten Lehrgeschichten (Arist von Schlippe, 2003; Gunter Schmidt, 1994). Andere Werkzeuge wie das Genogramm – ursprünglich entstanden aus dem Soziogramm der Gruppendynamik, mit dem soziale Beziehungen graphisch dargestellt werden – sind hier verfeinert worden. Sie finden inzwischen Anwendung in vielen Bereichen der Therapie und der Beratung.

Die systemische Therapie und Beratung verzichtet weitgehend auf ein eigenes Krankheits- und Erklärungsmodell und legt stattdessen großen Wert auf Interventionen, bei denen der Therapeut bewusst die Führung übernimmt. Die Fachverbände der systemischen Therapie verwahren sich allerdings inzwischen gegen einige therapeutische Richtungen, die aus ihrer Sicht den Begriff „systemisch" ohne fundiertes Wissen oder ohne Wahrung der notwendigen therapeutischen Bedingungen benutzen, z. B. Bert Hellingers „Systemische" Familienaufstellungen.

Wo sind therapeutische Einrichtungen zu finden?

Für Erzieherinnen stellt sich oft die Frage, wo sie sich konkret zum Thema Beratung und Psychotherapie informieren können. In ländlichen Gebieten ist hierfür manchmal der Weg bis hin zur Kreisverwaltung und den dortigen Sozial- und Gesundheitsabteilungen nötig. Die Tabelle 2.15 gibt einige Anregungen zu den entsprechenden Anlaufstellen.

Beratung und Psychotherapie	• Behörden wie Jugendamt, Allgemeiner Sozialer Dienst • Kommunale und kirchliche Erziehungsberatungsstellen • Beratungsstellen von Wohlfahrtsverbänden und freien Trägern
Psychotherapie	• Psychologische Psychotherapeutenkammern • Ärztekammern • Klinik-Ambulanzen • Gesundheitsämter • Krankenkassen • Gelbe Seiten

Tab. 2.15: Anlaufstellen für Beratung und Therapie

In den meisten Fällen sind Beratung und Psychotherapie kostenlos oder werden von den Kassen getragen. Die Hemmschwelle, eine Beratungsstelle aufzusuchen oder gar Psychotherapie in Anspruch zu nehmen, ist erfahrungsgemäß jedoch sehr groß. Jemanden aus gut gemeinten Motiven heraus dazu überreden zu wollen, ist wenig Erfolg versprechend, denn solange Einsicht und Freiwilligkeit fehlen, können die Betroffenen die angebotene Hilfe ohnehin nicht annehmen. Oft ist diese Erkenntnis für die Erzieherin nur sehr schwer auszuhalten. Wenn allerdings die Gefahr einer Vernachlässigung vorliegt oder eine andere Kindeswohlgefährdung begründet ist, muss sie unverzüglich die zuständigen Stellen benachrichtigen. Die Gratwanderung zwischen einem zu frühen und einem zu späten Eingreifen bleibt allerdings bestehen.

Für weitere oder vertiefende Informationen bieten auch Recherchen im Internet gute Dienste. Allerdings ist dabei zu beachten, dass Artikel im Internet nicht immer aktuell oder wissenschaftlich fundiert sind.

3 Entwicklungspsychologische Grundlagen

Gabriele Haug-Schnabel, Armin Krenz

3.1	**Was ist Entwicklung?**	101
3.1.1	Entwicklungsforschung im historischen Wandel	101
3.1.2	Warum und wie findet Entwicklung statt?	104
3.1.3	Gibt es eine normale Entwicklung?	113
3.1.4	Die Bedeutung der psychischen Grundbedürfnisse für das Entwicklungsgeschehen	114
3.1.5	Das altersbezogene Entwicklungsgeschehen	124
3.1.6	Basale Entwicklungsbereiche im Entwicklungsverlauf	144
3.1.7	Lernen und Verhaltensänderung	161
3.2	**Bildung, Erziehung und Betreuung als werteorientierter Selbstbildungsprozess**	171
3.3	**Was ist Entwicklungsbegleitung?**	200
3.3.1	Methodischer Aufbau einer Entwicklungsbegleitung	201

Aufgabe der Entwicklungspsychologie ist die Beschreibung und Erklärung von psychischen Veränderungen über die gesamte Lebensspanne. Im Gegensatz zu anderen Teildisziplinen der Psychologie (→ Kap. 2.1.2) befasst sich die Entwicklungspsychologie nicht mit momentanen Veränderungen, sondern hat die gesamte Lebenszeit und damit die nachhaltigen Wirkungen von Einflüssen im Blick. Sie stellt in der praktischen Anwendung Erzieherinnen Wissen zur Verfügung, das es ihnen ermöglicht, beispielsweise ihre Erwartungen und Vorstellungen bezüglich der Fähigkeiten, Interessen und Bedürfnisse der Altersgruppe, mit der sie arbeiten, zu überprüfen und ebenso ihre Beobachtungen und Begründungen von Entwicklungszielen auf eine fachlich begründete Basis zu stellen.

Kindheit im Wandel

Was Kindheit kennzeichnet und wann sie endet, hat jede Epoche der Geschichte anders bestimmt. Schon immer hat der Mensch für seine Kinder gesorgt, doch ist der Umgang des Erwachsenen mit dem ihm anvertrauten Kind auch stets ein Spiegelbild der jeweiligen Gesellschaft mit ihren kulturellen Unterschieden und des sozialen Standes einer Familie.

Kindheiten damals

Der Blick auf die Geschichte der Kindheit offenbart ungezählte körperliche und seelische Grausamkeiten, denen Kinder ausgesetzt waren. Der römische Philosoph und Staatsmann Seneca, Erzieher des Kaisers Nero, schrieb um 30 n. Chr.: „Missgeburten löschen wir aus, Kinder, wenn sie schwächlich und missgestalt geboren sind, ertränken wir; und nicht der Zorn, sondern Vernunft ist der Beweggrund, vom Gesunden Untaugliches zu sondern."
Im Altertum und im Mittelalter wurden Kinder als kleine Erwachsene betrachtet. Viele Kinder mussten in der Werkstatt oder auf dem Hof ihrer Eltern und als Lehrlinge, Hausmädchen oder Tagelöhner häufig unter menschenverachtenden Bedingungen arbeiten. Überdies waren Kinder, die aus heutiger Sicht strafunmündig sind, der vollen Härte der damaligen Rechtsprechung ausgesetzt. Der Schweizer Bauernsohn Thomas Platter, geb. 1499, beschrieb seine Kindheitserinnerungen so: „Derselbe Bauer hatte bei 80 Ziegen, deren mußt' ich im siebten und achten Jahr hüten. Und als ich noch so klein war, wenn ich den Stall auftat und nicht gleich nebenhin sprang, stießen mich die Geißen nieder. [...] Das weiß ich wohl, daß ich selten ganze Zehen gehabt habe, sondern Fetzen davon gestoßen [...] ohne Schuhe meist im Sommer ...; ... großen Durst, daß ich manchmal mir selbst in die Hand brünnselt hab' und das für den Durst getrunken."

Der emotionale Bezug der Eltern zu ihren Kindern war allein schon wegen der hohen Kindersterblichkeit ein anderer. Doch auch die soziale Norm (→ Kap. 1.1.4) unterschied sich sehr von der heutigen. Im Übergang vom Mittelalter zur Renaissance sprach der spanische Prediger Juan L. Vives 1523 seine starken Bedenken gegen eine zärtliche Beziehung der Mütter zu ihren Kindern aus: „Die Leiber können nicht stärker geschwächt werden als durch Genüsse. Daher verderben die Mütter ihre Kinder, wenn sie sie mit Wollust stillen. Liebt, wie es eure Pflicht ist, so daß die Liebe euch nicht daran hindert, die Heranwachsenden von den Lastern fernzuhalten, und haltet sie durch leichte Ermahnungen, Züchtigungen und Tränen zur Furcht an."

Der Gedanke der Entwicklung oder Förderung kann für diese Zeit nicht als allgemeines Gedankengut angenommen werden. Es gab zwar bereits seit dem 15. Jahrhundert Schulen, doch neben Lesen und Schreiben war das vorherrschende Ziel, Kindern ein „gutes und richtiges Benehmen" beizubringen. Mit welchen Methoden dies geschah, lässt sich an der Äußerung eines deutschen Schullehrers ablesen. Er errechnete selbst, dass er 911 527 Stockschläge, 124 000 Peitschenhiebe, 136 715 Schläge mit der Hand und 1 115 800 Ohrfeigen verteilt hatte (deMause, 1977).

Im 18. Jahrhundert war die Schule immer noch weit entfernt von einem kindgerechten Unterricht, doch es änderten sich allmählich die wissenschaftlichen Ansichten zu den Kindern, zu ihren Bedürfnissen und ihren Möglichkeiten. Der (Reform-)Pädagoge Johann Bernhard Basedow (1724–1790) rät zwar in seinem „Methodenbuch für Väter und Mütter der Familien und Völker": „Ihr müßt schon anfangen, einem Säugling zu befehlen, ehe ihr sicher seid, daß er eure Befehle als Befehle oder als solche Willenserklärungen versteht" (S. 44). Und auch sein Kollege Ernst Christian Trapp spricht davon, dass die „zarte Jugend die Zeit des blinden Gehorsams ist, in der man die Kinder an die Befehle ihrer Eltern am leichtesten gewöhnen kann" (in: Steinbrügge, 1987). Doch mit der Naturphilosophie des Philosophen und Pädagogen Jean-Jacques Rousseau (1712–1778) kam der Gedanke der „natürlichen Reifung" des Menschen auf sowie die Ansicht, dass für diese natürliche Entfaltung der menschlichen Anlagen die geeigneten Bedingungen vorhanden sein müssen.

Die Entwicklungsbedingungen, wie sie sich Jean-Jacques Rousseau vorstellte, sind aus heutiger Sicht widerlegt. Sein Wirken hat dennoch Pädagogen wie Johann Heinrich Pestalozzi, Friedrich Fröbel oder Maria Montessori beeinflusst. Schließlich entwickelte sich im 20. Jahrhundert ein pädagogisches Selbstverständnis, das sich nicht nur auf die Pflege und Betreuung richtete, sondern auch eine Entwicklungsunterstützung und Förderung zum Ziel hatte, wenn auch mit einem unterschiedlichen Verständnis und mit unterschiedlichen Methoden.

Kindheiten heute

Damit Kinder eine verantwortliche und tatsächlich auch hilfreiche Entwicklungsunterstützung erfahren können, ist es für Erzieherinnen notwendig, die Bedingungen der heutigen Kindheiten zu kennen und mit den Erkenntnissen der Entwicklungspsychologie zu vernetzen.
Die folgenden Aussagen sind dem 12. Kinder- und Jugendbericht, den Ergebnissen der dritten Welle des Familien-Survey des Deutschen Jugendinstituts und dem Statistischen Jahrbuch 2004 des Statistischen Bundesamtes entnommen. Sie stehen exemplarisch für die Vielfalt an Einflüssen und Bedingungen, die es unmöglich machen, von der Kindheit in Deutschland zu sprechen:

- Kinder und Jugendliche wachsen überwiegend mit einem Geschwisterkind in Lebensformen auf, die der Zwei-Eltern-Familie entsprechen
- Kinder und Jugendliche leben im Altersverlauf zunehmend in wechselnden Familientypen; Kinder sind immer häufiger mit der Trennung oder Scheidung ihrer Eltern konfrontiert
- Kinder aus den neuen Bundesländern haben nach wie vor häufiger eine vollzeiterwerbstätige Mutter, während Mütter in den alten Bundesländern öfter Teilzeit arbeiten oder gar nicht erwerbstätig sind. Väter gehen in der Regel einer Vollzeiterwerbstätigkeit nach
- Alleinerziehende Mütter verbringen im Durchschnitt täglich eine Dreiviertelstunde weniger Zeit mit ihren Kindern als Mütter in Paarhaushalten, allerdings anderthalb Stunden mehr als Väter in Paarhaushalten
- Kinder verbringen heute mehr Zeit mit ihren Eltern als noch vor 10 Jahren, mit den Müttern nach wie vor mehr als mit den Vätern
- Die soziale Situation sowie die gesellschaftliche Stellung einer Familie und ihrer Kinder ist zunehmend abhängig von deren sozioökonomischen Lage, ihrer ethnischen Zugehörigkeit, dem Geschlecht und den regionalen Lebensbedingungen
- Alleinerziehende Personen sind einem deutlich höheren Armutsrisiko ausgesetzt als Paare mit Kindern. Eine Armutslage entsteht vor allem dann, wenn die Eltern nicht erwerbstätig sein können
- Die ethnische Zugehörigkeit der Kinder und Jugendlichen hat nach wie vor eine hohe Bedeutung für die Teilhabechancen an Bildungsabschlüssen
- Das elterliche Bildungsniveau steht in einem starken Verhältnis zu höheren
- Bildungsabschlüssen ihrer Kinder
- Kinder und Jugendliche in innenstadtnahen oder innerstädtischen verkehrsreichen Wohngebieten mit einem eher schlechten Baubestand, mangelnden Spiel- und Freiflächen bzw. fehlenden Freizeitangeboten, einer überwiegend homogenen Bevölkerung mit einem eher niedrigen Sozialstatus und einem damit häufig verbundenen hohen sozialen Konfliktpotenzial erfahren in ih-

ren Erfahrungs- und Entwicklungsmöglichkeiten im häuslichen Wohnumfeld starke Einschränkungen.

Erzieherinnen müssen sich demnach auf sehr unterschiedliche „Kindheiten mit besonders typischen Einflüssen und häufigen Kindheitserfahrungen" einstellen. Zwar können im Vergleich zu früheren Generationen mehr Kinder leichter kognitive Entwicklungsmöglichkeiten aufnehmen und nutzen, doch sind für viele Kinder die Bedingungen für eine emotional stabile Entwicklung und eine räumlich-körperliche Entfaltung erschwert: Stabile Beziehungen verändern sich in eher punktuelle „Erziehungsverhältnisse", in denen Kinder und Jugendliche verstärkten Verhaltenserwartungen ausgesetzt sind. Sie sind eingebunden in eine „Erwartungswelt" der Kindertageseinrichtungen, der Schule, ihrer Eltern und ihrer Freundesclique und haben jedoch häufig nicht genügend Freiraum zur Selbsterfahrung, um in der Folge mit ihrem unmittelbaren Umfeld kompetent umgehen zu können.

In seinem Beitrag „Kindsein ist kein Kinderspiel" charakterisiert Klaus Peter Brinkhoff (in Mansel, 1996) einige Kindheitsaspekte:
- „Airbag-Kindheit" – viele Kinder sind heute im Hinblick auf z. B. Ernährung, Versorgung, Wohnsituation, Spielzeug und Lebenschancen außergewöhnlich gut ausgestattet
- „Konsum-Kindheit" – Kinder werden als Konsumenten wie nie zuvor umworben und beeinflusst
- „Medien-Kindheit" – Das Medien- und Freizeitverhalten von Kindern, Jugendlichen und Erwachsenen gleicht sich zunehmend an. Fernsehen, Computer, Internet, CD-Player, Handys gehören für viele Kinder und Jugendliche zum alltäglichen Erfahrungsfeld
- „Erste-Reihe-Kindheit" – Kinder sind von keinem Lebensbereich mehr ausgeschlossen. Sie erleben und erfahren in immer jüngerem Alter Geschehnisse wie Kriegshandlungen oder Naturkatastrophen. Die Sexualität wird offen in den Medien thematisiert und die „weite Welt" wird durch Fernreisen erlebt
- „Karriere-Kindheit" – Kinder sollen möglichst früh einen „komfortablen-Platz im Bildungskarussell" ergattern
- „Insel-Kindheit" – die Wohn- und Lebenssituation von Familien findet überwiegend in „vorstrukturierten Sozialräumen" statt. Freizeiteinrichtungen, Arbeitsstätten der Eltern, Einkaufsparks, Mittelpunktschulen, Spielflächen, Bewegungsräume und aushäusige Erholungsmöglichkeiten sind immer stärker voneinander getrennt; Kinder werden häufig von den Eltern zu Freunden und Verabredungsorten gefahren und kontinuierliche Sozialkontakte sind damit immer stärker eingeschränkt

- „Entsinnlichte Kindheit" – Kinder greifen häufiger zu einer medial aufbereiteten „Wirklichkeits-Software" und machen weniger direkte Erfahrungen. Statt dem Rauschen der Bäume zu lauschen, gibt es Natur-CDs
- „Gefährdete Kindheit" – viele Kinder sind vermehrt in psycho-sozialen Spannungssituationen gefangen. Dies legt z. B. die Zunahme von psychosomatischen Beschwerden offen. Auch die Gesundheitsgefährdung z. B. durch Übergewicht oder Alkohol- und Zigarettenkonsum nimmt zu
- „Multikulturelle Kindheit" – Kinder erleben die Chancen und Risiken einer multikulturellen Gesellschaft
- „Individualisierte Kindheit" – durch den sozialen Wandel kommt es zu einer „Vereinzelung in der Masse Gleicher". Für Kinder wird es schwieriger, sich in der rasch wandelnden Gesellschaft mit ihren sich wandelnden Werten zu orientieren und ihre Persönlichkeit zu entwickeln
- „Ungewisse Kindheit" – die Frage beispielsweise nach den zukünftigen Berufschancen, die Entwicklung des Weltklimas oder der Generationengerechtigkeit bei der Rentenfrage wird Kinder in der Zukunft mit vielen Problemen konfrontieren.

> Die vielfältigen Chancen zur Entfaltung können auch mit Belastungen verbunden sein; sie können die Bewältigungskapazitäten mancher Kinder und Jugendlicher überfordern.

Eltern können oder wollen häufiger als früher die materiellen Wünsche ihrer Kinder erfüllen, doch für manche Kinder kommt dabei die „Sättigung der seelischen Grundbedürfnisse" (→ Kap. 3.1.4) zu kurz. Sie laufen „neben der Erwachsenenwelt" her und werden in der „Verarbeitung ihrer Lebenswelt" (Hurrelmann, 1999) alleingelassen, ohne die grundlegenden Kompetenzen zu besitzen, ihr Leben selbstständig und autonom in den Griff zu bekommen.

Auch wenn viele Lebensbedingungen für Kinder heute eine selbstaktive Entwicklung erschweren, so zeigt sich in diesen Lebensbedingungen doch auch ein verändertes „Bild vom Kind". Erwachsene schätzen Kinder nicht mehr nur als „unfertige, un[ter]entwickelte Wesen" ein, sondern als kindliche Persönlichkeiten (→ Kap. 3.1.4), deren Potenziale gefördert werden müssen. Inzwischen bestätigen viele Untersuchungsergebnisse der Entwicklungspsychologie (→ Kap. 3.1.5 ff), dass der Säugling bereits kurz nach der Geburt Interaktions-, Kommunikations- und Lernbereitschaft besitzt, die durch Interesse und Neugierdeverhalten an seinem unmittelbaren Umfeld gekennzeichnet ist. Er sucht mit all seinen Sinnen nach Anregungsimpulsen und möchte gleichzeitig einen Einfluss auf die ihn interessierenden Objekte/Abläufe nehmen.

Forschungsergebnisse der Neurobiologie haben gezeigt, dass die Gehirnstrukturen des Menschen mit der Geburt nicht genetisch festgelegt, sondern durch Umwelteinflüsse in Bau und Funktion veränderbar sind (neuronale Plastizität). Das heißt, dass das menschliche Gehirn nicht alle bedeutsamen Informationen aus dem unmittelbaren Umfeld wie mit einem Fotoapparat lediglich ablichtet, sondern dass es seine Vernetzungen nach den Aspekten konstruiert, die erkannt und bestätigt bzw. ergänzt oder neu verknüpft werden. Dadurch dass persönliche Erfahrungen, Eindrücke und Gefühle ihre Spuren im Gehirn hinterlassen, stehen solche psychosozialen Prozesse mit entsprechenden neurobiologischen Vorgängen in einem permanenten Austauschprozess.

Diese Tatsachen und auch die öffentliche Diskussion über die Ergebnisse der PISA-Studien sowie die Bestrebungen einer radikalen Bildungsreform der institutionalisierten Pädagogik fanden bei vielen Eltern und Erzieherinnen großes Interesse. Auf der einen Seite führte dies zu einer längst überfälligen kritischen Bestandsaufnahme der pädagogischen Grundsätze und Leitgedanken. Auf der anderen Seite verstärkte diese „Bildungsfokussierung" aber auch den Trend zur „intensiveren Förderung von Kindern", wie er sich schon Ende der 1980er-Jahre abzeichnete – bis hin zu der Vorstellung, dass die Zeit im Kindergarten nicht „ungenutzt", will sagen „nur" mit Spielen, verstreichen sollte. Dahinter stand für viele Eltern die Sorge, dass ein „Zeitfenster der Bildungsmöglichkeiten" ungenutzt bleiben oder unerkannte Fähigkeiten verkümmern könnten. Ob diese Sorge berechtigt ist und wie Erzieherinnen diese vielfältigen sozialen und pädagogischen Aspekte von Kindheit aufgreifen sowie neue Handlungsstrategien für Bildung und Förderung entwerfen können – all diese Überlegungen führen zurück zu der Frage: Was ist Entwicklung?

> **Reflektieren Sie einmal, welchen Stellenwert Sie persönlich dem freien Spiel im Sinne einer selbstaktiven Bildung von Kindern beimessen und welchen Stellenwert eine gezielte Förderung von Einzelbereichen für Sie hat.**

Die Gründe, warum Entwicklung stattfindet und wie sie sich vollzieht, können mehr Aufschluss darüber geben, welche Bedingungen als günstig angenommen werden können für pädagogisches Handeln. Sie lenken den Blick auf die Bedürfnisse von Kindern jenseits gesellschaftspolitischer Erwägungen.

3.1 Was ist Entwicklung?
Gabriele Haug-Schnabel

Entwicklung ist „Entfaltung"; es geht um die mehrdimensionale Veränderung bestehender Strukturen. Entwicklung beschreibt einen inter- und intraindividuellen Prozess, ein lebenslanges Fortschreiten, das zu ständigen Veränderungen führt. Entwicklung ist äußerst plastisch, die individuellen Veränderungsmöglichkeiten sind enorm und bringen eine zunehmende Differenzierung, aber auch eine Spezialisierung oder Zentralisierung mit sich. Jede individuelle Entwicklung ist in unterschiedliche Sozialisationskontexte eingebettet und zeigt hohe Komplexität. Aus diesen Gründen bedarf es verschiedener theoretischer Blickwinkel, sich sogar bisweilen widersprechender Theorien, um der Vielfalt menschlicher Entwicklung in ausgewogener Analyse und im Rahmen der jeweiligen Fragestellung annähernd gerecht zu werden.

3.1.1 Entwicklungsforschung im historischen Wandel

Seit Jahrhunderten gibt es Überlegungen, wie ein Mensch sich entwickelt. Wie lässt sich sein momentanes Verhalten und sein aktueller Entwicklungsstand beschreiben? Wie lässt sich das Beobachtete erklären und wie am erfolgreichsten beeinflussen, damit angestrebte Entwicklungsschritte in den nächsten Jahren möglich sind oder notwendig erscheinende Veränderungen in absehbarer Zeit erfolgen können? Gibt es eine Antwort darauf, unter welchen Bedingungen und Voraussetzungen ein bestimmter Entwicklungsverlauf voraussagbar und beeinflussbar wird?
Um das Wesen des Menschen zu ergründen, wandten sich die griechischen Philosophen Platon und Aristoteles (→ Kap. 2.1) möglichst jungen Menschen zu. Über Kinder, speziell über die unterschiedlichen Einflussnahmen auf ihre Entwicklung, wollten die Philosophen besonders viel wissen, da sie davon überzeugt waren, dass das Wohlergehen jeder Gesellschaft auf lange Sicht davon abhinge, wie Kinder erzogen und wie sie sich demzufolge entwickeln würden.
Im 17. und 18. Jahrhundert diskutierten und schrieben die Philosophen John Locke und Jean-Jacques Rousseau höchst gegensätzlich darüber, wie die Kindesentwicklung am besten zu fördern sei: Locke hielt Disziplinierung für absolut notwendig zur Bahnung des weiteren Entwicklungsweges, während Rousseau gerade für den Lebensanfang maximale Freiheit für förderlich erachtete und ebenso den Verzicht auf jegliche formale Erziehung bis zum Alter von etwa zwölf Jahren.

Die gegensätzlichen Positionen der beiden Philosophen warfen bereits grundlegende Fragen auf, auch wenn sie mehr auf Eindrücken und allgemeinen Glaubenshaltungen als auf systematischen Beobachtungen beruhten. Derartige Vorstellungen und Überzeugungen wurden seit vielen Jahrhunderten gesammelt und zu Entwürfen geordnet, die – gemessen an den heutigen methodischen Standards – nur eine sehr begrenzte Aussagekraft besaßen. Erst systematische Beobachtungen, Datenerfassung und deren Analyse sowie eine theroriegeleitete Interpretation (→ Kap. 7) gelten heute als forschungsbasierter Ansatz, auf dessen Basis Entwicklungstheorien entwickelt werden – immer unter dem Einfluss kultureller Wertvorstellungen und dem jeweiligen Erkenntnisinteresse der Forscher (Siegler et al. 2011).

Zurück zur Geschichte: Zwei gänzlich unterschiedliche Ereignisse ließen das wissenschaftliche Interesse am Entwicklungsgeschehen steigen und im 19. Jahrhundert mit Fragestellungen und wissenschaftlichen Untersuchungen zur Kindheitsentwicklung beginnen:

- Mit der ersten industriellen Revolution richtete sich, aus den sozialen Reformbewegungen heraus, der Blick der Pädagogen auf die vielen Kinder, die aufgrund familiärer Not in Europa und in den USA unter härtesten Bedingungen in Fabriken oder Minen als Arbeitskräfte eingesetzt wurden. Sie hatten unter gravierenden Auswirkungen auf ihre physische, psychische und kognitive Entwicklung zu leiden. Zu dieser Zeit entstanden Kliniken für verwahrloste Kinder, Kinderheime oder Kinderverwahranstalten. Dort begannen die ersten Forschungen, die die entwicklungsrelevanten Konsequenzen harter Sozialisationsbedingungen und unzureichender Fürsorge untersuchten. Zur selben Zeit setzten auch Überlegungen zu den Grundvoraussetzungen für das Wohlergehen von Kindern ein.
- Charles Darwins Arbeiten zur biologischen Evolution lenkten den Blick der wissenschaftlichen Welt auf die Stammesgeschichte des Menschen. Dies war ein rein theoretisches Interesse am Kindsein als Zeit des Lebensbeginns, der Fokus lag eher auf dem Zustand des Unreifen, Unkultivierten und Ursprünglichen als auf dem Kind selbst. Darwin vermutete, Entwicklungsprozesse und beginnende Fähigkeiten beim Kind in größerer Reinheit und weniger kulturell verfälscht vorzufinden als beim Erwachsenen. Er veröffentlichte 1877 seinen Aufsatz „A Biographical Sketch on an Infant", der heute als eine der ersten systematischen Untersuchungen an Kindern gilt. Die sorgfältige tägliche Beobachtung und systematische Beschreibung der motorischen, sensorischen und emotionalen Entwicklung seines eigenen Sohnes dokumentiert sein persönliches Interesse an der Kindesentwicklung.

Trotz dieser Vorgeschichte stufen viele moderne Wissenschaftler die eigentliche Forschung zur menschlichen Entwicklung als noch recht junges Arbeitsfeld ein.

Regelmäßige Studien zur allgemeinen kindlichen Entwicklung starteten zu Beginn des 20. Jahrhunderts. Zu dieser Zeit wurde die Entwicklung als eine schnelle Folge von Veränderungen im Säuglingsalter und in der Kindheit betrachtet, die mit dem Erreichen der Adoleszenz abgeschlossen sei, während das Erwachsenenalter durch Stabilität und das Alter durch Rückschritte gekennzeichnet schien. Aus diesem Grund wurde die Entwicklungspsychologie anfänglich mit einer Kinderpsychologie gleichgesetzt.

Die Ausweitung der Entwicklungsforschung auf höhere Lebensalter kam erst später. Untersuchungen speziell zur Entwicklung des Erwachsenen, zu Alterungsprozessen und zur Veränderung über die Lebensspanne hinweg wurden erst in den 1960er- und 1970er-Jahren begonnen.

Lebensspannenperspektive

Geht davon aus, dass in jedem Lebensabschnitt Ereignisse eintreten und Prozesse ablaufen, die alle gleich starke Auswirkungen auf zukünftige Entwicklungsverläufe haben können.

Die Lebensspannenperspektive hat die Betrachtungsweise der menschlichen Entwicklung grundlegend verändert.

Die aktuelle Entwicklungspsychologie hat, unabhängig von Interessen und Anliegen der einzelnen Forschungsrichtungen, zum Ziel, „die Faktoren zu beschreiben und zu identifizieren, die Kontinuität und Veränderung im Menschen vom Augenblick der Zeugung bis zu seinem Tod ausmachen" (Berk, 2011). Doch gibt es bis heute kein alles erklärendes Entwicklungskonstrukt (→ Kap. 2.1.3) und keine Theorie, die die Entwicklung umfassend abbildet. Denn Menschen sind höchst komplexe Wesen. Sie können sich z. B. im körperlichen, kognitiven, emotionalen und sozialen Bereich völlig unterschiedlich entwickeln. Dennoch müssen die Forscher von einem wie auch immer gestalteten Zusammenhang zwischen den jeweiligen Entwicklungsbereichen ausgehen. Diese Tatsache rückt eine umfassende, allgemein anerkannte Entwicklungskonzeption immer noch in weite Ferne. Vor diesem Hintergrund erscheint die Existenz einer Vielzahl von Entwürfen nahezu selbstverständlich und keineswegs als Nachteil.

Voneinander abweichende Theorien kommen durch unterschiedliche Forschungsschwerpunkte, Fragestellungen und Sichtweisen der Ergebnisse zustande. Sie entstehen aber auch dadurch, dass Forscher nicht immer darin übereinstimmen, welche Bedeutung sie ihren Beobachtungen zuschreiben. Diese spannende Situation löst kontroverse Diskussionen aus, die zu weiterführender Theoriebildung anregen. Die Existenz vieler Theorien und deren Diskussionen sorgen dafür, dass unser Wissen stetig zunimmt. Denn inzwischen sind die Wissenschaftler verschiedener Disziplinen immer mehr in fächerübergreifender Kooperation bemüht, diese verschiedenen Sichtweisen zu untermauern, einander gegenüberzustellen und neue Aspekte zu integrieren (Berk, 2011).

Der dauerhafte Bestand einer Theorie ist von ihrer wissenschaftlichen Verifizierung abhängig, das heißt:
- Die der Theorie zugrunde liegenden Ergebnisse müssen angemessenen und anerkannten Tests standhalten.
- Neu hinzukommende Ergebnisse müssen in ihren Erkenntnis- und Verständnisrahmen integrierbar sein.
- Die Ergebnisse müssen sich auch andernorts zukünftig wiederholen und dadurch in ihrer Aussagekraft bestätigen lassen.

Heute ist die Entwicklungsforschung wissenschaftlich, angewandt und interdisziplinär: Es sind neben der Psychologie weitere forschungsintensive Fakultäten beteiligt wie die Medizin, hier speziell die Neurowissenschaften, die Biologie, vor allem vertreten durch die Genetik und Verhaltensforschung sowie die Soziologie und Anthropologie (Haug-Schnabel & Bensel, 2012a). Durch kooperierenden Austausch und interdisziplinäre Grenzgänge kann das Entwicklungsgeschehen heute weit differenzierter analysiert, evaluiert und verstanden werden, so dass dieses Wissen der Handlungsplanung zur Verfügung steht, mit dem Ziel:
- Die Lebensumstände des Menschen immer mehr zu verbessern
- Kinder jeden Alters bestmöglich zu erziehen und zu unterrichten
- Durch mehr Wissen über körperliche und psychische Entwicklung, Ernährung und Krankheit die Gesundheit der Menschen zu verbessern
- Verhaltensunterschiede zu verstehen
- Strategien zu erarbeiten, um mit tiefgreifenden Lebensereignissen besser umgehen zu können (Berk, 2011; Siegler et al., 2011).

3.1.2 Warum und wie findet Entwicklung statt?

Die reine Beschreibung von Entwicklung führt zu der Frage, warum und wie Entwicklung stattfindet. Die Beantwortung hängt davon ab, mit welchen Vorannahmen über das Wesen der Entwicklung diese Frage gestellt wird. Theorien bieten hier einen ordnenden Bezugsrahmen für Beobachtungen und Untersuchungen.

Viele Entwicklungsforscher sehen es als besonderen Vorteil heutiger Theorien, multidisziplinäre Sichtweisen zu integrieren und hierdurch der Komplexität des Entwicklungsgeschehens eher auf die Spur zu kommen. Unter den Fachexperten besteht inzwischen eine große Übereinstimmung darüber, welches die drei wichtigsten Fragen zur Kindesentwicklung sind. Aber trotz gegenseitiger Annäherung gibt es keine Einigkeit über die Antworten:

- Wie wirken sich Anlage und Umwelt auf die Entwicklung aus?
- Wie formen Kinder ihre eigene Entwicklung?
- Verläuft Entwicklung kontinuierlich oder diskontinuierlich?

Die Anlage-Umwelt-Diskussion

Bei der Anlage-Umwelt-Diskussion geht es darum, ob genetische Faktoren („nature" = Natur) oder umweltbedingte Faktoren („nurture" = im Sinne von Stimulation) wichtiger im Verlauf der Individualentwicklung sind. Es ist die kontroverse Suche nach den Ursachen für Entwicklungsvariationen und nach Erklärungen für individuelle Unterschiede.

Bis vor einigen Jahrzehnten lautete die Frage: Was bestimmt das Entwicklungsschicksal eines Menschen, seine Erbanlagen oder seine Umwelt? Im ersten Fall ging es ausschließlich um von den Eltern vererbte DNA-Informationen, auf die die Sozialisation keinen Einfluss nimmt. Im zweiten Fall wurden materielle und soziale Umgebungsvarianten als maßgeblich für den Entwicklungsprozess angesehen.

Das Zusammenspiel von Anlage und Umwelt

Die Frage nach dem Zusammenspiel von Anlage- und Umweltkomponenten ist durch die Erkenntnisse der Epigenetik revolutionär vorangebracht worden. Frühkindliche und bereits vorgeburtliche Erfahrungen werden im Erbgut verankert und beeinflussen Persönlichkeitsmerkmale und den Gesundheitszustand von Kindern durch das Anbringen chemischer Markierungen an den Steuerregionen von Genen nachhaltig. Insbesondere ein dauerhaft hohes Stressniveau hinterlässt auf diese Weise Spuren im Erbgut, die medizinische Konsequenzen wie Entzündungsreaktionen und Herz-Kreislauf-Erkrankungen bewirken können, aber auch Stressresistenz und psychische Gesundheit beeinflussen (Meaney, 2010; Szyf, 2013). Verschiedene Hinweise vor allem aus Tierversuchen deuten darauf hin, dass die veränderten Ablesemuster auch an die nächste Generation weitergegeben werden können (Vererbung epigenetischer Prägung).

Bereits in der vorgeburtlichen Zeit kommt es zu unzähligen Interaktionen zwischen den genetisch bedingten Faktoren der Mutter und des Kindes sowie den sich auswirkenden Umweltfaktoren, z. B. Stress, Mangel- oder Fehlernährung oder Rauchen. Diese Interaktionen folgen einem engen Timing. Potenziell schädliche Substanzen und Faktoren haben, je nachdem, wann sie auf den Fetus einwirken, unterschiedliche Effekte auf die pränatale Entwicklung. Wenn eine Frau zu einem sehr frühen Zeitpunkt der Schwangerschaft an Röteln erkrankt, kann das Baby blind oder gehörlos auf die Welt kommen, weil zu Beginn der Schwangerschaft die Entwicklung des visuellen und akustischen Systems besonders empfindlich ist. Derselbe Virenkontakt zu einem späteren Zeitpunkt in der Schwangerschaft wird in aller Regel keine Schädigung der fetalen Entwicklung nach sich ziehen (Siegler et al., 2011).

Entweder-oder-Sichtweisen prägten jahrzehntelang die Vorstellungen über die menschliche Entwicklung. Danach begann sich die Frage nach dem relativen Anteil, den jeder der Faktoren am Entwicklungsgeschehen hat, in den Vordergrund zu schieben.

Forschungsrichtungen, die die Stabilität im Entwicklungsverlauf hervorhoben, betonten die Rolle der Gene mehr. Vor diesem theoretischen Hintergrund kommen Umweltfaktoren nur dann zusätzlich zum Tragen, wenn sie frühe (negative) Erfahrungen, z. B. Deprivationserlebnisse, darstellen, die zur Ausprägung eines lebenslangen Verhaltensmusters führen. Solche lebenslangen Verhaltensmuster können bei der Annahme von Stabilität im Entwicklungsverlauf auch durch spätere positive Erfahrungen nicht mehr vollständig verändert werden.

Steht in Forschungsvorstellungen die Plastizität des Entwicklungsverlaufs durch Umweltstimulation im Vordergrund, so werden Veränderungen nicht nur für möglich, sondern für wahrscheinlich gehalten, sobald ein Mensch in einem Bereich völlig neuartige Erfahrungen macht.

Nach heutigem Entwicklungswissen liegt die Lösung nicht in einem „Entweder-oder", sondern in einem „Sowohl-als-auch": Jede Eigenschaft wird durch das gemeinsame Wirken von Anlage und Umwelt geformt. Die Frage lautet also nicht mehr, ob der eine oder andere Einfluss der wichtigere ist, sondern ist weit programmatischer geworden. Heute steht das Zusammenspiel (modus operandi) der beiden Komponenten Anlage und Umwelt im Vordergrund.

Das menschliche Verhalten ist weder völlig ererbt noch ausschließlich erlernt. Jeder Mensch hat seine genetische Potenz, d. h. der genetische Rahmen seiner Möglichkeiten ist im Genom, in seinem Erbgut vorgegeben. Doch von dieser erblichen Grundlage kommt nur das zum Vorschein und zur Wirkung, was durch Umwelteinflüsse aktiviert wird. Diese Einflüsse sind beispielsweise die Stimulation durch Eltern, Erzieherinnen und Lehrer, aber auch durch andere Kinder. Die genetische Potenz des Einzelnen, beispielsweise seine theoretisch mögliche Intelligenz, Geschicklichkeit und Kreativität setzen sich folglich aus zwei Teilen zusammen. Sie besteht aus den:

- Ausgebildeten erblichen Potenzen, die durch die „Umwelt" und durch sie möglich gewordene Eigenaktivitäten realisiert wurden
- Zwar prinzipiell vorhandenen, jedoch unentfalteten und dadurch für das Verhalten unerreichbar bleibenden erblichen Potenzen, die durch fehlende Förderung von außen als Defizit abgeschrieben werden müssen, da sie brach liegen.

Beispiele für genetische Potenz

Man geht davon aus, dass von den in der Bevölkerung variablen Anteilen der IQ-relevanten genetischen Ausstattung in unserer derzeitigen Bildungsumwelt im Durchschnitt 67 % realisiert und 33 % nicht zur Entfaltung gebracht werden.

> Im Durchschnitt fehlt es für 33 % der genetischen Möglichkeiten an den Umweltbedingungen, die dazu nötig wären, um die im Erbgut verankerten Anlagen vollständig zu verwirklichen (Hassenstein, 2004).

Nicht eine fehlende genetische Ausstattung gilt es zu beklagen, sondern der vehemente Einsatz für eine Verbesserung der Bildungsumwelt ist zu fordern, um die vorhandenen Anlagen eines Kindes unter Ausnutzung seiner Motivation und Aktivität bestmöglich zu realisieren – ein wesentlicher Impuls der aktuellen Entwicklungsforschung für die Pädagogik.

Wenn die Information, die einem Verhalten zugrunde liegt, im Genom verankert ist, gilt es als ererbt. Das heißt jedoch nicht, dass es nicht durch Stimulation von außen und den daraus folgenden Lernprozessen veränderbar wäre. So besitzt ein Mensch angeborene unterschiedliche Bereitschaften, um Widerstände aggressiv zu überwinden, sich zu verteidigen und zu siegen. Aggressivität kann viele Ursachen haben, jede monokausale Aggressionserklärung muss falsch sein.

> Es gibt keinen angeborenen Aggressionstrieb, nur viele aggressionsauslösende Situationen oder Reize, die auf eine bereits mehr oder weniger vorhandene Aggressionsbereitschaft treffen.

Nach vielfältigen Regeln wie Nachahmung, Belohnung und Strafe, Versuch und Irrtum lernt der Mensch während seiner Kindheit und Jugend, mit aggressionsauslösenden Reizen umzugehen. Er lernt auch, seine Reaktionen auf solche Reize entsprechend der geltenden Kulturwerte zu zügeln. Er lernt aber auch in seiner Gemeinschaft und von seinen Vorbildern, in welchen Situationen Aggression angebracht ist oder nicht, gegen welche Gegner oder gegen welche kulturell geprägten Feindschemata sie sich richten soll. Jedes Lernen wiederum findet auf der Basis eines ererbten, stammesgeschichtlich erworbenen Lernmechanismus statt und ist allein innerhalb dieses Rahmens durch Umlernen aufgrund neuer Erfahrungen veränderbar.

Die aktive Rolle des Kindes bei seiner Entwicklung

Kinder sind an ihrer Entwicklung aktiv und selbst steuernd beteiligt.
Die Entwicklungsforschung belegt, dass ein Mensch nie wieder im Leben so neugierig, so offen, so lernfähig und so kreativ ist wie in seiner frühen Kindheit. Kinder suchen auf der Grundlage ihrer Neigungen und Interessen ihre eigenen Erfahrungen.

> Erziehung und Förderung sind umso wirkungsvoller, je näher sich die Entwicklungsanreize der Erwachsenen am altersgemäßen Entwicklungsbedarf der Kinder orientieren.

Eltern, aber auch alle Erwachsenen, Geschwister, älteren Spielkameraden oder Gleichaltrigen, mit denen ein Kind lebt, die ihm im Alltag begegnen oder von denen es etwas lernen kann, sind ein Teil seiner Geschichte, seiner Biografie. Sie nehmen auf seinen Entwicklungsverlauf Einfluss. Unter ihnen wählt das Kind diejenigen aus, die es individuell ansprechen und ihm die passenden Gestaltungsmöglichkeiten für seine Entwicklung bieten.
Kinder erleben ihre Entwicklung und Erziehung nicht passiv, sie erleben und gestalten ihre Entwicklung und Erziehung aktiv mit. Die Wahl ihrer Aktivitäten formt ihre Entwicklung:

Abb. 3.1: Das Kind wählt die Lernpartner aus, die es individuell ansprechen

- Ein Kind ist aktiv und entwickelt sich aus sich heraus.
- Ein Kind ist auch selektiv, es sucht nach bestimmten Erfahrungen gemäß seinen Interessen und Neigungen, immer abhängig von seinem Entwicklungsstand.
- Die Umwelt stellt das Angebot an Erfahrungen bereit, die das Kind machen kann.
- Das Kind seinerseits bestimmt, was es annimmt.
- Ein Kind kann quantitativ und qualitativ nur so viel an Umweltangeboten annehmen, wie es ihm von seinem Entwicklungsstand her möglich ist.
- Ein Angebot jenseits seiner Bedürfnisse bleibt bestenfalls ungenutzt, kann aber schlimmstenfalls auch seine Entwicklung beeinträchtigen (Largo, 1999).

In Eigeninitiative ergriffene Aktivitäten der Kinder tragen zu ihrer Entwicklung bei. Das bedeutet, ein Kind bildet sich, es wird nicht gebildet.

Die moderne Entwicklungsforschung stellt bereits den Säugling als beeindruckenden Interaktionspartner vor. Er ist aktiv, kompetent, initiierend und reagierend, zeigt differenzierte Einzelfähigkeiten und überzeugende Wahrnehmungsleistungen vor allem im Zusammenhang mit individuellen Eigeninteressen. Ein Säugling ist mit einem reichen Verhaltensrepertoire zum sozialen Austausch ausgestattet sowie mit einer fast grenzenlosen Lernkapazität – vorausgesetzt, die „Umwelt" bietet ihm die von ihm gesuchten Sinneseindrücke zur Erfahrungssteigerung ausreichend und zum richtigen Zeitpunkt. Bekannt sind seine Blickvorlieben, z. B. für ein Gesicht. Sie lenken seine Aufmerksamkeit auf diejenigen Aspekte seiner Umwelt, die ihm die meisten jetzt relevanten Informationen bieten und somit frühe Lernprozesse unterstützen.

Ein Kleinkind versichert sich der Anwesenheit seiner vertrauten Bezugsperson und scannt die Umgebung nach Gegenständen, die möglichst vielfältig zu manipulieren sind. Es möchte Neues entdecken und für Bekanntes Bestätigung erhalten. Oder es begibt sich auf die Suche nach Orientierung im Handlungsspielraum, indem es provoziert und gegen Regeln verstößt, um Reaktionen hervorzurufen.

Umweltaspekte

Kinder interpretieren ihre Erfahrungen aktiv und tragen damit zu ihrer Entwicklung bei. Alles, was sie sehen und hören, versuchen sie, zu verstehen. Hierzu stellen sie eine Theorie auf, die sie bei neuen, erweiterten Erfahrungen sofort nachbessern. War der erste Ball klein, weich, rund und bunt, so ist die erste Vorstellung von Ball „klein, weich, rund und bunt". Spielt ein Kind dann mit einem großen, weichen, runden und bunten Ball, ändert sich die Ball-Theorie: Es gibt kleine und große Bälle, aber weich, rund und bunt sind sie alle. Bekommt es den ersten braunen Fußball an den Kopf, lernt es schmerzlich: Bälle können auch hart und nur einfarbig sein. Aha, es gibt kleine, große, weiche, harte, bunte und einfarbige Bälle, das Einzige was sicher ist – alle sind rund (Haug-Schnabel & Bensel, 2012a).

Ein Kind sucht eigeninitiativ nach passenden Umgebungen, die seinen Neigungen, Interessen und Fähigkeiten nahekommen. Hierbei kommen zwei Aspekte von Umwelt zum Tragen. Gemeinsam aufwachsende Kinder erleben z. B. ein ähnliches Familienklima. Dies kann ein entspanntes oder spannungsreiches Familienklima sein, in dem motorische, geistige, künstlerische oder lebenspraktische Leistungen höher oder geringer eingeschätzt und diese deshalb mehr oder weniger gefördert werden. Auch leben Familien in unterschiedlichen Wohngegenden und die Kinder in der Nachbarschaft und in der Schule stammen häufig aus ähnlichem Milieu. Kinder aus der gleichen Familie erleben deutlich ähnlichere Umwelteinflüsse als zufällig ausgewählte Angehörige einer Vergleichspopulation. Diese Einflüsse kennzeichnen die geteilte Umwelt von Geschwistern.

> Die geteilte Umwelt hat z. B. bedeutenden Einfluss auf die geistige Entwicklung von Kindern.

Die so genannte nicht geteilte, individuumsspezifische Umwelt ist gekennzeichnet durch die Auswirkung, die eine unterschiedliche Behandlung von Geschwistern durch die Eltern hat, durch den Einfluss unterschiedlicher pädagogischer Fachkräfte in Krippe, Kindergarten und Schule, aber auch unterschiedlicher Freunde, Hobbys sowie unterschiedlicher Rollenvorstellungen in Familie und Institution. Eine bewusste Raumgestaltung und -nutzung kann geschlechtstypisches Spielverhalten verändern (Mayer et al., 2013; Rohrmann, 2009). Nach der Zusammenlegung der eher von Mädchen präferierten Puppenecke und der mehrheitlich von Jungen bevorzugten Bauecke zu einem stärker geschlechtsneutral gestalteten gemeinsamen Spielbereich stieg das gemischtgeschlechtliche Spiel deutlich an. Es änderten sich aber nicht nur die geschlechtstypischen Spielpartner sondern auch die Spielpräfenzen: Jungen zeigten vermehrt Fantasie- und Rollenspiele und Mädchen signifikant mehr Konstruktionsspiel (Haug-Schnabel & Bensel, 2015b).

Geschwister können das identische familiäre Erziehungsklima und tägliche Erziehungspraxis der Eltern unterschiedlich wahrnehmen. Ihre Wahrnehmung (→ Kap. 6) hängt von der jeweiligen individuellen Persönlichkeit ab und wird somit unterschiedlich empfunden und verarbeitet. Gerade die Persönlichkeitsentwicklung wird entscheidend durch diese ganz persönlichen, nicht geteilten Erfahrungen geprägt.

> Die Persönlichkeitsentwicklung von Kindern wird entscheidend durch die individuell unterschiedlich empfundene, nicht geteilte Umwelt geprägt.

Verhalten provoziert Verhalten

Durch sein Verhalten provoziert ein Kind auch unterschiedliche Erziehungsstile und Beantwortungsformen (→ Kap. 4.1.1). So verleiten manche Jungen und manche Mädchen ihre Eltern und Bezugspersonen durch ihr individuell differenziertes Verhalten zu unterschiedlicher Entwicklungsbegleitung, auf die sie wiederum individuell reagieren (Bischof-Köhler, 2011; Rohrmann, 2009, S. 34). Eine gut laufende Interaktion erfordert von Kind zu Kind einen unterschiedlich hohen Aufwand und eine möglichst individuell-sensitive Beantwortung, die Geschlechts- und Kulturspezifika berücksichtigt.

„Heute hat sich weitgehend die Erkenntnis durchgesetzt, dass eine geschlechtsneutrale Erziehung nicht möglich ist. Geschlechtssensible Erziehung bedeutet, dass Fachpersonen in reflexiver Weise differenzierend mit der Thematik Geschlecht umgehen müssen. Das Ziel ist dabei in erster Linie die Herstellung von Geschlechtergerechtigkeit im Sinne von Partizipation." (Gutknecht, 2012, S. 73) Die Kulturpsychologen Keller und Borke (2014) sprechen von weitgehend unbewussten, aber wirksamen kulturellen Unterrichtsstunden, wenn Erwachsene im Alltag durch Ansprache und Handeln Säuglingen und Kleinstkindern Geschlechtskategorien vermitteln. Vergleichbares geschieht in der Elementarpädagogik, wenn unreflektierte Geschlechtsstereotypen der Bezugspersonen Einfluss auf den Erlebnisrahmen und die Erfahrungsmöglichkeiten von Mädchen oder Jungen nehmen.

Kontinuität oder Diskontinuität im Entwicklungsverlauf

Mit der Frage, ob Entwicklung kontinuierlich oder diskontinuierlich abläuft, stehen zwei gegensätzliche Modellvorstellungen bereits seit Jahrhunderten zur Diskussion. Bevor hierzu nach Antworten gesucht werden kann, muss die Frage spezifiziert werden. Bezieht sich die Frage nach Kontinuität oder Diskontinuität auf die:

- Stabilität individueller Kompetenzen über die Zeit? – Bleibt ein Kind mit auffallend frühem Spracherwerb oder hohem IQ auch in späteren Jahren seinen Altersgenossen sprachlich und kognitiv überlegen? Tatsächlich weisen viele individuelle Unterschiede bei psychischen und intellektuellen Eigenschaften eine mittlere Stabilität auf. Sie bleibt jedoch immer weit unter 100 % und hängt zudem von der Stabilität relevanter Umwelteinflüsse und deren Stimulation ab. Auch die individuellen Unterschiede bei der sozialen, emotionalen und persönlichkeitsbezogenen Entwicklung bleiben ein Stück weit stabil; sie zeigen eine gleichmäßige Fähigkeitszunahme im Verlauf von Kindheit und Adoleszenz. Das Ausmaß sozial-emotionaler Stabilität ist jedoch im Allgemeinen geringer als bei der intellektuellen Entwicklung.
- Gesamtheit des normalen, jeweils altersgemäßen Entwicklungsverlaufs? – Es gibt auch Entwicklungsprozesse, die eine kontinuierliche Veränderung zeigen, indem das Individuum basal vorhandene Fähigkeiten erweitert. Es ist auch vorstellbar, dass sich die Gesamtentwicklung in diskontinuierlichen Stufen abspielt. Mit jeder neuen Stufe ändern sich Denken, Fühlen und Verhalten

und somit auch die Reaktionen auf die Entwicklungsumwelt. Veränderungen passieren hier recht unvermittelt und nicht allmählich und fortlaufend.

Die Stufentheorie

Viele der klassischen Entwicklungstheorien arbeiteten gedanklich mit aufeinander folgenden Stufen oder Stadien. Hierdurch kann der außerordentlich komplexe Entwicklungsprozess in wenige gut voneinander abgrenzbare Perioden mit typischen Verhaltenscharakteristika untergliedert werden. Mit solchen Stufen oder Stadien arbeiten z. B. die Theorien zur kognitiven Entwicklung von Jean Piaget, die Theorie Sigmund Freuds zur psychosexuellen Entwicklung (→ Kap. 2.1.1) und Lawrence Kohlbergs Theorie zur Moralentwicklung. Die zugrunde liegenden Annahmen sind verlockend einfach:
- Entwicklung schreitet durch eine Reihe qualitativ unterschiedlicher Stadien voran.
- Jedes Stadium ist durch charakteristische Merkmale gekennzeichnet.
- Alle Kinder durchlaufen alle Stadien in derselben Reihenfolge.
- Die Übergänge zwischen den Stadien erfolgen schnell.

Jedoch verlaufen viele Entwicklungsprozesse weit weniger geordnet, als dies die Stufentheorien vorsehen. Es gibt eindeutig erkennbare Diskontinuitäten wie die plötzlich beginnende Tiefenwahrnehmung, die Fremdenangst, die Lauffähigkeit, die Wortschatzexplosion oder die Menstruation. Ebenso gibt es Entwicklungsprozesse mit hoher Kontinuität der Steigerung, z. B. die Emotionsregulation, die Perspektivenübernahme oder die soziale Kompetenz.

Die Meilensteine der Entwicklung

Um die Kontinuitäten und Diskontinuitäten der Entwicklung in einen einheitlichen theoretischen Rahmen integrieren zu können, schlagen die amerikanischen Entwicklungsforscher Robert Siegler, Judy DeLoache und Nancy Eisenberg vor, sich die Entwicklung als eine Reise quer durch Amerika von New York nach San Francisco vorzustellen: In gewisser Weise ist die Fahrt ein kontinuierlicher Fortschritt in westlicher Richtung, entlang der Bundesstraße 80. Man kann aber auch sagen, die Fahrt beginnt im Osten mit Atlantikküste und den Appalachen und verläuft dann – in unveränderlicher Reihenfolge, ohne eine Region überspringen zu können – durch den Mittleren Westen und die Rocky Mountains, bis Kalifornien erreicht wird. Die Unterschiede zwischen den Regionen sind hinsichtlich ihres Klimas, ihrer Farbe und ihrer Topographie groß und real, aber die Grenzen zwischen ihnen sind willkürlich. Ist Ohio der westlichste Staat des Ostens oder der östlichste Staat des Mittleren Westens, oder ist er schon Teil des Gebiets um die Rocky Mountains?

Mit den Kontinuitäten und Diskontinuitäten in der Entwicklung verhält es sich ähnlich: auf *einer* Analyseebene verläuft die Entwicklung eindeutig kontinuierlich, auf einer anderen Analyseebene ist jede Entwicklungsphase durch Meilensteine gekennzeichnet. Jede Aussage darüber, wann eine bestimmte Fähigkeit, ein bestimmtes Merkmal erstmals auftritt, ist genauso willkürlich, wie die Feststellung, wo ein geographisches Gebiet genau anfängt. Dennoch brauchen wir Meilensteine, um zu wissen, wo wir uns befinden, auf der Karte wie im Entwicklungsverlauf (Siegler et al., 2011).

3.1.3 Gibt es eine normale Entwicklung?

Alle Disziplinen haben heute das eigenaktive, suchende und forschende Kind vor Augen. Moderne Entwicklungsforscher:
- Sehen genetische Auswirkungen und Umweltwirkungen (→ Kap. 3.1.2) auf einzelne Merkmale als untrennbar miteinander verwoben, da beide Faktoren auf das Potenzial einwirken, das die Persönlichkeitseigenschaften und die Kompetenzen eines Kindes zu modifizieren vermag.
- Bestätigen, dass Kinder in bestimmten Zeitfenstern mit den jeweils relevanten Erfahrungen in Kontakt kommen müssen. Bei vielen Aspekten der Entwicklung wie Wahrnehmung, Sprache, Emotionen und Sozialverhalten ist der frühe Zeitpunkt der Erfahrung entscheidend. Der Erfolg hängt auch davon ab, ob die Stimulation durch die soziale Umgebung das Kind bezüglich seiner momentanen Fragen an die Welt beantwortet.
- Sind der Meinung, dass Entwicklung und damit auch Veränderung sowohl kontinuierlich als auch diskontinuierlich ablaufen kann und dass sogar beide Möglichkeiten nebeneinander zu beobachten sind (→ Kap. 3.1.2).
- Räumen ein, dass es im Entwicklungsverlauf sowohl allgemeingültige Merkmale gibt als auch für das Individuum und seinen Entwicklungskontext spezifisch kennzeichnende.
- Betonen, dass es das modellhafte, idealtypische Durchschnittskind, dessen altersgemäße Entwicklung in allen Bereichen genau einem Plan entspricht, in der Realität nicht gibt. Jedes Kind entwickelt sich individuell, im Ablauf ebenso wie in der Geschwindigkeit (→ Kap. 3.1.5 ff).

Die meisten Betrachtungen gehen von einem so genannten „normalen" Entwicklungsverlauf aus. Das bedarf einer Erklärung, denn das modellhafte, idealtypische Durchschnittskind, dessen altersgemäße Entwicklung in allen Bereichen genau einem Plan entspricht, gibt es in der Realität nicht. Jedes Kind entwickelt sich individuell, im Ablauf ebenso wie in der Geschwindigkeit (→ Kap. 3.1.5 ff).

3.1.4 Die Bedeutung der psychischen Grundbedürfnisse für das Entwicklungsgeschehen
Armin Krenz

„Ein Kind will umsorgt sein, sich geborgen und angenommen fühlen, damit es gedeihen und sich seinen Möglichkeiten entsprechend entwickeln kann. […] (So geht es um die Frage), welche **psychischen Grundbedürfnisse** befriedigt werden müssen, damit ein Kind gedeiht und sich entwickeln kann. Wichtige Hinweise liefern uns Studien über Kinder, die unter einem offensichtlichen Mangel an Fürsorge, Geborgenheit und Zuwendung gelitten haben." (Largo, 1999)

Die Entwicklung von Ich-Kompetenz und Ich-Autonomie

Abb. 3.2: Eigenschaften und Fähigkeiten sind von Kind zu Kind unterschiedlich angelegt und reifen unterschiedlich schnell aus

Bei der **Entwicklung** von Kindern steht zunächst der Auf- und Ausbau der **Ich-Kompetenz** *(Ich-Identität)* im Vordergrund. Dabei geht es vor allem um ein zufriedenstellendes Verhältnis des Kindes zu sich selbst sowie um seine vielfältigen Möglichkeiten, sich unter dem besonderen Aspekt der eigenen Interessen und Ressourcen mit sich und dem Umfeld auseinanderzusetzen. Es geht für das Kind darum, bedeutsame, aufbauende Lebenserfahrungen zu machen, um alle innewohnenden Potenziale und Talente zu entdecken. Die Ich-Kompetenz hat eine grundlegende Bedeutung für die Entwicklung der **Ich-Autonomie.** Diese hilft dem Kind, Vertrauen in sich und in sein gesamtes Handeln zu erlangen sowie der Welt um sich herum mit Vertrauen zu begegnen. Eine entwickelte Ich-Kompetenz und Ich-Autonomie ist durch die folgenden Grundannahmen gekennzeichnet: Ich bin wer, ich kann was und ich habe etwas Bedeutsames.

Ich bin jemand, der:
- Sich von anderen Menschen und der Welt angenommen, respektiert und geliebt fühlt
- Sich selbst liebt und mit anderen Menschen Freundschaft, Liebe und Glück teilen kann
- Sich hoffnungsvoll auf die Gegenwart einlassen und optimistisch in die Zukunft schauen kann

- Wertschätzend und sorgsam mit sich selbst, anderen Menschen, Tieren und der Natur umgehen will
- Lebensfreude empfindet und Verantwortung für sein Leben und die eigene Lebensgestaltung übernehmen kann.

Ich kann:
- Meine Verhaltensweisen in schwierigen Situationen weitgehend kontrollieren und steuern
- Meine unterschiedlichen Gefühle zulassen und schäme mich nicht meiner Traurigkeiten und Ängste
- Meine belastenden Lebenssituationen erkennen, aufgreifen und durch eigene Handlungsschritte verändern
- Stolz auf meine eigenen Leistungen sein
- Leistungs- und Anstrengungsbereitschaft an den Tag legen, um auch schwierigere Aufgaben selbstständig und zunächst ohne fremde Hilfe zu erledigen
- Mich mit Wahrnehmungsoffenheit und Interesse an neue Herausforderungen heranwagen und mir selbst entsprechende Aufgaben stellen.

Ich habe:
- Die Sicherheit in mir, um Wichtiges von Unwichtigem zu unterscheiden, Wesentliches von Unwesentlichem zu trennen und mich damit bei Aufgabenstellungen auf mich selbst zu verlassen
- Die Neugierde in mir, mein Leben lang dazulernen zu wollen und besitze die Bereitschaft, mich immer wieder dort zu ändern, wo ich merke, dass es bessere Problemlösungswege gibt
- Die Stärke und den Mut, immer wieder neue Wagnisse einzugehen, wenn es gilt, ausgetretene Pfade zu verlassen
- Das Vertrauen, dass Konflikte ohne Machtausübung zu regeln sind
- Eine Bereitschaft, Verantwortung für eine Verbesserung von problematischen Situationen zu übernehmen. (In Anlehnung an Wustmann, 2004)

Es hat sich gezeigt, dass es für den Aufbau von Fähigkeiten keine „automatisierten, inneren Entwicklungsabläufe" im Sinne eines feststehenden genetischen Programms gibt. Gleichzeitig zeigen Beobachtungsergebnisse, dass der Aufbau dieser spezifischen Basisfähigkeiten in enger Vernetzung mit der ausreichenden Befriedigung von psychischen Grundbedürfnissen steht.

> Eine ausreichende Befriedigung der psychischen Grundbedürfnisse bildet die Grundlage für den Aufbau von spezifischen Basisfähigkeiten bei Kindern; die Existenz dieser Basisfähigkeiten wiederum führt zu spezifischen kognitiven, emotionalen, motorischen und sozialen Fertigkeiten.

Psychische Grundbedürfnisse von Kindern

Die **psychischen Grundbedürfnisse** von Kindern können aus entwicklungspsychologischer Sicht als die „tragenden Entwicklungssäulen für den Identitätsaufbau von Kindern" bezeichnet werden. Sie helfen den Kindern, „Wurzeln für ihr gegenwärtiges und zukünftiges Leben" zu entwickeln.

Die bedeutsamsten psychischen Grundbedürfnisse umfassen folgende Aspekte:

- Zeit erleben und genießen, um eigene Entwicklungsressourcen zu entdecken und zu stabilisieren. So kann das Kind sich und die Welt in ihrer Vielfalt wahrnehmen
- Ruhe erfahren zur Festigung und Differenzierung von Entwicklungsvorgängen. So können Kinder selbst gewählte oder notwendige Ziele ohne Ablenkungen verfolgen
- Liebe im Sinne einer tiefen Annahme und zuverlässigen Bindung erfahren. „Lieben", schreibt der Erziehungswissenschaftler Manfred Berger, „drückt sich in einem intensiven, mühevollen Hinsehen aus, verlangt keine Gegenliebe, heißt auch verzeihen zu können, bedeutet Hoffen, immer neue Chancen geben; heißt einem physisch wie psychisch nahe zu sein; bedeutet auch die eigene Kindheit zulassen; heißt frei sein von Vorurteilen, heißt Toleranz üben." (1992, S. 5)
- Vertrauen erleben in sich als Person, in die eigene Selbstständigkeit und Unabhängigkeit sowie das Gefühl von Gleichwertigkeit erfahren. Das heißt auch Intimität und Geheimnisse haben dürfen, um den eigenen, unverwechselbaren Individualwert zu erleben
- Sicherheit und Verbindlichkeit erleben als Motor und Grundlage der Selbstentwicklung
- Das Bewegungsbedürfnis ausleben können, um bedeutsame Handlungsaktivitäten ausführen und selbstaktiv tätig sein zu können
- Mitsprache haben im Sinne eines aktiven Mitgestaltungsrechts. So kann das Kind erleben, dass es Einfluss auf Entscheidungen haben kann
- Erfahrungsräume in sich selbst und der (un)mittelbaren Welt erkunden können sowie die Neugierde als „Entwicklungsmotor" ausleben dürfen. So können Kinder ihre eigenen Lernpotenziale entdecken
- Gefühle erleben, um sie mit kognitiven und motorischen Prozessen zu vernetzen, sowie die Akzeptanz von Gefühlen in ihrer jeweiligen Berechtigung erfahren
- Akzeptanz ihrer Ausdrucksformen von Sexualität erfahren und die eigene Geschlechtsidentität integrieren
- Eine gewaltfreie Kommunikation und Interaktion erleben sowie Respekt, Wertschätzung und Achtung als Kommunikationsgrundlage erfahren
- Optimismus als zielperspektivisch geprägte Vision und Kraft spüren

- Verständnis bekommen, um sich als „gerngesehener Gast" dieser Welt zu fühlen.

Die enge Vernetzung zwischen der ausreichenden Befriedigung von psychischen Grundbedürfnissen und dem Aufbau von spezifischen Basisfähigkeiten hat Konsequenzen für die Frühpädagogik: Erzieherinnen müssen die pädagogische Didaktik und Methodik so gestalten, dass Kinder in der Tageseinrichtung die Befriedigung ihrer psychischen Grundbedürfnisse erleben. Und dies wiederum verlangt nach entsprechenden Kompetenzen und Verhaltensmerkmalen der Erwachsenen, um dem Anspruch einer bedürfnisgerechten Kommunikation und Interaktion gerecht zu werden.

> **Reflektieren Sie den pädagogischen Alltag in Ihrer Gruppe und überlegen Sie, inwieweit diese Bedingungen die Befriedigung der psychischen Grundbedürfnisse von Kindern ermöglichen oder erschweren.**

Die Forschungsergebnisse der Resilienz- und Bindungsforschung (→ Kap. 4) zeigen, dass Pädagogen sowohl die große Chance als auch die wichtige Aufgabe haben, Entwicklungsprozesse zu initiieren, aufzugreifen und zu begleiten. Dies kann dann gelingen, wenn Kinder statt funktionsorientierter Trainingsprogramme „lebensbedeutsamen Seelenproviant" auf ihren Entwicklungsweg mitbekommen.

Die Entwicklung des Selbstwertgefühls

Jeder Mensch hat eine ganz bestimmte Vorstellung über sich selbst, die sein *Selbstkonzept* prägt (→ Kap. 1.3.2). Dieses Selbstkonzept ist gekennzeichnet von der persönlichen Einschätzung und Bewertung der eigenen Fähigkeiten und individuellen Eigenschaften. Es entsteht aus dem Vergleich der vermeintlichen subjektiven Fähigkeiten mit den Anforderungen, die an eine Person gerichtet werden. Die Gesamtheit dieser persönlichen Bewertungen ergibt das emotional geprägte **Selbstwertgefühl.** Es ist demnach davon abhängig, wie viel Respekt und Achtung eine Person sich selbst gegenüber hat und wie viel Zuneigung sie sich selbst schenkt. Das Selbstwertgefühl richtet sich nicht nach dem Wert, den andere Personen oder Gruppen dem betreffenden Menschen beimessen.

Die Frage, welche Bedeutung das Selbstkonzept des Menschen für seine Entwicklung hat, beschäftigt die Psychologie schon lange. Alle Untersuchungen und Ergebnisse aus dem Bereich der Persönlichkeitspsychologie konnten bislang nicht nachweisen, dass das Selbstwertgefühl eines Menschen einen gene-

tischen Ursprung hat. Insofern ist davon auszugehen, dass sich das Selbstwertgefühl im Laufe der lebensbiografischen Entwicklung des Menschen aufbaut.
Ein neugeborenes Kind hat weder intensive Erfahrungen im Umgang mit sich selbst noch irgendwelche Kriterien, um seinen individuellen Wert einschätzen zu können. Solche „Werterfahrungen" wird es durch seine Kommunikation mit seinem Umfeld und durch die besondere Interaktion der Menschen machen, die mit ihm umgehen: Zunächst sind dies die Eltern(teile), die Geschwister, die Großeltern und andere Kinder und Personen aus seinem Umfeld; später werden auch Erzieherinnen, Lehrer und Gleichaltrigengruppen den Ausprägungsgrad seines Selbstwertgefühls beeinflussen.
Nach dem Erkenntnisstand der entwicklungspsychologischen Forschung ist davon auszugehen, dass vor allem die Sättigung der seelischen Grundbedürfnisse eine hohe, wenn nicht sogar entscheidende Bedeutung für den Ausprägungsgrad des Selbstwertgefühls besitzt.

Die Sättigung der seelischen Grundbedürfnisse bildet die Grundlage dafür, ob ein Kind in der Gegenwart und Zukunft von sich selbst den Eindruck hat, dass es „gute" Verhaltensweisen zum Ausdruck bringt und von seinem Umfeld als „liebenswert" betrachtet wird.

Fühlen sich Kinder häufig kritisiert und als „schlecht", „wenig liebenswert" oder gar als „ungeliebt" betrachtet, so muss in ihrer weiteren Entwicklungsgeschichte mit einer negativen Selbstwertentwicklung gerechnet werden (Mietzel, 2002).
Der Psychologe Michael Birkenbihl hat die Hauptfaktoren des Selbstwertgefühls zusammengefasst, aus denen sich die entsprechenden Merkmale ableiten lassen:
- Das optimale Verhältnis zwischen dem Ich und dem Ideal-Ich
- Die Übereinstimmung mit dem Gewissen
- Die Anerkennung der Leistung
- Die Wertschätzung als Person
- Die erotisch-sexuelle Befriedigung.

Das optimale Verhältnis zwischen dem Ich und dem Ich-Ideal

Für ein **optimales Verhältnis** zwischen dem **Ich** und dem **Ich-Ideal** braucht ein Mensch eine realistische Vorstellung von sich selbst, von seinen Verhaltensweisen und Persönlichkeitsmerkmalen, seinen inneren Überzeugungen und gelebten Werten sowie gleichzeitig eine Vorstellung von seinem Ideal-Ich, davon, wer er sein möchte. Je mehr die beiden Pole Sein und Wollen übereinstimmen, desto näher kommt dies einem optimalen Verhältnis. Um eine weitgehende Entsprechung dieser beiden Pole herbeizuführen, sind entweder Veränderungen am eigenen Sein oder aber Veränderungen an den Idealvorstellungen nötig.

Die Übereinstimmung mit dem Gewissen

Die **Übereinstimmung** mit dem **Gewissen** bedeutet, das Verhalten mit den zu Grunde liegenden Moralvorstellungen, Einstellungen, Einschätzungen und Wertegrundsätzen in einer Deckungsgleichheit zu wissen. Ein Mensch, der in Übereinstimmung mit seinem Gewissen handelt, hat das Gefühl, genau das „Richtige" getan zu haben. Bei diesem Aspekt des Selbstwertgefühls bleibt jedoch die Frage offen, wer die Inhalte und Kriterien des Gewissens sowie die Ausprägung der Gewissensmerkmale definiert und festlegt. Und ebenso ungeklärt ist, ob nicht gerade die Vorstellung einer bestimmten „moralischen Instanz" des Menschen einer höchst subjektiven Einschätzung entspricht.

Die Anerkennung der Leistung

Bei Kindern spielt die **Anerkennung der Leistung** eine große Rolle im Prozess der Selbstwertentwicklung. Kinder erleben Freude im Hinblick auf ihren gezeigten Einsatz und werden motiviert, mit ihrer Tätigkeit fortzufahren. Inzwischen zeigen Ergebnisse aus der Bildungs-, Erziehungs- und Bindungsforschung z. B. von Karin und Klaus E. Grossmann, Gerd E. Schäfer, Hans-Joachim Laewen oder Klaus Hurrelmann, dass es für die Entstehung eines Selbstwertgefühls im Sinne der Selbstbildung und Selbstwirksamkeit bedeutsamer ist, wenn sich die Personen selbst für ihre Leistung anerkennen (können). Entsprechend dem Motto: „Das hab ich gut gemacht."
Die Forschungsergebnisse haben Konsequenzen für die Interaktion zwischen Erwachsenen und Kindern: Erwachsene müssen dafür Sorge tragen, dass Kinder viel selbstständig leisten können und die Möglichkeit haben bzw. es erlernen, die eigenen Leistungen mit Freude und Stolz zu loben. Selbstwert besitzende Jugendliche und Erwachsene sind motiviert, Leistung zu erbringen, ohne sich durch die Leistung selbst als bedeutsam definieren zu müssen; die Ergebnisse der Leistung selbst reichen als Anerkennung aus. Insofern können der Wunsch oder die Freude, dass erreichte Leistungen von außen anerkannt werden, ein Hinweis auf ein eingeschränktes Selbstwertgefühl sein.

Die Wertschätzung als Person

Während Kinder auf Respekt, **Wertschätzung** und Achtung ihrer **Person** durch Menschen aus ihrem Umfeld angewiesen sind, geht es bei Jugendlichen und

Erwachsenen stärker um die „Selbstwertschätzung als Person", entsprechend dem Motto: „Ich gefalle mir, so wie ich bin und brauche keine regelmäßige Wertschätzung von anderen". Ein stark ausgeprägter Wunsch, von anderen Menschen gemocht und geachtet zu sein, kann auch hier ein Hinweis für ein eingeschränktes Selbstwertgefühl sein.

Die erotisch-sexuelle Befriedigung

Die generelle Bedeutung der **erotisch-sexuellen Befriedigung** für ältere Heranwachsende oder Erwachsene hat bei Kindern andere Aspekte. Zu einer umfassenden Körperwahrnehmung gehört für Kinder auch die Wahrnehmung als sexuelles Wesen. Erst die Integration der Sexualität schafft eine ganzheitliche Körperannahme und dies ist die Voraussetzung und Grundlage für die Genussfähigkeit des Menschen. Die Fähigkeit, mit allen Sinnen genießen zu können, bezieht sich daher auf leibliche wie auch seelische und kognitive Freuden.

Die genannten Merkmale für die Entstehung und Ausprägung des Selbstwertgefühls sind der Ausgangspunkt für die Selbst-, Sach- und Sozialkompetenzen des Menschen. Jedes Merkmal hat seinen eigenen Wert, gleichzeitig sind aber auch alle Merkmale als ein vernetztes Ganzes zu betrachten. Empirische Beobachtungen zeigen: Wird ein Merkmal vernachlässigt oder durch belastende Einflüsse beeinträchtigt, so hat dies Folgen für alle Einzelmerkmale und dadurch wiederum für das Selbstwertgefühl als Ganzes. Kompensationsversuche, z. B. ein verstärkter Wunsch nach Leistungsanerkennung durch andere, ein überhöhter Anspruch aus dem Ideal-Ich an sich selbst, eine Distanz zur erotisch-sexuellen Befriedigung bzw. eine Fixierung darauf, wären die Folge.

Die Multidimensionalität des Selbstwertgefühls

Das Modell von Michael Birkenbihl geht von einem so genannten globalen Selbstkonzept aus. Andere Wissenschaftler sprechen von einer **Multidimensionalität** bzw. von einem spezifischen **Selbstwertgefühl**. Das bedeutet, dass Menschen weniger ein „generelles Selbstwertgefühl" besitzen. Vielmehr haben sie – entsprechend ihren Talenten und Ressourcen – ein in spezifische Teilbereiche differenziertes Selbstwertgefühl verinnerlicht. So könnte ein Mensch mit ausgesprochen guter körperlicher Fitness ein starkes Selbstwertgefühl in sich tragen, wenn es darum geht, anspruchsvolle körperliche Leistungen zu erbringen. Derselbe Mensch könnte eine eingeschränkte sprachliche Ausdrucksfähigkeit und daher in Kenntnis seiner subjektiv erlebten Einschränkungen ein schwach ausgeprägtes Selbstwertgefühl in diesem Bereich besitzen.

Die Frage, ob das Selbstwertgefühl eines Menschen eine generelle Stabilität *(Unveränderlichkeit)* oder Variabilität *(Veränderbarkeit)* besitzt, kann anhand von empirischen Befunden nicht eindeutig beantwortet werden. Unbestritten hingegen scheinen zwei Tatsachen zu sein: Zum einen kann ein generelles oder spezifisches Selbstwertgefühl jederzeit durch belastende Eindrücke und Erfahrungen in der persönlichen Wertbeimessung sinken. Solche belastenden Erfahrungen können beispielsweise außergewöhnlich unangenehme Erlebnisse, Konfrontationen mit starker emotionaler oder kognitiver Überforderung sein. Zum anderen können Menschen aktiv an der Ausprägung ihres Selbstwertgefühls arbeiten. Dies kann beispielsweise durch die persönliche Weiterentwicklung geschehen, indem sie Verhaltensstärken auf- und ausbauen, ihre Talente entdecken und nutzen oder indem sie Ängste und bislang lebensbestimmende Unsicherheiten abbauen.

Ausgangspunkt für den Aufbau eines Selbstwertgefühls scheint die Selbstwirksamkeitsüberzeugung eines Menschen zu sein. Er fühlt sich in der Lage, sich weitaus stärker an seinen eigenen Wirksamkeitserwartungen zu orientieren als an einer Ergebniserwartung (Bandura, 1977 in Rost, 2006). Damit ist gemeint, dass Selbstwirksamkeit einen handlungsleitenden Wert in sich trägt und Menschen sich in den unterschiedlichen Situationen und Lebensherausforderungen in der Lage sehen, ein Verhalten einzusetzen, das aus ihrer subjektiven Einschätzung heraus zum Erfolg führt. Vor allem in solchen Situationen, in denen die Menschen auf erwartete oder unerwartete Probleme und Schwierigkeiten stoßen.

Die emotionale Entwicklung

Vor allen kognitiven Prozessen geben die Emotionen die entscheidenden Impulse dafür, in welche Richtung gedacht und wie gehandelt wird. Es ist die „Macht der Gefühle" (Ochmann, 2003), die unser Leben steuert. Diesen Zusammenhang haben vor allem die Neurowissenschaftler Antonio Damasio und Joseph LeDoux untersucht. Letzterer hat sich der Erforschung der Amygdala gewidmet, dem evolutionsgeschichtlich ältesten Hirnteil, das einen zentralen Einfluss auf das Gefühlsleben des Menschen hat (→ Kap. 3.1.7).

> **Emotion**
>
> Umfasst seelische Befindlichkeiten wie Freude, Trauer, Ärger, Zorn sowie deren qualitative Unterscheidung in angenehm oder unangenehm. Emotionen zeigen sich in körperlichen Reaktionen wie Muskelanspannung, Schweißausbruch, schneller Atmung, erhöhtem Herzschlag oder Magen- und Darmtätigkeit. Wird gleichbedeutend mit dem Wort Gefühl verwendet. Die Stärke des Gefühls hängt von der Stärke der körperlichen Reaktion ab. Emotionen haben Einfluss auf das Verhalten, sie können z. B. eine gesteigerte Reaktionsfähigkeit hervorrufen, Passivität oder Vermeidungsverhalten.

Die Ergebnisse der Bindungsforschung sind eng mit den Erkenntnissen der Hirnforschung vernetzt und haben für die Berufspraxis von Erzieherinnen eine große Bedeutung: Eine liebevolle, vertrauensvolle und verlässliche Bindung ist die Grundlage für die **emotionale Entwicklung** (→ Kap. 3.1.6) von Kindern. Sie bildet ebenso die Basis für ein tiefes Selbstvertrauen, für Unabhängigkeit und Selbstständigkeit.

Um mit den Worten der Erziehungsstilforscherin Diana Baumrind zu sprechen: „Kinder brauchen erst Wurzeln, dann Flügel." Nur durch eine tief erlebte Geborgenheit und Annahme sind Kinder in der Lage, ihre Lebenswurzeln in Form von Sicherheit und Lebensfreude zu entwickeln und sind gleichzeitig vor seelischen Irritationen und lebenseinschränkenden Ängsten geschützt. Verschiedene epidemiologische Studien haben gezeigt, dass Verhaltensirritationen bei Kindern und Jugendlichen wie Ängste, Gewaltbereitschaft, aggressives Verhalten, Verweigerungs- oder Vermeidungshaltung gegenüber Anforderungen direkt oder indirekt auf fehlende Bindungserfahrungen zurückgeführt werden können (Grossmann & Grossmann, 2003).

> Eine als sicher erlebte Bindung ist ein wesentlicher Schutzfaktor gegen seelische Irritationen.

Grundannahmen der Bindungstheorie

Die **Bindungstheorie** (→ Kap. 3.1.5 und 3.1.6) stellt ein „umfassendes Konzept für die Persönlichkeitsentwicklung des Menschen als Folge seiner sozialen Erfahrungen" dar (nach M. Ainsworth, in: Grossmann & Grossmann, 2003, S. 67 f.). Sie geht von fünf **Grundannahmen** aus:

- „Für die seelische Gesundheit des sich entwickelnden Kindes ist kontinuierliche und feinfühlige Fürsorge von herausragender Bedeutung
- Es besteht die biologische Notwendigkeit, mindestens eine Bindung aufzubauen, deren Funktion es ist, Sicherheit zu geben und gegen Stress zu schützen. Eine Bindung wird zu einer erwachsenen Person aufgebaut, die als stärker und weiser empfunden wird, so dass sie Schutz und Versorgung gewährleisten kann. Das Verhaltenssystem, das der Bindung dient, existiert gleichrangig und nicht etwa nachgeordnet mit den Verhaltenssystemen, die der Ernährung, der Sexualität und der Aggression dienen
- Eine Bindungsbeziehung unterscheidet sich von anderen Beziehungen darin, dass bei Angst das Bindungsverhaltenssystem aktiviert und die Nähe der Bindungsperson aufgesucht wird, wobei Erkundungsverhalten aufhört (das Explorationsverhaltenssystem wird deaktiviert). Anderseits hört bei

Wohlbefinden die Aktivität des Bindungsverhaltenssystems auf und Erkundungen sowie Spiel setzen wieder ein
- Individuelle Unterschiede in Qualitäten von Bindungen kann man an dem Ausmaß unterscheiden, indem sie Sicherheit vermitteln
- Mithilfe der kognitiven Psychologie erklärt die Bindungstheorie, wie früh erlebte Bindungserfahrungen geistig verarbeitet und zu inneren Modellvorstellungen (Arbeitsmodellen) von sich und anderen werden."

Bindung kann als ein imaginäres Band verstanden werden, das zwei Personen verbindet und in angenehmen Gefühlen verankert ist – als ein Erlebnis über einen längeren Zeitraum hinweg (Ainsworth, 1979). Da sich Bindung erst im Laufe des ersten Lebensjahres eines Kindes entwickelt (Ainsworth, 2003), werden Kinder im Laufe ihrer Entwicklung mehrere Bindungspartner suchen. Dabei nimmt jedes Kind eine innere Hierarchie der Bindungspersonen vor. Je mehr sich ein Kind verlassen oder geängstigt fühlt, desto eher sucht es die Bindungsperson, die ihm am wichtigsten ist.

Eine sichere Bindung zeigt sich darin, wenn Kinder:
- Die Bindungsperson als einen „sicheren Hafen" erleben, den sie bei Verunsicherungen, Ängsten und Verlassenheitsgefühlen gerne und freiwillig aufsuchen
- Wenig auf Bindungserlebnisse angewiesen sind und sich mit einem Gefühl der inneren Grundsicherheit auf die Erkundung der Welt einlassen und ihrem innewohnenden Forscherdrang nachgehen
- Über ihre Gefühle berichten und dabei emotionale Belastungen ebenso ungehemmt zum Ausdruck bringen wie Augenblicke der Freude und des Glücks.

Bindungserfahrungen, so formuliert es der Psychologe Gerhard Suess, „bereiten die Bühne für die Erfahrungswelt. [...] Kinder werden durch die frühen Bindungserfahrungen gleichsam auf ein Gleis gestellt, von dessen Verlauf abhängig sie zunehmend unterschiedliche Erfahrungen sammeln. [...] Neben einer den Bindungsbedürfnissen der Kinder angemessenen Gestaltung des Übergangs in den Kindergarten rückt vor allem die Rolle von Erzieher/innen in den Mittelpunkt unseres Interesses, die [...] auf jeden Fall [...] zu wichtigen Beziehungspartnern zu Kindern werden. Auf sie werden Kinder ihr bisher entwickeltes Weltbild anwenden und dabei Gefühle und Reaktionstendenzen in den Erzieher/innen auslösen, die wiederum dazu angelegt sind, die Weltbilder der Kinder zu bestätigen. Hier besteht die Gefahr, dass sich negative Auswirkungen hochunsicherer Bindungen im Alltag durchsetzen. Erzieher/innen sollten deshalb über diese Prozesse informiert sein, um schließlich ihre Gefühle und Reaktionstendenzen kritisch zu reflektieren und versuchen zu können, der Sogwirkung unsicherer Bindungen zu widerstehen." (2006, S. 2)

3.1.5 Das altersbezogene Entwicklungsgeschehen
Gabriele Haug-Schnabel

Angeregt durch den Züricher Entwicklungsforscher Remo Largo gehen Wissenschaftler davon aus, dass beim altersbezogenen Entwicklungsgeschehen:

- Kein Entwicklungsmerkmal bei Kindern gleichen Alters gleich ausgeprägt ist.
- Die ungeheure Entwicklungsvielfalt gleichaltriger Kinder dadurch zustandekommt, dass Eigenschaften und Fähigkeiten von Kind zu Kind unterschiedlich angelegt sind und unterschiedlich schnell ausreifen (interindividuelle Variabilität). Sie werden auch von der jeweiligen Umgebung unterschiedlich stark gefördert und somit in unterschiedlichem Maße zur Entfaltung gebracht (Realisierung vorhandener Potenzen).
- Selbst bei einem Kind nicht von einem identischen Entwicklungsverlauf in verschiedenen Bereichen ausgegangen werden kann (intraindividuelle Variabilität), sondern Eigenschaften und Fähigkeiten aus verschiedenen Bereichen bei ihm unterschiedlich angelegt sind und auch unterschiedlich schnell ausreifen (z. B. schnellere Fortschritte beim Sprechen als in der motorischen Entwicklung).
- Bestimmte Fähigkeiten, wie z. B. das Laufen, bei einem Kind einen völlig anderen Entwicklungsverlauf nehmen können als bei einem anderen Kind. Die Variabilität des einzelnen Entwicklungsverlaufs ist so groß, dass alle einschränkenden Normvorstellungen für die gesamte Kindheit nicht der Wirklichkeit entsprechen (Largo, 1999, 2013).

Heutige Entwicklungstabellen berücksichtigen diese inter- und intraindividuellen Unterschiede (siehe Übersicht der Startzeitpunkte von Entwicklungsmerkmalen im Anhang). Sie sind nicht mehr Auflistungen von isolierten Einzelleistungen, die Kinder in einem bestimmten Alter zu erbringen haben, sondern relativ offen umrissene Entwicklungsabfolgen, die individuelle Abweichungen in weiten Grenzen tolerieren. So gelten etwa klare Vorsprünge in der Sprachentwicklung bei gleichzeitiger Verzögerung in der motorischen Entwicklung als durchaus normal, und beide Werte gehen in die Gesamtbeurteilung des Entwicklungsstandes eines Kindes ein.

Aus diesem Grund wird heutzutage auf die Angabe von Durchschnittswerten bei der Beschreibung von Entwicklungsetappen weitgehend verzichtet. Stattdessen finden sich Angaben über Beginn und Ende von bis zu 18 Monaten reichenden Entwicklungsspannen, innerhalb derer das Auftauchen einer neuen Fähigkeit als normal angesehen wird.

Nur wenn eine Fähigkeit zu lange auf sich warten lässt und 90–95 % aller Kinder diesen Schritt in diesem Alter bereits vollzogen haben, kann dies auf eine mögliche Entwicklungsverzögerung hindeuten und diagnostische Schritte nötig machen.

Werden Entwicklungsverzögerungen erkannt, können Rückstände aufgeholt werden, die sonst zu weiteren negativen Folgen auch in anderen Entwicklungsbereichen führen würden. So kann eine sprachliche Entwicklungsverzögerung dazu führen, dass ein Kind im Spiel und Kontakt mit anderen Kindern nicht gut verstanden wird und ihm deswegen wichtige soziale Erfahrungen vorenthalten werden. Aus diesem Grund wird immer häufiger auch der Kindergarten aufgefordert, Kinder zu erfassen, die zu definierten Zeitpunkten bestimmte Entwicklungsetappen nicht erreicht haben. Der Mediziner Richard Michaelis nennt diese Entwicklungsetappen Grenzsteine der Entwicklung (siehe www.mbjs.brandenburg.de/media_fast/lbm1.a.3973.de/Grenzsteine_Fassung2009_Tabellen.pdf).

Entwicklungsgeschehen im Alter von 0–6 Jahren

Die nachfolgenden Übersichten über das Entwicklungsgeschehen sind so ausgewählt, dass ihr Schwerpunkt auf den Impulsen der modernen Entwicklungsforschung für die Pädagogik liegt. Im Kapitel 3.3 folgen ausführliche Darstellungen zu Basisthemen der Entwicklungspsychologie.

Die überwiegende Mehrzahl der Kinder in Kindertagesstätten gehört zur Altersgruppe von 0–6 Jahren. Um diesem Entwicklungsabschnitt gerecht zu werden, wurde zusätzlich eine Übersichtstabelle der für diese Altersgruppe wichtigen Entwicklungsmerkmale erarbeitet, die auch grafisch den Entwicklungsverlauf in den Bereichen Grobmotorik, Feinmotorik / Wahrnehmung, Spiel bzw. Lebenspraxis/Selbstständigkeit/Identität widerspiegelt (→ Tab. im Anhang).

Jedes Entwicklungsmerkmal taucht auf, wenn mindestens 10 % (oder 25 % je nach Autor) der Kinder ein bestimmtes Verhalten zum ersten Mal zeigen, und endet, wenn bereits 90 % (bzw. 95 %) der Kinder dies tun. Die Spanne der Normalität wird so groß genug gehalten, um der hohen Variabilität des Entwicklungsverlaufs eines jeden Kindes einen möglichst realistischen Rahmen zu geben und dennoch Abweichungen zu beachten.

Jedes Alter hält für Kinder Entwicklungsaufgaben bereit. Eine Entwicklungsaufgabe gilt als bewältigt, wenn sich ein Kind so weit entwickelt hat, dass es nun über erweiterte, differenziertere und verlässlichere Vorstellungen über sich und seine Umwelt verfügt. Alltägliche Anforderungen stellen Kinder und Erwachsene vor Hürden. Diese sollten vom Kind altersgemäß bewältigt werden, damit sich ein physisches wie psychisches Wohlbefinden einstellt, unterstützt durch bestätigende Reaktionen der Umgebung, die ein von sich aus Aktivwerden erlauben (Largo & Benz-Castellano, 2005). Die Entwicklungsaufgaben sind im Alter von 0–6 Jahren bereits vielfältig, z. B. sich an Eltern binden, einen Schlaf-Wach-Rhythmus entwickeln, selbstständig Nahrung aufnehmen, sich fortbewegen, sprechen, Beziehungen zu bislang fremden Erwachsenen eingehen, sauber und trocken werden. Die erfolgreiche Bewältigung einer Entwicklungsaufgabe hängt vor allem davon ab, ob die inneren Voraussetzungen bereits vorliegen, das heißt, ob das Kind „reif" ist für die Aufgabe, aber auch davon, welche Unterstützung es bei seinen Bewältigungsbemühungen erfährt (→ Kap. 3.1.4).

Sich an Eltern binden

Die Bindungstheorie befasst sich mit dem Bedürfnis des Kleinstkindes, enge, von intensiven Gefühlen getragene Beziehungen zu anderen Menschen zu entwickeln. Bindung (→ Kap. 3.1.4 und Kapitel 3.3) wird wie die Nahrungsaufnahme und die Sexualität als eigenständiges, primäres menschliches Bedürfnis gesehen.

Alles begann mit der Evolution des beschützenden Verhaltens. Zu einem bestimmten Zeitpunkt der Stammesgeschichte schützten Mutter- bzw. Elterntiere zunehmend ihre Jungtiere bei Gefahr. Das Verhalten der Jungtiere hat sich diesem Entwicklungsschritt angepasst. Bei Primaten flüchtet ein Junges bei drohender Gefahr nicht mehr möglichst weit weg vom Angst auslösenden Reiz, sondern setzt alles daran, ohne Umwege das Elterntier, seine Sicherheitsbasis zu erreichen. Die Erwartung, hier den effektivsten Schutz und auch Beruhigung zu finden, ist genetisch vorprogrammiert. Diese Schutz- und Kontaktsuche eines Jungtieres sowie sein Bestreben, diesen Kontakt zu halten und bei Verlust desselben zu protestieren und Verlassenheitssignale auszusenden, gehören zum Bindungsverhalten. Auch die Kontaktsignale und Verhaltensweisen sind genetisch vorprogrammiert und werden von den Eltern verstanden und entsprechend beantwortet. Eine derartige Beziehung zwischen Kind und Eltern veränderte das Entwicklungsgeschehen von Grund auf. Sich zu binden wurde zur verinnerlichten Erwartung. Vor diesem Hintergrund wird eine zuverlässig verfügbare, zugewandte sowie feinfühlig und liebevoll agierende Bezugsperson wichtig.

> Es geht darum, die Signale eines Kindes wahrzunehmen, seine Bedürfnisse und Bedarfe zu akzeptieren und wertzuschätzen, sie auf eine sprachliche Ebene zu heben und prompt wie auch angemessen zu beantworten.

Die Säuglingskompetenzen dienen primär dazu, mit der Bezugsperson in Kontakt zu treten und sie für einen Dialog zu gewinnen. Vor allem die Feinfühligkeit im Dialog mit dem gesprächsbereiten Kind und noch mehr in der Interaktion mit dem gestressten oder bedürftigen Kind sind ausschlaggebend. Das direkte Interaktionsgeschehen zwischen Kind und Bezugspersonen ist der Ort, an dem ein Großteil der Entwicklungsdynamik in unserer Kultur anzusiedeln ist.

Die zentralen Themen der ersten zwei Lebensjahre sind der Aufbau von Bindungen und Beziehungen, der Start in die Interaktionsfähigkeit und Lernen, Lernen – am besten im Kontakt mit anderen. Im ersten Lebensjahr dienen die selektive Aufmerksamkeit, die Informationsaufnahme und -verarbeitung und die sinnliche Wahrnehmung vorrangig dazu, Erfahrungen zu sammeln über die charakteristischen Merkmale der Bezugspersonen. Sie stehen also im Dienste der Bindungsentwicklung, während sie bereits im zweiten Lebensjahr schwerpunktmäßig im Dienste der Exploration und Interaktion mit der Umgebung stehen. Lernergebnisse sind aber jetzt bereits beeinflusst durch die gemachten Beziehungserfahrungen.

> Die erworbene Beziehungsqualität nimmt also auch Einfluss auf die Art und Qualität des Informationserwerbs. Sie gibt Strukturen vor, wie mit Neuheit und Komplexität umgegangen werden kann.

In Explorationssituationen entscheidet die Anwesenheit der sicheren Basis und die Möglichkeit der körperlichen, stimmlichen oder wenigstens visuellen Kontaktaufnahme mit ihr darüber, wie das Kind die Situation einschätzt und seine Aktionen plant.

Schlaf-Wach-Rhythmus entwickeln

Die innere Uhr eines Babys tickt anders als die seiner Eltern. Ein am Tag-Nacht-Schema der Außenwelt orientierter Wechsel zwischen langen Wach- bzw. langen Schlafphasen muss sich erst entwickeln. Eine erste Basis für einen 24-Stunden-Rhythmus ist jedoch von Anfang an da: Neugeborene schlafen bereits nachts doppelt so viel wie tagsüber. Der Nachtschlaf wird jedoch durch viele Wachepisoden unterbrochen, und am Tag finden viele Schläfchen statt. Kleinere Einheiten, in denen sich Wachen und Schlafen abwechseln, liegen zwischen zwei und acht Stunden. Sie können von Baby zu Baby variieren, aber bei jedem einzelnen selbst sind diese kleinen Schlaf-Wach-Rhythmen relativ konstant. Häufig findet sich ein Drei-Stunden-Rhythmus, der mit einem entsprechenden Stillrhythmus einhergehen kann, aber nicht muss. Hunger und Aufwachzeiten sind nicht – wie früher vermutet – automatisch aneinander gekoppelt (Bensel, 2009).

Die Entwicklung von den kleinen Rhythmen zum großen Rhythmus ist eine der ersten großen Aufgaben für den Säugling. Die Entwicklungsschritte sind weitgehend genetisch vorgegeben und beruhen auf einem zunehmendem Wachstum und einer vermehrten Ausdifferenzierung des **Rautenhirns**.

 Rautenhirn *(lat. = Rhombencephalon)*

Gehört zum Zentralnervensystem. Es bildet den hintersten Abschnitt des Gehirns und stellt die Verbindung mit dem Rückenmark her. Hier liegen die wichtigsten vegetativen Schaltzentralen, das Atem- und das Kreislaufzentrum.

Bei jedem Kind vollzieht sich dieser Reifungsprozess in einem eigenen Entwicklungstempo. Die Reifung dieser inneren Uhr können Eltern von außen nicht beeinflussen. Jedoch stellt sich jede innere Uhr mit der Zeit auf so genannte „äußere Zeitgeber" ein. Der wichtigste Zeitgeber für Säuglinge ist nicht etwa der Hell-Dunkel-Wechsel, sondern soziale Hinweissignale. Das Neugeborene hat einen angeborenen Drang, sich mit dem Aktivitätsrhythmus seiner sozialen Umwelt zu synchronisieren. Indem die Mutter die nächtlichen Interaktionen mit dem Baby, möglichst kurz hält und auf das Nötigste, d. h. Beruhigen, gegebenenfalls Stillen beschränkt, macht sie dem Baby und dessen innerer Uhr den Unterschied zum Tag deutlich. Tagsüber ist für längere Blickwechsel, Kommunikation und Spiele der richtige Zeitpunkt. Auch wiederkehrende Rituale am Tag erleichtern es dem Baby, sich zu orientieren und mit der Zeit Abläufe vorauszusagen zu können. Nach der Morgenmahlzeit zu spielen, ein regelmäßiger Vormittags- und/oder Nachmittagsspaziergang, ein abendliches Bad oder eine Streichelmassage sind Abläufe, an denen der Säugling allmählich seinen Rhythmus ausrichten kann.

Selbstständig Nahrung aufnehmen

Das geringste Problem bei dieser Entwicklungsaufgabe ist das Essen mit Löffel, Gabel und schließlich auch Messer. Wer diese Werkzeuge einsetzen darf, während er gemütlich mit entsprechenden „Modellen" am Tisch sitzt, lernt schnell den Umgang damit.

Es ist nötig, selbst Erfahrung mit Hunger und Sättigung machen zu dürfen. Schon in den ersten Lebenswochen sammeln Kinder Ess-Erfahrungen: Bekommen sie bei jedem Schreien die Brust in den Mund gesteckt, auch wenn der

Schrei etwas ganz anderes als Hunger melden wollte, z. B. Einsamkeit, Zuwendungsbedarf, Unmut oder Langeweile? Als Folge dieses „Abspeisens" kann sich die Gewohnheit entwickeln, „bei jedem Stress zu essen", um durch die sich beruhigend auswirkenden physiologischen Folgen der Nahrungsaufnahme kurzfristig negative Gefühle wie Einsamkeit, Frustration und Langeweile zu beseitigen. Durch diese Pauschalantwort kann gelernt werden, generell alle negativ besetzten Gefühlszustände mit Nahrungsaufnahme zu beantworten, weil andere Strategien, mit negativen Gefühlen umzugehen, nicht zur Verfügung stehen (Haug-Schnabel & Schmid-Steinbrunner, 2015).

Es gibt Zeiten, in denen Kinder weniger als sonst essen und ebenso Tage, an denen sie scheinbar nicht satt werden. Kinder können mitunter Heißhunger auf ganz bestimmte Lebensmittel entwickeln – Fachleute sprechen dann von einem kurzfristigen Spezialhunger. Der Körper verlangt dann über seinen Feinregulator Appetit nach einem Stoff, der angesichts anstehender Stoffwechselaufgaben nicht ins Defizit geraten sollte. Genauso gibt es eine evolutionär begründete Abneigung gegen Neues, bislang Unbekanntes (altersgemäße Neophobie in Form einer kindlichen Aversion vor grünem Gemüse und Bitterstoffen), die schon motorisch fit gewordene Zweijährige unserer Vorfahren vor der Aufnahme unverträglicher oder giftiger Nahrung schützte (Renz-Polster, 2009, S. 26). Die große Angst der Eltern ist es, dass das Kind „nichts isst". Angst vor einem zu dicken Kind, die viel berechtigter wäre, findet sich seltener. Kinder wissen, wann sie Hunger haben und wann sie satt sind. Von sich aus werden sie weder übergewichtig, noch verhungern sie. Es sind die Erfahrungen, die sie zu viel oder unzureichend essen lassen.

Essen dient zur Deckung physiologischer wie sozialer Bedürfnisse. Die gemeinsame Mahlzeit kann der Tageskonfliktpunkt oder die Krafttankstelle in der Familie oder in der Einrichtung sein, ein Höhepunkt gemeinsamer Kommunikations- und Beziehungserfahrung (Juul, 2002).

> Eine Nahrungsgabe ist ein populärer Versuch, unterschiedliche Bedürfnisse mit einer einzigen Sorte Befriedigungsangebot zu beantworten.

Sich fortbewegen

Ein Kind lernt nicht laufen, sondern es kann zu seinem individuellen Reifungszeitpunkt laufen (→ Kap. 3.1.6). Dennoch haben die Umgebungsbedingungen bedeutenden Einfluss: Wird ein Kind im Ausleben seiner Bewegungsfreude durch Überängstlichkeit der Eltern oder durch einengende Wohnbereiche behindert, kann es folglich kaum Körpererfahrungen sammeln. Seine motorische

Entfaltung wird unter solchen Bedingungen anders verlaufen, als wenn ihm viele Bewegungsfreiräume zur Verfügung stehen und es zu körperlichen Erfahrungen ermutigt wird.

Laufen, hinfallen, wieder aufstehen, weiterlaufen, hinfallen, wieder aufstehen …, diese Abfolge von Bewegungen ist die grundlegende Voraussetzung für das Laufen-Lernen und Laufen-Können. Nur diese Kombination macht stark und autonom. Kleinkinder weinen selten nach einem Sturz, da ihr Körperbau, ihre Geschwindigkeit und ihre Fallhöhe sie die meisten Stürze als harmlose Zwischenglieder einer Bewegungsfolge erleben lassen. Die Kinder weinen oft erst, wenn sie nach einem Sturz ins erschreckte Gesicht eines Erwachsenen schauen. Es ist die vermittelt bekommene Angst vor einer Verletzung, die sie irritiert, obwohl das Hinfallen selbst bei ihnen keine Angst aufkommen ließ.

Daher ist es wichtig, kindliche Bewegung zu kommentieren: Bestätigen statt behindern.

Die elterliche Angst, die Befürchtung, dass etwas schiefgeht, steht an erster Stelle, bremst das Kind, macht es unsicher, ängstlich und nimmt ihm den Mut, etwas auszuprobieren. Wenn überhaupt eine Erwachsenenintervention nötig ist, so muss sie eine konstruktive Hilfestellung sein, vielleicht eine Alternativstrategie. Ist das Vorhaben zu riskant, muss eingeschritten werden. So lernt ein Kind seine Möglichkeiten, aber auch Risiken immer realistischer einzuschätzen.

„Bei der täglichen Arbeit sollen Kinder unter Berücksichtigung ihrer Fähigkeiten und Fertigkeiten auch in die Lage versetzt werden, verantwortungsvoll mit risikobehafteten Situationen umzugehen, denn das Eingehen von Risiken ist Bestandteil der kindlichen Entwicklung und somit auch Teil der pädagogischen Arbeit. […] Bewegungssicherheit kann nur durch Bewegung und das Bewältigen von Risikosituationen erlernt werden. Nicht Risikominimierung, sondern Risikodosierung trägt zu einer aktiven Sicherheitsförderung und der Ausbildung von Risikokompetenz bei" (Michler-Hanneken, 2008, S. 6).

Sprechen und sich verständigen

Wissenschaftler haben in den letzten Jahren viel darüber geforscht, wie ein Kind zu(m) Wort kommt, wie eine Sprechkultur entsteht (→ Kap. 3.3).

Das Gesicht der Bezugsperson vermittelt dem Kind Emotionen (→ Kap. 3.1.4), die mit Sprachlauten verbunden sind. Die mütterliche Mimik und die akustische Wahrnehmung bereiten den Säugling auf den Spracherwerb vor. Es ist die mit dem Säugling aufgebaute Gefühlsbeziehung, die ihn veranlasst, auf den Sprechenden zu achten und erst dann aus dem Gehörten das zu filtern, was sein Gehirn zum momentanen Stand des Sprechenlernens braucht.

Ein Kleinkind bekommt von Sprachangeboten gerade das mit, was es verarbeiten kann, also einfache sprachliche Strukturen, alles andere verrauscht. Es sucht sich aus der variantenreichen Eingabemenge eines Gesprächs das aus, was es lernen kann. Bald macht es sich auf die Suche nach Wörtern und Sprachanlässen, um sich in Sachen Kommunikation zu schulen.

Kinder lernen Dinge nicht einfach von anderen Personen, sondern durch sie, in dem Sinne, dass sie in dieser Situation etwas über die Perspektive des Erwachsenen wissen müssen, um dieses Wissen für die gleiche Handlung aktiv nutzen zu können. Ein ähnlicher Imitationslernprozess findet statt, wenn Kinder die symbolischen Konventionen ihrer Muttersprache lernen. Die Intentionen des Sozialpartners zu verstehen, scheint der entscheidende Motor der Sprachentwicklung zu sein.

Kinder lernen neue Wörter in fließenden sozialen Interaktionen – nicht in gezielten Wortlernübungen –, manchmal sogar aus Unterhaltungen, die gar nicht an sie gerichtet sind.

Viele der neu erworbenen Fähigkeiten kommen in einer neuen Leistung zusammen: der sprachlichen Kommunikation. Sie beginnt ernsthaft nach dem ersten Geburtstag und ist in mindestens zweierlei Hinsicht eine gemeinschaftliche Aktivität. Erstens verlangt ein Gespräch zwingend die Rollen von Sprecher und Zuhörer. Wenn Kinder sprechen lernen, lernen sie auch, beide Rollen zu verstehen. Sie werden bereit zum Rollentausch: mal bin ich Sprecher, mal Zuhörer. Zweitens ist ein Gespräch eine Aktivität, bei der das gemeinsame Ziel darin liegt, Absicht und Aufmerksamkeit des Zuhörers und des Sprechers aufeinander auszurichten. So versucht der Sprecher, sich verständlich auszudrücken, und hilft, wenn nötig, dass seine Absichten verstanden werden können; der Zuhörer versucht zu begreifen, was der Sprecher meint, indem er passende und relevante Rückschlüsse zieht und notfalls um klärende Hilfe bittet.

Als ausschlaggebend für eine Entwicklungsförderung haben sich die Häufigkeit sprachlicher Stimulierung, also die Anregungen zum Dialog sowie die sprachliche Unterstützung bei kindlichen Kommunikationsversuchen erwiesen.

Den Erwachsenen kommt bei den Kommunikationsversuchen von Kindern anfangs eine besonders wichtige Rolle zu, da der sprachliche Austausch zwischen Kleinkindern eher spärlich ist. Das ist sicher auch einer der Gründe, weshalb z. B. ein- und zweijährige Kinder anfangs Erwachsene als Spielpartner im Zweierkontakt wie auch als Ansprechpartner anderen Kindern vorziehen. Die erwachsene Bezugsperson versteht schneller, was gemeint ist, und hilft auszudrücken, was das Kind sagen möchte. Sie erkennt Bedürfnisse und Wünsche unmissverständlicher und ist natürlich auch eher in der Lage, eigene Ideen zurückzustellen und sich auf die Spielvorstellungen eines Kindes einzulassen (Haug-Schnabel & Bensel, 2012b).

Bei der Sprachentwicklung geht es nie um das Trainieren von Wörtern, um Verbessern und Wiederholen lassen. Es geht darum, Sprache zu genießen, sich zu verständigen und dadurch eine Verbindung zu schaffen. Ein Kind muss merken, dass das, was es mitzuteilen hat, der Rede wert ist. Deshalb lernt ein Kind auch eher in Alltagssituationen sprechen als in täglichen, vom Alltag isolierten Sprachkurseinheiten von 11.00–11.30 Uhr. Regelrechte Intensivkurse zum Spracherwerb finden in Zwiegesprächen während alltäglicher Interaktionen wie Wickeln, Anziehen, Bilderbuch anschauen oder sonstiger gemeinsamer Tätigkeiten statt.

Die Sozialpädagogin und Sozial-Wissenschaftlerin Ingrid Miklitz (2005) hat wichtige Eckdaten zum Kommunikationsverhalten von Erzieherinnen erstellt:
- Zeige ich Kindern deutlich, dass ich ein begonnenes Gespräch wertschätze?
- Gebe ich Kindern die rare Chance ungeteilter Aufmerksamkeit? Diese Augenblicke müssen nicht lang sein, aber eben ungeteilt!
- Wie reagiere ich auf Gesprächsunterbrechungen?
- Lege ich unterschiedliche Maßstäbe an? Haben zum Beispiel Erwachsene grundsätzlich Vorrang?
- Sorge ich z. B. durch Absprachen – wer ist zuständig für das Telefon – für eine möglichst störungsfreie Atmosphäre?
- Unterbreche ich grundsätzlich kein Kind, das zu mir spricht?

Beziehungen zu bislang fremden Erwachsenen eingehen

Um auch außerhalb der Familie Beziehungen aufbauen zu können, braucht ein Kind die Unterstützung seiner bereits vertrauten Bezugspersonen sowie die Zugewandtheit und Verlässlichkeit der sich als neue Bezugsperson anbietenden Erzieherin oder Tagesmutter. Die Person, die das Kind am intensivsten versorgt, wird in der Regel zur Hauptbindungsperson des Kindes. Doch Säuglinge verfügen von Geburt an über vielfältige Kompetenzen, die es ihnen ermöglichen, die Individualität mehrerer Personen zu erfassen und spezifische Bindungen mit ihnen einzugehen. Voraussetzung ist allerdings, dass die Zahl der Personen überschaubar bleibt und dass ein regelmäßiges Zusammensein ermöglicht wird, bei dem es ausreichend Zeit für „Zwiegespräche" gibt. Zu einer Erweiterung der Mutter-Kind-Dyade auf mehrere Beziehungen, die ein Kleinstkind eingeht, kommt es automatisch, wenn dieses einen aktiven und präsenten Vater, einen durch Geschwister, Kinderfrau und Großeltern erweiterten Kontaktkreis oder eine Zusatzbetreuung außer Haus erlebt.

> **Mutter-Kind-Dyade**
>
> Bedeutet, dass sich ein Säugling ganz im gefühlsmäßigen Verbund mit seiner Hauptbindungsperson erlebt, die meist die Mutter oder die Person, die diese Rolle einnimmt, ist.

Eine aktuelle anthropologische Theorie geht davon aus, dass die menschliche Spezies zu den „Kollektivbrütern" gehört. Das bedeutet, dass es für das Überleben von Kindern schon immer wichtig war, dass andere Personen, so genannte Allomütter, der Mutter bei der Betreuung und Aufzucht der Kinder halfen. Dies können der Vater, die Großmutter, ältere Geschwister, aber auch nicht verwandte, der Mutter nahe stehende und dem Kind vertraute Personen sein. Nur in diesem Pflegeverbund konnte die Menschheit sich derart aufwändige und lange Kindheitsphasen erlauben, wie sie sonst bei keiner anderen Art zu finden sind.

Auch die Bindungstheorie umfasst eine Erweiterung der Mutter-Kind-Dyade. Deren Funktion liegt nicht nur im Schutz des Kindes, sondern auch in einer Vorbereitung seiner weiteren Sozialisation, für die die ersten Erfahrungen mit der Mutter generalisiert werden. Das Kind ist auf die Hilfe der Erwachsenen angewiesen. Die bewusst gestaltete und erlebte Öffnung der Mutter-Kind-Dyade ist ein wichtiger Faktor für die Erweiterung des Kreises der Bezugspersonen und für die Entwicklung des Kindes in der außerfamiliären Betreuung. Deshalb ist eine elternbegleitete und bezugspersonenorientierte Eingewöhnung (→ Kap. 4.2.3) so wichtig (Haug-Schnabel & Bensel, 2014).

Sauber und trocken werden

> Aus der Beratungssituation ist bekannt, dass Windelkinder, die sich an ihrer Reinigung beteiligen oder zumindest ihr Toilettenpapier selbst hinunterspülen dürfen, sich für das Sauberwerden interessieren.

Neben physiologischen und entwicklungspsychologischen Voraussetzungen für diesen Entwicklungsprozess spielen auch Erziehungsvorstellungen und die damit im Zusammenhang stehenden Pflegemaßnahmen eine wichtige Rolle. Auch die Entwicklungsbegleitung in der außerfamiliären Betreuung nimmt Einfluss und kann hilfreich oder belastend sein.

Zur Physiologie von Harn- und Kotabgabe
Die Entleerung von Blase und Darm findet anfangs unbewusst für das Kind statt, der Zeitpunkt ist aber „von außen" recht bald bemerkbar. Babys scheinen schon früh am Harnröhrenausgang wie an den Schleimhäuten des Afters den Abgang des warmen Urins wie die Kotabgabe in unspezifischer Form wahrzunehmen und relativ oft mit minimalen, jedoch spezifischen Körperbewegungen darauf zu reagieren. Aus diesem Grund ist der Entleerungsstart auch bald beobachtbar, da viele Kinder direkt vor oder im Entleerungsmoment kurz grimassieren, einen speziellen und bald wiedererkennbaren Laut von sich geben, Körperzittern zeigen oder sich individuell typisch bewegen.
Mütter aus so genannten traditionalen Gesellschaften, vor allem aus warmen bis heißen Klimazonen Südamerikas, Afrikas oder Asiens bemerken, wenn sie ihr nacktes Kind am Körper tragen, diese speziellen Meldungen und ordnen sie einer anstehenden Entleerung zu. Indem sie ihr Kind sofort etwas von ihrem eigenen Körper entfernt halten, um bei deren Harn- oder Kotabgang nicht beschmutzt werden, scheinen sie den Reifungsprozess zeitlich beeinflussen zu können. Diese blitzschnelle Reaktion auf Körpersignale unterstützt frühzeitig den kindlichen Lernprozess. Der häufige (unbekleidete) Körperkontakt, die frühen Reaktionen auf erste Körpersignale und die vielfältig anregenden motorischen Stimulationen der Säuglinge beim spielerischen Kontakt mit ihnen werden als Grund dafür angesehen, weshalb es z. B. afrikanischen Kindern gelingt, relativ bald – deutlich früher als in Europa – ihre Blase und ihren Darm kontrollieren zu können. Theoretisch ist durchaus denkbar, dass durch diese frühe körpernahe Routine für das Kind das Abhalteverhalten der Mutter mit seinem diffusen Gefühl einer zeitnah anstehenden Harn- oder Kotabgabe in Verbindung gebracht werden und so zu einem frühen Lernprozess führen kann.

Von allein wird kein Kind trocken und sauber, also ausscheidungsautonom
Nach dem Ausreifen der neurophysiologischen Voraussetzungen spielen auch das Modell der Erwachsenen und die Möglichkeit, ihr Verhalten nachzuahmen, eine große Rolle, um in die jeweils kulturkreisüblichen Toilettengewohnheiten Einblick zu bekommen und diese zu übernehmen. Spürt man ein erstes Interesse des Kindes an diesem Großthema z. B. den Wunsch, Vater und Mutter oder in Krippe oder Tagespflege andere Kinder auf die Toilette zu begleiten, scheint dies ein günstiger Zeitpunkt zu sein, mit einer behutsamen Sauberkeitserziehung zu beginnen. An dieser Stelle ist anzumerken, dass eindeutige Risikofaktoren auf dem Weg zur Sauberkeitskontrolle erkannt worden sind. Wer keine altersgemäße Unterstützung bekommt, z. B. in Form einer zu frühen, zu über-

fordernden Erziehung genauso wie in Form einer Nichtbeachtung und dadurch auch fehlende Reaktionen auf erste klare Wahrnehmungen des Kindes bezüglich Harndrang oder Kotdrang, hat es genauso schwer, den Entwicklungsschritt zu machen, wie ein Kind, das durch eine inkonsequente Begleitung oder Reaktion verunsichert oder durch Strafen verängstigt und unter Druck gesetzt wird.

Inzwischen ist eine klare Reihung von Erfolgsschritten nachgewiesen:
- Das Kind wird auf Signale von Blase und Darm aufmerksam.
- Es meldet im Nachhinein eine Harn- oder Kotabgabe. Die das weitere Geschehen ankündigenden Signale muss das Kind erst kennenlernen und die Kopplung zwischen Harndrang und nachfolgender Urinabgabe begreifen. Anfangs reagiert es ausschließlich auf den Urinabgang, bald kann es dann bereits das erste Signal, den Harndrang, melden.
- Viele Kinder reagieren auf Harndrang, indem sie ihn durch kleine motorische Bewegungen wie Trippeln oder Tänzeln zu unterdrücken versuchen.
- Das Kind meldet eine bevorstehende Abgabe so rechtzeitig, dass es den Weg zur Toilette noch trocken schafft.
- Es kann nun auch willentlich Harn lassen, d. h. prophylaktisch z. B. vor dem Besuch des Schwimmbads. Übung ist nötig, denn jetzt muss das Kind, ohne Harndrang zu spüren, den Schließmuskel öffnen.
- Ganz schwierig ist das Hinauszögern einer anstehenden Harnabgabe, wenn keine Toilette in der Nähe ist; viele Kinder können dies erst mit 4 Jahren.
- Am längsten dauert es, bis Kinder nachts ohne Harnabgabe durchschlafen können oder trotz viel Flüssigkeitsaufnahme am Abend dennoch rechtzeitig erwachen und zur Toilette gehen.
- Das Körpersignal Kotdrang entwickelt sich vergleichbar, ist jedoch wegen seiner größeren Eindeutigkeit meist früher und störungsfreier in problemlose Toilettengänge umzusetzen.

Beziehungsvolle Pflege: Die Chance für wichtige 1:1-Kontakte
Die Bedeutung bewusst gestalteter Beziehungsintensität bei alltäglichen Interaktionen wie Wickeln, Waschen, Anziehen und Füttern wurde seit den anregenden Arbeiten von Emmi Pikler im Laufe der Zeit immer deutlicher. Die so genannten beziehungsvollen Pflegesituationen werden als Höhepunkte gemeinsamer Aufmerksamkeit gesehen. Hier hat die Aufnahme von Kindern unter 3 in Kindergärten dazu beigetragen, den Fokus weg von einer hygienischen Pflichtübung hin zu einer ganz bewusst gestalteten Beziehung zu legen. Die Sauberkeitsentwicklung, vor allem die letzten Schritte zu einem erfolgreichen Abschluss, passieren bei vielen Kindern zeitgleich mit dem Trotzalter, so dass dieser Entwicklungsschritt auch unter dem Aspekt zunehmender Autonomiesuche und steigender Eigenkontrolle gesehen werden muss. Ist ein Kind

trocken und sauber geworden, so stärkt dies oft deutlich spürbar das kindliche Selbstvertrauen. Das Kind erlebt sich in unterschiedlichen Situationen, nicht nur im Hygienebereich, als selbstwirksam und es wird als Folge davon auch immer mehr Eigenkontrolle über seine Aktivitäten einfordern.

Das Sauberwerden geht mit einem Selbstbewusstseinsschub einher
Ein „sauberes" Kind zeigt vermehrt Selbstständigkeitstendenzen. Es will sich nun auch selbst waschen, sich allein anziehen und allein essen. Es gibt Hinweise, dass Eltern und pädagogische Fachkräfte sauberen Kindern auch tatsächlich mehr zutrauen als gleichaltrigen Windelträgern und ihnen auch anspruchsvollere Aufgaben in Eigenverantwortung übergeben (Haug-Schnabel, 2008, 2011a, b).

Entwicklungsgeschehen im Alter von 7–10 Jahren

Zwischen 7 und 10 Jahren gibt es zunehmend Momente, in denen Kinder spüren, dass einzelne Elemente der Kindheit sich verändern, wenn nicht sogar verschwinden. Dieses Phänomen heißt: der erste Ernst. Für diese Altersgruppe sind typische Testläufe zur eigenen Orientierung bekannt, hier drei Beispiele:

- **Der häufige Einsatz von Humor** – zeigt dem Kind, wer mit ihm lacht, wer es ernst nimmt und auf seiner Seite ist. Das Humorverständnis und sein gezielter Einsatz verlaufen parallel zur emotionalen, sprachlichen und kognitiven Entwicklung. Nur in entspannter Umgebung, wenn ein Kind angstfrei und heiter agieren kann, zeigt es Humor. Seine Entwicklung muss so weit fortgeschritten sein, dass das Witzige, die gewollte Abweichung von der Norm, auch als solche erkannt werden. Ein solides Wissen über Normalabläufe, aber auch die Souveränität, diese gedanklich flexibel zu handhaben, sind die Voraussetzung. Das Kind muss wissen, dass nicht immer alles ernst gemeint ist, was gesagt wird, dass es oft weniger um Informationsaustausch als um soziale Streicheleinheiten geht. Niemand rechnet mit einer ernsthaften Antwort auf einen Witz, sondern damit, dass jemand das Thema aufgreift und der Spaß weitergeht. Wichtig ist auch, dass nicht alles Gesagte wörtlich genommen wird, sondern dass jeweils herausgehört wird, was eigentlich mitgeteilt werden soll.
- **Die bewusste Suche nach Gruselsituationen** – beginnt zwischen sechs und neun Jahren, um Angst in abgeschwächter Form zu erleben. Beim sich Gruseln üben Kinder, angstbesetzte Situationen zu bewältigen und genießen diese kontrollierte Erregung. Das ist eine äußerst geschickte Art, mit diffusen Ängsten fertig zu werden. Dass Kinder aus eigener Initiative spielerisch mit ihrer Angst umgehen, ist eine der spannendsten Komponenten der menschlichen Verarbeitung von Eindrücken. Da in selbst gewählten Gruselsituationen nichts wirklich Schlimmes droht und zudem Zeitpunkt, Situation

und eigene Teilnahme oder Ausstieg selbst bestimmt sind, können sie das eigentlich Ängstigende genießen – eine Möglichkeit, Angst überwinden zu lernen. Es geht um ein kontrolliertes Gleichgewicht von Angstvermeidung und Erregungssuche.

Hierbei ist auch der unerschütterliche Optimismus dieser Altersstufe wertvoll; in diesem Alter glauben sie daran, wenn nötig Berge versetzen zu können. Etwa mit 9 bis zehn Jahren beobachtet man eine allmähliche Optimismus-Dämpfung. Einen Anteil daran haben sicher auch unpädagogische Demotivationen, meist drohend dahingeredet, um seiner eigenen Angst vor einem Erziehungsversagen Luft zu machen. Den größten Anteil hat aber der wachsende Realitätssinn, der zum Älterwerden und Verantwortungübernehmen dazu gehört.

- **Die Suche nach den eigenen Themen** – wofür interessiere ich mich, was finde ich spannend, was spricht mich an? Zur Auswahl steht nur, was ich kenne, mir nähergebracht wird oder mich bereits aus der Ferne fasziniert (Elschenbroich, 2002). Kinder in diesem Alter spezialisieren sich mit Vorliebe. Sie müssen Vielfältiges, fast alles ausprobieren, um immer näher an ihr aktuelles Hauptinteressengebiet zu kommen, Werkzeuge, Fahrzeuge, Tiere, andere Länder, Musik oder Farben. Nur durch die genaue Beobachtung und Dokumentation im Hort und in der Schule kann festgestellt werden, welchen Zugang ein Kind zu seinen momentanen Denk- und Arbeitsthemen gewählt hat. Und nur so können seine eigenen Lernstrategien durch pädagogische Angebote unterstützt werden (Bensel & Haug-Schnabel, 2013).

Verstehen und sich verständigen – vor allem in Konflikten

Die immer wieder gelesene Empfehlung, dass Kinder Konflikte möglichst unter sich lösen sollten, ist in dieser Form zu wenig differenziert. Das können sie, sogar beeindruckend kompetent, aber nur, wenn sie zuvor den Umgang mit eigenen und fremden Emotionen gelernt haben. Ebenso müssen sie über ein reichhaltiges Repertoire an gewaltfreien Konfliktlösestrategien verfügen, und sie brauchen zumindest anfangs Erwachsene, die einschreiten und gewalttätige Lösungen nicht akzeptieren sowie Tätern Alternativen aufzeigen und Opfer zu mehr Selbstvertrauen und Durchsetzungsfähigkeit motivieren (Haug-Schnabel, 2012, Haug-Schnabel & Bensel, 2015a).

Werden in altersgemischten Kindergruppen Interessen immer wieder von einigen Kindern erfolgreich mit aggressiven Mitteln durchgesetzt, wertet die Gruppe dieses Verhalten als erfolgreiche Strategie und nimmt sich diese „Sieger" samt ihrem Verhalten zum Vorbild.

Die aggressive Konfliktlösung etabliert sich, wenn kein Pädagoge anwesend ist. Sind Erwachsene anwesend, greifen aber bei den Gewaltausbrüchen nicht ein, erlebt der Aggressor deren Passivität als zusätzliche Bestätigung seines Tuns. Das Opfer hingegen resigniert, da die erhoffte Unterstützung ausbleibt, und die Gruppe der zwar unbeteiligten, aber höchst aufmerksamen Zuschauer, fühlt sich selbst bei bestehenden Bedenken entlastet nach dem Motto: Wenn der Erwachsene nicht eingreift, wird das Siegerverhalten in Ordnung sein. So wird der Glaube an die Effizienz der Aggression noch stabiler, gewalttätige Ausschreitungen nehmen zu.

Kinder werden nicht von allein, nicht ohne Zutun erwachsener Bezugspersonen auffallend aggressiv. Dieses Zutun kann auch ein Nichtstun sein, denn das Kind ist in Zweifelsfällen immer auf der Suche nach Klärung durch die anwesende Bezugsperson.

Gerade bei Irritationen oder sich anbahnenden Konflikten in der Interaktion versucht ein Kind, Informationen zum Stand der Dinge und zum weiteren Verhalten über abfragende Blicke zur Bezugsperson einzuholen. Dieses Phänomen wird als „soziale Bezugnahme" *(social referencing)* bezeichnet und ist bereits aus dem Säuglingsalter bekannt. Die soziale Bezugnahme ist eine Möglichkeit, von jedem Vertrauten mit mehr Erfahrung direkt zur Situation und zum eigenen Verhalten Informationen einzuholen. Es geht um das Abfragen sozial verträglicher Reaktionen. Ob dies im Sinne einer erfolgreichen und gewaltfreien Konfliktlösung funktioniert, hängt von der Aufmerksamkeit und der Antwortbereitschaft der Bezugsperson ab sowie von der Qualität ihres eigenen Bewältigungsverhaltens.

In den ersten sechs Lebensjahren können Kinder wichtige Fortschritte in ihrer kognitiven, affektiven und sozialen Entwicklung erzielen, wenn sie emotional warme, offene, aber auch strukturierte und normorientierte Erziehungsbedingungen erfahren. Dies schützt sie und befähigt sie dazu, in interaktiven Anforderungssituationen immer kompetenter zu agieren.

Kompetentes Interagieren ist von großer Bedeutung, denn mit zunehmendem Alter, spätestens in der Grundschulzeit, steigen die normativen Erwartungen von außen. Zwar wird eine gewisse Variationsbreite an Verhalten akzeptiert, doch es setzen negative Etikettierungen ein, wenn sich soziale Kompetenzdefizite und Verhaltensprobleme eindeutig bemerkbar machen. Aggressives Verhalten werten Erwachsene als Vorzeichen für eine dissoziale Entwicklung. Für Kinder untereinander ist aggressives Verhalten ein Grund für eine geringe soziale Akzeptanz und rechtfertigt einen verletzenden Ausschluss. Dieser tut nicht nur weh, sondern bewirkt, dass der Außenseiter zu sozialen Lernerfahrungen in der Gruppe, die seine Konfliktlösestrategien verbessern könnten, wiederum keinen Zugang hat (Haug-Schnabel, 2006).

In Interaktionen zwischen Kindern sind die Wahrnehmung, Entschlüsselung und Interpretation der sozialen Hinweisreize vom individuell entwickelten sozial-emotionalen Wissen und zusätzlich von den Reaktionen ihrer Interaktionspartner abhängig. Wie ein sozialer Hinweisreiz interpretiert wird, hängt von den jeweiligen Vorerfahrungen ab. Hat ein Kind bereits Interpretationsvarianten zur Verfügung, konstruiert es verschiedene Handlungsalternativen, die es auf Vereinbarkeit mit den erlernten sozialen Schemata überprüft. Auch seine Erregungssituation und die Fähigkeit zur Emotionsregulation gehen in die Reaktionsentscheidung ein. Durch eine Selbstwirksamkeitsüberprüfung, wie „gut" waren meine Reaktionen bisher und wie ging es mir dabei, wird die Entscheidungsfindung nochmals beeinflusst. Potentielle Lösungsmöglichkeiten werden die ganze Zeit über vor dem Hintergrund der affektiven Reaktionen der anderen Kinder, der so genannten Peer-Group, überprüft. Hat das Kind eine Reaktion ausgewählt und umgesetzt, bewertet die soziale Umwelt die durchgeführte Reaktion und reagiert ihrerseits erneut und neue soziale Hinweisreize treffen ein (Hillenbrand & Hennemann, 2005).

> **Peer-Group**
>
> Gruppe von Gleichaltrigen von ähnlicher sozialer Herkunft oder gleichen Geschlechts. Kinder und Jugendliche erproben und üben soziale Verhaltensweisen gemeinsam mit ihren Peers. Die Peer-Group übernimmt demnach wichtige Sozialisationsfunktionen.

Die Befunde zeigen: Es liegt allein in der Verantwortung Erwachsener, Kinder auf ein gewaltfreies Miteinander vorzubereiten und sie unter diesen Rahmenbedingungen ihre Konfliktlösestrategien finden zu lassen.

Im Wettbewerb und in der Konkurrenz bestehen

Wer ist der Größte, Schnellste, Stärkste, wer hat die meisten Ideen, Freunde oder Freundinnen und Pluspunkte bei den Erwachsenen? Der Wettbewerb blüht von allein und braucht nicht unterstützt zu werden; viel wichtiger sind

Erfahrungen als Team, als Gruppe, wo sich jeder mit seinen Stärken einbringen kann und Akzeptanz erlebt.

Ein kaltes sozial-emotionales Klima, empfundene Anonymität, dauernder Konkurrenzkampf, erniedrigende Umgangsformen, ein polarisierendes Gruppenreglement und Konformitätsdruck in rivalisierenden Gruppen wirken sich auf alle Kinder aus, besonders negativ auf Täter und Opfer. Erste Beobachtungen in Kindertagesstätten weisen darauf hin, dass sich die Art der Konflikte verändert und auch die Konfliktlösestrategien, wenn nicht der Sieg des Stärksten zur Gewohnheit wird, sondern Maßnahmen ergriffen werden wie:

- Eine bewusste Konfliktarbeit
- Gruppenübergreifende Angebote zur Erweiterung der sozialen Erfahrungen
- Arbeit in Kleingruppen
- Paten- und Geschwisterschaften
- Die Förderung sozialer Partizipation.

Präventionsspezialisten verweisen darauf, dass in pädagogisch begleiteten Kindergruppen, vor allem wenn in diesen Partizipation ermöglicht wird, Freiräume eröffnet werden. Diese ermöglichen Kindern, Fähigkeiten zur Wahrnehmung, Artikulierung und Durchsetzung fremder wie eigener Interessen zu erwerben, vorausgesetzt sie basieren auf sozial akzeptierten Mitteln und berücksichtigen die Intentionen anderer. Nur so erfährt ein junger Mensch seine Möglichkeiten und seine Grenzen (Sturzbecher & Großmann, 2002).

Entwicklungsdefizite jeglicher Art werden in diesem vom Wettbewerb dominierten Alter sozial relevant.

Wenn z. B. die motorischen oder sprachlichen Fähigkeiten nicht dem Altersdurchschnitt entsprechen und Auffälligkeiten oder Störungen aufweisen, so ist zu beobachten, dass ein Kind sich immer weniger zutraut, sich immer mehr verweigert und verkrampft. Je nach Temperament versucht es diese Schwäche durch Aggressionen oder sozialen Rückzug zu vertuschen.

Dies zeigt sich beispielsweise beim chronischen Stottern. Zwischen 2 und 6 Jahren lernen Kinder sprechen. Entwicklungsstottern ist in diesem Alter völlig normal. Die „Sprachunflüssigkeiten" kommen dadurch zustande, dass der Mitteilungsdrang so groß und drängend ist, dass das Kind ihm an Schnelligkeit und Deutlichkeit beim Sprechen nicht nachkommt. Erst ab dem 7. Lebensjahr beginnt das so genannte chronische Stottern. Das Kind nimmt die Störung bewusst wahr und beginnt deshalb das Sprechen zu fürchten und zu meiden. Spätestens jetzt müssen Sprachtherapeuten aktiv werden, damit Nicht-Verstandenwerden oder Verstummen nicht zur sozialen Barriere wird.

Bei einem **Bewegungsdefizit** kann sich ein typischer Teufelskreis entwickeln: Misserfolgserlebnisse in Bewegungssituationen → Vermeidung von Bewegungsanforderungen → Zunahme der Bewegungsunsicherheit → Leistungsminderung → und hierdurch erneute Misserfolgserlebnisse in Bewegungssituationen (Zimmer, 2014). Hier müssen Pädagogen und Therapeuten ressourcenorientiert zusammenarbeiten, um Ängste zu mindern und individuelle Erfolgserlebnisse in starken und schwachen Bereichen zu ermöglichen.

Mit der Idee vom Matrosenweg und vom Piratenweg haben Sportwissenschaftler höchst interessante Anregungen unter dem Motto „In Bewegung Selbstwirksamkeit erleben" vorgelegt.
- Ziele durch eigene Anstrengungen erreichen
- Eigene Stärken und Grenzen kennen lernen
- Auf unterschiedlichem Wege zum Ziel gelangen

Nicht jedes Kind ist sportlich, aber jedes Kind will sich bewegen und immer Neues dazulernen. Eine neue Spielplatzphilosophie sieht vor, dass es mehrere Wege zum Erfolg geben muss, um mit unterschiedlichem Anforderungsgrad „ganz nach oben" und wieder runterzukommen, und zwar ohne Gesichtsverlust, ohne Versagensängste, ohne Versagergefühle! Unbedachte Kommentare der Erwachsenen, wie „Luca, geh bitte zur Seite, wenn du dich wieder nicht traust, du stehst den anderen Kindern, die hochsteigen wollen, im Weg", wirken desillusionierend, schwächen und haben durchaus Mobbingcharakter.

Derartige Situationen sind pädagogisch höchst anspruchsvoll, entzerren sich aber automatisch, wenn der Parcours so konzipiert wird, dass er mit mehr oder weniger Schikanen durchlaufen werden kann, so dass Luca erste positive Erfahrungen auf der selbst gewählten weniger anspruchsvollen Tour sammeln und mit den anderen strahlend ganz oben stehen kann.

Entwicklungsgeschehen im Alter von 11–14 Jahren

Die spezielle Situation von Hortkindern

Hortkinder verbringen viele Jahre in Einrichtungen, täglich nach der Schule und oft auch in den Ferien. Hier durchlaufen sie mehrere Entwicklungsstufen mit sich verändernden Bedürfnissen. In dieser Zeit brauchen sie eine altersgemäße aktive Entwicklungsbegleitung; sie müssen pädagogische Verlässlichkeit sowie höchste didaktische Vielfalt erleben können. Zwischen 11 und 14 Jahren liegen „Entwicklungswelten", d. h. die altersgemäßen Angebote müssen die Kompetenzen der Kinder steigern und Selbstwirksamkeitsgefühle aufkommen lassen.

Nur so werden Denk- und Lernfreude gefördert – die Voraussetzung für Leistungsfähigkeit auch in der nun beginnenden Vorpubertät. Die Hortkinder brauchen Unterstützung bei der täglichen Herausforderung, ihre drei Lebenswelten Familie, Schule, Hort zu meistern. Sie sollen den Hort als akzeptierten Raum mit Lebensbezug erfahren.

Hortkinder sind eine pädagogische Herausforderung, vor allem wenn der Hort im oder direkt neben dem Kindergarten liegt. Die folgende Checkliste gibt Reflexionsansätze für Pädagogen, die mit Hortkindern arbeiten.

- **Hortkinder sind zu alt für den Kindergarten:**
    - Sind die Erzieherinnen, das pädagogische Angebot und die Räumlichkeiten auf die Großen vorbereitet?
    - Gibt es nach der Verabschiedungszeremonie der Kinder aus dem Kindergarten einen rituallosen Wiedereinstieg in dieselbe Einrichtung? Übergangssituationen müssen für Kinder als bewusster Schritt begreifbar sein. Ein Einstiegsritual signalisiert das Weiterkommen und lässt es spüren, dass man nicht stehen bleibt
- **Wird unser Angebot den Bedürfnissen von Schulkindern gerecht?**
  Entwicklungseckpunkte für die Jahre 7–14:
    - Große Freude am Querdenken, an Rätseln, Diskussionen und Freiraum für Kreativität
    - Interessen, Hobbys und Themen der Kinder sind vorhanden und warten darauf, aufgegriffen und sinnvoll ergänzt zu werden
    - Der Körper verändert sich. Er erlebt einen Wachstumsschub und bereitet sich, vor allem bei den Mädchen mit dem Einsetzen der Menstruation, auf die Pubertät vor
    - Jungen und Mädchen werden sich zunehmend ihrer sexuellen Orientierung bewusst. Zur gegenseitigen Abgrenzung zeigt sich mehr geschlechtsstereotypes Verhalten. Höchste Zeit, um den Grundstein für einen respektvollen Umgang miteinander zu legen. Trotz starkem Interesse am jeweils anderen Geschlecht sind gleichgeschlechtliche Aktivitäten wichtig und zur Entspannung nötig
    - Kinder verbringen weniger Zeit in der Familie und mit Geschwistern; Hortangebote können die Lücke füllen und gezielt das Spektrum der Aktivitäten und Erfahrungsmöglichkeiten erweitern
    - Die Gleichaltrigen sind wichtige Sozialpartner; es entstehen Cliquen mit ersten Gruppennormen
- **Sind wir uns der veränderten Erziehungsverantwortung bewusst und berücksichtigen wir sie im Angebot, wie:**
    - Die zunehmend selbstständige Gestaltung der Lebenswelt, die Eroberung immer größerer Freiräume

- Weniger Kontrolle und damit aber auch weniger individuelle Aufmerksamkeit
- Die Art des Erziehungsstils beim Mittagessen, bei den Hausaufgaben, bei Freizeitangeboten
- **Achten wir beidseitig auf Sprechkultur?**
    - Was erwarten wir voneinander? Was wollen wir sagen, was wollen wir nicht sagen vor dem Hintergrund, dass wir uns gegenseitig ernst nehmen?
    - Was gefällt uns nicht z. B. beim Thema „Essen", wie würden uns gemeinsame Mahlzeiten mehr Freude machen?
- **Genügt unser Hort dem Anspruch, mehr zu sein als nur eine außerfamiliäre Betreuung für Schulkinder?**
    - Anregungsreiche Umgebungen mit Denk- und Agiermöglichkeiten schaffen und nicht die Fortsetzung der Schule in anderer Umgebung sein
    - Das Thema Hausaufgabenbetreuung und Elternverantwortung schon beim Anmeldegespräch mit den Eltern klären.

Kids, ein Leben zwischen den Stühlen

Der Begriff Kids beschreibt ältere Kinder und jüngere Jugendliche zwischen 9 und 14 Jahren. Er wurde im Laufe der Zeit umgangssprachlich negativ besetzt und steht für Kinder aus belasteten Familien und ressourcenarmen Milieus; sie fallen durch problematische Verhaltensweisen auf, die notfalls gerade noch von Jugendlichen akzeptiert werden. Besonders im städtischen Umfeld entwickeln diese älteren Kinder eher jugendlich geprägte Orientierungs- und Verhaltensmuster. Der Pädagoge Thomas Drößler (2004) weist darauf hin, dass diesen Heranwachsenden Geborgenheit und Schutz durch ihren Status als Kind nicht mehr in vollem Umfang gegeben werden, da die Jugendphase und die damit verbundenen Entwicklungsanforderungen früher beginnen und sie somit eines Teils ihrer Kindheit beraubt werden. Die scheinbare Unvereinbarkeit zwischen kindlichem Anlehnungsbedürfnis und deutlich signalisierten Autonomietendenzen macht den Umgang mit dieser Altersgruppe speziell und stellt hohe Anforderungen an das pädagogische Geschick von Eltern, Lehrern und Bezugspersonen.

In den Startlöchern der Pubertät

Heute geht man davon aus, dass die notwendige Bindungsveränderung in der Pubertät ebenso genetisch verankert ist wie die Fähigkeit, am Lebensanfang eine intensive Bindung einzugehen. Doch diese Ablösung von den Eltern darf nicht den Verlust aller Beziehungen bedeuten. Vielmehr geht es um die zukunftsfähige Umgestaltung der Beziehungen, an der beide Seiten, jung und alt, arbeiten müssen.

Heranwachsende müssen in der Pubertät ihr psychisches System so umbauen, dass sie in der Lage sind, auf den Schutz der Eltern zu verzichten. Der Schutz, den die Bindungstheorie (→ Kap. 3.1.4 und 3.1.6) hervorhebt, muss in der Lebensphase der Pubertät eine andere Qualität bekommen, weil sonst keine Eigenständigkeit erwachsen kann. Verbundenheit in Autonomie ist hier das Ziel. So scheint es wichtig, den pubertären Umbruch anzuerkennen, die Konflikte zu durchleben und gewisse Trennungen zu ermöglichen, um sich dann auf neue, andere Weise aufeinander beziehen zu können.

Die Zeit der Pubertät wird ganz unterschiedlich erlebt: 2–3 % der Pubertierenden leiden unter ernsthaften Depressionen, 80 % erleben ganz normale Kämpfe und vermehrte Auseinandersetzungen mit ihren Eltern, und immerhin fast 20 % erleben eine völlig unspektakuläre Pubertät. Letzteres verwundert besonders deshalb, weil Erkenntnisse der Hirnforschung besagen, dass in dieser Zeit große Teile des Gehirns eine Baustelle sind.

Warum Pubertierende so seltsam werden, ist neurophysiologisch vollkommen nachvollziehbar (Strauch, 2003). Alles, was mit Planung, Prioritätensetzung, Impulsregulation oder Abwägen von Konsequenz zu tun hat, findet im Präfrontalhirn statt. Dieses Hirnteil hinter der Stirn ist nun tatsächlich über Jahre in seiner Funktion deutlich beeinträchtigt. Diese intensive Umbauphase des Gehirns in einer so komplizierten Zeit ist nötig, weil jetzt plötzlich völlig neue Lern- und Verhaltensstrategien notwendig werden. Der junge Mensch muss sich neu orientieren, um erwachsen zu werden. Das Gehirn reagiert auf diese Umbruchzeit; es öffnet sich noch einmal vollständig, bevor es auf eine Richtung festgelegt wird, in der es dann das erwachsene Alter durchleben soll. Nur so ist es möglich, sich optimal an das anzupassen, was in der jeweiligen kulturell, ökonomisch und historisch variierenden Erwachsenenwelt erwartet wird.

Für diese Zeit des Umbruchs brauchen Jugendliche von ihren Eltern Unterstützung, was wiederum ihrem starken Bedürfnis nach Autonomie und ihrer Suche nach eigenen Erfahrungen vehement im Wege steht. Alle Emotionen werden überstark erlebt, was im Umgang mit den Eltern von Nachteil ist. Im Umgang mit den Altersgenossen, vor allen Dingen mit denen des anderen Geschlechts ist dies von großem Vorteil. Das sind nur zwei der Gründe für die vielen massiven Auseinandersetzungen in dieser Zeit. Doch sie müssen stattfinden. Eltern, die ihre Kinder in der Pubertät nicht unterstützen und sich nicht mit ihnen auseinandersetzen, praktizieren eine Form von Vernachlässigung (Haug-Schnabel & Schnabel, 2010).

3.1.6 Basale Entwicklungsbereiche im Entwicklungsverlauf

Wer sich für **Entwicklungsverläufe** interessiert, stellt diese sich meist in separate **Entwicklungsbereiche** aufgeteilt vor und eignet sie sich auch in dieser

Form als Wissen an. Dies macht die Komplexität des Entwicklungsgeschehens leichter erfassbar, obwohl es sich beispielsweise bei der Entwicklung von Motorik, Sprache, Kognition, Emotionen und Soziabilität in Wirklichkeit keineswegs um voneinander getrennte Bereiche handelt. Vielmehr überschneiden und beeinflussen sie sich gegenseitig oder stehen in vielfältigen Wechselwirkungen zueinander. Ohne solche Wechselwirkungen kann es in verschiedenen Teilbereichen keine echte Weiterentwicklung geben. Die künstlich-abstrahierende Einzelanalyse von Teilbereichen ist daher nur eine gedankliche Hilfskonstruktion, um die Komplexität des Entwicklungsgeschehens in den Griff zu bekommen. Zum Gesamtverständnis muss eine gedankliche Synthese der relevanten Entwicklungskomponenten stattfinden.

Das Zusammenspiel einzelner Entwicklungsverläufe

Einzelne Entwicklungsverläufe sind nur in Ergänzung mit anderen wirklich nachvollziehbar.
Die Bewegungsspezialistin Renate Zimmer hat mit ihren Studien über Psychomotorik einen Grundstein für Überlegungen zum Zusammenspiel einzelner Entwicklungsverläufe gelegt.

Motorik – Sprache

Ein Beobachtungsbeispiel für bewegte Kommunikation
Lars (16 Monate) und Alice (15 Monate) transportieren mit den Händen und mit einem kleinen Holzfahrzeug Bausteine. Bastian betritt den Raum.
Lars macht Alice durch Deuten auf den eintretenden Bastian aufmerksam. Lars versucht, durch auffällige Mimik und zahlreiche Zeigegesten Bastians Interesse am Bausteintransport zu wecken. Durch intensiviertes Tragen der Bausteine (Bewegungshandeln mit Stöhnen) teilt Lars Bastian mit, was er und Alice gerade machen.
Dann deutet Lars auf den Bausteinvorratskorb in der Zimmerecke, aus dem er und Alice die Bausteine geholt haben.
Mit Blick zu Alice und mehrmaligem fragenden Nicken rückversichert sich Lars bei ihr. Alice nickt und zeigt nun ihrerseits Bastian auch per Zeigegeste, woher die Bausteine stammen. Bastian lächelt und läuft zum Bausteinkorb.

Ziel einer frühen bewegungsorientierten Sprachförderung bildet die Bereitstellung und Reflexion von Bewegungsanlässen, die im Rahmen von psychomotorischen Angeboten zu Sprachanlässen werden können. Eine Herausforderung bedeuten solche Bewegungsanlässe nicht nur für das Kind, sondern auch für die sprachliche Begleitung durch die Bezugsperson. Wie begleite ich die kindliche

Handlung? Oder überfordere ich das Kind gerade in dieser Situation mit meiner sprachlichen Begleitung, da die klare Herausforderung in der komplexen Bewegungsplanung liegt? (Wenn es z. B. gerade hoch konzentriert die Sprossenwand hochklettert.) Das „Aushalten" auf sprachlicher, aber auch auf motorisch unterstützender Ebene stellt hierbei eine große Herausforderung für die Begleitperson dar. Sprachfördernde Verhaltensweisen haben in diesem Zusammenhang eine zentrale Bedeutung. (Zimmer, 2011, S. 127)

Bewegung gilt als eine Basiskompetenz für die Sprachentwicklung. Bewegung und Bewegtwerden sind die ersten Sprachelemente, denn die ersten „Fragen" und „Wünsche" eines Kindes werden von der Mutter primär über Bewegungen beantwortet. Dies geschieht beispielsweise durch beruhigendes Wiegen, durch Tragen in unterschiedlichen Stellungen, mal locker gehalten, mal eng umschlungen, als propriozeptive Stimulation (Tiefensensibilität) und Gleichgewichtsanregung oder als Hautkontakt beim Berühren, Streicheln und Stillen. Auch im Kleinstkindalter können sich die noch „sprachlosen" Kleinsten über gemeinsame Bewegungsexperimente gegenseitig verständigen und animieren.

 Propriozeption *(Tiefensensibilität)*

Bezeichnet den Bereich der menschlichen Wahrnehmung, der Informationen aus dem eigenen Körper aufnimmt, z. B. über die Position des Körpers im Raum, über den Anspannungszustand von Muskeln und Sehnen.

Motorik – Emotion

Beim Fremdeln (Acht-Monats-Angst) ist die Heftigkeit der Reaktion des Kindes auf ihm unbekannte Menschen auch davon abhängig, ob seine anwesende Bezugsperson selbst „fremdelt", indem sie verunsichert reagiert und sich beim Kontakt mit der anderen Person „verkrampft". Mit ausschlaggebend ist ihre Körperhaltung als emotional-muskuläre Grunderfahrung. Eine primäre Erfahrung für den Bereich Kontaktaufnahme mit Unbekannten scheint aus dem Haltungsdialog zwischen Mutter und Säugling hervorzugehen und das Körperbewusstsein vorzubereiten (Haug-Schnabel, 2007).

Motorik – Kognition

Bewegung bedeutet für Kinder einen wesentlichen Zugang zur Welt. Durch den Erwerb vielseitiger Erfahrungen durch Bewegungserlebnisse wird eine Erweiterung kindlicher Handlungsfähigkeit und damit kindlichen Wissens erreicht. Das Kind setzt seine Bewegungsaktivität ein, um selbstständig mehr über seine Umwelt zu erfahren (Zimmer, 2014). Das Kind setzt sich in Bewegung auf der Suche nach „Erfahrungsbeute".

Motorik – Soziabilität

Aktive Kinder erleben zwangsläufig mehr Kontakte und dadurch mehr Möglichkeiten, sich in unterschiedlichen Beziehungsqualitäten zu üben. Bewegungsangebote beinhalten zahlreiche Situationen, in denen die Grundregeln des Sozialverhaltens erprobt werden können wie sich anbieten, sich zurückhalten oder der Umgang mit Nähe und Distanz.

Abb. 3.3: Bewegung ist für Kinder ein wesentlicher Zugang zur Welt

Sprache – Emotion

Ein Kind erfährt am meisten über sich, wenn Gefühle und Wahrnehmungen einfühlsam erfasst und sprachlich passend bestätigt werden. Ebenso wichtig ist, dass alles angesprochen werden darf und nichts ausgeklammert wird. Empfindungen, die in der Interaktion zwischen Eltern und Kind ausgeklammert werden, nimmt das Kind als nicht mitteilbar wahr. Sie sind aber nach wie vor als Gefühle und Erlebnisweisen vorhanden, doch bleiben sie vom zwischenmenschlichen Erleben ausgeschlossen. Hier passiert ein Erlebnisraub, der sprachlos macht, weil diese Empfindungen eben nie adäquat in Worte umgesetzt werden und somit nie der Rede wert sind.

Sprache – Soziabilität

Kinderreaktionen zeigen, dass Spielkameraden, die ansprechbar und antwortbereit sind, als sozial attraktiv eingestuft werden. Sie stehen im Zentrum der Aufmerksamkeit; mit ihnen möchte das Kind spielen oder sie als Freund/in haben. Beliebt ist, wer Anlass zu Gesprächen bietet und Spielideen verständlich einbringt (Haug-Schnabel & Bensel, 2012b).
Trotz ihrer frühen Bedeutung muss man sich die Sprache nicht als Startdisziplin vorstellen, denn zuerst muss ein sozial-emotionaler Rahmen geschaffen werden, um in allen Entwicklungsbereichen die aktuellen Verständnis- und Ausdrucksmöglichkeiten erweitern zu können.

Unter Kindern beliebte Kinder werden auch von Erzieherinnen häufiger angesprochen, ihre Vorschläge werden eher aufgegriffen und umgesetzt.

Sprache – Kognition

Bildung und Lernen vollziehen sich als aneignende Tätigkeiten von Seiten des Kindes. Der Bildungsprozess geschieht nicht im individuellen Einzelgang, sondern im sozialen Miteinander während Interaktion und Kommunikation, beim gemeinsamen Handeln, Spielen, Sprechen, Produzieren und Denken (Schäfer, 2011).

Emotion – Soziabilität

Das emotionale Band zwischen sich und seinen Eltern ist die erste Beziehung, auf die ein Kind sich einlässt. Frühe Beziehungserfahrungen sind Dispositionen für die spätere Beziehungswahrnehmung und deren Ausformung. Auf diesem Weg sammelt ein Kind ein inneres Wissen über seine Bezugspersonen und die Erwartungen an sie. Es lernt ihren Einfluss auf die eigene Person kennen. Ein Kind fühlt sich angenommen und sicher, wenn seine Signale des Wohlbefindens und ebenso seines Unbehagens wahrgenommen, richtig eingeschätzt, passend gespiegelt und innerhalb kürzester Zeit beantwortet werden. Dies ist eine befriedigende Erfahrung – nicht mit ihm passiert etwas, sondern es bringt sich ein und bewirkt etwas in seiner Umgebung.

Emotion – Kognition

Bildungsimpulse wirken durch Beziehungsangebote. Der Arbeitsgruppe des Entwicklungsforschers Michael Tomasello im Max-Planck-Institut in Leipzig gelang der Beweis, dass im Entwicklungsgeschehen nicht zwischen Emotion und Kognition getrennt wird. Es zeigte sich in zahlreichen Versuchen, wie wichtig emotionale Zuwendung für die intellektuelle Entwicklung war. Ein interessierter Erwachsener signalisiert Zugewandtheit und Aufmerksamkeit; dies sind neben dem angstfreien Erkunden und Spielen die wichtigsten Voraussetzungen für das Lernen und Begreifen. In Situationen gegenseitiger Aufmerksamkeit begibt sich das Kind aktiv auf die Suche nach Bewertungen von Gegenständen und Handlungen durch die Menschen, zu denen es eine enge Beziehung aufgebaut hat.

Der Zusammenhang zwischen frühen Erfahrungen und Entwicklungsverlauf

In den ersten Lebensjahren entsteht die Architektur der Großhirnrinde. Sie ist grundlegend für die weitere biopsychosoziale Entwicklung. Das frühkindlich ausgebildete neuronale Grundmuster bestimmt die Strategien der Interaktion, Kommunikation, der Informationsverarbeitung und des Wissenserwerbs. Niemand zweifelt an der zentralen Bedeutung der frühen Kindheit für die Persönlichkeitsentwicklung und für das soziale Lernen, doch es fehlt noch an Forschungsergebnissen, um die jeweils richtige Form und das richtige Maß für eine entwicklungsadäquate, optimale Erfahrungszugabe von außen zu finden. Allerdings ist schon heute bekannt, in wie vielen Bereichen durch Anregung und Förderung ein Entwicklungsaufschwung bewirkt wird, der es dem Kind ermöglicht, seine Potenzen zu entfalten und sein Leben nach eigenen Entwürfen zu gestalten.

Vieles spricht dafür, dass extreme Deprivation in der frühen Kindheit zu Entwicklungsdefiziten führt, die nie mehr vollständig auszugleichen sind.

 Deprivation

Verlust oder Mangel an Pflege und Zuwendung durch primäre Bezugspersonen sowie seine psychischen Folgen.

Nach dem Zusammenbruch des kommunistischen Systems in Rumänien Anfang der 1990er-Jahre wurde sich die Weltöffentlichkeit des unvorstellbaren Schicksals rumänischer Waisenkinder bewusst. Hunderte dieser Kinder, die nie eine zugewandte Bezugsperson erlebt hatten, wurden zu adoptionsbereiten Familien z. B. nach Großbritannien und Kanada gebracht. Manche wurden bereits mit weniger als einem halben Jahr adoptiert, andere zwischen 6 und 24 Monaten, wieder andere erst nach 2½ oder 3 Jahren im Heim. Die meisten Kinder waren zum Adoptionszeitpunkt massiv unterernährt mit bereits deutlichem Minderwuchs sowie geistig und sozial zurückgeblieben. Die Kinder mit Heimaufenthalten unter einem halben Jahr holten Entwicklungsdefizite in ihrer neuen Familienumgebung bis zum 6. Geburtstag weitgehend auf. Kinder mit längerer Heimgeschichte wurden jedoch, trotz ihrer hoch motivierten und liebevollen neuen Eltern, durch ihre frühen ungünstigen Erfahrungen weiterhin in ihrer Entwicklung beeinflusst. Sowohl ihr Körpergewicht als auch ihre geistige und soziale Entwicklung zeigten umso weiter reichende Defizite, je länger die Kinder in den extrem schlechten Heimen verbracht hatten.

Ob sich wirklich nur extreme Deprivation ohne zugewandte Bezugspersonen langfristig negativ auf den Entwicklungsverlauf kleiner Kinder auswirkt, kann noch nicht beantwortet werden. Und es ist ebenso wenig geklärt, ob bei durchschnittlichen Kindheitserfahrungen auch ohne große Unterstützung und Anregung alle wichtigen emotionalen, kognitiven und sozialen Entwicklungsaufgaben – endogen gesteuert und vom Kind eigeninitiativ – bewältigt werden können (Kasten, 2013). Doch einige Zusammenhänge sind bereits bekannt.

Grundlagen der motorischen Entwicklung

Auch bei einer Verlaufsbeschreibung der motorischen Entwicklung wird immer häufiger versucht, das klassische Stufen- und Phasenmodell zu überwinden. Neue Konzepte stellen die Entwicklung der Motorik als kontinuierliche Veränderung dar, bei der sich das Bewegungsverhalten eines Kindes aufgrund seiner aktiven Auseinandersetzung mit der Umwelt zunehmend ausdifferenziert. Elementare alltagsmotorische Fertigkeiten im Kleinkindalter sind die Voraussetzungen für die sportmotorischen Fähigkeiten und Fertigkeiten, die sich im späteren Schulkind- bzw. Jugendalter herausbilden.

Die Übersicht (→ Tab. 3.4) bezieht sich auf die langjährigen Forschungen der Sportpädagogin Renate Zimmer. Sie zeigt die motorische Entwicklungsabfolge bis zum Laufenkönnen.

Zeitraum	Entwicklungsgeschehen
Ende des 2. Schwangerschaftsmonats	• Die motorische Entwicklung beginnt. Zum Zeitpunkt der Geburt verfügt ein Kind bereits über eine Reihe lebensnotwendiger frühkindlicher Reflexe • Der Greifreflex wird bald von gezielten Greifbewegungen verdrängt
Mit 3 Monaten	• Das Kind kann seinen Kopf aufrecht halten
Ende des 4. Lebensmonats	• In Bauchlage auf die Unterarme gestützt, kann sich ein Kind nach allen Seiten umsehen • Die Entwicklung des Körpergleichgewichts beginnt
Mit 6 bis 7 Monaten	• Auf den Boden gesetzt, kann ein Kind in dieser Stellung allein frei sitzen
Mit 8 Monaten	• Das Kind kann sich selbst aus der Rückenlage aufsetzen, indem es sich fast in Bauchlage rollt, die Beine beugt und sich dabei mit den Händen stützt

Zeitraum	Entwicklungsgeschehen
Im 8./9. Monat	• Das Kind macht sich aktiv an die zielgerichtete Fortbewegung: – Allein mithilfe der Unterarme zieht es den Körper auf einer Unterlage hinterher, es robbt – Jetzt können die meisten Kinder bereits stehen, wenn sie sich an einem Möbelstück festhalten
Bis etwa 11 Monate	• Das Kind krabbelt mit Händen und Knien, optimal in Form eines gekreuzten Bewegungsmusters, bei dem Arm und Bein der entgegengesetzten Seite jeweils gleichzeitig bewegt werden. Das Krabbeln ist eine echte Gleichgewichtsübung für den aufrechten Gang, dennoch zeigen es nicht alle Kinder vor dem Gehen
Zwischen dem 10. und 11. Monat	• Ein Kind kann, wenn es festgehalten wird, einige Schritte vorwärtsgehen • Zieht es sich an einem Möbelstück selbstständig hoch, geht es zuerst seitwärts
Ab dem 12. Monat	• Die nächste Etappe ist einen Moment lang breitbeinig ohne Stütze zu stehen • Dann folgt das selbstständige Stehen aus dem Vierfüßlerstand heraus • Dann das schnelle Laufen in die Arme eines Erwachsenen oder zu einem anderen stabilen Punkt. Langsames Laufen würde noch zu viel Gleichgewichtsgefühl erfordern

Tab. 3.4: Die Abfolge der motorischen Entwicklung

Die Bewegungen von Kleinstkindern während der ersten 18 Lebensmonate wirken unkoordiniert und relativ ungeordnet. Erst beim genauen Hinsehen lassen sie eine enorme Entwicklungsabfolge erkennen, die in diesem Ausmaß nie wieder zu beobachten ist: die erfolgreiche Kontrolle der Körperbewegungen, das Krabbeln, Aufstehen und Gehen.

Die lokomotorische, also *die Fortbewegung betreffende* Entwicklung gesunder Kinder ist ausgesprochen vielfältig. Manche Kinder robben oder kriechen beispielsweise nie. Sie setzen sich dafür aber früh auf und rutschen auf dem Hosenboden vorwärts oder rückwärts, wie es übrigens fast die Hälfte ihrer Väter oder Mütter auch gemacht hat. Hier handelt es sich also um ein vererbtes Bewegungsmuster. Auch für den Zeitpunkt, zu dem das Kind zu laufen beginnt, spielt die Genetik eine wichtige Rolle. Zum Gehen kommen Kinder zwischen 11 und 16 Monaten. Die großen individuellen Unterschiede liegen auch an der Anregungsqualität durch die Erwachsenen und an der Gestaltung der räumlichen Umgebung, sobald sich nach abgeschlossener Reifung erste Lauftendenzen zeigen.

Abb. 3.5: Die aufrechte Haltung, die freien Hände und das Gehen vergrößern den Bewegungsradius enorm

Die aufrechte Haltung, die damit freien Hände sowie das Gehen vergrößern den Bewegungsradius eines Kindes enorm. Die neu gewonnene Selbstständigkeit äußert sich vorwiegend in motorischen Aktionen. Das Laufen und die Manipulation von Gegenständen werden zunehmend koordinierter und vielfältiger.

Sein Bewegungsdrang und seine Anstrengungsbereitschaft motivieren das Kind zur Übung und Vervollkommnung seiner gerade erworbenen Fähigkeiten (Funktionslust). So kommen bis zum 3./4. Lebensjahr zum Gehen und Laufen weitere Grundbewegungsformen hinzu: Springen, Kriechen, Hopsen, Rollen, Schieben, Ziehen, Hängen, Balancieren, Steigen, Tragen, sogar Werfen und erstes Fangen. Auf einem Fuß hüpfen und Dreirad fahren folgen.

Im Alter von 5–6 Jahren werden die Proportionen erwachsenenähnlicher: Längere Beine, ein stromlinienförmiger Körper bringen Leistungssteigerungen. Die Bewegungsabläufe werden qualitativ verbessert und situationsübergreifend einsetzbar. Grundbewegungsformen können kombiniert werden, so dass beim Laufen geworfen und gefangen werden kann. Die Fortschritte kommen durch zunehmende Gleichgewichtsfähigkeiten und verbesserte feinmotorische Geschicklichkeit zustande. Diese wird auch am verfeinerten Malen, seinen Namen schreiben, Bänder binden, Flechten und Weben sichtbar.

> Eine Ursache für die jetzt rasche motorische Weiterentwicklung im Grundschulalter sieht Renate Zimmer im ausgeprägten Spiel- und Bewegungsbedürfnis, in der Neugierde, im Aktivitätsdrang und im andauernden Streben nach neuen Erkenntnissen und Erfahrungen. Doch müssen diese inneren Bedürfnisse erkannt und bedient werden, in einer angeregten Atmosphäre des Vertrauens und der Freiwilligkeit.

In den Jahren zwischen 9 und 14 sind es vor allem die verbesserte Reaktionszeit und zunehmende Leistungsfähigkeit, die sportmotorische Fähigkeiten zulassen. Als Einzelkämpfer oder im Team können sportliche Leistungen die Identitätsbildung unterstützen.

Grundlagen der kognitiven und sprachlichen Entwicklung

In der Forschung hat eine neue Ära begonnen: Der aktive, kompetente, initiierende und reagierende Interaktionspartner Säugling wurde entdeckt. Der Säugling ist keineswegs hilflos, aber er ist ein absoluter Spezialist mit allen damit verbundenen Vor- und Nachteilen. Sein Spezialgebiet ist die Kontaktregulation mit seinen Interaktionspartnern, die er durch regelmäßige Erfahrungen als Bezugspersonen kennengelernt hat.

Die kognitive Entwicklung

Das Kind nimmt aktiv an der Entwicklung und Bildung teil. Es ist weltoffen und sucht die Kontaktvielfalt sowie die lebendige Interaktion mit anderen Menschen. Der entscheidende Anreiz für das Gehirn, dem Erlebten Bedeutung beizumessen, zu lernen und die gemachten Erfahrungen dauerhaft abzuspeichern, ist die emotionale Aufladung der Situation durch eine vertraute Bezugsperson. Die Region, in der sich während der frühen Kindheit besonders viele Synapsen herausbilden und darauf warten, dass sie möglichst komplex benutzt und stabilisiert werden, ist die Hirnrinde, und hier besonders der vordere, zuletzt ausreifende Bereich, der so genannte Stirn- oder Frontallappen. Diese Region ist zuständig, wenn wir:

- Uns ein Bild von uns selbst und unserer Stellung in der Welt machen wollen – Selbstwirksamkeitskonzepte
- Unsere Aufmerksamkeit auf besondere Wahrnehmungen richten, Handlungen und deren Folgen planen und die Folgen von Handlungen abschätzen – Motivation, Impulskontrolle
- Uns in andere Menschen hineinversetzen und Mitgefühl entwickeln – Empathiefähigkeit, soziale und emotionale Kompetenz.

All diese Fähigkeiten werden gebraucht, um sich später in der Schule und im Leben zurechtzufinden, lernbegierig, wissensdurstig und neugierig zu bleiben sowie mit anderen gemeinsam nach Lösungen zu suchen. Die für diese Fähigkeiten verantwortlichen hoch komplizierten Synapsen, speziell im Frontallappen, stabilisieren sich jedoch nicht von allein. Sie müssen durch eigene Erfahrungen und anhand entsprechender Vorbilder herausgeformt und gefestigt werden. „Fördern lässt sich dieser Prozess nicht, indem man den Kindern möglichst früh Lesen, Schreiben und Rechnen, womöglich sogar noch Englisch und die Bedienung von Computern beibringt, sondern nur dadurch, dass man Räume und Gelegenheiten schafft, wo Kinder sich selbst erproben können und möglichst viele und möglichst unterschiedliche […] andere Menschen mit ihren vielfältigen Fähigkeiten und Fertigkeiten kennen und schätzen lernt" (Hüther, 2001).

Es ist der Umgang der Bezugspersonen mit dem Kind und die Gestaltung seiner Lebensumwelt, die den Anregungsgehalt der Kindheit ausmachen.

„Jedes Kind ist hoch begabt", erläutern Hüther und Hauser (2012), wenn man ihm seinen Zugang zum Weltwissen ermöglicht. Sich Zeit zu nehmen, einander zu verstehen, Fragen hervorzulocken und keine Antworten schuldig zu bleiben, all dies fördert die Sprachentwicklung, die emotionale Ausdrucksfähigkeit und das Selbstbewusstsein. Es gibt der kindlichen Welt eine Struktur.

Ein Kind kann – schon bevor es sprechen kann – Fragen stellen, Dingen auf den Grund gehen wollen und auf einer Antwort beharren. Wenn etwas seine Wissbegierde geweckt hat, ergreift es eigeninitiativ jede Chance, sich mehr Wissen zu verschaffen.

Und wie macht es das? Eine große einheitliche Theorie zur kognitiven Entwicklung fehlt – wahrscheinlich zu Recht. Denn das Kind schlägt höchst unterschiedliche Wege ein, um sich immer mehr Wissen zu verschaffen, und Theorien erfassen bislang immer nur Einzelaspekte. Dies zeigen die folgenden vier Beispiele (nach Siegler et al., 2011):

- **Die Theorie der kognitiven Entwicklung von Jean Piaget**
  Mit Aufmerksamkeit verfolgt das Kind als kleiner Wissenschaftler das Tun seiner Bezugspersonen, aber auch einzelne Gegenstände, auf die es die Bezugsperson aufmerksam macht. Als Reaktion auf seine Erfahrungen und Erlebnisse konstruiert es aktiv eigenes Wissen, indem es sich auf seine Umweltverhältnisse einstellt und diese auch für sich selbst passend macht.
- **Informationsverarbeitungstheorie**
  Die Informationsverarbeitungstheoretiker stellen sich Kinder als aktive Lerner und Problemlöser vor, die sich ständig neue Strategien ausdenken, um ihre Verarbeitungsgrenzen zu überwinden und ihre Ziele zu erreichen. Für diese Art der Problemlösung müssen Kinder planen, analog schlussfolgern und Regeln bilden können. Diese Basisoperationen werden zunehmend effektiver und erleichtern das Lernen und die Gedächtnisbildung.
- **Die Theorie des Kernwissens**
  Die Theorie beruht auf der Annahme, dass Kinder mit einer breiten Palette von Fähigkeiten auf die Welt kommen. Sie nehmen bevorzugt Informationen auf, die aus evolutionärer Sicht bedeutsam sind, z. B. das Erkennen von Gesichtern oder das Hinhören auf Sprache. Untersuchungen zeigen, dass Kinder über intuitive Kenntnisse der Inhaltsbereiche Physik, Biologie und Psychologie verfügen. Kernwissentheoretiker gehen davon aus, dass diese speziellen frühen Kompetenzen nur durch angeborene, bereichsspezifische Kenntnisse und angepasste Lernmechanismen erworben werden können.

- **Geteilte Aufmerksamkeit**
  Wie formt die soziale Welt die Entwicklung des Kindes, wie unterstützt sie es beim Erwerb von Fähigkeiten und Kenntnissen? Wie gestalten Kinder den sozio-kulturellen Kontext mit? Das sind die Hauptfragen der aktuellen soziokulturellen Theorie. Der Mensch hat einerseits die Neigung, zu belehren und andererseits aber auch die Fähigkeit, aus der Belehrung zu lernen. Durch geteilte Aufmerksamkeit und soziale Bezugnahme wird Intersubjektivität hergestellt, ein wechselseitiges Verständnis unter miteinander kommunizierenden Menschen unterschiedlichen Alters und unterschiedlicher Erfahrung.

Das Wunder Sprache

Gibt es ein genetisches Programm für das Sprechen oder imitieren Kinder nur ihre sprechende Umgebung? Wie meist sind beide Anteile vorhanden und zusätzlich eine große Portion Eigeninitiative seitens des Kindes. Schon im Mutterleib, ab der 27. Lebenswoche, zeigt das Kind Aufmerksamkeit für die Stimme seiner Mutter und lässt sich dann als Baby am besten durch diese vertraute Stimme beruhigen. Es prägt sich aber auch mit großer Offenheit die typischen Laute seiner Umgebung ein und kann zwischen rund 100 verschiedenen Phonemen, den kleinsten bedeutungsunterscheidenden, aber nicht bedeutungstragenden Einheiten der Sprache, unterscheiden. Eine Übersicht über das Entwicklungsgeschehen zeigt die Tabelle 3.6.

Zeitraum	Entwicklungsgeschehen
Mit 6–7 Monaten	• Kinder beginnen spielerisch, alle möglichen Sprachlaute zu üben. Kinder aus verschiedensten Sprachkulturen unterscheiden sich in dieser „Lallphase" lautlich noch nicht • Das Sprachverarbeitungszentrum ist schon höchst aktiv. Es filtert durch Vergleich aus allem Gehörten die für die Muttersprache relevanten lautlichen Charakteristika heraus. Das Kind identifiziert – was noch kein Computer kann – aus dem ungegliederten Strom des im Ohr ankommenden Redeschwalls sprachliche Einheiten als Worte • Wird am Anfang der Lallphase noch „grenzenlos" herumprobiert, so wird gegen Ende des ersten Lebensjahres die Menge der Laute spezifisch auf diejenigen eingeschränkt, die in der jeweiligen Muttersprache tatsächlich vorkommen • Die anderen Laute werden mangels Gebrauch als unwichtig eingestuft und vermutlich auch nicht mehr bewusst wahrgenommen

Zeitraum	Entwicklungsgeschehen
Mit 4–8 Monaten	• Das Baby beginnt zu gurren, zu lallen und zu brabbeln, bevorzugt beim Einschlafen oder nach dem Aufwachen • Akzentuiertes Ansprechen in Kombination mit einem vertrauten Gesicht weckt seine Aufmerksamkeit • Übertriebene Artikulation, wie sie typisch ist für die Babysprache, erleichtert ihm vermutlich das Erlernen muttersprachlicher Phoneme
Mit 7–9 Monaten	• Das Kind benutzt präverbale Gesten, wie Zeigen und Deuten, um zu kommunizieren • Wechselseitige Fingerspiele, die sprachlich begleitet werden, begeistern es und werden wiedererkannt • Das Kind richtet seine Aufmerksamkeit auf Bezugspersonen aus, die Gegenstände oder Ereignisse benennen
Mit etwa einem Jahr	• Das Kind setzt Laute bewusst ein und sagt erste Wörter, meist Mama und Papa • Der Übergang vom Babbeln bis zum artikulierten Wort dauert etwa fünf Monate und ist fließend
Mit 1½ bis 2 Jahren	• Aus 50 Wörtern werden schnell 200 (Wortexplosion) • Bald spricht es auch Zwei-Wort-Sätze
Mit 2 Jahren	• Das Kind bildet in seiner Muttersprache geordnete Sätze, erste grammatikalische Regeln werden sichtbar
Mit 3–4 Jahren	• Es zeigen sich durchschaute grammatikalische Regeln durch **Übergeneralisierungen,** die noch keine Ausnahmen zulassen. • Das Kind passt sich beim Sprechen dem Gesprächspartner an, reagiert auf dessen Alter, Geschlecht und sozialen Status • Seine Körpersprache wird immer verständlicher
Mit 5–6 Jahren	• Der Wortschatz steigt auf 10 000 Wörter • Komplexe grammatikalische Formen werden selbstverständlich
Im Grundschulalter	• Dank eines stabilen Basiswissens und eines stetig wachsenden Wortschatzes wird mit Wörtern gespielt, jongliert und es werden Witze gemacht • Das Sprachbewusstsein verbessert sich • Beschreibungen werden immer konkreter und beziehen sich auf die Funktion und die äußere Erscheinung, z. B. ein Kino ist ein Gebäude, in dem Filme angesehen werden können. Die Zuschauer sitzen in Reihen hintereinander, die hinten oben anfangen und vorne unten vor der Leinwand enden, auf der die Bilder des Films laufen • Interessante Wortschöpfungen entstehen

Zeitraum	Entwicklungsgeschehen
In der Vorpubertät	• Das Kind kann „hinter Worte schauen" und „zwischen den Zeilen lesen" • Es steigt das Verständnis für Sinnbilder und Humor • Immer mehr Synonyme und komplexe grammatikalische Konstruktionen werden beherrscht • Die Kinder sprechen nicht mehr nur miteinander, sondern unterhalten sich, modellieren Botschaften und Bitten • Eine eigene Sprache entsteht, um sich von jüngeren Kindern und Erwachsenen abzugrenzen und sich untereinander in der Peer-Group zu synchronisieren

Tab. 3.6: Die Abfolge der Sprachentwicklung

 Übergeneralisierung

Anwendung von Regeln auf Bereiche, auf die sie nicht angewendet werden dürfen. Zeigt sich beispielsweise bei der Pluralbildung: die Kuh, die Kuhs.

Grundlagen der emotionalen und sozialen Entwicklung

„Der Mensch ist von Geburt an ein soziales, in kleinen Gruppen lebendes Wesen. Das Überleben eines Neugeborenen und seine Entwicklung zum eigenverantwortlichen Mitglied seiner Gruppe ist abhängig von der Bereitschaft von mindestens einer Person, das Kind zu schützen, es zu versorgen und zu sozialisieren. Diese Aufgabe übernimmt meist die Mutter zusammen mit ihren engsten Vertrauten. In diesen Beziehungen, zunächst in der eigenen Familie, später in einem weiteren Kreis von Personen, erwirbt der Säugling die Werte und die Umgangsformen seiner Gruppe. Die Entwicklung des Kindes basiert also auf seinen sozialen Bindungen, auf seinen Fähigkeiten zu kommunizieren, der Verankerung seiner positiven und negativen Gefühle im Erleben von Gemeinsamkeit, auf seiner Neugier und Spielfreude und nicht zuletzt auf seiner großen Bereitschaft zu lernen" (Grossmann & Grossmann, 2003).

Sich an zumindest eine Person zu binden, ist eine biologische Vorgabe in der kindlichen Entwicklung. Von der Gestaltung dieses vielschichtigen Beziehungsaufbaus hängt es ab, ob sich eine stabile, sichere Bindung entwickelt oder ob die Bindung des Kindes an die Bezugsperson von Unsicherheit und Verlustangst geprägt und nur durch speziell angepasste Verhaltensstrategien erträglich wird. Die Beziehungsqualität wird weitgehend von der Feinfühligkeit und emotionalen Verfügbarkeit der Eltern bestimmt, an die je nach Temperament des Kindes und familiärer Lebenssituation unterschiedlich hohe Anforderungen gestellt werden (Kirkilionis, 2010).

> Die Qualität einer Bindung zeigt sich am Vertrauen des Kindes in die Zuwendung und Beruhigungsfähigkeit der Bindungsperson beim Umgang mit Belastungen.

Will man die Bindungsqualität zwischen Kind und Bezugsperson erfassen, hat sich für Kinder zwischen 11 und 18 Monaten ein Standardverfahren etabliert, das „Fremde Situation" (Grossmann, 1977 nach „Strange Situation" Ainsworth, 1964) genannt wird. Es handelt sich um ein „systematisch provoziertes Mini-Drama". „In der „Fremden Situation" werden das Kind und seine Bindungsperson (Mutter, Vater oder auch regelmäßige Betreuerin) in einen fremden, aber attraktiven Spielraum geführt, wo zunächst im Beisein der Bindungsperson die Neugier bei den meisten Kleinkindern überwiegt. Durch das Erscheinen einer fremden Person, die mit dem Kind spielen will, und zwei kurzen Trennungen von der Bindungsperson wird das Kind jedoch zunehmend verunsichert, sodass sein Bindungsverhaltenssystem allmählich aktiviert wird. […] An den unmittelbaren Reaktionen des Kindes auf die zurückkehrende Bindungsperson lässt sich seine Erwartung an sie als Quelle der Beruhigung ablesen" (Grossmann & Grossmann, 2003).

Die sichere Bindung

Je nach Bindungserfahrung zeigt ein Kind unterschiedliche Verhaltensstrategien im sozialen Umgang: **Sicher gebundene Kinder** haben tragfähige Interaktionserfahrungen, die ein positives inneres Bild von sich selbst sowie positive Vorstellungen und Erwartungen über die Bindungspersonen und deren Auswirkungen auf die eigene Person zulassen. Diese Kinder können ihre Gefühle offen zeigen, auch in Situationen emotionaler Belastung. Ohne Angst spielen sie unbefangen und explorieren spontan ihre Umgebung. Unter Belastung, wenn die eigenen Ressourcen erschöpft und sie innerlich verunsichert sind, wenden sie sich vertrauensvoll an ihre Bindungsperson, weil sie erfahren haben, dass diese sie unterstützen und trösten wird. Sie sind in der Lage, ihre missliche Lage mitzuteilen und Zuwendung anzunehmen, was ihre Anspannung abbaut. Sie protestieren lautstark gegen die Trennung und lassen sich erst von der zurückkehrenden Mutter beruhigen, dies jedoch schnell und effektiv.

Die unsicher-vermeidende Bindung

Bindungsunsicherheit kann sich auf unterschiedliche Weise äußern, je nach Art der Erfahrung, die Kinder während des ersten Lebensjahres mit ihrer Bindungsperson gemacht haben. Unsicher gebundenen Kindern fehlt das Vertrauen, in Zeiten der Bedürftigkeit von der Bindungsperson angemessene und beruhigende Hilfe zu bekommen. Ihr Verhalten stellt eine erlernte Strategie dar, dennoch den Erwartungen der Bindungsperson zu entsprechen und mit deren Reaktionen umgehen zu können.

Von einer **unsicher-vermeidenden Bindung** spricht man, wenn Kinder ihre Gefühle in der stressigen Trennungssituation nicht zeigen und auch bei der Rückkehr der Bindungsperson deren Nähe erst gar nicht aufsuchen, um weitere Enttäuschungen zu vermeiden. Sie haben die Bindungsperson bereits oft als nicht unterstützend erlebt und sich selbst in Not zurückgewiesen gefühlt. Sie wirken desinteressiert am Geschehen und vermeiden eher den Kontakt. Stattdessen spielen sie demonstrativ allein und wirken betont unbelastet. Dass die Kinder dennoch stark belastet sind und hierbei alleingelassen werden, zeigen hohe Anstiege all der Werte, die eine körperliche Anspannung signalisieren. Bindungsforscher sehen hierin eine Verhaltensanpassung von Kindern an eine Bezugsperson, die:

- Wenig feinfühlig auf ihre Gefühls- und Bedürfnisäußerungen reagiert
- Sich in für das Kind unangenehmen Situationen eher zurückzieht
- Seine Annäherungsversuche tadelt.

Das Kind hat kaum Körperkontakt erfahren oder diesen als unerfreulich und wenig befriedigend erlebt. Ein negatives Selbstwertgefühl und unterdrückte Gefühle können die Folge sein (Unzner, 1999).

Die unsicher-ambivalente Bindung

Eine **unsicher-ambivalente Bindung** zeigt sich in einem auffällig übertriebenen, oft widersprüchlichen Verhalten der Kinder während und nach der Trennung. Aus Angst, ihre Bindungsperson zu verlieren, lassen sie diese kaum aus den Augen und reagieren mit intensivem, lautstarkem Bindungsverhalten auf die Trennung: Sie schreien, weinen und klammern sich an die Bindungsperson. Kommt diese nach der kurzen Trennungsphase zurück, gelingt es ihr trotz Bemühungen oft nicht, das Kind wirkungsvoll zu beruhigen. Deutlicher Ärger über die Bindungsperson sowie Widerstand gegen zu viel Nähe erschweren eine Tröstung. Kinder, die nicht einschätzen können, ob und wann die Bindungsperson feinfühlig reagieren und verlässlich zur Stelle sein wird, zeigen in Belastungssituationen diese Verhaltensstrategie. Es ist zu vermuten, dass sie zu oft erlebt haben, dass ihre Bindungsperson unvorhersagbar und auch widersprüchlich reagiert. Mal werden die kindlichen Wünsche nach Nähe und Trost erfüllt, mal nicht wahrgenommen und mal sogar bestraft. Die Unberechenbarkeit ihrer Erfahrungswelt lässt die Kinder schnell verzweifeln und ausrasten. Das stark aktivierte Kontaktbedürfnis lässt kein entspanntes Spielen und Explorieren zu. Unsicher-ambivalent gebundene Kinder erleben eine starke Abhängigkeit von der Bindungsperson und wenig erfolgreiche Selbstständigkeit.

Die Soziabilität

Die Forschung über Beziehungsentstehung und -gestaltung muss weitergehen, da Beziehungserfahrungen massive Auswirkungen auf die Soziabilität eines Kindes haben.

> **Soziabilität**
>
> Die Fähigkeit des Menschen, mit anderen in Kontakt zu treten, soziale Beziehungen mit graduell unterschiedlicher Intensität aufzunehmen, zu pflegen und zu modellieren.

Jeder Mensch verfügt über genetische Grundveranlagungen für die Soziabilität. Die Ausgestaltung dieser sozialen Beziehungen hängt jedoch in starkem Maße davon ab, wie auf ein Kind reagiert wird, welche Antworten es erhält und wie es behandelt wird – und das nicht nur am Lebensanfang. In Alltagssituationen erlebt es in unterschiedlichem Maße Schutz, Führung, Unterstützung und Bestätigung. Gerade bezüglich der sozialen Entwicklung zeigten 20 % der rumänischen Waisenkinder mit mehrjährigem Heimaufenthalt auch mit sechs Jahren noch extreme Verhaltensabweichungen:
- Keine Beziehungsintensitätsunterschiede zwischen ihren Adoptiveltern und Fremden
- Keine Schutzsuche in ängstigenden Situationen
- Kein Beziehungsaufbau zu Gleichaltrigen.

Eine künftige Forschungsfrage wird in diesem Zusammenhang sein, wo überall nach beziehungs- und entwicklungsförderlichen Handlungsfeldern zu suchen ist und wie diese zu fördern sind, damit ein vielfältiges Beziehungsnetz entstehen kann. Wir wissen noch viel zu wenig über die wichtigen Erfahrungen, gemeinsam zu spielen, zu arbeiten, zu lachen und zu lernen. Denn im Alltag entstehen immer neue Orientierungen und andere, bislang unbekannte Herausforderungen, unter denen sich Beziehungen auch wandeln müssen. Spiegelt sich in Peer-Groups und Freundschaften eigentlich nur die frühe Bindungsgeschichte wider? Oder bieten

Sozialisationserfahrungen, die vom bisher Erlebten deutlich abweichen, einen neuen Entwicklungsimpuls für die Sozialkompetenz? Ein solcher Entwicklungsimpuls durch andere Sozialisationserfahrungen in einer anderen Beziehungskonstellation als der zu den Eltern ist sicherlich nicht voraussetzungslos und in seinen kompensatorischen Möglichkeiten begrenzt, aber vielleicht dennoch wesentlich für den Ausbau der Soziabilität (Krappmann, 2001).

3.1.7 Lernen und Verhaltensänderung

Als **Lernen** bezeichnet man **Veränderungen im Verhalten** aufgrund gemachter Erfahrungen. Das Grundprinzip des kindlichen Lernens ist die Vorliebe für immer neue Reize sowie der Wunsch des Kindes, seine Eigenaktivität zu erweitern und selbstständig zu handeln.

> Kinder lernen mit dem ganzen Körper. Sie lernen vor allem durch selbsttätiges Handeln und weniger durch Anweisung.

Lernen ist ein aktiver Prozess, der immer und überall stattfindet. Das Gehirn von Kindern ist von sich aus aktiv und es ist die Aufgabe der Erwachsenen, darüber nachzudenken, unter welchen Bedingungen ein Kind am besten aktiv sein und deshalb optimal lernen kann (Spitzer, 2000). Kein Gehirn gleicht dem anderen. Menschen sind in ihrem Lernverhalten höchst individuell und selbst die so genannten Entwicklungsfenster (→ Kap. 3.1.6) liegen individuell unterschiedlich. Damit wird Lernen zu einer höchstpersönlichen Angelegenheit, so eigen wie ein Gesicht oder ein Fingerabdruck.

Der Zusammenhang zwischen Lernprozess und Erfahrung

Ein Kind braucht anregungsreiche Umgebungen, um seine angeborenen Strategien zum Erfahrungserwerb, das Erkunden, Spielen, Nachahmen und fantasievolle Gestalten ausüben zu können. Sein Nervensystem ist nach jeder Eigenaktivität im höchsten Erwartungszustand für das Wahrnehmen von Antworten und Reaktionen auf das eigene Handeln. Auch sein Gehirn ändert sich mit den Erfahrungen in strukturell anatomischer Hinsicht und passt sich so den erforderlichen Lebensbedingungen an. Es findet ein dynamischer Interaktionsprozess zwischen genetischer Ausstattung und möglich gemachten Erfahrungen statt – und dies ist die Voraussetzung für jedes Lernen. Das Kind nimmt demnach mittels seiner Verhaltensausstattung seine Umwelt wahr, greift auf, was es anspricht, versucht zu manipulieren und mit einer Deutung zu versehen.

Der Entwicklungsprozess des menschlichen Gehirns vor der Geburt und während der frühen Kindheit ist faszinierend und lässt sich dennoch in einem Satz zusammenfassen: Auf selbst gemachte Erfahrungen kommt es an.

Das menschliche Verhalten erfährt eine Programmierung durch die gemachten Erfahrungen, das heißt: Der Mensch lernt. Die Umgebung nimmt auf vielfältige Weise Einfluss auf sein Verhalten. Es ist von Vorteil, sich den jeweiligen Umweltbedingungen speziell anzupassen und sie möglichst optimal zu nutzen, ja sich vielleicht sogar auf kurzfristige Änderungen der Umgebung schnell einstellen zu können. Um situationsabhängige Verhaltenswechsel und längerfristig beständige Verhaltensänderungen durchführen zu können, braucht er:

- Eine gute Wahrnehmung
- Leistungsfähige Verarbeitungsinstanzen
- Differenzierte Gedächtnisleistungen.

Der Zusammenhang zwischen Lernprozess und Interaktionspartner

Die stammesgeschichtlichen Schritte hin zu einer intensiv betreuten langen Kindheit und vor allem zu einer engen Mutter-Kind-Beziehung erlaubten eine neue Dimension des Lernens: Ein anregender und antwortender Interaktionspartner startet Lerninitiativen und beantwortet direkt die Eigeninitiativen des Lernenden. Dies ist eine Voraussetzung für höchsten Lernerfolg.

Das Lernteam Mutter und Kind nimmt direkt nach der Geburt die Arbeit auf. Als Nächstes kommt der Vater, dann weitere nahe Bezugspersonen als Interaktionspartner hinzu. Vielfältig versucht das Kind mithilfe seiner Bezugspersonen seine Umwelt zu erkunden und kontrollierend auf sie einzuwirken. Es ist immer auf der Suche nach sozialem Kontakt, Stimulation und Nahrung. Trotz dieses „erleichterten Lernens" im sozialen Rahmen, das die Anwesenheit eines Modellinteraktionspartners während einer langen Kindheit und damit auch während sensibler Phasen gewährleistet, ist die Plastizität des Lernspezialisten Kind eingeschränkt. Jenseits bestimmter „Vorgaben" greifen seine Aktionen nicht mehr: Seine Kompetenzen stoßen an Grenzen, wenn das Verhalten und Angebot der Bezugspersonen zu weit außerhalb seines angepassten Rahmens liegen.

In einer sozial desorganisierten Umgebung führt das Säuglingsverhalten nicht zu den vom Kind und seinem Gehirn erwarteten Ergebnissen. Dies kann längerfristig schwerwiegende Folgen für die kindliche Entwicklung haben.

Einfühlsame Antwortreaktionen der Erwachsenen wie Augengruß, Anlächeln, Ansprechen auf kindliche Verhaltenssignale müssen zeitlich äußerst präzise sein: Nur wenn die kindliche Aktion und die elterliche Reaktion zeitlich direkt aufeinander folgen – mit maximal 800 msec Abstand dazwischen – kann das Kind beide Verhaltensweisen als zusammengehörig wahrnehmen.

Nur wenn die kindliche Aktion und die elterliche Reaktion zeitlich direkt aufeinander folgen, kann das Kind sein gezeigtes Verhalten als beantwortet empfinden. Im Dialog zugewandte Eltern halten intuitiv das Zeitfenster ein, das dem Kind diese Wahrnehmung und somit eine darauf abgestimmte Lernerfahrung ermöglicht. Bleibt eine Aktion des Kindes zu oft unbeantwortet, wird es diese nicht mehr ausführen, ein Erfahrungsentzug droht.

Der Zusammenhang zwischen Lernprozess und emotionalem Zustand

Der **emotionale Zustand,** in dem an sich neutrale Fakten wie die Wörter einer Fremd- oder Kunstsprache gelernt werden, ist entscheidend dafür, in welchen Bereichen des Gehirns diese gespeichert werden (Erk et al., 2003). So werden Lerninhalte oder Lernwörter, die in einem positiven emotionalen Kontext angeboten werden, im **Hippocampus** (→ Abb. 3.7) gespeichert. Dort fließen die Informationen von verschiedenen sensorischen Systemen zusammen und die Lerninhalte werden aus dem Kurzzeit- in das Langzeitgedächtnis überführt. Das heißt: Der Hippocampus bewirkt, dass die neuen Informationen langfristig in der Großhirnrinde gespeichert werden.

Dominieren negative Emotionen in der Lernsituation wie Hektik oder Angst, werden dieselben Lerninhalte im **Mandelkern** *(Amygdala)* gespeichert. Dieses Kerngebiet des Gehirns spielt eine wichtige Rolle bei der emotionalen Bewertung und dem Wiedererkennen von Situationen. Hier werden externe Impulse verarbeitet und die entsprechenden vegetativen Reaktionen eingeleitet. Eine Speicherung von Lerninhalten im Mandelkern bedeutet demnach, dass beim Abruf der hier gespeicherten Informationen gleichzeitig die Angst mit reaktiviert wird – mit allen Begleitprogrammen: Es kommt z. B. zu Puls- und Blutdrucksteigerung und die Muskeln spannen sich an, denn der Körper bereitet sich jetzt auf Flucht oder Kampf vor. Bei beiden Speicherorten können die Lerninhalte zwar später auf Abfrage hin wiedergegeben werden, doch ist mit den in negativer Atmosphäre gelernten Worten oder Inhalten nie ein flexibler Umgang möglich. Sie stehen nicht mehr zum kreativen Problemlösen zur Verfügung und bedeuten immer Stress.

Lernformen

Bei der Frage, wie Lernen geschieht, bietet sich für die Beantwortung eine Auseinandersetzung mit den verschiedenen **Lernformen** an (→ Lerntheorie, Kap. 2.1.1).

Die Habituation

Der Säugling fühlt sich von Anfang an von allem noch Unbekannten angezogen, und er reagiert verstärkt auf jedes neuartige Element in seiner Umgebung. Auf diese Wahrnehmungsbesonderheit baut die einfachste Form des Lernens auf, die **Habituation** *(Habituierung)*. Sie zeigt sich in einem allmählichen Abnehmen der Reaktionsstärke auf wiederholte oder andauernde identische Reizung.

> **Habituation**
>
> Gewöhnung an einen Reiz. Eine Reaktion auf einen wiederholten oder andauernd identischen Reiz schwächt sich allmählich ab.

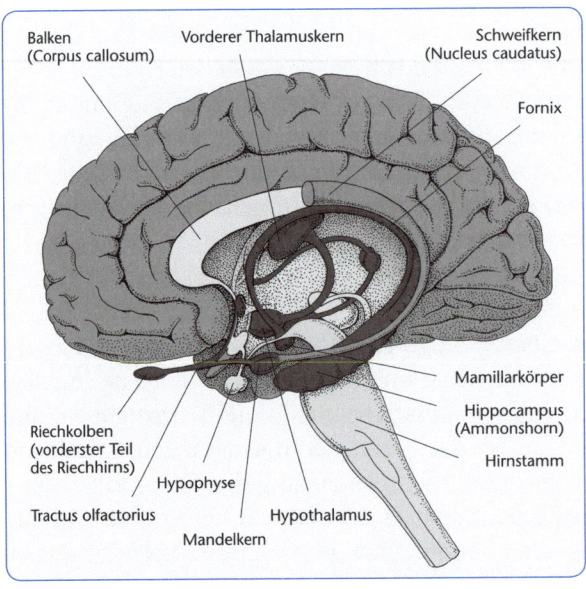

Abb. 3.7: Lerninhalte werden im Hippocampus und im Mandelkern gespeichert
(Aus: Huch/Jürgens: Mensch, Körper, Krankheit, 7. Auflage 2015 © Elsevier GmbH, Urban & Fischer, München)

Das seltenere Hinsehen zur Reizquelle sowie eine verminderte Herz- und Atemfrequenz werden als zurückgehendes Interesse an einem vertraut gewordenen Reiz gedeutet. Erscheint jedoch ein neuartiger Reiz, tritt die Reaktion in alter Stärke wieder auf, das Interesse ist wieder da. Vielfältig nachvollzogen wurde ein Versuch, bei dem einem Kind mehrfach das Foto eines Babykopfes gezeigt wird, mit der Konsequenz, dass sein Interesse immer mehr abnimmt. Danach wird dem Kind dasselbe Babyfoto nochmals gezeigt, dieses Mal aber zusammen mit dem Kopf eines kahlköpfigen Mannes. Das Kind gleicht die beiden Bilder ab und verbleibt länger beim Foto des Mannes, woraus geschlossen werden kann, dass das Kind das Babybild, also den mehrfach präsentierten ersten Reiz erinnert und das Bild des Mannes, also den neuartigen Reiz, unterscheiden kann (Siegler et al., 2011).

Die Klassische Konditionierung

Bei der **Klassischen Konditionierung** *(Signallernen)* wird ein neuer, bislang neutraler Reiz mehrmals mit einem Reiz in Verbindung gebracht, der zu einer reflexartigen Reaktion führt. Schon der Säugling kann eine Verbindung zwischen den beiden Reizen herstellen, sodass nach kurzer Zeit allein der neue, bislang neutrale Reiz in der Lage ist, das Verhalten auszulösen: Der Säugling verknüpft bestimmte Erwartungen mit diesem erfahrungsbedingten Reiz. Diese Lernform ist für den Säugling äußerst wichtig, da er hierdurch erfährt, welche Gegebenheiten in seinem Alltag und Tagesablauf für gewöhnlich zusammengehören. Aktionen und Erlebnisse werden ursächlich wie zeitlich voraussagbar und dies hilft ihm, sein Umfeld zu strukturieren.

Stillen ist die erste strukturierte Begegnung zwischen Mutter und Kind. Bereits nach wenigen Fütterungen zeigt ein Kind gelernte Bewegungen, die den Stillakt vorbereiten. Diese Bewegungen sind dann schon an die inzwischen eingespielte Stillposition und den individuellen Fütterungsstil der Mutter angepasst. Sie werden aufgrund ihrer typisch gewordenen Bewegungen oder Handlungen eingenommen. Viele Babys hören trotz Hunger auf zu schreien, manche machen stattdessen Saugbewegungen, wenn sie sehen, dass die Mutter die Flasche vorbereitet oder die Bluse aufknöpft. Manche Forscher sehen in diesem Schreistopp ein Signal für ein implizites Verständnis dafür, „dass es jetzt noch etwas, aber nicht mehr lange dauert", bis es zu essen gibt. Hier ist eine erste Annäherung an ein beginnendes Zeitverständnis zu vermuten.

Das Lernen durch Beobachtung und Nachahmung

Durch **Beobachtung** und **Nachahmung** *(Imitationslernen)* lernen schon Neugeborene: Sie können das Verhalten einer anderen Person nachahmen. Säuglinge im Alter von 2 Tagen bis mehreren Wochen imitieren bevorzugt Gesichtsausdrücke und Kopfbewegungen eines Erwachsenen. Die Imitation ist nicht auf bekannte und vertraute Aktionen beschränkt. Nach einer einmaligen Präsentation eines neuen Imitationsmodells gelingt einigen Säuglingen selbst nach einer Wartezeit ohne Übungsmöglichkeit eine Gedächtnisreproduktion der Kopfbewegung.

Die Fähigkeit zur Nachahmung verbessert sich in den ersten zwei Lebensjahren zunehmend. Ein zweijähriges Kind steht vor dem Bildschirm und beobachtet eine Tänzerin auf dem Bildschirm. Plötzlich nimmt es die gleiche Körperhaltung ein und beginnt, die Bewegungen ihrer Beine, Arme und Finger nachzuahmen; es tanzt. Einige Minuten später, im Garten, nimmt das Kind erneut die identische Haltung ein und beginnt zu tanzen. Das zweidimensional über den Sehapparat aufgenommene Bild wird im Zentralnervensystem in eine Summe von Befehlen an verschiedene Muskeln übersetzt. Das Eigeninteresse des Kindes und seine Aufmerksamkeit erregenden Wahrnehmungen waren der Start für einen Lernprozess, der an einer Verhaltensänderung sichtbar geworden ist. Belohnt jemand das Kind durch Klatschen oder lobende Worte, wird es seine Tanzbemühungen steigern.

Im zweiten Lebensjahr beginnen Kinder, alle möglichen Arten von Werkzeugen, Artefakten und Symbolen zu verwenden. Sie gehen davon aus, dass Erwachsene ein Ziel verfolgen und ihr Verhalten sinnvoll ist. Sie identifizieren sich mit ihren Bezugspersonen und wählen die gleichen Mittel, um ein Ziel zu erreichen, auch wenn diese unpraktisch sind. So imitierten 14 Monate alte Kinder in einem Versuch Erwachsene, die mit dem Kopf ein Licht auf einem Tastenfeld aktivierten, auch wenn es für sie selbst einfacher und natürlicher gewesen wäre, dies mit der Hand zu tun. Sie unterstellten den Erwachsenen eine Absicht bei ihrem Tun (Tomasello, 2003). Kinder lernen Dinge also nicht einfach von anderen Personen, sondern durch sie, in dem Sinne, dass sie in dieser Situation etwas über die Perspektive des Erwachsenen wissen müssen, um die gleiche intentionale Handlung aktiv nutzen zu können.

Unter welchen Voraussetzungen die Wahrscheinlichkeit der Nachahmung eines Modells und die Übernahme seines Verhaltens in das kindliche Verhaltensrepertoire größer werden, kann seit den Untersuchungen Albert Banduras präzisiert werden:

- Das Prinzip der gegenseitigen Anerkennung spielt eine große Rolle. Das Kind imitiert bevorzugt eine von ihm wertgeschätzte Person, die auch im Mittelpunkt der Aufmerksamkeit anderer steht, vor allem, wenn das Kind auch die Zuneigung dieser interessanten Person ihm gegenüber spürt
- Durch die Aufforderung, gemeinsam zu agieren, fühlt sich das Kind anerkannt. Dies lässt sein Tun in seinen eigenen Augen bedeutsam werden. Es ist die verspürte Erwartung in einen für möglich gehaltenen Erfolg, vermittelt durch Ermutigung, Unterstützung und Zuneigung, die es eine Herausforderung annehmen und Neues versuchen lässt

- Wenn ein Kind sieht, dass ein beobachtetes Verhalten zum Erfolg führt, in irgendeiner Weise belohnt und anerkannt wird oder dem Modell selbst Vergnügen bereitet, wird es dieses eher imitieren
- Wenn ein Kind Ähnlichkeiten zwischen seinem eigenen Tun und dem Handeln eines anderen erkennt, wird es verstärkt zur Imitation angeregt
- Sobald das Vorbild bemerkt, dass das Kind ihm aufmerksam zuschaut und es dafür durch Zuwendung belohnt, steigt die Nachahmungsbereitschaft
- Wenn das Modellverhalten deutlich zu erkennen ist und es oder sein Ergebnis besonders spannend wirkt, wird es bevorzugt imitiert.

Die Operante Konditionierung oder das Lernen aus guter und schlechter Erfahrung

Die **Operante Konditionierung** *(instrumentelles Lernen)* beschreibt die Beziehung zwischen dem eigenen Verhalten und der Belohnung oder Bestrafung, die daraus folgt. Ein Verhalten wird ausgeführt aus Freude, weil dann alle lachen und das Kind im Mittelpunkt steht: „Wie groß ist unser Schatz?" und schon streckt das Kind die Arme weit nach oben, stellt sich auf die Zehenspitzen und präsentiert sich strahlend in voller Länge. Oder ein Verhalten wird ausgeführt, um einer kennengelernten Bestrafung zu entgehen: „Setz dich hin, oder …".
Im Alltag passieren Konditionierungen oft zufällig: Beispielsweise ist ein besonders interessantes Geräusch zu hören, wenn zwei Gegenstände zufällig zusammengeschlagen werden. Um dieses Geräusch mehrmals zu hören, wiederholt das Kind den Vorgang. Bald wird der Vorgang leicht variiert, um zu testen, ob sich auch das Geräusch verändert.

> Folgt eine Belohnung zuverlässig auf ein Verhalten, erhöht sie die Wahrscheinlichkeit, dass dieses Verhalten zukünftig wiederholt wird (positive Verstärkung).

Werden Ein- und Zweijährige beim morgendlichen Start in der Krippe liebevoll von ihrer Bezugserzieherin begrüßt, so versuchen sie allmorgendlich möglichst schnell mit ihr Kontakt aufzunehmen.
Es besteht eine **Abhängigkeitsbeziehung** *(Kontingenz)* zwischen dem kindlichen Verhalten und der Belohnung. Dies stellt nicht nur der beobachtende Erwachsene fest, sondern ganz offensichtlich auch das Kind: Um diese Kontingenz erfassen zu können, braucht das Kind auch erste Gedächtnisleistungen. Die Psychologin Carolyn Rovee-Collier (1997) erdachte einen genialen Versuch, der den zugrunde liegenden Lernprozess aufzeigt: Sie wickelte ein Band um den Fuß

eines Säuglings und verband ihn mit einem Mobile, das über dem Bett des Kindes hing. Irgendwann strampelte der Säugling mit den Beinen und das Mobile bewegte sich. Schon zwei Monate alte Kinder erlernten in wenigen Minuten:
- Dass es eine Beziehung gab zwischen ihren Beinbewegungen und dem sich lustig bewegenden Mobile
- Dass je stärker sie strampelten, sich das Mobile umso stärker bewegte.

Je jünger ein Kind ist, desto näher müssen das Verhalten und die Belohnung zeitlich und räumlich beieinander liegen. Nur dann kann es verstehen, dass sie im Zusammenhang stehen.

Ein Motiv (→ Kap. 1.1.2) für den Ablauf eines Lernprozesses kann auch die verbesserte Möglichkeit sein, einen Antrieb zu befriedigen, z. B. die Neugierde oder das Kontaktbedürfnis, oder einer Gefährdung, z. B. einer Verletzung, zu entgehen. Bei diesen speziellen Lernformen handelt es sich um die **bedingte Appetenz** und die **bedingte Aversion**. Bei der bedingten Appetenz lernt das Kind, dass es sich lohnt, sich einen bestimmten Reiz zu merken, ihn in Zukunft zu suchen und gezielt auf ihn zu reagieren, falls er sich als „wahrnehmungswert, da belohnend" herausgestellt hat, z. B. einen Ball, wenn es Lust hat zu spielen. Bei der bedingten Aversion lernt das Kind ebenfalls, sich den Reiz „Ball" zu merken, jedoch um ihn meiden zu können, falls es z. B. von einem Ball am Kopf getroffen wurde und er sich so als „wahrnehmungswert, da gefährlich" erwiesen hat.

Als weitere Lernform wird die **bedingte Aktion** und die **bedingte Hemmung** beschrieben (Hassenstein, 2007). Es ist lohnenswert für ein Kind, sich in einer bestimmten Situation an ein Verhalten zu erinnern, dessen Durchführung bereits einmal zu einer Antriebsbefriedigung geführt hat oder aber negative Konsequenzen hatte und deshalb künftig unterdrückt werden sollte. Ein Beispiel für eine wissenschaftsgeschichtlich bereits früh erkannte bedingte Aktion stammt aus dem Verhalten von bindungslos lebenden Heimkindern: Das stereotype Rumpfschaukeln, Nicken, Rollen oder Wippen hospitalisierter Säuglinge und Kleinkinder ist ein Alarmsignal für Zuwendungsdefizite. Diese Kinder führten völlig unterschiedliche Bewegungsformen monoton aus; jedes Kind zeigte aber immer nur seine eigene Form der Stereotypie. Das unbefriedigte Kontaktbedürfnis dieser Kinder lässt sie dauernd in Bewegung sein, immer auf der ungerichteten Suche nach beruhigender Berührung, Getragen- bzw. Bewegtwerden durch eine Bezugsperson. Da ihr Kontaktbedürfnis so stark aktiviert ist, wertet es auch selbst erzeugte Ersatzreize als kleine Beruhigung und somit Befriedigung. Diejenige Eigenbewegung, die zufällig als erste den Effekt der flüchtigen Befriedigung nach sich zieht, wiederholt das betreuungshungrige Kind von nun an als seine typische Bewegungsstereotypie, wenn es erneut ein Kontaktbedürfnis hat.

Fehlgelaufene Lernprozesse

Hinter vielen **fehlgelaufenen Lernprozessen** steht das Lernen aus guter oder schlechter Erfahrung, das Operante Konditionieren.

Das kindliche Einnässen

Beim nicht organisch bedingten **kindlichen Einnässen** *(Enuresis)* handelt es sich um eine erlernte Fehlsteuerung in Form einer bedingten Aktion. Beim Einnässen in der Nacht, aber auch am Tag, zeigt sich ein nachweislich enger Zusammenhang zwischen vorausgegangenen belastenden Ereignissen und nachfolgender unkontrollierter Harnabgabe. Dieses nächtliche Einnässen und das „Konfliktnässen" am Tag sind unabhängig von der jeweiligen Blasenfüllung auch bereits kurze Zeit nach einer Harnabgabe zu beobachten.

Verhaltensbeobachtungen zeigen, dass beim einnässenden Kind belastende Erfahrungen nicht nur – wie bei allen Kindern – das Zuwendungsbedürfnis verstärken, sondern zugleich die Tendenz, die Blase zu entleeren. Ein operanter Lernprozess in Form einer bedingten Aktion könnte diese Assoziation bewirken: Das Kind lernt in seiner frühen Kindheit unbewusst, dass sein Kontaktbedürfnis zumindest dann kurzfristig befriedigt wird, wenn zeitnah auf das altersgemäß häufige Harnlassen immer wieder der zuwendungsintensive Pflegeakt des Wickelns mit Blick- und Körperkontakt folgt. Die Lernsituation beim kindlichen Einnässen hat beispielsweise folgende Ausgangsbedingungen:

- Einen Säugling, dessen Bedürfnis, betreut zu werden, gesteigert ist und immer wieder unbefriedigt bleibt, weil
  - Er vielleicht außer knapp gehaltenen Routinepflegemaßnahmen wenig Zuwendung erhält
  - Die ihm zugedachte Art der Zuwendung vielleicht an seinen individuellen Bedürfnissen vorbeigeht und somit sein Zuwendungsbedürfnis nicht voll befriedigt wird, er also eine andere Form von Zuwendung brauchen würde
  - Er ein überdurchschnittliches Bedürfnis nach Zuwendung und intensiver Betreuung hat, z. B. in viel stärkerem Maße als dies die Eltern von seinen Geschwistern gewohnt sind
- Eine Mutter oder einen Vater mit folgendem Verhalten beim Überprüfen der Windel
  - Ergibt eine Kurzkontrolle im Vorbeigehen, dass eine neue Windel noch nicht notwendig ist, dann verlässt sie oder er den Säugling wieder, keine weitere Kontaktaufnahme kommt zustande
  - Ist die Windel nass, dann erfährt der betreuungshungrige Säugling die begehrte Pflegehandlung; die Bezugsperson steht ihm zumindest für kur-

ze Zeit als Interaktionspartner und Zuwendungsgeber zur Verfügung, die Harnabgabe wird also belohnt.

Durch eine Vielzahl identischer Abläufe festigt sich die Verknüpfung zwischen Zuwendungsbedürfnis und Harnlassen. Diese Verknüpfung präsentiert sich in Form eines Einnässens nach Belastungen. Das Kind hat gelernt, einen Umweg zur Bedürfnisbefriedigung einzuschlagen. Von ihm kann es erst dann abweichen, wenn Kontakt- und Zuwendungsbedürfnis in Belastungssituationen direkt befriedigt werden, bevor die damit verknüpfte Harnabgabe erfolgt (Haug-Schnabel, 2005, 2008).

Neue Beobachtungen in Krippen bestätigen diesen sensiblen Zusammenhang: Es muss sich lohnen oder darf zumindest keinen Zuwendungsverlust bedeuten, trocken zu werden. Es ist für das Kind zumindest am Anfang dieses Entwicklungsschrittes wichtig, dass es dadurch, dass es jetzt von allein und rechtzeitig zur Toilette gehen kann, nicht weniger Aufmerksamkeit und „Privatzeit" bekommt als zuvor. Das heißt ganz konkret: ich muss dennoch weiterhin intensive 1:1-Kontakte in einem anderen Zusammenhang mit meinen Bezugserziehern haben. Auch wenn ich jetzt selbstständig zur Toilette gehe, darf mir das nicht als Zuwendungsentzug vorkommen. Hier wird in den Einrichtungen besonders darauf geachtet, dass die Kinder anfangs weiterhin zur Toilette begleitet werden, dass mit der Klotür dazwischen Gespräche geführt werden, dass vor der Klotür nochmal das beliebteste Wickellied gesungen wird oder dann auf anderem Wege für das „größere" Kind zugewandte Kontaktmöglichkeiten gewählt werden (Haug-Schnabel, 2015).

Das Quengel- und Jammerverhalten

Auffälligkeiten, die heute als störend empfunden werden, sind häufig nichts anderes als aus einer anderen Entwicklungsstufe übrig gebliebene, gelernte Problemlösestrategien, die damals recht Erfolg versprechend ausgesehen haben. Ein Beispiel dafür ist das **Quengel- und Jammerverhalten.** Am Start dieser Auffälligkeit stehen ganz normale Verhaltensweisen, die alle Kinder hin und wieder benutzen, wenn sie etwas wollen oder partout eben nicht wollen: Sie zeigen instrumentelles Jammern, Quengeln und Schreien. Im Normalfall wird das Jammern unterbunden oder ignoriert. Der Erwachsene lenkt das Kind ab, sodass es von sich aus auf ein anderes Verhalten überwechselt. Das Kind lernt, dass Jammern nicht geeignet ist, seine Wünsche erfüllt zu bekommen.

Ganz anders sieht die Situation aus, wenn die Erwachsenen sich uneindeutig verhalten: Mitunter signalisieren sie, dass sie Jammern, Quengeln und Schreien für keine gute Art halten, auf seine Wünsche aufmerksam zu machen. Meistens jedoch geben sie nach anhaltendem Jammern entnervt nach und geben mit dem Satz „Mach doch, was du willst!" die Erziehungszügel aus der Hand.

Auf diese Weise lernt das Kind, dass es nur beharrlich weiterjammern und verstärkt quengeln muss, um sein Ziel zu erreichen. Wenn sich dieses auffällige Verhalten ändern soll, ist genau dies der Ansatzpunkt, an dem das Kind umlernen kann: Auf Jammerei darf nicht mehr der erhoffte Effekt folgen. Die wenigen Male, in denen andere, angemessene Strategien zur Kontaktaufnahme und Wunschäußerung vom Kind angewandt werden, müssen bemerkt und im Ansatz unterstützt werden. Sie sollten soweit möglich erfolgreich sein. Wichtig sind auch Erklärungen, warum so nicht und wie besser agiert werden kann, denn dem Kind fehlt das richtige Modell zur adäquaten Bedürfnisäußerung. Ohne diese Hilfe bleibt das Kind im alten Problemlösemuster stecken. Nur wenn die Strategie unwirksam wird und das Kind bei der Suche nach einer Alternative Unterstützung bekommt, kann der alte Weg verlassen werden.

3.2 Bildung, Erziehung und Betreuung als werteorientierter Selbstbildungsprozess

Armin Krenz

Basale Erziehungsziele: Selbstständigkeit, Autonomie, Soziabilität

Im Diskussionspapier der Deutschen UNESCO-Kommission mit dem Schwerpunkt „Zukunftsfähigkeit im Kindergarten vermitteln: Kinder stärken, nachhaltige Entwicklung befördern" (2010), finden sich folgende Grundaussagen:
- Bildung für nachhaltige Entwicklung muss schon in der frühen Kindheit ansetzen […]. (S. 1)
- Prinzipien einer Bildung für nachhaltige Entwicklung wie Situations-, Handlungs- und Partizipationsorientierung, die Orientierung an Ganzheitlichkeit, Selbstorganisation und Kooperation müssen dabei als wesentliche Elemente einer modernen Kindergartenpädagogik angesehen werden. (S. 1)
- Eine zeitgemäße Kindergartenpädagogik respektiert den geschützten Raum der Kindheit – und schafft zugleich einen Bezug zur Lebenswelt. (S. 1)
- Kinder dürfen nicht mit den von Erwachsenen verantworteten Problemen nicht-nachhaltiger Entwicklungen überfrachtet werden. (S. 1–2)

- Bildung für nachhaltige Entwicklung bietet der frühkindlichen Bildung vielfältige Ansätze und Möglichkeiten zur lebendigen Ausgestaltung ihres Bildungsauftrags:
  a. Die Welt entdecken und gestalten […]
  b. Lernen in Projekten […] (mit einem) […] engen Bezug zur Lebenswelt […]
  c. Wertebezug
  d. Forschendes, entdeckendes Lernen […]
  e. Inklusion: Bildung für nachhaltige Entwicklung fördert Inklusion in der frühkindlichen Bildung durch ihre Prinzipien Partizipation, Situations- und Handlungsorientierung. (S. 2, 3)

Weiter heißt es, dass allerdings auch festzustellen ist, dass „Bildung für nachhaltige Entwicklung in den Bildungsplänen in der Regel noch nicht gut verankert ist" (S. 3) und es darum gehen muss, „Bildung für nachhaltige Entwicklung umfassend in die frühkindliche Bildung zu integrieren", wobei „Bildung für nachhaltige Entwicklung […] zu einem entscheidenden Qualitätsmerkmal der frühkindlichen Bildung werden (muss)." (S. 3, 4)

Alle Kindertageseinrichtungen haben schon seit nahezu 40 Jahren die unverzichtbare, im Kinder- und Jugendhilfegesetz (KJHG) verankerte Aufgabe, jedes Kind in seiner Entwicklung zu einer eigenverantwortlichen und gemeinschaftsfähigen Persönlichkeit zu unterstützen. Eine solche Entwicklungsunterstützung bezieht sich dabei auf drei inhaltliche Schwerpunkte: **die Bildung, Betreuung und Erziehung.** Insofern ist die Forderung nach „Bildung" im Elementarbereich nichts Neues!

Dabei stehen diese drei Kernaufgaben sicherlich gleichberechtigt nebeneinander und sind für die praktische Arbeit untrennbar miteinander verbunden. Gleichwohl gilt es, die Begriffe selbst in ihrer eigenständigen Besonderheit zu erfassen, um einerseits die fachlichen und personalen Konsequenzen daraus ziehen zu können und andererseits die pädagogischen Zielrichtungen darauf aufzubauen sowie exakte Zielsetzungen daraus abzuleiten.

Bildung umfasst die personale Entwicklung des Menschen, durch die er sich selbst immer tiefgreifender kennenlernt, seine eigenen, vielfältigen Entwicklungsressourcen entdeckt, die Grundlagen seiner persönlichen Werte und Einstellungen entwickelt und damit letztlich ein stabiles und reflektiertes Verhältnis zu seiner Innen- und Außenwelt aufbaut. Durch diese Form seiner Selbstbildung ist der Mensch in der Lage, ein Bild von sich zu gewinnen, mit der Zeit immer genauer zu erstellen und dort, wo er es für nötig erachtet, punktuell auszubauen. Gleichzeitig wird er dadurch sein Selbstbild auch immer wieder in die vielfältigsten Beziehungen zu seiner erlebten Außenwelt setzen, Deutungen vornehmen, Bedeutungen entwickeln, Fantasien zulassen, Hypothesen bilden, Annahmen bestätigen oder verwerfen, Eigensinn entdecken und immer stärker eine *Selbstständigkeit* aufbauen. Diese führt ihn schließlich dazu, sich als ein weitestgehend selbstverantwortlicher Akteur seines Lebens begreifen zu können und seine Biografie selbsttätig zu gestalten. Im Sinne einer Definition des *Bildungsauftrags* ergibt sich folgende Beschreibung:

> **Bildungsauftrag**
>
> Der Bildungsauftrag (sozial-)pädagogischer Einrichtungen besteht in einer persönlichkeitsbildenden Entwicklungsunterstützung der Kinder und Jugendlichen. Sein Ziel ist es, die Lern- und Leistungsfähigkeit des Menschen mit zu aktivieren und ihm dabei hilfreich zur Seite zu stehen, seine Handlungsmotive zu erfassen und zu reflektieren, seine Handlungsvielfalt und Handlungsmöglichkeiten zu entdecken, Handlungsstrategien auszuprobieren und Handlungserfahrungen zu verinnerlichen bzw. zu verwerfen. Dabei kann Bildungsarbeit nur in erfahrbaren, alltagsorientierten Sinnzusammenhängen geschehen unter gleichzeitiger Berücksichtigung bedeutsamer kultureller Erfahrungswerte.

Erziehung ergibt sich in der Folge aus dem Selbstbildungswunsch des Menschen. Sie versteht sich als eine stetige Reaktion auf die (Selbst-)Bildungsaktionen, die Kinder und Jugendliche Tag für Tag zeigen. Ihre Neugierde, ihr Interesse an „Gott und der Welt", ihr Wissensdurst, ihre Lernfreude, ihre Experimentierbereitschaft und ihr persönliches Lebensengagement sind es, die die Grundlage für eine Erziehungsarbeit bilden und eine entwicklungsförderliche Erziehung besonders anmahnen. Erziehung heißt daher, immer wieder mit dem Kind tätig zu sein, vielfältigste Erfahrungen gemeinsam zu erleben, Freiräume für Experimente zu schaffen und zuzulassen, bedeutsame Situationen unter einer Wertebetrachtung gemeinsam zu reflektieren, Tabus und Grenzsetzungen zu verstehen bzw. zu hinterfragen, Situationsänderungen zu versuchen, Konsequenzen zu erleben, Anstrengungsbereitschaften zu entwickeln und schließlich Verantwortung für getätigte und gleichzeitig unterlassene Handlungen zu übernehmen.
Abgeleitet aus dieser Kurzbeschreibung ergibt sich daher folgende Definition:

> **Erziehungsauftrag**
>
> Der Erziehungsauftrag (sozial-)pädagogischer Einrichtungen besteht darin, aktiv dafür zu sorgen, dass Kinder und Jugendliche eine allumfassende, lebendige und vielfältige, die Neugierde unterstützende Erfahrungswelt kennenlernen können, damit sie immer stärker in der Lage sind, ihre indivi-

> duelle Identität zu erfahren und zu begreifen, auf ihren Bedeutungsgehalt für sie selbst, ihr unmittelbares Umfeld und die Gesellschaft (im Allgemeinen) zu reflektieren, dort, wo es sinnvoll ist weiterzuentwickeln und entsprechend auszubauen. Auf diese Weise bauen Kinder und Jugendliche alle notwendigen Kompetenzen auf, um gegenwärtige und zukünftige Lebenssituationen weitestgehend autonom, selbstverantwortlich und gemeinschaftsorientiert zu gestalten.

Betreuung wurde bzw. wird in vielen Ländern über eine lange Zeit – teilweise bis heute – eher so verstanden, dass Kinder einerseits „beschäftigt" werden (sollten), andererseits darauf geachtet wird, dass Kinder vor Unfallgefahren geschützt sind und die Kindertageseinrichtungen damit ihrer Aufsichtspflicht nachkommen können. Ausgehend von dieser Sicht- und Verständnisweise ist der Anspruch vieler Erzieher/innen nachvollziehbar, dass beispielsweise die Kinder bei entsprechenden didaktischen Vorhaben „eine vorbereitete Umgebung" vorfinden konnten und feste „Schlafzeiten" in den Tagesablauf eingebaut wurden, besondere „körperliche Hygieneregeln" in den Mittelpunkt mancher Einrichtungen rückten oder alle möglichen Gefahrenquellen im Innen- und Außenbereich der Einrichtungen so weit wie möglich reduziert wurden. Diese und sicherlich viele weitere Aspekte ergaben sich aus dem „Selbstverständnis" der Fachkräfte, dass Kindertageseinrichtungen letztlich eine Dienstleistung für Eltern ausführten und diese einen Anspruch darauf haben, ihr Kind am Ende der „Tagesbetreuungszeit" körperlich gesund und unversehrt wieder nach Hause bringen zu können.

Doch zeigt sich bei einer genaueren Betrachtung des Wortes „Be-treu-ung" ein anderer Sinn. In diesem Begriff ist das Eigenschaftswort „treu" eingeschlossen. Wenn es also etwas mit „jemandem treu sein" oder „Treue unter Beweis stellen" zu tun hat – was unwidersprochen der Fall ist –, dann ergibt sich für diesen Begriff eine völlig neue Bedeutung. Treue hat etwas mit Beziehungsqualitäten, einer verlässlichen Nähe, Wertschätzung im Umgang miteinander und einer respektvollen Kommunikation zu tun. Insofern umfasst die Betreuung in erster Linie den gesamten Bereich einer durch Achtung geprägten Interaktion. Verlässlichkeit und eine annehmbar erlebte Nähe zum Erwachsenen schafft Vertrauen, ein respektvoller Umgang miteinander bildet die Grundlage für Sicherheit und eine freundliche Beziehungskultur zwischen Kindern, Jugendlichen und den Erwachsenen lässt Offenheit, Neugierde und Lebensfreude entstehen. Alle diese Merkmale sind wiederum der Ausgangspunkt für den Aufbau sozialer Verhaltensweisen. Eine Selbstannahme lässt die Annahme anderer Menschen zu, die eigene Lebensfreude führt zum Wunsch, auch mit anderen Menschen glücklich umgehen zu wollen, eine eigene, innewohnende Sicherheit schafft den Boden für Belastungen – gerade in sozialen Beziehungen – und Vertrauen sowie Verlässlichkeit sind zwei wesentliche Garanten für freundschaftliche und kommunikationsoffene Umgangsformen.

So ergibt sich aus dieser Kurzbeschreibung schließlich folgende Definition:

> **Betreuungsauftrag**
>
> Der Betreuungsauftrag (sozial-)pädagogischer Einrichtungen besteht darin, Kindern und Jugendlichen treu zu sein. Das geschieht durch den Auf- und Ausbau fester, verlässlicher Beziehungen zu ihnen und durch eine wertschätzende Pflege der Beziehung mit ihnen. Durch die Umsetzung des Betreuungsauftrags können Kinder ein Gefühl der Sicherheit / intrapsychischen Stabilität aufbauen. Sie bildet die Grundlage für alle bedeutsamen Entwicklungsprozesse im Menschen.

Auch wenn alle drei Begriffe ihre spezifische Bedeutung und damit ihren besonderen, unverwechselbaren Auftrag für Kindertageseinrichtungen haben, so bilden sie dennoch in der pädagogischen Praxis eine Einheit, die sich aus ihrer Ergänzung zu einem Ganzen zusammensetzt.

Stichwort Bildung

„Bildung" – das Modewort in Kindertagesstätten

„Hast du heute schon gelernt?" So oder in ähnlicher Art und Weise könnte eine Frage formuliert sein, die Erwachsene heute an Kinder im Kindergartenalter und in didaktischer Formulierung an elementarpädagogische Fachkräfte stellen. Das ist nicht verwunderlich, suggerieren uns doch einerseits die meisten der bisher durch die einzelnen Länder verabschiedeten und publizierten **„Bildungsprogramme"** bzw. „Bildungsvereinbarungen" oder „Bildungsorientierungen", dass spätestens im Kindergarten die Fülle der brachliegenden Lernkapazitäten der meisten Kinder gezielt aktiviert werden müssen. Ob es dabei um die **„Förderbereiche"** der Sensorik, Motorik, Emotionalität, Kommunikationsfähigkeit, Ästhetik, Kognition, Soziabilität, Sprache, Interkulturalität, Kreativität oder Welterkundung, Gesundheit, Naturwissenschaft, den Schwerpunkt Literacy, ein mathematisches Grundverständnis oder eine Zweisprachigkeit geht. An alle Möglichkeiten und **„Bildungsfenster"** wird gedacht, gilt es doch, möglichst keinen Bereich zu keinem Zeitpunkt außer Acht zu lassen. Und schon zeigt sich schnell ein weiterer Trend: **„Quantität vor Qualität"** – so heißt in vielen Einrichtungen inzwischen das Zaubermittel der Gegenwart.

Eine Einrichtung, die *möglichst viele Angebote in unterschiedlichen Schwerpunkten* den Kindern offeriert und gleichzeitig den Eltern im Sinne einer „Angebotsskala" offen legt, was Kinder in diesem speziellen Kindergarten alles lernen können, ist in den Augen vieler Eltern, die nicht zuletzt als Kunden betrachtet werden (wollen), eine effizient arbeitende, qualitätsgeprägte Institution.
Und das Lob der Eltern bestärkt dabei viele Erzieherinnen in der Annahme „auf dem richtigen Weg" zu sein. So wird das Wort „Bildung" immer stärker *unter dem Gesichtspunkt einer „späteren Verwertbarkeit"* definiert und eingestuft, die die postmoderne Gesellschaft aus aktueller Sicht offensichtlich für nötig erachtet. Bildung wird „bedarfsgerecht" zusammengestellt und so konzipiert, dass sie „effiziente Lernauswirkungen" bedingt. Natürlich versteht es sich in diesem Zusammenhang dann von selbst, dass regelmäßige Leistungs- und Erfolgskontrollen, Ranking-Verfahren und permanente Evaluationen den Erfolg dokumentieren sollen bzw. Misserfolge zu neuen Anstrengungen auffordern. Kurzum: heute scheint es in Kindertagesstätten nur noch die „Magie der Bildung" zu geben mit einem größtenteils identischen Vokabular aus den 1960er-Jahren. Wieder gibt es „Vorschulhefte", die „zu einem guten Start in die Schule verhelfen sollen", Hefte mit „mathematischen Angeboten zur Durchführung von Zahlenprojekten", „naturwissenschaftliche Angebote zur Förderung von Begabungen" und „Entdeckungshefte", die jede Menge „Brain-Gym für kluge Köpfe" anbieten.
Dabei wird allerdings häufig die Tatsache aus dem Auge verloren, dass „Bildung" stets in **Sinn-, Erlebnis-** und **Beziehungserfahrungen** eingebettet sein muss, wenn sie einen nachhaltigen Bedeutungswert besitzen soll. Konkret heißt das:
1. Bildung ist für Kinder in erster Linie eine sinnliche Erlebniserfahrung und erst in zweiter Hinsicht eine kognitiv orientierte Erkenntnistätigkeit. Sie ist damit weder eine sprachversachlichte Informationsdidaktik noch eine kognitionsgesteuerte Impulspädagogik.
2. Die Begriffe „Bildung und Lernen" spiegeln sich in sozial geprägten, aktiven Interaktionsprozessen wider, die sich wiederum in motivationsgeprägten Handlungsaktivitäten vollziehen.
3. Nachhaltige Bildungs- und Lernprozesse orientieren sich aus Sicht des Kindes stets an einer Ausgangsfrage: Wozu kann ich die jetzt stattfindenden, aktuellen Handlungserfahrungen gebrauchen und was kann ich mit dem, was ich jetzt tue oder tun möchte, jetzt oder später anfangen?

Was ist eigentlich „Bildung"?

Im so genannten „Delors-Bericht" definiert dieser UNESCO-Bericht zur Bildung für das 21. Jahrhundert, der 1996 von der Europäischen Union im Amsterdamer Vertrag beschlossen und im Jahre 2001 in Göteborg verabschiedet wurde, in angemessener Kürze und in außergewöhnlich treffender Inhaltsprägnanz das wichtigste Ziel der Bildung. Dort wird *Bildung als der wesentliche Kern der Persönlichkeitsentwicklung und der Gemeinschaft verstanden, deren Aufgabe es ist, jeden von uns, ohne Ausnahme, in die Lage zu versetzen, alle eigenen Talente voll zu entwickeln und das in jeder Person inneliegende, kreative Potenzial, einschließlich der Verantwortung für das eigenes Leben und der Erreichung von persönlichen Zielen, auszuschöpfen.*

Wer diese zwei Kernaussagen in seiner großen inhaltlichen Bedeutung Wort für Wort versteht, merkt schnell, dass die in Kindertagesstätten überwiegend umgesetzte „Bildungsarbeit" häufig eine andere Richtung eingeschlagen hat. Bei dieser UNESCO-Begriffeserläuterung wird „Bildung" zunächst als Fundament einer *Persönlichkeitsentwicklung* des einzelnen Menschen verstanden und einer sozial miteinander verbundenen Gruppe.

- Gemeint ist *nicht* eine Vermittlung kognitiver Ansammlungsfakten, sondern vielmehr die Entwicklung und der Ausbau der lebensbedeutsamen Kompetenz, neugierig zu sein und dies ein Leben lang zu bleiben.
- Gemeint ist *nicht* primär, den kognitiven Bereich anzusprechen, sondern den Menschen zu befähigen, das eigene Leben selbstständig, aktiv und verantwortungsvoll gestalten zu können.
- Gemeint ist *nicht,* sich anderen Menschen weitestgehend erwartungsorientiert unterzuordnen oder das zu tun, was andere erhoffen, sondern Autonomie zu entwickeln und Partizipationskompetenzen zu zeigen.
- Gemeint ist *nicht,* Aufgaben, die von anderen an einen selbst gestellt werden, zu erfüllen, sondern die Fähigkeit zu entdecken und zu nutzen, sich selbst für Aufgaben zu interessieren und zu motivieren, Leistungsbereitschaft zu entwickeln und Leistungsfähigkeit zu demonstrieren.
- Gemeint ist *nicht,* einzelne Teilleistungsaufgaben zu sehen und zu erfüllen, sondern die Dinge der Welt vernetzt miteinander zu betrachten, Sinnzusammenhänge zwischen unterschiedlichen Aspekten zu entdecken und Interdisziplinarität zu realisieren.
- Gemeint ist *nicht,* viel zu lernen, sondern gelernt zu haben, wie Wissen selbstständig zu erwerben ist und entsprechende Anstrengungen zu unternehmen, um aus einer breiten Allgemeinbildung selbstaktiv vertiefende Kenntnisse zu suchen und zu erwerben.
- Gemeint ist *nicht,* die Dinge der Welt so zu betrachten, wie sie in der Vergangenheit und Gegenwart betrachtet wurden, sondern sie mit einem weltoffenen, kreativen Blickwinkel zu sehen, um neue Perspektiven zu entwickeln bzw. Innovationen zu initiieren.
- Gemeint ist *nicht,* Arbeitsstrategien anderer Menschen zu kopieren, sondern selbst hilfreiche Planungs- und Umsetzungsstrategien zu beherrschen, die

entscheidend dazu beitragen werden, eigene Talente immer wieder aufs Neue auszubauen.
- Gemeint ist *nicht,* theoretisch über Konflikte zu reden, sondern eine Konfliktkompetenz zu beherrschen, die zu einer tiefen Kommunikationskultur mit anderen Menschen beiträgt.
- Gemeint ist *nicht,* eigene Egozentrismen zu pflegen (Verhalten nach dem „Lustprinzip"), sondern Empathie und Solidarität zu entwickeln.
- Gemeint ist *nicht,* die Urteile anderer Menschen unreflektiert, vorschnell und kritiklos zu übernehmen, sondern ein eigenes Urteilsvermögen zu besitzen.
- Gemeint ist *nicht,* ein passives Lernverhalten zu zeigen, sondern eigenständige Lernaktivitäten an den Tag zu legen, um beispielsweise Wesentliches von Unwesentlichem unterscheiden zu können.

Zusammenfassung: Hier geht es primär nicht um eine „kognitiven Förderung" sondern eine sozial-emotionale stabile Handlungskompetenz, die unter dem Aspekt von Selbstbildungsprozessen im Vordergrund steht.
Dazu finden sich im „Bildungsprogramm für Kindertageseinrichtungen in Sachsen-Anhalt" (Arbeitsentwurf zur Diskussion) zielgenaue Aussagen:
- Kinder bilden sich, indem sie sich der Welt mit Neugierde zuwenden. (S. 10)
- Kinder werden nicht gebildet, sie bilden sich selbst. Bildungsprozesse sind individuell und nicht vorhersehbar. (S. 10)
- Kinder finden ihre Bildungsthemen in nahezu jeder alltäglichen Situation … (S. 10)
- Miteinander finden Kinder Themen, entwickeln Interessen und Handlungsideen. (S. 11)
- Pädagogischen Fachkräften ist die Komplexität kindlicher Bildungsprozesse bekannt […] (wobei es darum geht), solche Bildungsprozesse gerade auch in Alltagssituationen zu entdecken […]. (S. 11)
- (Fachkräfte) orientieren sich dabei an den Themen und Interessen, Bedürfnissen und Fähigkeiten der Kinder. (S. 11)
- In Tageseinrichtungen gehen Kinder und pädagogische Fachkräfte Bindungen ein. (S. 11)
- […] ohne Bindung ist Bildung nicht möglich. (S. 12)
- Erwachsene Bindungspersonen sind dabei zuverlässige Begleiter jedes neugierigen Kindes auf seinen Entdeckungsreisen. (S. 12)
- Nachhaltiges Denken und Handeln ziehen sich so durch den gesamten Alltag […]. (S. 17)
- Bildungsprozesse werden von Kindern selbst vorangetrieben, „Treibstoff" ist ihre Neugierde auf die Welt und all ihre Facetten. (S. 19)

- Die Verantwortung pädagogischer Fachkräfte liegt also darin, Voraussetzungen und Bedingungen für die Bildungsprozesse der Kinder zu schaffen. (S. 20)
- Bewegung ist eine Voraussetzung für gelingende Bildungsprozesse von Kindern. (S. 22)
- Orte für Bildungsprozesse von Kindern sind nicht fertig, sondern befinden sich fortwährend in einem Gestaltungsprozess, der im Wesentlichen durch die Kinder, ihr Handeln und ihre Teilhabe an Entscheidungsprozessen bestimmt wird. (S. 23)
- Kinder entwickeln sich in ihrem je eigenen Tempo und auf ihre eigene Weise, sie wählen Themen selbst aus und entscheiden, wann sie sich engagiert mit ihnen auseinandersetzen […]. Daher werden traditionelle Denkweisen, die die Entwicklung der Kinder nach Altersstufen (Null- bis Dreijährige, Drei- bis Sechsjährige, Ältere) oder gar nach Jahrgängen einteilen, den Bildungsprozessen der Kinder nicht gerecht. (S. 25)
- […] sichere Bindungen (sind) grundlegende Voraussetzung für Bildungsprozesse und Entwicklung […]. (S. 26)
- Da Kinder sich selbst bilden, müssen Angebote an ihren persönlichen Erfahrungen und Themen anknüpfen. Kindern Angebote zu unterbreiten, heißt nicht, vorgefertigte Arbeiten nach starren Regeln und festen Themen durchzuführen. Angebote an Kinder und ihre Bildungsprozesse sind anregende und behagliche Räume, die zur Bewegung und zum Verweilen einladen. Es sind sichtbare und erreichbare Materialien, deren Gebrauch nicht festgelegt ist […]. (S. 50)
- […] Bildungsprozesse in Bildungsbereiche aufzugliedern, schließt explizit aus, dass diese in Tageseinrichtungen einzeln, nacheinander oder gar an festen Wochentagen „abgearbeitet" werden […]. (S. 72)
- Es gibt in der Tageseinrichtung keine festen Zeiten, in denen „Mathe gelernt" wird, denn mathematische Erfahrungen und Erkenntnisse durchziehen alle Spiel- und Arbeitsprozesse der Kinder. (S. 126/127)
- Mit Kindern im Dialog nachzudenken, unterscheidet sich grundlegend von allen Formen der systematischen Anleitung, der zielgerichteten Vermittlung und der autoritären Belehrung. (S. 137)

Vergleiche mit der weit verbreiteten, realisierten Elementarpädagogik in Deutschland zeigen dagegen eine deutlich andere Schwerpunktsetzung! Nachhaltige Bildung drückt sich beispielsweise in den personalen Kompetenzen aus, im Sinne einer lebenslangen Lernfreude, sein Wissen ständig erweitern zu wollen, die eigene Handlungskompetenz auszubauen (statt über Ungerechtigkeiten oder Konflikte zu klagen), Verständnis für andere Menschen/Kulturen und deren Geschichte, Interkulturalität, den Wert einer inklusiven Gesellschaft aufzubringen, mit einem guten Urteilsvermögen, einer hohen Eigenständigkeit und sozialen Verantwortung das Leben aktiv zu gestalten, Solidarität zu zeigen, Empathie und Partizipationswünsche zu entwickeln, Selbstbildungsarbeit auf sich zu nehmen, eine allsinnige Weltwahrnehmung an den Tag zu legen, Lernangelegenheiten und -herausforderungen anzunehmen sowie Vernetzungen aus unterschiedlichen Beobachtungen/Ereignissen herzustellen und folgerichtige Entscheidungen zu treffen, aus Fehlern immer wieder zu lernen und bei Problemlagen nach Lösungen zu suchen. Diese „elementare Bildung" ist von grundlegender Bedeutung für die weitere Lebensgestaltung bzw. -planung eines jeden Menschen. Dabei haben Erwachsene für eine lernunterstützende „Bildungsatmosphäre" zu sorgen. Bildung hat im originären Sinne nichts mit einem „schulischen" Lernen zu tun und noch weniger mit einem „vorschulorientierten" Arbeiten. Bildung orientiert sich nicht auf einen Wissenswettbewerb mit Siegern und Verlierern sondern auf Werteentwicklungen, Zeitlosigkeit, Kunst, Musik und die Schönheit einer sorgfältig gepflegten Sprache. Bildung kennt keine Hektik sondern schätzt gelebte Zeiten, Ruhe und Muße. Sie lässt sich nicht nach „Nutzen" zweckentfremden sondern schenkt gerade den Kindern eine große Gedanken-, Handlungs- und Selbstentfaltungsfreiheit, um Widersprüche zu entdecken, quer zu denken, Gefühle zu erleben und dadurch immer wieder mit sich selbst konfrontiert zu werden. Kinder brauchen statt einer Beschleunigung ihrer Kindheit eine Entschleunigung ihres Alltagserlebens.

Ausgangssituationen, wie Kinder lernen und welche Faktoren in der Betrachtung einer nachhaltigen Bildung im Kind zu beachten sind:
1. Das Kind ist selbstaktiv; es entwickelt sich aus einem achtsamen Dialog mit einer Sicherheit vermittelnden Bezugsperson in einem partizipatorisch geprägten Erziehungsklima aus sich selbst heraus.
2. Jedes Kind ist neugierig und will sein Umfeld explorativ erkunden.
3. Das Kind nimmt nicht alle Umweltreize auf sondern geht in seinem Welterkunden subjektiv selektiv vor.
4. Nicht nur die verschiedenartigen Umfeldeinflüsse bestimmen die Entwicklung des Kindes mit, sondern auch das Kind selbst legt Schwerpunkte seiner Entwicklung fest.
5. Jedes Kind besitzt eine intraindividuelle Individualität und Identität, was gleichzeitig im Entwicklungsgeschehen des Kindes bedeutet, dass es kein so genanntes idealtypisches Durchschnittskind gibt.
6. Da bei Kindern gleichen Alters nicht von einer gleichen Ausprägung bestimmter Entwicklungsmerkmale ausgegangen werden kann/darf, ist eine interindividuelle Individualität des Kindes im Entwicklungsgeschehen und in seiner Beurteilung angezeigt.

Bildungsarbeit in Kindertagesstätten kann nur dann von Erfolg gekrönt sein, wenn Fachkräfte und Institutionen darauf achten, dass sich die Erwachsenenlogik nicht der Kinderlogik bemächtigt und diese dann verkümmern lässt. Das hätte dramatische Folgen für die kognitive, sozial-emotionale und handlungsorientierte Entwicklungsgeschichte vom Kindheits- bis zum Erwachsenenalter. Eine ressourcenorientierte Bildungs- und Lernatmosphäre ist dann vorhanden, wenn Kinder (und in gleichem Maße natürlich auch die beteiligten, erwachsenen Lernpartner) Folgendes erleben:

1. Ein durch Wertschätzung und emotionale Wärme geprägtes Klima;
2. Eine seelisch stabile, Sicherheit vermittelnde und zur Verfügung stehende Bezugsperson;
3. Ein entwicklungsunterstützendes Beziehungsklima, in dem sich das Kind angenommen und wohl fühlt;
4. Eine fehlerfreundliche Atmosphäre, in der das Kind die Möglichkeit hat, aus (von Erwachsenen definierten) „Fehlern" zu lernen und keinen „Perfektionismus" an den Tag legen muss;
5. Eine positive Verstärkung bei Leistungsansätzen, bei denen der Handlungsversuch im Vordergrund steht und nicht das Ergebnis eine Bewertung vorgibt;
6. Unterstützung beim Aufbau ihrer Selbstwirksamkeit;
7. Ein hohes und tatsächlich existierendes Interesse des Erwachsenen an den eigenen Aktivitäten;
8. Eine positive Haltung im Hinblick auf die subjektive Zukunftssicht des Kindes;
9. Eine Unterstützung beim Finden, Umsetzen und Erreichen von Zielen.

Der ehemalige deutsche Bundespräsident Johannes Rau hat schon in seiner Rede auf dem ersten großen Kongress des Forums Bildung „Wissen schafft Zukunft" am 14.07.2000 in Berlin treffend formuliert:

„Wir sollten deshalb Bildung wieder stärker ganzheitlich verstehen. In der Bildung vergewissern wir uns unserer selbst und finden unsere Identität. […] Zur Bildung gehören die Vorstellungen und Einstellungen, die Fähigkeiten und Gewohnheiten, die es dem Menschen ermöglichen, die Welt selbst bestimmt und verantwortlich zu gestalten. **Bildung ist etwas anderes als Wissen.** Wissen lässt sich büffeln, aber Begreifen braucht Zeit und Erfahrung. […] Selbständig und frei denken zu lernen (darauf kommt es an. AK) […] **Wer nicht denken gelernt hat, der kann diesen Mangel durch noch so viele Informationen nicht ersetzen.** Denken und Verstehen: das hat zu tun mit dem ganzen Menschen, mit Leib und Seele, mit Herz und Verstand. Denken und Verstehen: das hat zu tun mit analytischen Fähigkeiten und Fantasie, mit Einfühlungsvermögen und mit der Fähigkeit, sich neue Wege zu erschließen. […]"

„Bildung beginnt dort, wo man sich selbst an die Hand nimmt."
(Andreas Gruschka)

„Bildung": das ultimative, zeitaktuelle und „magische Zauberwort"

Die pädagogische Landschaft deutscher Kindertagesstätten hat sich seit den Ergebnissen der ersten Pisa-Studie stark gewandelt. Wo in der „Vor-Pisa-Zeit" noch viel und intensiv gespielt wurde, werden heute **„Bildungsfenster"** im konkreten Entwicklungsalter der Kinder identifiziert und zielgerichtet mit Programmen gefüllt. Wo früher mit Kindern die „Leichtigkeit des Seins" in guten Beziehungsbindungen genossen wurde, wird heute die kritische Frage gestellt, ob eine solche **„Kuschelpädagogik"** nicht die „Selbstbildungskräfte" von Kindern unterfordere. Wo früher die Kindergartentage verstärkt gemeinsam mit Kindern geplant wurden, stehen heute förderorientierte und den Kindern vorgesetzte **„Bildungsprogramme"** auf der Tagesordnung, die strukturiert abgearbeitet werden. Wo früher Bindungsqualitäten der elementarpädagogischen Fachkräfte im Mittelpunkt ihrer Arbeit standen, stehen heute „Bildungsanforderungen" an Kinder im Zentrum einer zeitaktuellen Bildungspädagogik. Wo früher der Faktor „Zeit & Ruhe" eine wesentliche Bedeutung für die Pädagogik besaß, rückt in der „Nach-Pisa-Periode" das Merkmal einer Ressourcen genutzten Quantitätsorientierung in den Vordergrund. Wo früher mit Kindern die Außenwelt und die Natur erforscht wurden, werden diese heute verstärkt in künstlich hergestellten Situationen im Innenbereich der Kindertagesstätte konstruiert. Damit wird nicht zuletzt den Befürchtungen der deutschen Arbeitgeberverbände Rechnung getragen, „dass in Zukunft nicht mehr genügend Humankapital zur Verfügung steht, um den produktiven Einsatz des Sachkapitals zu ermöglichen" (vgl. Renz-Polster, 2015, S.14).

Der Bildungsbegriff begegnet uns überall

Wenn es ein „Zauberwort" in der heutigen Elementarpädagogik zu bestimmen gäbe, dann hieße es unzweifelhaft „Bildung". So dreht sich in den meisten Kindertageseinrichtungen alles um die Primäraufgabe, „Bildung von Anfang an" zu realisieren, „Bildung nach innen zu realisieren und nach außen für Eltern, den Träger, die Öffentlichkeit möglichst unübersehbar transparent zu machen", „Bildungsdokumentationen/Lerntagebücher für jedes Kind" zu führen, „Bildungsbücher" zu erstellen, den Kindern immer wieder und an allen Orten/zu jeder Gelegenheit neue „Bildungserfahrungen zu vermitteln" und in ihnen „effiziente Lernkompetenzen" auf- und auszubauen. „Methodenkompetenzen" sind in

Kindern zu installieren, Medienkompetenzen aufzubauen, aus „bildungsfernen Kindern sollen möglichst kluge Lernforscher" gemacht werden, Kindertageseinrichtungen werden in „Zukunfts- und Lernwerkstätten/Bildungshäuser" verwandelt, möglichst „bilinguale Sprachkompetenzen" sollen als Förderfundament (schon im Krippenalter) berücksichtigt werden und „elementare Bildungspotenziale bei Kindern" gilt es, so früh und so intensiv wie möglich zu aktivieren, damit „vorhandene Bildungsfenster" nicht ungenutzt brach liegen. So verwundert es nicht, wenn sogar auf öffentlichen Vorträgen Kinder als „Rohstoff" bezeichnet werden und Bildung als eine „Investition in den Rohstoff" verstanden wird, die eine „wertvolle Rendite" mit sich bringt. Solche Wortschöpfungen und Formulierungen drücken eine Haltung aus und legen gleichzeitig eine Sichtweise vom Menschen offen, die in der Fachwelt nicht unwidersprochen zur Kenntnis genommen wurde und wird.

Bildungsblüten gedeihen in den vielfältigsten Farben

Damit kommt das gesamte Kinderleben immer stärker einem Leben gleich, das fast ausschließlich einer Aneinanderreihung von „pädagogischen Arrangements" entspricht. Es wird **für** Kinder gedacht und **für** sie geplant, **für** Kinder arrangiert, vorbereitet, strukturiert und **für** Kinder gehandelt, anstatt zu begreifen, dass eine Pädagogik vom Kinde aus eine lebendig erlebte Alltagspädagogik **mit** dem Ausgangs- und Mittelpunkt Kind ist. Gleichzeitig lautet bei kritischen Nachfragen der vielzitierte Antwortsatz: „Selbstverständlich holen wir das Kind dort ab, wo es steht und unsere pädagogischen Angebote sind stets ganzheitlich geprägt." Beide Begrifflichkeiten verkommen inzwischen zu einer pädagogischen Farce und sind zu einer inhaltsleeren Worthülse geworden, weil didaktisierte Forschungsangebote, gefüllte Forschungskoffer, gezielt ausgegebene Forschungsgegenstände, in Tagesabläufe fest eingeplante (zugleich zeitisolierte und funktional angesetzte) Forscherzeiten in dafür vorgegebenen Forscherräumen (mit Forschertischen, Forscherregeln, Forscherinseln, Forscherecken …) den Kindergartenalltag beherrschen. Bildung geschieht in einem Fächerkanon (Montag Naturwissenschaft, Dienstag Sprachbildung …), wobei jeder Tag selbst in Freizeit-, Arbeits- und Lernfelder unter- und aufgeteilt wird. Alles geschieht durch eine alltagsverbreitete (und dennoch sachlich falsche) Annahme: Je mehr Förderangebote und Stimulation das Kind erhält, desto mehr Synapsen bilden sich im Gehirn und desto mehr „brainpower" besitzt das gegenwärtige und zukünftige Kind. Die Frage bleibt, was bei einer solchen Bildungsarbeit „ganzheitlich" ist und inwiefern die Kinder tatsächlich Ausgangspunkt für die vielfältigen Angebote sind. Ein wirkliches Lernen geschieht im wahren Leben und nicht in vorgestanzten Musterbögen. Renz-Polster, Kinderarzt und Wissenschaftler, schreibt dazu in seinem vielbeachteten Buch „Menschenkinder": „Lässt man den

Zeitraffer laufen, so wurden den Kindern zuerst die Wälder genommen, danach die Wiesen, die Hinterhöfe, die Brachflächen, dann die Straßen, Gassen und Gärten. Und schließlich noch die Zeit selbst. […] Michael Ende hat in Momo kein Märchen erzählt: Da gibt es jemand, der den Kindern die Zeit stiehlt." (2011, S. 55) Viele Wissenschaftler/innen aus den unterschiedlichsten mit der Pädagogik eng vernetzten Fachdisziplinen sowie aufmerksame und kompetente elementarpädagogische Fachkräfte sprechen inzwischen von einem „Bildungswahn", einer „Eventpädagogik", einem „regelrechten Bildungsspektakel", einer „Frühförderhysterie", in der Kinder zu Objekten degradiert werden. Kinder werden dabei als „gesellschaftsrelevantes Wettbewerbsobjekt" angesehen, so dass sich unbemerkt die Hochleistungsgesellschaft die Kinder einverleibt. Prof. Sigurd Hebenstreit schrieb schon in einem vor nahezu fast 20 Jahren (!) erschienenen Artikel: „Wir stecken die Kinder in immer mehr pädagogische Arrangements, damit sie lernen, ihren Gefühlen nicht zu trauen, theoretisch über alles schwätzen zu können, ohne den Hammer in die Hand zu nehmen. Die Reise vom Säugling zum Erwachsenen wird länger, komplizierter, schwieriger, brüchiger. […] Noch nie wurden so viele Kinder und Jugendliche so lange unmündig gehalten, und noch nie wurde so vielen Kindern so früh ihre Kindlichkeit ausgetrieben." (1996, S. 257 f.) Seine Bedenken und die vieler anderer wurden bis heute nicht nur überhört, sondern vielmehr konsequent weiterhin auf die Spitze getrieben. Wenn Lisa Becker in der FAZ 18 Jahre später (Nr. 125, 31.05./01.06.2014, S.C1) schon von einer „Karriereplanung im Kindergarten" spricht, schließt sich der Kreis. Woran scheint es zu liegen, dass die Elementarpädagogik (ebenso wie ein großer Elternteil) glaubt, Kinder ständig belehrend fördern zu müssen? U. Frischenschläger-Rempe geht von folgendem Grundübel aus: „Es fehlt offenbar an einem Grundvertrauen in die kindlichen Kräfte der Selbststeuerung, ihrer Fähigkeit zur Ko-Konstruktion und in die Macht der kindlichen Neugier." (2013, S. 40) Erinnert sei in diesem Zusammenhang an die drei Ausgangsbedingungen, die grundsätzlich für eine nachhaltige Selbstbildung als basisbildende Elemente dem Kind zur Verfügung stehen müssen:

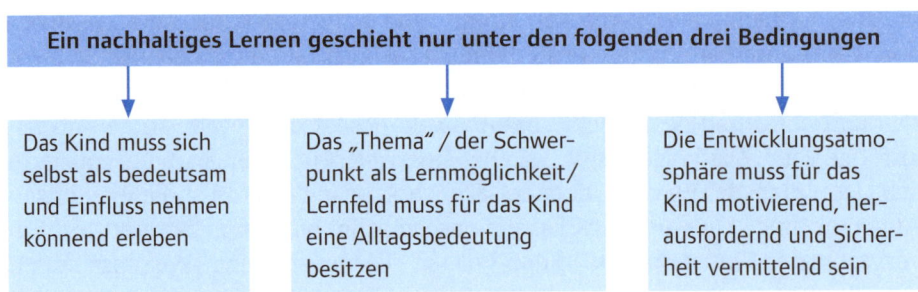

Abb. 3.8: Bedingungen für nachhaltiges Lernen

Kernelemente einer „Bildungsarbeit aus II. Hand"

Bei einer sorgsamen Betrachtung der aktuellen „Bildungsarbeit" in vielen Kindertagesstätten muss derzeit immer häufiger festgestellt werden, dass „Bildung"

a. zu einer belehrenden Angebotspädagogik umgedeutet wurde, in der sich die Fachkräfte als Akteure/Impulsgeber verstehen und Kinder in die Rolle von Reakteuren gedrängt werden;
b. in künstlich hergestellten Lernsituationen angeboten wird und Kinder von ihren alltagsweltlichen Erlebnis-/Erkenntnisinteressen immer stärker abgelenkt/weggeführt werden;
c. in einer erwachsenengesteuerten Bildungssystematik mündet, die dem Denken/Verstehen/Handeln kindeigener Lernvorgänge in der Regel widerspricht;
d. als eine Summe didaktisierter Programme den Kindern vorgesetzt wird, in denen die unterschiedlichen und vielfältigen Bildungsbereiche aufgegliedert, zerteilt und zerrissen erscheinen;
e. vor allem als „kognitive Förderung" verstanden wird, wobei die emotionalsoziale Bildung deutlich in den Hintergrund gerät und damit den neurobiologischen Erkenntnissen des kindlichen Lernens nicht gerecht werden kann;
f. als Fächerkanon – wie in der Schulpädagogik – gestaltet wird und damit die Elementarpädagogik ihre – trotz der im KJHG zugesprochenen – Eigenständigkeit aufgibt und zunehmend verliert.

Daher ist es verständlich, wenn immer mehr Vertreter/innen aus den Feldern der Bildungs- und Bindungsforschung, Neurobiologie und Entwicklungspsychologie/-pädagogik immer stärker und immer häufiger auf einen notwendigen **Perspektivwechsel** in dem elementarpädagogischen Bildungsverständnis hinweisen, entsprechend einer alten chinesischen Weisheit: **„Das Gras wächst nicht schneller indem man daran zieht."**

Warum eine „Bildung aus 1. Hand" gerechtfertigt und notwendig ist

Kinder sind von Anfang an von sich aus aktiv, wollen die Welt (in sich und um sich herum) entdecken, erkunden, begreifen und entwickeln sich in einer anregungsreichen Umgebung und einer beziehungsorientierten Pädagogik aus sich selbst heraus. Sie sind dabei von einer großen Neugierde getrieben, ihr eigenes Leben und ihre Existenz in eine Beziehung zu ihrem erlebten Umfeld zu setzen. Dabei wählen sie selbst aufgrund ihrer biografischen Eindrücke und entwicklungspsychologisch geprägten Merkmale in selektiver Form aus, was ihnen bedeutsam und wichtig erscheint, um sich den intrinsisch vorhandenen Wahrnehmungsschwerpunkten zuzuwenden. Alle Bildungsprozesse ergeben sich aus sinnstiftenden Fragen, die sich das Kind immer wieder stellt: Wer bin ich, was sinnstiftenden Fragen, die sich das Kind immer wieder stellt: Wer bin ich, was kann ich, was habe ich für Gestaltungsmöglichkeiten, zu wem gehöre ich, wer sind die anderen und was passiert gerade jetzt um mich herum? **Infofern geschieht Bildung in aktiv beteiligten und bindungsorientierten Interaktions- und Kommunikationsprozessen!** Die intraindividuelle Individualität des Kindes, die es verbietet, von einem „idealtypischen Durchschnittskind" zu sprechen, sorgt dabei stets für einen ganz persönlichen Entwicklungsverlauf, der je nach Sättigung der unterschiedlichen seelisch-sozialen und körperlichen Grundbedürfnisse einen mehr oder weniger aktiv gestalteten Entwicklungsverlauf nimmt. In dem Maße, in dem nun dem Kind seine Selbstaktivität sowie seine subjektiv geprägte Wahrnehmungsorientierung genommen wird, kommt es immer stärker zu einer Einschränkung und zum Abbau seiner Selbstbildungskräfte, was wiederum für eine nachhaltige Bildungsentwicklung kontraproduktiv ist. Janusz Korczak, der große Arztpädagoge, trat stets für die „Rechte des Kindes" ein und kam in diesem Zusammenhang zu folgendem Schluss: „Ein Kind ist kein Lotterielos, um den ersten Preis zu gewinnen."

Konsequenzen für eine nachhaltige „Bildungsarbeit aus 1. Hand"

Um aus dem Dilemma einer zunehmend verplanten „Bildungskindheit" und einer dogmatisierten Elementarpädagogik herauszukommen, bedarf es eines radikalen Perspektivwechsels, um Kindern eine „Bildung aus erster Hand" (Gerd Schäfer) zu gewährleisten:

1. Erwachsene müssen sich von dem derzeit weit verbreiteten Bild verabschieden, Kinder seien schon in den ersten 5 oder 6 Lebensjahren zu einem „Schulkind" bzw. möglichst gut entwickelten „Jungerwachsenen" zu perfektionieren, wodurch zukunftsorientierte Erwartungen an Kinder zur Gegenwart erklärt werden;
2. Erwachsene müssen die ersten sechs Lebensjahre von Kindern als einen eigenständigen Entwicklungszeitraum einer „Kindheit" begreifen, der durch entwicklungspsychologische Besonderheiten gekennzeichnet ist und worauf entsprechend die gesamte Arbeit abgestimmt werden muss;
3. Kinder brauchen eine Lernumgebung im Innen- und Außenbereich, in der sie handgreiflich, unmittelbar, aktiv, mit allen Sinnen, innerlich beteiligt und engagiert Erfahrungen machen können, die ihnen helfen, das Leben selbstständig, unabhängig und sozial beteiligt zu spüren und selbstaktiv zu gestalten. Gleichzeitig muss dabei dem Spiel ein entsprechend großer Raum zugestanden werden.
4. Kinder brauchen keine künstlichen, von Erwachsenen arrangierten Welten, die sie „bespaßen" bzw. „belehren" und von ihren ureigenen intrinsischen Handlungsinteressen immer weiter wegführen.

5. Erwachsene müssen Kindern vielfältige, alltagsbedeutsame Herausforderungen zutrauen, die Kinder mit Mut und Engagement, Lebendigkeit und Stolz, Risikobereitschaften und Leistungserlebnissen ausfüllen können. Dazu ist eine risikobereite Einstellung der Fachkräfte ebenso notwendig wie eine Umgebung (innerhalb und außerhalb der Kindertagesstätte), in der viele unsinnige und überflüssige „Sicherheitsvorschriften" außer Kraft gesetzt werden müssen.
6. Träger und Gesetzgeber sind in dem Zusammenhang aufgefordert, entsprechende Sicherheitsvorschriften und Richtlinien zu entkernen, um den Kindern und zugleich den elementarpädagogischen Fachkräften wieder die Freiheit zu schenken, die für ein entdeckendes Erfahrungslernen unumgänglich ist.
7. Erwachsene müssen mit Kindern leben, mit Kindern fühlen, mit ihnen planen, mit ihnen spielen und mit ihnen die Welt entdecken (und nicht „am Kind" bzw. „für das Kind" planen, Vorhaben vorstrukturieren, Vorgedachtes anbieten).
8. Erwachsene müssen sich der Perspektive der Kinder zuwenden und damit aufhören, Kinder in die Perspektive der Erwachsenen zu zerren.
9. Kinder brauchen weniger eine didaktische Vielfalt an Programmen als vielmehr feste Bezugspersonen, die sich selbst als entscheidenden didaktischen Mittelpunkt begreifen; sie brauchen zuverlässige Bindungserfahrungen und damit engagierte, lebendige, staunende, mitfühlende, wissende, handlungsaktive, mutige, risikobereite, zuverlässige Menschen um sich herum und keine besser wissenden Rollenträger/innen, die immer noch meinen, Belehrungen der Kinder mache Kinder klug.
10. Erwachsene müssen sich als Bildungsvorbilder verstehen, weil es die Facetten ihrer eigenen Sprache, ihr Sprechen, ihre vielfältigen Interessensschwerpunkte, ihre unersättliche Neugierde, ihre vielen Lebens- und Umfeldfragen, ihre unterschiedlichsten Aktivitäten, ihre Gefühlskompetenzen, ihr eigener Forscherdrang, ihre ausgeprägte Lernfreude und ihre hohe Motivation zum Beruf sind, die Kinder fasziniert und wodurch die Kinder sich zu ihnen regelrecht hingezogen fühlen.
11. Bildungsarbeit ergibt sich aus den Lebensthemen der Kinder und dabei ist es die Aufgabe der Fachkräfte, das sich bildende Kind zu begleiten.
12. Weil Kinder ihr Leben und ihr Umfeld ganzheitlich verstehen, müssen alle Lernerfahrungen für Kinder auch sinnlich und entwicklungsvernetzt möglich sein.

> Diese Konsequenzen ergeben sich nicht zuletzt aus dem klar formulierten Diskussionsbeitrag der Deutschen UNESCO-Kommission (2010) zu einer nachhaltigen Bildung im Kindergarten, in dem die wesentlichen Elemente einer zeitgemäßen Elementarpädagogik angemahnt werden; Stichworte: Situations-, Handlungs- und Partizipationsorientierung, Orientierung an Ganzheitlichkeit, Selbstorganisation, Kooperation; Kindergartenpädagogik respektiert den geschützten Raum der Kindheit; Schaffung eines Bezugs zur realen Lebenswelt; Einbettung der Sprachförderung in die Lebenswelt des Kindes; Schutz vor einer Überfrachtung mit den von Erwachsenen verantworteten Problemen nicht-nachhaltiger Entwicklungen.

Kinder leben durch Erlebnisse und lernen aus bedeutsamen Erfahrungen, die „unter die Haut gehen" – sie lernen nicht durch ein vorgesetztes Kopfkino, das mehr und mehr einem Stopfkopf gleichkommt. Erinnert sei in dem Zusammenhang an Maria Montessori, die die Forderung aufstellte: „Die Aufgabe der Umgebung ist es nicht, das Kind zu formen, sondern ihm zu erlauben, sich zu offenbaren." Damit ist per se eine Aufteilung der Bildungskompetenzen und Bildungsfelder/-fächer – wie in vielen Bildungs- und Orientierungsrichtlinien dargestellt und ausgeführt sowie in vielen Einrichtungen „stundenplanmäßig" angeboten und abgearbeitet – unzulässig und für eine bindungsorientierte Selbstbildungspraxis ausgeschlossen.

Fazit

Tanjev Schultz schrieb in der Süddeutschen Zeitung am 05.02.2008 einen vielbeachteten Artikel mit der Überschrift „Kinder als Stopfgänse" und führte u. a. Folgendes aus: „Das Stopfen von Gänsen ist in Deutschland verboten, weil es eine Quälerei ist. Es fügt den Tieren Prellungen zu, sie erleiden Knochenbrüche, Entzündungen und Organstörungen. Die Stopfleber ist das Produkt einer Pein. Genauso kann es Kindern ergehen, denen in großer Eile viel Stoff in die Köpfe gestopft wird."

Eine elementare Bildung fragt zunächst danach, welche Lebensinteressen Kinder ausdrücken und sie sorgt dafür, dass Kinder auf gebildete Erwachsene treffen, die ihnen dabei behilflich sind, ihren eigenen Lebenswert zu erfassen, Lebensfreude (weiter-)zuentwickeln und seelische/lernunterstützende Grundbedürfnisse befriedigt zu bekommen. Das kann nur gelingen, wenn sich Erwachsene von der Vorstellung, Kinder belehren zu müssen und Kindern „Wissen beizubringen", radikal und konsequent verabschieden, um für eine alltagsorientierte, lebendige, lernunterstützende Bildungsatmosphäre zu sorgen. Bildung hat im originären Sinne nichts mit einem „schulischen" Lernen zu tun und noch weniger mit einem „vorschulorientierten" Arbeiten. All das setzt voraus, dass elementarpädagogische Fachkräfte engagiert und selbstinteressiert noch viel stärker als bisher über den eigentlichen Sinn der Bildung und ihr unterschiedliches Selbstverständnis, die Ziele von Bildungsergebnissen und deren Zweck sowie die Aufgaben einer persönlichkeitsbildenden Elementarpädagogik grundlegend nachdenken. Nur dadurch kann eine nachhaltige Bildung auf allen Seiten gelingen. Die aktuelle Bildungspraxis ist allerdings dabei, diesen Fragen immer stärker aus dem Wege zu gehen. Vielleicht ist es hilfreich, sich auf Artikel 32, Absatz 1 der UN-Charta „Rechte des Kindes" (ratifiziert durch den Deutschen Bundestag) zu besinnen, in dem den Kindern „ein Recht auf Ruhe und Freizeit, auf Spiel und altersgemäße Erholung" zugesprochen wird.

Erinnert sei auch an Galileo Galilei, den großen italienischen Philosophen, Mathematiker, Physiker und Astronom, der im 17. Jahrhundert den Satz ausgesprochen hat: „Man kann einen Menschen nichts lehren. Man kann ihm nur helfen, es in sich selbst zu entdecken." Derzeit ist die deutsche Elementarpädagogik dabei, sich von dieser – auch durch viele heutige, belegte Studien aus dem Feld der Bildungsforschung und Neurobiologie – Erkenntnis zu verabschieden. Entweder hat sich Galilei geirrt oder die heutige Elementarpädagogik hat einen Weg eingeschlagen, der eine Kehrtwendung notwendig macht.

Alltagssituationen, die sich zu Lernsituationen entwickeln (können) und damit zu nachhaltigen Selbstbildungsprozessen führen, weisen folgende *Grundsätze* aus:

1. Individualisierung auf das einzelne Kind (Beachtung von Entwicklungsunterschieden / Beachtung der unterschiedlichen Lerntypen und der divergierenden Interessen)
2. Vermeidung von vorgezogenen Verschulungsprogrammen im Rahmen der gesamten Elementarpädagogik
3. Differenzierung im Kommunikations- und Interaktionsgeschehen im Alltag;
4. Partizipation im Alltag, in der Planung des Alltagsgeschehens, bei der kritischen Betrachtung von Regeln und Normen, in der kritischen Beleuchtung von Ritualen und standardisierten Abläufen/Strukturelementen
5. Existenz von möglichst vielen Gelegenheiten für ein entdeckendes Lernen;
6. Lebensnähe und alltagsorientierte Realitäten offenbaren viele Möglichkeiten für ein reichhaltiges Erfahrungslernen, damit Kinder Primärerfahrungen machen können
7. Ein ganzheitliches Lernen ermöglicht eine gleichzeitige Lernverbindung aller Entwicklungsbereiche des Kindes, so dass teilheitliche, isoliert voneinander getrennte Lernfelder oder funktionalisierte Angebote nicht zur Alltagspraxis gehören

8. Bindungssicherheiten entstehen im Kind durch Geborgenheitsgefühle und Annahmeerlebnisse und führen das Kind dazu, sich selbst und sein Umfeld neugierig zu erkunden.

Selbstbildung entsteht durch Bindung

Pädagogische Bildungsarbeit vollzieht sich nur in Form eines sehr engen **Bindungsgeschehens** zwischen Menschen! **Bildungsarbeit ist Bindungserleben**, getragen von Nähe, Aufmerksamkeit, Zuneigung, Interesse, Staunen, Neugierde und Zutrauen.

Virginia Satir, die große Familientherapeutin, vertrat stets die feste Ansicht, dass das größte Geschenk, das ein Mensch von jemandem empfangen kann, ist, gesehen, gehört, verstanden und berührt zu werden! Das größte Geschenk, das der Mensch geben kann, ist, den anderen zu sehen, zu hören, zu verstehen und zu berühren. Wenn dies geschieht, entsteht Kontakt.

Dabei ist es immer wieder und hauptsächlich der positiv erlebte, **zwischenmenschliche Kontakt**, der Kinder wiederum motiviert, Kontakt zu sich selbst zu suchen, herzustellen und sich über die eigene Existenz zu freuen. Nur wenn dies gelingt, ist der erste – und gleichzeitig entscheidende – Schritt zur Aktivierung und zum Aufbau einer Selbstbildung des Menschen getan.

Bildungsziel: Entdeckung der eigene Lebensfreude und Lebenskunst

Wilhelm Schmid, der als Privatdozent an der Universität Erfurt lehrt, schreibt: „[…] Ein früher Akt der Sorge ist der erste Schrei, eine erste Selbstbehauptung, aber das Kind bleibt noch abhängig von der Fürsorge anderer, ohne die es nicht leben könnte. […] Wie immer der Weg der Kindheit und des Heranwachsenden verläuft, es geht darum, den Umgang mit sich selbst zu erlernen und zur Sorge für sich selbst in der Lage zu sein, soll das eigene Lernen nicht von anderen abhängig bleiben. Nur über die Selbstsorge wird das Leben zu einem eigenen, und nur dort, wo es Selbstaneignung gibt, kann es Selbstverantwortung geben. Sich um sich zu kümmern und doch nicht die Unbekümmertheit dabei zu verlieren – das stellt das dynamische Zentrum der kindlichen Lebenskunst dar […]." (2003, S. 40)

Wenn der Frage nachgegangen wird, was mit dem Begriff einer „dynamischen Lebenskunst" gemeint sein kann, so ergeben sich u. a. folgende Antworten: Das Kind hat und erlebt gleichzeitig die Möglichkeiten,
- gegenwärtige, positive Erlebnisse in all' ihrer Vielschichtigkeit genießen zu können;
- immer wieder über eigene Entwicklungen und Stärken staunen zu können;

- mit Offenheit, Interesse und Neugierde die Herausforderungen des Alltags zu suchen und sich ihnen mit Engagement zu stellen;
- alte, lebenseinengende Fühl-, Denk- und Handlungsmuster zu erkennen und sich von diesen lösen zu können;
- Zusammenhänge von Ereignissen erkennen und herstellen zu können, um aus der Erkenntnis heraus neue Handlungsstrategien zur Lösung von Problemen zu entdecken;
- neue, unbekannte Spielräume im Rahmen eigener Verhaltensvielfalten zu entwickeln;
- „alte, bis weit in die Vergangenheit zurückliegende Geschichten" zu klären, um aus belastenden Verstrickungen herauszufinden;
- in möglichst vielen bedeutsamen Situationen identisch mit sich umgehen zu können und sich selbst zu sagen: „Wie schön, dass ich geboren bin, dem Leben schenk' ich einen Sinn."

Die Macht der Gefühle

Über viele Jahrhunderte sahen Wissenschaftler/innen aus unterschiedlichen Fachdisziplinen (auch der Psychologie) ebenso wie Laien die ‚Rationalität und Intelligenz des Menschen' als die ‚Perle der Schöpfung' an. Das hat sich inzwischen durch vielfältige Untersuchungen relativiert, ist doch demgegenüber bekannt, dass stets vor allen kognitiven Prozessen und Handlungsimpulsen die **Emotionen** die entscheidenden Impulse dafür geben, in welche Richtung gedacht und wie gehandelt wird. Es ist die „Macht der Gefühle" (Ochmann, Gebauer, Hüther), die unser Leben steuert und inzwischen haben führende Emotionsforscher und Hirnspezialisten den Beweis dafür vorgelegt, wie Emotionen das gesamte Leben bestimmen (Baer, Goleman, Spitzer). Vor allem sei auf den in Iowa City lehrenden Professor für Neurowissenschaften Antonio Damasio, den in New York lehrenden Joseph LeDoux, der einer der wichtigsten Erforscher der Amygdala (= des evolutionsgeschichtlich uralten Hirnteils, der einen zentralen Einfluss auf das Gefühlsleben des Menschen hat) ist und einen der führenden deutschen Hirnforscher, Gerhard Roth, hingewiesen.

Bindungen provozieren Bildungs- und Entwicklungswünsche

In Anbetracht dieser für die Pädagogik und Psychologie außergewöhnlich bedeutsamen Erkenntnisse sind die Ergebnisse der Bindungsforschung eng mit diesen vernetzt und besitzen für Erzieher/innen einen besonders hohen Bedeutungswert. Einfach ausgedrückt heißt das: **eine liebevolle, vertrauensvolle und verlässliche Bindung,** die Kinder in ihren ersten (und auch weiteren) Lebensjahren mit ihren Eltern sowie anderen Erwachsenen erfahren, ist die Grundlage für die Entstehung der o. g. „Lebenskunst des Menschen" und gleichzeitig die Basis für ein tiefes Selbstvertrauen, Unabhängigkeit und Selbstständigkeit. Um mit den Worten der renommierten Erziehungsstilforscherin Diana Baumrind zu sprechen: „Kinder brauchen *erst* Wurzeln, dann Flügel." Nur durch eine tief erlebte Geborgenheit und Annahme sind Kinder in der Lage, ihre ‚Lebenswurzeln' in Form von Sicherheit und Lebensfreude zu entwickeln und gleichzeitig vor einer Reihe seelischer Irritationen und lebenseinschränkender Ängste geschützt. So vielfältig die Verhaltensirritationen bei Kindern ausgeprägt sind – vor allem Ängste, gewaltbereites Handeln, aggressives Verhalten, Anstrengungsvermeidungsverhalten, oppositionelles Widerstandsverhalten gegenüber Anforderungen oder eine generelle Antriebslosigkeit –, so deutlich haben unterschiedliche, epidemiologische Studien unter Beweis gestellt, dass diese und weitere problematischen Verhaltensweisen häufig direkt oder indirekt auf fehlende Bindungserfahrungen zurückgeführt werden können (vgl. Grossmann, K. & Grossmann, K. E., 2004). So kommt immer wieder zum Ausdruck, dass eine als sicher erlebte Bindung ein wesentlicher *Schutzfaktor gegen seelische Irritationen* ist.

Bindungsverluste schwächen Körper, Geist und Seele

In der Bindungstheorie, die sich mit der emotionalen Entwicklung des Menschen und dabei insbesondere mit den emotionalen Folgewirkungen, die sich aus unbefriedigten Bindungserfahrungen ableiten lassen, beschäftigt, wird dabei grundsätzlich von vier Bindungsarten gesprochen.

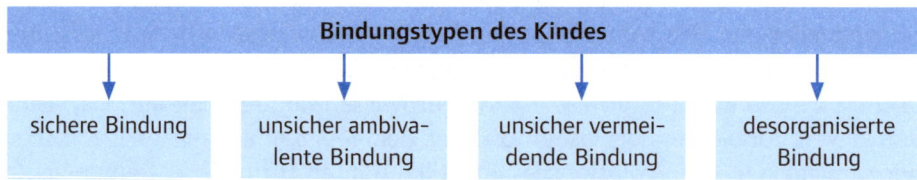

Abb. 3.9: Bindungstypen des Kindes

Zum einen geht es um die **sichere Bindung.** – Hier erleben Kinder vor allem Verbundenheit, Nähe, Zärtlichkeit, Fürsorge und Schutz. Sie haben das Gefühl, erwünscht und stets gern gesehen zu sein, sie bekommen den Körperkontakt, den sie brauchen, sie werden gestreichelt und merken stets: Es kümmert sich jemand um mich, weil ich ihm wichtig bin (vgl. Holmes, 2002). Bei der **unsicher-ambivalenten (= präokkupierten) Bindung** verspüren Kinder eine permanente Angst davor, dass sie verlassen werden (könnten). Diese Angst entsteht durch Erfahrungen, indem sich Bezugspersonen häufig ambivalent verhalten: Zum einen zeigen sie von Zeit zu Zeit einfühlende Verhaltensweisen und zum anderen drücken sie auch stark ablehnende körpersprachliche und verbale Abwehr aus. Eine Auswirkung zeigt sich beispielsweise dadurch, wenn Kinder unbedingt auf den Arm genommen werden wollen und schon nach kürzester Zeit wieder auf den Boden gesetzt werden möchten. Oder das Klammern lässt sich in der Regel auf eine solche Bindungserfahrung zurückführen. Schließlich gibt es die **unsicher-vermeindende (= distanzierende) Bindung.** Dabei verhalten sich die Kinder häufig verschlossen, zurückhaltend und abwartend und bringen oftmals ihre Verlassenheitsängste den Erwachsenen gegenüber nicht zum Ausdruck aus erneuter Angst, ein weiteres Mal ab- oder zurückgewiesen zu werden. Und bei der **desorganisierten Bindung** zeigen Kinder ein Verhalten, das nicht auf eine Bezugsperson bezogen ist: sie zeichnen sich durch so genannte bizarre Verhaltensweisen aus, indem sie beispielsweise stereotype, sich immer wiederholende Bewegungen ausführen oder plötzlich (und teilweise über einen längeren Zeitraum) erstarren. Ihre Verhaltensweisen sind dabei kaum einem bestimmten Hintergrund zuzuordnen, sie treten unerwartet auf und ihre Bewegungsmuster sind zumeist unvollständig.

Grundlagen und unverzichtbare Ausgangspunkte für Bildungsprozesse

In der Bindungstheorie, die ein „umfassendes Konzept für die Persönlichkeitsentwicklung des Menschen als Folge seiner sozialen Erfahrungen" darstellt (Ainsworth & Bowlby, 2003, in Grossmann, K. & Grossmann, K. E., 2004, S. 65), gibt es **fünf Postulate** (= Grundannahmen), die inzwischen als gesicherte Grundlagen angesehen werden können:
1. Für die seelische Gesundheit des sich entwickelnden Kindes ist **kontinuierliche und feinfühlige Fürsorge** von herausragender Bedeutung.
2. Es besteht die biologische Notwendigkeit, mindestens **eine Bindung** aufzubauen, deren Funktion es ist, **Sicherheit zu geben und gegen Stress zu schützen.** Eine Bindung wird zu einer erwachsenen Person aufgebaut, die als stärker und weiser empfunden wird, so dass sie Schutz und Versorgung gewährleisten kann. Das Verhaltenssystem, das der Bindung dient, existiert gleichrangig und nicht etwa nachgeordnet mit den Verhaltenssystemen, die der Ernährung, der Sexualität und der Aggression dienen.
3. Eine Bindungsbeziehung unterscheidet sich von anderen Beziehungen darin, dass bei Angst das Bindungsverhaltenssystem aktiviert und die **Nähe der Bindungsperson** aufgesucht wird, wobei Erkundungsverhalten aufhört (das Explorationsverhaltenssystem wird deaktiviert). Andererseits hört bei Wohlbefinden die Aktivität des Bindungsverhaltenssystems auf und Erkundungen sowie Spiel setzen wieder ein.
4. Individuelle Unterschiede in **Qualitäten von Bindungen** kann man an dem Ausmaß unterscheiden, in dem sie **Sicherheit vermitteln.**

5. Mithilfe der kognitiven Psychologie erklärt die Bindungstheorie, **wie früh erlebte Bindungserfahrungen geistig verarbeitet** und zu inneren Modellvorstellungen (Arbeitsmodellen) von sich und anderen **werden.** (Grossmann, K. & Grossmann, K.E., 2004, S. 67 f.)

Bindung kann durchaus als ein bestehendes, aber nicht sichtbares Band verstanden werden, das zwei Personen verbindet und das dabei selbst in angenehmen Gefühlen verankert ist – als ein **Erlebnis über einen längeren Zeitraum** hinweg (vgl. Ainsworth, 1979). Da sich Bindung erst im Laufe des ersten Lebensjahres eines Kindes entwickelt (Ainsworth, 2003), werden Kinder im Laufe ihrer Entwicklung mehrere Bindungspartner suchen. Dabei nimmt gleichzeitig jedes Kind eine individuelle, **„innere Hierarchie der Bindungspersonen"** vor, und je mehr sich ein Kind verlassen oder geängstigt fühlt, desto intensiver sucht es die von ihm ausgewählte a-priorierte Bindungsperson. Fühlt sich ein Kind von dieser verlassen, gering schätzend oder respektlos behandelt, bricht für das Kind „seine Welt zusammen" und wirkt sich entsprechend stark entwicklungshinderlich auf den Selbstbildungswunsch des Kindes aus.

Sichere Bindungserfahrungen machen Kinder stabil und lernaktiv

Kennzeichen einer sicheren Bindung kommen vor allem dadurch zum Ausdruck, wenn Kinder
- die Bindungsperson als einen ‚grundsätzlich sicheren Hafen' erleben, den sie bei Verunsicherungen, Ängsten und Verlassenheitsgefühlen gerne, freiwillig und selbstmotiviert aufsuchen,
- durch die Verhaltensweisen der Bindungspersonen Sicherheit und Hilfe erleben dürfen,
- bei Sorgen, Kummer und Trennung die Nähe zu ihrer Bindungsperson suchen,
- schon sehr früh durch intensive Bindungserfahrungen immer weniger auf Bindungserlebnisse angewiesen sind und sich mit einem Gefühl der inneren Grundsicherheit auf die „Erkundung der großen, weiten Welt" einlassen und ihrem innewohnenden Forscherdrang nachgehen,
- motiviert und freiwillig über ihre Gefühle berichten und dabei emotionale Belastungen ebenso „ungehemmt und unkontrolliert" zum Ausdruck bringen wie Augenblicke der Freude und des tiefen Glücksempfindens.

„Im Grunde sind es immer die Verbindungen mit Menschen, die dem Leben seinen Wert geben." (Wilhelm von Humboldt)

Bindungserfahrungen, so formuliert es Prof. Dr. Gerhard Suess so treffend, „bereiten die Bühne für die Erfahrungswelt […]. Kinder werden durch die frühen Bindungserfahrungen gleichsam auf ein Gleis gestellt, von dessen Verlauf abhängig sie zunehmend unterschiedliche Erfahrungen sammeln. […] Neben einer den Bindungsbedürfnissen der Kinder angemessenen Gestaltung des Übergangs in den Kindergarten rückt vor allem die Rolle von Erzieher/innen in den Mittelpunkt unseres Interesses, die […] auf jeden Fall […] zu wichtigen Beziehungspartnern zu Kindern werden. Auf sie werden Kinder ihr bisher entwickeltes Weltbild anwenden und dabei Gefühle und Reaktionstendenzen bei den Erzieher/innen auslösen, die wiederum dazu angelegt sind, die Weltbilder der Kinder zu bestätigen. Hier besteht die Gefahr, dass sich negative Auswirkungen hochunsicherer Bindungen im Alltag durchsetzen. Erzieher/innen sollten deshalb über diese Prozesse informiert sein, um schließlich ihre Gefühle und Reaktionstendenzen kritisch reflektieren und versuchen zu können, der Sogwirkung unsicherer Bindungen zu widerstehen." (2006, S. 2)

Kinder brauchen mehr und mehr Bindungserfahrungen

Wenn Bindungserfahrungen bei Kindern vor allem ein Gefühl der tiefen Geborgenheit auslösen und gleichzeitig eine Schutzfunktion gegen Über- und Unterforderungen, Kränkungen und Hoffnungslosigkeit, Verlassenheitsängsten und Ohnmachtsgefühlen bilden, dann kann nur die Grundsatzerkenntnis der Neurobiologie sowie der Bindungsforschung in den Mittelpunkt der gesamten Bildungsarbeit gestellt werden: **„Bildung *geschieht* nur durch Bindung."**

Die pädagogische Praxis zeigt allerdings immer wieder und immer stärker – selbst in der pädagogischer Arbeit mit Kindern unter drei Jahren, dass zwar den Ergebnissen der Neurobiologie und der Bindungsforschung in Deutschland eine „durchaus hohe theoretische Bedeutung" beigemessen wird, Bindungserfahrungen aber in der Praxis in der beschriebenen Ganzheit und in ihrer Ausprägungstiefe häufig nicht wirklich von Kindern erlebt werden. Das muss sich ändern, um gerade aus den Erkenntnissen der inzwischen vier vorliegenden PISA-Studien die vollständigen Konsequenzen abzuleiten und in der deutschen Pädagogik zu berücksichtigen.

Im Gegensatz dazu wird allerdings die aktuelle Bildungspädagogik häufig sowohl in der theoretischen Erörterung als auch in der praktischen Umsetzung völlig anders gestaltet: belehrend statt erfahrungsorientiert, hierarchisch vermittelnd statt gemeinsam erkundend und funktionalisiert statt alltagsorientiert. Kinder brauchen stattdessen beziehungsorientierte, liebenswerte Mitforscher/innen, geduldige, aufmerksame, staunende und achtsame Entwicklungsbegleiter/innen sowie selbsterfahrungsorientierte Akteure, die mit ihnen gemeinsam den vielfältigen und unbekannten Geheimnissen der sie umgebenden *Lebenswelt* auf die Spur kommen wollen.

Dazu finden sich im „Berliner Bildungsprogramm" einige Kernaussagen, die als wegweisend für ein bindungsorientiertes und ganzheitliches Lernen im Alltag verstanden werden können/müssen:

a. „Bildungsprozesse sind stets an sinnstiftende Fragen gebunden: Wer bin ich? Zu wem gehöre ich? Wer sind die anderen? Was passiert um mich herum? Was war vor mir und was kommt nach mir?" (S. 18)
b. „Bildung ist ein aktiver Prozess – Kinder können nicht gebildet werden." (S. 20)
c. „Bildung ist ein sozialer Prozess – Bildung geschieht in Interaktionssituationen." (S. 20)
d. „Gefragt sind Erzieher/innen, die durch offenkundige, eigene Lernprozesse dem Kind als Beispiel dafür dienen, wie es selbst lernen könnte." (S. 122)

Zum Schluss dieses Kapitels soll Remo Largo, ein weltweit geschätzter, emeritierter Professor für Kinderheilkunde aus Zürich und Autor zahlreicher entwicklungspsychologischer bzw. -pädagogischer Fachbücher zu Wort kommen. So stellt Largo zum Thema Bildung Folgendes fest:

„Jedes Kind hat sein eigenes Tempo: Mit dem Lernen ist es wie mit der Körpergröße – bekommt ein Kind zu wenig Nahrung, bleibt es kleiner, als es von seiner Anlage her sein könnte. Bekommt es zuviel Nahrung, wird es nicht größer, sondern lediglich dick. Jedes Kind hat sein ihm eigenes Profil von Begabungen und Kompetenzen. Die Aufgabe von Lehrern und Erziehern ist es, diese Stärken aufzuspüren […]. Ein Kind lässt sich nicht „machen". Es lässt sich nicht je nach Bedarf […] in eine bestimmte Form kneten. Der Glaube, ein Kind entwickele sich umso erfolgreicher, je früher man es mit Förderprogrammen füttert, basiert auf verhaltensbiologischem Irrtum. […] Wer (s)ein Kind ständig mit Programmen füttert, gibt ihm das Signal: Du bist dazu da, unsere Erwartungen zu erfüllen. […] Was langfristig zählt, sind Kompetenzen und ein gutes Selbstwertgefühl. […] Das Kind gehört nicht (den Erwachsenen), sondern nur sich selbst." (2010, o. S. z.)

Zur aktuellen Bildungspraxis stellt der Kinderarzt und Wissenschaftler Renz-Polster (2014) fest:

- Vielmehr wird das Pferd mit klarem Blick nach vorn aufgezäumt – nach den Kompetenzerwartungen der Erwachsenen. (S. 14)
- Der auf Effizienz und Ertrag gerichtete neue Zeitgeist fordert jetzt auch das: die pädagogische Mästung von Anfang an. (S. 31)
- Vielleicht gibt es auch als Antwort zum „Haus der kleinen Forscher" demnächst „Häuser der kleinen Ärzte" oder „Häuser der kleinen Altenpfleger". (S. 61)

- Nicht das Kleid (wird) auf das Kind zugeschnitten, sondern das Kind auf das Kleid. (S. 88)
- „Das aktive, selbstgesteuerte, postmoderne Kind wird in den praktischen Umsetzungsvorstellungen in ein rezeptives Kind verwandelt, welches das ko-konstruierend nachvollziehen darf, was andere ihm dazu vorsetzen." (Schäfer, S. 158)
- „Überspannte Erziehungs- und Bildungsziele wirken immer zerstörerisch auf die menschlichen Beziehungen – und damit auch auf die, deren Entwicklung auf Gedeih und Verderb auf funktionierenden Beziehungen beruht: die Kinder. […] Immer, wenn der Plan aufging, die Kinder zu gut geölten Funktionsgliedern der Gesellschaft zu machen, folgte die Beschädigung der Gesellschaft auf dem Fuß." (S. 209)
- Tatsächlich ist keines der Großprojekte der derzeitigen Bildungspolitik aus pädagogischen Analysen oder Konzeptionen heraus entstanden – führend waren und sind ökonomische Ziele. (S. 210)
- „(Kinder) haben am meisten zu verlieren, wenn ihre Lebenswelten zu pädagogischen Mastbetrieben umgebaut werden. […] Die Entwicklung der Kinder beruht im Grunde auf Fähigkeiten, die einem Kind gar nicht pädagogisch vermittelt werden können." (S. 212)
- Das Kind stellt uns Erwachsenen Bedingungen […], nur: sie stehen nicht im Fokus der heutigen Frühpädagogik. (S. 217)

Literaturhinweise zur Vertiefung des Themas „(Selbst-)Bildung durch Bindung"

Ainsworth, Mary D. S. (1979). Attachment as related to mother-infant interaction. In: Rosenblatt, J. et al. (Hrsg.). Advances in the study of behaviour, Bd. 9, San Diego, CA: Academic Press, S. 1–51

Ainsworth, Mary D. S. (2003). Feinfühligkeit versus Unfeinfühligkeit gegenüber den Mitteilungen von Babys. In: Grossmann, K. E. & Grossmann, K. (Hrsg.). Bindung und menschliche Entwicklung … Stuttgart: Klett-Cotta, S. 414–421

Bergmann, Wolfgang (2011): Lasst eure Kinder in Ruhe! Gegen den Förderwahn in der Erziehung. München, 4. Aufl.: Kösel

Bowlby, John (2001). Frühe Bindung und kindliche Entwicklung. München, 4. Aufl.: Reinhardt

Callahan, C. (2005). Spielraum. In: managerSeminare, Heft 83, Februar 2005, S. 31–36

Crain, William: Lernen für die Welt von morgen. Arbor Verlag, Freiamt 2005

Damasio, Antonio R. (1997). Decartes' Irrtum. Fühlen, Denken und das menschliche Gehirn. München, 3. Aufl.: List

Damasio, Antonio R. (2001). Ich fühle, also bin ich. Die Entschlüsselung des Bewusstseins. München, 3. Aufl.: List

Damasio, Antonio R. (2003). Der Spinoza-Effekt. Wie Gefühle unser Leben bestimmen. München: List

Dammasch, Frank + Teising, Martin (Hrsg.) (2013): Das modernisierte Kind. Frankfurt: Brandes & Apsel

Deutsche UNESCO-Kommission e.V. (DUK) (Hrsg.) (2010). Zukunftsfähigkeit im Kindergarten vermitteln: Kinder stärken, nachhaltige Entwicklung befördern. Bonn

Deutsche UNESCO-Kommission e.V. (DUK) (Hrsg.) (1997). Lernfähigkeit – unser verborgener Reichtum. UNESCO-Bericht zur Bildung für das 21. Jahrhundert. (Delors-Bericht). Bonn

Drieschner, Elmar (2011). Bindung und kognitive Entwicklung – ein Zusammenspiel. Ergebnisse der Bindungsforschung für eine frühpädagogische Beziehungsdidaktik. München: Deutsches Jugendinstitut (DJI)

Frischenschläger-Rempe, Ulrich. Über die Planbarkeit von Kind und Welt. In: klein&groß, Heft 11/2013, S. 40

Gaschke, Susanne (2011). Die verkaufte Kindheit. München, 2. Aufl.: Pantheon

Gebauer, Karl (2007). Klug wird niemand von allein. Kinder fördern durch Liebe. Düsseldorf: Patmos

Grossmann, Karl. + Grossmann, Karin (2004). Bindungen – das Gefüge psychischer Sicherheit. Stuttgart: Klett-Cotta

Gruschka, Andreas (1998). Kinder stärken, Dinge klären. Die Erziehung der Erzieher. In: Welt des Kindes, Heft 4, S. 6–11

Hebenstreit, Sigurd. Über das Kind, die Welt und die Zukunft. In: TPS, Heft 5/96

Holmes, Jake (2002). John Bowlby und die Bindungstheorie. München: Reinhardt

Hobmair, Hermann (Hrsg.) 2005. Pädagogik/Psychologie. Band 2. Troisdorf: Bildungsverlag EINS

Hüther, Gerald (2005). Die Macht der inneren Bilder. Wie Visionen das Gehirn, den Menschen und die Welt verändern. Göttingen: Vandenhoek & Ruprecht

König, Anke (2010). Interaktion als didaktisches Prinzip. Bildungsprozesse bewusst begleiten und gestalten. Troisdorf: Bildungsverlag EINS

Krenz, Armin (2014). Grundlagen der Elementarpädagogik. München: Burckhardthaus-Laetare, Körner Medien UG,

Krenz, Armin (2010). Was Kinder brauchen. Aktive Entwicklungsbegleitung im Kindergarten. Mannheim, 7. Aufl.: Cornelsen Scriptor

Krenz, Armin (2013). Kinder brauchen Seelenproviant. München, 4. Aufl.: Kösel

Krenz, Armin (2014). Entwicklungsorientierte Elementarpädagogik. Kinder sehen, verstehen und entwicklungsunterstützend handeln. München: Burckhardthaus-Laetare

Krenz, Armin (Hrsg.) (2010). Kindorientierte Elementarpädagogik. Göttingen: Vandenhoeck + Ruprecht

Krenz, Armin / Klein, Ferdinand (2013). Bildung durch Bindung. Frühpädagogik: inklusiv und beziehungsorientiert. Göttingen, 2. Aufl.: Vandenhoeck + Ruprecht

Largo, Remo (2010). „Das Gras wächst nicht schneller, wenn man daran zieht." In: Stern-Ratgeber Bildung, Heft 1, 09/2010. Hamburg: Gruner + Jahr

LeDoux, Joseph E. (2001). Das Netz der Gefühle. Wie Emotionen entstehen. München: dtv

LeDoux, Joseph E. (2003). Das Netz der Persönlichkeit. Wie unser Selbst entsteht. Zürich/Düsseldorf: Walter

Markova, Dawna (2005, 5. Aufl.). Wie Kinder lernen. Eine Entdeckungsreise für Eltern und Lehrer. Kirchzarten: VAK

Ministerium für Arbeit und Soziales des Landes Sachsen-Anhalt, Referat Presse- und Öffentlichkeitsarbeit (Hrsg.) (2013). Bildungsprogramm für Kindertageseinrichtungen in Sachsen-Anhalt. Bildung: elementar – Bildung von Anfang an. Arbeitsentwurf zur Diskussion. Magdeburg

Rau, Johannes (2004). Den ganzen Menschen bilden – wider den Nützlichkeitszwang. Weinheim: Beltz

Renz-Polster, Herbert (2011). Menschenkinder. Plädoyer für eine artgerechte Erziehung. München, 4. Aufl.: Kösel

Renz-Polster, Herbert (2014). Die Kindheit ist unantastbar. Weinheim: Beltz

Renz-Polster, Herbert (2015). Frühe Bildung: Wer macht die Ansagen? Ein kritischer Blick. In: klein&groß, Heft 1/15)

Schäfer, Gerd E. (2004). Bildung: Ein Begriff – viele Bedeutungen. In: Welt des Kindes. Heft 2, S. 22 ff.

Schmid, Wilhelm (2002). Schönes Leben? Einführung in die Lebenskunst. Frankfurt, 5. Aufl.: Suhrkamp

Schmid, Wilhelm (2003). „Ich hab mich selbst so lieb …". Über die Lebenskunst der Kinder. In: PSYCHOLOGIE HEUTE. Oktober 2003, S. 40–45

Senatsverwaltung für Bildung, Jugend und Sport (2004). Das Berliner Bildungsprogramm für die Bildung, Erziehung und Betreuung von Kindern in Tageseinrichtungen bis zu ihrem Schuleintritt. Berlin: das netz

Suess, Gerhard J. (2006). Neue Erkenntnisse aus der Bindungsforschung. In: Manuskripte im Rahmen der Vorträge auf der didacta in Hannover. Hannover

Textor, Martin R. (2012). Zukunftsorientierte Pädagogik: Erziehen und Bilden für die Welt von morgen. Norderstedt: Books on Demand

Zimpel, Andrè Frank (Hrsg.) (2010). Zwischen Neurobiologie und Bildung. Göttingen: Vandenhoeck + Ruprecht

3.3 Was ist Entwicklungsbegleitung?
Armin Krenz

Kinder und Jugendliche haben nicht nur einen Anspruch auf Erziehung, Bildung und Betreuung, sondern auch ein gesetzlich verankertes Recht darauf, dass sie in ihrer Persönlichkeitsentwicklung eine aktive Unterstützung erleben. Auf eine solche **Entwicklungsbegleitung** sind Kinder besonders in den ersten Lebensjahren angewiesen. Sie brauchen verlässliche Beziehungen und ein anregungsreiches Umfeld für ihre körperliche, seelische und geistige Entwicklung (→ Kap. 3.1.4ff).

Das individuelle Verhalten eines Menschen entsteht aus einer Vielzahl von Einflüssen. Aus diesem Grunde gibt es keine monokausalen Erklärungen für spezifische entwicklungspsychologische Phänomene und dementsprechend groß ist das Spektrum an theoretischen Ansätzen und Sichtweisen (→ Kap. 3.1.2). Dennoch sollen hier einige allgemeine **Entwicklungsgesetze** zusammengefasst werden, die als Ansatzpunkte für die praktische Arbeit dienen können (Haug-Schnabel & Bensel, 2004; Largo, 1999; Rossmann, 2001; Kasten, 2005; Kuhl, J. & Völker, S., 1998):

- Jedes Entwicklungsmerkmal eines Kindes ist im Vergleich mit einem anderen Kind in gleichem Alter unterschiedlich ausgeprägt *(interindividuelle Variabilität)*, sowohl der Verlauf seiner Gesamtentwicklung wie die Entwicklungsgeschwindigkeit sind individuell unterschiedlich
- Die Entfaltung der unterschiedlichen Ressourcen, die Kinder zur Verfügung haben, hängt in starkem Maße von den jeweiligen Entwicklungsbedingungen ab, die auf ein Kind einwirken und die sich dabei entwicklungsförderlich oder entwicklungshinderlich auf die Persönlichkeitsentfaltung auswirken können
- Da bestimmte Entwicklungsbereiche miteinander vernetzt sind, z. B. die Nutzung von Begabungen und der Ausprägungsgrad der intrinsischen Motivation, der Ausbau der Sprachfähigkeit und der Ausprägungsgrad der kognitiven Interessenlagen, müssen Entwicklungsschritte in den jeweiligen Entwicklungsbereichen gemeinsam betrachtet werden. Kinder müssen während ihrer gesamten Entwicklung unterschiedliche Aufgaben und Herausforderungen meistern, um aus erfolgreich absolvierten Lernprozessen zu neuen Entwicklungsaufgaben zu gelangen
- Die ersten Lebensjahre prägen die Struktur der Großhirnrinde; dies prägt die gesamte weitere psychosoziale Entwicklung des Menschen, seine eigene Persönlichkeitsentwicklung, seine Kommunikationsstruktur und seine Interaktionsvielfalt.

- Die Entdeckung und Nutzung der unterschiedlichen Entwicklungspotenziale durch das Kind ist abhängig von
  - Der Impulsgebung und Anregung durch beziehungsgeprägte Erwachsene und Gleichaltrige
  - Entwicklungsförderlichen soziokulturellen Lebensbedingungen, unter denen ein Kind aufwächst
  - Den Handlungsimpulsen durch das Kind selbst
- Eine vom Kind empfundene innere Sicherheit ist die Grundlage für alle Entwicklungsvorgänge, um selbstaktiv und intrinsisch motiviert, neue Handlungsschritte zu unternehmen. Neugierde, Erkundungsinteresse und Lernmotivation sind die Grundvoraussetzung für Lernvorgänge. Kinder „lernen" nicht durch Informationen oder Gespräche über eine Sache, sondern durch Tun
- Je vielfältiger die Wahrnehmungsreize sind, die dem kindlichen Gehirn angeboten werden, desto höher ist die Chance, dass bestimmte Informationsaspekte auf einen schon abgespeicherten Sachverhalt treffen und nun neue Sinnverbindungen hergestellt werden können.

3.3.1 Methodischer Aufbau einer Entwicklungsbegleitung

 Entwicklungsbegleitung

Gezieltes, reflektiertes und strukturiertes Vorgehen in der pädagogischen Arbeit, das über den gesamten Zeitraum der Beziehungskommunikation zwischen den Kindern und den Erzieherinnen Gültigkeit besitzt.

Die **Entwicklungsbegleitung** ist das Resultat einer sorgsamen Planung, die darauf ausgerichtet ist, ein Kind, eine Teilgruppe oder die ganze Gruppe in seinen/ihren Entwicklungsmöglichkeiten zu erfassen sowie aktiv und gezielt zu unterstützen. Jede Entwicklungsbegleitung muss trotz ihrer klar definierten Zielorientierung flexibel sein, um bisher unbekannte oder aktuelle Ereignisse zu berücksichtigen. Sie muss ebenso das gesamte Umfeld berücksichtigen, damit ein Kind auch von anderer Seite eine entsprechende Entwicklungsunterstützung in gleicher Richtung erfahren kann. Hier kommt es auf eine gute Zusammenarbeit mit den Eltern, dem Kollegium in der eigenen Einrichtung, den beteiligten Therapeuten, den Kinder- und Schulärzten, psychologischen Beratungsstellen und allen weiteren beteiligten Personen an. Eine solche Vernetzung zählt ebenso zu den indirekten Einflussnahmen wie die Ebene der gezielten Selbstreflexion und der persönlichen Weiterentwicklung sowie die Ebene der Qualitätssicherung in der

Einrichtung. Ein (berufs)politisches Engagement kann überdies zur Verbesserung der Rahmenbedingungen von professionell gestalteten Entwicklungsbegleitungen beitragen.

Anlässe einer zielorientierten Entwicklungsbegleitung

So vielfältig die Aufgaben einer qualitätsgeprägten Pädagogik sind, so unterschiedlich sind die Anlässe einer zielorientierten **Entwicklungsbegleitung**. So können Kinder beispielsweise:

- In entwicklungshinderlichen Verhaltensweisen verhaftet sein und nicht aus sich selbst heraus zu konstruktiven Entwicklungsschritten finden
- Ungünstige Rollenzuweisungen durch andere Kinder erhalten haben, ohne sich davon lösen zu können
- In ihrem häuslichen Umfeld keine oder nur sehr eingeschränkte Entwicklungsanregungen erhalten bzw. entwicklungshinderliche Lebensbedingungen vorfinden
- Keine Werte für eine konstruktive Umgangskultur mit sich und anderen Menschen kennen
- Durch ihre bisherigen Lebenserfahrungen stark unter- oder überfordert sein
- Unter Bedingungen aufwachsen, die es ihnen unmöglich machen, ihre psychischen Grundbedürfnisse zu befriedigen (→ Kap. 3.1.4)
- Identitätsstörungen zeigen und immer noch auf der Suche nach ihrer eigenen, unverwechselbaren Individualität sein.

Diese Anlässe können den Ausgangspunkt bilden für eine gezielte Entwicklungsbegleitung eines bestimmten Kindes. Hierzu gehört eine professionell gestaltete Didaktik, die in einem dialogischen Verhältnis zum Kind entsprechende Entwicklungsimpulse setzt. Eine entwicklungsunterstützende Alltagspädagogik muss jedoch auch über ein dialogisches Zweipersonenverhältnis hinausgehen und das gesamte Einflusssystem beachten, das für die Entwicklung eines Kindes bedeutsam ist.

Die Planung

Der Aufbau einer Entwicklungsbegleitung ist das Ergebnis einer gezielten **Planung**. Für ein gutes Arbeitsergebnis müssen zunächst die verschiedenen Faktoren einer Entwicklungsbegleitung betrachtet werden.

Kindbezogene Faktoren

Um eine gezielte Entwicklungsbegleitung zu erreichen ist es für Erzieherinnen unumgänglich, möglichst viele **Faktoren** zu erfassen, die das besondere, individuelle Verhalten des Kindes beeinflusst und bestimmt haben. Wenn angenommen werden kann, dass jedes menschliche Verhalten ein Produkt der ganz besonderen Lebenssituation, der erfahrenen Umfeldeinflüsse und der intraindividuellen Persönlichkeitsvariablen ist, dann ergeben sich drei eng miteinander verbundene Aufgaben:

- **Verhaltensanalyse** – Versuch, das allgemeine und spezifische Verhalten des Kindes zu analysieren (→ Kap. 7.2.3) sowie die Einflussgrößen zu erfassen, die für den aktuellen Entwicklungsstand des Kindes primär verantwortlich zu sein scheinen
- **Erklärung** – Versuch, eine psychologische (Er)Klärung für die beobachteten Verhaltensweisen zu finden
- **Maßnahmen** – vielfältige Möglichkeiten für das praktische Vorgehen und zur aktiven Entwicklungsbegleitung zu sammeln.

> Die Verhaltensanalyse ist die Basis für jede professionell gestaltete Entwicklungsbegleitung. Sie betrachtet Verhaltensweisen bzw. Schwierigkeiten von Kindern nicht isoliert, sondern verhindert eine mögliche Stigmatisierung von Kindern, indem sie immer auch die Situationen und Bedingungen mit einbezieht, in denen Kinder ihre derzeitigen Verhaltensweisen zum Ausdruck bringen.

In den wenigsten Ausgangssituationen sind die Gründe von Entwicklungsstagnationen im Kind selbst begründet – es sei denn, es liegen beispielsweise eine Chromosomenanomalie, eine hirnorganische Störung, eine traumatische Verfestigung oder emotional-soziale Deprivation aus dem Säuglingsalter vor. Meist ergeben sich Entwicklungsstagnationen als Reaktionen auf das soziale Umfeld, das elterliche Erziehungsverhalten, die besonderen Lebensbedingungen, das institutionelle Einflussfeld oder das besondere Interaktionsgeschehen mit den Erzieherinnen. Deshalb ist es von großer Bedeutung sowohl die sachlichen Rahmenbedingungen als auch die personalen Gegebenheiten zu beachten und gleichfalls zu analysieren. Und ebenso wichtig ist es, Hypothesen zum Verursachungs- und Fördermoment aufzustellen sowie Interventions- und Innovationsmöglichkeiten zu sammeln, auszuwählen und umzusetzen.

Methodische und strukturelle Faktoren

Die methodischen und strukturellen Faktoren beziehen sich auf die Analyse der äußeren und der personalen Gegebenheiten, die einer konkreten Planung vorausgehen müssen. Sie stehen, was die Punkte Zielsetzung und Inhalt anbelangt, in engem Zusammenhang mit den kindbezogenen Faktoren (→ Tab. 3.8).

Methodische und strukturelle Faktoren

Zielsetzung
Das Ziel einer Entwicklungsbegleitung soll operationalisiert werden (→ Kap. 2.1.3). Das heißt
- Das gewünschte Ergebnis muss eindeutig benannt werden und später wiederum überprüfbar sein
- Richt-, Grob- und Feinziele werden mit vollständigen Sätzen formuliert. Das erleichtert auch dann die Arbeit, wenn Änderungen in der Zielsetzung notwendig werden und neue Ziele formuliert werden müssen. Operationalisierte Ziele erleichtern überdies die Auswahl von Arbeitsschwerpunkten

- Welche inhaltlichen Schwerpunkte haben die formulierten Bindungs-, Bildungs- oder Erziehungsziele?
- Ist der Inhalt so exakt beschrieben, dass er ausreichend erfasst und damit strukturierbar und kontrollierbar ist?

Persönlichkeit der Erzieherin
Erzieherinnen brauchen nicht nur die Fähigkeit des Fremdverstehens, sondern auch die Fähigkeit zur Selbstwahrnehmung. So können sie ihre eigenen Anteile an der vorhandenen Situation erkennen und gegebenenfalls verändern im Sinne einer reflektierten Entwicklungsbegleitung. Eigene Irritationen und Konflikte erschweren bzw. konterkarieren eine Arbeit mit konfliktbeladenen Kindern (→ Kap. 1. ff)

- Welches soziale Bewusstsein habe ich für die pädagogische Beziehungsarbeit mit dem Kind?
- Welche Persönlichkeitsmerkmale sind günstig bzw. ungünstig für diese Entwicklungsbegleitung?
- Welche besonderen Kompetenzen brauche ich für diese besondere Entwicklungsbegleitung und wie stark sind sie ausgeprägt?
- Welche Qualität hat die Beziehung zwischen mir und dem Kind?
- Verstehe ich das Kind in seiner besonderen Lebenssituation tatsächlich?
- Nehme ich das Kind und die aktuelle Ausgangslage umfassend wahr?
- Welche Gefühle löst das Kind in mir aus; trage ich durch mein Verhalten dazu bei, dass die entwicklungshinderlichen Merkmale beim Kind manifestiert werden?

Methodische und strukturelle Faktoren	
Methoden	• Ist eine direkte Arbeit mit dem Kind, einer Teilgruppe bzw. der ganzen Gruppe angezeigt oder eher eine Arbeit mit bestimmten Bezugspersonen? • Entsprechen die Methoden dem Alter der Kinder? • Sind die Methoden der Lernfähigkeit und vor allem dem Interesse des Kindes angepasst? • Versprechen die Methoden ein zielbezogenes Arbeiten? • Welche Materialien sind notwendig, eingeplant, vorhanden?
Kollegium	• Ist die Entwicklungsbegleitung in der geplanten Form alleine zu schaffen oder sollen Kolleginnen eingebunden werden?
Lernpartner Kind	• Ist das Kind motiviert, mit mir als Entwicklungspartner zu arbeiten? • Welche besonderen Stärken und Vorlieben des Kindes können in der geplanten Entwicklungsbegleitung berücksichtigt und einbezogen werden?
Institution	• Welche konzeptionellen Grundlagen prägen die pädagogische Arbeit und inwieweit fördern oder hemmen sie die geplante Entwicklungsunterstützung? • Welche Räume stehen innerhalb und außerhalb der Einrichtung für die geplante Arbeit zur Verfügung? • Wie viel Zeit kann bzw. muss für die geplante Arbeit grundsätzlich eingeplant werden und wie ist das Zeitbudget mit der übrigen Arbeit zu verbinden?
Lernbilanz	• Besteht durch die Operationalisierung der Lernziele die Möglichkeit, den Erfolg der Entwicklungsbegleitung exakt zu überprüfen?

Tab. 3.10: Methodische und strukturelle Faktoren für die Planung einer Entwicklungsbegleitung

Planungsschema

Die schematische Übersicht (→ Tab. 3.9) verdeutlicht die einzelnen Arbeitsschritte bei der Planung und dem methodischen Aufbau einer Entwicklungsbegleitung. Diese Übersicht eignet sich nicht nur für die Arbeit mit einzelnen Kindern, einer Teil- oder Gesamtgruppe, sondern kann auch auf andere Vorhaben übertragen werden wie Elterntrainings, Kooperationsprogramme mit Beratungsstellen, anderen Kindertageseinrichtungen und Schulen.

Arbeitsphasen	
↓ Ausgangssituation	• Genaue Ausformulierung des Grundes für eine gezielte Entwicklungsbegleitung
↓	• Erste Zielsetzung sicherstellen • Ausformulierung der Richt-, Grob- und Feinziele
↓	• Erste Klärung der vorhandenen Kompetenzen • Inwieweit sind diese geeignet, die Entwicklungsbegleitung in die Wege zu leiten
↓ Phase der Datensammlung	• Erfassung von gezielten Beobachtungsdaten • Erhebung von Gesprächsdaten • Erfassung durch Testverfahren z. B. die allgemeine Entwicklung von Sprache oder Motorik, falls unbedingt notwendig • Bearbeitung von bisher vorliegenden Anamnesedaten, Gutachten, Berichten, Akten, Arztuntersuchungen
↓ Phase der Datenauswertung	• Endgültige Zielsetzung
↓	• Endgültige Klärung der vorhandenen Kompetenzen, um die Entwicklungsbegleitung entsprechend der formulierten Ziele kompetent und professionell durchführen zu können
↓ Phase der Planung	• Schwerpunkte, Methoden, Materialien, Beginn, Zeitumfang, Ort • Mitarbeiterinnen, Kooperation mit anderen Institutionen, Einbindung der Eltern • Klärung der Realisierbarkeit aller Vorhaben und Arbeitsschritte
Phase der Durchführung	• Dokumentation
Phase der Auswertung	
Katamnese (→ Kap. 7.1.3)	• Überprüfung und Dokumentation nach einer vorher festgelegten Zeit

Tab. 3.11: Planungsschema für den methodischen Aufbau einer Entwicklungsbegleitung

Literaturhinweise zur Vertiefung des Kapitels „Entwicklungspsychologische Grundlagen"

Ayres, John A. (2013). Bausteine der kindlichen Entwicklung. Sensorische Integration verstehen und anwenden. Das Original in moderner Neuauflage. Heidelberg, 5. Aufl.: Springer

Berg, Laura E. (2011). Entwicklungspsychologie. Die Entwicklung des Menschen von Geburt bis Lebensende im Überblick. Hallbermoos, 5. Aufl.: Pearson Studium

Görisch, Hartmut (2015). Ablauf der kindlichen Sprachentwicklung. Sprachliche Entwicklung des Kindes vom ersten bis zum sechsten Lebensjahr. Hamburg, 3. Aufl.: Handwerk und Technik

Haug-Schnabel, Gabriele / Bensel, Joachim (2012). Grundlagen der Entwicklungspsychologie. Die ersten 10 Lebensjahre. Freiburg, 11. Aufl.: Herder

Hille, Katrin / Evanschitzky, Petra / Bauer, Agnes (2013). Das Kind – die Entwicklung zwischen drei und sechs Jahren. Psychologie für ErzieherInnen. Bern: hep

Kasten, Hartmut (2013). 0–3 Jahre. Entwicklungspsychologische Grundlagen. Berlin, 4. Aufl.: Cornelsen Scriptor

Kasten, Hartmut (2009). 4–6 Jahre. Entwicklungspsychologische Grundlagen. Berlin, 2. Aufl.: Cornelsen Scriptor

Lohaus, Arnold / Vierhaus, Marc (2013). Entwicklungspsychologie des Kindes und Jugendalters. Heidelberg, 2. Aufl.: Springer

Metzinger, Adalbert (2011). Entwicklungspsychologie kompakt. 0–11 Jahre. Für sozialpädagogische Berufe. Schülerband. Troisdorf/ Köln: Bildungsverlag EINS

Pinquart, Martin / Schwarzer, Gudrun / Zimmermann, Peter (2011). Entwicklungspsychologie – Kindes- und Jugendalter. Göttingen: Hogrefe

Renz-Polster, Herbert (2013). Kinder verstehen. Born to be wild: Wie die Evolution unsere Kinder prägt. München, 6. Aufl.: Kösel

Rossmann, Peter (2012). Einführung in die Entwicklungspsychologie des Kindes- und Jugendalters. Bern, 2. Aufl.: Hans Huber

Szagun, Gisela (2013). Sprachentwicklung beim Kind. Ein Lehrbuch. Weinheim, 5. Aufl.: Beltz

Schneider, Wolfgang / Lindenberger, Ulmann (Hrsg.) (2012). Entwicklungspsychologie. Mit Online-Materialien. Weinheim, 7. Aufl.: Beltz

4 Erziehungspsychologische Grundlagen

Joachim Bensel

4.1	**Erziehungsprinzipien und Beziehungsgestaltung**	**210**
4.1.1	Erziehungsstile	211
4.1.2	Erziehungsprinzipien in Kindertageseinrichtungen	217
4.1.3	Entwicklungsbegleitung auf der Basis biologisch verankerter kindlicher Bedürfnisse	219
4.2	**Resilienz bei Kindern und Jugendlichen**	**222**
4.2.1	Grundlagen des Resilienzkonzepts	223
4.2.2	Zentrale Begriffe des Resilienzkonzepts	227
4.2.3	Ansatzpunkte zur Resilienzförderung	235

„Erziehung ist neben Bildung das zentrale Praxisfeld der Pädagogik und umfasst all jene Ideen und Handlungen von Erwachsenen, aber auch die von Kindern und Jugendlichen, die geeignet sind, deren personale Eigenständigkeit, Identität und soziale Integration zu befördern" (Sinhart-Pallin, 2010).

Diese Definition ist insofern zu erweitern, als dass auch andere Disziplinen sich mit „der richtigen" Erziehung beschäftigen, wie die Erziehungspsychologie, die Verhaltensbiologie und die die Anthropologie.

> Erziehung findet auch dann statt, wenn Ideen und Handlungen der Erwachsenen wirkungslos bzw. ungeeignet sind, Kinder und Jugendliche zu fördern.

Erziehung findet immer statt: „Man kann nicht nicht erziehen!" (Ludwig, 1997). Erziehung ist keine Aufgabe mehr, die allein der Familie obliegt. Sie ist als Recht und Pflicht in der deutschen Verfassung verankert, doch ist es keineswegs selbstverständlich, dass dieses Recht auch von jeder Familie wahrgenommen und gekonnt umgesetzt wird. In der heutigen Zeit ist eine Stärkung der familiären Erziehungskraft durch und über Betreuungseinrichtungen wichtiger denn je. Sie kann Kindern aus Risikogruppen zusätzliche Schutzfaktoren bieten, um ihnen trotz Widrigkeiten zu einem erfolgreichen Entwicklungsverlauf zu verhelfen.

4.1 Erziehungsprinzipien und Beziehungsgestaltung

Einige Pädagogen beschränken Erziehung auf absichtsvolles *(intentionales)* Einwirken und bezeichnen alle sonstigen Einflüsse als Sozialisation. Demgegenüber ist Erziehung nach systemtheoretischer Sicht (→ Kap. 2.3.2) eine ständige gegenseitige Beeinflussung von Individuen. Dabei ist es unerheblich, ob diese Beeinflussung bewusst und planvoll oder unbewusst und zufällig stattfindet. Es sind also nicht nur gezielte Erziehungsaktivitäten wirksam, sondern auch der gesamte Kontext, in dem diese Aktivitäten stattfinden. Erziehung ist folglich ein lebenslanger Prozess, solange Individuen mit anderen interagieren.

Es gehört zum Basiswissen aller Erzieherinnen, die **Erziehungsprinzipien** für eine erfolgversprechende **Beziehungsgestaltung** zwischen Erzieherin und Kind sowie über geeignete Schutzfaktoren zu kennen, damit sie die kindliche *Resilienz* (→ Kap. 4.2) stärken können.

Erziehungsvorstellungen im Wandel

Erziehungsvorstellungen sind ständig im **Wandel** begriffen und eng verbunden mit dem aktuellen gesellschaftspolitischen, historischen und kulturellen Hintergrund. Veränderte Kindheitsbilder (→ Einleitung Kap. 3) und ein gewandeltes Generationenverhältnis sind zwei der Gründe, warum sich Erziehung heute anders darstellt als gestern. Zwar reicht die Pädagogik bis in die griechische Antike zurück, die eigentliche Auseinandersetzung mit Erziehung begann aber erst im „pädagogischen 18. Jahrhundert" mit dem optimistischen Versuch, über Erziehung „den Menschen zum Menschen zu machen" (Immanuel Kant). In den letzten zwei Jahrhunderten wurde eine beachtliche Anzahl von Erziehungsvorstellungen entworfen, die teilweise auch heute noch verwendet werden und mitunter zur Gründung einer eigenen pädagogischen Richtung geführt haben:

- Das Kind ist an sich gut und wird durch natürliche Kräfte gefördert, seine Entwicklung kann durch Erwachsene leicht behindert werden (Jean Jacques Rousseau)
- Erziehung muss an den kindlichen Regungen und Bedürfnissen ansetzen, um die Kinder zu Mitmenschen mit gebildeten Kenntnissen und Fertigkeiten werden zu lassen. Erziehung soll den Menschen zur Klarheit über sich und in sich, zum Frieden mit der Natur und zur Einigung mi t Gott leiten (Johann Heinrich Pestalozzi)

- Spiel ist eine wesentliche Ausdrucksform des Kindes und ein Medium seiner Entwicklung (Friedrich Fröbel)
- Die Erziehung muss vom Kind ausgehen. Die Selbsttätigkeit des Kindes muss vorherrschen (Ellen Key)
- Erziehung ist eine freie Eigenaktivität (Maria Montessori)
- Erziehung ist eine Vergesellschaftung im klassenlosen sozialistischen Kollektiv (Anton S. Makarenko)
- Erziehung ist eine Gesinnung und Kunst, die sich an der Wesenheit des Kindes orientiert (Rudolf Steiner)
- Erziehung ist Freiheit ohne Gehorsam (Alexander S. Neill).

Letztlich zeigt sich der erzieherische Einfluss der Erwachsenen auf die Entwicklung eines Kindes aber nicht allein durch die Zugehörigkeit zu einem bestimmten Erziehungskonzept, sondern vor allem durch die alltäglich vollzogene Erziehungspraxis im Umgang mit dem Kind.

4.1.1 Erziehungsstile

Bei der Untersuchung des Erziehungsverhaltens und seiner Auswirkung auf die (Persönlichkeits-)Entwicklung des Kindes ist es wichtig, zwischen Erziehungswissen, Erziehungspraxis bzw. **Erziehungsstil** zu differenzieren (Krohne & Hock, 2006).
Der Begriff Erziehungswissen beschreibt die mit der Erziehung verknüpften Einstellungen, Überzeugungen und Ziele. Diese müssen nicht übereinstimmen mit der tatsächlichen Erziehungspraxis, also mit dem, was im Alltag tatsächlich an Erwachsenenaktionen und -reaktionen auf das kindliche Verhalten beobachtbar ist.

> **Erziehungsstil**
>
> Stabile Tendenzen von Erwachsenen, bestimmte Erziehungspraktiken zu zeigen. Der Erziehungsstil variiert zwischen den Erwachsenen und zeigt unterschiedliche Wirkung auf das kindliche Verhalten.

Der Erziehungsstil „Strenge", d. h. die Tendenz, ein Verhalten zu bestrafen, das als unerwünscht angesehen wird, ist beispielsweise bei verschiedenen Erwachsenen unterschiedlich ausgeprägt: Dies kann die Häufigkeit betreffen, die Intensität und die Konsistenz, also die Vorhersagbarkeit bzw. Beständigkeit in ähnlichen Auslösesituationen des elterlichen Strengeverhaltens.

Die Klassifikation von Erziehungsstilen

In der Erziehungsstil-Forschung wird meist mit sehr ähnlichen Modellen gearbeitet, so dass sich einige zentrale **Erziehungsstile** etabliert haben (Krohne & Hock, 2006):
- Liebe ↔ Feindseligkeit
- Autonomie ↔ Kontrolle; diese Unterscheidung wird von manchen Forschern noch weiter unterteilt in:
  – Gewährenlassen ↔ Einschränken
- – gelassene Distanziertheit ↔ ängstliches Involviertsein.

Einige gängige Verfahren, mit denen der Erziehungsstil erfasst wird, sind:
- Der „Parent Behavior Questionnaire (PBQ) (Devereux et al., 1962)
- Die aus dem PBQ für den deutschen Sprachraum entwickelten „Marburger Skalen" (Herrmann et al., 1971)
- Das „Erziehungsstil-Inventar" (ESI) (Krohne & Pulsack, 1995)
- Das umfassende „Familiendiagnostische Testsystem" (FDTS) (Schneewind, 2010).

Das Problem solcher Elternbefragungen ist ihre unbekannte Validität: Inwieweit spiegeln die subjektiven Aussagen der Erwachsenen das tatsächlich praktizierte Erziehungsverhalten wider? Es ist beispielsweise bekannt, dass die Berichte der Kinder deutlich von denen der Erwachsenen abweichen. Eine Lösung dieses methodischen Problems könnte sein, verstärkt auf die direkte objektivere Beobachtung der tatsächlichen Erwachsenen-Kind-Interaktionen zurückzugreifen und die Verhaltensabfolgen detailliert aufzuzeichnen und zu analysieren (Weltzien, 2014).

Das wohl bekannteste **Klassifikationsschema** elterlichen Erziehungsverhaltens ist das Zwei-Faktoren-Modell der Psychologin Diana Baumrind (1971, 1989). Sie ordnete dafür grundlegende Parameter des Erziehungsverhaltens auf den zwei Dimensionen Forderung und emotionale Unterstützung an (→ Tab. 4.1). Aus den möglichen Kombinationen wurden vier prototypische Erziehungsstile abgeleitet: *autoritär, permissiv, vernachlässigend und autoritativ*.

Elterliches Erziehungsverhalten		Ansprechbarkeit	
		• Akzeptierend • Sensibel • Kindzentriert	• Ablehnend • Wenig sensibel • Elternzentriert
Forderungen/Kontrolle	• Fordernd • Kontrollierend	• Autoritativ • Kommunikativ	• Autoritär • Machtbetont
	• Keine Anforderungen • Geringe Kontrolle	• Permissiv • Nachgiebig	• Vernachlässigend • Gleichgültig • Unbeteiligt

Tab. 4.1: Das Zwei-Faktoren-Modell der Erziehungsstile nach Diana Baumrind (1971, 1989) ordnet das Erziehungsverhalten auf den Dimensionen Forderung und Anprechbarkeit an

Der autoritäre Erziehungsstil

Der **autoritäre Erziehungsstil** verlangt in erster Linie Gehorsam und Unterordnung unter aufgestellte Regeln. Diese sind eher starr und werden durch Tadel und Strafen eingehalten. Die Erwachsenen ermutigen nicht zum verbalen Austausch, weil sie erwarten, dass die Kinder ihre Anweisungen zu akzeptieren haben.

Der permissive Erziehungsstil

Der **permissive** (nachgiebige) **Erziehungsstil** kann ebenfalls auf einer emotional warmen Beziehung basieren, doch wird die gesamte Erziehungsarbeit in die Verantwortung des Kindes abgegeben. Das Kind dominiert den Erwachsenen, es kommt zur Hierarchieumkehr. So wird auf Strafen ebenso wie auf eine konsequente Grenzziehung oder ernst gemeinte Anforderungen verzichtet.

Der vernachlässigende Erziehungsstil

Der **vernachlässigende Erziehungsstil** sieht wenig Notwendigkeit und somit auch wenig Zeit und Interesse für kindliche Bedürfnisse und Belange vor. Erziehungsverantwortung wird nicht übernommen. Die Kinder werden unzureichend ernährt, gepflegt, gefördert, gesundheitlich versorgt, beaufsichtigt und vor Gefahren geschützt.

Der autoritative oder demokratische Erziehungsstil

Der **autoritative** oder **demokratische Erziehungsstil** basiert auf einer emotional warmen Beziehung, in der die Eltern für die Bedürfnisse der Kinder grundsätzlich offen sind. Innerhalb klar umrissener, für das Kind nachvollziehbar begründeter Grenzen wird die Autonomie des Kindes gefördert. Mit Lob und

Ermutigung werden hohe Erwartungen an das Kind vermittelt. Die Erwachsenen setzen konsequent ihre Sichtweisen durch, nehmen dabei aber auch die individuellen Interessen und Entwicklungsvoraussetzungen des Kindes ernst.

> Die Erziehungsstile sind nicht unabhängig von der Haltung zum Kind. Erwachsene mit Wertschätzung, Respekt und Akzeptanz gegenüber dem Kind sowie zusätzlich Vorhersagbarkeit und somit Sicherheit in ihrem Erziehungsverhalten haben die meisten Erziehungserfolge.

Wertschätzung, Respekt, Akzeptanz und Vorhersagbarkeit des Verhaltens sind die Grundpfeiler des autoritativen Erziehungsstils. Er unterstützt eine bestmögliche individuelle Entwicklung, wirkt also schützend. Viele Studien kamen zu dem Ergebnis, dass derart erzogene Kinder lebenstüchtig, selbstbewusst, handlungs- und entscheidungsfähig werden, wenig unter Depressionen, Angst oder Aggressionen leiden und deshalb ihr Leben tatkräftig in die Hand nehmen können.

Im Erziehungsalltag heißt dies, dass Eltern oder Erzieherinnen klar zum Ausdruck bringen, welches Verhalten sie erwarten und welches von ihnen nicht akzeptiert wird. Deshalb sind sie auch aufmerksam, ja wachsam für kindliches Verhalten in ihrer Nähe wie „außer Haus" und schreiten gegebenenfalls ein. Das Kind merkt, dass seine Persönlichkeit aufmerksam wahrgenommen wird und dass es in seiner Selbstständigkeit ernst genommen und unterstützt wird. Es spürt die emotionale Zugewandtheit der Erwachsenen und profitiert von dieser offenen, partnerschaftlichen Kommunikation.

Neuere Forschungsansätze stehen den Ergebnissen des Zwei-Faktoren-Modells nicht unkritisch gegenüber (Fuhrer, 2009). So wurde in Zweifel gezogen, dass strenge Kontrolle innerhalb des autoritativen Stils günstige Auswirkung auf das Kind hat. Sie fördere vermutlich eher den Gehorsam, aber weniger die als wichtig erachtete Fähigkeit zur Selbstregulation. Eine erfolgreiche Wiederholung der Baumrind-Studien steht bislang aus und so bleibt ungewiss, welche Komponenten des autoritativen Erziehungsstils die Ursache für die positiven Wirkungen auf die weitere Entwicklung der Kinder sind.

Die neuere erziehungspsychologische Forschung hat sich darum bemüht, die Wirkung autoritativer Erziehung besser zu verstehen. Sie hat dabei drei globale, relativ unabhängige Dimensionen des **Erziehungsverhaltens** gefunden:

- **Emotionale Unterstützung** – Feinfühligkeit, Wechselseitigkeit
- **Verhaltenskontrolle** – Regulation des kindlichen Verhaltens durch Anleitung und Führung, Grenzen setzen und Wissen über das, was das Kind gerade tut

- **Psychologische Kontrolle** – Regulation des kindlichen Verhaltens durch psychologische Mittel wie Liebesentzug oder Auslösung von Schuldgefühlen.

Eine starke psychologische Kontrolle hemmt die Entwicklung von Autonomie und Selbstregulation beim Kind und fördert die emotionale Abhängigkeit des Kindes von seinen Erziehungspersonen. Außerdem erhöht es das Risiko für internalisierende, d. h. nach innen gerichtete, angenommen Verhaltensprobleme wie Ängstlichkeit oder Depression und möglicherweise auch für externalisierende, d. h. nach außen gerichtete Störungen wie Drogenkonsum oder Kriminalität.

Eine starke Verhaltenskontrolle senkt dagegen das Risiko für nach außen gerichtetes Problemverhalten. Kinder mit einem hohen Schulleistungsniveau haben eher Erziehungspersonen, die eine hohe emotionale Unterstützung und Verhaltenskontrolle zeigen, bei einer gleichzeitig geringen psychologischen Kontrolle (Fuhrer, 2009).

Insbesondere Jugendliche, die konsequent und beständig klare Grenzen gesetzt bekommen, also eine hohe Verhaltenskontrolle erleben, werden am besten vor der Ausübung aggressiver, riskanter oder normverletzender Verhaltensweisen bewahrt. Tritt jedoch neben eine hohe Verhaltenskontrolle gleichzeitig eine hohe psychologische Kontrolle, entwickeln sich die Jugendlichen genau entgegengesetzt. Dieses überkontrollierende Verhalten der Bezugspersonen *("Overmanagement")* ist unangemessen und führt zu Fehlentwicklungen.

Wieso zeigt in diesem Fall die Verhaltenskontrolle plötzlich negative Effekte? Offensichtlich verbirgt sich hinter dieser Erziehungsdimension ein mehrdimensionales Konzept. So fanden Studien in den letzten Jahren heraus, dass das Konzept der Verhaltenskontrolle um den Aspekt des **Monitoring** ergänzt werden muss.

Monitoring

Systematisches Erfassen, Beobachten oder Überwachen eines Prozesses oder Vorgangs über einen längeren Zeitraum sowie Steuerung der betreffenden Prozesse, wenn sie nicht den gewünschten Verlauf nehmen.

Nur ein **informierendes Monitoring**, z. B. das Wissen, wo und mit wem sich die Kinder treffen und was sie dort tun, wirkt sich positiv auf die kindliche Entwicklung aus. Ein **überwachendes Monitoring**, bei dem die kindliche Autonomie stark beschränkt wird und die Aktivitäten der Kinder direkt verfolgt werden, wirkt sich hingegen bremsend auf die Entwicklung, insbesondere der

Selbstregulationsfähigkeit aus. Erfolgreiches Monitoring will erlernt sein und erfordert kritische Selbstreflexion des Umgangs mit dem Kind. Ungeschickte Handlungen können Kinder entmutigen, offen zu sein und zu berichten, mit wem sie sich an welchen Orten treffen und was sie dort unternehmen (Fuhrer, 2009).

Jugendliche brauchen Eltern und andere Bezugspersonen, durch die sie sich nicht zu sehr kontrolliert fühlen und die ihre Autonomie unterstützen. Nur dann kann die Lernfreude geweckt und eine intrinsische Lernmotivation (→ Kap. 1.1.2) entstehen. Eine Verhaltenskontrolle ohne Vertrauen führt zwar wahrscheinlich zu einem angepassten Verhalten des Kindes, aber nicht zu einer wirklichen Übernahme *(Internalisierung)* elterlicher Normen und Wertvorstellungen. Ein autoritativer Erziehungsstil ist aber nicht in allen Lebenswelten die beste Praxis. Erziehung findet immer unter spezifischen Umgebungsbedingungen und kulturellen Gegebenheiten statt. Während in Mittelschichtmilieus ein autoritativer Erziehungsstil optimal zu sein scheint, ist in anderen sozialen Umwelten, z. B. einer Risikoumgebung wie dem farbigen Armenmilieu in den USA, ein stärker lenkender und einschränkender Erziehungsstil erforderlich. Er ist hier erfolgreicher, um eine positive Entwicklung zu ermöglichen.

Die kulturpsychologische Forschung hat in den letzten Jahren zeigen können, wie stark der kulturelle Kontext Sozialisationsziele, also Vorstellungen darüber, was und wann Kinder in ihrer Entwicklung können sollen, beeinflusst. Die jeweiligen Sozialisationsziele bilden den Rahmen für die Vorstellungen, die Eltern und weitere Bezugspersonen über Erziehung und Entwicklung im weitesten Sinne haben. Vor allem in der autonomie-orientierten westlichen Mittelschicht haben Eigenständigkeit und Unabhängigkeit von Kindern große Bedeutung und sind ein Erziehungsziel, weshalb eine hohe Gewichtung auf Autonomie und eine geringere Gewichtung auf Verbundenheit gelegt wird (Keller 2011). Es dominieren Bildungsbegriffe und Konzepte, welche die Selbstbildung und Autonomieunterstützung der Kinder in den Vordergrund stellen und weniger aktives Eingreifen der Erwachsenen. Erwachsenenaufgabe und -ziel ist, Talente und Interessen der Kinder zu entwickeln; wichtig auch, dass diese ihre eigenen Vorstellungen klar ausdrücken können. Im Gegensatz dazu dominieren in traditionelleren, verbundenheitsorientierten Kulturen (Teile Afrikas oder Asiens) Sozialisationsziele, die Gemeinschaftlichkeit, Respekt und Gehorsam in den Vordergrund stellen. Eine kultursensitive Frühpädagogik muss die unterschiedlichen familiären Ausgangspositionen der aufgenommenen Kinder wahrnehmen und passend beantworten können (Borke & Keller, 2014).

4.1.2 Erziehungsprinzipien in Kindertageseinrichtungen

Bildung, Erziehung und Betreuung sind im 8. Sozialgesetzbuch als die Aufgaben von **Kindertageseinrichtungen** im Elementarbereich verankert. Die Grundaussage (§ 1, Abs. 1 SGB VIII) lautet: „Jeder junge Mensch hat ein Recht auf Förderung seiner Entwicklung und auf Erziehung zu einer eigenverantwortlichen und gemeinschaftsfähigen Persönlichkeit". Die beiden wichtigsten allgemeinen Ziele von Bildung und Erziehung sind:
- **Autonomie**, d. h. Selbstwirksamkeit und Selbstbestimmung
- **Verbundenheit**, d. h. Bindung und Zugehörigkeit.

Im 12. Kinder- und Jugendbericht findet sich eine große Zurückhaltung, die Erziehung zu einem expliziten Thema der Förderung in der Kinderbetreuung zu machen. Es gibt zwar Hinweise, dass eine „latente Erziehungsunsicherheit" in der Bevölkerung festzustellen sei und es wird weiter vermerkt, dass in der heutigen „Multioptionsgesellschaft" und „der damit einhergehenden Unübersichtlichkeit Erziehung eher vermieden und durch eine bloße Hoffnung auf eine sich von alleine entfaltende Form der Selbsterziehung und Selbstregulation ersetzt wird". Doch trotz dieser Feststellungen erhoffen sich die Verfasser, Erziehung und Betreuung über den „Motor" Bildung mit zu transportieren – denn Erziehung sei etwas wenig Fassbares und drücke sich eher in Haltungen, Einstellungen oder im zwischenmenschlichen Umgang aus und nicht so sehr in überprüfbaren Leistungen, Fähigkeiten und Fertigkeiten.

Es macht jedoch durchaus Sinn, das Thema Erziehung auch als einen expliziten Gegenstand der Kinderbetreuung zu sehen. Für Erzieherinnen ist es notwendig, sich über die **Erziehungsprinzipien** Gedanken zu machen. Sie müssen sich darüber im Klaren sein, auf welche Art und Weise sie die Kinder ihrer Einrichtung beispielsweise in punkto Strenge, Kontrolle, Forderungen, Wärme erziehen möchten und nicht nur darüber, wie diese am besten Bildung erfahren.

Reflektieren Sie die Erziehungsprinzipien Ihrer Einrichtung und deren Umsetzung im pädagogischen Alltag. Inwieweit stimmen die Erziehungsprinzipien mit Ihren eigenen Vorstellungen überein?

Die Förderung der Erzieherin-Kind-Beziehung beispielsweise ist durch die gesteigerte Aufnahme von Kleinstkindern unter 3 Jahren ein Erziehungsthema mit wachsender Bedeutung. Dies zeigt sich auch an der verstärkten Berücksichtigung von Eingewöhnungskonzepten, die auf Bindungssicherung zu den Eltern und auf einen bindungsähnlichen Beziehungsaufbau zu der Bezugserzieherin Wert legen (→ Kap. 4.3).

Die verschiedenen Konzeptionen von Kindertageseinrichtungen benennen mehr oder weniger ausführlich Erziehungsprinzipien. Ein bekanntes Beispiel ist etwa der autonomiefördernde Leitsatz der Montessori-Pädagogik „Hilf mir, es selbst zu tun". Auch in der Reggio-Pädagogik ist das allerwichtigste Erziehungsprinzip, dass das Kind im Mittelpunkt der Erziehung steht. Das heißt, dass es selbst die Entscheidungen treffen soll, was es macht. Doch Erziehungswissen zu besitzen sowie Erziehungsprinzipien zu formulieren und in ein abstraktes pädagogisches Konzept zu integrieren, ist zwar ein wichtiger, aber nur ein erster Schritt. Mindestens genauso wichtig ist es, dass sich Erzieherinnen immer wieder selbst im Umgang mit den Kindern beobachten und reflektieren, ob sie die gewünschte Erziehungshaltung auch tatsächlich praktizieren.

Neuere Bestrebungen zur Qualitätskontrolle und -verbesserung in der erzieherischen Haltung gegenüber den Kindern wurden in England entwickelt und sind bereits evaluiert (Pascal & Bertram, 2003). Die entwickelte Skala zur Erfassung des Erzieherverhaltens in pädagogischen Situationen dient der kollegialen Beobachtung von:

- **Sensitivität** – Feinfühligkeit gegenüber den Gefühlen und dem emotionalen Wohlbefinden des Kindes
- **Stimulation** – von Lernprozessen und -inhalten
- **Autonomie** – Ausmaß an Freiheit, die Kind gewährt wird, um z. B. zu experimentieren und Ideen auszudrücken.

Durch die Beobachtungsauswertung und gemeinsame Teamreflexion war es den englischen Erzieherinnen möglich, niedrige Werte vor allem bei der Förderung der kindlichen Autonomie zu erkennen und pädagogisch anzugehen. Ebenso konnten sie zu einem späteren Zeitpunkt eine Qualitätsverbesserung feststellen. Vielversprechend ist auch die videografische Erfassung von Interaktionen im Alltag, wie sie etwa im Rahmen des Beobachtungsverfahrens GInA (Gestaltung von Interaktionsgelegenheiten im Alltag) praktiziert werden (Weltzien, 2014). Durch den audiovisuellen Nachvollzug des (eigenen) Interaktionsverhaltens zwischen Fachkraft und Kind lassen sich unangemessene Handlungsroutinen und „Wahrnehmungsfallen" besser erkennen und hinterfragen, als dies in einem Reflexionsgespräch ohne Beobachtungsbasis der Fall ist.

Moderne Erziehungskonzepte sollen sich auch am aktuellen Wissensstand über die Förderung der kindlichen Ressourcen und Widerstandskräfte orientieren (→ Kap. 4.2). Sie dürfen dabei aber unsere biologischen Bedürfnisse nach passenden Umwelten (→ Kap. 4.1.3) nicht außer Acht lassen. Letztlich muss dies jedes pädagogische Konzept berücksichtigen, um nicht am Kind vorbei zu erziehen.

4.1.3 Entwicklungsbegleitung auf der Basis biologisch verankerter kindlicher Bedürfnisse

Nach Ansicht von Wissenschaftlern verschiedenster Diziplinen (Anthropologie, Evolutionspsychologie, Humanethologie, Pädiatrie), die sich mit Erziehung und Entwicklungsbegleitung von Kindern beschäftigen, ist es dringend geboten, die evolutionäre Ausstattung des Menschen und die angeborenen Bedürfnisse, die vor allem in seiner Kindheitsphase durch vielfältige, wechselseitige Abhängigkeiten (Interdependenzen → Kap. 3.1.5 ff) mit seinen Bezugspersonen sichtbar werden, im Sozialisationsverlauf zu berücksichtigen (Schiefenhövel & Schiefenhövel, 1996; Bensel, 2002; Sears & Sears, 2010; Renz-Polster 2011). Auf diese Weise kann dort eine Passung (wieder-)hergestellt werden, wo es für eine salutogenetische, also gesundheitsförderliche Entwicklung nötig ist.

Haug-Schnabel & Schmid-Steinbrunner (2015, S. 11) beschreiben den evolutionären Ansatz folgendermaßen: „Wenn wir Kinder heute für das Leben von morgen vorbereiten, begleiten und erziehen, ‚machen wir das auf der Basis von gestern'. Unsere Babys werden in eine sich rasant verändernde Welt geboren. Sie werden heute deutlich anders als vor Tausenden von Jahren groß. […] Nichtsdestotrotz stammen die genetische Ausstattung des modernen Menschen, seine Entwicklungspotenziale und seine auf Beantwortung wartenden, hierauf abgestimmten biologisch bedingten Bedürfnisse aus stammesgeschichtlicher Vorzeit. Vor allem in Kulturen mit so genannten ‚gebildeten, industrialisierten, reichen und demokratischen Milieus' werden von den Kindern früh hohe physiologische und psychologische Anpassungsleistungen verlangt, wie allein einzuschlafen und sich selbst zu beschäftigen. Gleichzeitig müssen sie auf bislang immer Selbstverständliches wie intensiven Körperkontakt, Stillen und ständige Erreichbarkeit ihrer Bezugspersonen verzichten. Von ihnen wird früh Selbstregulation, psychologische Autonomie und differenzierte sprachliche Ausdrucksmöglichkeiten verlangt. Das bedeutet, dass neuartige Formen von Stärke erwartet werden, die spezielle Wege der Unterstützung nötig machen, um psychischen und körperlichen Schaden abzuwenden.

Jedes Kind, unabhängig davon, aus welcher Kultur es kommt, hat das Recht in resilienzfördernden Umgebungen zu leben und mit kompetenter Unterstützung seine Entwicklungsaufgaben zu bewältigen."

Das biologische Bedürfnis nach passenden Umwelten respektieren

Der **evolutionäre Ansatz** kommt aus der **Verhaltensbiologie** und soll zu einer kindgemäßen Pädagogik anregen.

Ziel des Erziehungskonzeptes ist es, Kinder so früh wie möglich gegen Angst, Gewalt und Sucht zu immunisieren (Haug-Schnabel & Schmid-Steinbrunner,

2015). Hierzu ist es unabdingbar, das biologische Bedürfnis nach **passenden Umwelten** zu respektieren. Im Einzelnen ist dies das Bedürfnis:
- Die Entwicklungskraft in Geborgenheit zu verspüren, die einer sicheren Bindung innewohnt.
- Eine lange behütete Zeit zu erleben, um zu lernen und herauszufinden, wie die Welt beschaffen ist und wie man seinen Platz darin findet.
- Die Bedeutung von Gemeinsamkeit, die Kraft der Interaktion und des Dialogs, anfangs mit erwachsenen Bezugspersonen und dann mit Gleichaltrigen kennenzulernen.
- Anfangsabhängigkeit als überschaubaren, geschützten und daher auch gestaltbaren Freiraum zu empfinden.
- Sich schrittweise in Richtung Autonomie in Verbundenheit zu wagen und Selbstwirksamkeit zu spüren.

Eine Basis für die Beziehungsfähigkeit legen

Ein Kind erwartet von Natur aus Sicherheit, Beziehungsangebote und Entwicklungsanreize. Dreh- und Angelpunkt ist dabei eine sichere Bindung des Kindes zu wenigstens einer zuverlässigen Bezugsperson, die sich mit ihm feinfühlig und liebevoll beschäftigt. Dies legt die **Basis** für die **Beziehungsfähigkeit.** Mit der Doppelstrategie von stabiler Bindung und gemeinsamer Aufmerksamkeit wird dem Kind nicht nur emotionale Nähe vermittelt, sondern dem Kind auch der nötige Freiraum für Experimente und neue Wege der Problemlösung verschafft. Die Kinder erfahren, dass es verschiedene Wege zu einem Ziel gibt.

Denkformen und Handlungsweisen, die auf der Basis sicherheitsgebender Beziehungen angeregt und möglich gemacht werden:
- Lassen Urvertrauen spüren
- Machen resilienter, psychisch widerstandsfähiger
- Machen Ich-stark und befähigen zu konstruktivem **Coping**
- Realisieren genetische Potenzen im kognitiven Bereich.

> **Coping**
>
> Alle Anstrengungen eines Menschen, mit stressrelevanten Situationen fertig zu werden. Dies kann sich auf die positive Veränderung der Problemlage oder der emotionalen Befindlichkeit beziehen.

Besonders große Verantwortung besteht gegenüber Kindern, die in überfordernden und belastenden Beziehungen starten mussten. Für diese Kinder, die auch wieder Eltern sein werden, müssen möglichst frühzeitig die bisherigen Bindungserfahrungen verbessert werden. Dies kann ein Umgebungswechsel sein mit Beziehungsangeboten durch neu hinzukommende liebevoll responsive, sensitive und fachlich kompetente Betreuungspersonen (Haug-Schnabel, 2003). Aus dem Bindungsprozess, also den realen Beziehungserfahrungen des Säuglings und Kleinstkindes mit seinen primären Bezugspersonen, gehen die so genannten **inneren Arbeitsmodelle** hervor: Säuglinge und kleine Kinder können Gefühle nicht hinterfragen. Sie lernen beispielsweise, Stress und Angst zu bewältigen, indem sie die Verhaltensmuster ihrer Bezugspersonen übernehmen. Die positive Erfahrung eines Kindes, das von der Mutter getröstet wurde, wird gleichzeitig im Gedächtnis zu der Erfahrung, wie ein Kind getröstet werden muss. Und umgekehrt, ein Kind, das keine Hilfe oder Trost erfahren hat, dem fehlt als Erwachsener das entsprechende innere Lösungsmodell. Innere Arbeitsmodelle sind also Beziehungsschemata, die aus den Beziehungserfahrungen des Kindes mit seinen primären Bezugspersonen hervorgegangen sind.

Die inneren Arbeitsmodelle zeigen Beharrungsvermögen (Schröder, 2003). Doch müssen Bindungserfahrungen nicht zeitlebens identisch bleiben: Es gibt Kinder, die ihre erste sichere Bindung bewahren, andere, die diese sichere Bindung verlieren, und wieder andere, die sie über den Weg von Ambivalenzen und Vermeidungen mithilfe neuer Erfahrungen erst aufbauen (Zimmermann et al., 2000).

Eine Veränderung des inneren Arbeitsmodells ist jedoch nur durch wirklich weit reichende und fundamental neue Erfahrungen möglich.

> Bindungsforscher gehen davon aus, dass eine mangelnde Beziehungsfähigkeit nur ausgeglichen oder verändert werden kann, wenn es gelingt, Änderungen am inneren Arbeitsmodell eines Menschen zu erreichen. Und das geschieht über gewachsene und vertrauensvolle Beziehungen.

4.2 Resilienz bei Kindern und Jugendlichen

Bei der psychischen **Resilienz** geht es um die Elastizität und Robustheit eines Menschen, um seine psychische Widerstandsfähigkeit in schwierigen Lebenssituationen.

> **Resilienz** *(lat. resilire = zurückspringen, abprallen)*
>
> Ursprünglich ein Begriff aus der Baukunde; er bezeichnet widerstandsfähiges Material, das beim Brückenbau eingesetzt wird, weil es sich bei starken Belastungen biegt und nicht bricht. Resilienz steht in der Psychologie für die physische oder psychische Widerstandsfähigkeit einer Person oder eines Sozialsystems, z. B. einer Familie.

Die Entwicklungsforscher sprechen allerdings nur dann von Resilienz, wenn zwei Bedingungen zutreffen:
- Eine ernsthafte Bedrohung der kindlichen Entwicklung, z. B. durch chronische Armut der Eltern
- Gleichzeitig eine erfolgreiche Bewältigung der belastenden Lebensumstände.

Kinder, die mit hoher Wahrscheinlichkeit Belastungen bewältigen können aufgrund von schützenden Faktoren wie einem hohen Selbstvertrauen, sozialer Kompetenz oder einer hohen Lernbereitschaft, werden erst dann als resilient bezeichnet, wenn sie tatsächlich besondere Widerstände zu überwinden hatten und tatsächlich eine besondere Bewältigungsleistung erbracht haben (Wustmann, 2005). Kinder, die sich unter vergleichbaren Umständen dagegen als besonders verletzlich und anfällig erwiesen haben, werden als vulnerabel (verletzlich) bezeichnet.

Die Resilienzforschung beschäftigt sich bislang vor allem mit den Folgen eines hohen Risiko-Status wie psychisch kranke Eltern oder familiäre Armut, mit akutem Stress wie die elterliche Scheidung sowie mit traumatischen Erlebnissen wie dem Tod eines nahen Angehörigen oder Kriegserlebnisse. Die Kernfrage dabei ist immer die gleiche: Wie schaffen diese Kinder es, trotz schwerer Lebensbedingungen relativ unbeschadet ‚davonzukommen'?

Die Theorie der Resilienz ist mittlerweile auch in der Kindheitspädagogik angekommen und wird in einer weitergefassten Definition nicht nur als Bewältigung von Hochrisikosituationen verstanden, sondern auch als eine Kompetenz, die sich aus verschiedenen Einzelfähigkeiten zusammensetzt, die notwendig sind, um z. B. Entwicklungsaufgaben und weniger kritische Alltagssituationen zu bewältigen (Fröhlich-Gildhoff et al., 2012a; Rönnau-Böse & Fröhlich-Gildhoff, 2014). Resilienz wird als eine dynamische Fähigkeit verstanden, die sich aus der Stärkung – oder Schwächung – der Resilienzfaktoren, aus realen Bewältigungserfahrungen und der erlebten sozialen Unterstützung entwickelt. Demzufolge lässt sich diese Fähigkeit auch im Kitaalltag stärken, indem die zugrunde liegenden Fähigkeiten gezielt gefördert werden und auf diese Weise Kinder gestärkt mit Krisen und Belastungen umgehen oder Entwicklungsaufgaben bewältigen können.

4.2.1 Grundlagen des Resilienzkonzepts

Bis vor etwa 30 Jahren beschäftigten sich Mediziner und Psychologen vor allem mit den Fragen, was einen Menschen krank macht bzw. was eine kindliche Entwicklungsstörung auslöst. Die Forschung, aber auch die Praxis waren sehr stark defizitorientiert. Mindestens zwei Konzepte entwickelten sich in jener Zeit, die einen Paradigmenwechsel, eine Änderung des Blickwinkels in den Humanwissenschaften auslösten und damit die **Grundlage** für eine Weiterentwicklung schufen. Neben der psychologischen Entwicklungsforschung zur **Resilienz** war es der Medizinsoziologe Aaron Antonovsky (1997) und seine Forschung zur Salutogenese.

Medizinische Forschung

 Salutogenese

Bedeutet das Entstehen, den Ursprung von Wohlbefinden und Gesundheit.

Der Begriff Salutogenese macht den Forschungsansatz Antonovskys deutlich: „Was erhält einen Menschen gesund, und wie gelingt es manchen Menschen, trotz gesundheitlicher Risiken nicht krank zu werden?"
Antonovsky versteht den menschlichen Organismus als System, das permanent Einflüssen und Prozessen ausgesetzt ist, die wiederum eine Störung seiner Ordnung, seiner Gesundheit bewirken. Gesundheit wird nicht als stabiler Gleichgewichtszustand gesehen, sondern als etwas, was in der Auseinandersetzung mit krank machenden Einflüssen immer wieder neu aufgebaut werden muss. Gesundheit und Krankheit sind also nicht sich ausschließende Zustände, sondern

die Extrempole auf einem Kontinuum, dem Gesundheits-Krankheits-Kontinuum. Dazwischen liegen Zustände von relativer Gesundheit und relativer Krankheit. Die Suche nach spezifischen Krankheitsursachen *(pathogenetischer Ansatz)* muss nach Antonovsky durch die Suche nach gesundheitsfördernden bzw. gesund erhaltenden Faktoren *(salutogenetischer Ansatz)* ergänzt werden. Das können körperliche Faktoren, Intelligenz, Bewältigungsstrategien, aber auch soziale Unterstützung, finanzielle Möglichkeiten oder kulturelle Stabilität sein. Antonovsky geht davon aus, dass Stressoren allgegenwärtig sind und dass deren Wirkung nicht zwangsläufig gesundheitsschädigend sein muss. Die erste Reaktion auf Stressoren ist nach seiner Ansicht eine physiologische Anspannung. Ob daraus dann Stress und im weiteren Verlauf gesundheitsschädigende Prozesse entstehen, ist von den Bewertungs- und Bewältigungsreaktionen des Individuums abhängig.

Das Kohärenzgefühl

Die wichtigste Einflussgröße, die über den Ausgang von Bewertungs- und Bewältigungsreaktionen entscheidet, ist das so genannte **Kohärenzgefühl.**

> **Kohärenzgefühl**
>
> Umfasst ein alles durchdringendes, überdauerndes und dennoch dynamisches Gefühl des Vertrauens, dass:
> - Sämtliche Anforderungen an ein Individuum im Verlauf des Lebens strukturiert, vorhersagbar und erklärbar sind (Verstehbarkeit)
> - Die nötigen Ressourcen zur Verfügung stehen, um den Anforderungen gerecht zu werden (Handhabbarkeit)
> - Diese Anforderungen als Herausforderungen verstanden werden, die Investitionen und Engagement verdienen (Bedeutsamkeit).

Je stärker das Kohärenzgefühl ausgeprägt ist, desto besser gelingt es einer Person, gesund zu bleiben. Nach Antonovskys Vorstellungen entwickelt sich das Kohärenzgefühl im Laufe der Kindheit und Jugend; es ist mit etwa 30 Jahren ausgebildet und bleibt dann auch relativ stabil.
Auch Räume in Kindertageseinrichtungen können Resilienz stärken und Kohärenzgefühl erleben lassen, wie das Projekt „Raumgestaltung" einer Berliner Kindertageseinrichtung zeigt (Bogatzki 2015). Bewusst gewählte gestalterische Herausforderungen, die die Räume selbst sowie ihre jeweilige Ausstattung betreffen, können tatsächlich einen Beitrag leisten, so fundamentale Erfahrungen wie Verstehbarkeit, Handhabbarkeit und Bedeutsamkeit bei Kindern zu fördern

und somit Kohärenzgefühl entstehen zu lassen, das mit einem dynamischen Gefühl des Vertrauens, in der Welt immer irgendwie klarzukommen, zu beschreiben ist (Haug-Schnabel & Bensel, 2015).

Psychologische Entwicklungsforschung

Was Antonovsky in der medizinischen Forschung angeregt hatte, vollzog sich etwa zeitgleich in der **psychologischen Entwicklungsforschung,** ausgelöst vor allem durch die Längsschnittstudien der kalifornischen Kinderpsychologin Emmy Werner auf Kauai. Der Fokus wechselte weg von den Kindern, die den schlechten Entwicklungsbedingungen erlagen, hin zu denen, die es irgendwie geschafft hatten, zu relativ gesunden, kompetenten Erwachsenen zu werden.

Die „Kauai-Studie"

Unter der Leitung von Emmy Werner (1989) wurden alle knapp 700 Säuglinge, die im Jahre 1955 auf der Hawaii-Insel Kauai geboren wurden, bis zum Alter von 30 Jahren beobachtet, eine bis dahin einmalige Längsschnittstudie in der Geschichte der Entwicklungspsychologie. Ziel der Untersuchung war es, zu beobachten, wie sich Belastungen und Stress vor, während und kurz nach der Geburt auf die körperliche, geistige und psychosoziale Entwicklung der Kinder auswirkten.

Allgemein lässt sich Folgendes zu der Entwicklung der Risikokinder sagen:
- Die Folgen der vor- und nachgeburtlichen Belastungen verringerten sich über die Jahre.
- Die Auswirkungen der Belastungen hingen vom Umfeld und den Umständen der Kinder- und Jugendzeit ab.

Etwa 30 % der Kinder waren hochgradig gefährdet und vor ihrem 2. Geburtstag vier oder mehr der folgenden Risikofaktoren ausgesetzt:
- Mittlerer bis schwerer Stress kurz nach der Geburt
- Leben in dauerhafter Armut
- Eltern mit geringer Schulbildung
- Ein von Streit, Scheidung, Alkoholismus oder Geisteskrankheit der Eltern geprägtes familiäres Umfeld.

Erstaunlich war, dass ein Drittel dieser Kinder dennoch keine ernsthaften Lern- oder Verhaltensstörungen im Kindes- und Jugendalter hatte. Sie wuchsen zu „fähigen jungen Erwachsenen heran", die gut mit Lebenspartner, Arbeit und Freizeit zurechtkamen. Womit lässt sich dieses Ergebnis erklären? Was stärkte die Widerstandskraft dieser so genannten „invulnerablen", unverletzlichen

Kinder, die trotz widrigster Lebensumstände zu einer gesunden Persönlichkeit heranwuchsen? Bei der Analyse fanden sich eine Anzahl so genannter schützender *(protektiver)* Faktoren, die teils vom Kind selbst kamen und teils in seiner Umwelt zu finden waren.

Vermutlich erblich mitbedingte Merkmale und Fähigkeiten:
- Positive Reaktionsbereitschaft auf Familienmitglieder und Fremde
- Relativ hohes Aktivitätsniveau, ein geringes Maß an Reiz- und Erregbarkeit, kaum Neigung zum Trübsalblasen und rege Geselligkeit
- Schon als Säugling quicklebendig, zärtlich, niedlich, unbeschwert und ausgeglichen
- Guter Schlaf, Freude am Essen, leicht zu pflegen
- Mit zwei Jahren aufgeweckt, offen, lebhaftes Spiel, neugierig, in der Lage, notfalls um Hilfe zu bitten
- Gute Konzentrationsfähigkeit in der Grundschule, leichtes Lesenlernen, gute Problemlösefähigkeit
- Keine besondere Begabung, aber effektive Nutzung vorhandener Talente
- Gemeinsame Hobbys mit einem Freund oder einer Freundin.

Umweltfaktoren waren:
- Familie mit unter fünf Kindern; das nächst jüngere Geschwisterkind wurde mehr als zwei Jahre später geboren
- Enge Beziehung zu mindestens einer Bezugsperson, z. B. Eltern, Großeltern, Geschwistern, Tante oder regelmäßigem Babysitter, die in den ersten Lebensjahren stützende Zuwendung gab
- Notwendigkeit, jüngere Geschwister zu beaufsichtigen, half bei Mädchen bei der Entwicklung von Selbstständigkeit und Verantwortungsbewusstsein
- Erstgeborene Söhne, die die Zuwendung nicht teilen mussten, ein vorhandenes männliches Rollenmodell in der Familie, feste Beziehungen und Regeln im Haushalt und ihnen zugeordnete Aufgaben
- Hohes Maß an emotionaler Unterstützung außerhalb des engeren Familienkreises
- Schule als zweites Zuhause und Ort der Zuflucht bei Familienzerrüttung; es gab meist einen Lieblingslehrer als Rollenmodell, Freund und Vertrauten in kritischen Zeiten.

Diese Kinder hatten zumindest einen Menschen, der sie vorbehaltlos akzeptierte, und sie verfügten über ein soziales Fangnetz, das ihnen half, ein Gefühl für die Bedeutung ihres eigenen Lebens und den Glauben an die eigene Zukunft zu entwickeln.
Die Identifikation der *Risiko- und Schutzfaktoren* bestätigt, dass entscheidende Weichen für das spätere Leben im frühen Kindesalter gestellt werden.

Eine normale Entwicklung kann auch bei gefährdeten Kindern ablaufen, wenn genügend eigene Kraft und schützende Umweltfaktoren vorhanden sind. Diese gilt es rechtzeitig zu entdecken und zu fördern, um den Kindern eine Chance zu ermöglichen.

Diese Betrachtungsweise half, den althergebrachten Risikoblick zu überwinden und den Grundstein dafür zu legen, nach Ressourcen zu forschen, die vielen Kindern in ihrer Entwicklung zugutekommen sollten.

Resilienz ist also kein angeborenes Persönlichkeitsmerkmal, das einem Kind in den Schoß gelegt wird und es dann lebenslang begleitet. Resilienz ist vielmehr eine Kompetenz, die im Verlauf der Entwicklung in der Interaktion mit seiner Umwelt erworben wird und auch wieder verloren gehen kann.

4.2.2 Zentrale Begriffe des Resilienzkonzepts

Die zentralen **Begriffe** des **Resilienzkonzepts** setzen sich zum einen mit den Risikofaktoren auseinander, denen ein Mensch im Laufe seines Lebens ausgesetzt ist, und zum anderen mit den Schutzfaktoren, die deren negative Wirkung abpuffern können. Aus dieser Auseinandersetzung resultiert die Frage, ob Resilienz eine feste Größe ist und auf alle Lebensbereiche übertragen werden kann.

Risikofaktoren

Die Risikoforschung hat bereits eine lange Tradition und versucht zu ermitteln, welche Merkmale das Auftreten von Entwicklungs- und Verhaltensstörungen wahrscheinlicher machen:
- **Biologische** oder **psychologische Merkmale,** die vom Kind selbst ausgehen. Diese so genannten **Vulnerabilitätsfaktoren** sind beispielsweise eine zu frühe Geburt, eine geringe Intelligenz oder eine chronische Erkrankung. Diese Defizite können primär sein, also bereits bei der Geburt vorliegen, oder sekundär, also erst durch Umweltkontakte erworben worden sein, z. B. eine unsichere Bindung zu den primären Bezugspersonen
- **Psychosoziale Merkmale,** die der Umwelt des Kindes entspringen. Dies sind **Risikofaktoren** (Stressoren) wie etwa Arbeitslosigkeit, ein Migrationshintergrund, ein niedriges Bildungsniveau, Alkoholmissbrauch der Eltern, ständige Streitereien in der Familie oder Mobbing durch Gleichaltrige.

Ein einzelner Risikofaktor erhöht die Wahrscheinlichkeit einer psychischen Auffälligkeit nicht. Allerdings treten nicht selten mehrere Risikofaktoren gleichzeitig auf, die sich summieren und mitunter sogar gegenseitig verstärken. Die Risikobelastung wird durch die Anzahl und die Intensität der Faktoren bestimmt.

Eine besondere Form von Risiko stellen traumatische Erlebnisse dar, denen ein Kind ausgesetzt wird wie Naturkatastrophen, Kriegs- und Vertreibungserlebnisse, körperliche, seelische oder sexuelle Gewalterfahrungen, eigene schwere Erkrankung oder Erkrankungen der Eltern. Die dabei erlebte Machtlosigkeit und existentielle Gefährdung setzen die eigenen Bewältigungsmechanismen vorübergehend außer Kraft und gefährden die gesunde Entwicklung des Kindes in besonderem Maße.

Risikofaktoren als Kettenreaktion

Liegen erst einmal risikoerhöhende Bedingungen im Leben eines Kindes vor, können sie die Wahrscheinlichkeit erhöhen, dass weitere Risiken zu einem späteren Zeitpunkt auftreten. Diese negativen **Kettenreaktionen** können beispielsweise durch Komplikationen vor, während oder nach der Geburt gestartet werden, die zu Schädigungen des kindlichen Gehirns führen können. Diese Schädigungen können wiederum in ein schwieriges Temperament, eine geringere Intelligenz und eine verzögerte Sprachentwicklung münden und zu einem noch späteren Zeitpunkt zu schlechten Schulleistungen führen. Negative Rückmeldungen über die Leistung des Kindes können sich wiederum negativ auf sein Selbstwertgefühl auswirken.

Entwicklungsstand und Risikogröße

Die Auswirkungen eines Risikos hängen wesentlich vom Alter und dem momentanen **Entwicklungsstand** des Kindes ab. So sind beispielsweise Trennungserfahrungen von den Bezugspersonen für einen jungen Säugling, der noch keine stabile Bindung an bestimmte Personen aufgebaut hat, weniger kritisch als für Ein- bis Zweijährige. In diesem Alter haben Kinder bereits eine Bindung zu einer sicheren Basis aufgebaut und regulieren ihr Schutzbedürfnis und andere Emotionen darüber. Sie benötigen andere schützende Umweltbedingungen, um Risiken zu vermeiden, als jüngere oder ältere Kinder. Ältere Kinder verfügen z. B. bereits über die notwendigen kognitiven Fähigkeiten und ein entsprechendes Zeitverständnis, um vertrauensvoll auf die sichere Rückkehr der Bindungspersonen zu bauen, ohne Verlustängsten ausgesetzt zu sein.

Attribution beeinflusst Risikogröße

Die Wirkungsstärke einer Belastung auf ein Kind hängt nicht nur von dessen Entwicklungsstand ab, sondern auch von seinen konkreten Vorerfahrungen.

Vor allem bei älteren Kindern, die sich bereits Gedanken zu bestimmten Ereignissen machen können, wird die Wirkungsstärke einer Belastung auch von der subjektiven Bewertung beeinflusst, die sie einem Ereignis zuweisen, von der so genannten **Attribution**. Diese subjektive Bewertung führt dazu, dass derselbe Risikofaktor zu unterschiedlichen Entwicklungsverläufen führen kann. Dieser Umstand wird **Multifinalität eines Risikofaktors** genannt. So kann z. B. der allgemeine Risikofaktor „elterliche Scheidung" je nach Vorsituation und subjektiver Einschätzung des Kindes zu einer erleichternden Befreiung aus einer lang anhaltenden Stresssituation werden oder zu einem Ereignis, das schwere Verlustängste auslöst.

> Erwachsene müssen sich bemühen, die Perspektive des Kindes einzunehmen, um zu verstehen, wie das Kind mit einem kritischen Lebensereignis umgeht.

Die Perspektive des Kindes einzunehmen, ermöglicht eine zutreffende Beurteilung der Risikogröße einer gegebenen Belastung.

Schutzfaktoren

Erst seit den 1980er-Jahren sind die Entwicklungsforscher dazu übergegangen, nicht nur die Risikofaktoren zu untersuchen, sondern auch die Schutzfaktoren *(protektive Faktoren)*. Es geht um die Frage, was die gesunde Entwicklung eines Kindes schützt, trotz vorhandener Risiken und Belastungen. Im Blickpunkt steht nicht das Vermeiden oder Beenden von möglichen schädigenden Lebensumständen wie das Rauchen während der Schwangerschaft oder ständiger elterlicher Streit in Gegenwart der Kinder. Vielmehr geht es darum, Faktoren zu ermitteln, die dem Kind helfen können, seine Widerstandskraft von vornherein zu steigern. Solche Faktoren sind z. B. das Stärken seiner Selbstwirksamkeit oder ein feinfühliger und antwortbereiter Umgang mit dem Kind (→ Tab. 4.3).

Abb. 4.2: Ein aktives, offenes, wenig irritables Temperament ist ein Schutzfaktor, der das Kind von Geburt an begleitet

Kindbezogene und aus der sozialen Umwelt des Kindes stammende Schutzfaktoren stehen in ständiger gegenseitiger Wechselwirkung.

- **Personale Ressourcen** – umfassen die Resilienzfaktoren, die ein Kind bereits von Geburt an mitbringt, wie auch erworbene Kompetenzen, die erst im Lauf der Entwicklung in Wechselwirkung mit der Umwelt entstehen
- **Soziale Ressourcen** – umfassen das nähere soziale Umfeld des Kindes, also seine Familie und sein weiteres soziales Umfeld wie die Großeltern, Betreuungspersonen außer Haus und Nachbarn, bis hin zu generellen Normen und Werten der jeweiligen Gesellschaft, in der das Kind aufwächst.

Die Unterscheidung zwischen personalen und sozialen Ressourcen erleichtert zwar die Übersicht der verschiedenen Einflussebenen, tatsächlich stehen diese beiden Bereiche jedoch in ständiger gegenseitiger Wechselwirkung (Transaktion). Nach Karol Kumpfer (1999) bestehen komplexe dynamische Prozesse zwischen den Merkmalen des Kindes, seiner Lebensumwelt und dem Entwicklungsergebnis.

Personale Ressourcen

Manche Eigenschaften, die der Resilienz zu Gute kommen, werden einem Kind bereits in die Wiege gelegt. Diese **personalen Ressourcen,** also kindbezogenen Faktoren, sind z. B. ein aktives, offenes und wenig irritables, flexibles Temperament, das es seinen Bezugspersonen besonders leicht macht, positives, unterstützendes und aufmerksames Verhalten zu zeigen. Aber auch das erste Kind oder weiblichen Geschlechts zu sein, ist ein Schutzfaktor, der dem Kind sozusagen in den Schoß fällt.

Anders verhält es sich mit den kindeigenen Fähigkeiten und Einstellungen, die erst im Laufe der Entwicklung in engen Wechselwirkungsprozessen mit der Umwelt entstehen. Die Psychologen Herbert Scheithauer und Franz Petermann (1999) nennen diese personalen Ressourcen **Resilienzfaktoren.** Es geht um erworbene sozio-emotionale Kompetenzen und Einstellungen wie:

- Eine hohe internale Kontrollüberzeugung – „das Gefühl, sein Leben selbst in der Hand zu haben"
- Eine sichere Bindung
- Ein positives Sozialverhalten
- Ein positives Selbstwertgefühl
- Die Selbstwirksamkeitsüberzeugung
- Eine optimistische Lebenseinstellung
- Lernbegeisterung
- Ein aktives Bewältigungsverhalten.

Bei den Resilienzfaktoren bestehen viele Möglichkeiten auf Seiten des Elternhauses, aber auch von Seiten der Betreuungseinrichtungen, förderlich einzugreifen.

Eltern und Erzieherinnen, die die personalen Ressourcen der Kinder fördern wollen, müssen ganz andere pädagogische Konzepte verfolgen als bei der Vermittlung eher kognitiv ausgerichteter vorschulischer Inhalte und Fertigkeiten. Programme wie „Papilio" (Mayer et al., 2004), „EFFEKT" (Lösel et al., 2006) und „Kinder Stärken" (Fröhlich-Gildhoff et al., 2012c) sind wissenschaftlich überprüfte Verfahren, deren Effektivität nachgewiesen werden konnte. PRiK (Prävention und Resilienzförderung in Kindertageseinrichtungen) und PriGs (Prävention und Resilienzförderung in Grundschulen) sind wesentliche Bausteine des „Kinder Stärken"-Programms und setzen bei der Förderung der Kinder selbst an (Fröhlich-Gildhoff et al., 2012b, c).

Aber auch jenseits gezielter Programme gibt es im Alltag viele Ansatzstellen zur Förderung von Resilienz und Lebenskompetenzen (Haug-Schnabel et al., 2015). Beispielsweise der gezielte Einsatz von resilienzfördernden Medien. Bei der Auswahl von (Bilder-)Büchern, Hörspielen und Filmen sind die resilienten Aspekte wie Verantwortungsübernahme, Problemlösefähigkeit oder Durchhaltevermögen wichtig. Bücher mit Resilienzcharakter sind z. B. Astrid Lindgrens „Ronja Räubertochter", das Bilderbuch „Wo die Wilden Kerle wohnen" von Maurice Sendak oder für jugendliche Leser „Monsieur Ibrahim und die Blumen des Koran" von Eric-Emmanuel Schmitt. Auch viele klassische Märchen sind hier geeignet, wenn die Hauptfiguren durch ihre eigene Anstrengung, Überlegung und die Inanspruchnahme berechtigter Hilfe ihr Ziel erreichen, z. B. „Das tapfere Schneiderlein".

Soziale Ressourcen

Soziale Ressourcen sind externe Ressourcen, die sich direkt durch die Interaktionen mit der Sozialgemeinschaft ergeben, in der die Kinder leben. Eine enge, kontinuierliche und positiv zugewandte Beziehung zu mindestens einer Bezugsperson war in der Kauai-Studie (→ Kap. 4.2.1) der wichtigste Faktor zur Erklärung der kindlichen Widerstandskraft.

Familiäre Ressourcen entstehen durch ein feinfühliges, kompetentes und vorhersagbares Verhalten der Eltern, das eine sichere Bindung entstehen lässt. Die Eltern-Kind-Bindung steht in engem Zusammenhang mit dem Erziehungsklima und dem Erziehungsstil (→ Kap. 4.1.1). Ein autoritativer Erziehungsstil erweist sich als ein starker sozialer Schutzfaktor. Die familiäre Stabilität und der Zusammenhalt sind erkennbar an gemeinsamen Unternehmungen, strukturierten Tagesabläufen und familiären Ritualen. Sie stabilisieren vor allem in Übergangs- und Krisensituationen.

Außerfamiliäre soziale Ressourcen können auch von **Tageseinrichtungen** und **Schulen** zur Verfügung gestellt werden. Dazu gehören neben der bereits erwähnten Förderung der kindlichen Resilienzfaktoren (Fröhlich-Gildhoff et al. 2012a; Rönnau-Böse & Fröhlich-Gildhoff, 2014) klare und verlässliche Regeln, ein wertschätzendes, respektvolles Klima und ebenso ein hoher, aber angemessener Leistungsstandard.

Wenn Eltern den Schutz nicht bieten können, den Kinder benötigen, ist es bisweilen Erzieherinnen oder Lehrern möglich, diese fehlende Schutzfunktion zu kompensieren. In der Kauai-Studie fanden sich wiederholt Beispiele für Betreuer, die für gefährdete Kinder zur wichtigsten Bezugs- und Schutzperson geworden waren. Sie hatten Kindern dadurch ermöglicht, in ihrem Lebenslauf zu bestehen. Die Schule war oft ein zweites Zuhause und Ort der Zuflucht bei zerrütteten Familienverhältnissen.

Corina Wustmann nennt 18 wichtige Handlungsstrategien zur Förderung von Resilienz in der Erzieher-Kind-Interaktion und welche Kompetenzbereiche dadurch gefördert werden (→ Tab. 4.3).

Erzieherinnen können resiliente Verhaltensweisen fördern	Förderung von
Das Kind ermutigen, seine Gefühle zu benennen und auszudrücken	• Gefühlsregulation • Impulskontrolle
Das Kind konstruktiv loben und kritisieren	• Positiver Selbsteinschätzung • Selbstwertgefühl
Dem Kind keine vorgefertigten Lösungen anbieten und vorschnelle Hilfeleistungen vermeiden	• Problemlösefähigkeit • Verantwortungsübernahme
Das Kind bedingungslos wertschätzen und akzeptieren	• Selbstwertgefühl • Geborgenheit
Dem Kind Aufmerksamkeit schenken; aktives Interesse an den Aktivitäten des Kindes zeigen; sich für das Kind Zeit nehmen	• Selbstwertgefühl • Selbstsicherheit
Dem Kind Verantwortung übertragen	• Selbstwirksamkeitsüberzeugungen • Selbstvertrauen • Selbstmanagement
Das Kind ermutigen, positiv und konstruktiv zu denken	• Optimismus • Zuversicht

Resilienz bei Kindern und Jugendlichen

Erzieherinnen können resiliente Verhaltensweisen fördern	Förderung von
Dem Kind zu Erfolgserlebnissen verhelfen	• Selbstwirksamkeitsüberzeugungen • Selbstvertrauen • Kontrollüberzeugung
Dem Kind dabei helfen, eigene Stärken und Schwächen zu erkennen	• Positiver Selbsteinschätzung
Dem Kind helfen, soziale Beziehungen aufzubauen	• Sozialer Perspektivenübernahme • Kooperations- und Kontaktfähigkeit
Dem Kind helfen, sich erreichbare Ziele zu setzen	• Kontrollüberzeugung • Zielorientierung • Durchhaltevermögen
Realistische, altersangemessene Erwartungen an das Kind stellen	• Selbstwirksamkeitsüberzeugungen • Kontrollüberzeugung
Das Kind in Entscheidungsprozesse einbeziehen	• Kontrollüberzeugung • Selbstwirksamkeit
Dem Kind eine anregungsreiche Umgebung anbieten	• Explorationsverhalten
Routine in den Lebensalltag des Kindes bringen	• Selbstmanagement • Selbstsicherheit
Das Kind nicht vor Anforderungssituationen bewahren	• Problemlösefähigkeit • Mobilisierung sozialer Unterstützung
Dem Kind helfen, Interessen und Hobbys zu entwickeln	• Selbstwertgefühl
Ein resilientes Vorbild sein, dabei aber authentisch bleiben	• Effektiven Bewältigungsstrategien

Tab. 4.3: Handlungsstrategien zur Förderung von Resilienz in der Erzieher-Kind-Interaktion (nach Wustmann, 2005)

Weitere außerfamiliäre soziale Ressourcen bieten die so genannten Peers (→ Kap. 3.1.5). Neben den erwachsenen Bezugspersonen spielen mit zunehmendem Alter altersähnliche Spielkameraden und Freunde eine wichtige Rolle als möglicher Schutzfaktor. Das soziale Spiel, insbesondere das fantasievolle Rollenspiel, erlaubt den Kindern, sich vom Alltag zu lösen und ihre Gefühle in einem geschütz-

Abb. 4.4: Das gemeinsame Spiel mit den Peers hat eine wichtige Entlastungsfunktion

ten Raum zu präsentieren – „Ist ja nur Spiel". Dadurch bietet das gemeinsame Spiel eine wichtige Entlastungsfunktion. Bereits das Heraustreten aus einem möglicherweise belastenden Alltag erlaubt es dem Kind, sich zu entspannen und Stress abzubauen. Die Interaktion mit den Peers erlaubt aber auch das Sich-Hineinversetzen sowie die Anteilnahme und fördert so kommunikative Fähigkeiten, die Impulskontrolle und die Kreativität.

Resilienz als variable Größe

Resilienz ist weder in Bezug auf den Lebenslauf noch in Bezug auf die verschiedenen Lebensbereiche eine stabile **Größe.**

Resilienz im Lebenslauf

Ein Kind kann nicht in jeder Situation und in jedem Lebensabschnitt auf seine Resilienz bauen. Manche Kinder sind nur in bestimmten Phasen ihres **Lebenslaufs** resilient und in anderen wesentlich verletzlicher. Resilienz ist insofern eine Kompetenz, die in jeder Lebenszeit gepflegt werden muss. Hinzutretende Schutz- bzw. Risikofaktoren können jederzeit die Waage von resilient zu vulnerabel oder umgekehrt kippen lassen.
Alle Kinder werden mit Entwicklungsabschnitten erhöhter Vulnerabilität (Verletzlichkeit) konfrontiert. Vor allem die Zeiten sozialer (Entwicklungs-)übergänge wie der Eintritt in eine Kindertageseinrichtung oder Schule sind besonders anfällig (→ Kap. 4.2.3). In diesen Zeiten benötigen Kinder besondere Begleitung durch geeignete erwachsene „Übergangsbegleiter". Dafür ist eine enge Zusammenarbeit vor dem Hintergrund eines guten und gemeinsam abgestimmten pädagogischen Konzepts zwischen Familie und Institution besonders wichtig, also eine gute Erziehungspartnerschaft.

Resilienz in den Lebensbereichen

Resilienz ist nicht nur in Bezug auf den Lebenslauf keine stabile Größe, sondern auch bezüglich ihrer Generalisierbarkeit auf alle **Lebensbereiche:** Nicht alle Kinder erweisen sich in allen Lebens- oder Kompetenzbereichen als resilient. Manche durch ihre Familien- oder Lebensbedingungen belasteten Kinder sind beispielsweise in der Lage, ihr schulisches Leistungsniveau zu halten, sie zeigen jedoch Schwierigkeiten im Umgang mit Gleichaltrigen; sie können nicht sozialkompetent agieren und werden zu unbeliebten Außenseitern. Anderen Kindern kann es genau umgekehrt gehen. Der Entwicklungswissenschaftler Herbert Scheithauer und seine Kollegen (2000) sprechen deshalb nicht mehr von einer universellen Resilienz, sondern von einer situations- oder lebensbereichsspezi-

fischen Resilienz. In der neuen Literatur tauchen spezifizierende Begriffe wie „emotionale Resilienz", „akademische Resilienz" oder „soziale Resilienz" auf.
Diese Unterteilung in verschiedene Formen der Resilienz zeigt bereits, wie schwer es ist, das Phänomen Resilienz eindimensional zu erfassen. Eines der größten Mankos der noch recht jungen Disziplin der Resilienzforschung ist es, dass die Kinder und Erwachsenen nicht mit einer einheitlichen Methode und insbesondere nicht mit einer einheitlichen präzisen Begriffsbestimmung untersucht werden. Während die Pionierstudie von Emmy Werner (1989) (→ Kap. 4.2.1) eine resiliente Person als „leistungsfähigen, zuversichtlichen und fürsorglichen Erwachsenen" erfasste, verwendeten andere Forscher in der Nachfolge ganz andere Kriterien. Um eine erfolgreiche, positive Anpassung zu messen, verwendeten sie Definitionen, die allgemein gültige Schlüsse erschweren, wie:
- Abwesenheit psychischer Störungen
- Erwerb altersangemessener Kompetenzen vor dem Hintergrund der normalen kindlichen Entwicklung
- Das „blanke Überleben".

4.2.3 Ansatzpunkte zur Resilienzförderung

Resilienzförderung im Erziehungsalltag bedeutet, noch gezielter als bisher Kinder zu stärken und zu unterstützen, damit sie mögliche Entwicklungsanforderungen und Krisensituationen bewältigen können (Fröhlich-Gildhoff et al., 2012a; Rönnau-Böse & Fröhlich-Gildhoff, 2014). Dies bedeutet für Erzieherinnen, die Ressourcen, die den Kindern als Schutzfaktoren zur Seite stehen können, so früh wie möglich, also bereits präventiv zu fördern, denn niemand kann voraussehen, welche Kinder ihre Resilienz in ihrem Lebenslauf unter Beweis stellen müssen und welche aufgrund günstiger Lebensumstände dies nie nötig haben werden. Die folgenden ausgewählten pädagogischen Themenbereiche liefern Erzieher/innen wichtige Ansatzpunkte dafür, wie sie ihrer resilienzfördernden Aufgabe im Kindergartenalltag gerecht werden können.

Die Erzieherin als Übergangsbegleiterin

Der Übergang von der Familie in die Tageseinrichtung bringt Veränderungen mit sich, die das Kind bewältigen muss. Die gewohnten Erfahrungen bekommen Brüche. Diese Anpassungsleistungen in relativ kurzer Zeit mit entsprechend verdichteten Lernprozessen werden als Entwicklungsstimuli gesehen und die Anforderungen als Entwicklungsaufgabe bezeichnet (Griebel & Niesel, 2005). Bei der Bewältigung dieser Entwicklungsaufgabe braucht es die **Erzieherin als Übergangsbegleiterin.**

Der Übergang als Entwicklungsaufgabe

Die Anforderungen, die der **Übergang** in eine Kindertageseinrichtung mit sich bringt, sind eine vielschichtige **Entwicklungsaufgabe** für ein Kind. Es muss auf der individuellen Ebene (Haug-Schnabel & Bensel, 2014):
- Die Trennung von seiner Familie auszuhalten und Vertrauen aufbauen
- Selbstständig werden
- Mit mehr Reizen und mit größerem Lärm fertig werden
- Lernen, sich in einer neuen Umgebung zu orientieren
- Sich einem veränderten Tagesablauf, Rhythmus und Regelwerk anpassen
- In anfangs fremder Umgebung einschlafen, essen und sich wickeln lassen.

Es muss auf der interaktionalen Ebene:
- Den Kreis seiner Bezugspersonen erweitern
- Um seine Bezugsperson mit anderen Kindern konkurrieren
- Damit klarkommen, nicht mehr im Mittelpunkt zu stehen
- Seine Bedürfnisse deutlicher signalisieren als bisher und länger warten bis sie erfüllt werden; es muss Frustrationen aushalten
- Damit fertig werden, verbal schlechter als bisher verstanden zu werden
- Lernen Spielzeug sowie Spielgerät zu teilen
- Sich in der Gruppensituation zurechtfinden, sich integrieren, seinen Platz finden, Peerbeziehungen aufbauen
- Lernen sich gegenüber anderen Kindern zu behaupten, seine Wünsche auszuhandeln und Konflikte zu bewältigen.

Ob kritische Lebensereignisse als Risiko und Chance wirksam werden, ob sie schädlich oder förderlich für seine Entwicklung sind, hängt von den Bewältigungsressourcen des Kindes ab. Und ebenso bedeutsam sind die Schutzfaktoren in seiner Familie und in seinem sozialen Umfeld, zu dem auch die Einrichtung selbst gehört.

Im Zusammenhang mit den Anforderungen durch Übergänge ist zu berücksichtigen, inwiefern Schutzfaktoren aktiviert werden können, um die Bewältigung zu erleichtern (Griebel & Niesel, 2005):
- Kann das Kind im neuen Lebensumfeld sein erlerntes Verhalten positiv einsetzen?
- Wie zeigen sich die Eltern und Erzieherinnen im Umgang mit dieser Herausforderung – als Modelle für gute oder schlechte Bewältigung?
- Können die Erwachsenen angemessene und effektive Unterstützung leisten?
- Welche Erfahrungen eröffnet das neue Lebensumfeld?

Das subjektive Erleben und die Bewertung von Belastungen tragen dazu bei, wie diese bewältigt werden.

Der Eintritt in die Tageseinrichtung gelingt besser, wenn er vom Kind und von den Eltern gewollt und von der sozialen Umgebung unterstützt wird.

Wenn Kinder selbst in die Tageseinrichtung gehen wollen, können sie sich als Mitbestimmer ihres Lebenslaufes erleben. Sie sind dann aktive „Übergänger" zum Krippen- oder Kindergartenkind und damit eher erfolgreich, als wenn sie sich unfreiwillig und wenig unterstützt einer verunsichernden unbekannten Umgebung ausgesetzt sehen (Griebel & Niesel, 2015).

Der Betreuungsstart als zu bewältigender Stressfaktor

Jede außerfamiliäre Betreuung im Kleinst- und Kleinkindalter geht mit einer zeitweiligen Trennung von den Hauptbezugspersonen einher. Jedes Kind reagiert mit Kummer darauf, wenn auch unterschiedlich. Was löst den Kummer aus, der sich als neuroendokrinologischer Stress messen lässt?
- Ein Kind empfindet Kummer über die Trennung, weil es diese als ängstigenden Verlust der Bezugsperson empfindet
- Durch die Trennung geht dem Kind die gewohnte Mitregulation seiner Empfindungen und Emotionen durch die vertraute Bezugsperson verloren
- In Tageseinrichtungen kommt die Konfrontation mit vielen Kindern hinzu. Dies wird, wenn die nötige Regulation durch Erwachsene fehlt, als Stress empfunden.

Frühe außerfamiliäre Betreuung kann unter günstigen Bedingungen eine Entwicklungsanregung sein. Sie bedeutet aber immer auch Stress, den die Kinder unterschiedlich verarbeiten. Um den Stress zu messen, nehmen Forscher Speichelproben zur Bestimmung des Hormons Cortisol, das den Körper auf den Umgang mit Stressfaktoren vorbereitet.

Das Temperament eines Kindes und seine bisherigen Bindungserfahrungen haben einen starken Einfluss auf sein Trennungsverhalten. Kinder, die gegen die Trennung lauthals protestieren und sich dem Abschied vehement widersetzen, erhalten von Eltern und Erzieherinnen:
- Erhöhte Aufmerksamkeit
- Mehr Zuwendung in Form von Körperkontakt
- Vielfältige Anregungen zum Überbrücken des Kummers.

Ihre Cortisolwerte steigen nicht allzu hoch. Die Kinder sind nach dem Weggang der Eltern tatsächlich weniger belastet. Erwidern sie dann noch die Abschiedsgesten des sich verabschiedenden Elternteils, akzeptieren also die Trennung, so finden sie danach schnell ins Spiel.

Deutliches Trennungswiderstreben und aktives Abschiednehmen werden als günstige, problemorientierte Coping-Strategien (→ Kap. 4.1.3) eingestuft. Sie ermöglichen es dem Kind, mit der anspruchsvollen Situation initiativ umzugehen und sie so besser zu bewältigen. Sie holen sich, meist aufgrund guter Erfahrungen mit ihren Bezugspersonen, was sie brauchen, und erleben sich nicht als hilflos.

Trennungsprotest und -stress müssen nicht identisch sein (Bensel, 2006). Beim Übergang in eine neue Betreuungssituation müssen Erzieherinnen gerade den Kindern vermehrt Aufmerksamkeit schenken, die sich scheinbar mühelos anpassen und keinen Protest zeigen. Gerade unter diesen Kindern finden sich diverse mit erhöhtem Cortisolspiegel, der ihren eigentlichen hohen Erregungszustand beweist. Sie machen nicht auf sich aufmerksam und leiden im Stillen.

Unauffällige Zeichen einer hohen Erregung können Automanipulationen sein wie sich streicheln, Haare drehen oder Daumen lutschen. Mit solchen Handlungen versuchen Kinder, sich selbst einen beruhigenden Kontakt vorzutäuschen.

Kinder, die sich scheinbar mühelos anpassen, brauchen oft lange, um ins Spiel zu finden. Sie beobachten die anderen Kinder, wirken aber nicht ansprechbar, wahrscheinlich als Schutz, damit niemand etwas von ihnen verlangt. Hier liegt die wichtige Aufgabe und große Chance einer behutsamen Eingewöhnungsbegleitung durch eine zugewandte Erzieherin.

Die Eingewöhnung

Heute wird gemäß den Ergebnissen der Bindungsforschung elternbegleitet, bezugspersonenorientiert und abschiedsbewusst eingewöhnt. Das gilt in besonderem Maße für Kinder unter drei Jahren (Haug-Schnabel & Bensel, 2014). Bereits beim Aufnahmegespräch wird mit den Eltern besprochen, dass die Eingewöhnung nur zusammen mit einer der primären Bezugspersonen des Kindes gelingen kann. Sie soll aber nur als passiver Rückhalt dabei sein und nicht als Spielpartner. Je nachdem, wie sich das Kind in den ersten Stunden in der Einrichtung verhält, wird für jedes Kind eine individuelle Verweildauer in den ersten Tagen festgelegt. Auch die Kriterien für die Verweildauer von Mutter oder Vater werden abgesprochen.

Jedes neu aufzunehmende Kind wird einer festen Bezugserzieherin zugeordnet, damit sich zwischen den beiden eine tragfähige Beziehung entwickeln kann. Wie feinfühlig die Erzieherin dem Kind gegenüber ist, wie positiv und zugewandt sie mit ihm interagiert und wie beständig und kontinuierlich sie ihm zur Verfügung steht, bestimmen die Beziehungsqualität. Hier ist auch das Team gefragt, denn die Bezugserzieherin soll in der Eingewöhnungsphase weitgehend von anderen Aufgaben freigestellt sein. Es ist z. B. sehr wichtig, dass sie mit Sicherheit bei der morgendlichen Ankunft „ihres" neuen Kindes da ist.

Die Erzieherin als sichere Basis

Neben einer angemessenen Gestaltung des Übergangs in die Kindertageseinrichtung, die den Bindungsbedürfnissen der Kinder gerecht wird, ist vor allem die Rolle der Erzieherin relevant. Sie wird insbesondere für die Kinder unter drei Jahren zur **Bindungspartnerin** oder zumindest zu einer wichtigen Beziehungsperson. Kinder übertragen ihre bisherigen Bindungserfahrungen auf die Beziehung zur Erzieherin und zu den Gleichaltrigen. Auf sie wenden die Kinder ihr bisher entwickeltes Weltbild an, ihr inneres Arbeitsmodell (→ Kap. 4.1.3). Sie lösen dabei Gefühle und Reaktionen aus, die dazu tendieren, ihre bisherigen Weltbilder zu bestätigen. Hier besteht die Gefahr, dass sich negative Auswirkungen unsicherer Bindungen in der Tageseinrichtung erneut durchsetzen.

> Unsicher-gebundene Kinder können durch ihr Verhalten Gefühle der Abneigung auslösen sowie eine Zurückweisung durch andere Kinder und die Erzieherin geradezu heraufbeschwören. Kinder tun dies, weil sie in schwierigen Situationen das Gewohnte suchen, und zurückweisendes Verhalten kennen sie bereits sehr gut (Suess, 2005).

Erzieherinnen müssen deshalb ihre Gefühle und Reaktionstendenzen gegenüber den Kindern kritisch prüfen und versuchen, der Sogwirkung unsicherer Bindungen bzw. alter Verhaltensmuster zu widerstehen. So haben Erzieherinnen die Chance, Kindern korrigierende Erfahrungen zu ermöglichen, die eine mögliche Bindungsunsicherheit nicht bestätigen (Suess, 2005). Ein geeigneter Rahmen für solche Beziehungsreflexionen sind Teambesprechungen und Supervisionen.

Auch der Bindungshintergrund der einzelnen Erzieherin spielt eine wichtige Rolle (→ Kap. 1.1.1). Die Fähigkeit von Erzieherinnen, auf Kinder angemessen einzugehen, kann sehr unterschiedlich sein. Deshalb ist es notwendig, dass in der Aus- und Weiterbildung (→ Kap. 11.4) nicht nur die Entwicklung der kindlichen Bindung behandelt wird, sondern dass die Erzieherinnen auch motiviert werden, Einflüsse eigener Bindungshintergründe auf die Gestaltung von Beziehungen zu Kindern zu überdenken (Suess, 2005).

Die Erzieherin als Emotions-Coach

Bezugspersonen reagieren unterschiedlich auf Gefühlsäußerungen ihrer Kinder. Manche finden es manipulativ, wenn Kinder traurig sind, oder schicken diese in die „Auszeit", wenn sie wütend sind. Andere nutzen die Gelegenheit starker Gefühle, mit Kindern darüber zu reden.

Für den Erwerb emotionaler Kompetenzen spielen Erfahrungen mit erwachsenen Bezugspersonen eine entscheidende Rolle. Kinder in Wut sind auf die Unterstützung ihrer Bezugspersonen angewiesen. Die Bezugspersonen müssen bei ärgerlichen oder wütenden Kindern zwischen dem Gefühl unterscheiden, das akzeptabel und verständlich ist, und einem Ausdrucksverhalten, das in konstruktiverer Form mitgeteilt werden müsste (Graf, 2004). Wenn Erwachsene das Kind anleiten, mit seinen Gefühlen umzugehen, greifen sie auf ihre eigenen emotionalen Erfahrungen zurück, fühlen sich in das Kind ein und signalisieren Verständnis. Sie verzichten auf Ratschläge, solange das Kind aufgewühlt ist, denn inmitten starker Gefühle ist ein Kind nicht in der Lage zuzuhören. Wenn es sich beruhigt hat, können sie ihm helfen, angemessene Formen des emotionalen Ausdrucks zu finden.

Wenn Erzieherinnen auf diese Weise als Emotions-Coach fungieren, bieten sie dem Kind einen sicheren Freiraum, in dem diese ihre Gefühle und Sorgen mitteilen können. Die Kinder lernen, dass alle Arten von Emotionen dazugehören, „positive" wie „negative". Diese Wertschätzung ihrer Gefühle vermittelt den Kindern wichtige soziale Kompetenzen, die in der Beziehung zu Gleichaltrigen von Vorteil sind (Graf, 2004).

Die Erzieherin als Empathie-Befähigerin

In der Mitte des 2. Lebensjahres sind die ersten Anzeichen zu beobachten, dass sich das Selbst differenziert. Die Kleinstkinder zeigen erste Verlegenheitsreaktionen und beginnen, sich selbst im Spiegel zu erkennen. Sie werden sich ihres Tuns, seiner Wirkung und ihrer selbst bewusst.

Mit dem Selbstbewusstsein wird der nötige Baustein für die Perspektivenübernahme und das Einfühlungsvermögen in die Gefühlswelt anderer gelegt.

In Ansätzen bringen Kinder die Fähigkeit der Gefühlsansteckung, der Perspektivenübernahme und schließlich zu empathischen Reaktionen mit auf die Welt. Die so genannte Gefühlsansteckung bedeutet, dass das Kind ein emotionales Mitempfinden hat, ohne die Einsicht, dass das Gefühl sich von einem anderen übertragen hat. Die Gefühlsansteckung ist eine Voraussetzung für die Entwicklung der **Empathie.** Damit sich empathische Reaktionen manifestieren und perfektionieren, braucht das Kind jedoch Empathieerfahrung am eigenen Leib. Wenn Kinder selbst empathische Reaktionen erfahren, also selbst empathiert worden sind, sind sie bereits als Zweijährige in der Lage, das Leid anderer Kinder oder Erwachsener zu erkennen und diesen zu helfen oder sie zu trösten.

Im Normalfall interpretieren und beantworten Bezugspersonen intuitiv die Gefühlsäußerungen ihres Kindes. „Oh, ist unsere Lilian aber müde!", sagen sie, wenn ihr Baby gähnt, oder „hat Hunger", „hat sich erschreckt", „freut sich", „ist wütend". All diese Kommentare, die signalisieren, dass die kindlichen Gefühlsäußerungen verstanden worden sind, tragen zu seiner Empathierung bei. Dies ist eine wichtige Voraussetzung zur Schulung einer realistischen emotionalen Eigenwahrnehmung.

Es passiert mehr als Pflege und Lernen beim Spielen in der Tagesbetreuung. Das Kleinstkind erfährt Werte und Überzeugungen und nimmt sie in sich auf.

Dass Selbstwertgefühl wird geprägt durch die Reaktion der Umwelt auf das Kind (→ Kap. 3.1.4). Erfährt das Kind Anerkennung und Akzeptanz, kann es ein positives Bild von sich aufbauen. Dies kann ihm nicht gelingen, wenn seine Bedürfnisse missachtet werden und es negative Rückmeldungen erhält.

Die Erzieherin als Coping-Vorbild

Die aktive Rolle des Individuums im Resilienzprozess ist grundlegend. Es ist entscheidend, auf welche Art und Weise das Individuum mit Stress- und Risikosituationen umgeht. Stress wird hierbei nicht als objektive Belastung betrachtet, sondern von Bedeutung ist, wie das Individuum selbst die Stresssituation wahrnimmt, subjektiv bewertet und sich mit ihr auseinandersetzt. Dies wird als Coping (→ Kap. 4.1.3) bezeichnet (Wustmann, 2005).

Erwartet ein Kind, an einer Hürde zu scheitern, wird es Angst fühlen und diese Situation vermeiden. Wenn es dagegen eine erfolgreiche Bewältigung erwartet, wird es motiviert sein, das Problem anzugehen.

Eine Stresssituation gewinnt ihre Bedeutung erst durch die Vorstellungen des Kindes hinsichtlich seiner eigenen Handlungskompetenzen und Kontrollmöglichkeiten.

Die Art und Weise, wie Erzieherinnen in stressvollen Situationen agieren, wie sie Konflikte lösen, Gefühle zeigen und Krisen und Herausforderungen bewältigen, bietet den Kindern ein entsprechendes Modell für die Situationen, in denen sie selbst vor einer Anforderungssituation stehen. Wenn sie ein breites Repertoire kennengelernt und Probleme als bewältigbar und nicht überwältigend erlebt haben, steigen ihre Chancen, eine geeignete Coping-Strategie zur Verfügung zu haben und einsetzen zu können. Dies ist ein wichtiger Resilienzfaktor, der durch das **Coping-Vorbild** der **Erzieherin** beeinflusst werden kann. Der Pädagoge Arndt Ladwig und seine Kollegen (2001) beschreiben, wie sich Erwachsene als resiliente Vorbilder verhalten können:

- Seien Sie sich über Ihre Funktion als Vorbild bewusst. Wenn Ihnen beispielsweise etwas misslingt, dann verbalisieren Sie laut Ihre Gedanken, z. B. „Ich probiere es gleich noch einmal"
- Achten Sie auf eine verursacherspezifische Sprache, z. B. „Du bist nun dafür verantwortlich, dieses Problem zu lösen"
- Vermeiden Sie Befehle oder unaufrichtiges Schmeicheln, um z. B. einem Kind schneller über einen Misserfolg hinwegzuhelfen
- Denken Sie darüber nach, ob es sinnvoll ist, ein Kind als „dickköpfig" zu beschreiben oder ob Sie in Zukunft lieber von „hartnäckig" oder „durchsetzungsfreudig" sprechen möchten
- Hören Sie den Kindern so oft wie möglich aktiv zu
- „Spiegeln" Sie den emotionalen Zustand des Kindes wider, geben Sie Erklärungen über die Situation und das emotionale Empfinden des Kindes und möglicherweise Maßnahmen zum angemessenen Umgang mit der Situation; dies dient dem Aufbau der emotionalen Selbstregulation.

Die Erzieherin als kognitive Herausforderin

Kognitive Kompetenzen und Leistungsbereitschaft gelten als wichtige Schutzfaktoren von Kindern und Jugendlichen. Auf diese Faktoren haben neben der Familie auch die Erzieherinnen in den Betreuungs- und Bildungseinrichtungen erheblichen Einfluss. Doch wie gelingt es, die kindlichen Intelligenz- und Leistungspotenziale auch tatsächlich zu realisieren (→ Kap. 3.1.2; 3.1.5)?

Wenn etwas die kindliche Wissbegierde geweckt hat, ergreift das Kind eigeninitiativ jede Chance, sich mehr Wissen zu verschaffen. Es gelingt ihm in dieser

Situation, Motivation, Konzentration und Ausdauer auf den Punkt genau zu bündeln. Jetzt sind es die Aufmerksamkeit und das Verhalten des Erwachsenen, die über einen Lernerfolg entscheiden.

Fühlt sich das Kind angesprochen, wird seine Frage beantwortet und es zum Weiterdenken angeregt, speichert es die neuen Erkenntnisse an bevorzugter Stelle im Gehirn ab. Bevorzugt heißt in diesem Zusammenhang, wieder schnell zugänglich und durch unterschiedlichste Anregungen erneut abrufbar, um sich als Andockstelle für wieder Neues anzubieten. In der Interaktion, vor allem im Dialog mit Erwachsenen, lernt ein Kind die Struktur, Organisation und Hierarchisierung beim kulturüblichen Denken und Handeln. In einer heiteren Atmosphäre kommen die kindlichen Lernstrategien am besten zum Tragen. In einem derartigen Milieu trauen sich Kinder, Initiative zu ergreifen, etwas auszuprobieren, sich auszudrücken und ihre Meinung zu sagen.

> Heiterkeit ist ein Merkmal besonders günstiger und belebender Erziehungsumwelten (Hassenstein, 2007).

Aktionsfelder ermöglichen und gestalten

Beate Andres und Hans-Joachim Laewen (2011) regen an, kindliche Themen, die in einer Gruppe spontan entstanden sind, aufzugreifen, zu begleiten und durch bewusst geschaffene räumliche Veränderungen, Inszenierungen, Materialauswahl oder Projektvorschläge zu bereichern. Dies beschreibt genau das, was nach heutigem Wissensstand die Gelegenheit zu selbsttätigen Lern- und (Selbst-)Bildungsprozessen gibt. Bei diesem Konzept einer Pädagogik nicht für das Kind, sondern mit dem Kind, müssen zielgerichtete Lehrtätigkeiten in den Hintergrund treten. Der „Lernweg" sowie der Entwicklungsverlauf müssen jedoch aufmerksam beobachtet und dokumentiert werden, z. B. in Form von Lerngeschichten (Leu et al., 2007).

Kinder wollen durch ihre eigene Aktivität etwas bewirken in ihrer personalen und dinglichen Umwelt. So geben sie ihrem Tun Bedeutung und Sinn. Das heißt für Erzieherinnen, das **Aktionsfeld** eines Kindes so gestalten, dass dieses möglichst viele Erfahrungen selbst machen kann. Der Erfahrene öffnet eine Tür, damit der Unerfahrene von selbst hindurch gehen kann: Kommt ein Kind in eine Sackgasse, aus der es selbst nicht herausfinden kann, ist die Erfahrung der Erwachsenen gefragt – jedoch nicht beim Lösen des Problems. Vielmehr heißt es jetzt für Erzieherinnen, neue Voraussetzungen zu schaffen, die das Kind befähigen, wieder aktiv zu werden und sein Problem selbst zu lösen (Haug-Schnabel & Schmid-Steinbrunner, 2015).

Die Eigeninitiative und Selbstregulation fördern

Kinder brauchen keine Patentlösung, bei der der Erfolg schon vorprogrammiert ist. Für sie ist es hilfreicher, wenn Erwachsene mit ihnen gemeinsam überlegen, das Für und Wider bedenken, ihre Vorschläge gleichrangig einbeziehen und mehrere Möglichkeiten andenken, aber nicht fertig denken. So bleibt ihnen noch Spielraum für ihre eigenen Ideen und das Gefühl, nach eigener Regie noch handlungsfähig zu sein. Dann fühlt sich ein Kind geschützt und stark (Haug-Schnabel & Schmid-Steinbrunner, 2015).

Die Förderung der **Eigeninitiative** und **Selbstregulation** ist auch das Hauptziel des so genannten **Scaffoldings**.

> **Scaffolding** *(scaffold, engl. = Holzgerüst)*
>
> Pädagogische Methode, mit der Lernprozesse von Kindern angemessen begleitet werden können. Sie bekommen Anreize oder Hilfen bei der Erfüllung einer Aufgabe, die an das jeweilige Niveau des Lernenden angepasst sind.

Das Scaffolding erfordert, dass der Erwachsene die Verantwortung für das Handeln zunehmend dem Kind übergibt und sich ganz zurückzieht, wenn es eigenständig handeln kann. Dazu muss der Erwachsene dem Kind über längere Zeiträume erlauben, die Aufgaben und Fragestellungen, die sich im Laufe des Lernprozesses ergeben, selbstständig zu behandeln. Er greift erst dann ein, wenn das Kind über längere Zeit nicht weiterkommt oder dazu neigt, sich zurückzuziehen. Das Eingreifen darf keine Lösungen vorwegnehmen und das Kind auch nicht dirigieren. Es soll das Kind vielmehr dazu motivieren, eigenständige Lösungen zu finden. Nur auf diese Weise erfolgen tiefgreifende und effektive Lernprozesse (Kunze & Gisbert, 2005). Die Basis jeden erfolgreichen Scaffoldings ist ein autoritativer Erziehungsstil, d. h. klare Erwartungen des Erwachsenen an das Kind in Kombination mit emotionaler Wärme und Verantwortung (→ Kap. 4.1.1). Das Scaffolding führt zu verbesserten Lernprozessen der Kinder, während kommandierende und dirigierende Äußerungen schädlich sind. Wenn Kindern immer wieder das Aufgabenmaterial aus der Hand genommen wird, blockiert dies ihre Lernprozesse.

In der Zone der nächsten Entwicklung arbeiten

Ein weiterer Aspekt des Scaffolding ist die Entwicklung einer gemeinsamen Perspektive zwischen Kind und Erwachsenem. Der Erwachsene passt sich dem

Vorstellungshorizont des Kindes an und fordert es gleichzeitig heraus, damit es bei der Aufgabenbewältigung weiterkommt. Das verlangt, dass der Erwachsene seine Anforderungen immer wieder neu den wachsenden Kompetenzen des Kindes anpasst. Es geht auch um ein Arbeiten mit dem Kind in der **„Zone der nächsten Entwicklung"** (Vygotskij, 2014). Das erfordert eine Gestaltung der Aufgabe samt ihres Kontextes so, dass sie das Kind deutlich anspricht und intensiv anregt. Die Aufgaben müssen so arrangiert sein, dass sie für das Kind überschaubar bleiben und es erkennen kann, was es als Nächstes tun muss. Die entsprechende innere Haltung des Erwachsenen kann als die Arbeit mit dem „zukünftigen Kind" beschrieben werden. Er fordert das Kind immer wieder auf und motiviert es, sich mit den Dingen zu beschäftigen, die es weitergehen lassen.

Um unsere Qualität als „Scaffolder", als kognitive Herausforderer zu überprüfen, gibt es neben der Möglichkeit, das eigene Handeln und die Interaktion mit den Kindern immer wieder selbst zu reflektieren, auch die Gelegenheit, Kolleginnen in die Evaluation des eigenen Handelns mit einzubeziehen (Pascal & Bertram, 2003) oder/und videografierte Interaktionsszenen gemeinsam im Team auszuwerten (Weltzien, 2014).

Die Erzieherin als ressourcenstärkende Beobachterin

Im Zuge der Bildungsreformen der einzelnen Bundesländer erhält die systematische und schriftlich festgehaltene **Beobachtung** und Dokumentation der Entwicklung, des Lernens und des Verhaltens von Kindern einen bisher nicht da gewesenen Stellenwert. Sie bildet eine wesentliche Grundlage für die Arbeit von **Erzieherinnen** in Kindertageseinrichtungen. Um Kinder in ihren individuellen Entwicklungsbedürfnissen verstehen und ihre **Ressourcen stärken** zu können, ist es unerlässlich, genau und mit neuem Handwerkszeug hinzuschauen (Bensel & Haug-Schnabel, 2013).

Bereits der Beobachtungsvorgang an sich, noch ohne irgendeine nachfolgende Auswertung, ist bereits mit einem förderlichen Effekt verbunden, der dem Kind Aufmerksamkeit, Wertschätzung und ein vertieftes Verständnis bringt (Kazemi-Veisari, 2004). Herausragende Wichtigkeit für eine resilienzfördernde Funktion des Beobachtens ist die Wahrnehmung und Erfassung der kindlichen Stärken und Kompetenzen. Die verschiedenen Beobachtungsverfahren legen allerdings unterschiedlich starken Wert auf diesen Aspekt des Beobachtens: Manche Verfahren konzentrieren sich auf das Erkennen kindlicher Entwicklungsrückstände – sind also stark defizitorientiert wie der Beobachtungsbogen für Verhaltens- und Entwicklungsauffälligkeiten (BEK) von Toni Mayr (1998). Andere Verfahren erfassen zumindest Defizite und Ressourcen gleichrangig wie die Leuvener Engagiertheitsskala von Ferre Laevers (1997). Das Erstellen von

Intelligenzprofilen bzw. Interessensbereichen nach Howard Gardner (2013) dient ausschließlich dazu, die kindlichen Stärken herauszufinden (Laewen & Andres, 2007).

Ressourcenorientiert beobachten

Beim **ressourcenorientierten Beobachten** liegt der Schwerpunkt allein auf den Stärken und Kompetenzen der Kinder (Bensel & Haug-Schnabel, 2013). Die Frage lautet nicht, was Kinder (noch) nicht können, sondern was sie bereits (gut) können. Die Beobachtungsmethode selbst ist bewusst wenig strukturiert. Sie beginnt mit einem aufmerksamen Beobachten des Fokuskindes und dem Erstellen eines möglichst detaillierten Verlaufsprotokolls. Dabei hält der Beobachter aber bereits Ausschau nach Merkmalen, die ein Kind gut beherrscht und die das, was es tut, auszeichnen. Manche Kinder offenbaren sehr schnell ihre Stärken, bei anderen ist ein längeres Beobachten nötig, um den „Schatz" oder die „Schätze" zu heben.

Während der Beobachtung nach den Stärken und Kompetenzen der Kinder Ausschau zu halten sowie Ergebnisprotokolle zu erstellen, die die gefundenen „Schätze" der Kinder zusammentragen, kann einen wichtigen Umdenkungsprozess auslösen: Der Beobachtende kann bekannte Kinder „neu" sehen und die gewonnenen Erkenntnisse können in verschiedenster Weise in pädagogische Maßnahmen einfließen.

Eine wichtige Aufgabe der Kompetenzbeobachtungen ist es, die gefundenen Stärken dem Kind und seinen Eltern vor Augen zu führen. Dies kann durch Gespräche oder über die Einsicht in die gewonnenen Protokolle und Kompetenzkarten erfolgen.

> Wenn Kind und Eltern von beobachteten Stärken erfahren, stärkt dies das kindliche Selbstbewusstsein, was sich wiederum darauf auswirken kann, mit welcher Kraft und Motivation sich das Kind weiteren Entwicklungsaufgaben zuwendet. Es kann dadurch den Mut bekommen, Bereiche in Angriff zu nehmen, vor denen es bisher zurückgeschreckt ist.

„Bridging", eine „Brücke bauen", heißt der pädagogische Ansatz, der versucht, Kinder in die Bereiche hineinzuführen, in denen sie sich bislang wenig betätigt haben, weil sie sich hier unsicher und inkompetent fühlen. Der Weg führt nicht über ein forciertes Training der vermissten Aktivität am Maltisch, beim Bilderbuch betrachten oder an der Kletterwand. Es ist viel erfolgversprechender, von den Bereichen auszugehen, in denen die Kinder sich gerne und erfolgreich betätigen und sie zu anderen Bereichen „hinüberzulocken", ihnen eine Brücke in die brach liegenden Bereiche ihres Aktivitätsspektrums zu bauen.

Abb. 4.5: Kompetenzbeobachtung stärkt das Selbstbewusstsein; so können Kinder ihr Aktivitätsspektrum erweitern

Resilienzförderung bei Jugendlichen

Ein klassischer Heimaufenthalt in einer geschlossenen Einrichtung ist auch heutzutage noch ein deutlicher Risikofaktor für Kinder und Jugendliche. Aus diesem Grund fand die bislang größte deutsche Resilienzstudie zum Jugendlichenalter in diesem Kontext statt. Die dabei ermittelten Risiko- und Schutzfaktoren sind sicherlich auch für die **Resilienzförderung** bei **Jugendlichen** außerhalb der Heimerziehung relevant. In der Adoleszenz kommen aufgrund des Entwicklungsalters gegenüber der Kindheit eigene Risiko- und Schutzfaktoren hinzu.

Die Studie zur „Prävention und Intervention im Kindes- und Jugendalter"

In der Bielefelder Studie zur **„Prävention und Intervention im Kindes- und Jugendalter"** wurde der Effekt verschiedener Schutzfaktoren bei einer Hochrisikogruppe von Jugendlichen aus 27 Kinderheimen untersucht. Dabei verglichen Doris Bender und ihre Kollegen (1996) zwei Gruppen von Jugendlichen, die beide eine gleich hohe Belastung durch Risikofaktoren wie Arbeitslosigkeit, Drogen- oder Alkoholmissbrauch der Eltern in ihrer bisherigen Lebensgeschichte aufwiesen. Die eine Gruppe von Heimkindern war auffällig. Sie zeigte Verhaltensstörungen, also **Devianz,** und war in der Mehrzahl bereits straffällig geworden. Die andere Gruppe war trotz der hohen Risikobelastung psychosozial unauffällig geblieben, sie zeigte Resilienz. Was die beiden Gruppen voneinander unterschied, war z. B. die Menge an zur Verfügung stehenden Schutzfaktoren (protektiven Faktoren).

> **Devianz** *(Abweichendes Verhalten)*
> Begriff aus der Sozialforschung, der die Abweichung von allgemeinen Normen und Wertvorstellungen bezeichnet. Die Bezeichnung eines Verhaltens als deviant ist immer mit einem Werturteil verbunden.

Die Belastungen waren für beide Gruppen gleich hoch, aber die eine Gruppe hatte Schutzfaktoren auf ihrer Seite, die die vorhandenen Risikofaktoren deutlich abpuffern konnten. Dies zeigte sich besonders deutlich in der empfundenen Wahrnehmung der Belastungen. Die subjektiven Belastungen wie Elternkonflikte oder Vernachlässigung der devianten Jugendlichen hingen deutlich mit den berichteten Verhaltensproblemen zusammen. Bei den resilienten Jugendlichen war dieser Zusammenhang nur gering ausgeprägt. Offenbar gingen sie mit den gleichen negativen Lebensereignissen anders um.

Hier bewirkte ein und derselbe Umstand, wie die Scheidung der Eltern, ein völlig anderes Maß an Belastung – je nachdem, inwieweit Schutzfaktoren in der Umgebung sowie im Inneren des Kindes in seinem Bewältigungsverhalten vorhanden waren. Es ging dabei also um so etwas wie die „gefühlte Belastung" (→ Kap. 4.2.2).

Stabil resiliente Jugendliche:
- Zeigten ein flexibleres und weniger impulsives Temperament
- Hatten eine realistischere Zukunftsperspektive
- Waren in ihrem Bewältigungsverhalten aktiver und weniger vermeidend
- Erlebten sich als weniger hilflos und mehr selbstvertrauend
- Waren leistungsmotivierter und in der Schule besser als die Jugendlichen mit Verhaltensstörungen
- Hatten häufiger eine feste Bezugsperson außerhalb der hochbelasteten Familie
- Waren zufriedener mit der erhaltenen sozialen Unterstützung
- Hatten eine bessere Beziehung zur Schule
- Erlebten ein harmonischeres und zugleich normorientiertes Erziehungsklima in den Heimen.

Nicht jede Einrichtung kann alle Schutzfaktoren in gleichem Maße fördern. Manche Schutzfaktoren sind auch generell schwer beeinflussbar, z. B. die Intelligenz und das Temperament des Kindes. Wir können ein Kind mit einem angeborenen schwierigen Temperament nicht einfach zu einem Kind mit einfachem Temperament erziehen. Doch wir können lernen, damit besser umzugehen, dem Kind eine bessere Passung zu liefern als es vielleicht aus einer kritisierenden, feindseligen Umwelt bisher gewohnt war.

> Jedes Kind hat die Chance, Resilienz zu entwickeln. Es sind nicht nur die besonders begabten, die es schaffen können, ihr schwieriges Leben zu meistern. Resiliente Kinder nutzen nur ihre Möglichkeiten und Talente effektiver. Sie rechnen mit dem Erfolg ihrer Handlungen, gehen Problemsituationen aktiv an und glauben an die Kontrolle über ihr Leben.

Die Peer-Group als Schutzfaktor mit zwei Gesichtern

Ältere Kinder und Jugendliche holen sich zunehmend auch Rat, positive Rückmeldungen und emotionalen Beistand aus einer funktionierenden **Peer-Group** (→ Kap. 3.1.5). Die Peer-Group ist jedoch ein Faktor mit **zwei Gesichtern:** Sie kann unter bestimmten Umständen ein Schutzfaktor, unter anderen Rahmenbedingungen ein Risikofaktor sein.

Mit dem Eintritt in die Pubertät beginnen Jugendliche, sich von den Wertvorstellungen und Verhaltensnormen ihrer Eltern, ja der Erwachsenen überhaupt, abzugrenzen. Gruppen von Gleichaltrigen mit ähnlichen Wertvorstellungen übernehmen nun wichtige Funktionen in der weiteren Sozialisation. Diese Gruppen können auf der einen Seite ein gesundheitliches Risiko- und Fehlverhalten fördern – durch ihre Dynamik und durch die Einflüsse jener Personen, die das Gruppengeschehen maßgeblich beeinflussen. Andererseits haben Peer-Groups eine wichtige Balance-Funktion in präventiver Hinsicht, da sie eine emotional stützende Funktion übernehmen. Diesen Umstand macht sich die so genannte „Peer-Group Education" zunutze. Sie möchte über die Mitglieder der Peer-Group gesundheitsfördernde Botschaften an diese weitervermitteln. Da hier Jugendliche als Partner und nicht nur als reine Adressaten der Prävention anerkannt werden, ist ihre Effizienz meist höher.

Der Schutzfaktor Partizipation

Die Initiativen, die von Seiten der Kinder und Jugendlichen selbst kommen, sind von großer Bedeutung, denn die Fähigkeit, sein Leben aktiv und verantwortlich gestalten zu können, ist ein elementarer Schutzfaktor, der gleichzeitig suchtpräventiv wirkt. Kinder sammeln wichtige Erfahrungen, wenn sie von Anfang an in altersgemäß überschaubare Entscheidungen, die ihr Leben betreffen, miteingebunden sind. Die Partizipation an solchen Entscheidungsprozessen macht es Kindern im späteren Leben leichter, zu entscheiden, was sie selbst im Rahmen ihrer Sozialgruppe wollen und brauchen.

Dabei halten sich Kinder und Jugendliche deutlich bereitwilliger an Regelwerke, bei deren Erstellung sie selbst beteiligt waren. Auch hier spielt der emotionale Zusammenhalt der Gruppe eine wichtige Rolle. Je familienähnlicher eine Gruppe strukturiert ist, desto mehr identifizieren sich die Kinder mit dieser Gemeinschaft. Sie verhalten sich loyaler der Gruppe gegenüber und akzeptieren die Regeln stärker als verbindlich für alle, die dazu gehören (Graßl et al., 2000). Verschiedene Resilienzstudien zeigen, dass auch die Übertragung von Verantwortlichkeiten, z. B. an Schüler innerhalb der Schule, das Selbstwertgefühl und die Schulleistungen der Kinder verbesserte und die Verhaltensprobleme verringerte (Olweus, 2006; Rutter et al., 1979).

Generell treten im Kulturenvergleich Pubertätskrisen dort weit seltener auf, wo Jugendliche verantwortungsvolle Aufgaben übernehmen dürfen und von der Erwachsenenwelt bereits früh ernst genommen werden (Haug-Schnabel, 2000). Auf der anderen Seite kann zuviel oder unerwünschte Unterstützung durch Erwachsene zu Unselbstständigkeit und Abhängigkeit führen.

Teil III
Die Psychologie in der Praxis entdecken

		Seite
5	Spielen	252
6	Wahrnehmen	278
7	Beobachten	294
8	Kommunizieren und Interagieren	334

5 Spielen
Armin Krenz

5.1	Zur Theorie des Kinderspiels	254
5.1.1	Historische Sichtweisen	254
5.1.2	Aktuelle Sichtweisen	256

5.2	Spiele und ihre Bedeutung für die Entwicklung	258
5.2.1	Klassifikationsmodelle von Spielformen	258
5.2.2	Spielen und Lernen	266

„Das Kinderspiel ist eine zu auffällige Erscheinung aller Zeiten und aller Kulturen, als dass die Menschen es nicht von jeher beachtet […] hätten […]. Schon die frühesten Bilder des alten Reichs der Ägypter zeigen Puppen, Spieltiere, Bälle und Wagen zum Ziehen; sie zeigen Kinder, die tanzen und hüpfen, übereinander wegspringen und sich balgen, ja sogar theatralische Szenen spielen und dabei Masken tragen […]. In der vorindustriellen Gesellschaft haben die Kinder auch unmittelbar an den eigenen Spielen der Erwachsenen teilgenommen […], so wie ihr ganzes Kinderleben noch in das Leben und Arbeiten der Erwachsenen eingefügt war. Erst das Industriezeitalter zerstörte diese Gemeinschaft. Erst an der Schwelle des 20. Jahrhunderts entstand deshalb die moderne pädagogische Reflexion, welche (die) Theorie und Erforschung des Kinderspiels ermöglichte." (Flitner, 1977)

Für viele Menschen ist **Spielen** heute vor allem etwas, das zu Kindern gehört. Und jeder, der sich mit seiner eigenen Kindheit beschäftigt, wird automatisch auch an eigene Kinderspiele denken. Auf dem 16. Weltkongress der International Play Association (IPA) 2005 in Berlin haben sich Fachleute aus aller Welt darüber ausgetauscht, welche Rolle das Spiel(en) heute einnimmt. Der IPA Präsident Jan van Gils äußerte sich wie folgt: „Allzu oft wird Spiel als Zeitvertreib betrachtet, um Kinder ruhig zu halten bis sie erwachsen sind. Allzu oft wird Spiel auch als ein Bildungswerkzeug angesehen. Aber nur selten ist man sich der Tatsache bewusst, dass Kinder beim Spielen für das Leben lernen." Diese Dimension des kindlichen Spiels macht es bedeutsam, sich mit seinen vielfältigen Aspekten auseinanderzusetzen, um sich das Potenzial für die erzieherische Praxis nutzbar zu machen.

5.1 Zur Theorie des Kinderspiels

Ein Blick in die Zeitgeschichte zeigt, dass verschiedene Vertreter aus unterschiedlichen wissenschaftlichen Bereichen ihre Einschätzung zur Funktion und Bedeutung des Spiels für die Entwicklung des Menschen vorgenommen haben. Aus ihren vielfältigen Sichtweisen entstanden Meinungen, Hypothesen und **Theorien** über das **Kinderspiel**.

5.1.1 Historische Sichtweisen

- Der amerikanische Philosoph und Psychologe **Stanley Hall** und der Psychologe **Wilhelm Wundt** gehen 1906 davon aus, dass sich im Spiel des Kindes die Stammesentwicklung *(Philogenese)* des Menschen wiederholt. Sie beziehen sich dabei vor allem darauf, dass Kinder mit Vorliebe Erd-, Holz- oder Baumhöhlen bauen, auf Abenteuerspielplätzen ihrem ungebremsten Entdeckerinteresse nachgehen oder Jagdrollenspiele unternehmen
- Der Philosoph und Soziologe **Herbert Spencer** vertrat 1855 die so genannte Kraftüberschusstheorie. Seiner Meinung nach steckt das Kind voller Energie und nutzt das Spiel dazu, seine unverbrauchte Kraft umzusetzen
- Der Pädagoge **Julius Schaller** glaubt 1861 – ähnlich wie **Guts-Muths** –, dass das Spiel dem Menschen die Möglichkeit bietet, nach einer partiellen Erschöpfung einen wichtigen Ausgleich zu finden
- Der Psychologe **Harvey Carr** ist 1902 davon überzeugt, dass im Spiel aufgestaute Gefühle, dem Menschen inneliegende Instinkte und gedankliche sowie motorische Impulse abreagiert werden können
- Der Philosoph **John Locke** gesteht im 17. Jahrhundert den Kindern zu, das Spiel aus dem Grunde zu erleben, weil es im Gegensatz zum Erwachsenen noch nicht in der Ernsthaftigkeit des Lebens eingebunden ist
- Der Philosoph **Immanuel Kant** sieht im Spiel eine absichtslose Beschäftigung, die lediglich der eigenen Muße dienlich ist
- **Friedrich Schiller** schuf 1907 mit seinen philosophischen Betrachtungen „über die ästhetische Erziehung des Menschen" eine Vernetzung zwischen Spiel, Schönheit und ästhetischem Sein. Er schätzt das Spiel als etwas so Bedeutsames ein, das den Menschen erst vollständig macht
- Der Philosoph und Psychologe **Karl Groos** vertritt 1899 in seiner Einübungs- und Vorübungstheorie die Ansicht, dass das Kind im Spiel die Möglichkeit findet, die vielfältigsten, angelegten Fähigkeiten zu üben und mit zunehmendem Alter in einer Form der Selbstausbildung weiterzuentwickeln

- Der Pädagoge **Hans-Günther Richter** geht 1984 von einem experimentierenden Spiel einerseits und vom dramatisierenden Fantasieren und Entladen körperlichen Überschusses durch Bewegung andererseits aus. Dabei geht seiner Meinung nach das Kind mit allen Gegenständen im Spiel so um, als wären sie lebendig
- **William L. Stern,** Psychologe, schätzt das Spiel 1924 als eine Tätigkeit ein, die einen direkten Bezug des Kindes zu den drei Zeitdimensionen Vergangenheit, Gegenwart und Zukunft besitzt und in denen symbolische, magische und entwicklungsausgerichtete, funktionsübende Momente zum Tragen kommen
- Die Psychologin **Charlotte Bühler** gibt der Funktionslust des Kindes mit seiner Spiel- und Wiederholungsfreude die größte Bedeutung und geht 1924 davon aus, dass das Kind durch seine hohe Spontaneität immer wieder versucht, aktuell herausfordernde Situationen spielend zu bewältigen und zu meistern
- Beim Pädagogen **Friedrich Fröbel** wird das Spiel im 19. Jahrhundert zur höchsten Stufe der Kindheitsentwicklung, in der es vor allem darum geht, Äußerliches innerlich und Innerliches äußerlich zu machen. Er hat die Vorstellung, dass Eindrücke ausgedrückt werden müssen und das eigene Ausdrucksverhalten einen Eindruck in der Welt hinterlassen soll
- Der Anthropologe **Frederik J. J. Buytendijk** vergleicht 1933 das Spiel mit einem Theaterstück, in dem es immer einen Anfang, einen Höhepunkt und ein Ende gibt. Für ihn geht es um die spielerische Dynamik im Umgang mit Dingen oder Lebewesen, die für das Kind im Spiel eine besondere Bedeutung besitzen und aus diesem Grunde dazu geeignet sind, eine Spieltätigkeit auszulösen
- Der Philosoph und Kunsthistoriker **Johan Huizinga** geht von einem sehr weiten Spielbegriff aus. Er sieht 1938 die gesamte Kultur als eine Form des Spiels an, indem er beispielsweise die Spielregeln in der Kommunikation als ein „Spiel mit Regeln" betrachtet, in dem Menschen ihre individuellen „Spielrollen" übernehmen und das ganze Leben ein „Spiel" ist
- Der Entwicklungspsychologe **Jean Piaget** ordnet das Spiel des Kindes als einen permanenten Versuch ein, sein Umfeld in das eigene Denken, Handeln und Gestalten einzubeziehen, um erlebte Situationen zu begreifen und möglichst aktiv mitbestimmen zu können. Für ihn ergibt sich daraus die logische Notwendigkeit, dass das Kind im Spiel vor allem eine egozentrische Haltung einnimmt
- **Hildegard Hetzer,** Psychologin, glaubt 1965 im Spiel der Kinder eine wesentliche Möglichkeit ihrer Befriedigung entdecken zu können. Ereignisse, die aus Sicht der Kinder unbefriedigend oder belastend verliefen, können

nun durch das Nachspielen und ein anderes Gestalten einen nachträglich besseren Verlauf nehmen als in der erlebten Realität
- **Ernst Haigis**, Psychologe, glaubt 1941, dass das Spiel vor allem die „Lust an existenzieller Erregung" für Kinder bedeutet. Jedes Risiko schafft ein Erlebnis zur emotional bestärkenden Berechtigung der eigenen Existenz und lässt das Kind damit spüren: „Ich bin wer! Nämlich ich."
- Der Psychoanalytiker **Sigmund Freud** vertritt die Katharsishypothese. Seiner Einschätzung nach führt jedes Spiel zu einer Reinigung (Katharsis) von Erlebnissen, Erfahrungen und Eindrücken aus der Vergangenheit. Das Spiel hilft dem Kind immer wieder aufs Neue, sein seelisches Gleichgewicht aktiv wiederherzustellen.

Diese Übersicht zeigt, dass es keine allgemeingültige Spieltheorie gibt und die Einschätzung des Spiels vom jeweiligen ideologischen Zusammenhang oder einem bestimmten Kenntnisstand geprägt ist. Das Spiel wird aus zweierlei Blickrichtungen betrachtet: aus der Erwachsenensicht mit teils dogmatischen Absichten sowie aus der Perspektive des Kindes und seinen Entwicklungswünschen und -möglichkeiten. Da das Spiel eine schon immer beobachtbare Ausdrucksform des Menschen in der Kindheit, Jugendzeit und als Erwachsener ist, kann davon ausgegangen werden, dass das Spiel eine Lebensnotwendigkeit ist. Heute besteht kein Zweifel daran, dass das Spiel in der Entwicklung des Kindes eine zentrale Stellung einnimmt.

5.1.2 Aktuelle Sichtweisen

Immer wieder haben Wissenschaftler versucht, ihre **Sichtweise** des Spiels darzulegen und das Spiel zu definieren. Es gibt in der Literatur ungezählte Ansätze dazu. Vielen Spieldefinitionen ist vor allem eines gemeinsam: sie betonen die freie Handlung des Spiels.

> **Spiel**
>
> „Spiel ist eine freiwillige Handlung oder Beschäftigung, die innerhalb gewisser festgesetzter Grenzen von Zeit und Raum nach freiwillig angenommen, aber unbedingt bindenden Regeln verrichtet wird, ihr Ziel in sich selbst hat und begleitet wird von einem Gefühl der Spannung und Freude und einem Bewusstsein des ‚Andersseins' als das ‚gewöhnliche Leben'."
> (Huizinga, 1956)

Wie die Definition von Johan Huizinga, so hat sich heute auch die Ansicht des Soziologen Roger Caillois durchgesetzt: „Das Spiel ist 1. eine freie Betätigung, zu der der Spieler nicht gezwungen werden kann, ohne dass das Spiel alsbald seines Charakters der anziehenden und fröhlichen Unterhaltung verlustig ginge; 2. eine abgetrennte Betätigung, die sich innerhalb genauer und im voraus festgelegter Grenzen von Zeit und Raum vollzieht; 3. eine ungewisse Betätigung, deren Ablauf und deren Ergebnis nicht von vornherein feststeht, da bei allem Zwang, zu einem Ergebnis zu kommen, der Initiative des Spielers notwendiger Weise eine gewisse Bewegungsfreiheit zugebilligt werden muss; 4. eine unproduktive Betätigung, die weder Güter noch Reichtum noch sonst ein neues Element erschafft, und die, abgesehen von einer Verschiebung des Eigentums innerhalb des Spielerkreises, bei einer Situation endet, die identisch ist mit der zu Beginn des Spiels; 5. eine geregelte Betätigung, die Konventionen unterworfen ist, welche die üblichen Gesetze aufheben und für den Augenblick eine neue, allgemeingültige Gesetzgebung einführen; 6. eine fiktive Betätigung, die von einem spezifischen Bewusstsein einer zweiten Wirklichkeit oder einer in Bezug auf das gewöhnliche Leben freien Unwirklichkeit begleitet wird." (Caillois, 1958)

Die Sichtweise von Caillois kann durch die Punkte ergänzt werden, die der Psychologe Jean Chateau dem Spiel zuschreibt (→ Abb. 5.1). Spiele:

- Haben keinen materiellen Wert
- Sind durch Freude charakterisiert; die erlebte Spielfreude ist aktiv und unmittelbar
- Zeichnen sich durch einen bestimmten Spielernst aus
- Bedeuten Wettkampf – wenn nicht mit anderen, so mit sich selbst
- Sind ein Aufsuchen von Schwierigkeiten, um sie selbst zu meistern (1964).

Abb. 5.1: Spielen zeichnet sich laut dem Psychologen Jean Chateau durch einen bestimmten Spielernst aus. Es ist ein Aufsuchen von Schwierigkeiten, um sich selbst zu meistern

Der Pädagoge Adolf Portmann hat eine einfache und sehr prägnante Spieldefinition gefunden: „Spiel ist freier Umgang mit der Zeit, ist erfüllte Zeit; es schenkt sinnvolles Erleben jenseits aller Erhaltungswerte; es ist ein Tun mit Spannung und Lösung, ein Umgang mit einem Partner, der mit einem spielt – auch wenn dieser Partner nur der Boden ist oder die Wand, welche dem Spielenden den elastischen Ball zurückwerfen." (1976)

5.2 Spiele und ihre Bedeutung für die Entwicklung

Es gibt vielfältige Versuche und Ansätze, das Phänomen Spiel zu klassifizieren. Dabei stellt sich die Frage, nach welchen Kriterien oder Prinzipien die Einordnung der verschiedenen **Spielformen** vorgenommen werden kann, um das Spiel in seiner Vielschichtigkeit sowie seiner **Bedeutung** für die **Entwicklung** von Kindern zu erfassen.

5.2.1 Klassifikationsmodelle von Spielformen

In der spielpädagogischen Forschung sind mehrere **Klassifikationsmodelle** bekannt. Sie beziehen sich auf:
- Die Entwicklung – der spielende Mensch muss einen bestimmten Entwicklungsstand erreicht haben, um eine Spielform zu realisieren und in die nächste Spielform kommen zu können
- Das Spiel selbst – vom Wettkampfspiel bis zum rauschhaften Spiel
- Die Sozialform – die Art der Zusammenstellung der Mitspieler; vom Solospiel bis zum Großgruppenspiel
- Den Spielinhalt – die Spieldidaktik und seine jeweilige besondere Bedeutung
- Die Funktion – der Spielzweck ist entscheidend
- Den Spielort – Spiele für drinnen oder draußen, Wasser-, Wald- oder Wiesenspiele
- Das Spielmaterial – Ball-, Würfel-, Brett- oder Kartenspiele.

Einige Klassifikationsmodelle sind sehr allgemein gehalten und andere wiederum enthalten nur sehr wenige Kategorien. Auch wenn jeder Klassifizierungsversuch seine Schwächen besitzt, können Pädagogen ohne eine Klassifizierung nicht auskommen, denn ein Ordnungsschema vereinfacht die Auswahl im Hinblick auf die Entwicklungsunterstützung bei Kindern.

Entwicklungsbezogene Spielformen

Aus entwicklungspsychologischer Sicht stehen bestimmte **Spielformen** und der Entwicklungsstand des Kindes in einem engen Zusammenhang. Es gibt eine altersabhängige Reihenfolge:

Sensumotorische Spiele

Die **Sensumotorischen Spiele** (früher: *Funktionsspiele*) umfassen die Spielaktivitäten der Ein- und Zweijährigen. Kennzeichnend ist die Freude an Körperbewegungen, das Spiel mit den eigenen Körperteilen und einigen wenigen Gegenständen, die mehrfachen Spielwiederholungen. Das Erlebnis von Spannung und Entspannung motiviert Kinder immer wieder, Bewegungen auszuprobieren, Gegenstände in Bewegung zu bringen und Spielrituale zu wiederholen.

Entdeckungs- und Wahrnehmungsspiele

Mit den **Entdeckungs- und Wahrnehmungsspielen** *(Informations- und Explorationsspiele)* erkundet ein Kind Gegenstände und Zusammenhänge. Sie dienen dazu, Geräusche zu erfassen und Spielabläufe mit den Materialien zu beobachten. Kinder möchten die Beschaffenheit der Materialien „begreifen" und mit allen interessierenden Dingen hantieren bzw. sie zerlegen.

Konstruktionsspiele

Konstruktionsspiele (*werkschaffende Spiele,* → auch Abb. 5.3) umfassen das ganze Spektrum von Bau- oder gestalterischen Spielen, bei denen das Kind Gegenstände benutzt wie Holzbausteine, Legosteine, Alltags- oder Naturmaterialien, um daraus gezielt etwas zu bauen bzw. herzustellen. Die Vielfalt der Materialien und ihre Nutzungsmöglichkeiten geben den Ausschlag dafür, dass vor allem die Fantasie der Kinder angeregt und ihre Handlungsimpulse immer wieder aufs Neue aktiviert werden. Hier sind kognitive Leistungen gefragt, z. B. Abstraktionsvermögen, perspektivisches und logisches Denken.

Im Konstruktionsspiel müssen vor allem drei Aspekte in Übereinstimmung kommen: das Kind mit seinen genauen Konstruktionsvorstellungen, das vorhandene Material, z. B. Bausteine, Sand, Holzstöcke oder Verpackungsmaterialien, und das notwendige Werkzeug, das für die Herstellung gebraucht wird, z. B. Schraubendreher, Schnur, Klebstoff oder Stifte.

Abb. 5.2: Kinder beobachten Spielabläufe mit den Materialien und erkunden Zusammenhänge

Symbol- oder Fiktionsspiele

Das **Symbol- oder Fiktionsspiel** *(Als-ob-Spiel)* wird von vielen Spieleforschern als die eigentliche Spielform von Kindern bezeichnet. Sie tritt mit dem ersten Lebensjahr auf und zeigt sich intensiv während der ganzen Kindergartenzeit und nimmt dann wieder ab. Die Kinder geben den Spielgegenständen und auch der Spielhandlung ein „eigenes Gesicht" und deuten sie in ihrem Sinne um: Puppen werden zu Kindern, Stühle zu Schiffen, Tische zu Höhlen und Holzstöcke zu Gewehren. Symbol- oder Fiktionsspiele können als Solospiele, als Parallelspiele oder gemeinsam mit andern Kindern durchgeführt werden. Bei Kindern, deren soziale und kognitive Kompetenzen bereits weiter entwickelt sind, ist beim gemeinsamen Symbol- oder Fiktionsspiel der Übergang zum Rollenspiel fließend.

Rollenspiele

Das **Rollenspiel** von Kindern ist ein thematisch geleitetes Zusammenspiel von mindestens zwei Personen, die sich in fiktive Rollen begeben haben. Meist geht es um Personen und Situationen, die Kinder erlebt haben oder in ihrer Vorstellung so erleben wollen. Im Rollenspiel erproben Kinder ihre eigenen Verhaltensweisen oder nutzen es zur Verarbeitung von erlebten Konfliktsituationen aus ihrem Alltag. Durch das Rollenspiel versuchen Kinder unbewusst, die von ihnen dargestellten Situationen besser zu verstehen, neu wahrzunehmen und differenzierter zu durchschauen. Sie versuchen, ihre Lebenssituation zu stabilisieren und ihre Gefühle auszudrücken. Sofern das Rollenspiel als Verarbeitungshilfe dient, kann es Kindern helfen, Abstand zu erlebten oder zu erwartenden Situation zu gewinnen und Handlungsalternativen auszuprobieren.

Abb. 5.3: Beim Konstruktionsspiel benutzen Kinder auch Alltags- und Naturmaterialien, um gezielt etwas herzustellen

Je jünger die Kinder sind, desto einfacher sind ihre Rollenspiele. Sie werden mit zunehmendem Alter immer differenzierter bis sie sich zum Sozialen Rollenspiel entwickelt haben. Hierbei werden die Rollen exakt verteilt und immer differenzierter ausgefüllt; die benutzten Requisiten ähneln immer stärker den gemeinten Gegenständen. Die Ansprüche an die sozialen, emotionalen und kognitiven Kompetenzen wachsen mit der Komplexität des Rollenspiels.

Soziale Regelspiele

Die **Sozialen Regelspiele** *(Gemeinschaftsspiele)* sind dadurch gekennzeichnet, dass sie nach festen Regeln gespielt werden, die bis zum Ende des Spiels beachtet und eingehalten werden müssen. Soziale Regelspiele haben meist einen Wettkampfcharakter, der die Konkurrenz der Mitspieler provoziert. Sie erfordern meist bestimmte Fähigkeiten, die erst erlernt werden müssen. Zu den Sozialen Regelspielen gehören z. B. Hüpfspiele, Fangspiele, Brett- und Kartenspiele oder Fußball. In einem bestimmten Alter suchen Kinder einen Leistungsvergleich mit den Mitspielern (→ Kap. 3.1.5). Dafür brauchen sie aber auch ein Grundmaß an Belastbarkeit, Frustrationstoleranz, Empathie und Anstrengungsbereitschaft. Da der Aufbau eines sozialen Regelbewusstseins bei Kindern ein Lernprozess ist, der einen Zeitraum von ca. zehn Jahren umfasst, steht diese Spielform aus entwicklungspsychologischer Sicht erst im Schlussbereich der Spielentwicklung beim Kind.

> Soziale Regelspiele in Kindertageseinrichtungen kommen für manche Kinder zu früh. Alle beteiligten Mitspieler müssen in der Lage sein, sich auf den Spielgegenstand selbst, die Spielaufgabe und den -verlauf einzulassen und ihre subjektive, persönliche Wertigkeit zurückzustellen.

Kinder, deren psychische Grundbedürfnisse eher unbefriedigt geblieben sind, haben größere Schwierigkeiten damit als Kinder mit gut entwickelter Selbstkompetenz. So kann es dazu kommen, dass Kinder ihre eigenen Regeln entwickeln, um sich daran messen zu können. Wenn die Mitspieler eine solche Änderung des Spielablaufes nicht akzeptieren, führt dies zum Spielabbruch oder zum Ausschluss des Kindes. Beobachtungen dokumentieren, dass Soziale Regelspiele meist frühestens ab dem 5./6. Lebensjahr von Kindern bewältigt werden können.

Funktionsbezogene Spielformen

Die Einteilung der folgenden **Spielformen** orientiert sich eher an ihrer **Funktion,** an ihrem Spielzweck.

Bewegungsspiele

Das Spektrum der **Bewegungsspiele** reicht von einfachen Fangspielen, Such- und Versteckspielen bis hin zu komplizierteren Hüpf- und Ballspielen. Auch wenn wie bei den sozialen Regelspielen das Einhalten von Regeln und der Wettkampfcharakter ins Spiel kommen, so werden hier die Bewegungsspiele zu allererst als eine Möglichkeit gesehen, motorische Bedürfnisse auszuleben und Bewegungseinschränkungen auszugleichen. Neben der Möglichkeit, aufgestaute Gefühle, Belastungsstress und Frustrationen über die Motorik zu kompensieren, hilft die Nähe zu den Mitspielern, erlebte Isolationsmomente, unbefriedigte Grundbedürfnisse oder Einsamkeit und Entfremdung abzumildern. Diese Spielform stellt noch eine weitere Ausdrucksform zur Verfügung: die Aggressionsspiele. Darunter werden wilde Rauf- und Kampfspiele verstanden, die unter Beachtung fester Spielregeln den Beteiligten dabei helfen, aggressive Stimmungen und aufgestauten Stress abzubauen.

Musikspiele

Die **Musikspiele** bieten durch den spielerischen Umgang mit Instrumenten und der eigenen Stimme vielfältige Möglichkeiten, Musik und Sprache aktiv zu erleben und nicht nur passiv den Unterhaltungswert von Medien zu nutzen. Hier können Kinder ihre musikalischen Ressourcen entdecken und werden in die Lage versetzt, eigene Stimmungslagen mit dem Ausdrucksmittel „Musikgestaltung" zu verbinden. Musikwissenschaftler sprechen hier von der Begegnung bzw. der Deckungsidentität von „inneren und äußeren Tönen". Für die unterschiedlichen Musikspiele können vorhandene Musikinstrumente genutzt, aber auch selbstgebaute Musikinstrumente eingesetzt werden.

Dieser Spielform wird auch das Tanzspiel zugeordnet; diese beiden Spielformen gehen häufig ineinander über. Zu den Tanzspielen gehört neben den traditionellen Tänzen vor allem die Freude an der rhythmischen Bewegung, am Körperkontakt mit den anderen Mittänzern und an den veränderbaren Beziehungen während des Tanzens.

Finger- und Handpuppenspiel

Beim **Finger- und Handpuppenspiel** können sich Kinder mit den unterschiedlichen Figuren identifizieren oder abgrenzen. Sie können beim eigenen Spiel, ähnlich wie im Rollenspiel, Verhaltensweisen ausprobieren und Konfliktsituationen nachspielen. Das Puppenspiel bietet wie auch das Schattenspiel darüber hinaus den Erwachsenen die Möglichkeit, Spielszenen aufzuführen, um Kinder in eine Selbstbetrachtung zu führen und sie anzuregen, über sich, über andere, über Handlungsaspekte oder Handlungsfolgen nachzudenken.

Die Faszination dieser Spielform hat auch heute bei Kindern noch nicht nachgelassen, denn die Puppenspieler treten in Kommunikation mit den Kindern und können jederzeit situationsorientiert auf sie reagieren.

Theaterspiele

Unter den Begriff des **Theaterspiels** fallen beispielsweise die Pantomime, das Märchenspiel oder das Maskenspiel. Damit der Spielcharakter erhalten bleibt, müssen alle Akteure die Möglichkeit haben, von der Stückauswahl über die Rollengestaltung aktiv zu sein. Theaterspiele leben aus den Einfällen der Mitspieler, sind offen für Erweiterungen und bieten Platz, interessante Ideen und Einfälle zu integrieren. Theaterspiele werden von Kindern dann besonders gerne angenommen, wenn sie auch an der Bühnengestaltung beteiligt sind, so dass das Ganze zu einem einzigen, großen Spiel wird, in dem Handwerk und Konstruktion, Bewegung und Musik, Tanz und Produktion miteinander vernetzt sind.

Abb. 5.4: Das Puppen- oder Schattenspiel bietet Erwachsenen die Möglichkeit, Kinder z. B. in die Selbstbetrachtung zu führen oder Gelegenheit zur Bearbeitung von Emotionen zu geben

Interaktionsspiele

Interaktionsspiele sind eher kurze Spielhandlungen, die von einem Spielleiter initiiert, begleitet und gesteuert werden. Ursprünglich stammt diese Spielform aus der gruppendynamischen Arbeit, bei der es um Selbsterfahrung und Sensibilisierung für andere Menschen geht. Interaktionsspiele kennen weder „richtig und falsch" noch „Sieger und Verlierer". Sie dienen der Erweiterung bzw. Verbesserung:
- Der eigenen Wahrnehmungsfähigkeit
- Der Wahrnehmungsoffenheit für andere Menschen und bestimmte Situationen
- Eigener Handlungsmöglichkeiten
- Der Kommunikations- und Konfliktfähigkeit
- Des Kooperationsverhaltens
- Eigener stereotyper Denk- und Verhaltensmuster.

Trotz dieser Schwerpunkte erfassen die Interaktionsspiele immer die ganze Person. Sie kann sich selbst in bestimmten Interaktionssituationen erfahren und wird damit in die Lage versetzt, über sich und das bisherige Kommunikationsverhalten, über Einstellungen und Sichtweisen, konstruktive oder destruktive Handlungsmomente zu reflektieren.

Denk- und Lernspiele

Auf die so genannten **Denk- und Lernspiele** wird an dieser Stelle nicht weiter eingegangen. Sie sind keine Spiele im eigentlichen Sinne, denn sie sollen Wissen vermitteln, kognitive Lernprozesse stimulieren und können ohne Schwierigkeiten bestimmten richtlinienorientierten Lernzielen zugeordnet werden.

Freies Spielen

Das **Freie Spielen** *(Freispiel)* ist ein Begriff, der sich mehr auf die Strukturierung des Tages in einer Kindertageseinrichtung bezieht. Es gehört deshalb nur insofern zu den funktionsbezogenen Spielformen, als es dem Zweck dient, Kindern die Wahl zu lassen, was sie, wann und mit wem, an welchem Ort spielen möchten. Es steht also nicht so sehr das Spiel selbst, als vielmehr die freie Wahl im Vordergrund.

Das Freie Spielen ist durch sehr unterschiedliche Spielhandlungen der Kinder charakterisiert und setzt die Existenz einer Spielfähigkeit voraus. Wenn Kinder keine oder nur eine sehr eingeschränkte Spielfähigkeit besitzen, können sie eine Freispielzeit als Überforderung erleben. Sie wissen mit der ungeplanten Zeit wenig anzufangen. Solche Kinder zeigen häufig eine hohe motorische Aktivität um der Aktivität willen und stören andere Kinder mit unsozialen Verhaltensweisen. Dies geschieht aus dem Bedürfnis nach Stressreduktion heraus. Spielfähige Kinder dagegen nehmen eine Freispielzeit gerne in Anspruch, um eigenen Spielideen nachzukommen, selbstständige Spielhandlungen aufzubauen, ausgewählte Spielmaterialien in ihren Spielablauf aufzunehmen und Spielerlebnisse zu genießen.

Für eine gelungene Freispielzeit muss die Ausgangssituation der Kinder miteinbezogen werden. Neben dem Freiraum, den diese Spielform den Kindern bietet, haben Erzieherinnen in dieser Phase die Möglichkeit, Spielimpulse zu geben, wenn der Ideenreichtum der Kinder ausgeschöpft zu sein scheint oder wenn Kinder erst gar nicht in ein Spiel finden.

Nicht nur die Spielform selbst, sondern auch das zur Verfügung stehende Spielmaterial hat seinen besonderen und einzigartigen Wert im Hinblick auf die Entwicklung von Kindern. Insofern ist die Idee eines „**spielzeugfreien Kindergartens**" kritisch zu betrachten. Dieser pädagogische Impuls wurde 1992 ausgelöst durch einen Suchtarbeitskreis in Oberbayern: Elementarpädagogische Einrichtungen sollten einmal jährlich für jeweils drei Monate auf die gesamten Spielmittel verzichten. Ziel war es:

- Die Konsumabhängigkeit bei Kindern zu verringern. Sie sollten lernen, Frustration und Langeweile auszuhalten
- Die Annäherung von Jungen und Mädchen sowie deutschen und ausländischen Kindern zu fördern
- Eine höhere Ökosensibilität der Kinder durch die Aufenthalte im Freien zu unterstützen
- Eine höhere Kreativität der Kinder durch selbstständige Beschäftigungen zu erreichen
- Bessere Sozialkompetenzen bei den Kindern auf- und auszubauen, weil sie durch die Spielmittelfreiheit in die Lage versetzt werden, häufiger und intensiver miteinander zu kommunizieren bzw. zu interagieren
- Gegen Süchte aller Art zu stabilisieren, weil Kinder in Frustrationssituationen nicht mehr zum Spielzeug „flüchten" können.

Abb. 5.5: Neben dem Freiraum, den das Freispiel den Kindern bietet, können Erzieherinnen auch Spielimpulse setzen, wenn Kinder in kein Spiel finden

Verschiedene Spielforscher haben sich wissenschaftlich mit dieser Idee auseinandergesetzt und haben folgende Erkenntnisse:

Thomas Dannenberg von der Technischen Universität Berlin stellte in einer Untersuchung über die Wirkung eines spielzeugfreien Kindergartens fest, dass ein Teil der Kinder mit Stress und Ängstlichkeit auf das Chaos im spielzeugfreien Kindergarten reagierte und er fand keinerlei wissenschaftliche Belege dafür, dass ein Spielmittelentzug spätere Süchte verhindern könne

Der Psychologe Hans Mogel von der Universität Passau spricht von einer „Form der Kindesmisshandlung" und bringt zum Ausdruck, dass ein solcher erzwungener Entbehrungszustand Gefahren für die Entwicklung von Kindern mit sich bringe. Seine Begründung: „Erwachsene können Geschehnisse intrapsychisch bewältigen und zu Erfahrungen werden lassen. Kinder verfügen noch nicht über diese Fähigkeit, sie sind auf die reale Gegenstandswelt angewiesen. Das gelingt ihnen im Spiel mit Gegenständen – am besten, wenn sie aus einem ausreichend großen Repertoire von Spielsachen auswählen können. Kindern kein Spielzeug zu geben ist Spielzeugdeprivation. […] Deprivation geht auf Kosten des Erlebens von Geborgenheit und der Entwicklung eines gesunden Selbstwertgefühls. […] Die Kinder wollen auch Funktions-, Konstruktions- und Regelspiele. Dafür reichen selbstgefertigte Spielzeuge nicht mehr aus. […] Die Kindergärten können auf teures Modespielzeug durchaus verzichten, aber Puppen, Klötzchen und Bausteine sollten sie auf jeden Fall behalten." (1997, S. 152)

5.2.2 Spielen und Lernen

Kinder lernen auf vielfältige Weise (→ Kap. 3.1.7). Bereits seit den Forschungsarbeiten von Jean-Jacques Rousseau und Friedrich Fröbel ist bekannt, dass das Spiel einen entscheidenden Einfluss auf die Erweiterung des kindlichen Lernpotenzials hat.

> Spielen erweitert die Kompetenzen des Kindes, angefangen bei der Stabilisierung der Ich-Identität über die Verbesserung der Belastbarkeit bis hin zur Erweiterung seiner sozialen Sensibilisierung.

Im Spiel spiegeln sich dabei nicht nur seine Seelenstruktur und sein Selbstbildes wider; vielmehr gibt es durch sein Spielverhalten auch einen Einblick in seine zukünftige Entwicklung. Alle Forschungsergebnisse zum Thema **Spielen** und **Lernen** weisen auf folgende Aspekte hin. Das Spiel:
- Ist von entscheidender Bedeutung für die Persönlichkeitsentwicklung des Kindes
- Ist der Nährboden für den Auf- und Ausbau vieler personaler und schulischer Fertigkeiten
- Schafft eine Grundlage für später notwendige berufliche Merkmale.

Diese Zusammenhänge sind schon lange bekannt. Sie stehen jedoch im scharfen Kontrast zu der Beobachtung, dass es zunehmend mehr Kinder und Jugendliche gibt, die kaum noch spielen können. Und damit fehlt ihnen der Zugang zu den „Begleiterscheinungen" des Spiels wie selbstaktiv zu werden, sich den unbekannten Dingen des Lebens zuzuwenden und sich mit ihnen auseinanderzusetzen. Kinder, die nicht spielen können, haben wenig Gelegenheit, Lösungsstrategien für Handlungsabsichten zu entwerfen und einzusetzen, Neues zu wagen und bekannte Handlungsmuster zu erweitern.

Aufbau generalisierender Fähigkeiten

Kinder erwerben im Spiel **generalisierende Fähigkeiten,** die die Grundlage für viele Fertigkeiten des Menschen bilden. Im Einzelnen sind dies folgende Merkmale:

- Vernetzungen und Verbindungen herstellen – zwischen unterschiedlichen Dingen kombinieren und koordinieren können
- Zuwendung aufbringen – Interesse, Aufmerksamkeit, Kontakt und Beziehungen zu den Dingen, zu den an einer Tätigkeit beteiligten Personen und den Abläufen herstellen
- Analysieren können – Situationen, Zustände, Dinge und Personen herauslösen und differenziert betrachten können
- Synthesen bilden – Teile eines Ganzen wieder zusammenfügen und Sinnverbindungen und Zusammenhänge herstellen können
- Vergleiche anstellen – Gemeinsamkeiten und Unterschiede zwischen Personen, Dingen und Ereignissen erkennen können
- Systematisierungen vornehmen – eine strukturierte, gezielt aufgebaute Vorgehensweise entwickeln und umsetzen können;
- Kodierungen verinnerlichen – Gedächtnisleistungen und damit die Merkfähigkeit weiterentwickeln können
- Wahrnehmung erweitern – die Vielfalt der Sinnestüchtigkeit ausformen, sie immer wieder aufs Neue aktivieren und in eine permanente Phase der Präzisierung bringen
- Funktionelle Systeme entwickeln – geeignete Schemata im Bereich der Kognition und der Handlungsvielfalt aufbauen, um selbst gesetzte oder erwartete Strategien zur Verfügung zu haben
- Kreativität entwickeln – bisherige Handlungskonzepte auf ihre Effizienz hin überprüfen sowie neuartige Strategien entwerfen und ausprobieren.

Diese Fähigkeiten entwickeln sich nicht nacheinander, sondern in Abhängigkeit voneinander. Sie werden als Lernprozess im Hintergrund bei fast allen Spielen angeregt und bilden gleichzeitig die Grundlage für das Lernen selbst. Spielen und Lernen bilden eine nicht zu trennende Einheit: Spielen ist Lernen und Lernen ist Spielen.

Aufbau von Schulfähigkeit

Es besteht eine enge Verbindung zwischen der Spielfähigkeit eines Kindes und dem **Aufbau** von **Schulfähigkeit.** Die Frühpädagogin Ingrid Pramling Samuelsson von der Universität Göteborg bezeichnet das Spiel als zentralen Faktor in unserem Leben. Sie hebt hervor, dass die Entwicklungsmöglichkeiten eines Kindes in seiner frühen Entwicklungszeit immens seien und dabei statte die unerschöpfliche Vielfalt des Spielens die Kinder mit einem Reaktionsmuster aus, das seine zukünftige Erlebnis- und Gestaltungswelt entscheidend beeinflussen werde.

Schon in den 1970er-Jahren konnte die Psychologin Monika Keller mit ihren Untersuchungen belegen, dass bedeutsame kognitive Fähigkeiten sich auch und gerade in Interaktionssituationen vollziehen, die nicht auf kognitive Lernziele ausgerichtet sind – und die vielfältigen Spielformen schaffen solche Interaktionssituationen. Keller bezieht sich dabei auf kognitive Fähigkeiten wie:
- Den Erwerb und die zielgerichtete Nutzung von Begriffen und Wissen
- Den Aufbau von Strategien zur zielgerichteten Betrachtung und Lösung von Problemen
- Ein faktenorientiertes, schlussfolgerndes und logisches Denken
- Den sorgsamen Umgang mit der Sprache als ein wesentliches Medium zur konstruktiven Kommunikation.

Sie stieß in ihren empirischen Untersuchungen (1970–1978) vor allem auf die Tatsache, dass viel spielende Kinder ein ausgeprägtes Maß an „Aufmerksamkeit, Konzentrationsfertigkeit, Wahrnehmungs- und Beobachtungsfertigkeit sowie eine analytischer Wahrnehmung" aufwiesen. Diese Kinder zeigten darüber hinaus einen konstruktiven Problemlösestil, ein angemessenes reaktionsschnelles Handeln und eine gewissenhafte Planung bei schwierigen Aufgabenstellungen, ein vorausschauendes Denken und vor allem Anstrengungsbereitschaft. Das Spiel ist damit nicht nur eine kindertypische Ausdrucksform, sondern vielmehr auch ein „indirekter, direkter Weg" zum Aufbau und zur Verbesserung von Schulfähigkeit.

Der Begriff „Schulfähigkeit"

In den vergangenen Jahrzehnten gab es sehr vielfältige Definitionen von **„Schulfähigkeit"**. Die Betrachtungen von Prof. Gerhard Witzlack zeigen die vielfältigen Facetten auf, die mit diesem Begriff verbunden sind.

> **Schulfähigkeit** *(nach Prof. Gerhard Witzlack)*
>
> Bezeichnet die Summe ganz bestimmter Verhaltensmerkmale und Leistungseigenschaften, die notwendig sind, um im Anfangsunterricht und der weiteren Schulzeit Lernimpulse wahrzunehmen, aufzugreifen und im Sinne einer aktiven Lernauseinandersetzung zu nutzen.

Die für die Schulfähigkeit notwendigen Verhaltensmerkmale bilden aus der Sicht von Witzlack die Grundlage dafür, persönlichkeitsbildende Weiterentwicklungen im emotionalen, motorischen sowie sozialen Bereich sowie inhaltliche Weiterentwicklungen im kognitiven Bereich selbstmotiviert anzunehmen und umzusetzen. Gleichzeitig betrachtet er die Schulfähigkeit als einen vernetzten Teil eines Ganzen: „Sie ist immer abhängig von den besonderen Rahmenbedingungen einer Schule und den Persönlichkeitsmerkmalen sowie den fachlichen Kompetenzen der dort tätigen Lehrkräfte." (vgl. Witzlack, G. in Krenz, 4. Aufl. 2006).

Schulfähigkeit wurde bis in die 1970er-Jahre ausschließlich als Reifungsphänomen aufgefasst und dementsprechend der Begriff „Schulreife" verwendet. Ausgangspunkt dafür war der jahrzehntelange Bezug auf die Aussagen, die der Schularzt Wolfgang Zeller seit 1936 bis in die Mitte der 1950er-Jahre vertrat. Für ihn war die körperliche Entwicklung vom Kleinkind zum Schulkind, der so genannte erste Gestaltswandel, von entscheidender Bedeutung für die Beurteilung einer „Schulreife". Gleichzeitig war für ihn die körperliche Entwicklung des Kindes auch immer ein Anzeichen für seine kognitive und soziale Entwicklung: „In diesem ersten Gestaltswandel wird auch die seelische Gestalt des Kindes gleichzeitig mit den körperlichen Vorgängen verwandelt. Die kleinkindhafte Seelenstruktur mit ihrem magischen Weltbild und der ganzheitlichen, vorwiegend synthetischen Wahrnehmung, macht einer neuen seelischen Haltung Platz, deren wesentlicher Grundzug die Fähigkeit zu analysierenden Vorgängen ist." (Zeller, 1952) Seiner Ansicht nach reiche eine körperliche Untersuchung, um aus den Befunden einen Rückschluss auf eine Schul(un)reife der Kinder zu ziehen.

Heute wird der Begriff Schulfähigkeit verwendet, denn der Blick der Forscher hat sich auf die innerlichen Bereitschaften, die so genannten „intrapersonalen Dispositionen" gerichtet (vgl. Bellenberg, 1999; Breuer, 1993; Helmke, 1992). Trotz dieser veränderten Sichtweise werden nach wie vor schulärztliche Untersuchungen durchgeführt, die den körperlichen Entwicklungsstand der Kinder erfassen, das Seh- und Hörvermögen diagnostizieren, den individuellen Entwicklungsstand bei Wahrnehmung, Motorik, Wissen und Sprache feststellen sowie einen möglichen Förderbedarf ermitteln.

Die Beurteilung von Schulfähigkeit

Witzlack spricht in seiner Definition von **Schulfähigkeit** von „der Summe ganz bestimmter Verhaltensmerkmale und Leistungseigenschaften". Damit sind jedoch nicht nur kognitive Fertigkeiten gemeint, wie sie zum Teil noch bis in die heutige Zeit bei „Schulfähigkeitsuntersuchungen" abgefragt werden: Bilder in eine logische Reihenfolge zu bringen, auf Bildkarten zu erzählten Geschichten zu zeigen, Mengenverhältnisse zu erfassen oder Zahlenreihen korrekt aufzusagen, greift auch bei den kognitiven Fähigkeiten nur einen kleinen Ausschnitt auf.

Bereits Mitte der 1970er-Jahre riet der Deutsche Bildungsrat von solchen kognitiv orientierten Überprüfungen ab. Wissensfragen sind letztlich von untergeordneter Bedeutung in der Beurteilung von Schulfähigkeit, denn sie erfassen nicht die im späteren Unterricht so wichtigen Bereiche wie die Kommunikationsfähigkeit, die Fähigkeit, kreative Lösungen zu finden oder den so wichtigen sozial-emotionalen Bereich. Letztendlich bringen unterschiedliche Schulfähigkeitsuntersuchungen bei denselben untersuchten Kindern immer wieder unterschiedliche Ergebnisse zu Tage. Das hat mit der Tagesform der Kinder ebenso zu tun wie mit dem Beziehungsverhältnis zwischen demjenigen, der den Test durchführt, und dem getesteten Kind.

Die Beurteilung der Schulfähigkeit von Kindern muss auch in Beziehung gesetzt werden zu der „Kinderfähigkeit" der Schule. Das heißt, die gesamten Umfeldbedingungen fließen in die Frage der Schulfähigkeit von Kindern mit ein.

Der Psychologe Karlheinz Barth formulierte dies so: „Aber Schulfähigkeit darf nicht ausschließlich auf Merkmale bzw. Lernvoraussetzungen des Kindes reduziert werden. Es besteht vielmehr eine Wechselwirkung zwischen schulischen Einflussgrößen und den individuellen Lernvoraussetzungen eines Kindes." (1992) Damit haben nicht nur Kinder eine so genannte „Bringschuld", sondern gleichzeitig auch die Schulen selbst (Portmann, 1995). „Schulfähigkeit stellt sich somit als ein interaktionistisches Konzept verschiedener Einflussgrößen dar." (Barth, 1992) So spielen die Rahmenbedingungen wie die Klassengröße und -zusammensetzung, der festgelegte Stundenrhythmus oder die Unterrichtsmaterialen ebenso eine große Rolle wie die bindungs- und beziehungsorientierten Ausdrucksformen der Lehrkräfte (vgl. dazu auch Johannson, 2007), deren eigene Lernbereitschaft, ihr Engagement sowie methodisch-didaktisches Wissen.

Witzlack bezieht deshalb die Frage nach einer vorhandenen Schulfähigkeit nicht nur auf den Einschulungstermin oder die erste Klasse, sondern auch auf die gesamte weitere Schulzeit.

Merkmale von Schulfähigkeit

Zu den **Merkmalen** von **Schulfähigkeit** (→ Tab. 5.6) gehört es, direkte und indirekte Lernherausforderungen von sich aus, also intrinsisch motiviert, zu bemerken, aufzunehmen und zu nutzen. „Das sich bildende Kind" steht im Mittelpunkt, das den Lernstoff als eine Herausforderung versteht und mit Interesse sowie Anstrengungsbereitschaft für eigene Lernauseinandersetzungen verwertet. Die Tabelle 5.6 gibt einen Überblick über die wichtigsten Schulfähigkeitsmerkmale.

Sie müssen nicht voll ausgebildet, sollen jedoch deutlich im Ansatz bei Kindern erkennbar sein.

Merkmale von Schulfähigkeit	
Emotionale Schulfähigkeit	• Weitgehend frei sein von inneren Spannungen • Belastbarkeit besitzen, um sich wahrnehmungsoffen den gestellten Aufgaben zuwenden zu können • Mit Enttäuschungen umgehen können, um sich bei Misserfolgen dennoch den weiteren Lernherausforderungen zu widmen • Zuversicht und Vertrauen in die eigene Person besitzen, um sich als Akteur in Lernsituationen zu begreifen • Unbekannte Situationen weitgehend angstfrei wahrnehmen können
Soziale Schulfähigkeit	• Sich in einer Gruppe angesprochen fühlen, ohne persönlich angesprochen zu werden, d. h. allgemein formulierte Arbeitsanforderungen auch auf sich zu beziehen • Sich von vertrauten Personen lösen können, um alleine und ohne Hilfe gestellte Aufgaben zu erledigen • Zuhören können und andere aussprechen lassen, um z. B. Aufgabenstellungen zu verstehen • Regeln erfassen und weitgehend einhalten können, um selbstaktiv in einer Gruppe zu einer konstruktiven Kommunikation beizutragen
Motorische Schulfähigkeit	• Viso-motorische Koordination, Finger- und Handgeschicklichkeit besitzen, um z. B. koordiniert Schreiben zu lernen • Eigeninitiatives Verhalten zeigen zur Übernahme selbstständig gestalteter Arbeitsaufgaben • Belastungen erkennen und selbstaktiv verändern können • Gleichgewichtswahrnehmung besitzen, um aus einer Innenwahrnehmung eine Konzentration auf eine Außenwahrnehmung zu richten
Kognitive Schulfähigkeit	• Ca. 15 Minuten Konzentrationsfertigkeit und Ausdauer bei mittelschweren Aufgaben aufbringen können • Aufmerksamkeit und Neugierde für Lernherausforderungen zeigen, um mit Selbstmotivation die eigene Lernfreude zu aktivieren • Folgerichtiges Denken bei logischen Aufgaben zeigen • Beziehungen/Gesetzmäßigkeiten in Abläufen erkennen • Merkfähigkeit besitzen im auditiven und visuellen Bereich, um zurückliegende Lernereignisse mit gegenwärtigen Lernherausforderungen zu verknüpfen

Tab. 5.6: Schulfähigkeit bezieht sich nicht nur auf den kognitiven Bereich

Die Frage nach dem Stand der Schulfähigkeit steht im letzten Kindergartenjahr für viele Eltern an erster Stelle. Sie suchen das Gespräch mit den Erzieherinnen, um abzuklären, welche besonderen Programme zum Aufbau der Schulfähigkeit durchgeführt werden und wie sie selbst die „Vorschularbeit" zu Hause fortsetzen können. Eine solche gezielte „Schulfähigkeitsförderung" sowohl durch Eltern als auch in einer altershomogenen Kleingruppe im Kindergarten ist allerdings ebenso wie die gezielte Zusammenführung der beiden Institutionen Kindergarten und Schule im letzten Kindergartenjahr aus Sicht vieler Schulfähigkeitsforscher seit Jahren umstritten (Bronfenbrenner, 1988; Hacker, 1998; Helmke, 1992; Klein, 1999; Krenz, 2006). Es geht stets um die Frage, ob sich die Schulfähigkeit eines Kindes aus einer zeitbegrenzten, direkten Vorbereitung ergibt oder ob sie sich nicht vielmehr als das Ergebnis einer gesamten entwicklungsförderlichen Lernunterstützung von Kindern in den ersten sechs Lebensjahren herausstellt.

Konsequenzen für die Praxis

Vergleicht man die wissenschaftlichen Ergebnisse aus der Spieleforschung hinsichtlich der entwicklungsförderlichen Merkmale der unterschiedlichen Spielformen mit den beschriebenen Merkmalen einer vorhandenen Schulfähigkeit bei Kindern, fallen deutliche Parallelen auf. Dazu schreibt Prof. Dr. Rainer Dollase von der Universität Bielefeld: „Situationsbezogenes Arbeiten, also eine gute klassische Kindergartenarbeit, ist die beste Schulvorbereitung, die wir anbieten können. Das Kind lernt immer und am besten ‚natürlich', so wie es in unserem biologischen Erbe vorprogrammiert ist. Für Bildung braucht es den Kontakt mit dem Erwachsenen, der sein Wissen anlassorientiert an den Nachwuchs weitergibt, es braucht zudem genügend Zeit, um mit Altersgenossen spielerisch die Welt zu erschließen." (2006)

Die Schulfähigkeit eines Kindes ergibt sich vor allem aus zwei Faktoren: Zum einen sind es die vielfältigen Spielformen, in denen das Kind „nebenbei" die erforderlichen Schulfähigkeitsmerkmale aufbaut (Auerbach, 2001). Zum anderen sind es die Alltagssituationen, die ohne Unterlass entsprechende Lernherausforderungen für Kinder darstellen und gemeinsam mit Erwachsenen aufgegriffen und bewältigt werden müssen (Holt, 2003), eingebettet in einem spannenden, herausfordernden Umfeld (Lee, 2004).

In dem Modellversuch „Wiener Spielprojekt" (1996) der Psychologin Waltraud Hartmann zeigte sich beispielsweise, dass durch das „freie Spiel" ein fließender Übergang vom Kindergarten zur Grundschule geschaffen werden sollte, um Kindern mit Schulschwierigkeiten effektiv zu helfen. Die Wissenschaftlerin interessierte sich dabei weniger für die Schulleistungen der Kinder als vielmehr für deren Persönlichkeitsentwicklung. Sie ging davon aus, dass das Spiel innerlich motiviert ist und den Kindern vor allem hilft, eigene Gefühle nach außen zu tragen. Dies sah sie als eine Voraussetzung dafür an, dass Kinder in einem erholten und entspannten Zustand besonders gut lernen. So wurden über den ganzen Schulvormittag bestimmte Spielzeiten verteilt. Freie Spielphasen vor dem Unterrichtsbeginn, in den Pausen und während des Unterrichts. Außerdem wurden Spiele zur Veranschaulichung und Differenzierung von Themenbereichen und im Förderunterricht angeboten. Obgleich das Spielprojekt zunächst nur für die erste Klasse gedacht war, wurde es wegen der positiven Auswirkungen auf das Lern- und Leistungsverhalten der Kinder und aufgrund der angenehmen Erfahrungen der Lehrkräfte bis zur vierten Klasse fortgesetzt.

Um festzustellen, ob die „Spielprojektkinder" genügend lernten, wurden regelmäßig vergleichende Leistungstest mit einer Kontrollgruppe durchgeführt. Das Ergebnis war eindeutig: Die „Spielprojektkinder" zeigten eine größere Schulzufriedenheit, mehr Pflichteifer und ein deutlich besseres Ergebnis bei der Fähigkeit, divergent, d. h. in verschiedene Richtungen, zu denken. Außerdem konnten bei den Kindern im sozialen Bereich positive Effekte beobachtet werden. Eine spätere Nachuntersuchung der Kinder in der neunten Klasse ergab, dass die ehemaligen „Spielprojektkinder" weiterhin sprachlich kreativer waren.

In Deutschland führte der Erziehungswissenschaftler Hanns Petilon an sechs Grundschulen in Rheinland-Pfalz ein ähnliches Projekt mit dem Konzeptschwerpunkt „Lern- und Spielschule" (1992–1996) durch. Auch hier war das Ergebnis, dass die Leistung, Kreativität und die Persönlichkeitsentwicklung der beobachteten Kinder ähnlich positiv waren wie bei dem Wiener Projekt. Hier fielen jedoch besonders deutlich die hohen Werte im sozialen Bereich auf. So nahmen die Ausgrenzung anderer Kinder und das aggressive Verhalten deutlich ab. Das geringere Aggressionspotenzial wiederum wirkte sich lernfördernd auf die gesamte Gruppe aus. Die Kinder verglichen ihre gezeigten Leistungen weniger mit denen anderer Kinder, sondern legten den Vergleichsmaßstab vielmehr an den bewältigten Aufgaben selbst an.

Spielbedingungen als Basis für Lernprozesse

Wenn das Spielen des Kindes als **Basis** für die Entwicklung von **Lernprozessen** eingestuft wird, dann brauchen Kinder auch entsprechende **Spielbedingungen**. Ihre Beschaffenheit fördert oder hemmt das Spielverhalten und damit auch die vielfältigen Spielformen, die jede für sich ganz spezifische Lernerfahrungen initiieren und zu einem weiteren Gestaltungsprozess führen. Zu den wesentlichen Spielbedingungen zählen Merkmale wie Zeit, Platz, Materialien, Mitspieler, Entscheidungsfreiheit und Ruhe (Baer, 1981).

Abb. 5.7: Spielen ist die Zeit, die frei von äußeren Erwartungen ist. Das Kind kann seinem subjektiven Spielerlebnis nachgehen. Unterbrechungen stören diesen Ereignisprozess

Zeit

Je jünger die Kinder sind, desto intensiver sind sie in ihre Spiele vertieft. Beobachtungen haben ergeben, dass kleine Kinder bis zu neun Stunden am Tag spielen, wenn man ihnen die Möglichkeit dafür einräumt. Spielen ist die Zeit, die frei von äußeren Erwartungen oder Verpflichtungen ist, und sie ist für Kinder immer ausgefüllt. Dabei spielt es keine Rolle, ob ihre Aktivität von außen sichtbar ist, denn Spielen ist durch Tätigkeit als auch durch zurückgezogenes Beobachten, durch Gespräche mit anderen als auch durch die innere Zwiesprache gekennzeichnet. Beim Spielen geht das Kind seinem subjektiven Spielerlebnis nach und Unterbrechungen oder Zeitabbrüche stören diesen Ereignisprozess erheblich.

Platz

Zunächst nutzen kleinere Kinder ihren unmittelbaren Lebensraum für ihre Spielaktivitäten. Sobald sie selbstständig gehen können, erweitert sich ihr Aktionsradius und mit zunehmender Selbstständigkeit erobern sie ihr gesamtes Umfeld: Kinder brauchen Platz. Sie nutzen alle Räume der Wohnung, den Garten und/oder öffentliche Spielflächen, Wiesen und Wälder oder die Wohnungen ihrer Spielkameraden als Spielplatz nach ihren eigenen Vorstellungen und Möglichkeiten. Kinder brauchen diese Vielfalt, um entsprechend unterschiedliche Erfahrungen sammeln zu können. Konfliktpotenzial können hier leicht die Vorstellungen der Erwachsenen von Ordnung und Sauberkeit bilden, die im Interesse der Förderung der Spielfähigkeit zumindest hinterfragt werden müssen.

Materialien

Es ist die Vielfalt der **Materialien,** die das Spiel reichhaltiger werden lässt. Spielmittel müssen zweckentfremdet werden können und veränderbar sein, Neugierde provozieren und die Fantasie des spielenden Kindes anregen, ob das nun fertige Spielmittel sind oder die verschiedenen Materialen zum Bauen und Werken, die Verkleidungsutensilien für das Rollenspiel, die landschaftlichen Gegebenheiten, die in das Spiel einbezogen werden oder ausgediente Geräte zum Zerlegen als Fundus für Experimentierspiele. Die so genannten didaktisierten Spiele bieten dagegen kaum die Möglichkeit, eigenen Fantasien und kreativen Gestaltungsmöglichkeiten nachzugehen.

Mitspieler

Beim gemeinsamen Spielen kann das Kind auch mit anderen Kindern und/oder Erwachsenen interagieren. Es kann spielerisch Erlebnisse, Erfahrungen und (Sinnes)Eindrücke verarbeiten, bedeutsame zukünftige Situationen kognitiv bzw. emotional ordnen oder einfach mit Freude eine Spielhandlung erleben. Das Spiel unterstützt das Kind dabei, seine eigene Identität zu finden bzw. zu stabilisieren bzw. seine soziale Kompetenz zu erweitern. Und hierbei bekommt es Hilfe und Anregungen durch seine Mitspieler. Sie tragen durch ihre Spielimpulse neue Aspekte in ein Spiel und sorgen so dafür, dass das spielende Kind zu neuen, inneren Auseinandersetzungen finden kann.

Entscheidungsfreiheit

Das Spiel lebt aus seiner Zweckfreiheit heraus. Der Umgang mit den Spielmaterialien bzw. Mitspielern fordert zum Spielen auf, wenn sich Kinder aus sich heraus auf die Spielhandlungen einlassen. Die freie Entscheidung zum Spielen ist die Voraussetzung für die Spielmotivation.
Wenn Erwachsene disziplinierend auf Kinder einwirken, weil sie ein Spiel als destruktiv bzw. sinnlos einschätzen, kann dies problematisch sein, da jede Spielhandlung für ein Kind sinnvoll bzw. entwicklungsbedeutsam sein kann. Bei Spielanregungen muss die Entscheidungsfreiheit noch gewährt sein, damit das Spiel Spiel bleibt.

Ruhe

Auch wenn es bei manchen Spielen lebendig und laut zugeht, brauchen Kinder Ruhe, um ungestört ihrem eigenen Spiel nachgehen zu können. Spiele sind meist durch einen Spielaufbau gekennzeichnet: Es gibt einen Einstieg, eine intensive Hauptphase und einen Abschluss. Störungen von außen unterbrechen diese Struktur. Solche Störungen können auch Ratschläge oder Ideen von Erwachsenen sein, ein Spiel so oder so zu gestalten. Auch sie können eine andere Wendung, als vom Kind beabsichtigt, in das Spiel bringen. Damit kann sich ein Kind aber nicht mehr in sein Spiel fallenlassen.

Herstellung der Rahmenbedingungen

Um der Bedeutung des Spiels für die Entwicklung der Kinder gerecht zu werden und ihre Spielfähigkeit zu unterstützen, müssen Erzieherinnen geeignete **Rahmenbedingungen herstellen**.

Persönliche Voraussetzungen

Um geeignete Spielbedingungen zu schaffen, ist es zunächst sinnvoll, die **persönlichen Voraussetzungen** zu hinterfragen:
- Messe ich dem Auf- und Ausbau der eigenen Spielfähigkeit einen hohen Wert bei und auf welche Art und Weise habe ich bisher die eigene Spielfähigkeit erweitert?
- Welche Rolle nehme ich in den unterschiedlichen Spielformen ein? In welcher Situation trete ich als Mitspielerin, Spielunterbrecherin, Spielentwicklerin, Spielinitiatorin, Spielverderberin oder Spielbeobachterin auf?
- Welche Spielformen machen mir am meisten Freude und warum?
- Mit welchen Spielformen habe ich persönlich am meisten Schwierigkeiten und warum?
- Wirke ich in der Spielzeit der Kinder als Spielvorbild und biete ich mich damit immer wieder als Spielmodell an?
- Welche Vorstellungen von Spielregeln habe ich und inwieweit sind sie dazu geeignet, das Spielverhalten der Kinder im Hinblick auf Kreativität und Fantasie, Selbstständigkeitsentwicklung und Autonomie zu unterstützen?

Institutionelle Voraussetzungen

Die **institutionellen Voraussetzungen** tragen entscheidend zur Förderung des Spiels bei Kindern bei:
- Welche Spielformen wurden bisher in der Praxis initiiert und berücksichtigt?
- Gibt es Spielformen, die in der Vergangenheit völlig ausgeblendet wurden?
- Wird den Kindern genügend Zeit und Raum zur Verfügung gestellt, um das Spiel in seiner Vielfalt zu entdecken und zu erleben?
- Sind die räumlichen und strukturellen Rahmenbedingungen in der Einrichtung dazu geeignet, das Spielverhalten der Kinder anzuregen und zu unterstützen?
- Stehen den Kindern ausreichend attraktive Spielmittel zur Verfügung?
- Legen die vorhandenen Spielmittel im Innen- und Außenbereich durch ihren Aufbau und ihre Struktur den Spielablauf fest oder bieten sie ausreichende Möglichkeiten zur Selbstgestaltung und Veränderung?
- Welche Regeln und Vorgaben gibt es, die das Spielverhalten der Kinder aktivieren?

Literaturhinweise zur Vertiefung des Kapitels „Spielen"

Theorie Spiel

Hauser, Bernhard (2013). Spielen. Frühes Lernen in Familie, Krippe und Kindergarten. Entwicklung und Lernen in der Frühen Kindheit. Stuttgart: Kohlhammer
Heimlich, Ulrich (2014). Einführung in die Spielpädagogik. München: utb GmbH
Heller, Elke (2013). Was Kita-Kinder stark macht. Im Spiel die Welt begreifen. Berlin: Cornelsen
Pohl, Gabriele (2014). Kindheit – aufs Spiel gesetzt. Vom Wert des Spielens für die Entwicklung des Kindes. Heidelberg: Springer
Renner, Michael (2008). Spieltheorie und Spielpraxis. Ein Lehrbuch für pädagogische Berufe. Freiburg, 3. Aufl.: Lambertus
Renz-Polster, Herbert / Hüther, Gerald (2014). Wie Kinder heute wachsen. Natur als Entwicklungsraum. Ein neuer Blick auf das kindliche Lernen, Fühlen und Denken. Weinheim, 3. Aufl.: Beltz
Vinzens, Andre (Hrsg.) (2011). Lasst die Kinder spielen. Wie das Spiel den Menschen bildet. Stuttgart: Freies Geistesleben
Zimpel, André Frank (2013). Lasst unsere Kinder spielen. Der Schlüssel zum Erfolg. Göttingen, 3. Aufl.: Vandenhoeck + Ruprecht
Zimpel, André Frank (2014). Spielen macht schlau. Warum fördern gut ist, Vertrauen in die Kinder aber besser. München: Gräfe und Unzer

6 Wahrnehmen

Armin Krenz, Peter Dentler

6.1	**Wahrnehmungsprozesse**	280
6.1.1	Ordnung der Wahrnehmung	281
6.1.2	Auswertung der Wahrnehmung	284
6.2	**Wahrnehmungs- und Beurteilungsfehler**	287
6.2.1	Fehlerquellen erkennen	288
6.2.2	Wahrnehmungskompetenzen überprüfen	290

Wahrnehmen bedeutet, Reize über die Sinnesorgane aufzunehmen und zu verarbeiten. Die fünf Sinne des Menschen dienten zunächst dem schieren Überleben. Als der Mensch noch Beute für Raubtiere war, musste er sich auf seine Wahrnehmung und deren korrekte Interpretation verlassen können. Dies waren zum einen Wahrnehmungen von außen: gefährlich – ungefährlich, essbar – nicht essbar. Zum anderen handelte sich um Wahrnehmungen von innen: hungrig sein oder frieren, die zu einem bestimmten Verhalten aufforderten. Das Riechhirn war bei den entwicklungsgeschichtlichen Vorfahren des Menschen einmal der größte Bereich des Gehirns. Diese Verhältnisse haben sich inzwischen deutlich zugunsten des menschlichen Großhirns verschoben. Heute nimmt der optische Sinn den ersten Rang ein vor dem Tastsinn und dem akustischen Sinn. Erst danach folgen die Nase und zuletzt die Zunge.
Wenn nun ein Mensch schlecht sehen kann, werden seine optischen Kapazitäten zwar nicht vergrößert, aber seine anderen Sinneskapazitäten werden konzentrierter ausgeschöpft. Diese Sinnesorgane nehmen einzeln und insgesamt viele Informationen pro Sekunde auf, die dann sofort verarbeitet werden müssen. Unser Gehirn mit seinen 100 Milliarden Nervenzellen und den dazu gehörigen Verbindungen entscheidet blitzartig und simultan, welche dieser Informationen zurzeit wichtig oder unwichtig sind.
Wahrnehmungen werden also ständig aufgenommen, bewusst beurteilt und möglichst eindeutig zugeordnet. Diese erste Beurteilung von Dingen erfordert schnell verfügbare und möglichst trennscharfe Kategorien wie gefährlich/ungefährlich oder möglich/unmöglich, also gedankliche Schubladen, in die diese Wahrnehmungen eingeordnet werden können. Solche gedanklichen Schubladen wurden im Laufe der menschlichen Entwicklung erfunden und immer weiterentwickelt. Dazu gehört auch die Sprache: Sie ist nichts anderes als ein System von Begriffen, mihilfe dessen äußere und innere Gegebenheiten geordnet und an Kinder weitergegeben werden.
Menschen leben auch beruflich mit und von begrifflichen Schubladensystemen. Ob das nun diagnostische Systeme im medizinischen Bereich sind oder das Feld der Pädagogik betrifft, es geht um den Versuch, die Angelegenheiten möglichst schnell, zutreffend und fehlerlos einzuordnen und zu bearbeiten. Inwieweit ein solches „Schubladendenken" zum normalen Wahrnehmungsprozess gehört und wo seine Gefahren liegen, mit dieser Fragestellung müssen sich alle Erzieherinnen auseinandersetzen. Denn die Grundlage für nahezu alle Entscheidungsschritte sind die Prozesse der Wahrnehmung, die Beobachtung und die dazugehörigen Techniken der Datenbeschaffung. Sie geben dem pädagogischen Handeln den „Boden unter die Füße".

6.1 Wahrnehmungsprozesse
Armin Krenz

Reize können nur dann von den Sinnesorganen wahrgenommen werden, wenn sie die notwendige Reizschwelle überschreiten. Physikalische Vorgänge wie Schwingungen, Moleküle oder elektromagnetische Wellen werden im Nervensystem in einer ganz spezifischen Weise verarbeitet und umgeformt. Dies versetzt den Menschen in die Lage, Töne, Farben, Kälte, Gerüche und andere Prozesse wahrzunehmen. Die Psychologen Heiner Legewie und Wolfram Ehlers (1994, in: Hobmair, 2005, S. 47) haben eine Übersicht der Reizrezeptoren und ihrer Wahrnehmung erarbeitet (→ Tab. 6.1).

Physikalischer Reiz	Organ	Rezeptoren	Ergebnis
• Lichtwellen (elektromagnetische Wellen)	• Auge	• Netzhaut *(Retina)*	• Helligkeit • Farben • Gegenstände • Raum • Bewegung
• Schallwellen (Luftdruckschwankungen 16 000–20 000/Sek.)	• Innenohr	• Schnecke *(Cochlea)*	• Töne, Geräusche • Sprache, Musik • Lokalisation von Tonquellen im Raum
• Schwerkraft • Körperbeschleunigung	• Innenohr	• Sacculus • Utriculus	• Körperposition bzw. Erdanziehung • Körperbeschleunigung
• Kopfrotation	• Innenohr	• Bogengänge *(Labyrinth)*	• Kopfbewegungen
• Moleküle im Gaszustand	• Nase	• Riechepithel • Sensible Nerven in der Nasenschleimhaut	• Gerüche • Allgemeine Reizirritation, z. B. durch Rauch
• Moleküle in Lösung	• Zunge • Mundschleimhaut • Rachenschleimhaut	• Geschmacksknospen	• Geschmacksrichtungen süß, salzig, sauer, bitter

Physikalischer Reiz	Organ	Rezeptoren	Ergebnis
• Druck • Temperatur • Gewalteinwirkung	• Haut	• Verschiedene Endorgane und Nervenendungen	• Berührung • Druck • Temperatur • Schmerz • Kitzel • Vibration
• Druck • Temperatur • Chemische Veränderungen	• Genitalschleimhaut • Innere Organe	• Verschiedene Endorgane • Nervenendigungen in – Muskulatur – Schleimhaut – Bindegewebe	• Sexuelle Erregung, Orgasmus • Dehnungsschmerz, z. T. Berührung, Temperatur, Druck (Gefühle)
• Druck • Zug	• Muskeln • Sehnen • Gelenke	• Muskelspindeln (Muskeldehnung) • Sehnenspindeln (Muskelkontraktionen) • Druckrezeptoren	• Position und Bewegung der Körperteile
• „Inneres Milieu" • Aktivitätszustand u. a.	• Gehirn	• Zahlreiche Zentren	• Wachheitsgrad • Gefühls- und Motivationszustände • Bewusstsein

Tab. 6.1: Die Reizrezeptoren und ihre Wahrnehmung nach Heiner Legewie und Wolfram Ehlers

Für die Reizverarbeitung müssen die Wahrnehmungen geordnet und bewertet werden.

6.1.1 Ordnung der Wahrnehmung

Wahrnehmungseindrücke werden ebenso wie Beobachtungsergebnisse und Beurteilungsstandpunkte (un)bewusst selbst konstruiert. Jeder Mensch besitzt dazu seine eigenen Konstruktionselemente, mit denen er für sich selbst passende Typisierungen entwirft oder aus seinem Umfeld übernimmt. Ebenso ordnet er anderen Personen in einer kaum messbaren Geschwindigkeit Persönlichkeitseigenschaften zu und entwirft für wahrgenommene Situationen passende Klassifikationen. Der Mensch sorgt dafür, dass möglichst wenige Unsicherheiten im „eigenen System" entstehen. Folgende Aussagen illustrieren diesen Prozess: „Er hat Scheuklappen vor den Augen." „Man sieht den Wald vor lauter Bäumen nicht." „Wenn ich den sehe, sehe ich rot."

> **Personen- und Objektwahrnehmungen**
>
> Innerlich vorgestellte Bilder, die sich Menschen von anderen Menschen machen, sowie von Umweltreizen, die sie zur Kenntnis nehmen und verarbeiten.

Die Wahrnehmung des Menschen wird entscheidend beeinflusst durch:
- **Körperliche Faktoren**
  - Organisch bedingte Beschaffenheit der eigenen Sinnesorgane
- **Personbezogene Faktoren**
  - Aktuelle Gefühle und provozierte Stimmungslagen
  - Aktuelle Bedürfnisse und Triebregungen
  - Bisher bedeutsame biografische Erfahrungen und Erlebnisse
  - Entwickelte Fähigkeiten
  - Intelligenz und besondere Begabungen
  - Persönlich bedeutsame Wertvorstellungen und Einstellungen
  - Verinnerlichte Normen und Vorurteile

- **Soziale Faktoren**
  - Gesellschaftliche Normen und Werte
  - Andere Menschen oder Personengruppen
  - Zeitgeist.

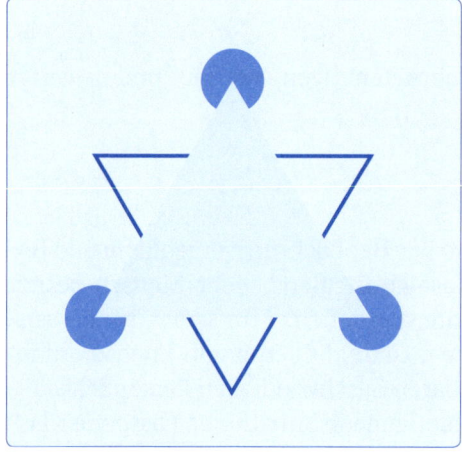

Abb. 6.2: Optische Täuschung: Das Kanizsa Dreieck – Der Mensch nimmt Konturen wahr, wo keine sind

Menschen neigen dazu, Einzelwahrnehmungen in bekannte und größere Vernetzungen einzubauen. Das heißt, sie geben einzelnen Reizen eine Bedeutung und wollen sie in ihrer Bedeutung erkennen. Einzelwahrnehmungen ergeben für den Menschen keinen Sinn. Die Einzelwahrnehmung vier einzelner, eckiger Holzstücke und einer rechteckigen Holzplatte ergibt erst durch die Zusammensetzung der einzelnen **Wahrnehmungen** die Sinnverbindung: ein Tisch. Menschen versuchen, in jedem als bedeutsam eingestuften Reiz einen Sinn zu entdecken und dem Ganzen eine **Ordnung** zu geben (→ Abb. 6.2). Dies zeigt sich in den so genannten Gestaltgesetzen.

Die Gestaltgesetze

 Gestaltgesetze

Begriff aus der Gestaltpsychologie (→ Kap. 2.1.1). Sie veranschaulichen die Funktionsweise und Eigenheiten der menschlichen Wahrnehmung und beschreiben, nach welchen Gesetzmäßigkeiten die optische Wahrnehmung abläuft.

Die **Gestaltgesetze** führen alle Menschen dazu, aus einer wahrgenommenen Unordnung Ordnungen herzustellen, aus unvollständig erscheinenden Informationen ein vollständiges Bild zusammenzustellen, aus anscheinend sinnlosen Wahrnehmungen sinnvolle Konstrukte zu entwickeln sowie aus bedeutungsarmen Reizen bedeutungsvolle Erklärungen abzuleiten. Deutungen mihilfe der Gestaltungsgesetze sind immer subjektiv. In der Wahrnehmungspsychologie rangieren an höchster Stelle die Gestaltgesetze der
- **Guten Gestalt** *(Prägnanz, Einfachheit)* – hierzu gehören zwei Tendenzen, zum einen die Vereinfachungstendenz, also jedes Reizmuster so einfach wie möglich zu sehen. Zum anderen die Verschärfung von Besonderheiten. Menschen achten besonders auf „ungewöhnliche" Personen, Personenmerkmale oder Ereignisse, die aus der üblichen Wahrnehmung herausfallen. Sie schauen beispielsweise eher einem Mann hinterher, der in Stöckelschuhen und Kleid in der Stadt unterwegs ist, als einer Frau mit derselben Aufmachung
- **Geschlossenheit** – Menschen neigen dazu, aus unvollständigen Reizen ein komplettes Objekt zu bilden, das Bild zu vollenden. Das Gesetz der Geschlossenheit ist ein sehr wichtiges Werkzeug, mit dem man Informationen ordnen, Zusammenhänge deutlich machen und die Orientierung erleichtern kann. Werden beispielsweise nur unvollständige Sätze oder einzelne Wörter geäußert, versuchen die Zuhörenden sofort, ein Bild zu entwerfen von dem,

was der andere meinen könnte. Beobachten Menschen nur die Körpersprache einer bestimmten Person, ohne verbal zu kommunizieren, denken sie beispielsweise: „So wie der schaut, geht ihm jetzt sicherlich Folgendes durch den Kopf …", oder „So wie der sich verhält, hat er bestimmt folgende Eigenschaften …"

- **Nähe** – Gleiche Elemente mit gleichem Reiz, die nahe beieinander liegen, werden auch als zusammengehörend wahrgenommen. Wenn beispielsweise am selben Tag die Waschmaschine plötzlich nicht mehr funktioniert, Handwerker im Nachbarhaus viel Lärm erzeugen und der Postbote einen Brief mit unerfreulichen Nachrichten zustellt neigt der Mensch dazu, die einzelnen, voneinander unabhängigen Ereignissen als zusammengehörend, als „schwarzen Tag" zu betrachten
- **Ähnlichkeit** – Hierbei werden sich ähnlich sehende Elemente eher als zusammengehörend betrachtet als Elemente, die sich unähnlich sind. Die Tatsache, dass Kindern in einer bestimmten Altersstufe gemeinsame Entwicklungsvorgänge (z. B. trocken sein) zugeordnet wurden, kann mit diesem Gesetz erklärt werden
- **Kontinuität** – Reize, die vorausgehende Reize fortzusetzen scheinen, werden als eine geschlossene Einheit wahrgenommen. Ein Ehepaar hat sich vorgenommen, ins Kino zu gehen. Dem Mann gefällt der Film überhaupt nicht. Die Frau sagt daraufhin: „Mir war klar, dass dir dieser Film nicht gefällt. Du bist schon genervt von der Arbeit nach Hause gekommen und wolltest den Abend lieber zu Hause verbringen. Das Umziehen war dir schon zuviel und die Parkplatzsuche hat dich an den Rand des Zusammenbruchs geführt." Dass der Film tatsächlich nicht den cineastischen Erwartungen des Mannes entspricht, wird von der Partnerin nicht zugelassen
- **Gemeinsame Bewegung** – Reize, die in dieselbe Richtung gehen, werden als zusammengehörend wahrgenommen und gleichzeitig als Richtungsgesetz übernommen. In der Mitte des Raumes ist ein Buffet aufgebaut. Alle Personen formieren sich zu einer Schlange, auch wenn die rückwärtige Seite des Buffets fast leer ist, und bewegen sich in dieser Schlange vorwärts. Personen, die dieses „Gesetz" durchbrechen, werden mit entsprechenden Sanktionen bedacht.

6.1.2 Auswertung der Wahrnehmung

Damit der Mensch die wahrgenommenen Reize zu (s)einer begreifbaren Wirklichkeit machen, sie erfassen und verstehen kann, ist er gezwungen, seine **Wahrnehmungen** auszuwerten (→ Abb. 6.3). So kann er aus den gewonnenen Resultaten entsprechende Reaktionen ableiten.

Bei der **Auswertung** der aktuellen Wahrnehmung von Umweltreizen kommen zeitgleich unterschiedliche Faktoren ins Spiel:
- Das Gedächtnis mit den bisher abgespeicherten Informationen über gleiche oder ähnliche Erfahrungen und Zuordnungen, die üblichen Gedankenentwürfe des Menschen sowie seine Ausrichtung des Denkens
- Durch die Wahrnehmung ausgelöste Gefühle, aktuelle Bedürfnisse, momentane Gefühlslagen und besondere Interessensausrichtungen.

„Die Wahrnehmung ermöglicht uns die Orientierung, das Denken hilft uns bei der Handlungsplanung, das Lernen ermöglicht den Erwerb notwendiger Fertigkeiten, die Gefühle erlauben uns eine Bewertung, die Motivation steuert unsere Handlungen, mihilfe der Handlungen selbst können wir unsere Bedürfnisse befriedigen und die uns angemessene Umwelt schaffen, und die Sprache brauchen wir, um uns mihilfe von Symbolen zu verständigen." (Ulrich, 2000)

Körper- und Umweltreize

Bei der Aufnahme von Informationen über die unterschiedlichen Sinnesorgane spielen zwei Einflussgrößen eine Rolle: Zum einen sind dies die **Umweltreize**, die aus dem (un)mittelbaren Umfeld auf den Menschen einströmen, zum anderen sind es die **Körperreize** wie Angstschweiß, Herzklopfen, Atemnot oder Anspannung der Muskeln. Alle wahrgenommenen und zugelassenen Reize treffen auf die Nervenzellen des Nervensystems. Da die Sinnesorgane nur in einem begrenzten Maße aufnahme- und damit leistungsfähig sind, können sie auch nur einen Teil der angebotenen Reize aus dem Umfeld berücksichtigen. Dies lässt die Aufnahme bestimmter Reize zu, die für den Menschen in seiner aktuellen Lebenslage interessant, bedeutsam, auffällig oder hervorstechend sind. Zusätzliche andere Reize fallen dagegen unter den Tisch – sei es, dass das Nervensystem diese als unwichtig für eine weitere Beachtung einstuft oder als „gefährlich" klassifiziert und sofort für entsprechende Wahrnehmungsvermeidungsstrategien sorgt.

Abb. 6.3: Bei der „Müller-Lyer-Täuschung" werden die schwarzen Vertikallinien als unterschiedlich groß bewertet

Der Entwicklungspsychologe Gerd Mietzel schreibt: „Nach den gegenwärtig vorliegenden Erkenntnissen muss vermutet werden, dass sämtliche Informationen, die die Sinnesorgane aufnehmen, dem Gehirn zugeleitet werden. Dort verbleiben sie für eine außerordentlich kurze Zeit in einem Speichersystem. […] Dessen Inhalt wird […] auf seinen Bedeutungsgehalt geprüft. Als unwichtig erachtete Informationen gehen verloren." Bei Inhalten dagegen, „die bedeutsam erscheinen oder im Einklang mit Erwartungen stehen, richtet sich die Aufmerksamkeit auf sie und es erfolgt eine weitere Verarbeitung." (Mietzel, 2002). Würden alle wahrnehmbaren Reize aufgenommen und verarbeitet werden, käme es zu einer permanenten Reizüberflutung. Die Menge der Informationen wäre nicht mehr erfassbar, so dass der Mensch weder zur Konzentration noch zur Wahrnehmungsausrichtung fähig wäre. Der Mensch nimmt also immer nur einen Bruchteil dessen wahr, was an Reizwahrnehmung möglich wäre.

Empfindungen und Erfahrungen

Die Reizung der Sinnesorgane provoziert im Menschen bestimmte **Empfindungen.** Der Reiz muss in einer angemessenen Stärke auf das dem Reiz entsprechende Sinnesorgan treffen und bestimmt so die Intensität der Empfindungen ebenso wie der **Erfahrungshintergrund,** den eine Person hat. „Fühlen wir uns glücklich, werden eher positive, glückliche Gedanken, Konstrukte und Personeneigenschaften aktiviert, und wir sind deshalb geneigt, […] eigenes und fremdes Verhalten im Lichte dieser Konstrukte zu interpretieren. Folglich werden wir im eigenen Verhalten oder in dem anderer auch vermehrt glückliche und positive Momente wahrnehmen. Sind wir schlechter Stimmung, geschieht das Gegenteil." (Forgas, 1999)
Die Wahrnehmung ist immer subjektiv: Im Sommer bei 39 °C im Schatten wird ein klimatisierter Raum mit 18 °C als angenehm erfrischend und kühl empfunden. Im Winter bei −15 °C wird eine Raumtemperatur von 18 °C als angenehm warm wahrgenommen. Auch Empfindungen haben eine subjektive Ausprägung: Was dem einen als zu laut erscheint, kann für andere angemessen oder noch zu leise sein.
Empfindungen und Erfahrungen sind miteinander vernetzt und können nicht voneinander losgelöst wahrgenommen werden. Es sind die Erfahrungswerte, die den Menschen dazu führen, auf eine bestimmte Gedankenstruktur zurückzugreifen und in der Gegenwart selbst zu einer „Prognose" zu kommen. Solche Empfindungen laufen nicht immer bewusst ab. Die Reizaufnahme spielt sich häufig unbewusst ab und hat dennoch ihre Wirkung und Bedeutung für den weiteren Wahrnehmungs-, Kommunikations- und Interaktionsprozess.

6.2 Wahrnehmungs- und Beurteilungsfehler

Alle bewussten Beobachtungsvorgänge werden durch permanente (un-)bewusste Wahrnehmungsprozesse gesteuert, und alle reflektierten Beurteilungen sind das Ergebnis dieses Zusammenspiels.

Wenn zwei geschulte Fachkräfte dasselbe Ereignis wahrnehmen, eine bestimmte Beobachtung registrieren oder eine Beurteilung anhand vorgelegter Beobachtungsergebnisse vornehmen, ergeben sich ohne Ausnahme Unterschiede in der Darstellung.

Überlegen Sie, inwieweit Ihre Beobachtungen mit denen Ihrer Gruppenkollegin übereinstimmen und worin sie sich unterscheiden.

Wahrnehmungs- und Beurteilungsfehler (→ Abb. 6.4) sind eine Folge der grundsätzlichen Unzulänglichkeit des Menschen, eine umfassende und wertfreie Wiedergabe von Sinnes- und Wahrnehmungsreizen vorzunehmen. Dies hängt von zahlreichen Faktoren ab: von den bereits beschriebenen Gegebenheiten des Wahrnehmungsprozesses selbst, von der persönlichen Biografie, der individuell erlebten Situation und der besonderen Beziehung zum Wahrnehmungs- und Beobachtungsgegenstand (→ Kap. 7.1.1).

„Jede Person lebt in ihrer eigenen inneren Erlebniswelt. Sie nimmt Menschen, Gegenstände und Ereignisse in einer ihr eigenen einzigartigen Weise wahr, mit nur von ihr empfundenen Bedeutungen. Jede Person liebt ihr Fühlen und ihre Erfahrungen. Das Zentrum dieser inneren Welt ist sie selbst. Diese Erlebniswelt ist für sie ‚Realität'. Und auf diese ‚Realität', auf diese Empfindungen, wahrgenommenen Bedeutungen und Erfahrungen reagiert ein Mensch. So reagieren Menschen auf gleiche Reize häufig unterschiedlich. Sie nehmen unterschiedliche Bedeutungen wahr, sie fühlen unterschiedlich und handeln entsprechend unterschiedlich." (Tausch/Tausch, 1979)

Abb. 6.4: Optische Täuschungen zeigen die Fehler der menschlichen Wahrnehmung auf. Vater und Sohn werden als ungleich groß wahrgenommen, obwohl beide Figuren dieselbe Größe besitzen

6.2.1 Fehlerquellen erkennen

Fehlerquellen bei Wahrnehmungs-, Beobachtungs- und Beurteilungsvorgängen zeigen sich in folgenden Tendenzen und Effekten (Blank-Mathieu, 2006; Goldstein, 2002; Langfeld/Nothdurft, 2004):

- **Identifikationstendenz** *(Gleichsetzungstendenz)* – jeder Mensch neigt dazu, Eigenschaften, die er selber hat, unbewusst auch in anderen Personen zu sehen. Dabei muss sich derjenige nicht im Klaren darüber sein, dass er selbst diese Eigenschaft besitzt. So kann es sein, dass eine Erzieherin, die ihre Arbeit ruhig, langsam und bedächtig gestaltet, Kinder mit ähnlichen Ausdrucksweisen positiver wahrnimmt und beurteilt als Kinder mit gegenteiligen Verhaltensweisen
- **Projektionstendenz** *(Übertragungstendenz)* – bestimmte Merkmale, die (meist unbewusst) nicht mit dem eigenen Selbstbild vereinbart werden können, werden auf andere Menschen übertragen und dabei dem „Stellvertreter" negativ angelastet. Was beim Gegenüber „bekämpft" werden kann, entbindet von der schmerzlichen Aufgabe, an die Auseinandersetzung mit den eigenen leidvollen Erfahrungen zu gehen
- **Zentraltendenz** *(Mittelwertorientierung)* – manche Menschen neigen dazu, in ihrer Beurteilung von Situationen oder Personen hervorstechende Merkmale oder besondere Aspekte herabzusetzen und damit einem Mittelbereich zuzuordnen
- **Zeitliche Ausdehnung** *(Langzeitbewertung)* – ein momentanes, aktuell zu beobachtendes Merkmal einer betreffenden Person wird so eingeschätzt als wäre es eine ständige Eigenschaft. „Wer einmal lügt, dem glaubt man nicht, und wenn er auch die Wahrheit spricht."

- **Monokausalität** *(Symptomeindeutigkeit)* – es gibt die Tendenz zu schlussfolgern, dass ein wahrgenommenes Merkmal nur auf eine einzige, bestimmte Ursache zurückgeführt werden kann. Wenn beispielsweise Kinder wieder einnässen, die vor kurzem ein Geschwisterchen bekommen haben, scheint der monokausale Rückschluss, dies sei eine Eifersuchtsreaktion, perfekt zu passen
- **Stereotypisierung** *(Vorurteilsbestätigung)* – Menschen neigen dazu, wahrgenommene Einzelheiten in bekannte, vertraute Kategorien, Denk- und Fühlmuster einzuordnen. Meldet beispielsweise ein Elternpaar ihr zweites Kind in der Einrichtung an und hatten die Erzieherinnen mit seinem Bruder Schwierigkeiten, so besteht die Gefahr, dass schon im Vorfeld Befürchtungen auftauchen, das Geschwisterkind könne nicht völlig anders sein
- **Strenge-Effekt** *(Negativerwartung/-beurteilung)* – dies ist die Tendenz, eine grundsätzlich zu negative Einschätzung vorzunehmen. Fällt z. B. ein Kind an den meisten Tagen durch bestimmte Verhaltensirritationen auf und legt dann kurzzeitig ein atypisch positives Verhalten an den Tag, kann es zur Schlussfolgerung kommen: „So war der Junge noch nie. Entweder hat er heute nur einen besonders guten Tag oder er führt etwas im Schilde."
- **Primacy-Effekt** *(Prägung durch Erstinformationen)* – frühzeitig erhaltene Informationen haben einen größeren Einfluss auf die Bildung eines Gesamturteils als später erhaltene, auch wenn diese genauer sind. So könnte es sein, dass Erzieherinnen bei der Anmeldung eines Kindes den Eindruck gewonnen haben, die Eltern seien schwierig. Wenn sich diese nun im Folgenden freundlich und offen zeigen, kann dies zu der Interpretation führen: „Die tun nur so als ob". Der negative erste Eindruck ist stärker
- **Recency-Effekt** *(Speicherung von Letztwertinformationen)* – für die Bildung von Vorstellungen können auch zuletzt erhaltene Eindrücke eine prägende Bedeutung haben. Informationen aus der Zeit vor der letzten Begegnungs- oder Gesprächsphase rücken in den Hintergrund bzw. verblassen, sodass nur die frischen Letztwertinformationen als bedeutungsvoll im Gedächtnis haften bleiben
- **Halo-Effekt** *(Rückschlusstendenz)* – die Tendenz, von einem als besonders positiv oder negativ empfundenen Merkmal auf weitere Merkmale zu schließen. Ein höfliches Kind ist sicherlich auch ein hilfsbereites Kind. Wer so freundlich und aufgeschlossen lacht wie [...], der wird sicherlich ein Gewinn für die Gruppe sein
- **Akzentuierungs-Effekt** *(Konturbildung)* – Menschen haben die Tendenz, wahrgenommene Ersteindrücke zu drastifizieren. So wird ein aufgeschlossener, kommunikationsfreudiger Mensch als „außergewöhnlich freundlich" eingeschätzt, einem eher zurückhaltenden Menschen wird das Attribut „gehemmt" zugeschrieben

- **Leniency-Effekt** *(Sympathieeffekt)* – als sympathisch eingeschätzte Personen werden milder beurteilt
- **Sequentialitäts-Effekt** *(Bedeutung der Reihenfolge)* – das Bild, das sich Menschen von anderen machen, ist häufig von der Reihenfolge der erhaltenen Informationen abhängig. Theresia ist fleißig, intelligent, impulsiv, kritisch, widerspenstig und neidisch. Johannes ist widerspenstig, neidisch, kritisch, impulsiv, intelligent und fleißig. Welches der beiden Kinder erscheint auf den ersten Blick sympathischer?
- **Effekt der implizierten Persönlichkeitstheorien** *(Stillschweigende Schlussfolgerungen)* – wird ein Mensch beispielsweise als gutmütig charakterisiert, entstehen automatisch weitere Vorstellungen von dieser Person; sie ist dann auch hilfsbereit, freundlich, wenig widerspenstig, nachgiebig und zurückhaltend
- **Stereotypen-Effekt** *(Bildung einfacher Vorstellungsbilder)* – stark vereinfachtes, klischeehaftes Bild von einem Menschen; diese emotional gebildeten und gedanklich verankerten „Schubladen" vereinfachen alle weiteren Wahrnehmungsprozesse und verhindern die Bildung neuer Urteile
- **Pygmalion-Effekt** *(erwartungsorientiertes Verhalten)* – jeder Mensch bringt bestimmte Erwartungen bezüglich der Verhaltens- und Denkweisen sowie der Gefühlslage von anderen Menschen in die Kommunikation ein. Diese Erwartungen prägen unbewusst sein Verhalten und provozieren damit wiederum das „erwartete" Verhalten bei den anderen. Überdies werden erwartungskonforme Wahrnehmungsreize eher registriert als erwartungswidersprechende, was wiederum bestätigende Wirkung hat.

Wahrnehmungs- und Beurteilungsfehler entstehen durch so genannte interne Prinzipien, die der Mensch sowohl durch seine besonderen lebensbiografischen Erfahrungen entwickelt als auch aus seiner stammesgeschichtlichen Entwicklung mitbringt.

6.2.2 Wahrnehmungskompetenzen überprüfen

Um die persönliche Identität immer feiner zu erfassen und die berufliche Qualifikation weiter auszubauen, ist es hilfreich, die eigene Wahrnehmungskompetenz von Zeit zu Zeit zu überprüfen. Das bedeutet, die Einstellungen zu sich selbst und zu anderen Menschen zu reflektieren und Abweichungen zwischen der Selbst- und Fremdwahrnehmung zu entdecken.

Die Selbst- und Fremdwahrnehmung

Die Subjektivität aller Wahrnehmungs- und Beobachtungsvorgänge zeigt sich auch in der Unterschiedlichkeit der Selbst- und Fremdwahrnehmung (→ Kap. 8.2.1). Hier ist eine sorgsame Differenzierung notwendig, um nicht eigene Probleme zu denen anderer Menschen zu machen. Denn im gleichen Maße, wie jeder seine eigenen Vorstellungen von den Merkmalen der anderen Personen besitzt, so wird er auch von anderen Menschen mit deren Vorstellungen konfrontiert. Zwar ist die Annahme weit verbreitet, dass andere Menschen uns genauso einschätzen wie wir dies selbst tun, doch stimmen Selbst- und Fremdwahrnehmung nahezu nie überein. Wenn sich jemand beispielsweise für zurückhaltend hält, können ihn andere als gehemmt einschätzen. Und wenn sich jemand als lebenslustig bezeichnet, kann dies von anderen als oberflächlich wahrgenommen werden.

Abb. 6.5: Um die persönliche Identität immer feiner zu erfassen, ist es hilfreich, die Einstellungen zu sich selbst und zu anderen Menschen zu reflektieren und Abweichungen zwischen der Selbst- und Fremdwahrnehmung zu entdecken

Denken Sie einmal an Ihre eigenen Persönlichkeitsmerkmale und suchen Sie sich ein Merkmal aus, das Sie positiv und eines, das Sie negativ einschätzen. Überlegen Sie, wie diese Merkmale auf andere wirken könnten.

Die persönlichen Einstellungen

Die **persönlichen Einstellungen** setzen sich aus drei Aspekten zusammen: einer kognitiven Komponente, die aus einem Bündel an subjektiven Meinungen besteht, einer affektiven Komponente, die unsere Gefühle und die damit gefühlsbelegten Bewertungen beinhaltet, sowie einer Handlungskomponente, die unser Verhalten gestaltet.

> **Einstellungen**
> Auf Erfahrungen beruhende Tendenz, Personen, Objekte oder Ideen mit Zuneigung oder Ablehnung zu bewerten.

Einstellungen besitzen eine Orientierungs-, Identifikations-, Selbstdarstellungs- und Selbstschutzfunktion. Sie helfen dem Menschen,
- In bestimmte Richtungen zu denken und sein Verhalten entsprechend auszurichten
- Zugehörigkeit zu anderen Menschen und Gemeinsamkeiten mit ihnen zu entdecken oder sie abzuwehren
- Die eigene Identität zum Ausdruck zu bringen
- Sich vor unangenehmen Dingen zu schützen.

Alle Einstellungen haben wir verinnerlicht. Die meisten sind erlernt (→ Kap. 3.1.7) und drücken sich im Umgang mit uns selbst, anderen Menschen und in allen Situationen unbewusst aus. Die Einstellung eines Menschen ist geprägt durch Werte, die die Grundlagen für unsere gesamte Lebensphilosophie bilden. Sie entwickeln sich ebenso unbewusst durch bestimmte Erlebnisse, Erfahrungen und Eindrücke, denen der Mensch im Laufe seiner Biografie ausgesetzt ist.

Die Wertebildung ist eine persönlichkeitsbildende und nachhaltige Entwicklung, die sich in erster Linie auf emotional-soziale und handlungsorientierte Kompetenzen bezieht, ausgerichtet auf bedeutsame Einstellungen und Sichtweisen. Diese gilt es auf der Grundlage von verinnerlichten Erkenntnissen in eigene Entscheidungen und in das eigene Handeln einfließen zu lassen. Dies bedeutet, bezogen auf die menschliche Wahrnehmung, dass der Richtungsmaßstab, den Werte dem menschlichen Denken, Fühlen und Handeln geben, immer wieder reflektiert werden muss. Nur so können Beobachtungen und ihre Bewertung in ihrer Subjektivität erkannt werden und auf angemessene Weise in Beschreibungen bzw. Dokumentationen einfließen.

Literaturhinweise zur Vertiefung des Kapitels „Wahrnehmen"

Ansorge, Ulrich / Leder, Helmut (2011). Wahrnehmung und Aufmerksamkeit. Lehrbuch. Wiesbaden: VS Verlag für Sozialwissenschaften

Bley, B. (2013). Wahrnehmungspsychologie – Wahrnehmenstäuschungen. München: Grin

Decher, Friedhelm (2013). Die rosarote Brille. Warum unsere Wahrnehmung von der Welt trügt. Darmstadt: Lambert Schneider

Ditzinger, Thomas (2013). Illusion des Sehens. Eine Reise in die Welt der visuellen Wahrnehmung. Heidelberg, 2. Aufl.: Springer Spektrum

Fischer, Ernst Peter (2013). Wie kommt die Welt in den Kopf? Oder die Macht der Sinne. München: Herbig

Frings, Stephan / Müller, Frank (2013). Biologie der Sinne. Vom Molekül zur Wahrnehmung. Heidelberg: Springer Spektrum

Gegenfurtner, Karl R. (2011). Gehirn und Wahrnehmung. Eine Einführung. Frankfurt/M.: Fischer

Goldstein, E. Bruce (2014). Wahrnehmungspsychologie. Der Grundkurs. Heidelberg: Springer

Lobel, Thalma (2015). Du denkst nicht mit dem Kopf allein. Vom geheimen Eigenleben unserer Sinne. Frankfurt: Campus

Rosenkötter, Henning (2012). Motorik und Wahrnehmung im Kindesalter. Eine neuropädagogische Einführung. Stuttgart: Kohlhammer

Schönhammer, Rainer (2013). Einführung in die Wahrnehmungspsychologie. Sinne, Körper, Bewegung. Stuttgart, 2. Aufl.: UTB

Wendt, Mike (2013). Allgemeine Psychologie – Wahrnehmung. Göttingen: Hogrefe

7 Beobachten

Armin Krenz

7.1	**Beobachtung als Ausgangspunkt pädagogischen Handelns**	**296**
7.1.1	Vorüberlegungen zur Beobachtung	296
7.1.2	Systematisierung der Beobachtung	303
7.1.3	Erfassen und Dokumentieren von Beobachtungen, Beurteilungen und Hintergrundinformationen	306
7.2	**Beobachtung von Entwicklungs- und Verhaltensauffälligkeiten**	**317**
7.2.1	Was ist eine Verhaltensstörung?	318
7.2.2	Verhaltensstörungen in der pädagogischen Praxis	321
7.2.3	Verhaltensweisen sind Spiegelbilder der Seele: Zweck und Bedeutungswert von Verhaltensirritationen	322
7.2.4	Beobachtung als Handlungsgrundlage	328

Die Arbeit aller sozialpädagogischen Fachkräfte besteht darin:
- Den im Kinder- und Jugendhilfegesetz formulierten Bildungs-, Erziehungs- und Betreuungsauftrag in fachkompetenter Art und Weise umzusetzen
- Die Aufgaben und Ziele, wie sie in den Länderrichtlinien für den Bereich der Jugendhilfe vorgegeben sind, anzustreben
- Die in der UNO-Charta „Rechte des Kindes" aufgeführten Artikel auf die praktische, (sozial)pädagogische Arbeit zu übertragen und in der Alltagswirklichkeit zu berücksichtigen
- Erkenntnisse aus den aktuellen Ergebnissen der Entwicklungspsychologie und -pädagogik in die Alltagsarbeit zu integrieren
- Die vielfältigen Daten und Erkenntnisse über das Aufwachsen der Kinder in der heutigen Zeit zur Kenntnis zu nehmen, um die eigene Tätigkeit professionell zu planen, durchzuführen und auszuwerten.

Es liegt in der Kompetenz der Fachkräfte, jeden Tag die Entscheidungen zu treffen, welche Arbeitsschwerpunkte sinnvoll, welche gezielten Maßnahmen in der Entwicklungsunterstützung von Kindern besonders förderlich, welche didaktischen Vorhaben im Hinblick auf die nächsten Arbeitsschritte konstruktiv und welche Vorgehensweise in der jeweiligen Situation angebracht sind. Jede Entscheidung ist dabei für sich gesehen bedeutungsvoll für die Entwicklungsfortschritte der einzelnen Kinder. Grundlage für nahezu alle Entscheidungsschritte, die Erzieherinnen planen und durchführen, sind die Prozesse der Wahrnehmung, die **Beobachtung** und die dazugehörigen Beobachtungstechniken. Sie geben dem pädagogischen Handeln das Fundament.

7.1 Beobachtung als Ausgangspunkt pädagogischen Handelns

In der sozialpädagogischen Praxis hat sich ein neues Verständnis des Arbeitsfelds Beobachtung entwickelt. Der Begriff Beobachtung ist weiter gefasst und bezieht sich nicht nur auf die klassische Verhaltensbeobachtung von Kindern, sondern grundsätzlich auf alle möglichen Beobachtungsfelder einer sozialpädagogischen Einrichtung, z. B. auf:
- Die eigene Person, auf eigene Verhaltensweisen/Ausdrucksformen und die eigene Arbeitsweise
- Die Verhaltensweisen und Arbeitsdurchführung der anderen Fachkräfte
- Die Zusammenarbeit mit den Eltern und deren Umgangsweisen miteinander
- Die Art der Kommunikation mit anderen Fachdiensten
- Die Kommunikation und Interaktion mit den Kindern
- Die Beziehungs- und Interaktionsebene der Kinder untereinander
- Die Entwicklungsverläufe, plötzliche Entwicklungsabbrüche oder -rückschritte einzelner Kinder
- Den Verlauf von geplanten Arbeitsschritten.

7.1.1 Vorüberlegungen zur Beobachtung

Zur Basisfähigkeit jeder sozialpädagogischen Fachkraft gehört, zielorientierte, systematische Beobachtungen durchführen zu können, auszuwerten und die Beobachtungsergebnisse für weitere Planungsvorhaben sinnvoll zu nutzen. Die **Beobachtung** schafft die Datenbasis für das weitere Arbeitsvorgehen. Beobachtung bedarf bestimmter **Vorüberlegungen,** um ein hilfreiches Instrumentarium zu sein für die Erfassung von Verhaltensmerkmalen sowie das Erkennen von Zusammenhängen, in denen ein bestimmtes Verhalten gezeigt wird.

Jede Beobachtung will gut geplant sein, wenn aus ihrer Auswertung praktische Konsequenzen für das weitere Vorgehen gezogen werden sollen. Die Beobachtung muss:
- Gut vorbereitet sein
- Eine klare, schriftlich festgehaltene Zielsetzung haben, damit jede Form einer frühzeitigen Bewertung ausgeschlossen ist
- So durchgeführt werden, dass Einzelheiten nur kurz registriert werden, aber nicht vom Beobachtungsziel ablenken
- Schriftlich festgehalten werden, um Beobachtungsverfälschungen durch subjektiv geprägte Gedanken weitestgehend auszuschließen
- Sinnzusammenhänge erfassen.

Zusammenhänge erfassen

Um nicht bei einzelnen Verhaltensbeobachtungen stehen zu bleiben wie die Beobachtung von spezifischen Entwicklungsmerkmalen von Kindern oder auch von eigenen Verhaltensmerkmalen ist der Blick auf die Zusammenhänge unumgänglich.
Beobachtete Verhaltensweisen können beispielsweise in folgenden Zusammenhängen betrachtet werden:
- Eigene Verhaltensweisen und ihre Wirkung auf die Entwicklung von Kindern
- Eigene Verhaltensmerkmale und ihre Wirkung auf die Entwicklung der kollegialen Zusammenarbeit
- Eigene, typische Ausdrucksformen und ihr Zusammenhang mit biografischen Einflüssen
- Methodisch-didaktische Arbeitsschritte und ihre Wirkung auf die Entwicklung von Kindern
- Elternverhalten und Reaktionen der Kinder in der Interaktion
- Spezifische Verhaltensweisen einzelner Kinder in Abhängigkeit von
  - den räumlichen Bedingungen; Enge, Weite, Größe
  - den materiellen Gegebenheiten; Attraktivität und Menge der Materialien
  - der Kindergruppe; Gruppengröße, Zahl der Kinder mit problematischen Verhaltensweisen
  - den strukturellen Bedingungen; Attraktivität und Freiwilligkeit von Angeboten, Rigidität des Tagesablaufs und der Regeln
- Verhaltensweisen der Kinder in Abhängigkeit von der Qualität der kollegialen Zusammenarbeit
- Verhaltensweisen einzelner Kinder im Zusammenhang mit der Gruppensituation (→ Kap. 8.3)
- Kompensationsmöglichkeiten für Kinder
- Wirkweisen bestimmter Projekte auf besondere Verhaltensweisen einzelner Kinder
- Spezifische Fähigkeiten von Kindern im Hinblick auf zu planende Projekte oder besondere Aktivitäten.

> Beobachtete Verhaltensweisen von Kindern und Erwachsenen sind das Ergebnis von zusammenhängenden Ereignissen.

Die Verhaltensweisen von Kindern sind keine isolierten, feststehenden Persönlichkeitsmerkmale, vielmehr ergibt sich jedes Beobachtungsergebnis aus einer

Fülle von Einflussfaktoren und ist damit das Resultat eines komplexen Bedingungsgefüges. Die Aussage: „Nicht das Kind ist gestört, sondern die Umgebung, in der das Kind sein besonderes Ausdrucksverhalten zeigt", gewinnt dadurch seinen Sinn.

Eine Reihe von Einflussfaktoren ist daran beteiligt, ein bestimmtes Verhalten von Kindern in der beobachteten Situation auszulösen, zu verstärken oder zu unterdrücken.

Abb. 7.1: Das Verhalten von Kindern ist nicht Ausdruck von isolierten, feststehenden Persönlichkeitsmerkmalen, vielmehr ergibt sich jedes Beobachtungsergebnis aus einer Fülle von Einflussfaktoren

Einflussfaktor Erzieherin

Ein **Einflussfaktor** auf das Verhalten von Kindern in einer Beobachtungssituation ist die **Erzieherin** selbst. Die Wirkung geschieht durch ihre:

- Persönlichkeitsstruktur (→ Kap. 1)
- Berufliche (Un)Erfahrenheit
- Bewussten und unbewussten Erwartungen an das einzelne Kind und die ganze Gruppe
- Individuelle Einstellung zum Kind, das beobachtet werden soll
- Individuell bewertete Erfahrung, die die Fachkraft bisher mit dem einzelnen Kind gemacht hat
- Handlungsstrategien, mit denen bisher die pädagogische Arbeit gestaltet wurde
- Grundsätzliche und verinnerlichte Einstellung zum Beruf (→ Kap. 1)
- Werte und Normen, die ihren Verhaltensweisen und Erwartungen zu Grunde liegen.

Einflussfaktor sozialpädagogische Einrichtung

Sozialpädagogische Einrichtungen beeinflussen die Beobachtungssituation durch:

- Die Ausrichtung, die Konzeption, das Bild vom Kind sowie die Gestaltung, die Methodik und Didaktik der pädagogischen Arbeit
- Den spezifischen Tagesablauf für die Kinder
- Die Lage der Einrichtung und ihre Ausgestaltung.

Auch die Erwartungen der Eltern an das Kind, die Einrichtung und die Fachkräfte haben ihren Einfluss auf die Beobachtung wie auch die Erwartungen des Trägers an das Bild, das die Institution nach außen vermittelt.

Selbstbeobachtung – der Schritt vor der Fremdbeobachtung

Der Pädagoge Wolfgang Liegle sagte: „Erkenne dich selbst, bevor du Kinder zu erkennen trachtest." Jede **Fremdbeobachtung** und damit jede Beurteilung eines Kindes oder einer Situation ist das Ergebnis einer Interaktion. Das bedeutet, dass jedes Verhalten eines Kindes oder jede beobachtbare Situation auch ein Spiegelbild für das eigene Verhalten darstellt. In jede Beobachtung fließen eigene Persönlichkeitsanteile ein und wirken sich auf den Beobachtungsprozess aus. Und deshalb sind Beobachtungsergebnisse auch Folgewirkungen des eigenen Verhaltens. Aus diesem Grund ist die **Selbstbeobachtung** eine wichtige Bedingung für eine systematische Beobachtung von anderen.

Die kritische Distanz zu sich selbst

Bei der Selbstbeobachtung geht es um die selbstkritische Betrachtung der eigenen Person und Verhaltensweisen. Persönliche und berufliche Vorlieben oder Abneigungen, Lieblingstätigkeiten oder unliebsame Anforderungen, berufliche Stärken oder Schwächen, lieb gewonnene Gewohnheiten und Alltagstheorien – all dies gibt Aufschluss über den Menschen. Diese Punkte zu hinterfragen, kann helfen, eine **kritische Distanz** zu sich selbst aufzubauen, um sich nicht nur mit einer rosaroten Brille zu betrachten oder sich zu negativ zu bewerten.

> Die Selbstbeobachtung fördert die Fähigkeit zur Fremdbeobachtung und führt zu einer professionellen Standortbestimmung.

Folgende Fragen können bei der Selbstbeobachtung helfen:
- Wie erlebe ich das Beziehungsverhältnis zu diesem Kind, zu dieser Gruppe?
- Gibt es Kinder, die mir sympathisch oder unsympathisch sind? Welche Gründe gibt es dafür in mir selbst, die nicht an dem speziellen Kind liegen?
- Welchen Kindern schenke ich viel Beachtung, welche Kinder nehme ich vergleichsweise kaum oder gar nicht wahr?
- Achte ich eher auf die Stärken eines Kindes oder eher auf die Schwächen?
- Welche sozialen Normen liegen meiner Arbeit zu Grunde und wie versuche ich sie zum Ausdruck zu bringen?

- Welche Werte bestimmen meine Arbeit, meine Sichtweise der Dinge, und wie gestalte ich diese Werte in der Praxis?
- Warum stört mich ein bestimmtes Verhalten eines Kindes, einer Gruppe, und worin liegen die Hintergründe für meine negative Bewertung?
- Betrachte ich die Verhaltensweisen der Kinder aus meiner persönlichen Welt oder aus der Biografie der Kinder?
- Was kann ich bei der Beobachtung kindeigener Ausdrucksformen schwer aushalten – und warum? Inwieweit hat mein Wunsch, kindeigene Ausdrucksformen zu korrigieren, mit meiner eigenen Biografie zu tun?
- Dient das, was ich tue, tatsächlich der Entwicklungsunterstützung von Kindern oder will ich persönlich etwas durchsetzen?

Grundsätze der Datenerhebung

Die gesamte pädagogische Arbeit in Kindertageseinrichtungen – angefangen von der Gestaltung der pädagogischen Einflussnahme auf Tagesablauf, Gesprächssituationen, Teamarbeit, die Erstellung von Entwicklungsberichten und anderen Dokumentationen bis hin zum persönlichen Management – richtet sich nach der Art und Weise, welche Vorerfahrungen die Fachkräfte in ihre beabsichtigten Beobachtungen einbringen, welche Einstellungen sie zum so genannten „Beobachtungsgegenstand" haben, welche Gefühle vor und während der Beobachtung entstehen und wie sie die ihnen vorliegenden **Informationen auf- und wahrnehmen bzw. bewerten.** Und da es einerseits täglich ungezählte Situationen und Ereignisse gibt, die wahrgenommen werden (müssen) und andererseits auch aus gezielten Wahrnehmungen zielgenaue Beobachtungen von Kindern notwendig sind, ergibt sich zu allererst die Notwendigkeit, sich diesem bedeutsamen Phänomen einer Datenerhebung in besonderem Maße zuzuwenden, um die in der Sache selbst bestehende Problematik ganheitlich zu erfassen. So ergeben sich einige **Grundsätze der Datenerhebung,** die in den folgenden Thesen zusammenfasst werden:

- Beobachtungen werden über die Sinne registriert, und diese provozieren automatisch eigene Erinnerungen, eigene Vorlieben, eigene Abneigungen, eigene Ängste und Befürchtungen, eigene Glücksempfindungen oder eigene Abwehrmechanismen. Insofern sind es stets persönlich geprägte Bilder, die sich aus Fremdwahrnehmungen, Wahrnehmungsbewertungen und weiteren Beobachtungszielen sowie der eigenen Lebensbiografie zusammensetzen und ein Konglomerat aus persönlichen Einschätzungen und beobachteten Einzelfaktoren bilden. Von einer „objektiven" Beobachtung kann daher nie gesprochen werden, weil subjektive Einflussgrößen stets beteiligt sind.
- Bestimmte Situationen und Verhaltensweisen Einzelner sind immer in ein vielfältiges Geschehen und damit in ein Gesamtbild eingebunden, das durch

Beobachtungsaufgaben in viele Einzelteile zerlegt wird. Gleichzeitig kann bzw. muss davon ausgegangen werden, dass Beobachter schon im Vorfeld ein bestimmtes „Ergebnisbild" im Kopf haben und eine Bestätigung von Annahmen suchen. Solche Teilbilder können unvollständig oder auch verzerrt sein und so besteht immer die Gefahr, dass nicht nur Situationsausschnitte ein Beobachtungsergebnis verzerren, sondern auch vorgefertigte Antworten zu subjektiven Ergebnissen führen, weil erwartete Ergebnisse überbewertet und erwartungswidersprechende Ereignisse übersehen werden.

- Jedes Verhalten eines Menschen ist zu jeder Zeit von zwei Einflussgrößen abhängig: der individuellen Persönlichkeit selbst und dem Umfeld. Bei allen Beobachtungen kann nur das registriert werden, was das Kind in einer ganz bestimmten Beobachtungssituation mit wem, wo und wie lange tut. Beobachtungen erfassen in der Regel a) keine (un)mittelbaren Vorgeschehnisse, die eine aktuelle Situation kennzeichnen b) die aktuelle Grundstimmung des Kindes und c) seine Lebensgeschichte mit den entsprechenden verhaltensprägenden Erlebnissen, die zum Zeitpunkt der Beobachtung mit zum Ausdruck kommen, weil bedeutsame Situationsreize abgespeicherte Erfahrungsbilder des Kindes aus seiner Vergangenheit aktualisieren und damit Vergangenes in der Gegenwart zum Ausdruck (Ausbruch) kommt.
- Die Vielfalt der Ausdrucksmöglichkeiten von Kindern – ihr Malen und Zeichnen, ihr Verhalten, ihre Motorik, ihre Sprache und ihr Sprechen, ihre Träume und ihr Spiel(en) – steckt voller Symbole (vgl. Metzinger, 2005; Hauch, 2004; Romberg-Asboth, 1999; Finger & Simon-Wundt, 2003; Steinhausen, 2004; Krenz, 2012), weil hinter den jeweiligen kindeigenen Ausdrucksweisen eine Welt zu finden ist, die jedem Kind gegeben ist, durch die es sich situationsangemessen ausdrücken kann. Beobachtungen ergeben damit eine Bestandsaufnahme der kindeigenen Ausdrucksformen – sie lassen sich aber erst aus einem professionellen Verstehen der Bedeutungswerte begreifen. Dadurch ergeben sich häufig völlig andere Sichtweisen zum Kind und seinen offenbarten Ausdrucksmöglichkeiten.
- Bei allen Beobachtungen muss immer wieder die Frage im Vordergrund stehen, wer tatsächlich das Problem mit den vom Kind geäußerten Verhaltensweisen hat. In der Regel ist es so, dass die Probleme „im Kind liegend" gesehen werden – vielleicht ist es aber eher so, dass Erwachsene Schwierigkeiten mit der Lautstärke des Kindes, seiner Lebendigkeit, seiner Offenheit, seiner Direktheit, seiner Neugierde, seinem kreativen Verhalten, seiner angemessenen Aggressivität haben, so dass bei genauerer Betrachtung der Erwachsene seine Probleme, die er mit dem Kind hat, auf das Kind selbst überträgt.
- Beobachtungen unterliegen einer ethischen Verantwortung. Erfahrungen zeigen, dass die meisten Beobachtungen darauf ausgerichtet sind, „Defizite" in bestimmten Entwicklungsbereichen von Kindern genauer zu erfassen, oh-

ne Hintergründe sowohl im mittelbaren Umfeld des Kindes, z. B. in der vergangenen bzw. gegenwärtigen Familiengeschichte und im unmittelbaren Einflussbereich, z. B. der Gruppenzusammensetzung, dem räumlichen Umfeld in der Einrichtung, der Hausatmosphäre, der Didaktik, dem pädagogischen Ansatz, der Erzieherin selbst, zu suchen/zu kennen. So entscheidet die Sichtweise, die Einstellung der Fachkräfte über die genaue Zielrichtung der Beobachtung und über die Frage, ob die gewählte Beobachtung einen lösungsorientierten oder festschreibenden Ausgangspunkt besitzt. Gleichzeitig ist zu bedenken, dass etikettierende und festgeschriebene Beobachtungsergebnisse eine nachhaltige Auswirkung besitzen können.

- Beobachtungen finden nicht in einem verdunkelten, versteckten Raum statt. Vielmehr registrieren Kinder sehr genau, dass Erwachsene Beobachtungen durchführen. Durch diese erlebte Aufmerksamkeit kann es passieren, dass sie ihr Verhalten ändern, was letztlich zu einem anderen Beobachtungsergebnis führen kann als bei einer Beobachtung, die von dem Kind nicht wahrgenommen werden würde. Daraus ergibt sich die Notwendigkeit, eine Beobachtungssituation so zu planen, dass Kinder a) sich in ihrer Verhaltenssituation möglichst nicht gestört und beeinflusst fühlen und b) mit der Dauer der Beobachtungszeit ihre Aufmerksamkeit wieder vom Beobachter abziehen.

- Beobachtungen stellen keine technisierte Arbeitsmethode dar, um – perspektivisch betrachtet – demnächst etwas „am Kind" zu unternehmen. Vielmehr haben Kinder unter dem Aspekt von Wertschätzung und Achtung ein Recht darauf zu erfahren, a) dass, b) warum und c) wozu Beobachtungen angestellt werden sollen. Das hat in der Praxis drei Konsequenzen: Zum einen sollten Kinder grundsätzlich um ihre Einverständniserklärung für die Datenerhebung gebeten werden, zum anderen ist es möglich, ihnen nach erfolgter Beobachtung die Aufzeichnungen oder Ergebnisse mitzuteilen. Schließlich erhalten Kinder die Möglichkeit, ihre persönliche Einschätzung zu den Aufzeichnungen und Ergebnissen abzugeben, um Situationen und Ausdrucksweisen der Kinder noch besser nachvollziehen und verstehen zu können.

- Kinder bewerten ihre Erlebnisse, ihre Erfahrungen und die Ereignisse um sie herum ebenso wie Erwachsene. Aus dieser Tatsache heraus leitet sich die Forderung ab, auch mit Kindern immer wieder über ihre Situationsdeutungen und Situationsinterpretationen ins Gespräch zu kommen.

- Beobachtungen und sich daraus ergebende Konsequenzen bzw. geplante Arbeitsschritte verlangen stets einen Austausch mit Kolleg/innen, um sowohl Übereinstimmungen festzustellen und auf ihren Bedeutungswert zu hinterfragen als auch Widersprüche aufzudecken und letztlich zu klären. Dabei haben sich die Fachkräfte allerdings auch immer selbst, den pädagogischen Ansatz, die Didaktik, den Tagesablauf, die Tagesstruktur sowie ihre Bindungsqualität zum Kind zu betrachten, um aus unterschiedlicher Sicht sinnstiftende Verknüpfungen zum Beobachtungsergebnis herzustellen.

7.1.2 Systematisierung der Beobachtung

Für eine professionelle Verhaltensbeobachtung muss der Beobachtungsvorgang systematisiert werden. Der Beobachter muss alle Ereignisse und Verhaltensweisen in ihrer Abhängigkeit von aktuellen Einflüssen, situativen Bedingungen oder Rahmenstrukturen sehen.

> **Verhaltensbeobachtung**
>
> Eine aktive, geplante, auf ein Ziel gerichtete und methodisch gelenkte, zweckorientierte und durch eine hohe Aufmerksamkeit gekennzeichnete Registrierung von Ereignissen oder Verhaltensweisen.

Ein Beobachter kann eine bestimmte Situation, einen Umstand oder eine Person nur dann umfassend und exakt beschreiben und beurteilen, wenn sorgsam zusammengetragene Fakten zur Verfügung stehen. Das gesammelte Material muss ausreichend sein, um eine fachlich begründete Aussage im Hinblick auf die ausgewählte Fragestellung vornehmen zu können.

Zielfindung

Die **Verhaltensbeobachtung** kann folgende **Ziele** haben:
- Beschreibung von Verhaltensweisen einer Person, die unter einer bestimmten Fragestellung differenziert(er) erfasst und betrachtet werden
- Die Erfassung von Entwicklungen und Entwicklungsprozessen
- Erkenntnisgewinn im Hinblick auf eine bestimmte Frage- oder Aufgabenstellung
- Erkenntnisgewinn für notwendige weitere Planungs- und Handlungsschritte
- Klärung der Hintergründe und Vernetzungen, die mit der Beobachtungsaufgabe in einem Zusammenhang stehen.

Da sich beispielsweise das Verhalten von Kindern durch unendlich viele Faktoren beeinflussen lässt, ist eine genaue Planung im Vorfeld einer Beobachtung entscheidend für die Qualität der Ergebnisse. Die Beispielfragen der Tabelle 7.2 erleichtern und systematisieren die Planung. Sie dienen der Zielfindung und der Ermittlung der Beobachtungsform.

Wahl der Beobachtungsform

Je genauer die Zielsetzung für eine Verhaltensbeobachtung oder Situationsbeschreibung definiert und je klarer und unmissverständlicher die Aufgabenstellung durchdacht wird, umso deutlicher weisen die festgelegten Fakten auf die

Auswahl der entsprechenden **Beobachtungsform.** Zunächst einmal wird zwischen der Selbst- und Fremdbeobachtung (→ Kap. 7.1.1) unterschieden. Eine weitere Differenzierung erfolgt durch die Begriffe der **naiven** und der **wissenschaftlichen Beobachtung.** Letztere zeichnet sich dadurch aus, dass sie systematisch geplant und durchgeführt wird. Im Gegensatz dazu erfasst die naive Beobachtung – auch Alltagsbeobachtung genannt – Ereignisse, die unsystematisch zur Kenntnis genommen und unstrukturiert verwertet werden. Dasselbe gilt für **Gelegenheitsbeobachtungen.** Sie finden statt, wenn zufällige Ereignisse auffällig sind und in das Wahrnehmungsfeld eines Beobachters rücken. Sie können weder geplant noch systematisiert werden und umfassen durch einen ungerichteten Beobachtungswinkel immer nur ausgewählte Teilaspekte einer ganzen Situation.

Die **direkte** und die **indirekte Beobachtung** ist eine weitere Differenzierungsform einer wissenschaftlichen Beobachtung. Bei der indirekten Beobachtung handelt es sich um die Auswertung von Material, das unabhängig vom eigenen Beobachtungsziel gewonnen wurde. Das können mündliche Berichte von Kolleginnen oder anderen Personen, Videoaufnahmen, Tonbandaufzeichnungen oder Berichte über eine Person bzw. Situation sein. Bei der direkten Beobachtung kann der Beobachtende die Entstehung der „Daten" selbst kontrollieren.

Generell wird zwischen einer **unstrukturierten** und einer **strukturierten Beobachtung** unterschieden. Beide Beobachtungsformen weisen einige Gemeinsamkeiten auf: Beide haben ein exakt definiertes Ziel, erfolgen innerhalb eines bestimmten theoretischen Bezugrahmens und dienen der Überprüfung von bestehenden Hypothesen (→ Kap. 2.2.4). Sie unterscheiden sich jedoch in der Differenziertheit ihrer Beobachtungskategorien. Bei einer unstrukturierten Beobachtung sind die Beobachtungskategorien grober, z. B. Sprache oder Motorik. Bei einer strukturierten Beobachtung hingegen differenziert der Beobachter in Feinkategorien wie Sprachbereitschaft, Aussprache, Sprechtempo, Sprachinhalt, grobmotorische Koordination, Seitendominanz oder Raumorientierung. Es kann hilfreich sein, zuerst eine unstrukturierte Beobachtung durchzuführen, um aus den dabei ermittelten Ergebnissen gezielte Feinkategorien zu bestimmen.

Eine weitere Unterscheidung erfolgt nach Beobachtungen in natürlichen Situationen, **unkontrollierte Beobachtung** genannt, und Beobachtungen in künstlichen Situationen, **kontrollierte Beobachtung** genannt. Künstliche Situationen sind z. B. dann gegeben, wenn die zu beobachtende Person in einen vorbereiteten Beobachtungsraum gebeten wird. Natürliche Situationen sind dagegen Orte des üblichen Umfeldes im Kindergartenalltag, in der Familie oder in der Freizeit.

Bei der **aktiv-teilnehmenden Beobachtung** ist der Beobachtende in das Interaktionsgeschehen eingebunden. Hier ist die Möglichkeit, dass der so genannte Beobachtungseffekt auftreten kann besonders groß. Das heißt, die Erzieherin muss sehr genau ihr eigenes Verhalten kontrollieren, um zu vermeiden, dass das Kind oder die Kinder ihr Verhalten verändern, weil sie bemerken, dass sie beobachtet werden. Bei einer **passiv-teilnehmenden Beobachtung** hält sich die beobachtende Person aus allen direkten oder indirekten Kommunikationsprozessen heraus.

Bei der **offenen Beobachtung** gibt sich der Beobachter zu erkennen – kann sich z. B. dem Kind oder den Eltern vorstellen und seine Absicht äußern. Bei der **verdeckte Beobachtung** behält der Beobachtende seine Absicht für sich und gibt seine Beobachterrolle nicht zu erkennen.

Je nach Beobachtungsziel ist eine **Einzelbeobachtung** oder eine **Gruppenbeobachtung** sinnvoll.

Kurzzeit- und Langzeitbeobachtungen können auch als **kontinuierliche** oder **diskontinuierliche Beobachtung** *(fraktionierte Beobachtung)* gestaltet werden. Bei der kontinuierlichen Beobachtung geht es um eine Verhaltens- und/oder Situationsbeobachtung, die z. B. über drei oder mehr Stunden durchgeführt wird. Bei einer diskontinuierlichen Verhaltensbeobachtung werden bestimmte Zeitspannen, z. B. von zehn Minuten, ausgewählt und festgelegt, in denen zielgerichtet beobachtet wird.

Je nach Art der schriftlichen Fixierung der Beobachtungsprozesse wird von einer **beschreibenden** oder **registrierenden Beobachtung** gesprochen. Bei der beschreibenden Beobachtung formuliert die beobachtende Person ihre Beobachtungen selbst (= freie Verbalisation). Hier kann es bereits durch die Wahl der Begriffe zu einer subjektiven Wertung kommen. Bei einer registrierenden Beobachtung ist diese Gefahr nicht gegeben, da hier z. B. Strichlisten geführt werden, in denen die Häufigkeit von bestimmten Verhaltensweisen in festgehaltenen Formulierungen gezählt wird.

Planungsfragen	Mögliche Intentionen
Warum?	• Um typische Kommunikations- oder Interaktionsmuster zwischen mir und dem Kind zu entdecken • Um die Wirksamkeit bisheriger pädagogischer Anstrengungen zu überprüfen • Um eine Bestandsaufnahme der Fähigkeiten bestimmter Kinder mit Blick auf die Beurteilung ihrer Schulfähigkeit vorzunehmen • Um die derzeitige Rollenstruktur in der Gruppe zu erfassen • Um mich selbst in Spielkontakten mit bestimmten Kindern reflektieren zu können • Um konstruktive oder destruktive Verhaltensweisen der einzelnen Kolleginnen zu erfassen

Planungsfragen	Mögliche Intentionen
Wen?	• Ein bestimmtes Kind in einer Spielsituation mit einem anderen Kind • Die Gesamtgruppe • Eine bestimmte Teilgruppe von Kindern
Wann und wie lange?	• In der Zeit nach dem Bringen / vor dem Abholen der Kinder • Zehn Minuten während bestimmter Spielphasen • Während der Essenszeit • Während einer gezielten Aufgabenstellung • Einen ganzen Vormittag lang
Wo?	• Im Gruppenraum • Im Außenspielgelände • Beim Besuch des Kindes in der Nachbargruppe • Bei Exkursionen außerhalb des Kindergartengeländes • Bei einem angemeldeten Hausbesuch
Wie?	• Mit einer Video-Kamera • Mit einem Beobachtungsbogen • Mit offener oder verdeckter Beobachtung (→ Beobachtungsformen)
Wer?	• Selbst beobachten • Kollegin beobachtet • Ein zweiter Beobachter führt zeitversetzt unter der gleichen Fragestellung die Beobachtung durch

Tab. 7.2: Planungsfragen für eine systematische Verhaltensbeobachtung

7.1.3 Erfassen und Dokumentieren von Beobachtungen, Beurteilungen und Hintergrundinformationen

Beobachtungen werden in Beobachtungsbögen und -protokollen, in Entwicklungsberichten oder Beurteilungsberichten dokumentiert. Ihr Aufbau und ihre Struktur sind so vielfältig wie es die Beobachtungsansätze und -ziele sind. Dazu kommt, dass jede psychologische Richtung und jeder pädagogische Ansatz eigene, besondere Schwerpunkte setzen. Aus diesem Grunde soll in den folgenden Ausführungen nur beispielhaft auf zentrale Aufbau-, Struktur- und Gliederungsmerkmale eingegangen werden.

Beobachtungsbögen und -protokolle

Beobachtungsbögen und -protokolle sind neben Tonbandprotokollen oder Video-Aufzeichnungen ein unverzichtbares Arbeitsmittel für die Praxis, um Einzelaspekte zu erfassen.

Beobachtungen können ohne Ausnahme nur einen bestimmten Ausschnitt aus einem Ganzen dokumentieren. Insofern stellen auch alle Beobachtungsbögen einen mehr oder weniger willkürlichen Beobachtungsausschnitt dar.

Bei der Auswahl und dem Einsatz von Beobachtungsbögen und -protokollen ist es wichtig, dass sie:
- Exakt zu einer sorgsam und genau formulierten Aufgabenstellung passen
- Mehrmals und zu unterschiedlichen Zeiten eingesetzt werden
- Als Grundlage für Auswertungsgespräche mit anderen Fachkräften dienen
- Besondere Ereignisse und bedeutsame Einflüsse berücksichtigen, die Auswirkungen auf das Beobachtungsergebnis haben können
- Durch die Art der Aufzeichnungen, der Wortwahl und ihre Vollständigkeit die aufgezeichneten Fakten so darstellen, dass sie auch für andere Personen inhaltlich fassbar und nachvollziehbar sind.

Der Trierer Beobachtungs- und Förderbogen

Der „Trierer Beobachtungs- und Förderbogen" für 5- bis 16-jährige Kinder in der Kindertagesstätte (Verbeek, 2006) hat folgende Entwicklungsbereiche und Entwicklungsziele als Ausgangspunkte:
- **Grobmotorik** – Gleichgewichtsreaktionen, Körpergeschick, situationsangepasstes Bewegungsverhalten
- **Feinmotorik** – Handgeschick, Zusammenspiel von Auge und Hand
- **Emotionale Entwicklung** – Ausdruck von Gefühlen und Bedürfnissen; Einfühlungsvermögen; Frustrationstoleranz; Selbstbewusstsein
- **Soziale Entwicklung** – Kontaktfähigkeit, Hilfsbereitschaft, Konfliktbewältigung, Regelorientierung, Selbstständigkeit
- **Sprachentwicklung** – Freude am Sprechen, Lautbildung und Artikulation, Wortschatz, Satzbau und Grammatik, Inhalts- und Sprachverständnis
- **Kognitive Entwicklung** – Merkfähigkeit, Erfassung von Zahlen, Mengen und Größen, abstraktes und logisches Denken
- **Spiel- und Lernverhalten** – Verschiedene Interessen, Kreativität, Ausdauer und Konzentration.

Neben vielen Beispielen für typische Verhaltensweisen sind die Erzieherinnen aufgefordert, kindbezogene Beobachtungen zu verschriftlichen, eine Beurteilung des Förderbedarfs vorzunehmen und bestimmte Maßnahmen zur Förderung aufzuführen.

Die Beobachtungsbögen zur Erfassung kindlichen Verhaltens und kindlicher Entwicklungen von Lueger

Die Beobachtungsbögen zur Erfassung kindlichen Verhaltens und kindlicher Entwicklungen von Lueger (2005) befassen sich mit:
- **Äußerem Erscheinen und dem motorischen Gesamteindruck** – körperlicher Entwicklungsstand, körperliche Auffälligkeiten, Gepflegtheit, Gesundheitszustand und Leistungsfähigkeit, Körperbeherrschung, Grobmotorische Bewegungen, Feinmotorik, Körperkoordination, Psychomotorik
- **Grundlegenden Bewegungsprinzipien und Bewegungsabläufen** – Muskelspannung, Bewegungssicherheit, Bewegungsgleichgewicht, Bewegungselastizität, Bewegungskoordination, Bewegungsschnelligkeit, Bewegungskräfte, Reaktionsfähigkeit und Bewegungsabläufen
- **Feinmotorik** – allgemeine Geschicklichkeiten im Spiel- und Arbeitsverhalten, Hand-Finger-Geschicklichkeit, Umgang mit Pinsel und Farbe, visumotorische Geschicklichkeit und feinmotorische Koordination
- **Psychomotorik, Handlungsplanung und -steuerung** – soziale Kompetenz, Eigenaktivität, Körperschema, motorische Überaktivität bzw. Gehemmtheit
- **Visueller Wahrnehmung** – visumotorische Koordination, Figur-Grund-Wahrnehmung, Wahrnehmungskonstanz, Wahrnehmung der Raumlage und Wahrnehmung räumlicher Beziehungen
- **Auditiver Wahrnehmung** – auditive Lokalisation, Aufmerksamkeit, Merkfähigkeit, Diskrimination, Figur-Grund-Wahrnehmung, auditiv-kinästhetische Koordination
- **Verstibulärer Wahrnehmung** – Gleichgewichtssinn
- **Taktil-kinästhetischen Bereich** – Stellungssinn, Bewegungssinn, Kraftsinn, Spannungssinn und taktiles Differenzierungsvermögen
- **Gustatorischer und olfaktorischer Wahrnehmung** – Geschmacks- und Geruchssinn
- **Allgemeinem Sprachverhalten** – sprachliche Umgebung des Kindes, Sprachvorbilder, Kommunikation mit Erwachsenen, der Erzieherin und mit anderen Kindern, Beteiligung des Kindes an Gesprächssituationen, Interesse an sprachlichen Aktivitäten, Begegnung des Kindes mit Schrift und den physiologischen Voraussetzungen, zur Gesprächsbereitschaft und zum Anweisungsverständnis, zur Sprachfähigkeit, zum Sprachgedächtnis, zur phonologischen Bewusstheit und zur Begegnung mit Symbolen und Schrift
- **Denken** – differenzierte Wahrnehmung, das kausale Denken, die Art und Weise der Wissensaneignung, das Gedächtnis und um die Intelligenz sowie Problemlösung
- **Emotionalen und sozialen Kompetenzen.**

Zu allen Bereichen sind entsprechende Beispiele genannt und die Fachkräfte sind aufgefordert, aus einem Beobachtungszeitraum über vier Quartale entsprechende Ziele zu formulieren, Angebote zu entwickeln und Ergebnisse zu reflektieren.

Der Bogen zum Schuleingangsbereich nach Prof. Ledl

Eine sehr umfangreiche Grundlage für Entwicklungs- und Beurteilungsberichte liefert Prof. Ledl von der Pädagogischen Akademie des Bundes in Wien (2003). Auch wenn er einen speziellen Bogen zum Schuleingangsbereich vorschlägt, kann die Struktur grundsätzlich auch auf ältere oder jüngere Kinder übertragen werden:

- **Motorischer Bereich**
  - Grobmotorik; allgemeine Geschicklichkeit, Bewegungssicherheit, Bewegungselastizität, Bewegungskoordination, Bewegungsschnelligkeit, Reaktionsfähigkeit, visumotorische Koordination; Bewegungsgeschicklichkeit
  - Feinmotorik; allgemeine Geschicklichkeit, Hand-Finger-Geschicklichkeit, feinmotorische Koordination, Handlungsplanung und Handlungssteuerung
  - Körperschema, Raumlage, bilaterale Koordination, Überkreuzung der Körpermitte, motorische Aktivität, ausgewogene Lateralität, Seitigkeitsprüfung

- **Wahrnehmungsbereich**
  - Visuelle Wahrnehmung
  - Auditive Wahrnehmung
  - Taktil-kinästhetische Wahrnehmung
  - Gleichgewichtswahrnehmung
  - Mnestische Funktionen; Aufmerksamkeit und Konzentration

- **Sprachlicher Bereich**
  - Gesprächsbereitschaft
  - Anweisungsverständnis
  - Sprachfähigkeit
  - Sprachgedächtnis
  - Auffälligkeiten in der Sprache

- **Kognitiver Bereich**
  - Kurz- und Langzeitgedächtnis
  - Produktives und rechnerisches Denken

- **Sozial-emotionaler Bereich**
  - Emotionale Stabilität, psychische Verfassung, Selbstsicherheit und Selbstwertgefühl
  - Sozialverhalten, Kontaktverhalten, Kooperations- und Konfliktverhalten, Selbstkontrolle und Regelbewusstsein
  - Lern- und Arbeitsverhalten; Lernbereitschaft, Arbeitshaltung, Selbstständigkeit.

Der Beobachtungsbogen zur Erfassung von Entwicklungsrückständen und Verhaltensauffälligkeiten bei Kindergartenkindern nach Mayr

Der „Beobachtungsbogen zur Erfassung von Entwicklungsrückständen und Verhaltensauffälligkeiten (→ Kap. 7.2) bei Kindergartenkindern" (Mayr, 1998) soll die Früherkennung besonderer Schwierigkeiten erleichtern und Fachkräften dabei behilflich sein, Alltagsbeobachtungen festzuhalten, zu strukturieren und als Hinweis für Hilfsangebote, Gesprächsgrundlage mit Kolleginnen, Eltern oder Fachdiensten dienen. Die Höhe der Ausprägung eines Problems kann dabei mit den Stufen unauffällig, leicht ausgeprägt und stark ausgeprägt skizziert werden und eigene Beispiele, Beschreibungen und Anmerkungen sollen eine möglichst genaue Faktenabbildung wiedergeben. Im Einzelnen geht es um die Bereiche:

- **Sprache und Sprechen** – Lautbildung, Satzbau, Grammatik, Stimme, Atmung, Redefluss, Kommunikation, altersgemäße Sprache, Sprachverständnis, Mundmotorik
- **Kognitive Entwicklung** – ordnen und unterscheiden, Merkfähigkeit und Gedächtnis, Auffassungsgabe und logisches Denken, Ideenreichtum und Kreativität
- **Wahrnehmung und Orientierung** – visueller, auditiver, taktil-kinästhetischer Bereich
- **Motorik** – Grobmotorik, Krafteinsatz, Feinmotorik
- **Verhalten** – Aggression in der Gruppe, Aggression im Kontakt mit der Erzieherin, Schüchternheit und Hemmung, Distanzlosigkeit, Angst vor Nähe, Überempfindlichkeit, motorische Unruhe, Aufmerksamkeit, Konzentration und Ausdauer, Arbeitsverhalten, Selbstständigkeit, Soziale Kontakte und Stellung in der Gruppe
- **Einzelsymptome**
- **Gesundheit und körperlicher Zustand**
- **Familiäre und psychosoziale Belastungen.**

Persönliche Dokumentation nach Strätz

Es ist auch möglich, Entwicklungsberichte oder Beurteilungen frei von bestimmten Entwicklungsbereichen zu formulieren. So schlägt Strätz (2005) in Ausrichtung auf den Vorschlag des Caritasverbandes für die Diözese Münster e. V. (Referat Tageseinrichtungen für Kinder, 2004) folgenden Aufbau einer persönlichen Dokumentation vor. Er bezieht sich auf alle Kinder in der Gruppe und sieht es als hilfreich an, durch Impulsfragen und freie Formulierungen zu aussagekräftigen Beschreibungen zu kommen:

- Welche Stärken und individuellen Talente oder Vorlieben hat das Kind? Bezogen z. B. auf Bewegungsfähigkeit; Sprachkompetenz, Ausdrucksfähigkeit, Kommunikationsfähigkeit, Spielverhalten; Gestalten, Kreativität, Fantasie; Umgang mit Medien; Erschließung von Lebenswelten, Natur und kulturelle Umwelt; soziale Kompetenzen
- Persönlichkeitsentwicklung des Kindes. Z. B. Selbstständigkeit, Selbstvertrauen, Selbstbewusstsein, Selbstwertgefühl, Ausgeglichenheit, Emotionalität, Empathie
- Engagiertheit des Kindes. Womit beschäftigt sich das Kind besonders gern? Wie intensiv, engagiert und konzentriert geht es dieser Beschäftigung nach? Welche Themen, Anliegen sind für das Kind besonders wichtig? Welches Spiel oder welche Aktivitäten bevorzugt das Kind? Wie ist das individuelle Lerntempo des Kindes?
- Wie setzt das Kind seine eigenen Selbstbildungspotenziale im Bildungsprozess ein? Z. B. Wahrnehmungsfähigkeit, innere Verarbeitung durch Eigenkonstruktion, Fantasie, durch sprachliches und naturwissenschaftlich-mathematisches Denken, Fähigkeit zum sozialen Austausch, Umgang mit Komplexität und Lernen in Sinnzusammenhängen, Neugierde, forschendes Lernen, individuelle Lernstrategien
- In welchen Bereichen seines individuellen Lernweges benötigt das Kind Unterstützung, Anregung, Förderung oder Freiräume hinsichtlich der Bildungsbereiche, der individuellen Selbstbildungspotenziale des Kindes
- Welche pädagogischen Handlungsstrategien ergeben sich auf der Grundlage der aktuellen Beobachtung für das Kind? Z. B. individuelle Förderangebote, Gruppensituation, Beratungsgespräche mit Eltern, Reflexion im Team
- Fragen zur Selbstreflexion. Was berührt mich bei dem Kind? Welche Erwartungshaltung habe ich dem Kind gegenüber? Wodurch löst es bei mir Zuwendungs- oder Abwehrverhalten aus? Was hat dieses Erleben mit meiner eigenen Biografie zu tun? Was will mir das Kind mit seinem Verhalten sagen? An welchen Punkten hat sich meine Wahrnehmung und Einschätzung des Kindes unter Berücksichtigung meiner Selbstreflexion verändert? Was hat sich im Vergleich zur letzten Beobachtung verändert? Mit welcher Einstel-

lung und Haltung führe ich das Gespräch mit den Eltern zu den Inhalten und Ergebnissen der Beobachtung? Wurde dies vorab im kollegialen Austausch im Team oder im Gespräch mit der Leitung zur Sicherung möglichst hoher Objektivität beraten?

Es gilt festzuhalten, dass es aufgrund der jeweils besonderen Fragestellungen und der unterschiedlichen Zielsetzungen für Entwicklungsberichte und Beurteilungen keine eindeutige „Empfehlung für das ‚richtige' oder ‚beste' Verfahren" geben kann (Rohrmann, 1996). Vielmehr ergibt sich die Entscheidung durch die genaue Aufgabenstellung selbst und die damit verbundenen, besonderen Merkmale, die für die aufgeworfene Fragestellung besonders hilfreich zu sein scheinen und die für den Entwicklungsbericht bzw. die Beurteilung die größte Aussagekraft besitzen. Dabei kann jeder Aufbau und jede Struktur einer bestehenden Arbeitshilfe auch durch eigene Kriterien erweitert werden.

Exploration – Erkunden von Sachverhalten

Das Ziel der **Exploration** ist es, Hintergrundinformationen oder bedeutsame Einzelheiten in Erfahrung zu bringen, um eine Problemsituation oder ein bestimmtes Ereignis genauer erfassen und verstehen zu können. Eine Exploration ergibt sich in der Praxis im Anschluss an eine Verhaltensbeobachtung, um fehlende Details für eine umfassende Situationsbeurteilung oder -beschreibung zu erhalten. Neben der **schriftlichen Exploration,** bei der ein Jugendlicher oder die Eltern einen so genannten standardisierten Explorationsbogen ausfüllen, wird in der pädagogischen Praxis fast ausschließlich eine **mündliche Exploration** durchgeführt.

Auch bei der mündlichen Exploration gibt es eine standardisierte Form, bei der vorformulierte und exakt strukturierte Fragen in einer vorgegebenen Reihenfolge beantwortet werden sollen. Bei der **standardisierten Exploration** ist der Spielraum für die freie Formulierung der Fragen eingeschränkt und so wirkt diese Methode manchmal etwas starr und formal. Ihr Vorteil liegt darin, dass durch die standardisierte Fragestellung kein Platz für eigene Vermutungen oder subjektiv geprägte Formulierungen ist.

Bei der **freien Exploration** können die Erzieherinnen individueller auf ihr Gegenüber eingehen; sie können Nachfragen zur Vertiefung einer Erkenntnis stellen, um die Erläuterungen einer Antwort bitten und sich mehr von ihrem Gegenüber leiten lassen.

Für die Beziehungspflege und wertschätzende Umgangskultur bietet die freie Exploration eine gute Gelegenheit.

Der Nachteil der freien Exploration besteht darin, dass das Gespräch eventuell in Nebensächlichkeiten versandet oder die Erzieherin erst bei der Auswertung bemerkt, dass wesentliche Aspekte vernachlässigt oder vergessen wurden.

Das Explorationsgespräch

Professionell gestaltete **Explorationsgespräche** sind durch drei Phasen gekennzeichnet, die:
- **Konstruktive Eröffnungsphase,** in der eine freundliche, kommunikationsoffene und wertschätzende Atmosphäre hergestellt wird. Hier können die Bedeutung, der geplante Verlauf, der Umfang und die Gestaltung des Gesprächs skizziert und auch nachgefragt werden
- **Explorationsphase** selbst. Hier geht es um ziel- und zweckgerichtete Fragen. Sie werden in der Regel bereitwillig beantwortet, wenn zunächst allgemeinere Themen zur Sprache kommen und erst mit der Zeit enger gefasste Fragen gestellt werden
- **Abschlussphase.** Hier können die wichtigsten Ergebnisse zusammengefasst und neue Absprachen getroffen, ein beidseitiger Rückblick auf den Verlauf der Exploration und ein Ausblick auf die weitere Planung vorgenommen werden.

Eine solches Explorationsgespräch erfüllt mehrere Funktionen: Zum einen wird durch die aktive Beziehungspflege und ein offenes Zugewandtsein die Motivation zur Mitarbeit unterstützt, zum anderen hat die Exploration eine problemanalysierende Funktion. Die Erzieherin kann verwertbare Daten erhalten und eine Problematik exakt auf den Punkt bringen. Und schließlich kann eine Exploration bereits in dieser Phase eine problemverändernde Funktion besitzen: Allen Beteiligten wird die angesprochene Problematik deutlich mit ersten Hinweisen auf Ursachen, beteiligte Faktoren und mögliche Lösungswege.

> In einem Explorationsgespräch erhält der Gesprächspartner (= Explorand) die Möglichkeit, seine Gedanken und Assoziationen zu äußern und seine Sichtweise der Dinge zu offenbaren. Er wird damit zum Hauptakteur der Interaktion.

Je treffsicherer die Explorationsfragen gestellt werden und je strukturierter die gesamte Exploration aufgebaut ist, desto besser wird sich der Gesprächsverlauf entwickeln. Auch die Höhe der Gesprächsanteile des Exploranden ist ein Indikator für die Qualität einer Exploration.

Anamnese und Katamnese

Ziel einer Anamnese ist es, grundlegende Informationen über den persönlichen Lebenslauf eines Menschen und seine individuelle Entwicklung zu erhalten. Denn die eigene Lebensgeschichte mit all ihren Erfahrungen und Erlebnisse beeinflusst das Verhaltensspektrum jedes Menschen.

> **Anamnese** *(griech. = Rückblick, Erinnerung)*
>
> Ermittelt die Vorgeschichte einer Person. Eine biografische Anamnese ermittelt die gesamte Lebensgeschichte mit ihren biologischen, psychischen und sozialen Aspekten.

Es gibt die Selbst- und Fremdanamnese, die wiederum in freier oder gebundener Form angewendet werden kann. Bei der freien Form werden offene Fragen an die Personen gerichtet, z. B.: „Welche Lebensereignisse haben im Rückblick einen besonders hohen Einfluss auf Ihre Entwicklung gehabt?" Eine gebundene Anamnese folgt einem Grundschema, das sowohl Fragen zur Familiensituation, der psychophysischen Entwicklung als auch zum gesamten soziokulturellen Umfeld beinhaltet.

Die Anamnesedaten werden grundsätzlich schriftlich festgehalten. Auch wenn z. B. bei einer gebundenen Anamnese bestimmte Themen „abgefragt" werden, ist eine freundliche und entspannte Gesprächsatmosphäre wichtig. Alle Informationen lassen sich so genannten harten und weichen Daten zuordnen.

Harte Daten

Harte Daten sind objektive Fakten, beispielsweise:
- Wächst das Kind beim Vater und/oder der Mutter auf?
- Gibt es Geschwister, wenn ja, wie sieht die Geschwisterkonstellation aus?
- Sind die Eltern(teile) berufstätig, haben sie eine Berufsausbildung?
- Wie sieht die Wohnsituation der Familie aus, hat es Wohnortswechsel gegeben?
- Welche Krankheiten hatte das Kind, nimmt es Medikamente ein, leidet es unter Allergien?
- Wie ist die sprachliche und motorische Entwicklung verlaufen?

Weiche Daten

Neben den objektiven, harten Fakten werden in der Anamnese auch Informationen erfasst, die den so genannten **weichen Daten** zuzuordnen sind:
- Pflegt das Kind feste Freundschaften?
- Wie kann sein Verhältnis zu den Eltern und Geschwistern charakterisiert werden?
- War es ein Wunschkind? Erleben die Eltern das Kind als eine Bereicherung oder eine Last?
- Hat es Lieblingsspiele? Kann sich das Kind ausdauernd alleine beschäftigen?
- Gab oder gibt es besondere Konflikte in der Familie?
- Welche Stärken und Schwächen zeigt das Kind?
- Wer trägt die Hauptverantwortung in der Erziehung?
- Wie kann das Verhältnis der Eltern untereinander beschrieben werden?
- Welche Atmosphäre herrscht überwiegend im Elternhaus?

Weiche Daten sind Informationen, die immer durch subjektive Einschätzungen geprägt sind. Hier bietet es sich an, die Informationen z. B. durch eigene Beobachtungen oder Hausbesuche abzusichern.

Datenordnung

Die vielen Einzelinformationen einer Anamnese zu ordnen, hilft, den Überblick zu bewahren und einen roten Faden zu erkennen. Es gibt verschiedene Ordnungsschemata. Am häufigsten wird der so genannten *biografische Aufbau* verwendet: Hier wird die Biografie eines Kindes von der Geburt bis zum heutigen Datum beschrieben. Daneben gibt es so genannte *Situationsschemata,* in denen ein bestimmter Bereich differenziert betrachtet wird, beispielsweise eine Problemsituation. Und schließlich steht das so genannte *Entwicklungsschema* zur Verfügung, bei dem die emotionale, kognitive, motorische und soziale Entwicklung des Kindes in den Mittelpunkt gerückt wird.

> **Katamnese** *(Nacherhebung)*
> Vorgang, bei dem mit dem Kind, der Kindergruppe, den Eltern(teilen) überprüft wird, inwieweit eine zielgerichtete Arbeit erfolgreich war.

Eine Katamnese umfasst Fragen wie:
- Wie hat sich das Kind, die Kindergruppe, der Vater, die Mutter in dem vorher beschriebenen Verhaltensbereich entwickelt?
- Welcher Kompetenzzuwachs ist festzustellen?

- Welche Entwicklungsbereiche haben sich durch die Verhaltensänderungen zusätzlich verändert?
- Welche sozialen und emotionalen Auswirkungen haben die Verhaltensänderungen auf die Beteiligten und ihr unmittelbares Umfeld?
- Welche entwicklungsunterstützenden Maßnahmen sind notwendig, um die Verhaltensänderungen zu stabilisieren?

Psychologische Testverfahren

So vielschichtig der berufliche Einsatz von Erzieherinnen ist, so vielschichtig sind auch die Kontakte mit anderen Fachdiensten. Entsprechend ihrem beruflichen Einsatz haben Erzieherinnen sowohl mit Allgemeinmedizinern und Kinderärzten als auch mit Lehrkräften in Grundschulen, Diplom-Psychologen, Heilpädagogen oder Diplom-Sozialpädagogen in Beratungsstellen oder Kliniken und mit den Beschäftigten in Sozial- und Jugendämtern zu tun. Eine gemeinsame Sprache und der Dialog zum Wohl des Kindes sind Voraussetzung für eine professionelle Praxis.

Diplom-Psychologen, Psychotherapeuten, Gutachter und auch Förderschullehrer arbeiten mit **psychologischen Testverfahren** (→ Anhang). Sie gehören zur so genannten Psychodiagnostik, einem Teilgebiet der Psychologie (→ Kap. 2.1.2), das sich mit der Gewinnung von Aussagen über individuelle psychische Eigenschaften bzw. psychosoziale Verhaltensweisen befasst. Es gibt für Kinder und Jugendliche entwickelte:

- Intelligenztests
- Leistungstests
- Persönlichkeitstests
- Entwicklungstests – allgemeine Entwicklung, Sprache, Wahrnehmung, Motorik und projektive Verfahren
- Schultests – Schulfähigkeit, Schulleistung, Training und Sozialverhalten
- Klinische Verfahren – Fragebögen, projektive Verfahren, Interviews
- Neuropsychologische Verfahren – Gedächtnis, Aphasie, Gehör, sonstige Funktionsirritationen
- Medizinpsychologische Verfahren.

Die Anwendung von Tests bedarf einer umfassenden Kenntnis des jeweiligen Tests sowie einer breiten Übungspraxis. Ohne eine entsprechende Ausbildung wird ein leichtfertiger Gebrauch von Testverfahren unweigerlich zu Fehldeutungen, falschen Rückschlüssen und Handlungskonsequenzen führen.

Jeder psychologische Test kann nur eine Teilinformation, einen Ausschnitt aus einem Ganzen geben, zu dem stets weitere Informationsquellen hinzugezogen werden müssen. Testuntersuchungen sind in der Regel Tagesabbildungen. Sie spiegeln nur das Ergebnis wider, das das untersuchte Kind auf Grund seiner Persönlichkeit an diesem Tag unter den gegebenen äußeren Bedingungen zum Ausdruck bringt.

7.2 Beobachtung von Entwicklungs- und Verhaltensauffälligkeiten

Wer sich als Erzieherin mit dem Bereich „Verhaltensauffälligkeiten" fachlich auseinandersetzt, stößt auf eine Vielzahl von Begriffen wie auffällig, verhaltensgestört, verhaltensschwierig, psychisch krank, verhaltensirritiert, psychosozial gestört, um nur einige zu nennen. Hinter jedem Begriff verbirgt sich eine bestimmte Sichtweise des Kindes und eine bestimmte Einschätzung des Problems.

Verhaltensauffälligkeiten sind in der Regel nicht angeboren oder genetisch vorprogrammiert. Allerdings haben Forschungsergebnisse gezeigt, dass „Jungen ‚verletzlicher' sind und eher Verhaltensauffälligkeiten entwickeln als Mädchen. Auch geht man davon aus, dass es im menschlichen Erbgut Prädispositionen für psychische Probleme und Verhaltensstörungen wie beispielsweise Depressivität gibt und diese ein Kind ‚verwundbarer' für negative Umwelteinflüsse machen. Viele ‚Problemkinder' waren schon im Säuglingsalter auffällig. Als Ursachen gelten z. B. Schwangerschaftskomplikationen, Frühgeburt und Alkohol- oder Drogenmissbrauch der Mutter während der Schwangerschaft." (Textor, 2004)

 Prädisposition
Fachausdruck aus der Medizin für eine ererbte, genetisch bedingte Anlage oder Empfänglichkeit für eine bestimmte Krankheit.

Wenn von Prädispositionen die Rede ist, bedeutet dies, dass bestimmte Kinder eher die Bereitschaft mitbringen, ein bestimmtes Verhalten zu entwickeln, als Kinder ohne diese Prädisposition. Das heißt jedoch nicht, dass sie ein bestimmtes Verhalten automatisch oder zwangsläufig entwickeln.

Monokausale Ursachen können zwar angenommen, aber nicht bewiesen werden, zumal es schwierig ist, psychodynamische Einflussgrößen durch die Mutter auf das Kind im pränatalen Zeitfenster exakt nachzuweisen. Weiter schreibt

Textor: „Ob ein Kind zum ‚Problemkind' wird, hängt auch davon ab, inwieweit pathogene Strukturen und Prozesse im Kind, in der Familie, in der Kindertageseinrichtung oder anderen Systemen durch positive Einflüsse kompensiert werden. Zahl, Stärke und Dauer von Risikofaktoren müssen in Beziehung zu Zahl, Stärke und Dauer von Schutzfaktoren gesetzt werden."

7.2.1 Was ist eine Verhaltensstörung?

Wenn der Computer streikt oder das Auto nicht mehr anspringen will, bringt dies unsere aktuellen Absichten durcheinander und fordert zwei Gedanken heraus: Das technische Objekt ist gestört und es bedarf entsprechender Fachleute, die den „Defekt" lokalisieren und anschließend eine Reparatur vornehmen. Diese Form des Denkens hat auch im Umgang mit Kindern und Jugendlichen eine lange Tradition. Diese mechanische Sichtweise einer **Verhaltensstörung** lässt jedoch außer Acht, dass Kinder und Jugendliche:

- Individuelle, dynamische Personen mit eigenen Erfahrungen, Erlebnissen und Bedürfnissen sind, mit reaktiven wie aktiven Verhaltensweisen und selbst bestimmten Handlungsimpulsen
- Ihre besonderen Verhaltensmerkmale durch die Kommunikation und Interaktion mit unterschiedlichen Menschen und in vielfältigen Situationen entwickeln
- Sich von eigenen als auch von Stimmungen und Gefühlen ihrer Mitmenschen beeinflussen lassen.

Verhaltensstörungen „entwickeln sich aus Beziehungen heraus" (Finger/Simon-Wundt, 2003). „Treten Störungen und Auffälligkeiten bei Kindern auf, so sind auch immer die Beziehungen gestört, insbesondere die zu Erwachsenen" (Becker-Textor, 1988), wobei „unerfüllte Grundbedürfnisse eine ausschlaggebende Rolle spielen" (Strobel, 2005). Kinder mit auffälligen Verhaltensweisen sind stets „Symptom für kranke Beziehungen, Fehler und Mängel in der Erziehung, die Kinderfeindlichkeit der Gesellschaft u. Ä." (Becker-Textor 1997).
„Möglicherweise ist die Zeit nicht mehr fern, da die Pädagogik es als peinlich empfinden wird, von einem defektiven Kind zu sprechen, weil das ein Hinweis darauf sein könnte, es handele sich um einen unüberwindbaren Mangel der Natur. […] Dann wird auch das Wort selbst verschwinden, das wahrhafte Zeichen für unseren eigenen Defekt." (Wygotski, 1985)

Fachliche Sichtweisen zum Begriff Verhaltensstörung

Die Frage, wie nun Verhaltensstörungen definiert oder näher beschrieben werden können, lässt sich nicht eindeutig beantworten. Die **fachlichen Sichtweisen** unterscheiden sich, je nach dem verwendeten Bezugssystem.

Die Psychologinnen Gertraud Finger und Traudel Simon-Wundt (2003) äußern sich zu Verhaltensstörungen wie folgt: „Sollten wir eine Liste von Verhaltensstörungen aufstellen, wäre es schwierig zu entscheiden, welches Verhalten dazu gehört. Ist ein vorlautes Kind verhaltensgestört? Oder ein trauriges Kind oder ein Kind, das sich schmutzig macht? Ist Aufsässigkeit in der Pubertät oder der Rückzug ins eigene Zimmer, um laute Musik zu hören, ein Zeichen für eine beginnende Störung oder ein ganz normaler und notwendiger Entwicklungsschritt? Wir können diese Frage nicht allgemein beantworten."

„Denn um ein Verhalten als Störung zu bezeichnen, dürfen wir nicht alleine auf das Kind blicken, sondern müssen fragen, wie […] (Erwachsene) dieses Verhalten erleben. Warum fühlen sie sich so gestört? […] Fast jedes kindliche Verhalten kann zur Störung werden, wenn sich ein anderer dadurch getroffen fühlt. Dies kann zum Beispiel geschehen, sobald das Verhalten des Kindes an Probleme der Erwachsenen rührt." (Finger/Simon-Wundt, 2002, S. 19)

Finger und Simon-Wundt schreiben weiter: „Je mehr das Verhalten eines Kindes [Erwachsene] ärgert oder verunsichert, umso weniger Gelassenheit können sie ihm gegenüber aufbringen. Denn ihre Gefühle bestimmen auch ihr Verhalten. Sie werden strenger, schimpfen mehr, lassen das Kind ihre Enttäuschung deutlich spüren. […] Das verstärkt seine Auffälligkeiten, weil es sich einerseits unverstanden oder auch ungeliebt fühlt. […] Ein Teufelskreis ist entstanden, in dem sich beide Seiten immer weniger verstehen und immer weiter voneinander entfernen. [Solche] Teufelskreise sind sich steigernde Beziehungsstörungen. Jeder sieht im Verhalten des anderen die Ursache der Schwierigkeiten und erklärt das eigene Verhalten nur als Folge. […] Erst wenn ein Beteiligter einen unerwarteten Schritt tut, wird die Routine durchbrochen. Doch das gelingt nur, wenn man nicht länger an alten Erklärungsmustern festhält."

Der Psychologieprofessor Hans Christian Steinhausen geht von Folgendem aus: „Eine seelische Störung liegt dann vor, wenn das Verhalten und/oder das Erleben des Kindes und Jugendlichen bei Berücksichtigung seines Altersstandes 1. nicht normal ist (z. B. hinsichtlich Alter, Geschlecht, Erwartungen der Gesellschaft, Art und Ausmaß der Störung) und/oder 2. zu einer Beeinträchtigung führt (z. B. durch persönliche Leiden, soziale Einengung, Behinderung der Entwicklung, Auswirkungen auf Dritte)" (2004). Dabei stehen zwei zentrale Aspekte im Mittelpunkt: die Normabweichung und die Beeinträchtigung.

Für Steinhausen ist damit sowohl die Diagnose einer seelischen Störung im Einzelfall möglich als auch die Entscheidungsfindung, welche Auffälligkeiten im Verhalten und Befinden ganz allgemein in die Gruppe der seelischen Störungen des Kindes- und Jugendalters gehören. Es ist dennoch schwierig, die Angemessenheit einer Normabweichung hinsichtlich Alter und Geschlecht festzustellen sowie die Zeitspanne für eine „Störung" im Gegensatz zu einer aktuellen Auffälligkeit zu definieren. Der Grund liegt in der Subjektivität der Bewertungsgrundlage: Sowohl die gesellschaftliche Bewertungen als Definitionsausgangspunkt als auch die Bewertung der Beeinträchtigungen und ihrer Auswirkungen selbst unterliegen persönlichen Maßstäben.

Die WHO *(Weltgesundheitsorganisation)* hat den Begriff der psychischen Störung eingeführt und eine Klassifikation aller bekannten Störungen erstellt (ICD-10 = International Classification of Diseases, 10. Revision). Auf diese Weise können sowohl körperliche Erkrankungen als auch seelische Störungen in allen Ländern mit einer einheitlichen Begrifflichkeit diagnostiziert werden.

Nach dieser Klassifikation sind folgende Merkmale mit dem Begriff einer „psychischen Störung" verbunden:

- Seelische Störungen umfassen alle Erlebens- und Verhaltensweisen einer Person, die von der gesellschaftlich gültigen Norm abweichen
- Die Normabweichung muss ein erhebliches Ausmaß betragen und über einen längeren Zeitraum bestehen
- Die von der Norm abweichenden Erlebens- und/oder Verhaltensweisen sind mit einem Leidensdruck verbunden und werden von der betreffenden Person als Belastung erlebt
- Die psychischen Störungen beeinträchtigen die betroffene Person selbst und/oder ihre Umgebung.

Die Klassifikation der seelischen Störungen im Kindes- und Jugendalter ist noch um die Erfassungsmöglichkeit auf sechs diagnostischen Ebenen erweitert: seelische Störungen, Entwicklungsstörungen, Intelligenz, körperliche Krankheiten, begleitende, psychosoziale Umstände und Globalbeurteilung der psychosozialen Anpassung.

Der Psychologe Horst Dilling beschreibt psychische Störungen bei Kindern folgendermaßen: „Das Schlüsselkriterium für die emotionalen Störungen des Kindesalters ist die Entwicklungsbezogenheit der gezeigten Emotionen zusammen mit einer ungewöhnlichen Ausprägung und Dauer der Störung. Mit anderen Worten, diese emotionalen Störungen des Kindesalters sind übermäßige Ausprägungen emotionaler Zustände und Reaktionen, die in einer leichteren Form in dem entsprechenden Alter als normal angesehen werden." (2000)

Das Bezugssystem Norm und Abweichung

Bei den meisten Definitionen und Beschreibungen werden „normative Kriterien" herangezogen. Solche **Bezugssysteme** setzen **Abweichungen** im Verhalten in Bezug zu gesellschaftlichen und statistischen **Normen** sowie persönlichen und damit subjektiven Wertvorstellungen. Doch viele Normen sind abhängig vom historischen und sozialen Wandel, von der Kultur- und Schichtzugehörigkeit sowie von bestimmten Vorstellungen über die kindliche Entwicklung. Bereits 1982 schrieb der Heilpädagoge und Psychologe Prof. Dr. Sagi: „Gegen die unreflektierte Anwendung des statistischen Normbegriffes bestehen jedoch erhebliche Bedenken, vor allem, weil dadurch angepasstes Verhalten erklärt werden kann. Allzu leicht erscheint das Übliche im Konformen verwirklicht, aber oft entsteht der Gesellschaft Nutzen durch nichtkonformes, unübliches Verhalten. So kann Abweichung auch erwünscht und Konformität schädlich sein."

So genannte phänomenal-deskriptive Betrachtungen, also eine Beschreibung der beobachteten Verhaltensweisen, sind dagegen seltener anzutreffen. Ein solcher Ansatz führt jedoch im Sinne einer ganzheitlichen Betrachtung der gesamten Problemsituation weiter zu entsprechenden Aufgabenstellungen und zu einer Problemveränderung.

7.2.2 Verhaltensstörungen in der pädagogische Praxis

Die klinische Psychologie (→ Kap. 2.1.2) erfasst und beschreibt die unterschiedlichen Auffälligkeiten und hat eine Reihe von Verfahren zur Behandlung entwickelt. Doch so vielfältig die therapeutischen Verfahren sind (→ Kap. 2.3.2), so unterschiedlich fallen auch die Erklärungsmodelle für Verhaltensstörungen von Kindern und Jugendlichen aus. Jede therapeutische Richtung legt dabei eine ganz bestimmte Theorie zu Grunde und hat spezifische Schwerpunkte. Das Spektrum von Hilfsangeboten ist groß und reicht von systemischen Interventionen, konfrontativen pädagogischen Maßnahmen, Techniken zur Verhaltensmodifikation über therapeutische Milieuarbeit bis zu medikamentöser Behandlung und dem großen Bereich der Psychotherapie.

Für die **pädagogische Praxis** können bis auf wenige Ausnahmen alle Formen eines abweichenden Verhaltens als das Ergebnis einer wenig geglückten bzw. gestörten Interaktion zwischen dem Kind und seinem Umfeld betrachtet werden (Metzinger, 2005). Da es keine monokausalen Ursachen für Verhaltensstörungen von Kindern gibt, ist ein multifaktoreller Erklärungsansatz sinnvoll. Er berücksichtigt sowohl biologische, psychosoziale, soziokulturelle und sozioökonomische Ausgangsdaten als auch vergangene und gegenwärtige Lebensumstände aus allen Lebensfeldern, also auch die pädagogische Institution, in der sich das Kind aufhält.

Der systemorientierte Ansatz

Alle Lebenseinflüsse können als eigenständige Systeme betrachtet werden, die sich durch ihre Vernetzung zu einem „Gesamtsystem des Aufwachsens" zusammensetzen. Dabei hat jeder Bereich seine eigenen Gesetze, die für das Kind bedeutsam sein können und die erst durch ihr Zusammenwirken zu einem auffälligen Verhalten führen können. Zu diesem Gesamtsystem des Aufwachsens gehören:
- Das System der Familie – Qualität der Partnerschaft der Eltern, Eltern-Kind-Verhältnis, Geschwisterverhältnis
- Die Umfeldsysteme – Verwandtschaft, Freundeskreis, Peer-Group, Wohnverhältnisse, Arbeitsplatzsituation der Eltern, finanzielle Situation, schichtenspezifische Kommunikations-, Interaktions- und Denkstile, Kulturzuordnung
- Das System der Einrichtung – Gruppenstruktur, Ausstattung, Selbstverständnis, Verhältnis Leitungskraft und Erzieherin, Kommunikationsstruktur im Team, Bindungsgeschehen zwischen Erzieherin und Kind, Kommunikationsstruktur zwischen den Kindern
- Der Übergangsbereich Familie und Einrichtung – Art der Kontakte, Vorurteile, Kommunikationsstörungen, Konflikte
- Das Kind selbst – körperliche Verfassung, innere Einstellung, Höhe des Selbstwertgefühls, Krankheiten, Entwicklungserfahrungen, soziale Fertigkeiten, intellektuelle Fähigkeiten.

Im Gegensatz zu individuumszentrierten Ansätzen verschafft ein solcher **systemorientierter Ansatz** (→ Kap. 2.3.2) den Fachkräften die Möglichkeit, möglichst viele Auslöser und Hintergründe für abweichendes Verhalten zu entdecken und ein „Problem" in der Verzahnung unterschiedlicher Einflüsse und Ereignisse zu sehen. Dies schafft die Grundlagen für einen weit gefassten Ansatz der praktischen Arbeit, die nicht nur bei Symptomen ansetzt, sondern auf eine nachhaltige Wirkung zielt.

7.2.3. Verhaltensweisen sind Spiegelbilder der Seele: Zweck und Bedeutungswert von Verhaltensirritationen

Vieles, was Kinder tun, bleibt für Erzieher/innen und Eltern ein Rätsel

Wie aus heiterem Himmel fangen Kinder häufig an zu schreien, ohne dass es aus Sicht der Erwachsenen dafür einen triftigen Grund gibt, ein solches Verhalten an den Tag zu legen. Oder sie weigern sich vehement, bei Gemeinschaftsaufgaben mitzuhelfen; sie lassen sich ungewöhnlich lange Zeit, um bestimmte Vorhaben zügig durchzuführen, schubsen andere Kinder, ohne dass diese absichtlich Provokationen initiiert haben, schweigen beharrlich bei Fragen, die an sie gerichtet werden oder reden ohne Pause und Rücksicht auf andere ein, haben entweder tagsüber kaum Appetit oder können auf der anderen Seite pausenlos essen. Sie eignen sich heimlich Besitztümer von anderen Kindern an, die ihnen nicht gehören, oder nässen regelmäßig ein, obgleich eine medizinische Untersuchung keinen organischen Befund festgestellt hat. Eine weitere Aufzählung von Verhaltensirritationen könnte an dieser Stelle endlos angeführt werden.

So zeigen Kinder immer wieder Ausdrucksformen, die den elementarpädagogischen Fachkräften (und auch den Eltern) ein Rätsel sind. Es kommen Fragen auf, **warum** ein Kind sich in dieser Form verhält, **warum** es ihm offensichtlich nicht gelingt, ein „angemessenes Verhalten" zu zeigen und **wie** „man" dieses Verhalten „beim Kind" verändern könnte. „Vernünftige Gespräche" mit dem Kind bleiben oftmals erfolglos und enden damit, dass **Widerstände** aufseiten des Kindes noch größer werden bzw. **nachhaltige Veränderungen** nicht feststellbar sind.

Eindrücke und Gefühle prägen das Verhalten eines Kindes

Das gesamte Leben eines Menschen ist geprägt durch besonders bedeutsame **Alltagserfahrungen, Erlebnisse, Eindrücke und Geschehnisse,** die ihre entsprechenden Spuren und Auswirkungen auf die Persönlichkeitsbildung und die jeweils individuellen Verhaltensweisen des Kindes hinterlassen. Menschliches Verhalten ist damit nie ein „Zufallsprodukt" oder „konstant genetisch festgelegt". Vielmehr sind es immer wieder bedeutsame Ereignisse, die sich als Erlebnisbilder im Gehirn des Menschen abspeichern und in der Folge in entsprechenden Ausdrucksformen zeigen, wenn aktuelle Situationen diese in der Vergangenheit gespeicherten Bilder wieder hervorrufen. Zudem sind mit den Erlebnissen immer auch **bestimmte Gefühle (Trauer, Angst, Ärger/Wut, Freude)** verbunden, die sich in einer Bild-Emotionsvernetzung wie eine Straße im Gehirn anlegen und in ähnlichen, vergleichbaren Erlebnissituationen einen **Aktualisierungswert provozieren.** Die Gegenwart entpuppt sich als ein Wiederholungserlebnis aus der Vergangenheit.

Gefühle und Gefühlsausdrucksformen sind ein fest zu uns gehörender und lebensnotwendiger Teil der menschlichen Existenz! Sie zeigen anderen Menschen, wer und wie wir sind, wie es uns geht, was wir von uns selbst und anderen Menschen halten und wie wir zu uns und ihnen in welchem emotional-sozialen Bezug stehen.

Das Leben hält entwicklungsförderliche und -hinderliche Eindrücke bereit

Es können besonders angenehme Eindrücke sein, die dem Kind immer wieder das Gefühl vermittelt haben, sich als ein gerngesehener Gast in dieser Welt zu fühlen.

Solche Eindrücke wirken sich besonders **entwicklungsförderlich** auf das weitere seelische Wachstum von Kindern aus. Gleichzeitig sind diese förderlichen Eindrücke die Grundlage für den Aufbau von Lebensfreude und Zufriedenheit, Entspannung und Belastbarkeit, Empathie, Sozialverhalten und Lernbereitschaft.

Natürlich können es aber auch unangenehme Erlebnisse gewesen sein, die sich **entwicklungshinderlich** auf ein Kind ausgewirkt haben. Solche negativen Erfahrungen und Geschehnisse offenbaren sich dann beispielsweise in Entwicklungsverzögerungen, Entwicklungsrückschritten oder in den kindlichen Irritationen (= Verhaltensauffälligkeiten) – von Angstempfindungen, Zurückhaltung, gesteigerter Aggressivität/Gewalt bis hin zu zwanghaften Verhaltensweisen oder psychosomatischen Ausdrucksformen.

Nun kommt es im Leben der Kinder darauf an, ob sie eine überwiegend entwicklungshinderliche Pädagogik oder eine überwiegend entwicklungsförderliche Entwicklungsbegleitung in ihrem Alltag erfahren haben. Typische Beispiele für entwicklungshinderliche Einflüsse entstehen häufig aus folgenden Erlebnissen/Erfahrungen und tragen schnell zur Entstehung von Verhaltensirritationen bei:

- **Trennungserlebnisse** – z. B., wenn Kinder sich häufig einsam oder alleine/im Stich gelassen fühlen und zudem viele ihrer seelischen Grundbedürfnisse nicht befriedigt werden. Das geschieht beispielsweise, wenn Kinder zu früh „vernünfteln" müssen, sie regelmäßig in ihrem Erfahrungs-, Spiel- und Bewegungsbedürfnis eingeengt werden oder sie das Gefühl haben, nicht mehr *Kind* sein zu dürfen;
- **Beziehungsnöte** – z. B., wenn Erwachsene Kinder mit einer belastenden Schuld belegen oder Kinder nur dann Beachtung und Liebe finden, wenn sie sich so verhalten wie es die Erwachsenen erwarten oder möglichst früh „perfekt" sind. Hier wächst ein Kind in einer „Liebe unter Bedingungen" auf. Ähnliches erlebt ein Kind, wenn es Hilfe/Unterstützung braucht und diese nicht erhält, weil Erwachsene anderen (egozentrischen) Lebensschwerpunkten einen Bedeutungswert beimessen und sich Kinder als überflüssig/beiseite geschoben fühlen.
- **Bedrohungsängste** – z. B., wenn Kinder sich in Beziehungen ausgeschlossen oder ausgegrenzt fühlen bzw. Gewalt in ihren unterschiedlichsten Formen erfahren müssen; wenn Kinder unter großer Angst stehen, für klein(st)e Missgeschicke oder Verfehlungen bestraft zu werden; wenn Kinder spüren, dass Erwachsene unterdrückte oder offene Aggressionen gegen sie hegen oder keine Sicherheit bietende, warmherzige Kommunikation in der Beziehung zu ihnen besteht;
- **Auslieferungserlebnisse** – z. B., wenn Kinder sich in bestimmten Situationen völlig wehrlos erleben, unter einer fehlenden Solidarität aufwachsen/leiden müssen; wenn Kinder mit Tatsachen/Anforderungen konfrontiert werden, auf die sie keinen Einfluss haben dürfen; wenn Kinder in Ausein-

andersetzungen, die Erwachsene untereinander haben, einbezogen werden oder in denen sie sich hin- und hergerissen fühlen müssen;
- **Ohnmachtserlebnisse** – z. B., wenn Kinder immer wieder ihre Wirkungslosigkeit erfahren, trotz ihrer Vorschläge oder Beteiligungswünsche; Situationen, in denen sie beherrscht, gegängelt werden oder schutzlos ausgesetzt sind.

Eindrücke suchen ständig Ausdrucksmöglichkeiten

Betrachtet man einmal die unterschiedlichen Ausdrucksformen, die Kindern zur Verfügung stehen, so sind es stets **sechs Ausdrucksmöglichkeiten,** durch die Kinder ihr gegenwärtig aktuelles oder in der Vergangenheit liegendes **Eindruckserleben** preisgeben:
1. in ihren Spielformen und in ihrem vorzugsweise gewählten Spielverhalten;
2. in ihrer Sprache, ihrem Sprechverhalten und ihren Erzählthemen;
3. in ihren besonderen, alltäglichen Verhaltensweisen;
4. in ihrem Malen und Zeichnen;
5. in ihren Bewegungsaktivitäten und in ihrer Körpersprache;
6. in ihren Tag- und Nachtträumen.

Dabei besitzen diese jeweils **zwei Funktionen. Die erste Funktion** liegt im „**Aus-druck**" von Gefühlen (ursprüngliche Bedeutung: aus dem Druck kommen). Das heißt, dass unterschiedliche Lebensereignisse Kinder immerzu – wenn auch unterschiedlich stark – in Anspannung, Aufregung oder Unruhe versetzen. Diese können angenehmer (= spannungsentlastender) oder auch unangenehmer (belastender) Art sein. Auf jeden Fall erzeugen bedeutsame, prägende „**Ein-Drücke**" stets eine Drucksituation auf Kinder:
- wenn beispielsweise ein Vorhaben, eine Absicht nicht geklappt hat bzw. umgesetzt werden konnte, wird aus einer Vorfreue Ärger oder Traurigkeit;
- wenn Erwachsene ihre Zusagen nicht eingehalten haben, entsteht aus hoffnungsvoller Freude ebenfalls Traurigkeit oder Wut;
- wenn sich in Kindern Langeweile breit macht und sie keine Idee haben, was sie aktiv unternehmen könnten, bündelt sich häufig recht schnell Ärger über die eigene Initiativlosigkeit oder Antriebsschwäche;
- wenn im Kindergarten eine richtig spannende Aktion läuft, die Kinderherzen höher schlagen lässt, dann fällt es Kindern schwer, sich zum Tagesende aus ihrer Gruppe zu verabschieden, um erst am nächsten Morgen weitermachen zu können;
- wenn Kinder ihrer Erzieherin/ihrem Erzieher etwas Bedeutsames erzählen wollen, diese(r) im Augenblick aber keine Zeit hat, in Ruhe zuzuhören, dann wird schnell aus der Vorfreude und der jetzigen Enttäuschung heftige Wut.

Diese und alle Ausdrucksweisen der Kinder haben zugleich einen **„Appell- und Erzählwert"**, der sich an ihre Umgebung richtet, getreu dem Motto: „Schaut her und schaut hin, wie ich mich äußere und was ich euch mit meinen Ausdrucksmöglichkeiten über meine aktuelle Befindlichkeit offenbare." So tanzt ein Kind beispielsweise vor Freude, zieht sich bei Enttäuschungen zurück, weint heftig bei Misserfolgen oder Versagenserlebnissen, kaut an Nägeln bei starken inneren Spannungen, setzt sich bei einem geringen Selbstwertgefühl immer wieder in den Mittelpunkt oder hält sich aus allen Situationen, in denen es den Eindruck hat versagen zu können, zurück, zeigt bei Unter- oder Überforderungssituationen Clownerien, berichtet von Angstträumen, wenn es erlebte Situationen nicht verarbeiten konnte, schlägt auf andere Kinder ein, wenn es selbst voller Spannungen steckt (getreu dem Motto: „geteiltes Leid ist halbes Leid"), klagt über Magenschmerzen, weil es sich von bestimmten Ereignissen überfordert fühlt, möchte immer wieder der Bestimmer in Spielsituationen sein, weil es sich ansonsten in Ohnmachtssituationen befindet, erzählt wie ein Wasserfall, weil es in seiner Vergangenheit des Öfteren erlebt hat überhört worden zu sein oder macht anderen Kindern alles nach, weil es selbst keine eigene, intrapsychisch sichere Stabilität bzw. individuelle Identität besitzt.

Verhaltensirritationen entstehen überwiegend aus Beziehungsstörungen und unbefriedigten Grundbedürfnissen

Bei einer näheren Betrachtung nahezu aller Verhaltensirritationen von Kindern stoßen Entwicklungspsychologen, Kindheitsforscher und Bindungsforscher immer wieder auf **zwei Phänomene:** einerseits muss davon ausgegangen werden, dass sich auffällige Verhaltensweisen stets aus gestörten Beziehungen heraus entwickeln, dass andererseits (un)bestimmte, sozial-emotional geprägte, seelische Grundbedürfnisse beim Kind ungesättigt geblieben sind, verbunden mit der Folge, dass es Kindern weder in der Gegenwart noch für die Zukunft gelingen könnte, lebensbedeutsame, für das Kind entwicklungsförderliche und die Gemeinschaft sozial verträgliche Fähigkeiten auf- und auszubauen.

Das Drama des Kindes besteht nun über die aktuell erlebte Situation hinaus darin, dass auch in zukünftigen Situationen die unbefriedigten Grundbedürfnisse des Kindes bzw. unverarbeitete Erlebnisse, Erfahrungen oder Eindrücke in vergleichbaren Eindruckssituationen immer wieder im psychischen Erleben **aktualisiert** werden würden (verbunden mit der Angst, zu kurz zu kommen, keinen Einfluss zu haben, wieder einmal zu versagen …), so dass ein Kind in dem aktuellen Ereignis (unterbewusst) an seine vergangenen Erfahrungen erinnert wird und diese immer wieder neu „erlebt", mit all' den aufgestauten Gefühlen vergangener Situationserlebnisse. So etwas kennen viele Fachkräfte sicherlich, wenn aus einem anscheinend nichtigen, völlig geringfügigem Anlass Kinder plötzlich – auf den ersten Blick – unangemessen reagieren. Vergleichbar wäre dies mit einem Vulkan, in dem sich in der (un)mittelbaren Vergangenheit jede Menge Magma unter der Bergkuppe angestaut hat und nun völlig überraschend zum Ausbruch kommt.

Das Maß, wie stark oder schwach die seelischen Grundbedürfnisse des jeweiligen Menschen in seiner frühen Kindheit befriedigt (gesättigt) wurden, lässt schon im Kind so genannte Grundsätze des Lebens, Lebensphilosophien, Haltungen, grundsätzliche Sichtweisen entstehen. Diese werden in der analytischen Psychologie als **„Lebenspläne"** bezeichnet. Sie sind der jeweils „rote Faden" im Leben eines Menschen und bilden die Grundlage für seine Gefühls-, Denk- und Handlungsstrukturen. Der Lebensplan entwickelt sich aus der jeweils ganz persönlichen Bewertung aller zurückliegenden, bedeutungsvollen Lebenserfahrungen und sucht stets nach seiner Erfüllung. Somit bedingt der in dem Menschen liegende Lebensplan sein individuelles Verhaltensmuster.

Beispiele:
- **Einsamkeit** führt zur Suche nach **Geborgenheitserlebnissen** (Kinder „kleben" beispielsweise regelrecht am Erwachsenen),
- **Spannung** führt zur Suche nach **Entspannungsmöglichkeiten** (Kinder sind ständig „auf Achse", immer in Bewegung, können nicht ruhig sitzen oder sich konzentrieren bzw. emigrieren in ihre eigene Gedankenwelt oder ziehen sich aus sozialen Situationen zurück),
- **Nichtbeachtung** führt zum vehementen Wunsch, **Beachtung** zu finden (so wollen bestimmte Kinder immer im Mittelpunkt stehen) bzw. verhalten sich Kinder möglichst unauffällig, weil sie resigniert haben,
- **Überforderungen** führen zur Suche nach **Ruhesituationen** (Kinder ziehen sich zurück, wollen lieber alleine als mit anderen spielen oder zeigen wenig Interesse an Gruppenaktivitäten, wollen den Gruppenraum oder die Einrichtung verlassen) oder drücken sich in anderen Verhaltensweisen aus (z. B. Clownerien, durch eine überhöhte Anstrengungsbereitschaft oder durch Aggressivität im Alltagsgeschehen),
- **Minderwertigkeitsgefühle** führen zur Suche nach **Stolz und Anerkennungswünschen** (Kinder wollen immer wieder gelobt werden),
- **Langeweile** führt zur Suche nach **Herausforderungen** (Kinder begeben sich auf Grenzüberschreitungen).

Annahme, verstehen, Selbstveränderung: der Königsweg für Veränderungen

Um Kinder zu verstehen, bedarf es daher einerseits einer **Annahme des Kindes**, indem Erwachsene ihm ein **Beziehungsangebot** machen, damit es sich nicht erneut isoliert, ausgegrenzt, bevormundet, gedemütigt, verlassen bzw. ins Abseits gedrängt fühlt, andererseits geht es um eine **fachlich verstehende, deutende Entschlüsselung** der gezeigten Ausdrucksweise, um „das Kind da abzuholen, wo es steht" … und nicht dort hinzuziehen, wo wir es gerne haben würden. Hier hat die analytische Psychologie viele Erkenntnisse zusammengetragen, um Deutungen vorzunehmen und entsprechende Rückschlüsse ziehen zu können. Eine professionell geprägte Sichtweise hilft entscheidend dabei, durch ein fundiertes Deutungswissen subjektiven Interpretationsversuchen einen Riegel vorzuschieben. Und schließlich ist es notwendig, dass Erwachsene einen **radikalen Perspektivwechsel** vorzunehmen haben: Es geht nicht darum, das Kind zu verändern, sondern vielmehr hat der Erwachsene dafür zu sorgen, dass Kinder sich verändern können. Erwachsene müssen dem einzelnen Kind dabei helfen, **das Können zu können,** weil Verhaltensirritationen eine wichtige, wegweisende Funktion haben: Sie offenbaren sich als Spiegelbild einer entwicklungshinderlichen Umgebung, die dem Kind keine andere Möglichkeit lässt, als verhaltensirritiert zu reagieren. Verhaltensirritationen sind also stets situationsangemessene Reaktionen des Kindes, auch wenn sie in der Situation selbst untaugliche Problemlösungsversuche darstellen. Der Königsweg liegt in der Veränderung von Situationen und Strukturen, in der Veränderung eigener Haltungen, Sichtweisen und Verhaltensweisen, um dem Kind einen Entwicklungsrahmen zur Verfügung zu stellen, durch den Verhaltensirritationen keinen Nährboden mehr finden.

7.2.4 Beobachtung als Handlungsgrundlage

Die gezielte **Beobachtung** ist der Ausgangspunkt für das pädagogische Handeln. Aus ihren Ergebnissen leiten sich die Handlungsschritte ab.

Situations- und Verhaltensanalyse

Die Fragen in Tabelle 7.3 geben Hilfestellung bei der Beobachtungsplanung. Die Auswertung ermöglicht eine **Situations- und Verhaltensanalyse.**

Beobachtungs- und handlungsleitende Fragen

Wie verhält sich das Kind?
- Wie zeigt sich das Verhalten des Kindes in der Gegenwart?
- Wie lange besteht das Problemverhalten schon?
- Wie häufig tritt es auf, wie regelmäßig und in welcher Intensität?
- Unter welchen Bedingungen, in welchen Situationen tritt das Verhalten auf?
- Ist das Verhalten in verschiedenen Situationen, zu verschiedenen Anlässen und bei unterschiedlichen Personen immer gleich?
- Hat sich das Verhalten im Laufe der letzten Zeit verändert?
- Unter welchen Bedingungen tritt das Problemverhalten nicht auf bzw. wann gelingt es dem Kind, alternative Verhaltensweisen zu zeigen?
- Was geschieht mittelbar und unmittelbar vor und nach dem Zeitpunkt, wenn das Problemverhalten des Kindes auftritt bzw. nicht auftritt?

Wie verhalten sich die Personen seiner näheren Umgebung?
- Wie sehen die üblichen Reaktionen der Erwachsenen bzw. Kinder auf das Problemverhalten aus?
- Welche Folgen ergeben sich für alle beteiligten Personen?
- Welche Beziehung(snähe) besteht zwischen den Erzieherinnen und dem Kind
- Welche Rolle/Position hat das Kind in der Gruppe?
- Welche festen, sozialen Beziehungen bestehen zwischen ihm und anderen Gruppenmitgliedern?
- Gibt es in der Gegenwart bzw. gab es in der Vergangenheit besondere Herausforderungen/Belastungen (im gesundheitlichen, familiären, soziokulturellen, institutionellen Bereich), die für das Auftreten des Problemverhaltens mitverantwortlich gemacht werden könnten?

Welche Veränderungsansätze gibt es in der Einrichtung?
- Was wurde bisher und mit welchem Erfolg unternommen, um das Problemverhalten zu verändern?
- Welche Gründe kann es dafür geben, dass bisherige Veränderungsversuche keinen Erfolg gebracht haben?
- Wird weiterhin mit diesen „erfolglosen Methoden" gearbeitet? Wenn ja, warum?
- Wie schätzt das Kind das entsprechende Verhalten ein?
- Wie werden die Interessen des Kindes berücksichtigt?*

Welche Veränderungsansätze gibt es beim Kind?
- Zeigt das Kind Versuche, um sein Problemverhalten zu ändern?
- Hat das Kind Alternativen zu seinem Problemverhalten?
- Hat es Erklärungen für sein Verhalten?
- Welche Interessen hat das Kind / der Jugendliche?

Tab. 7.3: Leitfaden zur Erstellung einer Situations- und Verhaltensanalyse

Wenn es darum geht, die aktuelle Erlebnissituation von Kindern in vollem Umfang zu erfassen und in der praktischen Arbeit zu berücksichtigen, dann ist es notwendig, sich in die aktuelle Lebenssituation von Kindern hineinzufühlen, um zu begreifen, was sich im Inneren der Kinder abspielt, welche kleinen und großen Dramen, Traurigkeiten und Enttäuschungen, Hoffnungen und Freuden, Ängste und Erwartungen, Kämpfe und Verletzungen dazu beigetragen haben, dass das Kind so ist wie es ist.

Beobachten heißt, sich immer wieder auf die lange und manchmal anstrengende Suche nach Antworten zu begeben und nicht vorschnell und unreflektiert Antworten von außen zu übernehmen. Der bekannte Arzt und Pädagoge Janusz Korczak drückte dies so aus: „Sehen, Fragen stellen und auf Fragen antworten – das ist der Inhalt unseres Lebens, das ist der Inhalt unserer neuen Pädagogik." (1984)

Zielbestimmung

Schließlich geht es um die Frage der möglichst genauen Zielbestimmung. Dazu kann der Leitfaden in Tabelle 7.4 eingesetzt werden:

Zielbestimmende Fragen

Kindbezogene Fragen
- In welchem Verhaltensbereich scheint eine Veränderung notwendig und sinnvoll?
- Wie soll das Alternativverhalten des Kindes aussehen?
- Ist das Problemverhalten eine fehlende Fertigkeit oder bedarf es des Aufbaus einer grundlegenden Fähigkeit?

Umsetzungsbezogene Fragen
- Soll tatsächlich direkt mit dem Kind gearbeitet werden (Verhaltensmodifikation) oder ergab die Situationsanalyse Hinweise auf Veränderungsnotwendigkeiten im Umfeld?
- Auf welcher Ebene (Elternarbeit; Gruppenarbeit; Arbeit an sich selbst; Didaktik und Methodik) soll alternativ oder darüber hinaus gearbeitet werden, um dem Kind zu helfen, Verhaltensalternativen auf- und auszubauen?
- Welche Planungs- und Handlungsschritte sind als nächste Vorhaben konkret angedacht?
- Wer macht was, wo, ab wann, wie, mit wem und wie lange?
- Wann wird eine Bestandsaufnahme durchgeführt, um Ergebnisse zu erheben und ggf. konkrete, alternative Planungs- und Handlungsschritte ins Auge zu fassen?

Tab. 7.4: Leitfaden zur Zielbestimmung

Eine exakte Verhaltensanalyse und Zielbestimmung erweitern die Wahrnehmung der Fachkräfte für „das Problem" und sie verlieren den „isolierten Blick auf das Kind / den Jugendlichen". Das ist notwendig, um eine integrative Perspektive (Textor, 2004) entwickeln zu können. Das bedeutet, dass das verhaltensauffällige Kind nicht als das „Problem" oder als „Klient" gesehen wird. Vielmehr sind seine Verhaltensauffälligkeiten größtenteils das Symptom von problemverursachenden Strukturen und Prozessen in Familie, Netzwerk, Kindertageseinrichtung, Schule und Gesellschaft. (Textor, 2004) Verhaltensauffälligkeiten müssen daher immer als Hilferuf verstanden werden. Das, was ein Kind nicht mit Worten erklären kann, führt zu einer „unwillkürlichen Zuflucht zu auffälligem Verhalten, um (Erwachsene) auf seine Not aufmerksam zu machen und um eine Veränderung herbeizuführen. […] Es wird selbst aktiv, es weist indirekt auf eine notwendige Veränderung hin. (Finger & Simon-Wundt, 2003) Auffällige Verhaltensweisen sorgen für Aufmerksamkeit und Gesprächsanlässe. Sie sind der Versuch, das „krankmachende System" in Unruhe zu versetzen. Sie haben damit eine „Überlebensfunktion" für das Kind. Dies zu erkennen und fachkompetent zu deuten ist eine professionelle Herausforderung und Notwendigkeit.

Abb. 7.5: Beobachten heißt, sich auf die lange Suche nach Antworten zu begeben und nicht vorschnell und unreflektiert Antworten von außen zu übernehmen

Literaturhinweise zur Vertiefung des Themas „Ausdrucksformen und Erzählwerte sehen und verstehen"

Doherty-Sneddon, Gwyneth (2005). Was will das Kind mir sagen? Die Körpersprache des Kindes verstehen lernen. Bern: Verlag Hans Huber

Finger, Gertraud / Simon-Wundt, Traudel (2012). Was auffällige Kinder uns sagen wollen. Verhaltensstörungen neu deuten. Stuttgart, 4. Aufl.: Verlag Klett-Cotta

Herbst, Thorsten (2010). Die kindliche Einsamkeit. Wie sie entsteht, welche Konsequenzen sie hat … und worin unsere Verantwortung besteht. Paderborn: Junfermann

Krenz, Armin (2010). Was Kinderzeichnungen erzählen. Kinder in ihrer Bildsprache verstehen. Dortmund, 3. Aufl.: Verlag modernes lernen

Krenz, Armin (2013). Kinderseelen verstehen. Verhaltensauffälligkeiten und ihre Hintergründe. München, 3. Aufl.: Kösel-Verlag

Morschitzky, Hans / Sator, Sigrid (2012). Wenn die Seele durch den Körper spricht. Psychosomatische Störungen verstehen und heilen. Düsseldorf, 9. Aufl.: Patmos Verlag

Renz-Polster, Herbert (2012). Menschenkinder. Plädoyer für eine artgerechte Erziehung. München, 3. Aufl.: Kösel-Verlag

Renz-Polster, Herbert (2013). Kinder verstehen. Born to be wild: Wie die Evolution unsere Kinder prägt. München, 6. Aufl.: Kösel

Römer, Felicitas (2012). Meine liebe Nervensäge: Warum störende Kinder nicht gestört sind und wie wir ihnen helfen können. Weinheim: Beltz Verlag

Rotthaus, Wilhelm / Trapmann, Hilde (2013). Auffälliges Verhalten im Jugendalter. Handbuch für Eltern und Erzieher, Band 2. Dortmund, 3. Aufl.: Verlag modernes lernen

Schmid König, Nelia (2012). Damit den Kindern kein Flügel bricht. Kindliche Verhaltensauffälligkeiten verstehen und ein gutes Familienklima fördern. München, 2. Aufl.: Kösel-Verlag

Trapmann, Hilde / Rotthaus, Wilhelm (2013). Auffälliges Verhalten im Kindesalter. Handbuch für Eltern und Erzieher, Band 1. Dortmund, 12. Aufl.: Verlag modernes lernen

Literaturhinweise zur Vertiefung

1. Grundlagen Beobachtung

Backes, Sabine / Künkler, Nikola (2015). Kompetent beobachten. Sehen – Verstehen – Handeln. Freiburg: Herder

Beudels, Wolfgang / Haderlein, Ralf (Hrsg.) (2013). Handbuch Beobachtungsverfahren in Kindertageseinrichtungen. Dortmund: borgmann media

Gartinger, Silvia (2009). Früheste Beobachtung und Dokumentation. Bildungsarbeit mit Kleinstkindern. Troisdorf: Bildungsverlag EINS

Held, Nina (2010). Spielanlässe zur Erstellung von Bildungsdokumentationen. Spielerische Angebote für gezieltes Beobachten und Dokumentieren in der Kita. Münster: Ökotopia

Kieselhorst, Markus / Brée, Stephan / Neuß, Norbert (2012). Beobachtung kindlicher Selbstbildungsprozesse. Deutungskompetenzen frühpädagogischer Fachkräfte. Heidelberg: Springer

Koglin, Ute / Petermann, Franz / Petermann, Ulrike (2010). Entwicklungsbeobachtung und -dokumentation EBD 48–72 Monate. Eine Arbeitshilfe für pädagogische Fachkräfte in Kindergärten und Kindertagesstätten. Berlin: Cornelsen

Krenz, Armin (2009). Beobachtung und Entwicklungsdokumentation im Elementarbereich. München: Olzog

Petermann, Ulrike / Petermann, Franz / Koglin, Ute (2013). Entwicklungsbeobachtung und -dokumentation EBD 3–48 Monate. Berlin, 4. Aufl.: Cornelsen Scriptor

Schäfer, Gerd E. / Alemzadeh, Marjan (2012). Wahrnehmendes Beobachten am Beispiel der „Lernwerkstatt Natur". Kiliansroda: verlag das netz

Schlaaf-Kirschner, Kornelia (2014). Der Beobachtungsbogen für Kinder unter 3. Mit Tipps und Materialien für die Kita-Praxis. Mülheim: Verlag an der Ruhr

Imhof, Margarete / Ulber, Daniela (2014). Beobachtung in der Früherziehung. Theoretische Grundlagen, Methoden, Anwendung. Stuttgart: Kohlhammer

Viernickel, Susanne / Völkel, Petra (2009). Beobachten und Dokumentieren im pädagogischen Alltag. Freiburg: Herder

2. Verhaltensirritationen

Finger, Gertraud / Simon, Traudel (2012). Was auffällige Kinder uns sagen wollen. Verhaltensstörungen neu deuten. Stuttgart, 4. Aufl.: Klett-Cotta

Hillenbrand, Clemens (2015). Einführung in die Pädagogik bei Verhaltensstörungen. München, 4. Aufl.: Reinhardt/UTB

Krenz, Armin (2012). Kinderseelen verstehen. Verhaltensauffälligkeiten und ihre Hintergründe. München, 3. Aufl.: Kösel

Myschker, Norbert / Stein, Roland (2014). Verhaltensstörungen bei Kindern und Jugendlichen. Erscheinungsformen – Ursachen – Hilfreiche Maßnahmen. Stuttgart, 7. Aufl.: Kohlhammer

Pauli, Sabine / Kisch, Andrea (2012). Was ist los mit meinem Kind? Bewegungsauffälligkeiten und Wahrnehmungsstörungen bei Kindern. Dortmund: Verlag modernes lernen

Renz-Polster, Herbert (2011). Menschenkinder. Plädoyer für eine artgerechte Erziehung. München, 4. Aufl.,: Kösel

Rotthaus, Wilhelm / Trapmann, Hilde (2013). Auffälliges Verhalten im Jugendalter. Handbuch für Eltern und Erzieher, Band 2. Dortmund, 3. Aufl.: Verlag modernes lernen

Schmid König, Nelia (2010). Damit Kindern kein Flügel bricht. Verhaltensauffälligkeiten verstehen und ein gutes Familienklima fördern. München: Kösel

Stein, Roland (2011). Grundwissen Verhaltensstörungen. Hohengehren: Schneider

Stein, Roland / Müller, Thomas (Hrsg.) (2014). Inklusion im Förderschwerpunkt emotionale und soziale Entwicklung. Stuttgart: Kohlhammer

Trapmann, Hilde / Rotthaus, Wilhelm (2013). Auffälliges Verhalten im Kindesalter. Handbuch für Eltern und Erzieher, Band 1. Dortmund, 12. Aufl.: Verlag modernes lernen

Wember, Franz B. / Stein, Roland / Heimlich, Ulrich (2014). Handlexikon Lernschwierigkeiten und Verhaltensprobleme. Stuttgart: Kohlhammer

8 Kommunizieren und Interagieren

Armin Krenz, Eckhart Müller-Timmermann

8.1	Grundlagen der Kommunikation	336
8.1.1	Axiome der Kommunikation nach Paul Watzlawick	339
8.1.2	Kommunikationsquadrat nach Schulz von Thun	344
8.1.3	Kommunikationskanäle	346
8.1.4	Der Kommunikationsprozess	353
8.1.5	Interaktionsmuster	355
8.2	Konstruktive Kommunikation	358
8.2.1	Kommunikationsmethoden anwenden	358
8.2.2	Gesprächsführung an Zielen orientieren	374
8.2.3	Kommunikationssperren vermeiden	387
8.3	Interaktion in der Gruppe	392
8.3.1	Gruppenprozesse	394
8.3.2	Gruppenentwicklung	400
8.3.3	Gruppenstruktur	404
8.3.4	Das Team als Gruppe	409

8.4 Entwicklung und Bewältigung von Konflikten 415

- 8.4.1 Was ist ein Konflikt? 415
- 8.4.2 Konflikte im sozialen System 417
- 8.4.3 Art und Ausdruck von Konflikten 419
- 8.4.4 Konfliktentstehung, Ursachen und Auslöser 421
- 8.4.5 Konfliktverlauf und Eskalationsdynamik 423
- 8.4.6 Folgen und Auswirkungen von Konflikten 427
- 8.4.7 Konfliktmanagement 432
- 8.4.8 Mit nicht lösbaren Konflikten umgehen 442
- 8.4.9 Konfliktprävention 445

8.1 Grundlagen der Kommunikation
Eckhart Müller-Timmermann

Beim Versuch, das gegenseitige Handeln zu verstehen, werden immer wieder Kommunikationsabläufe betrachtet und analysiert. Von unterschiedlichen Wissenschaften aus wurden Modelle entworfen, die Erklärungen anbieten, wie der Mensch seine Kommunikation gestaltet oder wie er interagiert.

Die Ursprünge der Kommunikationsforschung liegen in der Informationstheorie, angewandt in der Nachrichtentechnik. **Kommunikation** hatte in den 1940er-Jahren daher auch eine vorwiegend (nachrichten)technische Orientierung. Das „lineare Kommunikationsmodell" der beiden Mathematiker Claude E. Shannon und Warren Weaver (1948) beschreibt für Medien wie Telegraph, Telefon, Radio und später Fernsehen die Gesetzmäßigkeiten einer optimalen Nachrichtenübermittlung. In welcher Qualität muss ein *Sender* die *Nachricht* gestalten und verschlüsseln? Was ist die optimale Durchlaufmenge durch die Übertragungskanäle und wie kann der *Empfänger* die Botschaft wieder dekodieren? Solche Fragen müssen geklärt werden, wenn Kommunikation effizient sein und wenn es zu möglichst wenig Missverständnissen kommen soll. Missverständnisse oder Informationsverzerrungen wurden früher mit „Rauschen" bezeichnet. Zielführende Aufgabe war und ist es, gemeinsame „Codes" zu schaffen, brauchbare Übertragungskanäle zu etablieren und das „Rauschen" zu minimieren.

Soziale Kommunikation

> **Kommunikation** *(lat. communicare = mitteilen, vereinigen)*
>
> Bezeichnet das wechselseitige Übermitteln und Empfangen von Informationen, von Gedanken, Ideen, Erkenntnissen oder Erlebnissen. Kommunikation basiert auf der Verwendung von Symbolen (Zeichen), Sprache, Gestik, Mimik, Schrift oder Bild.

Mit Kommunikationswegen und Störungen befasst sich auch die Erforschung der so genannten **sozialen Kommunikation.** Sie geht von einem Sender aus, der eine Botschaft mit einer bestimmten Absicht hat, diese kodiert *(verschlüsselt)* und an einen Empfänger übermittelt. Der Empfänger dechiffriert *(entschlüsselt)* diese Botschaft (→ Kap. 8.1). Der Kontext und das Umfeld sind wichtig für das Gesamtverständnis.

Grundlagen der Kommunikation

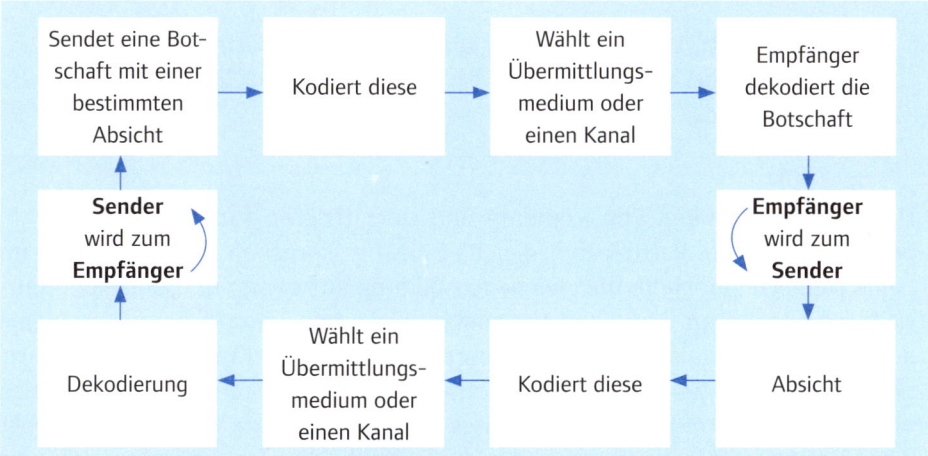

Abb. 8.1: Kommunikation zwischen Sender und Empfänger

Kommunikation findet nicht nur dialogisch in Form von Gesprächen statt, sondern auch als Vortrag, Theateraufführung, Fernsehsendung oder Kunstausstellung. Informationen werden dabei nicht nur sprachlich übertragen, sondern auch durch andere Medien *(Mittel)* wie Gesten, Mimik, Bilder oder Musik. Wesentlich dabei ist, dass Symbole *(Zeichen für etwas)* verwendet werden, die der andere richtig verstehen kann. Symbole können Wörter sein, Sätze, der Tonfall, der Gesichtsausdruck. Auch die Körperhaltung, Gesten, Bilder oder Gegenstände wie wertvoller Schmuck, ein großer Schreibtisch oder ein hoch motorisiertes Auto übermitteln dem Gegenüber verschlüsselte Botschaften im Kommunikationsprozess.

Ein erfolgreicher Kommunikationsprozess braucht also das richtige Medium und die geeigneten Symbole: Die Botschaft muss in die richtigen Worte gekleidet sein, Gesten und Mimik und eventuelle Hilfsmittel müssen dazu passen, wenn eine Aussage verständlich sein soll.

Für die Kodierung der Information ist es empfehlenswert, sich auf seinen Gesprächspartner einzustellen und sich vorzustellen, wie dieser die Information am besten aufnehmen kann. Für eine Erzieherin ist es beispielsweise sinnvoll, die Fachsprache nur unter Kolleginnen anzuwenden und den Eltern gegenüber eine allgemein verständliche Ausdrucksweise zu verwenden. Nur wenn der Sender seine Information gut kodiert hat, kann der Empfänger sie auch richtig verstehen. Er muss die Symbole, die er hört und sieht, deuten und die darin enthaltene Information herausfiltern. Dazu ist genaues Zuhören unabdingbar.

Die Bereitschaft, sich wechselseitig auf den Gesprächspartner einzustellen und aufnahmebereit zu sein, bildet ein zentrales Element gelungener Kommunikation.

Das Zusammenwirken von Kodieren und Dechiffrieren funktioniert dann am besten, wenn zwei Partner die „gleiche Sprache" sprechen. Aber selbst, wenn beide Deutsch sprechen, die gleiche Ausbildung aufweisen und derselben Einrichtung angehören, kann es Missverständnisse und Verständigungsprobleme geben. Sie können darauf zurückzuführen sein, dass die Kommunikationspartner die verwendeten Symbole ganz unterschiedlich verstehen. Es kommt also während des Kommunikationsprozesses nicht nur zu einer Verständigung über die Informationen, sondern auch über die Symbole, die erst gemeinsam definiert werden müssen. Während des Austausches von Informationen findet anfangs ein Parallelprozess statt, bei dem erst einmal die gemeinsame Basis der Kommunikation zwischen den Partnern geschaffen wird.

Wege der Verständigung

Bei der sozialen Kommunikation geht es nicht nur um die erfolgreiche Übermittlung von Informationen. Vielmehr geht es um die subjektiven und psychologischen Aspekte der **Verständigung,** um den wechselseitigen Austausch, um Beeinflussung, Verstehen, Überzeugen und Erziehen. Kommunikation wird so zu einem dynamischen fortlaufenden Prozess in zwei Richtungen mit einem gemeinsamen sozialen Wissen. Die zwischenmenschliche Kommunikation besteht aus Vernunft und Gefühl, aus Wort, Stimme und Körpersprache sowie zahlreichen weiteren so genannten Kommunikationskanälen (→ Kap. 8.1.3). All diese Aspekte der Verständigung machen die Bedeutung des Begriffs Kommunikation für Menschen, die unmittelbar mit Menschen arbeiten, deutlich.

Störungen der Verständigung

Neben den ungeheuren Chancen einer gelungenen Kommunikation gibt es immer wieder **Störungen,** Missverständnisse und Fallstricke, die professionelle Ansprüche zum Scheitern bringen können. Denn je weniger der reine Sachaspekt (→ Kap. 8.1.2) im Vordergrund steht, desto beträchtlicher ist die Wahrscheinlichkeit von falschen Auslegungen. Erzieherinnen sind nahezu täglich mit Wut und Enttäuschung, mit emotionalen Kindern und besorgten Eltern, mit fordernden Trägern und kritischen Medien konfrontiert. Sie balancieren permanent auch auf der Beziehungsebene und müssen Stolperfallen ausweichen.

Grundlagen der Kommunikation

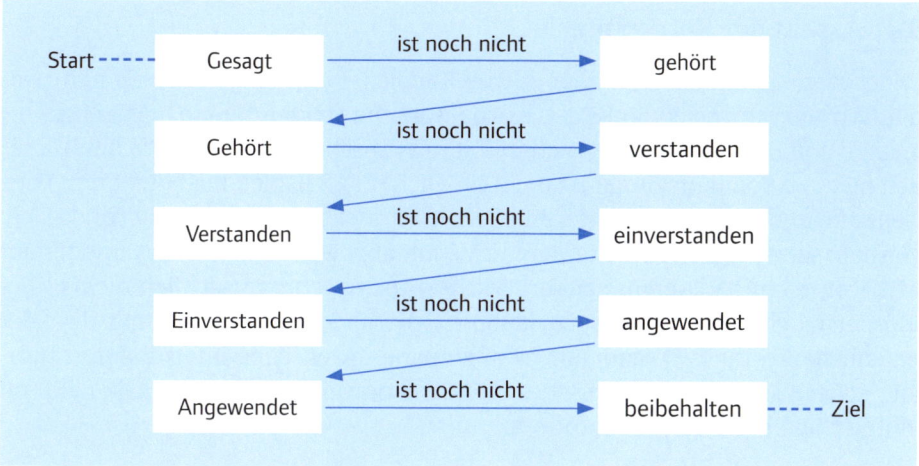

Abb. 8.2: Die Hürden in der Kommunikation nach Konrad Lorenz

Die zahlreichen Möglichkeiten von Stolperfallen in der Kommunikationskette hat der Verhaltensforscher Konrad Lorenz in seinem Modell (→ Abb. 8.2) aufgezeigt. Die Klippen zu erkennen und zu umschiffen kann Erzieherinnen die tägliche Arbeit sehr erleichtern und trägt dazu bei, die Freude am Beruf zu erhalten.

8.1.1 Axiome der Kommunikation nach Paul Watzlawick

Grundlegende Bedeutung für die zwischenmenschliche Kommunikation haben die Forschungen der amerikanischen Palo-Alto-Gruppe um Janet Beavin, Don D. Jackson und Paul Watzlawick. Diese Forschergruppe aus Psychiatern, Psychologen und Sozialarbeitern am Mental Research Institute in Palo Alto, Kalifornien, forschte ursprünglich zum Thema Schizophrenie, später zu Kommunikation, Psychotherapie und Familientherapie. Die dort entwickelten Theorien über die menschliche Kommunikation sowie die Systemtheorie und deren Umsetzung in therapeutische Verfahren sind für die Psychologie sehr bedeutsam (→ Kap. 2.3). Watzlawicks Grundannahmen über die Regeln der Kommunikation sind die so genannten **Axiome** der **Kommunikation.** Sie bilden den Schlüssel zum Verständnis der Inte'aktion zwischen Personen.

Man kann nicht nicht kommunizieren

In diesem Axiom sind zwei Erkenntnisse enthalten, die für Erzieherinnen in ihrem gesamte#n erzieherischen Alltag von Bedeutung sind.

Der Aspekt der Körpersprache

Menschen kommunizieren über etliche Kanäle (→ Kap. 8.1.3). Sie können zwar mit Worten schweigen, mit ihrer **Körpersprache** senden sie hingegen eine Unmenge von Botschaften über sich und ihre Wünsche aus. Mit sämtlichen Kanälen nicht zu kommunizieren ist nicht möglich. Ein Beispiel: Pia betritt den Pausenraum und trifft dort Carmen an. Pia und Carmen mögen sich nicht sonderlich, deshalb setzt Pia sich in die andere Ecke, mit abgewandtem Gesicht, und nimmt sich vor, nicht zu kommunizieren. Mit Worten sagt sie tatsächlich nichts, ihre Körpersprache würde übersetzt lauten: „Ich will keinen Kontakt mit dir", der räumliche Abstand: „Komm mir nicht zu nahe". Menschen interpretieren ständig – bewusst oder unbewusst – die nichtsprachlichen Ausdruckskanäle mit unterschiedlich hoher Trefferquote.

Der Aspekt der Nicht-Botschaft

Wenn jemand dazu aufgefordert wird, z. B. nicht an eine giftgrüne Wiese zu denken, auf der ein pinkfarbener Elefant trompetet, hat er diese Vorstellung sofort im Kopf. Der Grund dafür ist, dass die älteren Stammhirnareale oder das Unbewusste über keinerlei Verneinungsschalter verfügen. Das bedeutet, das „nicht" wird ausgeblendet. Um dieser Anweisung tatsächlich folgen zu können, muss der Mensch durch aktive Großhirnarbeit eine Gegenvorstellung entwickeln. Er kann nicht nicht an etwas denken.
Diese Tatsache lässt alle Versuche, Einfluss auf das Verhalten anderer zu nehmen, in einem anderen Licht erscheinen. „Sei nicht so laut", „Iss nicht so hastig", „Mach dich nicht schmutzig" oder „Stolper nicht" – solche Aufforderungen fordern tatsächlich zum gegenteiligen Verhalten auf, denn das „nicht" wird von der Wahrnehmung ausgeblendet. Wenn ein Kind trotzdem laut ist, greift der kindliche Trotz hier als Erklärung zu kurz. Für den erzieherischen Alltag heißt dies, positiv zu formulieren und gerade in lebhaften Situationen genau das positiv anzusprechen, was erreicht werden soll (→ Kap. 8.2.1).

Kommunikation hat einen Inhalts- und einen Beziehungsaspekt

Auf der Sachebene der Kommunikation werden die Inhalte mitgeteilt und auf der Beziehungsebene wird mitgeteilt, wie diese Inhalte aufzufassen sind. „Das sollten wir einmal sachlich klären" – so könnte der Versuch einer inhaltlichen Stellungnahme im Rahmen einer Konfliktklärung lauten. Mit diesem Satz wird jedoch auch Etliches über die Beziehung zwischen Sender und Empfänger deutlich: Der Sender übermittelt gleichzeitig Beziehungsbotschaften wie „Du bist immer gleich emotional" oder auch „Ich bin von uns beiden der mit dem ruhigen

Überblick". Diese Mehrdeutigkeit von Botschaften und ihre Interpretation können zu Missverständnissen führen.

Der **Beziehungsaspekt** bestimmt in der Regel den **Inhaltsaspekt** und stellt somit eine Art Metakommunikation dar. Je „gesünder" und spontaner eine Beziehung ist, desto weniger ist die Definition der Beziehung notwendig; je „kränker" und voraussagbarer eine Beziehung ist, desto stärker ist das wechselseitige Ringen um die Definition der Beziehung – der Inhalt tritt dabei oft in den Hintergrund (→ Kap. 8.1.2 und 8.2.1).

Metakommunikation

Kommunikation über Kommunikation. Die Gesprächspartner betrachten ihr Kommunikationsverhalten auf einer übergeordneten Ebene. Sie sprechen z. B. darüber, wie sie miteinander umgehen oder was sie im Moment stark beschäftigt. Dies setzt die Bereitschaft voraus, sich selbst wahrzunehmen (→ Kap. 8.2.1).

Kommunikation folgt einer bestimmten Verlaufsstruktur, in der Interpunktionen gesetzt werden

Kommunikation folgt einer bestimmten **Verlaufsstruktur,** wenn sich die Partner aufeinander beziehen. Außenstehende nehmen eine Folge von wechselseitigen Mitteilungen zwischen Personen als ununterbrochenen Austausch wahr, Involvierte dagegen als Reiz-Reaktionsprozess. Es ist typisch für den Menschen z. B. im Konfliktfall einen Schuldigen zu suchen. Er möchte eine Ursache dingfest machen oder den eindeutigen Ursprung klären. Doch die Anfänge einer konflikthaften Kommunikation sind nicht immer klar auszumachen. Sie werden dann subjektiv, d. h. von den Gesprächsteilnehmern selbst, entsprechend ihrer Einschätzung gesetzt. Dieser Vorgang heißt **Interpunktion.**

Interpunktion

Sender und Empfänger sehen ihr eigenes Verhalten im Kommunikationsprozess als Reaktion auf das Verhalten des anderen. Die Ursache für die eigene Reaktion wird dem anderen zugeschoben und der Anfang z. B. eines Konflikts subjektiv gesetzt.

Konfliktschlichtung und Rechtsprechung funktionierten lange ausschließlich nach diesem Schema: „Ich habe nur gehauen, weil Kevin mich beleidigt hat".

Der Mensch begreift sein Verhalten als eine Reaktion auf etwas Vorausgegangenes und dies trifft immer auf beide Konfliktpartner zu: „Du hast angefangen", „Nein, du hast angefangen" oder „Du arbeitest fehlerhaft; deswegen muss ich dich stärker kontrollieren", „Weil du mich ständig kontrollierst, mache ich mehr Fehler." Im 20. Jahrhundert fand diese Gesetzmäßigkeit im Wettrüsten eine dramatische Anschaulichkeit, heute spiegelt sich das Muster im Nahost-Konflikt und in der Terrorismusfrage wider. Die Interpunktion ohne beiderseitigen Ausstieg aus dieser Spirale führt rasch zur Eskalation (→ Kap. 8.4). Die systemischen Ansätze, welche die wechselseitige Bedingung von Problemlagen in den Vordergrund stellen, fußen auf dieser Sichtweise.

Kommunikation bedient sich digitaler und analoger Ausdrucksmittel

Will ein Gesprächsteilnehmer etwas zum Ausdruck bringen, kann er eine Zeichnung oder eine Geste verwenden. Er benutzt dann ein **analoges Ausdrucksmittel.** Setzt er ein Wort oder eine Zahl ein, so ist dies den **digitalen Ausdrucksmitteln** zuzuordnen. Diese Ausdrucksmittel werden allgemein für Mitteilungen verwendet.

Analoge Mitteilungen sind meist unmittelbar verständlich. Dies zeigt sich am Beispiel von Zeitmessern: Bei der analogen Uhr lassen die Zeiger die Uhrzeit erkennen, die Digitaluhr gibt mit Zahlen die Uhrzeit an.

Digitale Mitteilungen bedürfen eines Übereinkommens für die Beziehung zwischen Objekt und Zeichen: Die Buchstaben „K", „i", „n" und „d" haben für sich nichts mit einem kleinen menschlichen Wesen gemein. Erst das Übereinkommen über die Bedeutung der Buchstabenfolge ergibt den Sinn. „1", „1" und „0" sind nicht die Überfallhilfe, auf der Telefontastatur gedrückt bedeuten sie dies allerdings.

In der Entwicklungsgeschichte des Menschen ist die analoge Kommunikation uralt und nahezu universell; sie zeigt sich in Gesten und Lauten oder Bildzeichen wie in Höhlenmalereien. Sie wird beim Menschen der Neuzeit von der neueren, abstrakten digitalen Sprache ergänzt; diese ist eng mit dem Aufstreben der Zivilisation verknüpft.

Wirkliche Authentizität *(Echtheit, Unmittelbarkeit)* vermitteln Menschen nach wie vor analog: durch den Ausdruck von Gefühlen, durch die Körpersprache und verschiedene Symbole oder beispielsweise auch durch Musik und Malerei.

Sender und Empfänger müssen in ihren Interaktionen ständig zwischen analoger und digitaler Kommunikation übersetzen.

Digitalität ist nahezu eindeutig; unmittelbar und authentisch erscheint dagegen die Analogie, allerdings ist sie vieldeutig. Diese Übersetzungstätigkeit ist daher auch oftmals eine Quelle für Störungen und Missverständnisse zwischen Sender und Empfänger.

Kommunikationsabläufe sind symmetrisch oder komplementär

Beziehungen gestalten sich sehr unterschiedlich. Sie können sich in **symmetrischen** *(gleichwertigen)* oder **komplementären** *(ergänzenden)* **Kommunikationsabläufen** zeigen.

 Symmetrische Kommunikation

Im Kommunikationsprozess sollen Ungleichheiten beseitigt werden.

 Komplementäre Kommunikation

Betont die Unterschiedlichkeit der Partner in der Kommunikation.

Symmetrische Kommunikation

Die **symmetrische Kommunikation** bemüht sich, eine spiegelbildliche Beziehung herzustellen und Ungleichheiten zu beseitigen. Nach dem Prinzip „gleich und gleich gesellt sich gern" wird versucht, dem (Gesprächs-)Partner in jedem Verhalten ebenbürtig zu sein, wie in einem Spiegel. Dies kann zu einer „symmetrischen Eskalation" führen, wenn jeder noch gleicher als der andere sein will: Zwei Erzieherinnen einer Gruppe gehen beispielsweise beide im lebendigen Spiel mit dem Kind auf, können hingegen schlecht planen; sie werden sich im Bemühen, noch authentischer in der gegenwärtigen Situation zu leben, möglicherweise gegenseitig beflügeln, aber mit ihrer Zeiteinteilung heftig ins Schleudern kommen.

Komplementäre Kommunikation

Die **komplementäre Kommunikation** betont die Unterschiedlichkeit der Partner. Die Einstellung „Gegensätze ziehen sich an" basiert auf dem Bestreben, einander zu ergänzen: Unterschiedliche Stärken in einem Team wie Fachlichkeit und Einfühlungsvermögen können für massive Reibungen sorgen, bei entsprechender souveräner Aufgabenaufteilung allerdings auch zu enormen Gewinnen führen. Dies wird in der Fachsprache „Synergieeffekt" genannt. Eine Umschreibung von Synergie findet sich in dem Ausspruch: „Das Ganze ist mehr als die Summe seiner Teile".

> **Synergie**
>
> Bezeichnet das Zusammenwirken von Lebewesen, Stoffen oder Kräften im Sinne einer gegenseitigen Förderung.

Zu Schwierigkeiten kann es kommen, wenn die komplementären Rollen fixiert, also kaum mehr flexibel sind, und damit eine wechselseitige Abhängigkeit von der Ergänzung durch die andere Seite besteht. Optimales Ziel für eine gesunde Kommunikation kann eine Synthese der beiden Formen sein.

8.1.2 Kommunikationsquadrat nach Schulz von Thun

Das zweite Axiom nach dem Kommunikationswissenschaftler Paul Watzlawick bezieht sich auf den Inhalts- und den Beziehungsaspekt von Kommunikation. Jede Informationsübertragung ist gleichzeitig eine Botschaft, die nie allein aus dem sachlichen Inhalt der Mitteilung besteht. Jeder noch so kurze Satz sagt stets sehr viel mehr aus, als zunächst beabsichtigt. Jede Botschaft enthält also auch eine Reihe unbewusst einfließender Aspekte, die häufig nur über den Tonfall, die Mimik oder Gestik mitgeteilt und nur aus der Situation und der Beziehung heraus verständlich werden. An dieses Axiom knüpft der Psychologe Friedemann Schulz von Thun mit seinem **Kommunikationsquadrat** an (→ Abb. 8.3).

Die Aspekte einer Nachricht im Kommunikationsquadrat

Folgende vier Aspekte sind nach Friedemann Schulz von Thun in einer Nachricht enthalten.

Der Sachaspekt

Der Inhalt einer Nachricht bezieht sich auf die Nachricht selbst, auf die sachbezogene Aussage. Es wird die Frage gestellt: Welcher Sachverhalt wird mir als Empfänger dargeboten? Sender und Empfänger tauschen also Sachargumente aus. Der Inhalts- oder **Sachaspekt** kann Verständlichkeit, Klarheit und Prägnanz bewirken, der Informationsübermittlung dienen und zur Problemklärung beitragen oder umgekehrt diese Parameter behindern.

Der Beziehungsaspekt

Der **Beziehungsaspekt** rückt beide kommunizierenden Menschen ins Blickfeld: Wie fühle ich mich behandelt, was hält die Person von mir, in welcher Beziehung stehen wir zueinander? Ich fühle mich vielleicht angegriffen oder geschmeichelt. Hier geht es sowohl um Empathie und Wertschätzung als auch um Abwertung und Geringschätzung.

Der Appellaspekt

Beim **Appellaspekt** ist immer die Handlung im Fokus. Der Angesprochene hört eine Aufforderung heraus und fragt sich: Wozu will die Person mich bewegen, zu was soll ich manipuliert werden, welche heimlichen Ziele stehen dahinter, welche Wünsche hat die Person an mich? Er fühlt sich aufgefordert zu handeln, gibt dem zuvorkommend nach oder verweigert trotzig. Die Appellebene ist die Domäne der Wünsche und Fragen an andere, die offen und klar geäußert, aber auch versteckt der Mitteilung untergeschoben werden können.

Der Selbstoffenbarungsaspekt

Unter dem **Aspekt** der **Selbstoffenbarung** wird gehört: Welche Aussage macht die Person über sich selbst, wie geht es ihr jetzt, was wünscht sie sich für sich selbst? Der Zuhörer beschäftigt sich mit dem Sender. Auf diesem Terrain der Ich-Botschaften (→ Kap. 8.2.1) wirkt mutige Selbstenthüllung konstruktiv; „man"-Formulierungen sind nur scheinbar objektiv und eher hinderlich.

Abb. 8.3: Das Kommunikationsquadrat nach Schulz von Thun stellt die vier Botschaften einer Mitteilung dar

Die Gewichtung einer Nachricht

In der Regel beabsichtigt der Sender einer **Nachricht,** eine bestimmte Seite der Nachricht zu gewichten. Ob er es aber will oder nicht, in der zwischenmenschlichen Kommunikation sind immer alle vier Ebenen des Kommunikationsquadrats mit im Spiel – sowohl bei der Aussage des Senders, als auch beim Empfang der Nachricht.

So kann etwa der Satz: „Heute ist aber schönes Wetter", den eine Frau beim Sonntagsfrühstück zu ihrem Ehemann sagt, neben der sachlichen Aussage, dass heute die Sonne scheint, auch den Appell enthalten, einen Ausflug zu machen. Weiterhin drückt er aus, dass sie sich freut, dass die Sonne scheint; sie teilt somit ihre Empfindungen indirekt mit, was als Selbstoffenbarung gewertet werden kann. Aber auch über die Beziehung zwischen den beiden Eheleuten drückt dieser Satz etwas aus. Dass die Frau ihren Mann nicht direkt fragt, ob er Lust hat, einen Ausflug zu machen, oder nicht einfach sagt: „Ich möchte heute gern einen Ausflug mit dir machen und die Sonne genießen", kann daran liegen, dass sie weiß, dass er sonntags nicht gerne fortgeht und ihre Unternehmungslust nicht sehr schätzt. Deshalb versteckt sie ihren Appell in einer Aussage über das Wetter und sagt damit indirekt: „Ich kann nicht offen mit dir über meine Bedürfnisse reden". Die Erwiderung des Empfängers beinhaltet wiederum alle Möglichkeiten.

Die problematische Interaktion

Eine gesunde Kommunikation zeichnet sich gegenüber einer gestörten durch eine ausbalancierte „Viermündigkeit" und „Vierohrigkeit" aus, wohingegen in einer **problematischen Interaktion** ein bestimmtes Lieblingsohr vorherrscht. Wer vor allem mit dem Beziehungsohr hört, wird sich immer gleich angegriffen fühlen, die sachohrbetonte Person bekommt die emotionalen Zwischentöne nicht mit und die appellohrorientierte fühlt sich stets gehetzt und ausgenutzt, weil alle ständig etwas von ihr wollen. Und wer eher mit dem Selbstoffenbarungsohr hört, läuft Gefahr, die Äußerungen anderer aus einem „therapeutischen" Blickwinkel heraus zu betrachten und sich aus allem herauszuhalten.

8.1.3 Kommunikationskanäle

Unter **Kommunikationskanälen** werden die Ausdrucksformen verstanden, mit denen Menschen kommunizieren. Ihre Gewichtung und ihre Beziehung zueinander sind wichtige Faktoren, die auch für die Arbeit der Erzieherin von Bedeutung sind.

> **Kommunikationskanäle**
>
> Formen menschlicher Ausdrucksmöglichkeiten in der Kommunikation, anhand derer andere sich einen Eindruck bilden.

Verbale Kommunikation

Die **verbale Kommunikation** umfasst beispielsweise die Information eines Buches, einer PC-Datei oder eines anderen Schriftstückes. Die Wortwahl, der Satzbau, Fach- oder Umgangssprache, Jugendjargon und auch die Gebärdensprache gehören in diese Kategorie. Es besteht eine große Schnittmenge zum Inhaltsaspekt: Was wird wie gesagt? Die klassische Kunst der Rhetorik im Sinne von Wortwahl und Argumentation als auch die Frage der Verständlichkeit von Texten sind hier angesiedelt. Alle schriftlichen Mitteilungen leben notgedrungen mit der Beschränkung auf diesen Ausdruckskanal – mit allen Vor- und Nachteilen.

Paraverbale Kommunikation

Die **paraverbale** *(vokale)* **Kommunikation** beinhaltet die gehörte Information. Getreu dem Motto „Der Ton macht die Musik" erhalten Wortmitteilungen unterschiedliche Bedeutungen, je nach Stimmführung bei der Äußerung. Kommunikationspartner bzw. Zuhörer bilden sich beispielsweise eine Meinung zur Persönlichkeit des Sprechenden allein aufgrund der Art, wie sie die gehörte Stimme empfinden. Wird eine Stimme als angenehm empfunden, wird der Sprecher als kompetent, aufgeschlossen, sympathisch und warmherzig eingeschätzt. Lautstärke, Modulation und Intonation, Frequenzgang und Sprechgeschwindigkeit beeinflussen die vermuteten Merkmale wie Durchsetzungsstärke, Glaubwürdigkeit oder Einfühlungsvermögen. Allerdings sind tatsächliche Zusammenhänge eher weniger nachgewiesen und beschränken sich auf das Alter und das Geschlecht sowie auf das Energieniveau und die körperliche Attraktivität der Sprechenden.

Nonverbale Kommunikation

Die analoge Körpersprache wird auch als nonverbale Kommunikation bezeichnet; sie drückt sich in Mimik und Gestik aus. Der Reichtum dieses Ausdruckskanals gelangt in unserem Kulturraum allerdings nicht mehr zu wirklicher Entfaltung – mit Ausnahme der vielfältigen Ausdrucksmöglichkeiten der Kinder.
Die meisten Blicke, Gesichtsausdrücke, Rumpf-, Arm- und Beinhaltungen sowie -bewegungen erfolgen unbewusst. Alle Trainings zur gezielten Steuerung dieses

ungemein wichtigen Kommunikationsaspektes haben immer nur begrenzte (Langzeit-)Wirkung. Sensible „Körpersprachenleser" sind in der Lage, aktuelle Befindlichkeiten recht exakt zu identifizieren; die Persönlichkeit der Sprechenden wird allerdings nur in geringem Umfang offenbar.

Gesichtsausdruck

Der **Gesichtsausdruck** hat in der interpersonellen Wahrnehmung das größte Gewicht. Bezüglich der Grundemotionen wie Freude und Angst liefert die Mimik ziemlich verlässliche Anhaltspunkte. Auch die Glaubwürdigkeit steht uns ins Gesicht geschrieben. Die Steuerung der Interaktion geschieht vielfach über den Blickkontakt. Auch Sympathie und Antipathie, Nähe und Distanz oder Dominanz und Submission *(Unterwerfung)* werden partiell über die Augensprache signalisiert.

Bewegungen von Kopf, Armen und Beinen

Bewegungen von **Kopf**, **Armen** und **Beinen** sind die nächst wichtigen Informationsquellen. Sie können zur Untermalung der Worte, zur Steuerung der Interaktion oder auch separat eingesetzt werden. Bei der Körpersprache wird zwischen der Haltung, der Anordnung der einzelnen Körperteile und der Orientierung in Bezug auf andere Interaktionspartner unterschieden. Die Bedeutung der Haltung zum Beispiel hängt aber auch vom Kontext ab – lockeres, lang ausgestrecktes Sitzen auf der Stuhlkante weist in der Pause auf Entspannung hin, während einer Besprechung jedoch auf Desinteresse.

Eine eigene Kategorie innerhalb des Ausdruckskanals der Bewegung sind **Subjektmanipulationen** und **Objektmanipulationen** während eines Gesprächs, bei denen eigene Körperteile berührt werden oder jemand an sich oder etwas herumnestelt. Subjektmanipulationen drücken eher situativ bedingte Unsicherheiten und Spannungen aus oder werden, wie bei der Objektmanipulation, als Versuch gewertet, Ängstlichkeit zu kaschieren.

Objektkommunikation

Die Kommunikation mit der Außenwelt vollzieht sich letztendlich auch durch die Gestaltung körpernaher Attribute sowie durch Handlungen. In der **Objektkommunikation** „sprechen" Menschen sozusagen mittels Gegenständen, die sie umgeben. Hierdurch können bei den anderen unterschiedliche Eindrücke entstehen. Bei der Objektkommunikation kommt Folgendes zum Einsatz:

- **Gegenstände mit Körperkontakt** wie Schmuck, Brille und Kleidung; sie werden als Kommunikationssymbole gestaltet im Sinne von „Kleider machen Leute"

- **Gegenstände in der personnahen Umgebung** wie Visitenkarten, Auto, Designerstift oder Luxus-Organizer; Kommunikation nach außen kann auch damit ausgedrückt werden
- **Handlungen** wie das Vergeben bestimmter Geschenke oder die Ausrichtung von Feiern; damit wird gezeigt, was der Einzelne der Außenwelt über sich mitteilen möchte.

Der Objektsprache, d.h. der Sprache mit oder durch Gegenstände, wohnt eine starke Aussagekraft inne. Einerseits signalisiert sie die soziale Zugehörigkeit zu bestimmten Gruppen und irritiert andererseits, wenn sie den Rahmen verlässt. So führt eine Erzieherin im dunklen Hosenanzug wohl zu der gleichen Irritation wie ein Bankangestellter im T-Shirt. Andererseits ist es möglich, gezielt Eindrücke zu manipulieren, denn eine Reklamation im Kaufhaus fällt z. B. in eleganter Kleidung nachweislich erfolgreicher aus als in einer saloppen.

Gegenstände oder Objekte, mit denen sich Menschen umgeben, signalisieren die Zugehörigkeit zu einer Gruppe.

Interessant sind die Deutungsversuche der Tiefenpsychologie oder von Körpersprache-Experten wie dem Pantomimen Samy Molcho. Eine aufgetürmte Bücherreihe auf dem Schreibtisch kann rasch als Schutzwall interpretiert werden und der Kuli in der Hand verwandelt sich psychologisch gedeutet zu einer Hiebwaffe.

Raumkommunikation

Durch die Art der Raumnutzung und Raumgestaltung findet ebenfalls Kommunikation statt.

Vertikale und horizontale Raumkommunikation

Raum wird sowohl in der vertikalen als auch in der horizontalen Richtung gestaltet. Die vertikale Richtung eignet sich beispielsweise sehr eindrücklich, um ein Machtgefälle etwa durch ein Tieferplatzieren des „Kunden" zu demonstrieren. Dies nutzen Könige, manche Chefs oder Richter. Diese Art der Symbolsprache ist universell verständlich und bedarf keiner Übersetzung.
Anders verhält es sich bei der horizontalen Ausrichtung der **Raumkommunikation:** Hier geht es um das Herstellen der passenden Distanz, was von Kulturkreis zu Kulturkreis unterschiedlich ausfällt. Für den europäischen und nordamerikanischen Raum hat der Soziologe und Anthropologe Edward T. Hall in

seinen Studien bereits 1963 herausgefunden, dass sich die Gestaltung unseres Territoriums in vier Zonen einteilen lässt. Unbewusst stellen Menschen stets die der entsprechenden Situation angemessenen Wohlfühl-Distanzen her:
- Die intime Zone erstreckt sich zwischen 0 und 60 cm
- Der persönliche Bereich reicht von 0,60 bis 1,20 m
- Die soziale Zone geht bis 3,30 m
- Der öffentliche Raum beginnt ab 3,30 m.

Werden diese Zonen ohne Einverständnis durchbrochen, reagieren Menschen mit Unsicherheit und Übersprungshandlungen: Kommt ihnen ein Fremder auf der Straße zu nahe, wenden sie den Blick automatisch ab. Im Fahrstuhl oder im vollbesetzten Bus versteifen sie sich, halten den Atem an und fühlen sich unwohl. Dies geschieht ebenso, wenn eine Mutter plötzlich einer Erzieherin zu nahe kommt. Trotz der Ähnlichkeiten im kulturellen Raum gibt es auch Unterschiede: Frauen wählen im Durchschnitt geringere Abstände zu anderen Menschen ebenso wie Gleichaltrige, einander sympathische Personen sowie extrovertierte Menschen.

Gestaltung der Umgebung

Auch die **Gestaltung** unserer näheren **Umgebung** vermittelt dem Gegenüber Botschaften. Im Besprechungsraum sitzt die Chefin am Kopfende, in der Tischmitte die Person mit der Teamrolle Klima, Ausgleich und Vermittlung (→ Kap. 8.3.3). Einander gegenüber sitzen sich stets die Opponenten, wohingegen die Gleichgesinnten sich nebeneinander platzieren. Das erklärt auch die Ansprüche auf immer den gleichen Stuhl. Hohe Irritation ruft ein Nichtbeachten dieser Geheimregeln, z. B. durch neue Mitarbeiter, oder eine Veränderung hervor. Dominanz und Distanz werden durch eine Gegenüber-Sitzposition, womöglich mit einem schweren Schreibtisch als Barriere, signalisiert. Eine Steigerung der Situation ist eine tiefere Sitzposition, statt gleichwertig am Besprechungstisch in einer rechtwinkligen und damit partnerschaftlichen Anordnung zu sitzen. In Bürokorridoren macht der Chef seine Position deutlich: Sein Raum befindet sich am Ende des Flures. Im Übrigen haben Wissenschaftler herausgefunden, dass lange Flure ein geringeres Sozialverhalten mit sich bringen als eine zentrierte Anordnung.
Wer diese Sprache lesen und authentisch fühlen kann, ohne von ihr gefangen und beeinträchtigt zu sein, hat damit sofort die unterschwellige Kommunikation des anderen durchschaut. Das Thema lautet hier in der Regel: Herzeigen von Status- und Machtanspruch, die ohne Worte gezielt demonstriert werden sollen. Dahinter verbergen sich allerdings oft Unsicherheit und Angst.

Einfluss der Kommunikationskanäle auf die Eindrucksbildung

Man kann davon ausgehen, dass die **Kommunikationskanäle** einen Einfluss auf die Bildung des Eindrucks ausüben, den ein Mensch bei einem anderen hinterlässt. Interessant ist dabei die Gewichtung von Ausdruckskanälen, die bei der **Eindrucksbildung** eine Rolle spielen.

Eindrucksbildung über den Gesichtsausdruck

Mithilfe ausgeklügelter Versuchsanordnungen haben die Sozialpsychologen Albert Mehrabian und John Michael Argyle in verschiedenen Studien herausgefunden, wie hoch der Einfluss der unterschiedlichen Kommunikationskanäle ist, wenn sich Menschen von ihrem Gegenüber eine Meinung bilden, sich „ein Bild von ihm machen". Dafür haben sie sich die verbalen, paraverbalen und nonverbalen Aspekte herausgesucht und vorrangig den **Gesichtsausdruck** analysiert. Das überraschende Ergebnis lautet: Der sprachlich-inhaltliche Anteil der Ausdrucksformen beträgt nur etwa 7 Prozent, der stimmliche etwa 38 Prozent und das Gewicht der körpersprachlichen Komponente liegt bei rund 55 Prozent.

> Der Eindruck von einem anderen Menschen hat zu 93 Prozent nichts damit zu tun, was die Person inhaltlich äußert, sondern beruht vor allem auf der gezeigten und wahrgenommenen Mimik und Stimmführung.

Diese Ergebnisse sind wertvoll für die Rhetorik und Selbstpräsentation einer Person, es muss allerdings angemerkt werden, dass diese bahnbrechenden Studien unter künstlichen Laborbedingungen stattgefunden haben und nach Expertenmeinungen wahrscheinlich unter unterschiedlichen lebensnahen Gegebenheiten und Kontexten anders ausfallen würden.

Anwendung auf Kommunikationsschulungen

Die gefundene Gewichtung der Ausdruckskanäle bestätigt, dass es durchaus sinnvoll ist, bei Kommunikationsschulungen und Rhetorik-Trainings mit Audio- und Video-Feedback zu arbeiten sowie Rollenspiele einzusetzen. Denn eine sachlich brillante Idee gewinnt demnach erst durch die stimmliche und körpersprachliche Präsentation an Überzeugungskraft. Allerdings gilt auch umgekehrt, dass sich inhaltlich schlechte Ideen durch eine brillante Präsentation ebenso gut verkaufen.

Geschlechtsspezifische Kommunikation

Seit den populären Veröffentlichungen der Feministin Alice Schwarzer und der Sprachwissenschaftlerin Deborah Tannen sowie den Arbeiten der beiden Körpersprache-Experten Allan und Barbara Pease ist es Allgemeingut, dass Frauen und Männer anders sind (Alice Schwarzer) und einander nicht verstehen können (Deborah Tannen). Neben der belletristischen und humorvollen Note wie im populären Einmann-Theaterstück „Caveman" tragen wissenschaftlich gesichertere Fakten zu einem differenzierteren Bild **geschlechtsspezifischer Kommunikation** bei.

Die unterschiedliche Verwendung der Sprache durch Männer und Frauen wird bereits in der frühen Sozialisation von Mädchen und Jungen angelegt. Junge Männer erlernen rollenspezifisch eher eine emotionsarme Berichtssprache, gekoppelt mit Sieger-Verlierer-Denken. Junge Frauen lernen eine gefühlsbetontere Beziehungssprache, die sie oft mit einem Harmoniestreben verbinden. Mädchen sind in diesem Zusammenhang in der Lage, mehr über ihre Wünsche und Bedürfnisse zu reden, wohingegen Jungen eher eine (schein)objektive Haltung demonstrieren. Dies hängt mit dem sozialen Geschlecht *(Gender)* zusammen, mit den sozialen Rollen, die Mädchen und Jungen erlernen und einnehmen.

Typisch weiblich, typisch männlich

Weibliche Anteile im Kommunikationsverhalten bei Männern beispielsweise in psychosozialen Berufen und männliche Anteile bei Frauen in Leitungspositionen werden erwartet und sind in „Männerbranchen" wie dem Bauwesen meist unverzichtbar. Aussagen über das geschlechtsspezifische Kommunikationsverhalten können deshalb immer nur das **stereotypische Verhalten** wiedergeben. Tendenzen lassen sich allerdings klar erkennen. Wenn Männer reden, geht es um Informationsaustausch, um zielorientierte Problemlösung, und pragmatisch-sachliche Aspekte stehen im Vordergrund; daneben wird immer um Status und Macht gerangelt. Für Frauen ist der Beziehungsaspekt wichtiger, es geht um Persönliches und Gefühle. Frauen suchen Bestätigung und Übereinstimmung; ihre Interaktion ist eher prozessorientiert. Männer drücken sich eher dominant und sicher aus, indem sie Behauptungen aufstellen, während Frauen eher Konjunktive benutzen, die Frageform wählen oder vorsichtige Vermutungen anstellen. Bei einem Problem ist die Forderung nach Zahlen, Daten, Fakten männlich, die atmosphärische Besprechung der Umfeldbedingungen weiblich.

Zu Missverständnissen kommt es regelmäßig beim Schildern von Problemen. Frauen wollen einfach Verständnis erzielen und Befindlichkeiten und Erlebnisse teilen; Männer stellen umgehend einen Rat zur Verfügung. Sie erwarten kurz und bündig konkrete Lösungen, denn es fällt ihnen schwer, sich überhaupt mit einer Schwierigkeit zu outen. Zudem macht die starke Entwicklung des Appellohres den Frauen sehr zu schaffen: Sie fühlen sich rasch aufgerufen zu helfen oder Arbeiten zu übernehmen.

Konkurrenzverhalten gibt es bei beiden Geschlechtern: Frauen konkurrieren z. B. um die Frage, wer beliebter ist, während der gezielte Wettbewerb um den Aufstieg in der Hierarchie männlich ist. Oben in der Hierarchie angekommen, neigen Männer eher zum Einzelkämpfertum, während die solidarische Teamarbeit von Frauen hier leicht untergeht. Und nicht zuletzt neigen Frauen dazu, ihre Leistungen unter Wert zu verkaufen und sich bei Fehlern vorschnell persönlich schuldig zu fühlen und zu rechtfertigen. Männer verfügen dagegen über eine eher prahlerische Grundausstattung. Bei Fehlern suchen sie zuerst nach anderen Schuldigen. Männer ergreifen in Beruf und Öffentlichkeit das Wort, zuhause schweigen sie dann oft. Frauen reden auch zuhause und im Freundeskreis gerne über alle möglichen Themen, im Gegensatz zu Männern jedoch kaum über ihren Beruf. In Gesprächen zwischen beiden Geschlechtern reden Frauen jedoch weniger lange als Männer.

Oft benötigen Frauen geringere Distanz zu ihren sozialen Interaktionspartnern und suchen kooperativere Sitzordnungen im Raum. Der „Stuhlkreis" kommt dem entgegen. Frauen sitzen mehr mit Vertrauten nebeneinander, wohingegen Männer einzelne Stühle mit Sicherheitsabstand bevorzugen und gern andere im Blick behalten. Bei Besprechungen und im Büro sitzen sich die Männer lieber gegenüber, um Distanz und Dominanz zu wahren; die partnerschaftliche 90-Grad-Position ist eher den Frauen zuzuschreiben.

Ein klassisches Vorurteil wurde durch Studien widerlegt: Männer entscheiden nicht nach streng sachlichen Kriterien. Ihre Entscheidungen sind emotional beeinflusst durch Kriterien wie Ehre, Stolz, Macht oder Prestige. Als Beispiel mag hier der Autokauf dienen, bei dem meist die Frauen die vernünftigeren Gesichtspunkte im Auge haben.

8.1.4 Der Kommunikationsprozess

Anhand einer Zusammenkunft im Kindergarten lässt sich der **Ablauf einer Kommunikation**, der **Kommunikationsprozess**, anschaulich erläutern.

Kommunikation im Viererschritt

In der Teamsitzung geschieht das Folgende: Anja macht Vorschläge, wie man den Tag der offenen Tür gestalten könne. Kathleen schaut währenddessen an die Decke. Als Anja dies bemerkt, platzt sie heraus: „Ich habe keine Lust mehr, dein abfälliges Verhalten bei meinen Beiträgen hinzunehmen." Anjas Ausbruch könnten folgende inneren Abläufe zugrunde liegen.

- Schritt 1: Sie nimmt wahr, dass zeitgleich zu ihren Ausführungen Kathleens Augen auf die Decke gerichtet sind
- Schritt 2: Sie vermutet den Zusammenhang, dass dies als Abwertung ihrer Ideen oder sogar der ganzen Person gemeint ist
- Schritt 3: Sie verspürt daraufhin Gefühle der Kränkung und Wut
- Schritt 4: Sie reagiert.

Dieser **Viererschritt** in der **Kommunikation** ist typisch und geschieht regelmäßig. Menschen sehen und hören etwas und automatisch durchläuft diese Wahrnehmung eine Vermutungs- und Bewertungsschleife nach dem Muster: persönliche Stärkung oder Bedrohung. Dies löst eine begleitende emotionale Reaktion aus, woraufhin die Reaktion, die Handlung, erfolgt.

Wahrnehmen, Bewerten, Fühlen, Handeln nach Schulz von Thun

Nach einem Reaktionsmodell des Psychologen Friedemann Schulz von Thun gibt es mit **Wahrnehmen**, **Bewerten** und **Fühlen** drei Möglichkeiten, wie Menschen ihr Handeln, also ihre Reaktionen auf andere Menschen, in einem Viererschritt gestalten können (→ Abb. 8.4). Dabei werden die einzelnen Elemente oder Kombinationen thematisiert. Menschen können:
- Wahrnehmungen ansprechen
- Überprüfen, ob es einen negativen Zusammenhang im Hinblick auf die Worte gibt
- Auf das eigene Verletztheitsgefühl reagieren oder schweigen und schlucken.

> Menschen reagieren weit häufiger mit Eigenbezug, also auf ihre eigenen Fantasien und Gefühle, als mit Partnerbezug. Würden sie mit Partnerbezug reagieren, hätte dies eine Realitätsüberprüfung beim Gegenüber zur Folge.

Anja hat wie sehr viele Menschen auf ihr Gefühl reagiert. Damit fühlt sie sich erleichtert, trägt allerdings zur Eskalation und dicken Luft in der Einrichtung bei.
Eine bekömmlichere Möglichkeit, die Wahrnehmung zu überprüfen und Fantasien und Gefühle offenzulegen, wäre ein Satz, wie ihn Anja formulieren könnte: „Ich habe wahrgenommen, dass du bei meinen Ausführungen an die Decke geschaut hast. Ich vermute, dass du mir und anderen damit deine Geringschätzung demonstrieren willst. Stimmt das? Mich verletzt das und es macht mich sauer. Ich fordere dich auf, mir klar zu sagen, was deine Kritik an mir oder meinen Worten ist und derlei Signale zu unterlassen." Eine solche Reaktion

wäre zugegebenermaßen mutig, hätte allerdings eine klärende und deeskalierende Wirkung. Den Viererschritt der Reaktion auf andere Menschen zu kennen und ihn im Gespräch zu nutzen bildet eine wichtige Säule gesunder Kommunikation in der Einrichtung.

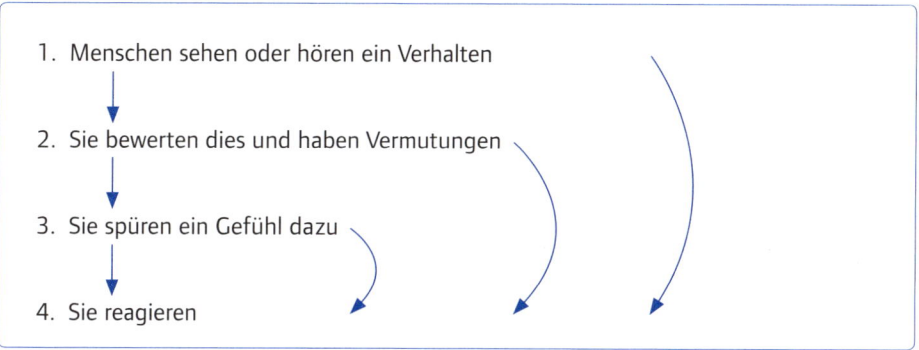

Abb. 8.4: Den Viererschritt in der Kommunikation – Wahrnehmen, Bewerten, Fühlen, Handeln – beschreibt das Modell nach Friedemann Schulz von Thun

8.1.5 Interaktionsmuster

In Gesprächen und Besprechungen ist zu beobachten, dass sich Menschen in unterschiedlichem Ausmaß aufeinander beziehen. Edward E. Jones und Harold B. Gerard und später die Psychologin Ursula Piontkowski beschäftigten sich in diesem Zusammenhang mit der **Kontingenz**, der Möglichkeit, unvorhergesehen und offen zu agieren und zu reagieren.

> **Kontingenz**
>
> Begriff in der Philosophie, der Soziologie und der Systemtheorie. Bezeichnet die prinzipielle Offenheit und Ungewissheit der menschlichen Wahrnehmung, Einstellungen oder Handlungen.

Wenn Menschen miteinander reden, bestimmen vorrangig zwei Faktoren die Art der Interaktion, nämlich die Orientierung am anderen und die Ausrichtung an den eigenen psychischen Programmen. Hieraus ergeben sich vier Möglichkeiten oder **Interaktionsmuster** (*Interaktionsniveaus, Interaktionskontingenzen*), die in der Kommunikationspraxis zu finden sind und einen erheblichen Einfluss auf den Verlauf eines Gespräches haben (→ Abb. 8.5).

Wechselseitige Kontingenz

Bei einer **wechselseitigen Kontingenz** beziehen sich Personen aufeinander und orientieren sich ebenso an den eigenen inneren Plänen. Diese Interaktion gewährt eine kontinuierliche Weiterentwicklung beider Programme. Eine solche „echte" Interaktion wird auch Dialog genannt. Auch die Bezeichnung „fruchtbare Diskussion" trifft diese Form. Es handelt sich um die fortgeschrittenste und reifste Form der Interaktion zwischen Menschen. Im Kindergartenteam könnte diese Gesprächsform so aussehen:

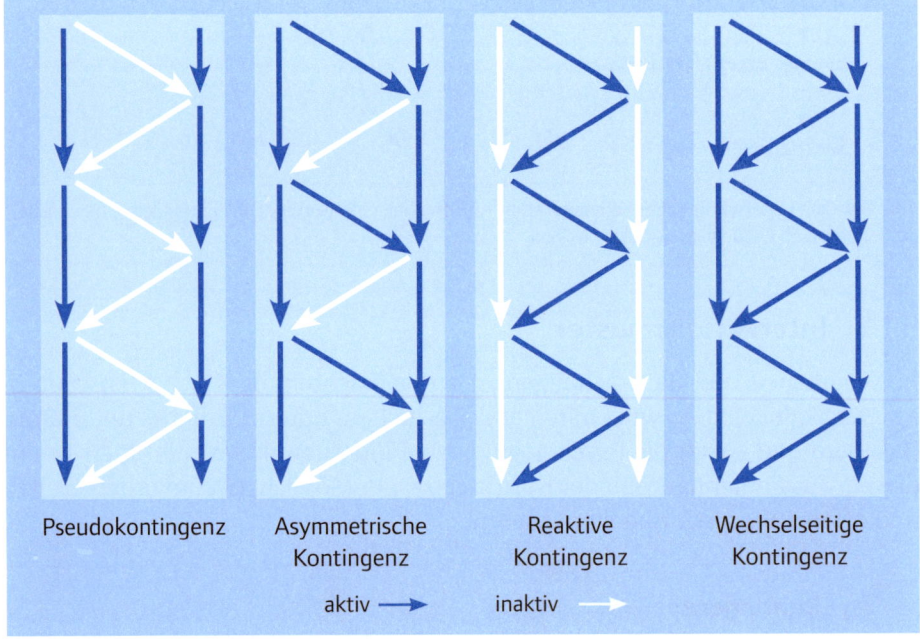

Abb. 8.5: Verschiedene Interaktionsmuster bestimmen die menschliche Kommunikationspraxis (nach Jones & Gerard, 1967). Die Orientierung am anderen und die Ausrichtung der eigenen psychischen Programme beeinflussen den Gesprächsverlauf. (Grafik: Ursula Piontkowski, in: Psychologie der Interaktion, Juventa Verlag, München 1976, S. 10 ff.)

Anja: „Ich denke, morgen wäre das frisch gefallene Laub als Thema sinnvoll." Berta: „Ich finde deine Idee gut und könnte mir vorstellen, dass wir im Stadtpark bei den unterschiedlichen Bäumen ein tolles Gelände vorfinden." Anja: „Ich kenne da noch eine interessante Seite im Internet mit besonders kindgerechten Abbildungen von Blättern." Berta: „Wir sollten dann noch mit denjenigen Eltern sprechen, die wegen der Sauberkeit der Kleidung schnell besorgt sind."

Pseudokontingenz

Bei der Pseudokontingenz steuern im Wesentlichen die inneren Programme das Gespräch und das Sichaufeinanderbeziehen findet lediglich zum Schein statt. Pseudokontingentes Verhalten kann hervorgerufen werden durch innere Starrheit, hohe Dominanz, rücksichtslosen Durchsetzungs- und Zielerreichungswillen oder auch mangelhaft entwickelte soziale Sensibilität, wie sie bei psychotischen Patienten oder Kindern auftritt. Auf der anderen Seite findet man Pseudokontingenz bei „Ritualen", bei denen die Kommunikationspartner bereits im Voraus wissen, wie die andere Person sich verhalten wird. In unserem Beispiel verliefe das Gespräch in dieser Form:
Anja: „Ich denke, morgen wäre das frisch gefallene Laub als Thema sinnvoll." Berta: „Gestern habe ich bei mir zu Hause zehn Eimer Laub gesammelt." Anja: „Nach dem situationsorientierten Ansatz wollen wir ja immer tagesaktuelle Motive und Aspekte vornehmen." Berta: „Ich weiß schon gar nicht mehr, wohin mit den Unmengen von Laub."

Asymmetrische Kontingenz

Bei einer **asymmetrischen Kontingenz** orientiert sich der eine Gesprächspartner an selbst gewählten Verhaltensmustern, an seinem eigenen inneren Programm und der andere passt sich an dieses Schema an. Wenn diese Interaktion nicht persönlichkeitsbedingt ist, spiegelt sie meist ein Machtverhältnis wider; es kann sich aber auch um eine Anleitung und Aufforderung zum Handeln seitens einer besser informierten oder qualifizierten Mitarbeiterin handeln. Das Beispiel sieht dann so aus:
Anja: „Ich denke, morgen wäre das frisch gefallene Laub als Thema sinnvoll." Berta: „Na gut, eigentlich hätte ich gern gebastelt, aber wir können das gerne machen." Anja: „Es gibt dabei ein paar Punkte zu berücksichtigen wie den Ort, die Kleidung usw." Berta: „Ja, wir müssen dafür einiges planen."

Reaktive Kontingenz

Die **reaktive Kontingenz** schließlich beschreibt eine beidseitige Tendenz, sich am Verhalten des jeweils anderen auszurichten. Individuelle Programme sind nicht zu erkennen, stattdessen „ergibt ein Wort das andere". Spontane Reaktionen auf die jeweils vorangegangenen Aktionen bestimmen den Verlauf. Solches Verhalten trifft man bei Kindern und in oberflächlichen, spielerisch entspannten Situationen wie dem Small-Talk an. Harmoniebedürftige oder standpunktlabile Menschen, für die das Aufrechterhalten von Nähe durch Interaktion wichtiger ist als die Weiterentwicklung und Zielerreichung, verhalten sich ebenso. Auch in Paniksituationen, bei denen das Fluchtverhalten der anderen zum eigenen Kontrollverlust führt, ist diese Interaktion in eskalierender Form zu finden. Auf unser Beispiel angewandt, findet das Gespräch so statt: Anja: „Ich denke, morgen wäre das frisch gefallene Laub als Thema sinnvoll." Berta: „Es ist wunderschön anzusehen." Anja: „Ich bin sowieso ein Farben-Fan." Berta: „Gestern war ich in der neuen Gemäldeausstellung – herrliche Bilder, kann ich dir sagen."

8.2 Konstruktive Kommunikation
Eckhart Müller-Timmermann

Eine Kommunikation bezeichnet man dann als erfolgreich, wenn die Absicht des Senders mit der Reaktion des Empfängers übereinstimmt, somit das Ziel erreicht und eine intendierte Wirkung erzielt wurde. Damit Kommunikation konstruktiv bleibt, bedarf es einiger Haltungen und Fähigkeiten der Interaktionspartner.

8.2.1 Kommunikationsmethoden anwenden

Meist finden sich im Gefolge einer gelungenen Verständigung Gesprächspartner, die sich selbst und ihr Gegenüber akzeptieren, relativ offen und angstfrei kommunizieren und in einem gewissen Ausmaß zur Metakommunikation in der Lage und bereit sind. Es sind Menschen, die **Kommunikationsmethoden** anwenden können, die die eigene Wahrnehmung und die eigenen Positionen infrage stellen und kongruent *(stimmig)* in den verschiedenen Ausdruckskanälen senden können. Solche Menschen reagieren authentisch, hören gut zu und beobachten unvoreingenommen – und sie können die eigene Meinung vertreten. Darüber hinaus können sie mit Feedback konstruktiv umgehen, Ambivalenzen und Konflikte aushalten und so genannte *Ich-Botschaften* senden.

Aktives Zuhören und gelungener Dialog

Wer selbst unbeteiligt und neutral ist, kann bei einer Meinungsverschiedenheit oder gar einem heftigen Streit meist beide Parteien von deren persönlicher Warte her verstehen. Wer bereit ist, vom Gesetz der Personenbewertung – „was mir ähnlich ist, ist auch gut" – Abstand zu nehmen und sich in die Welt eines anderen Menschen zu versetzen, erfährt einen unglaublichen Verständnisgewinn. Dieser Prozess wird **aktives Zuhören** genannt und die entsprechende Fähigkeit dazu ist die Standortverlagerung. Mit der Standortverlagerung gelingt es, die Welt mit den Augen des Gesprächspartners zu sehen und sich in dessen Gefühlswelt hineinzuversetzen.

> **Aktives Zuhören**
>
> Einfühlsame Reaktion eines Gesprächspartners bei der interpersonellen Kommunikation auf die Botschaft eines Sprechers. Bedeutet, sich in die Welt eines anderen Menschen zu versetzen und den eigenen Standort zu verlagern.

Aktives Zuhören trägt zu einem **gelungenen Dialog** bei. Verstehen heißt allerdings nicht gutheißen. Mit dieser Ergänzung fällt es vielen Menschen leichter, sich um eine solche Haltung zu bemühen. Damit wird auch ein weiteres Kommunikationsgesetz deutlich: „Vom individuellen Standpunkt aus betrachtet, hat eigentlich fast jeder recht".

Faktoren eines gelungenen Dialogs

Eine Kommunikationssituation fruchtbar zu gestalten bedeutet, sich um ein paar **Faktoren** zu bemühen. Das offenkundige Ringen um diese Faktoren trägt bereits zu einem **gelungenen Dialog** bei:
- Sich bemühen, eine gewisse Neutralität zu bewahren, denn vom individuellen Standpunkt her betrachtet hat irgendwie jeder recht
- Sich bemühen, einen Du-Standpunkt einzunehmen, die gesendeten Botschaften zu präzisieren und dabei das für einen selbst Wesentliche zu wahren und zu kommunizieren. Dabei ist es förderlich, die eigenen Bewertungen zeitweilig zurückstellen zu können und sich Rückmeldungen geben zu lassen
- Verzicht auf Wertungen wie „Das haben Sie aber völlig falsch gemacht", auf Deutungen wie „Das sagen Sie nur, weil die Kollegin besser ist als Sie" und auf manipulatives Forschen wie „Wer hat Sie denn so beeinflusst?"
- Keine übereilten Lösungen anbieten oder vorschnell trösten
- Verzicht auf Befehlen, Drohen, Beschimpfen, Schmeicheln, Lächerlichmachen, Beschämen, Aufziehen oder Ausweichen.

Bedeutung des aktiven Zuhörens

Aktives Zuhören bedeutet, sich darum zu bemühen, die Welt auch mit den Augen der Gesprächspartner zu sehen. Habe ich die:

- Inhalte der Aussage verstanden? Dies kann durch Paraphrasieren, der Wiederholung des Gehörten geschehen.
- Gefühle des Gesprächspartners erkannt? Hierbei hilft die Methode des Verbalisierens, ein Widerspiegeln der persönlich-emotionalen Erlebniswelt des Gesprächspartners.

> Wie bei einem Eisberg liegt auch in der zwischenmenschlichen Kommunikation der größere und mit einem höheren Risiko behaftete Teil unter der Oberfläche, also hinter der allen direkt zugänglichen, sichtbaren und hörbaren Information.

Um Missverständnisse und Konflikte zu reduzieren, müssen Menschen hin und wieder unter diese Oberfläche tauchen. Dafür haben sich verschiedene Gesprächsformen als nützlich erwiesen. Das aktive Zuhören stellt hierbei einen wesentlichen Bestandteil dar.

Über das Verständnis der Inhalte kann man sich z. B. folgendermaßen rückversichern: „Ihrer Meinung nach ...", „Sie glauben, dass ...", „Sie vertreten den Standpunkt ...", „Wenn ich Sie richtig verstanden habe ...".

Die der Reaktion zugrundeliegenden Gefühle zu erfassen ist so möglich: „Sie sind verärgert, weil ..."; „Sie befürchten, dass ..."; „Sie fühlen sich dabei ..."; „Sie haben Bedenken ..."; „Sie machen sich Sorgen ...".

Vorteile des aktiven Zuhörens

Aktives Zuhören im sozialen und helfenden Kontext bedeutet, dass ich höre und sehe, was du fühlst, dass ich verstehe oder zu verstehen suche, wie du die Dinge im Moment siehst, dass ich kein Urteil über dich fälle und dass du keine Angst vor meiner Kritik zu haben brauchst. Damit ergeben sich massive **Vorteile** für die Kommunikationssituation. Wer aktiv zuhört:

- Ist gezwungen, wirklich zuzuhören
- Bewirkt einen höheren Sympathiegrad beim Gesprächspartner
- Negiert nicht spontan; die Gesprächsatmosphäre wird entspannter
- Zeigt durch die Wiederholung, dass Interesse am Gesprächspartner vorhanden ist
- Gewinnt Zeit für die eigene Entgegnung
- Kann sicherer sein, tatsächlich verstanden zu haben.

Allerdings gibt es auch Nachteile: Das aktive Zuhören ist nicht durchgängig anwendbar, da der Zeitaufwand zu groß wird. Auch können aktiv Zuhörende nicht ausschließen, dass sie den anderen durch nicht ganz dem Sinngehalt entsprechende Veränderungen bei der Wiedergabe manipulieren.

Anwendungsmöglichkeiten des aktiven Zuhörens

Aktives Zuhören muss geübt werden. Vor allem in den folgenden Situationen ist aktives Zuhören hilfreich. Wenn:
- Die Gesprächssituation droht, scharf und unkontrolliert zu werden
- Ein positives Klima geschaffen werden soll
- Nicht richtig verstanden wurde
- Zeit zum Überlegen gebraucht wird
- Der Gesprächspartner zum Reden gebracht werden soll.

Metakommunikation

Die amerikanische Palo-Alto-Gruppe um Paul Watzlawick verdeutlicht im Rahmen ihrer radikalen Systemorientierung, dass nicht nur der Sender auf den Empfänger einwirkt, sondern ebenso per Rückkopplung der Empfänger wiederum auf den Sender. Es herrscht eine permanente Interaktion. Die Begriffe Ursache und Wirkung verlieren an Bedeutung. Wer dies weiß, kann auf der Ebene der **Metakommunikation** agieren (→ Kap. 8.1.1).

Metakommunikation fällt neutralen Außenstehenden leichter als im System befangenen Interaktionsteilnehmern. Diese neigen dazu, Geschehnisse zu interpunktieren. Sie suchen Kausalitäten und stellen die Schuldfrage: „Ich bin nur so kurz angebunden, weil die Mutter von Jan mich immer mit ihren lästigen Fragen nervt". Im System Erzieherin – Mutter kann es wegen dieser Interpunktionsneigung (→ Kap. 8.1.1) zu massiven Beziehungsproblemen kommen.

Die Metaebene aufsuchen

Das System kann sich nur schwer selbst reflektieren. Dies ist nur aus einer „Helikopterwarte" möglich, einer Position, die über dem bzw. außerhalb des Systems angesiedelt ist (→ Kap. 11.1.1). Diese Position ist die so genannte **Metaebene**. Von dort ist sowohl Kommunikation über die Kommunikation als auch Kommunikation über die Beziehung möglich.

 Metaebene

Reflexion eines Problems aus einer Position heraus, die außerhalb des Bezugssystems angesiedelt ist. Den Reflexionsprozess, der auf der Metaebene stattfindet, nennt man Metakommunikation.

Metakommunikation eignet sich für Fälle, in denen Sender und Empfänger bezüglich der Interpunktion verstrickt, sind nach dem Motto: Wenn du ein Problem nicht lösen kannst, dann löse dich von dem Problem. Damit ist gemeint, eine neue Ebene und Sichtweise herzustellen.

Reframing

Metakommunikation benötigt in der Regel ein „Leihauge", den Blick von außen durch einen neutralen Dritten, d. h. Supervision (→ Kap. 11.1) im eigentlichen Sinne des Wortes. Diese Instanz kann die interpunktive Gesetzmäßigkeit aufzeigen und in das System zurückmelden. Dies löst eine festgefahrene Situation auf und fügt sie in einen neuen Bezugsrahmen ein. Der Fachausdruck dafür lautet **Reframing**. Auf diese Weise lassen sich Dauerkonflikte lösen. Bei diesem Prozess können auch Kommunikationsfallen erkannt werden: Zum Beispiel paradoxes Verhalten im Sinne von „Double bind" oder „Kanaldiskrepanzen". Bei Letzteren werden unter dem Inhalts- und dem Beziehungsaspekt unterschiedliche Botschaften gesendet: „Sei spontan" oder „Folge nicht meiner Anweisung". (Behandlung der gestörten Kommunikation → Kap. 8.4.7 ff).

Feedback

Bei Kommunikationsprozessen sind für die Gesprächspartner verschiedene Einstellungen und Verhaltensweisen in unterschiedlichem Ausmaß transparent. Wenn beispielsweise eine Erzieherin einer Mutter Informationen über das Verhalten ihres Kindes gibt, dann liegen manche Dinge für alle offenkundig: Die Erzieherin kennt sich selbst z. B. als laut und deutlich sprechende Frau und so nimmt sie auch die Mutter wahr. Andere Dinge wiederum liegen beiden Beteiligten verborgen, so z. B. die unbewussten Motive, die die Erzieherin beeinflussen, welche auch der Mutter nicht offen zugänglich sind. Es gibt weiterhin Belange, über die die Erzieherin selbst Bescheid weiß und die die Mutter aber nicht kennt, z. B. die Sorge der Erzieherin um die drohende Arbeitslosigkeit des Ehemannes. All diese Faktoren sind während der Interaktion latent präsent, wirken sich aber nicht unbedingt nachteilig auf den Kommunikationsprozess aus.
Was diesen Kommunikationsprozess allerdings erheblich behindern kann, ist der so genannte Blinde Fleck. Dies ist der Bereich, den die Mutter bei der Erzieherin wahrnimmt, über den die Erzieherin hingegen nicht informiert ist. Das kann z. B. ein gewisses arrogantes Auftreten der Erzieherin sein, welches die Erzieherin jedoch rundweg und überzeugt abstreiten würde.

Konstruktive Kommunikation

> **Blinder Fleck**
>
> Bezeichnet denjenigen Bereich, der zwar von anderen wahrgenommen wird, über den es aber keine Selbstwahrnehmung gibt.

Das Instrument, welches der Erzieherin nun Informationen über die für sie selbst nicht erkenntlichen Verhaltensweisen gibt, heißt Feedback. Der Blinde Fleck kann nur durch Kommunikation und Feedback von außen der eigenen Wahrnehmung zugänglich gemacht werden. Deshalb ist dieser Austausch für eine gelingende Interaktion unabdingbar.

> **Feedback**
>
> Bezeichnet eine Rückmeldung auf eine Äußerung oder ein gezeigtes Verhalten.

Verhalten		Mir selbst	
		Bekannt	Unbekannt
Den anderen	Bekannt	A Öffentliche Person	C „Mein blinder Fleck"
	Unbekannt	B Privatperson	D Unbewusstes

Verhalten		Mir selbst	
		Bekannt	Unbekannt
Den anderen	Bekannt	A Öffentliche Person	C „Mein blinder Fleck"
	Unbekannt	B Privatperson	D Unbewusstes

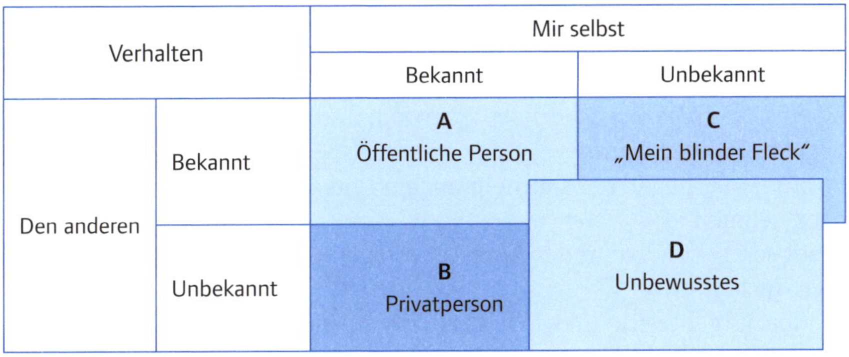

Abb. 8.6: Durch Feedback kann sich der Blinde Fleck verändern. Der Bereich, der von anderen und einem selbst wahrgenommen wird, vergrößert sich

Feedback als beidseitige Metakommunikation

Das **Feedback** ergibt auch als **beidseitige Metakommunikation** Sinn. Kommunikation in Form eines Gesprächs bedeutet wechselseitigen Austausch von Informationen. Dabei vertauschen sich die Rollen von Sender und Empfänger ständig. Wenn der Empfänger die Botschaft des Senders aufgenommen und entschlüsselt hat, nimmt er die Rolle des Senders ein und übermittelt seinerseits eine Information. Dabei kann er, bevor er eine eigene neue Information eingibt, zunächst mitteilen, ob und wie er die Information des anderen verstanden hat, also eine echtes Feedback geben, aus dem der andere entnehmen kann, ob sein Gesprächspartner ihn versteht bzw. so verstanden hat, wie es gemeint war. Wenn der Empfänger bei der Entschlüsselung Schwierigkeiten hat, müsste er sofort nachfragen, um sich mit dem anderen überhaupt weiterhin austauschen zu können. Dabei kann es auch sein, dass erst einmal über die verwendeten Symbole gesprochen werden muss, wie dies auch beim aktiven Zuhören der Fall sein kann.

Feedback zu geben ist in Zeiten komplexer, rascher und schwieriger Kommunikation zu einem unverzichtbaren Bestandteil des menschlichen Miteinanders geworden, privat und beruflich. Damit die Kommunikation auch tatsächlich gelingt und Feedback auf fruchtbaren Boden fällt sowie vom Gegenüber ohne Widerstand genutzt werden kann, soll ein konstruktives Geben und Annehmen von Rückmeldung überlegt werden. Damit können die durch Feedback möglichen Ressourcen auch voll ausgeschöpft werden. Es gibt Interaktionspartner, die nicht an Feedback interessiert sind oder erst recht nie danach fragen würden, und wenn, dann nur, wenn ein bestätigendes Feedback zu erwarten ist. Kritiker werden von diesen Menschen grundsätzlich abgewertet. Das Überzeugtsein von der alleinigen Richtigkeit und Wahrheit des eigenen Verhaltens erschwert in Teams häufig eine konstruktive Kooperation.

Regeln für konstruktives Feedback

Es lassen sich einige Regeln aufstellen, wann und wie ein **Feedback konstruktiv** gegeben werden kann:

- Positive und negative Wahrnehmungen und Gefühle als Anlässe für Feedback nehmen
- Feedback geben, wenn der Adressat es auch hören kann – nicht hinter seinem Rücken
- Feedback rechtzeitig, möglichst zeitnah auf das bezogene Verhalten folgen lassen
- Das konkrete wahrgenommene Verhalten so ausführlich wie nötig beschreiben
- Wahrnehmungen als Wahrnehmungen, Vermutungen als Vermutungen und Gefühle als Gefühle mitteilen

- Feedback mitteilen, um Informationen darüber zu geben wie von außen der Blinde Fleck erlebt oder wahrgenommen wird, nicht, um andere Personen zu analysieren und zu verändern
- Je nach Beziehung und Lage ein
    - Wahrnehmendes, „Du hast im gestrigen Elterngespräch eine ganz zittrige Stimme gehabt"
    - Bewertendes, „Das hast du gut gemacht"
    - Persönliches Feedback, „Deine Unterstützung hat mich sehr entlastet", geben
- Feedback als prinzipiell umkehrbares Feedback verstehen, damit es leichter angenommen werden kann, denn was Yvonne zu Anne sagt, dürfte auch Anne zu Yvonne sagen
- Feedback geben, wenn es gewünscht ist, dann ist es am wirkungsvollsten und die Bereitschaft zuzuhören ist höher
- Die Aufnahmekapazität des Gegenüber berücksichtigen und ggf. erfragen.

Wer Feedback entgegennimmt, sollte ebenfalls zwei nützliche Hinweise beachten:
- Feedback nur annehmen oder wünschen, wenn man sich dazu in der Lage fühlt
- Sich nicht gleich erklären, rechtfertigen oder sich verteidigen. Am besten ist es, einfach nur zuzuhören, sich im optimalen Falle zu bedanken. Denn möglicherweise kostet es den Feedbackgeber eine große Überwindung, dem Empfänger unter Herzklopfen etwas Brisantes rückzumelden, was vielleicht viel einfacher ungesagt geblieben wäre.

Fragen und Frageformen

Fragen bilden einen wichtigen Bestandteil sprachlicher Kommunikation und sind ein wesentlicher Schlüssel, um auf den Gesprächspartner einzugehen. Sie unterstützen das Gespräch sowohl auf der Sach- als auch auf der Gefühlsebene. Fragen ermöglichen es, auf der Sachebene Informationen über Meinungen, Bedürfnisse, Situationen oder Erfahrungen des Gesprächspartners zu erhalten. Dies erlaubt ein direktes Steuern des Gesprächs durch gezieltes Zuhören und Interessenlenkung.

Fragen zeigen auf der Gefühlsebene ein Interesse und schaffen so eine gleichgewichtige, partnerschaftliche Gesprächsatmosphäre.

Wer fragt, der führt, hat bereits der griechische Philosoph Sokrates erkannt. Richtiges Fragen ermöglicht eine gezielte Lenkung des Kommunikationsablaufes, da derjenige, der fragt, den anderen zum Reden bringt. Durch Fragen erhält man Informationen, gewinnt das Vertrauen des Partners wie auch Zeit. Wer fragt, kann die Gründe der „gegnerischen" Meinung und die Person gegenüber besser einschätzen und erkennt in den Antworten auch mögliche Gegenargumente. Und er kann ebenso die Gesprächsrichtung ändern, Aggressionen abbauen helfen und sich besser gegen unfaire Angriffe wehren oder schneller ans Ziel gelangen.

Der Ausgangspunkt für gute Fragen ist die gewünschte Antwort. Ein guter Gesprächspartner formuliert seine Fragen so, dass sie in die Richtung seines Gesprächsziels steuern. Die **Frageform** ist entscheidend für den Antwortspielraum.

Weit offene Fragen

Weit offene Fragen fordern den Gesprächspartner zu ausführlichen Antworten auf. Sie lassen ihm einen psychologisch wichtigen Freiraum. Die personenzentrierte Gesprächsführung, die auf aktivem Zuhören basiert, bedient sich vor allem der weit offenen Fragen. Sie ermöglicht sowohl eine Aktivierung als auch eine Steuerung des Gesprächspartners.

Weit offene Fragen zielen auf ein mehr oder weniger allgemeines Thema, ohne die Antwort inhaltlich zu beeinflussen. Geeignet sind sie für die anfängliche Sondierung eines Themas, das so genannte Gesprächsscreening.

Typische weit offene Fragen sind W-Fragen: Wie, was, wieso, weshalb, warum? Typische weit offene Fragen sind: „Wie würden Sie bei dem Elterngespräch vorgehen?", „Was hältst du von dieser Fortbildung?", „Weshalb bevorzugen Sie diesen Ansatz?"

Eng offene Fragen

Eng offene Fragen ermitteln Daten. Sie geben eine bestimmte Richtung an und fordern auf, konkrete Angaben zu machen. In jedem Fall regen diese Frageformen das Gegenüber zu Schilderungen und Darstellungen an. Dies erfordert ein konzentriertes Zuhören.

Auch eng offene Fragen sind W-Fragen: Wann, wie hoch, wie viel, wer? Typische eng offene Fragen sind: „Wann wollen Sie eine Entscheidung über die Aufnahme des Kindes treffen?", „Wie viele Mitarbeiterinnen werden an der Besprechung teilnehmen?", „Wie hoch werden die Kosten für die Fahrt ausfallen?"

Geschlossene Fragen und Entscheidungsfragen

Geschlossene Fragen *(Ja-/Nein-Fragen)* dienen der Kontrolle und Feststellung und gehören daher eher an das Ende eines Gesprächs. Sie fordern zur Entscheidung auf. Sie sind nicht sinnvoll, um jemanden zum Reden zu animieren. Typische geschlossene Fragen sind: „Haben Sie unser Konzept verstanden?", „Sind Sie einverstanden?" Die geforderte Antwort ist ein Ja, ein Nein, sind Daten und Fakten.
Entscheidungsfragen sind erweiterte geschlossene Fragen und sollen weitere Einwände vermeiden. Der Gesprächspartner soll Stellung beziehen und sich entscheiden. Typische Entscheidungsfragen sind: „Ist das die letzte Meldung zu diesem Thema?", „Ist das Ihre Hauptbeschwerde?"

Alternativfragen

Je nach Gesprächsziel können verschiedene weitere Frageformen sinnvoll eingesetzt werden. **Alternativfragen** geben nur gewünschte Wahlmöglichkeiten vor. Unerwünschte Alternativen wie eine Ablehnung beispielsweise bleiben ungenannt: „Ziehen Sie Vorschlag X oder Y vor?", „Wäre Ihnen der Vertragsabschluss zum 1. März oder zum 1. April lieber? Zum 1. März könnten wir durch Rückdatierung Kosten sparen."
Alternativfragen wie „Gehen wir zu mir oder zu dir?" beinhalten im Gegensatz zur Frage „Wollen wir heute Nacht zusammen bleiben?" ein geringeres Risiko, verneint zu werden.

Vollständige Suggestivfragen

Vollständige Suggestivfragen dienen dazu, den Gesprächspartner zu manipulieren und in eine bestimmte Richtung zu drängen. Die wahre Meinung des Gesprächspartners ist dabei wenig von Interesse: „Sie sind doch nicht etwa nicht zu dieser Fortbildungsveranstaltung gegangen?", „Sie besitzen doch sicherlich auch einen Internetanschluss?". Solche Suggestivfragen erzeugen immer ungute Gefühle. Sie sind auch für den pädagogischen Umgang nicht geeignet.

Provokative Fragen

Provokative Fragen sollen den Gesprächspartner zu einer (positiven) Äußerung verleiten. Es wird die Antwort „Doch" erwartet. Auch diese Frageform muss sehr vorsichtig verwendet werden, da sich der Gesprächspartner leicht nicht ernst genommen fühlen kann. Eine typische provokative Frage ist: „Meinen Sie, dass wir hier gar keine Lösung finden werden?"

Rhetorische Fragen

Rhetorische Fragen gehören zu den Frageformen, auf die keine Antwort erwartet wird oder auf die keine Antwort nötig ist. Sie sind bei Vorträgen ein geeignetes Stilmittel, aber bei einem Gespräch nicht sinnvoll. Eine typische rhetorische Frage lautet: „Wer kennt nicht die Debatte um die Kundenorientierung in der Elementarpädagogik?"

Informationsfragen

Informationsfragen zielen auf die Sachebene, sie dienen dazu, den Hintergrund auszuleuchten und Informationen zu erhalten: „Wie meinen Sie das?", „Wie fühlen Sie sich?"

Motivierende Fragen

Motivierende Fragen dienen dazu, eine Vertrauensbasis zwischen zwei Gesprächspartnern herzustellen. Da der Gesprächspartner gelobt wird, heben solche Fragen sein Selbstwertgefühl: „Was sagen Sie als langjährig erfahrene Erzieherin zu diesem neuen Einrichtungskonzept?"

Kontrollfragen

Mit **Kontrollfragen** können Erzieherinnen überprüfen, ob der Gesprächspartner auch alles verstanden hat oder Interesse zeigt: „Stimmen Sie meinen Überlegungen zu?".

Sokratische Fragen

Die **sokratische Frage** ist so formuliert, dass die gewünschte Antwort beim Zuhörer von selbst entsteht. Die Antwort: „Wir brauchen mehr Geld" kann durch die Frage provoziert werden: „Wie lange kann es sich diese Einrichtung unter den verschärften Bedingungen noch leisten, mit derartig schmalem Budget zu wirtschaften?"

Fragen zur Standortverlagerung

Für die elementarpädagogische Team- und Supervisionsarbeit sind **Fragen,** die eine **Standortverlagerung** ermöglichen, von großer Bedeutung, denn Erzieherinnen müssen sich immer wieder in andere hineinversetzen. Hilfreich sind dabei vor allem drei Fragetypen. Die:

- **Zirkuläre Frage** – „Wenn ich die Mutter von Noel nach deinem hervorstechendsten Merkmal fragen würde, was würde sie antworten?"
- **Hypothetische Frage** fordert zur Bildung einer Hypothese auf – „Wenn Sie im Vorstand wären und drei Dinge in der Einrichtung verändern dürften, welche wären das?"
- **Skalierende Frage** fordert zu einer Bewertung auf – „Wie würden Sie die Umsetzung unseres Konzeptes auf einer Skala von eins bis zehn bewerten?".

Die Faustregel zum richtigen Fragestellen lautet: Stellen Sie die passende Frage in der richtigen Situation an die entsprechende Person und berücksichtigen Sie dabei deren Persönlichkeit und Kompetenz.

Zielorientierung, Klarheit und Verständlichkeit

Ein gutes Gespräch zeichnet sich durch eine **Zielorientierung, Klarheit und Verständlichkeit** aus.

Grundlegende Kompetenzen

Um sich mit anderen verständigen und ein gutes Gespräch führen zu können, ist die Entwicklung und Beachtung zweier **grundlegender Kompetenzen** unumgänglich. Die Kompetenz der:
- Selbstdarstellung – sich selbst mit seinen Meinungen, Ideen, Absichten, Überzeugungen, Vorstellungen, Zielen, Bedürfnissen und seinem Wissen in den Kommunikationsprozess aktiv einbringen zu können
- Selbstbeschränkung – imstande zu sein, sich selbst zurückzunehmen und den anderen Raum für ihre Selbstdarstellung zu lassen sowie auf ihre Äußerungen und Bedürfnisse, ihre Ziele und Meinungen eingehen zu können.

Für eine erfolgreiche Kommunikation ist es förderlich, dass diese beiden Fähigkeiten sich im Verlaufe eines Interaktionsprozesses möglichst stets die Waage halten und miteinander verbunden sind. Fehlt die Fähigkeit zur Selbstbeschränkung, kommt es zu einer egobetonten und rücksichtslosen Art der Selbstdarstellung, die nicht zur Verständigung mit anderen, sondern eher zu Missstimmung und Feindschaft beiträgt. Wem die Fähigkeit zur Selbstdarstellung fehlt, der kann leicht zum Spielball fremder Manipulationen werden und mit den eigenen Vorstellungen untergehen. Derjenige wird nur passiv am Gespräch teilnehmen. Ein solches Gespräch wird letztlich für die gemeinsame Lösungsfindung unbefriedigend bleiben, denn es kann kein offener, produktiver oder gar streitbarer Dialog entstehen, weil die Ideen und Anregungen des einen Partners verloren gehen. Deshalb wirkt es sich in den meisten Gesprächen konstruktiv aus, wenn beide Fähigkeiten zum Einsatz gelangen.

Positive Kommunikationsausrichtung

Eine erfolgreiche Verständigung, also eine Kommunikation, die zur Erreichung von Zielen führt, ist positiv ausgerichtet. Mit einer solchen **positiven Kommunikationsausrichtung** sind keine Wertungen gemeint, sondern die Berücksichtigung des Kommunikationsaxioms von Paul Watzlawick, nach dem Menschen nicht nicht kommunizieren können (→ Kap. 8.1.1), demzufolge also unser Unbewusstes Negativformulierungen weder hören noch umsetzen kann.

Menschen neigen dazu, auf einen unerwünschten Mangelzustand zu fokussieren. Der Fachbegriff dazu ist die Problemfixierung. Dem steht die Lösungsorientierung gegenüber.

Damit jemand einer Verhaltensaufforderung Folge leisten kann, reicht es nicht aus, eine Schwierigkeit oder das nicht erwünschte Verhalten zu benennen und dieses mit einem „nicht" zu bekleiden. Günstiger ist es, sich den gewünschten Zielzustand vorzustellen und den Weg dorthin in Worte zu fassen.

> Um eine Verhaltensänderung zu bewirken, ist es hilfreich, sich den gewünschten Zielzustand vorzustellen und den Weg dorthin in Worte zu fassen.

Statt „Trödel nicht" führt ein „Beeil dich" oder „Erledige zügig eins nach dem anderen und mach die Pause erst, wenn du fertig bist!" eher zum Ziel. Statt „Du brauchst keine Angst zu haben" ist die Formulierung zielführender: „Bleib ruhig, alles ist okay, ich bin ja da". Optimal wirkt dies in Kombination mit einer Ablenkung vom vermeintlichen Angstreiz, jedoch nur, wenn der Angstreiz dabei nicht erwähnt wird. Und statt „Macht nicht solch einen Lärm" wird die Erzieherin eher so formulieren: „Lasst etwas mehr Ruhe einkehren, versucht einmal, im Flüsterton zu reden und wie auf Samtpfoten zu gehen". Lebensrettend gar kann ein Wechsel von „Nicht auf die Straße laufen" zu „Bleibt immer auf dem Bürgersteig, eng an meiner Seite" sein.

All dies bietet keine Garantie für die Wirksamkeit der zielorientierten Formulierung – aber die Wahrscheinlichkeit, dass die Worte der Erzieherin überhaupt gehört und vielleicht sogar umgesetzt werden, steigt signifikant, wenn dieser Grundsatz berücksichtigt wird.

Versteckte Botschaften

Die Möglichkeiten, klare und eindeutige Ausdrucksformen der sozialen Kommunikation zu umgehen, sind vielfältig. **Versteckte Botschaften** verschleiern oder leugnen die wirklichen Meinungen, Wünsche und Gefühle. Sie werden trotzdem in einer Aussage wie „Du kannst die Eltern gern noch heute anrufen, aber was du damit auslöst, ist dir ja wohl klar" mittransportiert. Solche versteckten Botschaften sind häufig in Suggestivfragen gekleidet wie: „Willst du dir das wirklich noch einmal antun?" oder sind unpersönlich formuliert wie: „Das macht man hier in unserer Einrichtung nicht". Der oberflächliche Vorteil dieser Art von sozialer Kommunikation für den Sender ist es, nicht zur Verantwortung gezogen werden zu können. Hingegen zeugt es oft von Mut, direkt zu sagen, was man meint.

Ich- und Du-Botschaften

Gesunde Kommunikation bedarf eines weiteren wichtigen Instrumentes: der **Ich-Botschaften.** In Konfliktsituationen werden gerne **Du-Botschaften** eingesetzt. Sie haben destruktiven Charakter und dienen dazu, das Selbstbild zu erhalten: „Du bist heute wieder unausstehlich" bewertet und verurteilt den Gesprächspartner; dahinter steckt in Wahrheit vielleicht: „Ich bin heute so abgespannt, dass ich deine Lebendigkeit schwer aushalten kann". Eine solche Formulierung ist ehrlicher und zielführender. Mit **Ich-Botschaften** spricht man über sich und dies verlangt etwas mehr Souveränität und Selbstsicherheit, ist einem konstruktiven Kommunikationsklima allerdings erheblich zuträglicher.

Regeln für einen konstruktiven Umgang miteinander in der Einrichtung

Es soll Einrichtungsteams geben, die nie über Umgangs- oder Gesprächsregeln debattiert haben und dennoch eine gesunde Kultur der Kommunikation und Kooperation pflegen. Auch ohne diese Metakommunikation halten sich in solchen Fällen die Mitarbeiterinnen an eine unterschwellige Richtschnur. Bestimmte Regeln des kommunikativen Umgangs zu vereinbaren, hilft auf dem Weg zu einer konstruktiven Einrichtungsatmosphäre.
Einige **Regeln** für einen **konstruktiven Umgang** miteinander haben sich in der Einrichtungspraxis als tauglich erwiesen:
- Jeder spricht für sich und ist für sich verantwortlich, jedoch nicht schuldig
- Niemand schließt sich einfach der Meinung des Vorredners an
- Jeder hat das Recht auf Meinungsänderung
- Jeder bemüht sich um sachliches Feedback
- Alle vermeiden persönliche Angriffe, niemand braucht sich zu verteidigen

- Alle vermeiden Vorwürfe, niemand braucht sich zu rechtfertigen
- Alle bemühen sich um ein konstruktives und lösungsorientiertes Vorgehen – was ist sinnvoll, was ist warum problematisch, was kann man anders oder besser machen, was muss man so hinnehmen
- Keiner benutzt Killerphrasen (→ Kap. 8.2.3) wie „Hat noch nie geklappt", „Da zieht sowieso keiner mit"
- Jeder hat das Recht, einen Vorschlag abzulehnen, muss allerdings in der Lage sein, ein Argument zu nennen, das für diese Idee spricht.

Humor

Zu einer gesunden und konstruktiven Interaktion gehört ein gerüttelt Maß an Schlagfertigkeit und **Humor.** Lachen ist nachweislich gesund und entspannend und strengt wesentlich weniger Gesichtsmuskeln an als ein ernstes Gesicht.
Ein gewisser Frohsinn hilft Menschen, sich in kritischen Situationen zu entlasten sowie Stress und Ängste zu verarbeiten. Wenn es ganz eng wird, ist es Galgenhumor. Im Falle von Überdruss und Burnout (→ Kap. 9.2) wird aus Humor schnell Sarkasmus und Zynismus. Humorvolle Menschen leben zufriedener und sind ein Segen für Gemeinschaften, vorausgesetzt, sie dosieren ihren Witz.

Distanz und Gelassenheit

Auch Humor bedarf einiger Kompetenzen. Dazu gehören **Distanz** und **Gelassenheit** bezüglich Nachricht und Sender. Günstig ist es, sich von Äußerungen anderer nicht automatisch angegriffen, in Frage gestellt, verletzt, beleidigt oder aufgefordert zu fühlen, sondern das Thema beim Gegenüber zu lassen, sich seiner selbst sicher zu sein und aus einer Position der inneren Ruhe heraus durch genaues Hinhören die treffendste Reaktion zu finden. Hierfür haben sich einige Strategien als wertvoll und erfolgreich erwiesen. Eine humorvoll-provokative Gesprächsführung wie sie der amerikanische Psychologe Frank Farrelly vorschlägt und die Anleitung zur Schlagfertigkeit des Rhetorik-Trainers Matthias Pöhm helfen, zu mehr Distanz und Gelassenheit zu finden.

Spontaneität, Kreativität und Überraschung

Grundsätzlich hat Humor immer etwas mit **Spontaneität, Kreativität** und **Überraschung** zu tun. Bei Interaktionen sind die Reaktionen der Gesprächspartner voraussagbar geworden. Dies birgt zumindest die Gefahr der Langeweile in sich oder kann auch dazu führen, dass auf die wiederholte Brüskierung die gleiche barsche Antwort folgt. Zudem ist Voraussagbarkeit der Feind jeglicher Wandlung.

Humorvoll reagieren heißt also, nicht den erwarteten Schemata zu entsprechen, unerwartet und neuartig zu erwidern und damit am so genannten längeren Hebel zu bleiben. Das so genannte Hebelgesetz der zwischenmenschlichen Kommunikation lautet: Es sitzt immer diejenige Person am längeren Hebel, die von der anderen weniger will. Weniger wollen heißt, gelassener und mit weniger Druck zu kontern und damit entspannter kommunizieren zu können. Humorvoll zu reagieren, nimmt die Schärfe aus einer Situation heraus und bietet die Chance, die Lacher auf die eigene Seite zu ziehen.

Abb. 8.7: Zu einer konstruktiven Interaktion gehören Schlagfertigkeit und Humor. Lachen entspannt und strengt weniger Gesichtsmuskeln an als ein ernstes Gesicht

Es sitzt immer derjenige am längeren Hebel, der vom andern weniger will.

Eine Möglichkeit z. B. ist die One-down-Technik, kombiniert mit der Methode Übertreibung: Verfolgt eine Bemerkung den Zweck, das Gegenüber in eine niedere Position zu bringen, so kann dieses statt eines starken Wollens, das sich in Rechtfertigen, Verteidigen oder Gegenangriff ausdrückt, diese Beziehungsdefinition scheinbar annehmen und das Ganze noch dramatisch ausmalen.
Greift ein Elternteil eine Erzieherin mit den Worten an: „Sie haben Ihr Examen wohl in der Lotterie gewonnen", kann die Antwort, statt in Zurechtweisung, Rechtfertigung, Beleidigtsein oder Schweigen zu münden, lauten: „Mist, jetzt hat mich nach zwanzig Jahren erfolgreicher Tätigkeit doch noch jemand enttarnt! Und ich war mir mittlerweile so sicher, dass wegen der zahllosen positiven Rückmeldungen mein Schwindel nie auffliegen würde."
Eine weitere Möglichkeit ist es, den „Anwalt des Teufels" zu spielen. Die Erzieherin schließt den Pakt mit der negativen Seite der Ambivalenz. Auf eine zögerliche Aussage wie: „Ich weiß nicht, ob ich mir das zutraue" kann die Erzieherin so reagieren: „Auch ich glaube, dass du zu schwach und zu gebrechlich bist. Wer etwas wagt, kann doch nur verlieren. Für dich ist es bestimmt besser, dich zurückzuhalten, zu schlucken, zu leiden und unzufrieden zu bleiben." Die Erzie-

herin reagiert damit völlig unerwartet für den Sprecher, der durch diese fast schon therapeutische Erwiderung aus dem erstarrten System gerissen wird. Derartige humorvoll-provokative Elemente können festgefahrene Situationen auflösen und durch frische Gefühlsäußerungen entspannen.

Eine derartige Form des Humors sollte nicht verwendet werden, wenn es am zugrundeliegenden Wohlwollen mangelt, man also eher aggressive und niederträchtige Impulse der anderen Person gegenüber verspürt, und wenn es sich um eine sehr stark gestörte Beziehung handelt. In diesen Fällen droht eher eine Konfliktverschärfung. Im Übrigen gilt es als erwiesen, dass Lachen das Immunsystem stärkt, nachhaltig Teams zusammenwachsen lässt und über das gesunde Betriebsklima die Arbeitszufriedenheit steigert.

8.2.2 Gesprächsführung an Zielen orientieren
Armin Krenz

„Die Sprache ist Zeichen und Gleichnis für die seelischen Vorgänge, die Schrift wieder für die Sprache. Und wie nicht alle dieselben Schriftzeichen haben, bringen sie auch nicht dieselben Laute hervor. Die seelischen Vorgänge jedoch, die sie eigentlich bedeuten sollen, sind bei allen die gleichen, und auch die Dinge, die jene Vorgänge nachbilden, sind die gleichen." (Aristoteles)

Gespräche sind ein Hauptbestandteil des Alltags. Entsprechend der vielfältigen Anlässe, aus denen sich Menschen unterhalten, können sie auch sehr unterschiedliche Formen annehmen. Unserer Sprache können sechs Funktionen zugewiesen werden, die je nach Sprach- und Sprechfertigkeiten mehr oder weniger deutlich zum Ausdruck kommen. Sprache wird eingesetzt, um:

- Probleme zu lösen
- Beziehungen herzustellen
- Informationen zu vermitteln
- Um seine Meinung zu äußern
- Das Verhalten anderer Menschen zu beeinflussen
- Gefühle auszudrücken.

Auch wenn diese Funktionen dem ersten Anschein nach klar und nachvollziehbar erscheinen, ist in vielen Gesprächen nur schwer feststellbar, welches Ziel in dem Gespräch von den Gesprächspartnern verfolgt wird. So kann es beispielsweise sein, dass jemand mit der Absicht in ein Gespräch geht, ein Problem lösen zu wollen, doch bei genauerer Betrachtung stellt sich heraus, dass das Gespräch einzig und allein darauf ausgerichtet ist, das Verhalten des Gegenübers zu beeinflussen. Zwischen der Absicht eines Sprechenden und seiner geäußerten Botschaften muss also nicht unbedingt Deckungsgleichheit herrschen (→ Kap. 8.1.2 ff). Für eine **zielorientierte Gesprächsführung** und einen erfolgreichen Gesprächsverlauf ist die Kenntnis der äußeren und inneren Einflussfaktoren auf die Gespräche selbst und auf die Gesprächssituationen entscheidend, ebenso wie die Kenntnis der eigenen Gesprächskompetenzen.

Einflussfaktoren auf den Gesprächsverlauf

Gesprächsverläufe sind von den vielfältigsten **Einflussfaktoren** abhängig: ob beispielsweise der Zeitpunkt für das Gespräch gut gewählt ist, wie die Gesprächspartner auf das Gespräch vorbereitet sind, wie viel Zeit überhaupt zur Verfügung steht und ob diese ausreicht, das Thema erschöpfend zu besprechen. Weitere Einflussfaktoren sind die Art und Qualität der Beziehung der Gesprächspartner im Vorwege, die Bereitschaft, sich auf das Thema und die andere Person einzulassen.

Zu den Einflussfaktoren gehört auch das Maß an Unvoreingenommenheit und Wertschätzung, das die Gesprächspartner einander entgegenbringen, ebenso die Klarheit und Verständlichkeit der Sprache sowie die Deutlichkeit der Gesprächsziele und die Botschaft der körpersprachlichen Signale. Und schließlich ist es bedeutsam für das Gesprächsklima, mit welcher Motivation das Gespräch geführt wird, wie „heikel" der Gesprächsanlass ist, mit wie viel Fachwissen ein Thema erörtert wird und ob die Methode der Gesprächsführung mit dem Gesprächsanlass und der Zielsetzung zusammenpasst.

Viele Merkmale tragen dazu bei, wenn ein Gespräch für beide Seiten angenehm verläuft. Die Chancen auf einen erfolgreichen Verlauf stehen dann gut, wenn Menschen:

- Aktiv bemüht sind, das zu hören, was der andere einem sagen möchte, und nicht das, was sie selbst hören möchten
- Dem anderen dabei helfen, sich in einer Form ausdrücken zu können, dass seine Botschaft möglichst selbst gesteuert zum Ausdruck kommen kann
- Dem Gesprächspartner vertrauen
- Eigene Empfindungen während eines Gesprächs bemerken und bereit sind, unseren eigenen Anteil am Kommunikationsgeschehen zu hinterfragen, d. h. die Mitverantwortung für einen Gesprächsverlauf zu übernehmen
- Authentisch in Gespräche gehen und sich authentisch verhalten
- Andere Menschen nicht verändern wollen, wohl aber in der Lage sind, ihnen durch die Art der Gesprächsführung dabei zu helfen, sich selbst zu ändern
- Sich auf die Gegenwart eines Gesprächs einlassen können, ohne sich von vergangenen Erfahrungen mit dem Gegenüber leiten zu lassen
- Den Anspruch aufgeben, andere von etwas überzeugen zu wollen und stattdessen eine Gesprächsführung nutzen, die überzeugend wirkt.

Gerade der letzte Punkt ist für eine erfolgreiche Gesprächsführung sehr wichtig.

Viele Gespräche werden mit dem Ziel geführt, den Gesprächspartner von etwas Bestimmtem überzeugen zu wollen. Doch „Überzeugungsarbeit" kann zu einem Ungleichgewicht in der Kommunikation führen.

Wenn Kommunikation nach dem Motto verläuft: Ich weiß, was richtig ist, und du siehst die Sache falsch, so kann dies ein „Machtspiel" in Gang setzen, das Ohnmachtsgefühle und Abwehrmechanismen provoziert. So können Gespräche Menschen trennen oder verbinden. Gespräche können Brücken bilden oder unüberwindliche Gräben reißen, sie können Grenzen überwinden helfen oder Kriege in Gang setzen.

Gesprächskompetenzen

„Wenn die Worte nicht stimmen, dann ist das Gesagte nicht das Gemeinte. Wenn das, was gesagt wird, nicht stimmt, dann stimmen die Werke nicht. Gedeihen die Werke nicht, so verderben Sitte und Künste. Darum achte man darauf, dass die Worte stimmen. Das ist das Wichtigste von allem." (Konfuzius 551–479 v. Chr.) Jede Fachkraft, die rückblickend den Verlauf von Gesprächen reflektiert, wird feststellen, dass es Gespräche gab, die wie gewünscht oder erwartet verlaufen sind, und andere wiederum eine unerwünschte Richtung eingeschlagen haben.

Denken Sie an Ihr letztes geplantes Gespräch in Ihrer Einrichtung. Waren Sie mit dem Verlauf und dem Ergebnis zufrieden? An welchen Punkten machen Sie den Erfolg oder Misserfolg fest?

Neben der Analyse der Einflussfaktoren auf den Gesprächsverlauf stellt sich auch die Frage nach den eigenen **Gesprächskompetenzen.** Sie stellen in der Arbeit eine der wesentlichen Schlüsselkompetenzen (→ Kap. 1.2.2) dar und setzen sich aus drei Kompetenzfeldern zusammen (Huisken, 2004): Selbst-, Fach- und Sozialkompetenz.

Selbstkompetenz

Mit der **Selbstkompetenz** sind beispielsweise die Fähigkeiten gemeint, sich selbst kritisch beobachten zu können, eigene Sichtweisen nicht als alleingültig zu erklären und fremde Sichtweisen verstehen zu wollen, ohne diese akzeptieren zu müssen. Es gehört weiter die Fähigkeit dazu, Mitverantwortung für den

Verlauf eines Gesprächs zu übernehmen und belastbar zu sein, um Widersprüche in einem Gespräch für eine begrenzte Zeit aushalten zu können sowie bei sich selbst eine mögliche Perspektivenänderung zulassen und Sachinhalte von Beziehungsaspekten trennen zu können.

Fachkompetenz

Fachkompetenz drückt sich beispielsweise durch ein fundiertes Wissen über Kommunikationsvorgänge und Interaktionsmechanismen aus und zeigt sich ebenso in einem spezifisches Fachwissen. Wenn Kommunikationsvorgänge verstanden werden, ist es möglich, bewusst und zielorientiert schon während des Gesprächs neue Handlungsschritte gedanklich zu entwerfen und umzusetzen. Spezifisches Fachwissen ermöglicht darüber hinaus die Chance, mithilfe fundierter Informationen für eine tiefe inhaltliche Orientierung während des Gesprächs zu sorgen. Gleichzeitig kann mit einem guten Methodenwissen das Gespräch so gestaltet werden, dass anvisierte Ziele effizient erreicht werden können.

Sozialkompetenz

Die **Sozialkompetenz** bezieht sich auf die Gestaltung der Umgangskultur mit den Gesprächspartnern. Sie ist die tragende Säule eines Gesprächs. Freundlichkeit, Aufgeschlossenheit und Zuwendung schaffen erst die Voraussetzung dafür, dass sich Gesprächspartner auf eine inhaltliche Auseinandersetzung einlassen können. Dabei kommt es vor allem darauf an, die beiden Aspekte „Nähe und Distanz" in ein angemessenes und ausgewogenes Verhältnis zu bringen. Und ebenso gehört dazu, Kongruenz, das heißt die Deckungsgleichheit von Person und Worten zu transportieren und so mit dem anderen zu kommunizieren, dass eine vertrauensvolle Beziehung entstehen kann.

Hauptmerkmale einer zielorientierten Gesprächsführung

Eine zielorientierte Gesprächsführung ist durch folgende Hauptmerkmale gekennzeichnet:
- Konstruktive Sprachgestaltung – Einfachheit von Satzbau, Wortwahl und Sachverhalten; klare Struktur und Gliederung; kurze und prägnante Darstellung der Inhalte mit Augenmerk auf die Beziehung
- Planung und Gestaltung des Gesprächs.

Diese Merkmale sind unabhängig von einem Gesprächsanlass und lassen sich daher allen Gesprächshintergründen zuordnen.

Konstruktive Sprachgestaltung

Wer zielorientiert Gespräche führt, hat stets den Gesprächspartner im Blick und sorgt als Sender für eine attraktive Sprache. Gleichzeitig muss der Empfänger im Auge behalten werden, um abschätzen zu können, wie die Gesprächsbotschaften ankommen, ob es Irritationen gibt und Verbesserungen des eigenen Sprachverhaltens angezeigt sind. Eine **konstruktive Sprachgestaltung** bezieht sich daher sowohl auf die Sprache selbst, als auch auf die Darstellung von Inhalten mit Berücksichtigung der Beziehung zum Gesprächspartner:

- Kurze, leicht verständliche, klare Sätze
- Anschauliche, einprägsame Formulierung
- Konkrete Beschreibung
- Einfache, knappe Darstellung des Sachverhalts, Beschränkung auf das Wesentliche
- Logischer, nachvollziehbarer Aufbau des Inhalts mit einer übersichtlichen, inneren Ordnung
- Anregende, interessante und lebendige Formulierungen
- Zugewandtes, dialogisch geführtes Gespräch.

Es gibt Menschen, denen man gerne zuhört und mit denen man sich gerne unterhält, und es gibt Menschen, bei denen es schon nach kurzer Zeit schwer fällt, zuzuhören. Die Frage, warum dies so ist, führt zum genaueren Kennenlernen der eigenen Sprach- und Sprechfertigkeiten. Der Reflexionsbogen (→ Tab. 8.8) kann dabei helfen, sein eigenes Sprach- und Sprechverhalten zu erfassen und ggf. zu verändern.

Sprache	Verhalten	Selbsteinschätzung
Aussprache	• Deutlich • Näselnd • Nuschelig • Akzentuiert • Stockend • Überdeutlich • Rhythmisch • Fließend	
Satzbau	• Einfach strukturiert • Mittellang • Lang • Eintönig • Verschachtelt • Kompliziert • Vollständig	

Sprache	Verhalten	Selbsteinschätzung
	• Abgebrochen • Grammatikalisch korrekt • Grammatikalisch falsch	
Sprachmarotte	• Häufige Wiederholungen • „Ich würde sagen" • „Irgendwie" • Viele „Äh's" • Viele „und" • Viele „ich" • Viele Fremdwörter • Viele Anglizismen • „Ich sag mal …" • Viele „ne" am Satzende • „eigentlich" • „Man sollte …" • „Ja aber …"	
Sprechbeginn	• Ängstlich • Ungeduldig • Fragend • Originell • Bestimmend • Schüchtern • Rücksichtsvoll • Rücksichtslos • Lebhaft • Sicher • Spannend • Interessant	
Sprechtempo	• Langsam • Mittel • Schnell • Hastig, rasend • Abgehackt • Ohne Pausen • Mit Pausen • Mit langen Pausen • Einschläfernd	

Sprache	Verhalten	Selbsteinschätzung
Stimmkraft	• Leise • Laut • Dynamisch • Gepresst • Entspannt • Schrill • Schneidend • Gleichbleibend • Wechselnd • Gewaltig • Zurückhaltend	
Stimmfarbe	• Weich • Hart • Melodisch • Voluminös • Flach • Hell • Dunkel • Kippend • Voll • Leer	

Tab. 8.8: Reflektionshilfe, um das eigene Sprach- und Sprechverhalten kennenzulernen

Planung und Gestaltung eines Gesprächs

Erzieherinnen führen während ihres Arbeitsalltags viele **Gespräche** mit den unterschiedlichsten Menschen und sehr verschiedenen Gesprächsanlässen. Häufig handelt es sich dabei um Tür- und Angelgespräche, wenn es beispielsweise darum geht, kurz Informationen weiterzugeben oder auszutauschen. Daneben gibt es aber auch viele geplante Gespräche mit Eltern, Kolleginnen, dem Träger oder kooperierenden Therapeuten. Ob es sich um ein Informations-, Streit-, Konflikt-, Geschäfts- oder Beratungsgespräch handelt – stets spielt die Entscheidung der gesprächsführenden Person eine Rolle, ob sie ein professionell gestaltetes Gespräch führen oder den Gesprächsverlauf dem Zufall überlassen möchte.

Für eine gute **Planung** und **Gestaltung** ist es hilfreich, sich die einzelnen Gesprächsphasen (→ Tab. 8.9.) bewusst zu machen. Damit lassen sich Gesprächsprozesse steuern und Gespräche können zielorientierter verlaufen, wie wenn sie „aus dem Bauch heraus" geführt werden, frei nach dem Motto: „Nur wer weiß, wohin er will, darf sich darüber freuen, dort anzukommen, wohin er wollte."

Phase 1	Vorbereitung auf das zu führende Gespräch
Phase 2	Begrüßung und Einleitung in das Gesprächsthema
Phase 3	Hauptteil des Gesprächs; gemeinsame Erörterung des Themas
Phase 4	Abschluss des Gesprächs und Verabschiedung
Phase 5	Nachbereitung des Gesprächs

Tab. 8.9: Ein zielorientiertes Gespräch lässt sich mithilfe der fünf Gesprächsphasen planen und gestalten

Phase 1 dient der **Gesprächsvorbereitung**. Dabei stehen meist folgende Fragen im Vordergrund:
- Mit wem habe ich es im Gespräch zu tun?
- Wie wird die Motivation des Gesprächspartners aussehen?
- Mit welchen Absichten wird der Gesprächspartner zu mir kommen?
- Was sind seine (eindeutigen) Ziele?
- Welche Argumente wird er vorbringen?
- Welcher Ort ist für das Gespräch günstig?
- Wie können Störungen während des Gesprächs ausgeschlossen werden?
- Wie viel Zeit soll für das Gespräch angesetzt werden?
- Sind Materialien oder Unterlagen notwendig?
- Soll das Gespräch als Dialog stattfinden oder sollen weitere Gesprächspartner dazukommen?
- Bin ich auf das Gespräch argumentativ gut vorbereitet?

Phase 2 dient der **Begrüßung und Einleitung in das Gesprächsthema**. Die Einführungsphase des Gesprächs hat einen entscheidenden Einfluss auf den gesamten Verlauf:
- Bei der Begrüßung eine möglichst entspannte Atmosphäre herstellen, Sympathie und Vertrauen ausdrücken
- Mit kurzen, klaren Sätzen den Gesprächsschwerpunkt umreißen, um sich selbst und den Gesprächspartner auf die Themenstellung auszurichten. So können alle Beteiligten von einem gemeinsamen Ausgangspunkt ausgehen und Irritationen über die Zielrichtung ausschließen.

Phase 3 bildet den **Hauptteil des Gesprächs** und dient der **Erörterung des Themas**. Folgende Aspekte sind wesentlich:
- Die eigenen Argumente sowie (Hintergrund)Informationen sollen verständlich und anschaulich formuliert sowie logisch aufgebaut und strukturiert werden
- Die eigene Sprache soll eindrucksvoll gestaltet und modelliert sein. Die körpersprachliche Unterstützung der Sprache ist sinnvoll, um bedeutsame Inhalte zu unterstreichen

- Der Gesprächspartner kann erwarten, dass ihm aufmerksam zugehört wird und dass seine Argumente und Informationen aufgegriffen werden
- Eigene Positionen sollen möglichst sachlich und klar zum Ausdruck kommen, Behauptungen und Stellungnahmen müssen mit Fakten und Beispielen belegt werden
- Bei Abschweifungen vom Gesprächsverlauf soll der Rote Faden wieder aufgenommen werden
- Bei schwierigeren und umfangreichen Sachverhalten spricht nichts gegen Notizen. Sie helfen dabei, zurückliegende Argumente noch einmal aufzugreifen oder Grundlagen für eine spätere Auswertung zu haben.

Phase 4 dient dem **Abschluss des Gespräches;** jetzt ist die Gelegenheit für eine wertschätzende **Verabschiedung**, denn ein gemeinsamer Abschluss macht ein Gespräch erst vollständig und rundet es ab:
- Die Verabschiedung soll immer konstruktiv verlaufen
- Eine kurze Zusammenfassung mit den wichtigsten Argumenten oder Gesprächsergebnissen ist hilfreich
- Alle Gesprächspartner haben die Möglichkeit, ihren Eindruck vom Gesprächsverlauf zu äußern
- Aus den besprochenen Argumenten oder Konsequenzen können praktische Schlussfolgerungen gezogen werden; sie dienen als Planungsgrundlage für das weitere Vorgehen
- Ggf. kann ein weiterer Gesprächstermin vereinbart werden.

Phase 5 dient der **Nachbereitung;** die schriftlichen Aufzeichnungen oder Gedanken werden ausgewertet:
- Was ist gut, was weniger gut gelaufen?
- Wurde das gesetzte Ziel erreicht?
- Was hätte besser gemacht werden können und was bedeutet das für die Zukunft?
- Worauf ist beim nächsten Gespräch besonders zu achten?

Überall dort, wo Menschen etwas in Bewegung setzen wollen, – so auch in Gesprächen – ist es vor allem die Person mit ihren besonderen Verhaltensmerkmalen, die Entsprechendes bewirkt. Eine zielorientierte Gesprächsführung kommt dann besonders zur Wirkung, wenn sprachgewandte Personen:
- Ausstrahlung besitzen
- Überzeugend wirken, ohne überzeugen zu wollen
- Von ihren Ideen selbst begeistert sind
- Die Kraft der Sprache zu schätzen wissen.

Der Psychologe Cay von Fournier spricht in diesem Zusammenhang von der „Persönlichkeit eines charismatischen Redners" (2000). Dabei treffen Menschlichkeit, Selbstbewusstsein, Authentizität, Sprachkompetenz und Begeisterungsfähigkeit zusammen (Etrillard, 2003).

Gezielter Einsatz von Gesprächstechniken

Um Informations-, Verhandlungs- oder Beratungsgespräche zielorientiert führen zu können, empfiehlt sich der **Einsatz** von **Gesprächstechniken.**

Die Aufnahmefähigkeit des Gesprächspartners unterstützen

Der Mensch behält 10 % von dem, was er liest, 20 % von dem, was er hört, 30 % von dem, was er sieht, 50 % von dem, was er hört und sieht, 70 % von dem, was er selbst sagt, und 90 % von dem, was er selbst tut. Diese Erkenntnis ist auch für die Gesprächsführung bedeutsam:
- Es bietet sich an, beispielsweise vorbereitete Papiere/Folien zur Hand zu haben und einzusetzen oder während eines Gesprächs Aufzeichnungen selbst anzufertigen, um die gesprochenen Worte auch visuell zu unterstützen
- Gespräche sind dann besonders anregend und aktivierend, wenn Gesprächspartner immer wieder aufs Neue in das Gespräch einbezogen und nicht in eine defensive Zuhörerrolle gedrängt werden
- Eine kurze Bestandsaufnahme oder Zusammenfassung von Zeit zu Zeit hält das Interesse wach und bringt alle Gesprächspartner wieder zu einem gemeinsamen Ausgangspunkt, z. B.: „Aus dem bisherigen Gespräch hat sich also Folgendes ergeben …"

Mit Meinungsäußerungen zurückhaltend sein

Bei einem Informations-, Verhandlungs- oder Beratungsgespräch geht es um Daten und Fakten und nicht um persönliche Meinungen. Es ist daher gesprächsförderlich, einen Satz z. B. mit den Worten „Die Tatsachen sehen wie folgt aus …" zu beginnen und Formulierungen, die eine persönliche Meinung signalisieren wie „Ich bin der Meinung, dass …", zu vermeiden.

Das Abwehren von Vorschlägen auffangen

Wenn Gesprächspartner Vorschläge oder Alternativen „zerreden" und Vorschläge mit einem „Ja, aber …" abwehren, kann es hilfreich sein:
- Mit einer klaren Gegenüberstellung von Alternativen, die Inhalte auf den Punkt zu bringen, z. B.: „Es gibt zur Lösung des anstehenden Problems nur zwei Wege: Entweder … mit der Folge, dass … oder … mit der Folge, dass …"

- Selbst mögliche Einwände vorwegzunehmen, z. B.: „Nun könnten folgende Bedenken geäußert werden … Diese wären allerdings aus folgenden Gründen nicht haltbar: …"
- Nicht selbst neue Argumente nachzuliefern oder schon benannte Fakten zu wiederholen, sondern stattdessen Gegenfragen zu stellen, z. B.: „Sie haben bisher alle Vorschläge zur Problemlösung abgewehrt. Daher meine Frage an Sie: Welchen konkreten Vorschlag haben Sie, um das anstehende Problem anders zu lösen?"
- Einwände wie „Da werden nicht alle mitmachen …" zurückstellen, z. B.: „Diese Bedenken können aufgenommen werden, wenn die Situation tatsächlich eintritt."

Emotional geführte Gespräche versachlichen

Sehr emotional oder lautstark vorgetragene Argumente und personalisierte Angriffe müssen versachlicht werden:

- Zum Beispiel: „Lautes Anschreien, persönliche Vorwürfe, unsachliche Angriffe führen in dieser Angelegenheit nicht weiter. Ausgangspunkt der Diskussion war doch, dass … Insofern muss es nun darum gehen, die anstehende Frage sachlich zu erörtern …"
- Persönliche Angriffe können entschärft werden, indem der Sachinhalt von der Person getrennt wird, z. B.: „Es darf hier nicht um Schuld oder Unschuld gehen. Das führt an dieser Stelle kein Stück weiter. Vielmehr muss die Blickrichtung auf eine angemessene Problemlösung ausgerichtet sein. Also: wie kann die Lösung konkret aussehen?"
- Einem beziehungsorientierten „Kampfgespräch" kann die Dynamik genommen werden, indem die Argumente nach ihrem Bedeutungswert gewichtet werden. Es ist hilfreich, mit dem unwichtigsten Argument zu beginnen, mit dem wichtigsten Argument zu enden und jedes Argument einzeln in einem abgeschlossenen Satz darzustellen.

Argumentationspläne nutzen

„Worte waren ursprünglich Zauber, und das Wort hat noch heute viel von seiner alten Zauberkraft bewahrt. Durch Worte kann ein Mensch den anderen selig machen oder zur Verzweiflung treiben, durch Worte überträgt der Lehrer sein Wissen auf die Schüler, durch Worte reißt der Redner die Versammlung der Zuhörer mit sich fort und bestimmt ihre Urteile und Entscheidungen. Worte rufen Affekte hervor und sind das allgemeine Mittel zur Beeinflussung der Menschen untereinander." (Aristoteles, in Dilts 2001)

Viele Fachkräfte haben die Wirkungen erlebt, wenn Informations-, Verhandlungs- oder Beratungsgespräche unter ungünstigen Einflussfaktoren stehen: Der Zeitrahmen für ein Gespräch ist zu kurz, die Gesprächspartner sind nicht sehr motiviert für das Gespräch, der Einladende selbst steht unter einem gewissen Erwartungs- oder Erfolgsdruck oder die Räumlichkeiten bieten nicht die wünschenswerte Ruhe für ein Gespräch. Umso bedeutsamer ist die Art der Gesprächsführung, damit in möglichst kurzer Zeit mit möglichst treffgenauen Formulierungen ein möglichst gutes Gesprächsergebnis erzielt werden kann. Hier ist die **Nutzung** so genannter **Argumentationspläne** (Schuh/Watzke, 1983; Nix, 1990; Etrillard, 2003) besonders hilfreich.

> Argumentationspläne liefern ein Strukturierungsmodell für die eigenen Argumente, um Gespräche zielgerichtet und überzeugend führen zu können.

Argumentationspläne bestehen immer aus fünf Sätzen und bieten den Gesprächsteilnehmern eine logische Argumentationsfolge an, die konsequent auf einen Zielsatz ausgerichtet ist. Dabei besteht jeder Argumentationsplan aus einer Einleitung, einem Hauptteil und einem Schluss.

Die Wahl des Argumentationsplanes richtet sich nach der Ausgangslage. Es ist sehr hilfreich, sich die grafische Darstellung (→ Abb. 8.10 –8.15) einzuprägen, um sie als visualisierte Hilfestellung schnell abrufen und einsetzen zu können. Es werden folgende Argumentationspläne dargestellt:
- Der Aufsatzplan
- Die Kette
- Vom Allgemeinen zum Besonderen
- Der Vergleich
- Der Kompromiss
- Die Ausklammerung.

Der Aufsatzplan (→ Abb. 8.10) besteht aus einem Einleitungssatz, dem Hauptteil, drei Argumenten, wobei es wichtig ist, die drei Argumente nach ihrem Bedeutungsgehalt zu gewichten und dem Zielsatz: (1) „Frau / Herr ..., viele Eltern machen sich zur Zeit Gedanken darüber, ob ihr Kind schulfähig ist oder nicht. (2) Es ist wichtig zu wissen, dass sich die Schulfähigkeit aus ganz bestimmten Fähigkeitsbereichen eines Kindes zusammensetzt. (3) Viele Schulfähigkeitsbereiche definiert man heutzutage anders als noch vor einigen Jahren. (4) Außerdem ist bekannt, dass der Zeitpunkt der Einschulung eine langfristige Auswirkung auf den gesamten Schulbesuch eines Kindes hat. (5) Aus diesem

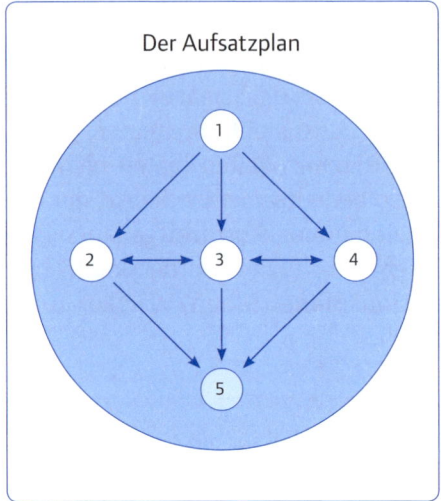

Abb. 8.10: Der Aufsatzplan besteht aus einem Einleitungssatz (1), nutzt dann drei Argumente (2, 3, 4), um daraus den Schlusssatz (5) abzuleiten

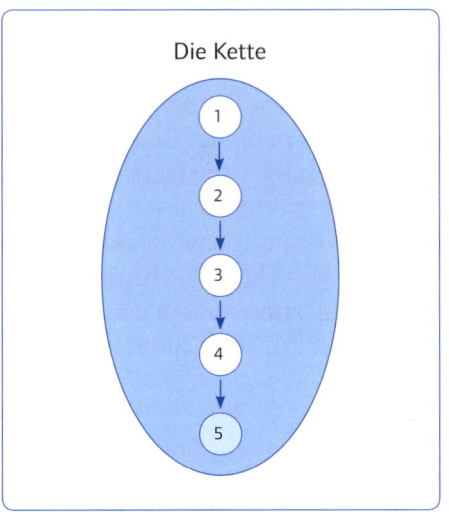

Abb. 8.11: Die Kette besteht aus einer systematischen Verzahnung von Argumenten (1–5)

Grunde darf ich Ihnen zunächst die wichtigsten Merkmale einer Schulfähigkeit vorstellen, um dann zu schauen, wie die einzelnen Fähigkeiten bei Ihrem Sohn / Ihrer Tochter ausgeprägt sind."

Die Kette (→ Abb. 8.11) verzahnt fünf Argumente zu einer schlüssigen Argumentation: (1) „Herr/Frau …, es ist fachlich unbestritten, dass Kinder in den ersten Lebensjahren vielfältige Entdeckungsräume und Erfahrungsfelder brauchen, um neugierig und interessiert zu lernen. (2) Dafür benötigen sie Erwachsene, die mit ihnen Entdeckungsreisen in die Natur, im Garten oder in Parks unternehmen. (3) Um das zu machen, muss man sich selbst die Zeit nehmen, um gemeinsam mit Kindern die Welt zu entdecken. (4) Gleichzeitig hat das Ganze nur dann einen Sinn, wenn Erwachsene solche Zeiten mit Kindern nicht als eine lästige Pflicht oder überflüssigen Ballast in der Erziehung erleben. (5) Deshalb sollten Sie unbedingt weniger Zeit mit ihrem Kind vor dem Fernseher verbringen und mehr spazieren gehen, mit dem Rad fahren, ein Baumhaus in Ihrem Garten bauen oder ganz einfach mit Ihrem Kind spielen."

Vom Allgemeinen zum Besonderen (→ Abb. 8.12) – bei diesem Argumentationsplan steht das Gesprächsziel im Widerspruch zur inhaltlichen Einschätzung der Gesprächspartner; der Argumentationsverlauf geht vom Allgemeinen zum Besonderen: (1) „Frau/Herr …, viele Eltern denken wie Sie, dass Schulfähigkeit in erster Linie etwas mit der Höhe der Intelligenz eines Kindes zu tun hat. (2) Nach heutiger Erkenntnis weiß man aber, dass dies nicht der Fall ist, sondern ganz andere Merkmale die Schulfähigkeit eines Kindes bestimmen. (3) Zum einen geht es um die Anstrengungsbereitschaft, die Arbeitsmotivation und die Lernfreude

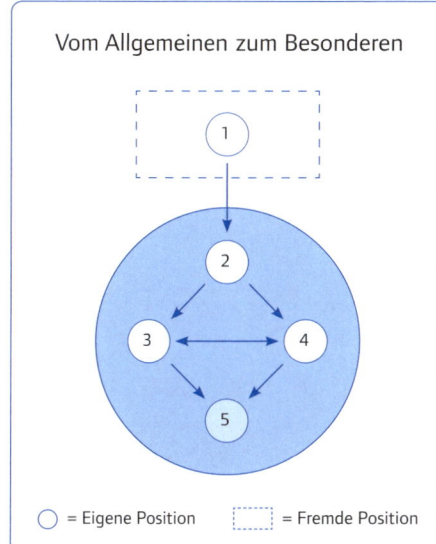
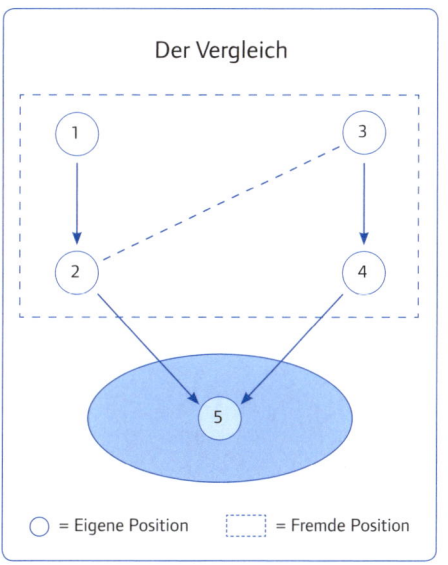

Abb. 8.12: Das eigene Gesprächsziel (5) steht im Widerspruch zur Einschätzung des Gesprächspartners (1). Dieser Widerspruch wird mithilfe einer Argumentehierarchie (2–4) überwunden

Abb. 8.13: Dieser Argumentationsplan stellt zwei gegensätzliche Einschätzungen in ihrer Wirkungslosigkeit gegenüber (1 + 2) und (3 + 4) und verleiht damit dem Zielsatz (5) besonderes Gewicht

eines Kindes. (4) Zum anderen ist es seine Kommunikationsfähigkeit, seine Belastbarkeit, seine Selbstständigkeit und seine Fähigkeit, gut zuhören zu können. (5) Aus diesem Grunde biete ich Ihnen an, einmal anhand von Beispielen zu schauen, wie gerade diese Merkmale bei Ihrem Kind ausgeprägt sind."

Der Vergleich (→ Abb. 8.13) nutzt die gezielte Gegenüberstellung von zwei gegensätzlichen Einschätzungen, um beide in ihrer Wirkungslosigkeit vorzuführen und die eigene Information fachkompetent anzubieten: (1) „Frau/Herr …, es gibt Eltern, die überlassen ihre Kinder mehr oder weniger sich selbst. (2) Diese Eltern sind davon überzeugt, dass die Entwicklung von Kindern vor allem durch angeborene Programme gesteuert werden und sie selbst wenig durch ihre Vorbildfunktion ausrichten können. (3) Dann gibt es Eltern, die glauben, dass ein Kind von Anfang an ständig und gezielt gefördert werden muss. (4) Diese Eltern bemerken gar nicht, dass sie ihren Kindern den eigenständigen Entwicklungszeitraum Kindheit wegnehmen und das ganze Kinderleben nur mit Förderprogrammen verplanen. (5) Beides ist für die Entwicklung von Kindern nicht förderlich; in unserem Gespräch muss es darum gehen, sorgsam zu klären, was Entwicklungsförderung eigentlich heißt und was Sie konkret tun können, um Ihrem Kind bei seiner Entwicklung behilflich zu sein."

Der Kompromiss (→ Abb. 8.14) stellt zwei Positionen gegenüber mit dem Ziel, eine Gemeinsamkeit zwischen beiden Einschätzungen zu entdecken, um daraus

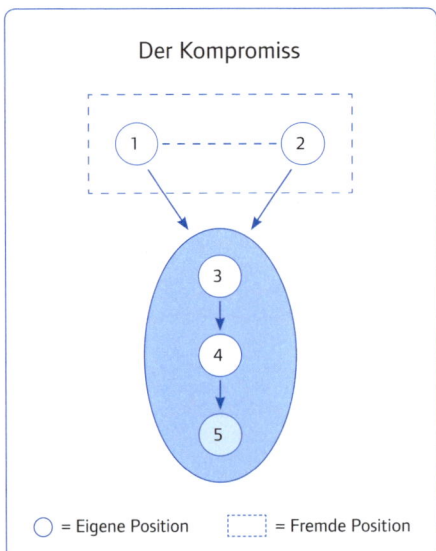
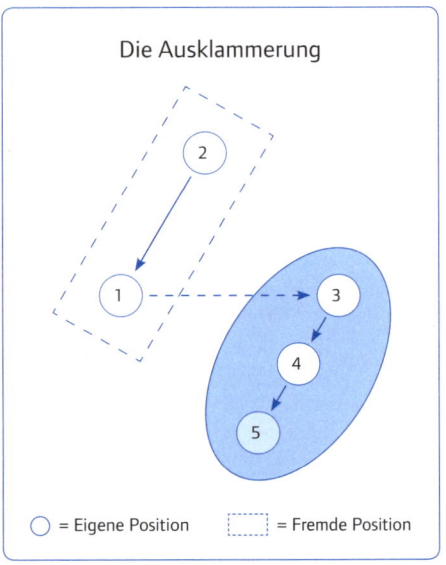

Abb. 8.14: Zwei Positionen (1 + 2) werden gegenübergestellt, um Gemeinsamkeiten (3+4) zu entdecken und daraus den Zielsatz (5) abzuleiten

Abb. 8.15: Eine gegensätzliche Position wird benannt (1) und bewertet (2). Die Ausklammerung dieser Position (3) dient dem Aufbau der Argumentation (4) und der Vorbereitung des Zielsatzes (5)

einen Zielsatz ableiten zu können: (1) „Herr/Frau …, Sie klagen darüber, dass Ihr Kind bei uns in der Einrichtung zu wenig lernt. (2) Eine Darstellung aller Lernaktionen, die hier in der Einrichtung stattfinden, würde den zeitlichen Rahmen unseres Gesprächs sprengen. (3) Für Sie und uns spielt das Lernen der Kinder eine große Rolle, nur scheint es unterschiedliche Maßstäbe zu geben, was unter frühkindlichem Lernen verstanden werden kann. (4) Hier sollte das Gespräch ansetzen, um zu klären, wann, wie, wo und wodurch Kinder lernen. (5) Erlauben Sie, dass ich Ihnen anhand unseres Lerntagebuchs aus den Aufzeichnungen der letzten vier Wochen darstelle, welche Lernerlebnisse und Lernerfahrungen Kinder hier machen konnten."

Die Ausklammerung (→ Abb. 8.15) ist ein „letzter Versuch", um destruktive Verhaltensweisen von Gesprächspartner/innen zu isolieren und um wieder auf eine konstruktive Zielorientierung zurückzukommen: (1)„Kollegin …, du weigerst dich seit drei Teamsitzungen, den Sinn und die Bedeutung einer Einführung von Qualitätsverfahren zu verstehen. (2) Dir geht es darum, jede Qualitätsprüfung als überflüssig darzustellen und den jetzigen Zustand beizubehalten. (3) Darum geht es inzwischen überhaupt nicht mehr. (4) Tatsache ist, dass eine professionell gestaltete Pädagogik ein Qualitätsverfahren verlangt und es nun um die inhaltliche Frage geht, welches Qualitätsverfahren hier in der Einrichtung zum Tragen kommen soll. (5) Deshalb erwarte ich von dir und allen ande-

ren Kolleginnen auch, sich mit den unterschiedlichen Verfahren zu beschäftigen, damit die jeweiligen Vor- und Nachteile abgewogen werden können und wir zu einem Beschluss innerhalb eines Monats kommen werden."
Alle Argumentationspläne können als Grundlage sowohl für Gespräche mit Erwachsenen als auch mit Kindern und Jugendlichen dienen. Um sie wirkungsvoll zu beherrschen, bedarf es einer regelmäßigen Übung.

8.2.3 Kommunikationssperren vermeiden

„Achte auf deine Gedanken, denn sie werden Worte. Achte auf deine Worte, denn sie werden Handlungen. Achte auf deine Handlungen, denn sie werden Gewohnheiten. Achte auf deine Gewohnheiten, denn sie werden dein Charakter. Achte auf deinen Charakter, denn er wird dein Schicksal." (Talmud)
Thomas Gordon gehört zu den Pionieren der Humanistischen Psychologie (→ Kap. 2.1.1). Er hat in seinem Buch „Lehrer-Schüler-Konferenz" (2012, S. 68 ff.) die häufigsten **Kommunikationssperren** zusammengestellt:

- **Dirigieren, befehlen, kommandieren** – „Stell dich nicht so an. Das wirst du wohl spielend schaffen. Beiß die Zähne zusammen und fang endlich mit der Aufgabe an."
- **Warnen, drohen** – „Wenn du selbst diese einfach Aufgabe nicht schaffen kannst, wird das Konsequenzen für dich haben."
- **Moralisieren, predigen** – „Was glaubst du wohl, wer du bist? Du solltest dich einmal fragen, wer hier die ganze Arbeit macht und wer glaubt, sich ständig ausruhen zu können."
- **Ratschläge erteilen, Lösungen vorgeben, Vorschläge anbieten** – „Wenn ich an deiner Stelle wäre, würde ich jetzt ganz schnell mit der Arbeit anfangen. So kannst du umso mehr schaffen, als wenn du rumsitzt und die Zeit verstreichen lässt."
- **Belehren, Vorträge halten, immer wieder logische Argumente anbieten** – „Du musst endlich einsehen, dass es so nicht weitergehen kann. Schau endlich den Tatsachen ins Auge. Du glaubst doch wohl nicht, dass sich die Arbeit von alleine erledigt, oder? Du hast einen Kopf zum Denken, Hände zum Zupacken und Beine

Abb. 8.16: Gesprächsbarrieren verhindern eine konstruktive Kommunikation

zum Bewegen. Andere wären froh, wenn sie körperlich so gesund und kräftig wären."
- **Verurteilen, kritisieren, widersprechen, beschuldigen** – „Mein Gott, wie kann man nur so dumm sein? Dir kommt ja die Dummheit schon aus der Nase gelaufen. Weißt du eigentlich, wie man dein Gehirn auf Erbsengröße bringen kann? Einfach nur aufpusten."
- **Etikettieren, beschimpfen, Klischees verwenden** – „Wie kann man nur so dumm sein? Andere würden sich schämen, so etwas zu sagen. Du hast doch einen Kopf zum Denken. Also: Erinnere dich daran, dass du ein Mensch mit Hirn und kein Wesen aus dem Tierreich bist."
- **Interpretieren, analysieren** – „Du scheinst einfach nicht zu verstehen, worum es geht. Offensichtlich bist du mit deinen Gedanken ganz woanders. Ich kann mir auch schon denken wo."
- **Bagatellisieren, beruhigen, trösten** – „Wie kann man nur so traurig über sein Missgeschick sein und so lange darüber verzweifeln? Da gibt es schlimmere Sachen und Menschen, die ein traurigeres Schicksal tragen müssen. Was ist schon Großes passiert? In ein paar Stunden wirst du alles vergessen haben und sehen, dass das Leben weitergeht."
- **Examinieren, ausfragen, verhören** – „Und wieso sagst du mir das erst jetzt? Wieso bist du nicht früher zu mir gekommen? Glaubst du etwa, ich hätte kein offenes Ohr für dich gehabt? Was denkst du dir eigentlich dabei und warum schaust du mich jetzt, wo ich mit dir spreche, eigentlich gar nicht an? Hast du so ein schlechtes Gewissen oder nimmst du mich nicht ernst? Kannst du nicht endlich was dazu sagen?"
- **Sarkastisch sein** – „Ich glaube, dir geht es noch nicht schlecht genug. Vielleicht würdest du anders denken, wenn du noch tiefer in der Tinte sitzen würdest. Nicht dass ich dir das wünsche, aber hilfreich wäre es schon."
- **Jemanden von seinem aktuellen Gefühl ablenken** – „Jetzt denke mal an was ganz anderes. Hast du heute schon das gute Wetter und die angenehme Wärme bemerkt? Da kann der Tag doch nur noch besser werden. Es gibt viel zu tun, womit wollen wir jetzt anfangen?"
- **Sich zurückziehen** – „Jetzt ist einfach nicht die Zeit, darüber zu reden." oder: „Mit dir kann man grundsätzlich nicht darüber reden. Deswegen sage ich auch in Zukunft nichts mehr dazu."
- **Debattieren, rechthaberisch den eigenen Standpunkt vertreten** – „Hörst du mir eigentlich nicht zu? Warum hab' ich dir wohl schon zum hundertsten Mal meine Ansicht verdeutlicht und wieder bringst du deine Sichtweise auf den Tisch. Vielleicht solltest du mal zum Ohrenarzt gehen. Ich erkläre dir noch ein weiteres Mal, warum die Angelegenheit so und nicht anders zu regeln ist."

- **Dogmatisieren** – „Alle sind der Meinung, dass die Angelegenheit auf diese Weise eingeschätzt werden muss. Alle Fachleute würden das ähnlich sehen und nur du sperrst dich gegen die Argumente. Wer bist du eigentlich, dass du das anzweifelst?"
- **Vorschnell diagnostizieren** – „Ich weiß doch genau, warum du das sagst" oder: „Wer so denkt, der kann doch nur Folgendes im Hinterkopf haben …"
- **Verallgemeinern** – „Immer reagierst du auf dieselbe Art und Weise, wenn dieses Thema angesprochen wirst. Nie kannst du dich mal auf eine andere Sicht einlassen. Alles, was du machst, ist nicht richtig durchdacht."
- **Monologisieren** – den „Gesprächspartner" nicht zu Wort kommen lassen
- **Emigrieren** – den Gesprächspartner auflaufen lassen, abschalten, schweigen und Gleichgültigkeit signalisieren
- **Rationalisieren, rein sachlich-logisch vorgehen und die emotionalen Aspekte völlig übergehen** – „Gefühle sind grundsätzlich hinderlich bei der Betrachtung dieses Problems. Hier geht es um die Frage, was ist passiert und wie hat eine Lösung auszusehen?"
- **Sich identifizieren** – „Ich kenne genau, was du sagst. Mir kamen die gleichen Gedanken und ich dachte auch nur …"
- **Externalisieren** – auf Randprobleme, Äußerlichkeiten zu sprechen kommen und so die Lösung der eigentlichen Aufgaben verhindern.

Ein solches Kommunikationsverhalten setzt die Hürden für eine Verständigung sehr hoch.

> Je häufiger destruktive Gesprächsmerkmale zum Tragen kommen, umso höher und unüberwindbarer erscheinen die Gesprächsbarrieren.

Killerphrasen

Besonders hohe Gesprächsbarrieren kommen auch dann zu Stande, wenn in Gesprächen so genannte **Killerphrasen** (→ Kap. 8.4.4) eingesetzt werden. Darunter versteht man Aussagen, die weder sachlich gerechtfertigt sind noch eine gesprächsförderliche Wirkung besitzen:
- Das haben wir so noch nie gemacht!"
- „Das geht mit absoluter Sicherheit nicht gut!"
- „Haben wir alles schon versucht – das brachte nichts!"
- „Das ist eine Überforderung für uns alle!"
- „Das ist doch alles graue Theorie"

- „Warum jetzt plötzlich diese Änderung, haben wir denn vorher etwa nicht gut gearbeitet?"
- „Darüber sollten wir ein anderes Mal reden, jetzt nicht!"
- „Darauf kann nur einer kommen, der keine Ahnung von der Praxis hat."
- „Das klappt auf Grund der Erwartungen von außen nie!"
- „Der Vorschlag klingt gut, ist aber mit Sicherheit nicht umzusetzen."
- „Noch mehr Arbeit kann hier keiner verkraften."
- „Wozu soll hier was in der Arbeit umgestellt werden? Haben wir nicht ständig unser Bestes gegeben?"
- „In 5 Jahren kommen wieder neue Forderungen auf uns zu. Deshalb sollte alles so bleiben, wie es ist."

Reflektieren Sie einmal Ihre eigene Sprache; entdecken Sie Killerphrasen in Ihren Sprechmustern?

8.3 Interaktion in der Gruppe
Armin Krenz

„Wenn man allein träumt, ist es nur ein Traum; wenn man gemeinsam träumt, ist es der Anfang der Wirklichkeit." (Dom Helder Camara)

Die soziale **Interaktion** bezeichnet das wechselseitige aufeinander Einwirken von zwei oder mehr Personen und steht im direkten Zusammenhang mit der Kommunikation. Da sich die gesamte Entwicklung des Menschen nicht isoliert abspielt, sondern stets in vielfältige Kommunikations- und Interaktionsvorgänge eingebunden ist, entstehen Beziehungen zu anderen Menschen. Diese persönlichen Beziehungen und Bindungen in einer Gruppe beeinflussen das Verhalten der Menschen und prägen sie in ihrer weiteren Entwicklung. Durch Gruppenerfahrungen und die damit verbundenen Prozesse ist der Mensch erst in der Lage, seine individuelle Identität zu entdecken, zu definieren und auszubauen sowie seine Sozialkompetenz zu erweitern.

Begriffsbestimmung: Soziale Gruppe

> **Soziale Gruppe**
>
> Setzt sich aus mindestens drei Personen zusammen, die in einer unmittelbaren Beziehung zueinander stehen. Durch die Dreizahl der Mitglieder steht der Begriff in Abgrenzung zur Zweierbeziehung (Dyade → Kap. 3.1.5).

Jeder Mensch hält sich von Beginn seines Lebens an in **sozialen Gruppen** auf. Menschen, die einer bestimmten Gruppe angehören, fühlen sich mit anderen Menschen in dieser Gruppe durch ein bestimmtes Ziel, eine bestimmte Aufgabe oder ein bestimmtes Merkmal verbunden. Die Gruppenzugehörigkeit kann man sich nicht immer aussuchen: Menschen werden in eine bestimmte Familie hineingeboren und in eine bestimmte Kindergartengruppe oder Schulklasse aufgenommen. Die freie Wahl besteht bei der Zugehörigkeit zu Freizeit- oder Aktionsgruppen. Und schließlich wird jeder Mensch durch seine Lebensgestaltung oder seinen sozialen Status bestimmten Gruppen zugeordnet: beispielsweise der Gruppe der Nichtraucher, der Gruppe der Besserverdienenden, der Gruppe Alleinerziehender oder der Gruppe der Hartz-IV-Empfänger.

Der Psychologe C. H. Antoni (1994) definiert eine Gruppe nach folgenden Merkmalen. Es:

- Müssen drei oder mehr Personen sein
- Muss eine bestimmte Zeitspanne des Zusammenseins geben
- Existiert eine bestimmte Form der Interaktion
- Geschieht eine gegenseitige Beeinflussung
- Besteht ein gemeinsames Ziel
- Hat sich eine Kommunikationsstruktur entwickelt
- Gibt ein mehr oder weniger stark ausgeprägtes Wir-Gefühl als Band des Zusammenhalts
- Werden gemeinsame Spielregeln eingehalten
- Herrschen in der Gruppe gemeinsame Werte vor.

Gruppenarten

Es gibt eine Vielzahl von Gruppierungen und eine entsprechende Bezeichnungsvielfalt. Die Zuordnung von Menschen zu bestimmten Gruppen erfüllt das menschliche Bedürfnis, ein „Bild" von anderen Personen zu gewinnen. Zur ersten Übersicht werden folgende **Gruppenarten** unterschieden:

- **Kleingruppen** bestehen aus 3–10 Personen; sie kennen sich und haben häufig Kontakt miteinander. Großgruppen bestehen aus mindesten 20 Personen
- **Primärgruppen** sind Gruppen, in die der Mensch hineinwächst, durch die er bestimmte Werte kennenlernt und in denen eine häufige, intensive und emotional geprägte Kommunikation und Interaktion stattfindet wie Familie, Kinderfreundschaftsgruppen, Spielgruppen, Nachbarschaft, Freundeskreis
- **Sekundärgruppen** sind Zusammenschlüsse von Menschen, die aus einer größeren Anzahl von Gruppenmitgliedern bestehen und die einer klaren Ziel- und Zweckorientierung unterliegen wie Schulklassen, Betriebskollegien, Tagungsteilnehmer. Hier steht die Rationalität stärker im Vordergrund als die emotional-soziale Beziehung
- **Formelle Gruppen** sind Personenzusammenschlüsse mit einer festen Organisation. Sie treffen sich zu einem bestimmten Zweck; Verordnungen oder Satzungen regeln die Struktur und den Ablauf der Zusammenkünfte, z. B. Verbände, Vereine
- **Informelle Gruppen** entstehen spontan und sind nicht fest organisiert, z. B. „Gaffer" bei einem Unfall; spontane Demonstrationen
- **Eigengruppe** *(Intimgruppe)* bezeichnet einen Zusammenschluss, in dem sich die einzelne Person sehr gut aufgehoben fühlt. Es bestehen vertrauensvolle Beziehungen und ein ausgeprägtes „Wir-Gefühl" und eine hohe Identifikation mit der Gruppe
- **Fremdgruppen** wirken zwar von außen als Gruppe, doch pflegen die Mitglieder so gut wie keine Beziehungen miteinander. Sie halten sich in dieser Gruppe auf, weil es von ihnen erwartet wird oder weil eine bestimmte Notwendigkeit dazu besteht, z. B. die Warteschlange an einem Einkaufstresen, der fremdbestimmte Besuch von Fortbildungsseminaren
- **Kulturelle Gruppen** definieren sich über die Zugehörigkeit zu einer bestimmten Kultur- oder Gesellschaftsschicht oder über einen bestimmten Bildungsstand, z. B. Akademiker, Analphabeten
- **Ethnische Gruppen** setzen sich aus den Angehörigen eines bestimmten Kulturkreises zusammen oder bezeichnen eine gemeinsame Herkunft.

8.3.1 Gruppenprozesse

Jede **Gruppe** unterliegt besonderen Gesetzmäßigkeiten und durchläuft bei ihrer Entwicklung bestimmte **Prozesse.** Vor allem das Gruppenklima bestimmt, inwieweit die Gruppenmitglieder miteinander kommunizieren, Kontakt zueinander suchen und Kontakte intensivieren, mit Freude ihre Aufgaben erledigen oder darüber nachdenken, ihren Aufenthalt in der Gruppe zu beenden.

Gruppenklima

Beobachtungen lassen schnell erkennen, ob ein unterstützendes, förderliches **Gruppenklima** vorherrscht oder ob die Stimmung der Gruppenmitglieder gereizt und aggressiv ist.

Beziehungsorientierung und Offenheit

Die Gruppenmitglieder zeigen neben ihrer Arbeit ein hohes Interesse, mit anderen Gruppenmitgliedern ins Gespräch zu kommen und über den Gruppenzweck hinaus eine **Beziehung** zu pflegen. Sie stellen das richtige Maß an Nähe her, bieten Hilfestellung an und tragen damit zu einer **Offenheit** in der Gruppe bei. Dies entzieht Interpretationen und Vermutungen den Boden.
Offenheit trägt dazu bei, dass eine Gruppe ihr volles Entwicklungspotenzial ausschöpfen kann und verhindert festgefahrene Strukturen, einseitige Verhaltensweisen sowie systemstabilisierende Erwartungen.

Problem- und Sachorientierung

Die Gruppenmitglieder verlieren trotz einer aktiven Beziehungspflege ihre Aufgabe oder ihren Schwerpunkt nicht aus den Augen. Überall dort, wo Menschen zusammentreffen, stoßen unterschiedliche Meinungen und Einschätzungen in den unterschiedlichsten Situationen aufeinander. In diesem Fall ist es gruppenförderlich, wenn gegenseitige Überzeugungen freundlich und gleichzeitig sachorientiert gegeneinander gestellt werden. Aufgeschlossenheit in Verbindung mit einer **Problem- und Sachorientierung** tragen dazu bei, andere Stellungnahmen besser zu verstehen und einen gedanklichen Perspektivwechsel vorzunehmen.

Empathie und Unterstützung

Die Gruppenmitglieder nehmen Probleme anderer wahr und bieten ihnen die Möglichkeit, sich zu offenbaren, um den anderen besser zu verstehen. Sie bieten ihm die **Empathie** und **Unterstützung**, damit er selbst Lösungsmöglichkeiten entdecken kann.
Jedes Individuum hat seine besonderen Stärken und Schwächen. Wird in einer Gruppe offenkundig, dass einzelne Mitglieder bei ihrer Tätigkeit Schwierigkeiten haben, erhalten sie von den anderen Hilfestellungen.
Einem solchen Verhalten stehen die Bewertungen von Arbeitsergebnissen, von Verhaltensweisen einzelner Gruppenmitglieder oder von bestimmten Situationen gegenüber.

Bewertungen führen schnell zu Verletzungen und zu einem Gefühl der Unterlegenheit. Werden zudem Bewertungen unsachlich geäußert, demotivieren sie vor allem zurückhaltende Gruppenmitglieder im Hinblick auf ihr zukünftiges Engagement.

Gleichberechtigung und Rücksichtnahme

Wo es ein Machtgefälle und hierarchische Ordnungsprinzipien gibt, entsteht ein Ungleichgewicht in der Kommunikation. Ob sich ein solches Ungleichgewicht förderlich oder hinderlich auf die Gruppenatmosphäre auswirkt, hängt davon ab, ob und wie Kontrolle oder Überlegenheit im kommunikativen Prozess zum Ausdruck gebracht werden. Das Gefühl von **Gleichberechtigung** motiviert alle Gruppenmitglieder in besonderem Maße, sich an den unterschiedlichen Aufgabenstellungen aktiv zu beteiligen. Dies geschieht aus dem Gefühl heraus, dass alle Gruppenmitglieder gefragt sind und alle Einschätzungen ernst genommen werden.

Wenn einige Gruppenmitglieder den Eindruck haben, dass andere in der Gruppe „das Sagen haben", werden sie sich zurückziehen, Machtkämpfe ausfechten oder resigniert die Gruppe verlassen wollen. Jeder Mensch hat bestimmte Vorlieben, Erwartungen, Hoffnungen, Sehnsüchte und Fantasien, die er gerne umsetzen und ausleben will. Für ein förderliches Gruppenklima ist jedoch die **Rücksichtnahme** auf die anderen entscheidend.

Ehrlichkeit und Vertrauen

Verdeckte Motive tragen Misstrauen und Vorsicht in die weitere Kommunikation.

Eine ehrliche, freie Meinungsäußerung kann offene oder verdeckte Spannungssituationen lösen.

Für ein vertrauensvolles Miteinander ist es unerlässlich, sich die eigenen Motive bewusst zu machen. Manipulative Techniken zur Durchsetzung persönlicher Ziele können dagegen Vorsicht und Zurückhaltung bei den anderen Gruppenmitgliedern auslösen. Nur wenn jeder sich frei von der Sorge äußern kann, dass ihm nicht „das Wort im Munde herumgedreht" wird oder dass Informationen anders verwertet werden als gedacht, entwickelt sich ein offenes Gruppenklima.

Gruppenwerte und -normen

Jede **Gruppe** besitzt ihre eigenen **Werte** und **Normen**. Sie bestimmen, welche Regeln die gruppeninterne Kommunikations- und Interaktionsstruktur prägen. Es lohnt sich, diese Gruppennormen in der eigenen Gruppe zu identifizieren, um eine weitere Gruppenentwicklung zu ermöglichen.

In der Sozialpsychologie werden fünf Arten von Normen unterschieden:
- Beziehungsnormen
- Kommunikationsnormen
- Bedürfnisnormen
- Gefühlsnormen
- Sanktionsnormen (Kirsten & Müller-Schwarz, 1973).

Beziehungsnormen

Beziehungsnormen zeigen sich in folgenden Verhaltensweisen:
- Wer spricht hauptsächlich mit wem und wer mit wem nicht?
- Wer sitzt in der Regel neben wem und neben wem grundsätzlich nicht?
- Wer wird bei schwierigen Problemen hauptsächlich um Rat gefragt?
- Wer bringt sich mit Vorschlägen ein und wessen Vorschläge werden eher angenommen?
- Wer wird in der Gruppe hofiert und wer übersehen?
- Wer wird gemieden?
- Wer wird bei Auseinandersetzungen von wem geschützt?
- Wer spricht am meisten, wem wird zugehört und wer überhört?
- Wer schweigt und wird auch nicht bei Arbeitsvorhaben gefragt?

Kommunikationsnormen

Kommunikationsnormen lassen sich an Merkmalen ablesen wie:
- Werden Unzufriedenheiten, Aggressionen geäußert und können zurückliegende Konflikte thematisiert werden?
- Gibt es Tabus in der Gruppe, die nicht thematisiert werden (dürfen)?
- Müssen Gesprächsbeiträge und Sachinhalte fachlich abgesichert sein oder ist es möglich, sich auch unüberlegt zu äußern?
- Darf in der Gruppe gelacht werden oder geht es überwiegend ernst zu?

Bedürfnisnormen

Um die Bedürfnisnormen abzuklären, bieten sich die folgenden Fragen an:
- Stehen persönliche Bedürfnisbefriedigungen im Vordergrund oder werden Bedürfnisse der Klientel in den Mittelpunkt gerückt?
- Können persönliche Wünsche offen geäußert werden und werden sie berücksichtigt?
- Werden Bedürfnisse nach einer „Ranghierarchie" ausgesprochen und erfüllt?

Gefühlsnormen

Die geltenden Gefühlsnormen zeigen sich folgendermaßen:
- Können persönliche Gefühle wie Trauer, Angst, Freude und Ärger ausgesprochen werden und wie gehen die Gruppenmitglieder damit um?
- Wird viel gelacht oder sind Gefühlserlebnisse bei Zusammenkünften nicht erwünscht?
- Können Frustrationen geäußert werden?

Sanktionsnormen

Sanktionsnormen spiegeln sich in folgendem Verhalten:
- Welche verbalen oder nonverbalen Reaktionen legen die einzelnen Gruppenmitglieder an den Tag, wenn heimliche oder offene Gruppenregeln verletzt werden?
- Gibt es bei einzelnen Gruppenmitgliedern unterschiedliche Sanktionen bei gleichen Regelverstößen?
- Werden die Sanktionsnormen offen thematisiert und auf ihre Folgen sowie ihre Wirksamkeit hin überprüft?

Gruppenzusammenhalt

Aus einem förderlichen Gruppenklima speist sich jede Gruppenentwicklung. Es bildet die Grundlage dafür, dass sich aus einem Zusammenschluss von Einzelpersonen eine feste Gruppe bilden kann. Damit ein **Gruppenzusammenhalt** entsteht, müssen bestimmte Kriterien erfüllt sein (Stöger, 1996).

Eindeutige Aufgabenstellung

Jede Gruppe braucht eine **eindeutige Aufgabenstellung.** Die Gruppenmitglieder müssen sich mit der damit verbundenen Zielsetzung identifizieren können und für sich persönlich einen bedeutsamen Arbeitsauftrag ableiten. Aufgaben müssen eindeutig sein, sonst können Irritationen bei den Gruppenmitgliedern entstehen, die Unmut provozieren und mit der Zeit immer größere Widerstände gegen andere Gruppenmitglieder oder das übergeordnete Thema selbst schaffen.

Klare Funktionsverteilung

Jede Gruppe braucht eine **klare Funktionsverteilung.** Jedes Gruppenmitglied kann seiner Aufgabe optimal nachkommen, wenn seine Funktion in der Gruppe genau definiert ist.

Formulierte Ziele

Das anvisierte Ziel muss jedem Gruppenmitglied klar sein. Ziele geben Richtungen, Aufgabenstellungen, thematische Orientierungen, inhaltliche Schwerpunkte oder manchmal auch Methoden vor. Besonders günstig ist es, wenn die Gruppenmitglieder selbst das Ziel bestimmen können. Dadurch ist eine größere Identifikation mit dem weiteren Vorgehen gewährleistet.

Aktive Kommunikation und Interaktion

Eine aktive **Kommunikation** und **Interaktion** sind notwendig, um Absprachen treffen zu können, Kontrollinstrumente zu installieren, Arbeitsschritte festzulegen, Ziele zu überdenken, Teilschritte zu reflektieren sowie Beziehungsstörungen zu thematisieren und zu klären. Somit lebt jede Gruppe in einem System, das nur dann funktionieren kann, wenn „Einzelkämpfer" ihr individualistisches Selbstverständnis aufgeben und sich integrieren.

Geklärte Leitungsfrage

Jede Gruppe wird nur dann erfolgreich bestehen können, wenn die **Leitungsfrage** geklärt ist. Erkenntnisse aus der Rollendynamik (→ Kap. 8.3.3) besagen, dass sich in jeder Gruppe – ob gewollt oder nicht – eine Leitung herausbildet. Es kann zu heftigen Störungen in einer Gruppe kommen, wenn es eine offizielle benannte Leitung gibt, diese aber von den Gruppenmitgliedern nicht anerkannt wird und sich gleichzeitig eine „informelle Leitung" herausbildet. Eine weitere Störungsmöglichkeit ist der Versuch, ohne Leitung auskommen zu wollen. Dies führt rollendynamisch betrachtet zu einer permanenten Rollendiffusion.

Spürbare Erfolgserlebnisse

Gruppen entwickeln sich dann weiter, wenn **Erfolgserlebnisse** auf der Arbeitsebene beobachtbar und auf der persönlichen Erlebnisebene spürbar sind. Erfolge bauen die Motivation weiter auf und tragen dazu bei, dass sich die Gruppenmitglieder angenommen und wohlfühlen.

Großer Handlungs- und Gestaltungsspielraum

Die Umsetzung eigener Ideen braucht einen entsprechend großen **Handlungs- und Gestaltungsspielraum.** Nichts ist entwicklungshinderlicher für eine Gruppe, als wenn sie in festgelegten Strukturen steckt und sich in einengenden Rahmenbedingungen bewegen muss. Die Fragen nach dem, was erlaubt oder unerwünscht ist, schränken die Fantasie der Gruppenmitglieder, ihre Initiative, ihr Selbstengagement und ihre Innovationsbereitschaft ein. Dies kann beispielsweise zu einem „Dienst nach Vorschrift" führen.

Werte- und Normenkonsens

Die einzelnen Gruppenmitglieder werden sich nur dann in ihrer Gruppe gut aufgehoben fühlen, eine Beziehung zu den anderen Mitgliedern sowie zur Aufgabenstellung pflegen, wenn ein **Konsens** mit den gruppeninternen **Werten** und Normen besteht. Werte- und Normenkonflikte führen zu immer neuen Beziehungsstörungen, die sich mit der Zeit auch lähmend auf die Arbeitsleistungen auswirken werden.

8.3.2 Gruppenentwicklung

In Gruppen fühlen sich Menschen durch unterschiedliche Gemeinsamkeiten miteinander verbunden. Doch auch wenn Gruppen nicht als statische Größe existieren, nicht wie Maschinen funktionieren und nicht berechenbar sind (Pohl/Witt, 2000), so bedeutet das nicht, dass sie keinen Gesetzmäßigkeiten gehorchen: Unabhängig von ihrer Aufgabenstellung, Zielsetzung oder Zweckorientierung durchlaufen alle **Gruppen** bei ihrer **Entwicklung** verschiedene Phasen.

Gruppenentwicklungsphasen

Bei der Beobachtung von Gruppenentwicklungen gibt es verschiedene Beschreibungen. Philipp (1996), Pohl/Witt (2000) und Dorlöchter et al. (1996) gehen von vier Phasen aus, während Malcher (1977) und Blank-Mathieu (2006) von fünf **Entwicklungsphasen** ausgehen. Diese Phasen stellen den Wachstumsprozess jeder **Gruppe** dar. Zwar konnten in verschiedenen gruppenpsychologischen Untersuchungen immer die nachfolgenden Entwicklungsphasen in einer entsprechenden Struktur nachgewiesen werden, doch ist es auch möglich, dass sich bei Übergängen die Phasen vermischen und bei besonderen Ereignissen auch leicht verschieben. Da es sich aber um interaktionelle Gegebenheiten handelt, „nach denen längerfristige Arbeitsgruppen funktionieren und von denen keine übersprungen oder ausgelassen werden kann" (Pohl/Witt, 2000), ist dieses ursprünglich von dem Psychologen Bruce W. Tuckmann vorgestellte Phasenschema in Tabelle 8.17 mehr als nur eine idealtypische Annahme.

Das Vier-Phasen-Modell

Das **Vier-Phasen-Modell** gibt für die praktische Arbeit vor allem zwei wichtige Hinweise. Zum einen muss sich jede Gruppe genügend Zeit für die Phase eins zugestehen, um ein gegenseitiges, intensiveres Kennenlernen zu ermöglichen. So können sich Beziehungen langsam entwickeln und Arbeitsaufgaben in Ruhe betrachtet werden. Diese erste Phase dient dazu, Spannungen abzubauen und Sicherheit zu vermitteln. Erst wenn eine fachliche und persönliche Zufriedenheit entstanden ist, können weiterreichende thematische und personengebundene Annäherungen an ein Thema und an die Gruppe erfolgen. Zum anderen muss aber auch der Phase zwei ausreichend Raum zur Verfügung gestellt werden. Auftauchende Probleme, Unmutsbekundungen, persönliche sowie fachliche Machtkämpfe gehören zu jeder Gruppenentwicklung, denn eigene und fremde, innere und äußere Erwartungen können in der Regel nicht vollkommen deckungsgleich sein. So gilt es, empfundene und entgegengebrachte Widerstände zuzulassen, Konflikten und Spannungen aufmerksam und respektvoll, aufgeschlossen und neugierig gegenüberzustehen sowie dafür zu sorgen, dass Konfliktfelder mit Zeit und Ruhe bearbeitet werden können. Harmoniegeprägte Gruppenmitglieder werden Schwierigkeiten damit haben, eigene Unzufriedenheiten und Gruppenspannungen zu ertragen.
Bei der Teamentwicklung nehmen verkürzte Storming-Phasen verdeckte oder nicht thematisierte Konflikte immer in die nächsten Entwicklungsphasen hinein und beeinträchtigen deren Qualität.
Das Vier-Phasen-Modell kann dabei hilfreich sein, um im eigenen Kollegium eine Bestandsaufnahme vorzunehmen. Es offenbart bei einer sorgsamen Ist-Analyse den aktuellen Entwicklungsstand der eigenen Arbeitsgruppe und gibt Hinweise darauf, welche Schwerpunkte auf der Inhalts- oder Beziehungsebene in Angriff genommen werden sollten. Francis & Young (1989) haben für eine solche Bestandsaufnahme die vier Phasen in einen Kreis integriert und im Uhrzeigersinn angeordnet:

- Phase 1 – 12 bis 3 Uhr
- Phase 2 – 3 bis 6 Uhr
- Phase 3 – 6 bis 9 Uhr
- Phase 4 – 9 bis 12 Uhr.

Anhand einer solchen „Gruppenentwicklungsuhr" können alle Gruppenmitglieder aufgrund ihrer Beobachtungen entsprechende Einschätzungen vornehmen, „wie spät" es zurzeit in der eigenen Gruppe ist bzw. „was die Uhr geschlagen hat."

Bezeichnung der Phasen	Schwerpunkte auf der Inhaltsebene	Schwerpunkte auf der Beziehungsebene
Phase 1: **Forming** *(Testphase, Orientierungsphase, Voranschlussphase)*	• Einschätzen der Situation • Kennenlernen der Aufgaben	• Gegenseitiges Kennenlernen und vorsichtiges „Abtasten"/Einschätzen der anderen • Erstes vorsichtiges, kritisches Knüpfen von Beziehungen • Sammlung und Auswertung erster Beziehungseindrücke • Die Beziehungsatmosphäre ist noch unpersönlich • Alle haben den Wunsch, sich in die Gruppe einzugliedern • Autoritätsgläubigkeit und -abhängigkeit bestimmen noch die Beziehungsstrukturen
Phase 2: **Storming** *(Nahkampfphase, Machtphase, Auseinandersetzungsphase)*	• Aufgabenbearbeitungen werden kritisch beäugt und Vorbehalte geäußert • Eigene Vorschläge werden eingebracht in der Erwartung, dass diese berücksichtigt werden • Inhaltliche Polarisierungen werden offenkundig • Offene Widerstände gegen bestimmte Aufgabenstellungen können zu Irritationen führen	• Aufbau von festeren Beziehungen • Eingehen von Bündnissen • Festigung von Rollen(erwartungen) • Konflikte werden unterschwellig gespürt und noch eher unterschwellig ausgetragen • Festigung von Cliquenbildungen • Machtpositionen und Machtansprüche einzelner werden immer deutlicher

Bezeichnung der Phasen	Schwerpunkte auf der Inhaltsebene	Schwerpunkte auf der Beziehungsebene
	• Eigene, inhaltliche Erwartungen / Schwerpunkte und inhaltliche Vorgaben geraten in Widersprüche • Offene Auseinandersetzungen um Vorgehens- und Verfahrensweisen	• Persönliche Unzufriedenheiten werden häufig der „Leitung" zugeschrieben • Persönliche Motivationen und erstgezeigtes Engagement geraten in einen Abwärtstrend
Phase 3: **Norming** *(Orientierungsphase, Intimitäts- und Vertrautheitsphase)*	• Alle Gruppenmitglieder zeigen ein deutlich gesteigertes Interesse an den Aufgabenstellungen und einer Aufgabenerledigung • Fachliche Einschätzungen und Einstellungen werden überwiegend auf einer sachlogischen Ebene ausgetauscht • Arbeitsschwerpunkte und -richtungen können festgelegt werden	• Persönliche „Nahkämpfe" haben die Fronten geklärt • Beziehungsirritationen sind weitestgehend beigelegt • Die Umgangskultur ist hauptsächlich durch konstruktive Umgangsformen geprägt • Gemeinsame Regeln werden überwiegend beachtet • Persönliche Zufriedenheiten nehmen zu • Verantwortung kann auf alle Schultern verteilt werden
Phase 4: **Performing** *(Phase der Verschmelzung, Differenzierungsphase)*	• In dieser Phase ist die Arbeitseffektivität am höchsten • Alle Gruppenmitglieder widmen sich den anstehenden Aufgaben • Ideenreichtum und innovatives Denken prägen die Arbeitskultur • Leistungsfähigkeit und Ausdauer ermöglichen auch schwere und langfristige Aufgabenerledigungen • Fachliche Auseinandersetzungen werden überwiegend auf der Sachebene ausgetragen	• Die Gruppe hat ein Stadium der grundsätzlichen Geschlossenheit erreicht • Kommunikative Prozesse zeichnen sich durch Solidarität und Hilfsbereitschaft, Offenheit und Engagement aus • Konflikte auf der Beziehungsebene werden konstruktiv gelöst • Die Gruppenmitglieder besitzen ein Wir-Gefühl • Das Zusammensein und die Zusammenarbeit bereiten überwiegend Freude

Tab. 8.17: Die vier-Phasen der Gruppenentwicklung nach Bruce W. Tuckmann

Das Fünf-Phasen-Modell

Malcher und Blank-Mathieu fügen dem Vier-Phasen-Modell noch eine weitere Phase hinzu – die Abschluss- bzw. Trennungsphase (→ Tab. 8.18).

Die Abschluss- bzw. Trennungsphase kann unter zwei Blickwinkeln betrachtet werden: Zum einen kann es sich um eine tatsächliche Auflösung einer Gruppe handeln. Die Gruppenmitglieder können ihr selbst gesetztes Ziel als erreicht ansehen und in anderen Gruppen neue Herausforderungen entdecken. Zum anderen kann aber auch eine „innere Kündigung" in Betracht gezogen werden. Gruppenmitglieder, die innerlich gekündigt haben, haben sich ebenfalls von der Gruppe getrennt. Sie beteiligen sich nicht mehr an innovativer Planungsarbeit noch zeigen sie Interesse an einer beruflichen Weiterentwicklung.

Bezeichnung der Phasen	Schwerpunkte auf der Inhaltsebene	Schwerpunkte auf der Beziehungsebene
Phasen 1 bis 4	(→ Tab. 8.11)	(→ Tab. 8.11)
Phase 5: **Abschluss und Trennung**	• Reflexion der zurückliegenden Arbeit • Eigene Interessenslagen kommen immer stärker in den Vordergrund • Eingeschränkte Bereitschaft zum gemeinsamen Handeln • Wunsch nach Neuorientierung im beruflichen und / oder persönlichen Bereich • Es wird wenig Engagement gezeigt und teilweise wird die aktuelle Arbeit als langweilig eingestuft	• Man hat genug voneinander • Jeder geht mehr oder weniger seinen eigenen Weg und sucht daher wenig Kontakt zu anderen Gruppenmitgliedern • Konflikte werden unter den Tisch gekehrt, weil man Konfliktlösungen als nicht mehr so wichtig einschätzt

Tab. 8.18: Das Fünf-Phasen-Modell der Gruppenentwicklung nach Jessica Lipnack / Jeffrey Stamps

8.3.3 Gruppenstruktur

Wo immer sich Menschen zusammenfinden und durch Kommunikation miteinander in Beziehung stehen, entwickelt sich eine **Gruppenstruktur** mit einer entsprechenden Rang-, Aufgaben- und Rollenverteilung. Dies wirkt sich in der Folge auf die Kommunikations-, Entscheidungs- und Lösungsstrukturen in der Gruppe aus.

Interaktion in der Gruppe

 Es scheint so, dass schon bei den ersten Kommunikationsprozessen festgelegt wird, welche besondere Rolle die Person in der Gruppe einnehmen soll.

Bei Kommunikationsprozessen ergibt sich eine Rollenzuweisung aus zwei Momenten: Zum einen gibt jedes Gruppenmitglied durch seine besonderen Verhaltensweisen den anderen Personen zu verstehen, wo seine Schwerpunkte, Fähigkeiten und auch Schwachstellen liegen. Zum anderen wird jedes Ausdrucksverhalten von allen unbewusst wahrgenommen und klassifiziert nach dem Motto: „Das ist bestimmt eine, die … ist." Durch den gegenseitigen Abgleich von Eigenschaften, Erwartungen, Eindrücken und Erlebnissen ergeben sich unterschiedliche Einschätzungen, die darin münden, dass in der Gruppe mit der Zeit jeder „seinen Platz" findet oder zugewiesen bekommt. Dadurch gelangt eine Gruppe zu ihrer besonderen Struktur und jedes Gruppenmitglied hat seine Rolle in dem Gesamtsystem Gruppe.

Rollenmodelle

Die Gruppenstruktur lässt sich mit der Hilfe von **Rollenmodellen** analysieren. Es gibt verschiedene Ansätze: Eine Möglichkeit ist es, die verschiedenen Rollen in Bezug zu ihrer Funktion in der Gruppe zu betrachten. Eine andere Möglichkeit ist die Betrachtung der Rollenrangfolge der einzelnen Gruppenmitglieder.

Abb. 8.19: Die Struktur einer Gruppe lässt sich an der Rollenverteilung ablesen

Rollenfunktionen

Mit jeder Rolle ist eine bestimmte Funktion innerhalb einer Gruppe verbunden. Der Erziehungswissenschaftler Tobias Brocher unterscheidet folgende **Rollenfunktionen:**

- **Aufgabenrollen** haben die Funktion, dass Ziele erreicht und Aufgaben erledigt werden können. Darunter fallen
    - Initiative und Aktivität entfalten
    - Meinungen erkunden
    - Meinung abgeben
    - Vorschläge ausarbeiten
    - Ideen und Vorschlägen koordinieren
    - Ergebnisse oder Vorschläge zusammenfassen

- **Erhaltungs- und Aufbaurollen** betreffen die Beziehungen in einer Gruppe. Das sind Verhaltensmerkmale wie
    - Ermutigen
    - Grenzen wahren und einfordern
    - Regeln bilden
    - Gruppenentscheidungen folgen
    - Gruppengefühle zusammenfassen und aussprechen
    - Gruppenentscheidungen in Beziehung zu den Gruppenregeln setzen und deren Berechtigung überprüfen
    - Schwierigkeitsgrade von Aufgaben bestimmen und die nächsten Schritte vorschlagen
    - Vermitteln und Kompromisslösungen vorschlagen
    - Spannungen in der Gruppe vermindern

- **Dysfunktionale** oder **negative Rollen** können sich durch Verhaltensweisen ausdrücken wie
    - Aggressives Verhalten zeigen, verbunden mit dem Versuch, ständig zu dominieren
    - Blockieren, Randproblemen ausweichen oder hartnäckig zu einem einzigen Punkt argumentieren
    - Rivalisieren, die Gruppenführung an sich reißen wollen, die größte Rolle für sich in Anspruch nehmen oder am häufigsten und längsten sprechen
    - Sympathie suchen und ständig Anerkennung finden wollen
    - Clownerien veranstalten und Beachtung suchen durch ausgefallene Ideen, ungewöhnliches Verhalten, lautes und ausgiebiges Reden oder Weinen
    - Sich zurückziehen, passives Verhalten zum Ausdruck bringen, flüstern oder vom Thema abschweifen

Auch wenn bestimmte Personen eine der Rollen ausfüllen, schreibt Brocher, so sind diese Rollen keineswegs fest auf ein und dieselbe Person verteilt. „Vielmehr wechseln sie ähnlich wie Führung, Aktivität und Widerstand. Alle die oben genannten Rollenfunktionen sind zugleich Führungsfunktionen." Und weiter heißt es: „Diese formalen Klassifizierungen, die nur als Hilfe für die Beobachtung gedacht sind, dürfen keineswegs als starre Rollen angesehen werden, sondern nur als mögliches, wechselndes Verhalten." Bezüglich der dysfunktionalen Rollen schreibt er: „Es ist sinnvoller, solches Verhalten als Symptom dafür wahrzunehmen, dass es um die Fähigkeit der Gruppe schlecht bestellt ist, individuelle Bedürfnisse ausreichend durch gruppenzentrierte Arbeit zu befriedigen." (Brocher, 1980)

Wenn alle Gruppenmitglieder von Zeit zu Zeit eine Bestandsaufnahme ihrer Rollenfunktionen vornehmen, können sie feststellen, welche spezifische Rollenfunktion sie selbst eingenommen haben, wie sich diese Rollenfunktion auf die Gruppenentwicklung auswirkt und wo ein Wechsel der Rollenfunktion angezeigt ist.

> Denken Sie an Ihre Teamsituation oder an eine andere Gruppe, in der Sie sich regelmäßig aufhalten. Wie schätzen Sie Ihre eigene und die Rollenfunktionen der anderen Gruppenmitglieder ein?

Rollenrangfolge

Eine besonders anschauliche und praktisch fassbare Form der Rollenidentifizierung in Gruppen gibt das Modell der Akademie Remscheid für musische Bildung und Medienerziehung e.V. (Akademie, o.J.). Dieses Modell geht von vier „Hauptrollen" in jeder Gruppe aus. Die

- **Alpha-Rolle** nehmen alle Gruppenmitglieder ein, die eine Führungsrolle in der Gruppe besitzen. Diese Rolle muss nicht die Leitungskraft einnehmen, vielmehr ist der Einfluss entscheidend, der von dieser Person auf die anderen ausgeübt wird
- **Beta-Rolle** füllen diejenigen Gruppenmitglieder aus, die aufgrund ihrer Fachkompetenz entscheidend dazu beitragen, dass sich die inhaltliche Arbeit in einem ständigen Prozess der Weiterentwicklung befindet
- **Gamma-Rolle** übernehmen Gruppenmitglieder, die in einer Gruppe kein eigenständiges, gruppenförderliches und engagiertes Profil haben. Sie verhalten sich angepasst, vermeiden Konfliktauseinandersetzungen, halten sich mit deutlichen Stellungnahmen zurück und bewegen sich gerne im Hintergrund

- **Omega-Rolle** ist die Außenseiterposition innerhalb der Gruppe. Diese Gruppenmitglieder beteiligen sich nicht an Diskussionen, führen häufig Seitengespräche, werden von der übrigen Gruppe gar nicht mehr wahrgenommen oder als „schuldig" betrachtet, wenn bestimmte Arbeitsschritte nicht zum Ziel geführt haben.

Jede dieser vier „Hauptrollen" hat ihre jeweilige Funktion für die Gruppe, ihren besonderen Stellenwert für die Gruppenatmosphäre und die (un)mögliche Gruppenentwicklung. Diese Einteilung erfasst die einzelnen Rollen jedoch nur grob. Für eine exakte Rollenbestimmung bietet sich eine genauere Unterteilung an, die die einzelnen Rollen spezifiziert (→ Tab. 8.20).

Alpha-Rolle (α)	Beta-Rolle (β)	Gamma-Rolle (γ)	Omega-Rolle (ω)
Gruppensprecher • Fasst Gruppenmeinungen zusammen • Bringt das Wesentliche auf den Punkt • Wird als Vertrauensperson akzeptiert • Sorgt für Ausgleich und ein entspanntes Arbeitsklima	**Sachverständiger** • Besitzt die Fachkompetenz, um Sachfragen zu beantworten • Sorgt dafür, dass Aufgaben- und Problemstellungen inhaltlich diskutiert werden	**Der Stille** • Möchte nicht auffallen	**Außenseiter** • Zieht sich vom Gruppengeschehen zurück • Erfährt auch durch die Gruppe kaum Integrationsangebote
Initiator von Aktivitäten • Bringt konstruktive Arbeitsvorschläge ein • Gibt Impulse und Anregungen, um z. B. festgefahrene Arbeitsprozesse erneut in Gang zu bringen	**Ideenträger** • Bringt neue Gesichtspunkte in eine Sachdiskussion	**Der Treue** • Hält sich gewissenhaft an Absprachen • Übernimmt Aufgaben, die sonst niemand übernehmen möchte • Ist die Zuverlässigkeit in Person	**Sündenbock** • Gerät schnell ins Feuer der Kritik, wenn ein Gruppenvorhaben misslingt

Alpha-Rolle (α)	Beta-Rolle (β)	Gamma-Rolle (γ)	Omega-Rolle (ω)
Vertreter der Gruppenwerte und -normen • Kümmert sich um die Pflege der Umgangskultur in der Gruppe • Achtet auf die Einhaltung von Regeln und Absprachen • Hat eine humane Werteausrichtung	**Organisator** • Ist handlungsorientiert • Während die Gruppe noch diskutiert, strukturiert er schon erste Vorhaben	**Der Humorvolle** • Hat immer einen kleinen Witz auf Lager • Zeichnet sich durch Frohsinn und gute Laune aus	**Prügelknabe** • Wird zur Rechenschaft gezogen, wenn Fehler bei Arbeitsabläufen auftreten
	Realist • Trägt Sorge, dass Vorhaben, innovative Projekte wieder den Kontakt zum Boden finden und realisiert werden können	**Der Helfer** • Ist zur Stelle, wenn es in der Gruppe etwas zu tun gibt • „Kauft" sich damit frei, um fachlich wenig gefordert zu werden	**Gruppenclown** • Nutzt seine Clownerie als „Überlebensstrategie" • Verschafft sich die Beachtung, die er ansonsten vermisst
	Kontrolleur • Überprüft die Fachvorhaben • Macht Bestandsaufnahmen • Überprüft den Erfolg bisheriger Arbeitsschritte		**Schweiger** • Hat sich innerlich von der Gruppe gelöst • Nimmt die Haltung ein – „Macht, was ihr wollt, aber ohne mich."

Tab. 8.20: Rollenrangfolge

Rollenträger können in unterschiedlichen Gruppen auch verschiedene Rollen einnehmen. Rollen sind nicht zwangsläufig festgeschrieben und eine Bestandsaufnahme spiegelt daher lediglich das momentane Gruppengefüge wider. Sollte es allerdings in der Gruppe keine Bewegung geben, ist die Wahrscheinlichkeit gegeben, dass sich bestimmte Rollen verfestigt haben. Rollenveränderungen sind möglich, wenn auch andere Rollenträger bereit sind, in andere Rollen zu wechseln. Um Bewegung in die Rollenverteilung zu bringen, ist es lohnenswert, von Zeit zu Zeit ein Soziogramm zu erstellen, das die Beziehungsstrukturen in der Gruppe grafisch darstellt.

8.3.4 Das Team als Gruppe

In nahezu jeder Einrichtung ist von Teamarbeit die Rede und auch in den meisten Stellenausschreibungen ist zu lesen, dass Teamfähigkeit erwartet wird. Doch was bedeutet dieser Begriff überhaupt? Für den Soziologen Michael Pohl ist ein **Team** „eine leistungsorientierte **Gruppe** (task-oriented group), deren Verhalten und soziale Interaktionen durch vorwiegend funktionale Leistungs- und Aufgabenorientiertheit bestimmt ist. Dies gilt sowohl für feste Arbeitsgruppen (family groups) als auch für zeitlich begrenzte Projektgruppen." (2000) Unter dem Aspekt einer stärkeren Ausgewogenheit zwischen Arbeitseffizienz und der „Ressource Mensch" könnte heute eine erweiterte Definition zutreffender sein.

> **Team**
>
> „Ist eine konstruktiv tätige Arbeitsgruppe, in der alle Gruppenmitglieder an der Bewältigung einer gemeinsamen Aufgabe beteiligt sind und anstehende Probleme gemeinsam lösen – auf der Grundlage gegenseitiger Sympathie, aktiver und gleichberechtigter Kooperation sowie selbstständiger, motivierter und initiativer Aktivitäten." (Krenz, 2006)

Merkmale guter Teamarbeit

Ein funktionierendes Team weist bestimmte Merkmale auf, die die Umgangskultur und das Arbeitsverhalten untereinander kennzeichnen. Die Grundlagen der **Teamarbeit** werden durch folgende Stichworte skizziert:
- Leistungs- und Aufgabenorientierung
- Soziale Interaktion, gegenseitige Sympathie, Pflege der Beziehungsebene
- Aufgabenbewältigung, Problemlösung
- Selbstständigkeit, keine zu starke Ausrichtung auf Leitungsanweisungen
- Selbstmotivation
- Eigeninitiative, Selbstengagement.

Insbesondere in Teams sozialpädagogischer Einrichtungen ist es für die Qualität der Pädagogik entscheidend, die Beziehungsebene zu beachten und ständig zu verbessern.

Die Umgangskultur im Team

Den Zusammenhang zwischen der pädagogischen Qualität und der Qualität der zwischenmenschlichen Beziehungen zeigen verschiedene sozialpsychologische Untersuchungen. (Forgas, 1987; Schultz-Gambard, 1987; Maaß/Ritschl, 1997). Für die Arbeitshaltung sowie eine ziel- und aufgabenorientierte Arbeitsgestaltung spielt die gesamte **Umgangskultur** in einem **Team** eine große Rolle. Gerade sie sorgt dafür, dass Engagement und Selbstmotivation (→ Kap. 1.1.2) entstehen können sowie die Freude am Beruf erhalten bleibt. Allerdings gehört es auch zur Realität, dass dort, wo Menschen unterschiedlichen Alters, mit unterschiedlichen Einstellungen und Erwartungen, Zielperspektiven und Ideen aufeinanderstoßen, immer wieder Reibungspunkte und Konflikte zum Vorschein kommen.

Ein Team macht seinem Anspruch dann alle Ehre, wenn Stolpersteine, Gegensätzlichkeiten und Irritationen wahrgenommen und aufgegriffen, offen und direkt thematisiert und geklärt werden. So gesehen offenbaren sich in einem Team weitaus mehr Konflikte als in anderen Arbeitsgruppen, allerdings mit dem wesentlichen Unterschied, dass die Irritationen in einem Team aus inhaltlichen Fragestellungen entstehen und auch inhaltlich geklärt werden. Dies alles geschieht unter Beachtung einer respektvollen Umgangskultur.

Jedes Team ist damit eine Quelle für Entwicklungsvorhaben, eine Basis für produktive Leistungen, ein sicherer Boden für konstruktive und effektive Kommunikation, ein Motor für Selbstmotivation und Engagement, ein ständiges Selbsterfahrungs- und Übungsfeld zur weiteren Verbesserung der eigenen Konfliktkompetenz, ein Ort für vielfältiges Erfahrungslernen und ein Platz für innovative Herausforderungen.

Die Teamtugenden

Für den Soziologen Michael Pohl und den Betriebswirtschaftler Jürgen Witt gehören bestimmte Teamtugenden zur Grundausstattung für die Entwicklung von Teamfähigkeit. Mit **Teamtugenden** sind die Einstellungen aller Mitarbeiterinnen gemeint, die für den Aufbau einer wertschätzenden Umgangskultur ebenso unverzichtbar sind wie für die innovative Weiterentwicklung der Einrichtung sowie die effiziente Erreichung von Arbeitszielen. Neben den so genannten mentalen Voraussetzungen für einen Erfolg oder Misserfolg von Teamarbeit wie Vertrauen, konstruktives Konkurrenzdenken, Verbindlichkeit und Lernbereitschaft, Flexibilität und Offenheit für Neues stellen Pohl & Witt (2000) fünf alltagspragmatische Teamtugenden in den Mittelpunkt:

- **Immer bei sich selbst beginnen** – was ich von anderen verlange und erwarte, muss ich zunächst von mir selbst verlangen. Nur durch eigenes, für die anderen Mitglieder beobachtbares Verhalten wer-

Abb. 8.21: Anstrengungsbereitschaft und Selbstengagement sind für eine gute Teamarbeit unerlässlich

den effektive Interaktionen in Gang gesetzt. Wenn bei anderen die „Schuld" für Misserfolge oder ein „Versagen" gesucht wird, ergeben sich automatisch Machtkämpfe und führen zu destruktiven Gewinner-Verlierer-Interaktionen
- **Wertschätzung geben** – dies führt zur Selbstakzeptanz und sorgt für ein annehmbares Selbstbild. Dadurch sind Menschen eher in der Lage, bisherige Kompetenzen selbstkritisch zu betrachten, neue Kompetenzen zu entdecken, sich mit ihren Schwächen zu beschäftigen und Verantwortung für ihr Verhalten / ihre Tätigkeiten zu übernehmen
- **Erst fragen, dann antworten** – zu einer offenen Haltung gehört eine fragende Einstellung zum Thema und zur Person. Fragende Formulierungen bieten allen Beteiligten die Möglichkeit einer Selbstüberprüfung. Gleichzeitig fördern sie eine aktive Lösungssuche bei Problemstellungen und tragen zu einer Prozessoptimierung bei
- **Widersprüche aushalten** – jede Veränderung bringt Irritationen und Spannungen mit sich, gerade dann, wenn eigene Ideen vorgestellt werden und die Kolleginnen diese anders einschätzen als erwartet. Jeder Qualitätsprozess – sowohl in der Teamentwicklung als auch im Arbeitsprozess – ist immer ein Balance-Akt zwischen Ruhe und Unruhe sowie Hoffnung und Angst. Um diese Grundspannung zu ertragen, brauchen alle im Team eine gewisse Belastbarkeit, bis Widersprüche inhaltlich geklärt werden können
- **Sich Zeit nehmen** – dies ist die Grundlage für sorgsam geführte Gespräche, für ein aufmerksames Zuhören und für gut überlegte Äußerungen. Zeit will erlebt und gleichzeitig genutzt werden. Dazu müssen Mitarbeiterinnen immer wieder darauf achten, Wesentliches von Unwesentlichem zu unterscheiden und die zur Verfügung stehende Zeit sinnvoll zu füllen.

Das Arbeitsverhalten

Für die Teamentwicklung und eine effiziente Teamarbeit ist auch die innere Einstellung zum eigenen **Arbeitsverhalten** bedeutsam. Sie kommt in folgenden Merkmalen zum Ausdruck. Alle Mitarbeiterinnen
- Beteiligen sich aktiv an allen aktuellen Aufgabenstellungen und ziehen sich weder zurück noch blockieren sie anstehende Lösungsversuche
- Übernehmen Verantwortung für ihr Tun, denn Rechtfertigungen, die Delegation von Verantwortung oder ein Rückzugsverhalten bremsen den Entwicklungsprozess und führen in der Sache zu einer Problemverschiebung
- Bereiten ihre Arbeitsvorhaben vor und nach, um eine konstruktive Zeit- und Ressourcennutzung zu gewährleisten und sachorientiert an Aufgabenstellungen heranzugehen
- Zeigen Zuverlässigkeit, Verbindlichkeit, Termintreue, Anstrengungsbereitschaft und Selbstengagement für ein gutes Arbeitsklima, wodurch es allen

Personen im Kollegium ermöglicht wird, die anstehenden Arbeiten zu erledigen.

Die ständige Verbesserung der Zusammenarbeit gleicht einer Entdeckungsreise zu sich selbst und zu anderen. Wenn ein Team auf diese Erfahrungen neugierig ist und Ängste oder Gewohnheiten überwindet, dann kann die Arbeit zu einem spannenden Ausflug in ein Land der ungenutzten Möglichkeiten werden.
„Man gibt immer den Verhältnissen die Schuld für das, was man ist. Ich glaube nicht an die Verhältnisse. Diejenigen, die in der Welt vorankommen, gehen hin und suchen sich die Verhältnisse, die sie wollen, und wenn sie sie nicht finden können, schaffen sie sie selbst." (George Bernhard Shaw)

Die eigene Teamkultur überprüfen

Teamarbeit und **Teamkultur** erlauben es, sowohl qualitätsgeprägte Arbeitsvorhaben festzulegen als auch effiziente Arbeitsergebnisse zu erzielen. Die Checkliste in Tabelle 8.22 führt bedeutsame Merkmale einer Teamkultur auf. Fachkräfte können mithilfe dieser Übersicht eine Bestandsaufnahme zu ihrer Teamarbeit durchführen und Ansatzpunkte identifizieren, die Qualitätsverbesserungen nötig machen.
Eine professionelle Teamentwicklung kann auch unter Anleitung erfolgen und das Niveau eines entwickelten Teams durch Supervision überprüft werden.

Merkmale einer konstruktiven Teamkultur	Trifft zu	Trifft überwiegend zu	Trifft gar nicht zu
Die Arbeitsgruppe greift Fehler einzelner Mitglieder konstruktiv auf und nutzt diese, um gemeinsam weiter an bestimmten Aufgaben- und Problemfeldern zu arbeiten			
In der Arbeitsgruppe ist es möglich, ungewöhnliche und völlig neuartige Arbeitsvorschläge und Veränderungen vorzustellen, ohne dass sie sofort abgelehnt werden			
Offene und verdeckte Konflikte werden in der Arbeitsgruppe direkt angesprochen, ohne dass sie auf die lange Bank geschoben oder unter den Teppich gekehrt werden			
Jedes Mitglied der Arbeitsgruppe hat das Gefühl, für die Weiterentwicklung des Kollegiums und der Arbeit gebraucht zu werden			
Die Ziele der Arbeit werden von allen Mitgliedern der Arbeitsgruppe akzeptiert und aktiv unterstützt			

Merkmale einer konstruktiven Teamkultur	Trifft zu	Trifft überwiegend zu	Trifft gar nicht zu
Alle Mitglieder informieren sich gegenseitig und regelmäßig über ihre aktuellen Arbeitsvorhaben, den Verlauf ihrer Projekte und neue Zielsetzungen			
Jedes Mitglied fühlt sich stark mit der Einrichtung verbunden			
Die konstruktive und offene Zusammenarbeit verhindert jede Form von Cliquenbildung			
Die Aufgabenstellungen für die Arbeit ergeben sich aus sachlichen Notwendigkeiten und nicht aus persönlich geprägten Motiven			
Die Kommunikation und Interaktion in der Arbeitsgruppe sind geprägt von gegenseitiger Wertschätzung und Achtung			
Alle Mitglieder setzen sich regelmäßig mit ihren handlungsleitenden Werten und Normen auseinander und überprüfen deren Bedeutung und Berechtigung für die Arbeit			
Jedes Mitglied greift notwendige Arbeitsschritte selbstständig auf und trägt damit zur Weiterentwicklung der Einrichtungsqualität aktiv bei			
Alle Mitglieder zeigen im alltäglichen Umgang, in Dienstbesprechungen und Konferenzen ihre Bereitschaft, konstruktive Impulse zur weiteren Verbesserung der Umgangskultur und der Arbeitsergebnisse einzubringen			
Alle Mitglieder entwickeln Visionen für die Arbeit und suchen gemeinsam nach Wegen, bedeutsame Visionen zur Realität werden zu lassen			
Jedes Mitglied der Arbeitsgruppe bereitet sich auf anstehende Dienstbesprechungen und alle inhaltlichen Diskussionen vor, um in möglichst kurzer Zeit effiziente Arbeitsergebnisse zu erreichen			
Alle Mitglieder halten sich an festgelegte Absprachen und Regeln, zeichnen sich durch Zuverlässigkeit und Engagement aus und verfolgen auch langfristige Ziele mit großer Ausdauer			
Jedes Mitglied der Arbeitsgruppe ist ebenso an persönlicher Selbsterfahrung wie kognitivem Lernzuwachs interessiert			
Das Kollegium ist neugierig auf aktuelle, wissenschaftlich bedeutsame Erkenntnisse, die zur Weiterentwicklung der Arbeit beitragen			
Jedes Mitglied der Arbeitsgruppe ist in der Lage, trotz einer großen Beziehungsnähe zu den Kolleginnen eine hilfreiche Distanz zu wahren, um Arbeits- und Freundschaftsverhältnisse nicht zu verwechseln			

Tab. 8.22: Checkliste zur Reflexion der Teamkultur

8.4 Entwicklung und Bewältigung von Konflikten

Eckhart Müller-Timmermann

Die Psychologie begegnet dem Konflikt innerhalb ihrer unterschiedlichen Anwendungsbereiche. Dies geschieht sowohl im Rahmen von Psychotherapie, wenn es um die **Bewältigung** von inneren **Konflikten** geht, als auch bei der Klärung von Differenzen zwischen Personen und Gruppen. Die Konfliktpsychologie ist ein Teilbereich der Sozialpsychologie. Sie ist eng mit weiteren Teilgebieten der Psychologie verbunden, z. B. mit der Allgemeinen Psychologie, mit der Persönlichkeitspsychologie, der Klinischen Psychologie und der Pädagogischen Psychologie (→ Kap. 2.1.2).

8.4.1 Was ist ein Konflikt?

Der Begriff **Konflikt** hat seinen Ursprung im lateinischen „confligere", was so viel bedeutet wie zusammentreffen, zusammenstoßen, kämpfen, unterwerfen. Bereits in diesen Übersetzungen finden sich alle Bestandteile der heutigen Konfliktpsychologie.

 Konflikt

Bezieht sich auf innere psychische Zustände, auf individuelle Handlungsorientierungen und Verhaltens- oder Zielunterschiede, die zwischen Individuen oder Gruppen bestehen.

Unterschiedliche Werte und Meinungen der Menschen treffen zusammen, die, wenn sie nicht miteinander ausgetauscht werden können, regelrecht aufeinanderstoßen. Dies führt oft zu unterschwelligen oder auch offenen Kämpfen und endet nicht selten im Versuch, die gegnerische Partei zu unterwerfen.

Kennzeichen von Konflikten

Allgemeine **Kennzeichen** von **Konflikten** sind, dass es einen Nährboden geben muss, auf dem der Konflikt entsteht, ein Konfliktgeschehen oder eine Gebietsverletzung. Die Konfliktpartner können nicht mehr wegschauen. Konflikten liegen also einige zentrale Komponenten zugrunde.

Spannungs- oder Konfliktfeld

Als Nährboden existiert ein **Spannungs-** oder **Konfliktfeld.** Dies sind Meinungs-, Haltungs-, Bedürfnis- und Interessensunterschiede, nicht selten auch Wesensungleichheiten, die überall, wo Menschen zusammen arbeiten, auftreten. Unterschiedliche Erziehungsphilosophien, verschiedene Auffassungen von Teamarbeit, Raucher und Nichtraucher, Selbermacher und Kooperierer, Penible und Laxe sind einige Beispiele dafür im Mitarbeiterkreis.

Fremder „Hofbetritt"

Ein konkretes Konfliktgeschehen hat als zentrales Merkmal den **fremden „Hofbetritt".** Eine Person dringt symbolisch in das Territorium einer anderen ein. Es findet ein Eingriff in die Interessenssphäre anderer statt. Dieser beruht auf Unterschieden und Gegensätzen zwischen den Erwartungen der einen Partei und dem Verhalten der anderen. Für das Gegenüber stehen Regeln, Rechte, Werte oder Bedürfnisse zur Disposition. Man fühlt sich verletzt, eingeschränkt und behindert. Die Gebietsverletzung kann nicht ignoriert werden, das heißt, die Beziehung der Parteien ist für ein Wegschauen oder Ausweichen zu eng. Und eine sofortige, für beide Konfliktparteien befriedigende und annehmbare Lösung ist nicht greifbar.

Abhängigkeit und hohe emotionale Bedeutung

Es besteht eine bestimmte **Abhängigkeit** der Personen voneinander. Sie haben gemeinsame Aufgaben, Ziele oder einfach nur die gleiche Organisation, in der sie arbeiten, und können bzw. wollen nicht einfach kündigen. Dazu kommen eine **hohe emotionale Bedeutung** und Beteiligung für mindestens eine Partei. Das steigert den Gefühlsanteil der Sache; das Spektrum kann von Ärger und Angst bis zu Wut und Verzweiflung reichen und zu psychischen und körperlichen Erkrankungen führen. Es handelt sich um aggressive und unbewusste Komponenten.

Soziale „Beißhemmung"

Typisch für Konflikte ist die **soziale „Beißhemmung".** Der innere Konflikt spielt sich dabei zwischen dem Ausleben der aggressiven Impulse zur emotionalen Entlastung und dem Aufrechterhalten der langfristig zufriedenstellenden Beziehung, dem „Zwang" zur Kooperation ab. Bei kurzfristigen Begegnungen wie im Straßenverkehr oder auf dem Fußballplatz führt stattdessen die biologische Entlastungsreaktion wie der berühmte „Stinkefinger" mit den entsprechenden Beschimpfungen zum kurzfristigen Hochkochen, aber nach der räumlichen Trennung auch wieder zum Abebben der Konfliktbrisanz.

Problematische Zuständigkeiten und persönliche Konflikte

Unklare und **problematische Zuständigkeiten,** Verantwortlichkeiten und Rollen können ein brodelndes Gemisch zusätzlich anheizen. Und nicht zuletzt sind **persönliche Konflikte,** Krisen und Eigenarten zusätzliche Faktoren des Konfliktgeschehens.

8.4.2 Konflikte im sozialen System

Konflikte kommen in jedem **sozialen System** vor. Wichtig ist bei der Beschreibung von Konflikten, wo bzw. zwischen welchen Parteien diese stattfinden: Unterschieden werden innere und zwischenmenschliche Konflikte, Konflikte zwischen Menschen und den Bedingungen, unter denen sie leben, oder Konflikte zwischen Organisationen oder Kulturen. All diese Konflikte rufen nach einer Lösung, damit ein gesundes Miteinander zustande kommen kann.

Innerer Konflikt

Der **innere** *(psychische)* **Konflikt** spielt sich in einer Person ab. Mit den inneren Konflikten haben Menschen meist bei Entscheidungen und den damit einhergehenden Schwierigkeiten und Ambivalenzen zu tun. Oft bleiben diese dem bewussten Verstehen verborgen. Das Hinauszögern einer wichtigen Bitte um Unterstützung kann den Widerstreit zwischen dem Wunsch nach der Hilfe und der Angst vor der Ablehnung symbolisieren.

Innere Konflikte zu klären, fällt in den Aufgabenbereich des Selbstmanagements, der Beratung und des Coachings (→ Kap. 11.2) sowie der Psychotherapie (→ Kap. 2.3). Es ist sehr hilfreich, sich innere Konflikte bewusst zu machen und aufzuschreiben. Noch hilfreicher ist es, mit jemandem zu reden, vor allem mit einer Person, die zurückspiegelt, was sie im Gespräch wahrnimmt. Wen das Gefühl beschleicht, immer wieder durch ähnliche innere Konflikte an vielen attraktiven Dingen im Leben und am Arbeiten gehindert zu sein, sollte fachkundige psychologische Hilfe aufsuchen.

Innere Konflikte lassen sich wiederum in drei Rubriken unterteilen. Der
- **Annäherungs-Annäherungs-Konflikt** *(A-A-Konflikt)* – es gilt, sich zwischen zwei attraktiven Alternativen zu entscheiden, was aber nicht möglich zu sein scheint, wie bei dem „buridanischen Esel, der zwischen zwei schmackhaften Heuhaufen verhungert. Wer in diesem Konflikt steht, hat z. B. die

Wahl zwischen der hochgelobten Varieté-Aufführung und dem zeitgleichen Treffen mit der zu Besuch im Ort verweilenden alten Klassenkameradin
- **Vermeidungs-Vermeidungs-Konflikt** *(V-V-Konflikt)* – zur Wahl stehen nur „Pest oder Cholera", zwei unangenehme Alternativen. Soll man den notwendigen Kleinkredit bei der Bank (teuer) oder bei den Eltern (peinlich) aufnehmen?
- **Annäherungs-Vermeidungs-Konflikt** *(A-V-Konflikt)* – die in Schwere und Tragweite gravierendste Form. Ein angestrebtes Ziel ist sowohl begehrt als auch gefürchtet. Die Erzieherin hat beispielsweise den vehementen Wunsch, einmal die Moderation der nächsten Teamsitzung zu wagen, um sich selbst zu bestätigen, verspürt auf der anderen Seite allerdings auch eine Heidenangst davor, sich zu blamieren.

Zwischenmenschlicher Konflikt

Der **zwischenmenschliche** *(soziale)* **Konflikt** hat seinen Schauplatz zwischen Einzelnen, im Team, in Untergruppen, in der Einrichtung. Die wesentlichen Erörterungen in diesem Kapitel beziehen sich auf die Konflikte zwischen Menschen und Gruppen und zwar in erster Linie auf diejenigen zwischen Erwachsenen: den Mitarbeiterinnen, der Leiterin und den Eltern.

Konflikt zwischen Menschen und äußeren Bedingungen

Konflikte zwischen **Menschen** und Rahmenbedingungen, Strukturen oder Vorschriften einfach ausmerzen zu wollen, greift zu kurz, denn sie zeigen Hinweise und Wege zu Veränderungen, Entwicklungen und neuen Lösungen.

Wo Menschen zusammenarbeiten, gibt es Differenzen zwischen ihnen. Dies ist nicht krankhaft, sondern etwas Normales und Natürliches.

Unterschiedliche Standpunkte und Aspekte stellen gemeinsame Herausforderungen dar, die kooperativ gelöst, aber auch ausgesessen, ausgekämpft oder ausgemobbt (→ Kap. 10.1) werden können. Werden Reibungen nicht offengelegt, richten sie im Untergrund wesentlich mehr Unheil an und können dort auch nicht für konstruktive Veränderungen genutzt werden. Das Ziel im Umgang mit zwischenmenschlichen Differenzen ist heutzutage, Konflikte zu beiderlei Vorteil und Gewinn, eben ohne Gesichtsverlust für eine Partei, zu lösen.

Konflikte zwischen Organisationen, Kulturen, politischen Systemen oder Religionen

Konflikte zwischen **Organisationen, Kulturen, politischen Systemen** oder **Religionen** treten häufig auf. Wenn diese Konflikte nicht zur Zufriedenheit beider Konfliktparteien beigelegt werden können, kann es zwischen politischen Systemen im Weiteren zum Krieg kommen. Die Medien sprechen in einem ersten Stadium oft noch verharmlosend von einem Konflikt, wenn es sich bereits um eine bewaffnete Auseinandersetzung handelt.

8.4.3 Art und Ausdruck von Konflikten

Die **Art** eines **Konfliktes** zu bestimmen, ist in erster Linie für eine dritte Partei, die beratend oder schlichtend eingreifen will, sinnvoll und nötig. Das kann eine Person aus dem Team der Kindertageseinrichtung sein; es kann aber auch sinnvoll sein, diese Aufgabe bei einer eigenen Beteiligung am Konfliktgeschehen nach außen abzugeben. Bei der Diagnose, welche Art von Konflikt vorherrscht, spielt die „Temperatur" eine wesentliche Rolle.

Heiße Konflikte

In **heißen Konflikten** sind die Parteien von ihren Idealen beseelt. Die eigene Position wird engagiert und mit innerer Beteiligung vertreten, z. B. zum Wohle des Kindes. Heiße Konflikte sind getragen von der Überzeugung, nur die eigenen Motive seien redlich. Die illusionäre Verklärung der eigenen handlungsleitenden Motivation grenzt bisweilen an Fanatismus. Es besteht keine direkte Absicht den Gegner zu schädigen; wenn er allerdings der Zielerreichung im Wege steht, heiligt der Zweck die Mittel. Dabei wird typischerweise die eigene Verwundbarkeit demonstrativ zur Schau gestellt.
Die Parteien scheuen sich nicht vor klarer Konfrontation. Obwohl die engagierte Dynamik auf beiden Seiten imponiert, fehlen jegliche Anzeichen von Kompromisssuche. Es finden keine Diskussionen mehr statt, denn jeder wähnt sich eindeutig auf der richtigen Seite. Die Einrichtungsatmosphäre ist permanent erhitzt; alle Betroffenen wehren sich jedoch in inniger Einigkeit gegen Klärungsgespräche oder Schlichtungsversuche.
Die Parteien versuchen jederzeit, mit hohem Engagement die eigene Sichtweise auszubreiten und die anderen zurückzudrängen. Die fremden „Hofbetritte" gehören zum Arbeitsalltag. Terraingewinne und alleinige „Besetzung" sind das Ziel der regelmäßigen kleinen Eruptionen. Es gibt immer zwei Lager, denen sich die Einzelnen anschließen müssen und die durch wortgewaltige Führer vertreten werden. Diese werden zunehmend projektiv idealisiert.

Kalte Konflikte

Der lebendigen und kraftvollen Begeisterung der heißen Auseinandersetzungen stehen die von Frustrationen und Enttäuschungen getragenen **kalten Konflikte** gegenüber. Die Emotionen werden zurückgehalten, Kontrahenten gehen sich aus dem Weg und ziehen sich in ihr Schneckenhaus zurück. Die Atmosphäre ist von Vereinzelung anstatt von Teamarbeit geprägt nach dem Motto: Es hat sowieso alles keinen Zweck.

Die Lust, das Gegenüber zu überzeugen, ist einer Resignation und Schuldanklage gewichen; für den Stillstand und die frostige Atmosphäre sind ausschließlich die anderen verantwortlich. Gespräche, Kontakte und Klärungsversuche finden nicht mehr statt, „man hat ja schließlich alles versucht", nun sind die anderen am Zuge. Sarkasmus und Zynismus blühen.

Kurzfristige Bündnisse dienen nicht der Zielannäherung, sondern sollen befürchtete Aktivitäten der Gegenseite vermeiden. Nicht mehr die eigenen Ideale befeuern die alltägliche Tätigkeit, sondern die Abgrenzung gegen die anderen. Das gesamte Team und die Einrichtung erliegen einer lähmenden Schwere, einer „sozialen Erosion", wie der Organisationsberater Friedrich Glasl beschreibt.

Es entsteht ein Führungsvakuum, in dem Antrieb, Ausrichtung und Orientierung fehlen. Das allgegenwärtige Gefühl der Ohnmacht und die Ausrichtung an Vorschriften machen krank. Die Fehlzeiten steigen und Mobbing droht. In einem fatalistischen Punkt sind sich die Parteien, wenn es bei der Vereinzelung solche überhaupt noch gibt, allerdings oft einig: Jeder Konfliktschlichtungsversuch eines Dritten wird scheitern.

Konfliktpotenzial und manifeste Konflikte

Konfliktpotenzial

Vorhandensein von Spannungs-, Problem- oder Konfliktfeldern, bevor Konflikte manifest *(deutlich erkennbar)* werden.

Heute wird nicht mehr von latenten Konflikten als Vorstufe von **manifesten Konflikten** gesprochen. Vielmehr ist von existierendem **Konfliktpotenzial** die Rede, wenn vorhandene Unterschiede und Gegensätze von Konfliktparteien noch nicht zu feindseligem Verhalten führen. Auch kalte Konflikte sind trotz einiger Ähnlichkeiten in der Erscheinungsform nicht latent, sondern sehr manifest und werden entsprechend den manifesten Konflikten zugeordnet.

8.4.4 Konfliktentstehung, Ursachen und Auslöser

Die **Ursachen** für aggressive Auseinandersetzungen sind vielfältig. Meist ist ein Zusammenspiel verschiedener Faktoren der **Auslöser** für die Zwietracht. Im Einzelnen sind dies die
- Mitarbeiterin als Person und ihr spezifisches Verhalten
- Ausrichtung und die Kultur der Institution
- Einrichtungsorganisation
- Führungskultur
- Sozialen Beziehungskomponenten wie Druck, Rollen, Teamdynamik, informelle Machtmuster, Geheimregeln
- Kommunikationskultur im Haus und diejenige gegenüber den Eltern
- Äußeren Rahmenbedingungen.

Das Zusammenspiel dieser Faktoren birgt stets Konfliktpotenzial in sich.

> Meist spielen mehrere Faktoren zusammen, wenn ein Konflikt entsteht. Heftige Kontroversen sind ein natürlicher Bestandteil jeder Tageseinrichtung für Kinder.

Konfliktthemen

Unterteilt nach der Reichweite der **Konfliktthemen** unterscheidet der Psychologe Friedrich Glasl die
- Interessenskonflikte, bei denen Reibungen z. B. durch unklare Informationen entstehen
- Positionskämpfe, bei denen Probleme z. B. durch unklare Kompetenzen entstehen
- Systemveränderungskonflikte, die z. B. bei unklaren und untauglichen organisatorischen Rahmenbedingungen entstehen.

Konfliktdetektoren

Die Frühdiagnostik bietet ein Bukett von typischen Warnzeichen, den so genannten **Konfliktdetektoren.** Isoliert für sich genommen deuten sie möglicherweise erst einmal nur auf Spannungsfelder hin, wenn sie jedoch gehäuft auftreten, führen sie zu einer ernsten Lage, die eskalieren kann. Deshalb ist es notwendig, diese Signale zu kennen und zu erkennen, um professionell und konsequent entsprechende Vorbeugemaßnahmen einzuleiten. Auch bei Konfliktsignalen gilt wie in den meisten sonstigen Lebensbereichen: Vorbeugen ist besser als heilen.

Offenkundige Signale

Bei den Konfliktdetektoren handelt es sich zum einen um verdeckte und zum anderen um **offenkundige Signale**, die für jedermann sichtbar, hör- und fühlbar das Einrichtungsklima beeinflussen: Regelmäßige lautstarke persönliche Angriffe in Besprechungen, Vorwürfe und Beleidigungen, starres und reflexhaftes Beziehen von Gegenpositionen, Verhinderung von Entwicklung durch so genannte „Killerphrasen" (→ Kap. 8.2.3) sowie demonstrative abwertende Gesten und Blicke sind immer auch als Vorboten von brisanten Kollisionen zu werten.

Verdeckte Signale

Die **verdeckten Signale** weisen auf eine ungeklärte Konfliktentwicklung hin. Sie können als latente Frühwarnzeichen wahrgenommen werden:
- Wechselseitiger Bezug aufeinander in Gesprächen und Blickkontakt werden weniger
- Es gibt mehr Schweigen und längere Gesprächspausen in Besprechungen
- Beim Aufeinandertreffen von Mitarbeiterinnen werden Gespräche abgebrochen
- Negative Äußerungen über Abwesende nehmen zu
- Aktennotizen und persönliche Protokollierungen mehren sich, überhaupt gibt es vermehrte schriftliche Kommunikation
- Offene Auseinandersetzungen werden weniger
- Lockere Küchengespräche werden seltener
- Ausreden, Ausflüchte und „Killerphrasen" wie „So etwas hat noch nie funktioniert", „Das haben wir doch vor fünf Jahren alles schon probiert", „Das kriegen wir sowieso nicht durch", „Da ziehen niemals alle mit" ersetzen gemeinsame Lösungsversuche
- Wirkliche Verständigung und Herzlichkeit werden gegen oberflächlich-floskelhafte Freundlichkeit und förmliche Höflichkeit eingetauscht; Humor wird zu Sarkasmus
- Zu-spät-Kommen und Nichterscheinen zu Terminen und Sitzungen werden häufiger
- Informationen werden als Machtinstrument begriffen und zurückgehalten
- Die Hilfsbereitschaft sinkt, das Einzelkämpfertum nimmt zu; die Feinde sitzen in der anderen Gruppe
- Neben den Teams bilden sich Lager, Cliquen und Seilschaften zur demonstrativen Solidarisierung gegen „die anderen"

- Anweisungen, Absprachen und Entscheidungen werden torpediert; Aussitzen ersetzt Handeln
- Engagierter Einsatz wandelt sich zu Dienst nach Vorschrift, Ideen und freiwillige Meldungen gehen zurück, Rückdelegationen blühen
- Die unguten Gefühle von Mitarbeiterinnen und Leitung werden stärker und können zu einer regelrechten Einrichtungsaversion werden.

8.4.5 Konfliktverlauf und Eskalationsdynamik

Ein Konflikt entsteht und eskaliert nie einfach so aus dem Nichts. Neben bestimmten Entstehungsbedingungen und typischen Spannungsfeldern ist die Entwicklung und **Eskalationsdynamik** auch durch einen charakteristischen **Konfliktverlauf** gekennzeichnet. Ein detailliertes Eskalationsmodell hat Friedrich Glasl in neun Stufen vorgestellt. Die folgende Darstellung basiert auf seinen Untersuchungen und denen der Psychologen Jutta Kreyenberg, Eckhart Müller-Timmermann sowie Michael Paschen und Erich Dihsmaier.

Stufe 1: Spannung und Polarisierung

Der leichte, offene und flexible Umgang mit Themen weicht der **Spannung** der Missstimmung und Verärgerung. Hellhörigkeit und Empfindlichkeit nehmen zu. Die Positionen verhärten sich, spontane Meinungsgruppen entstehen, dabei nimmt auch eine **Polarisierung** zu. Rückfragen nehmen ab und Schuldzuweisungen zu. Die Einzelnen nehmen die Entwicklung wahr und reden darüber, kaum jedoch mit den „anderen". Der Glaube an Annäherung durch Kommunikation besteht. Wenn dies scheitert, gleitet die Dynamik in die nächste Phase.

Stufe 2: Streit und Emotionalisierung

Der **Streit** wird überheblich, polemisch und zynisch geführt, obwohl alle immer noch beteuern, es gehe nur um die Sache. Die Parteienbildung wird stabiler, das Klima angespannter und das Imponiergehabe und Aufbrausen häufiger.
In der Anfangsphase sind Konflikte in der Regel „heiß". Die Kontrahenten versuchen, die Gegner an Schwachstellen zu erwischen. Die **Emotionalisierung** nimmt zu. Man schützt sich und die eigene Gruppe und zeigt die Überlegenheit gern in kleinen Demonstrationen. Die Verschriftlichung und die Protokollierung nehmen zu. Eine gemeinsame Lösung erscheint den Beteiligten inzwischen unwahrscheinlich.

Stufe 3: Rivalität und Misstrauen

Worte und Gespräche treten zunehmend in den Hintergrund; Körpersprache und Taten sind die Interaktionsmittel der Wahl. Das schafft zusätzliche **Rivalität** und Missverständnisse, die zu **Misstrauen** führen. Machtspiele und die Politik der vollendeten Tatsachen dominieren die Szene; Empathie schwindet. Wir sind im Recht, die anderen müssen endlich zur Vernunft kommen. So wie der Druck, in der Gruppe zusammenzuhalten, steigt, wird auch das Feindbild nach außen krasser. Das erklärte Ziel lautet, die Gegner auszubremsen, auch unter eigenen Erschwernissen wie beispielsweise persönlicher Belastung, höherem Zeitaufwand und zusätzlicher Protokollierung. In dieser Phase beginnt die Beschleunigung der Prozesse. Eine Umkehr wird zunehmend schwieriger.

Stufe 4: Koalition und Lagerbildung

In der vierten Stufe ist der klassische soziale Konflikt erreicht. Es bilden sich klare **Lager** heraus. Verbündete werden offen geworben und **Koalitionen** geschmiedet. Es geht definitiv nicht mehr um die besseren Meinungen und Standpunkte Einzelner, sondern um den Sieg der eigenen Gruppe und die Niederlage des Gegners. Mittels kleiner Racheakte, psychologischer Spiele und Dienst nach Vorschrift soll der Gegner zermürbt werden. Typisch ist die Schwarz-Weiß-Schablone, das Denken in Stereotypen, der mentale Tunnelblick; die Haltungen werden rigider, fanatischer und rücksichtsloser.

Die Feindseligkeit bestimmt das Einrichtungsklima. Das Konzept des „Bösen" für die andere Seite wird konsistenter, umfassender und unumstößlicher. Nur noch die Feindbild-kompatiblen Aktivitäten werden wahrgenommen. Die eigene Immunität hingegen wird total, das eigene Selbstbild dramatisch überhöht und glorifiziert.

Die systemische Zuschreibungsdynamik lautet sowohl „Du bist so schlecht, weil ich so gut bin" als auch „Ich bin so gut, weil du so schlecht bist". Der Mechanismus der sich selbst erfüllenden Prophezeiung sorgt für die kontinuierliche Bestätigung der Bilder. Die Interpunktion (→ Kap. 8.1.1) schreibt immer dem anderen die Ursache zu, auf die man ja nur so und nicht anders reagieren kann. Vermehrt werden Unterstützung und Bestätigung des eigenen Weltbildes von außen gesucht. Dadurch gerät der Konflikt auch an die Öffentlichkeit und wird durch Gerüchte und Denunziantentum weiter angeheizt.

Stufe 5: Ehrverletzung und Demontage

Die Öffentlichkeit wird als neues Eskalationsinstrument bewusst gesucht; dadurch sollen alle das wahre Gesicht des Gegners erkennen. Gezielte Diskriminierung, **Ehrverletzung** und **Demontage** sind das Motiv.

Die Parteien versuchen offen, sich gegenseitig zu demontieren. Die von Anfang an vorherrschende destruktive Intention des Gegners soll offenkundig werden. Von der Sachlichkeit über die Emotionalität gelangt der Konflikt nun zur „Körperlichkeit": Die Kontrahenten erzwingen eine physische Distanz, da sie die Nähe körperlich nicht mehr aushalten. Kennzeichnend für diese Phase sind die Androhung von Gewalt und rechtlichen Schritten.

Die Aktionen des Gegners werden dokumentiert, um dies später gegen ihn verwenden zu können. Das Klima ist von Konspiration und Rachsucht geprägt. Zudem hat der Konflikt sich in einen Moral- und Wertekrieg gewandelt. Die Polarisierung teilt die Welt in „wir Engel" und „die Teufel" ein. Bei dieser Ideologisierung geht es um die moralische Qualität schlechthin. Eskalation und Beschleunigung nehmen dramatische Formen an, die Beteiligten reagieren reflexhaft. Jeglicher Klärungsversuch durch interne Kräfte ist mittlerweile zum Scheitern verurteilt. Der Schritt zur nächsten Stufe ist leichter als der von Schritt vier zu fünf.

In dieser Stufe trennen sich oft die Konflikt-Entwicklungsstränge in verschiedenen Branchen:

- Im raueren Klima eines Industriebetriebes beispielsweise mag die Eskalation sich wie beschrieben erhitzen, in begrenzten Gewaltattacken münden und in einem überschaubaren Zeitraum zum Ende des Konfliktes durch einen Machteingriff führen
- In Organisationen, die Harmonie und Friedfertigkeit, möglicherweise gepaart mit einem christlichen Leitbild der Nächstenliebe, auf ihre Fahnen geschrieben haben, wird eher die „Beißhemmung" zum Tragen kommen. Es kommt eher zu einer Im- statt einer Explosion, zu einem „Hineinfressen" der Probleme statt zum offenen Kampf. Chronifizierung, langjährige quälende Verläufe, Rückzug und Verhärtung sowie Eiseskälte statt lodernder Wut können dann das Klima bestimmen.

Stufe 6: Drohung und Abschreckung

Den Einschüchterungs- und Drohgebärden der fünften Stufe folgen radikale Drohmanöver mit Ultimaten für dosierte Gewaltanwendungen. Furcht soll gezielt erzeugt werden. Die demonstrierte Bereitschaft, eigenen Schaden in Kauf zu nehmen, soll die Ernsthaftigkeit der **Drohungen** unterstreichen. Der Gewaltaspekt droht außer Kontrolle zu geraten, die Ereignisse können sich überstürzen. Archaische Konfliktbewältigungsmuster zur **Abschreckung** nehmen zu. Die angedrohte Aggression rechtfertigt die eigenen Gewaltimpulse. Die ersten „Abtrünnigen" innerhalb einer Gruppe müssen mit Strafen und Diffamierungen rechnen.

Stufe 7: Gewalt und Schädigung

In der siebten Stufe ist mittlerweile das Ausgangsproblem komplett in Vergessenheit geraten. Jede Kommunikation ist tot. Beide Parteien haben nur noch den Machterhalt und das eigene Überleben im Visier, welches durch begrenzte Vernichtungsschläge dem anderen gegenüber gesichert werden soll. Dabei hilft die Entpersönlichung des Gegners; er wird nicht mehr nur verteufelt, sondern zum „Ding" erklärt, welches schwer verwundet oder sogar unschädlich gemacht werden muss. **Gewalt** und **Schädigung** werden angewandt. Die Kontrahenten sind sich inzwischen bewusst, dass dabei alle verlieren. Typisch sind Sabotageakte, die unangekündigt platziert werden. Unterlagen verschwinden, Festplatten werden gelöscht oder Geräte und Material unbrauchbar gemacht, Auge um Auge, Zahn um Zahn: Die Spirale eskaliert durch Zerstörung und Vergeltung.

Stufe 8: Blinde Wut und Vernichtung

In der achten Stufe gilt es rücksichts- und hemmungslos, den Gegner komplett zu zerstören und zu vernichten. Dabei wird die Schwächung der Lager durch Zersplitterung angestrebt. Die letzten Hemmungen fallen in blinder Wut, es gibt nichts mehr zu verlieren. Größter eigener Schaden wird in Kauf genommen, wenn derjenige des Gegners noch größer ist. Dessen totale **Vernichtung** ist das erklärte Ziel.

Stufe 9: Totaler Krieg und Systemzerstörung

In der neunten Stufe treiben die Parteien gemeinsam in den Abgrund. Sie schlagen nur noch besinnungslos um sich, setzen brutalste Gewalt ein und führen einen **totalen Krieg.** Die Kosten für eine Umkehr erscheinen höher als diejenigen der Vernichtung. Auch der eigene Untergang wird in Kauf genommen, da das Bewusstsein, den Gegner mit in den Abgrund zu reißen, eine ausreichende Genugtuung bietet. Bei dieser **Systemzerstörung** dominieren archaische Verhaltensmuster, jegliche zivilisatorischen Impulse sind verschwunden.

8.4.6 Folgen und Auswirkungen von Konflikten

Konflikte sind nicht nur schädlich. Ihre **Folgen** und **Auswirkungen** können bei den Konfliktparteien etwas bewirken und sogar im Nachhinein von Nutzen sein – auch wenn das im Moment der Auseinandersetzung selbst noch nicht gesehen werden kann.

Der Nutzen von Konflikten

Konfliktschlichtung darf nie lediglich die Beseitigung eines unangenehmen Status, das eilige Abstellen eines störenden Zustandes als Leitmotiv haben. Vorab ist zu klären: Was ist der Gewinn für das System und die Einzelnen, haben manche einen größeren **Nutzen** vom Fortbestand des Krieges und wo ist der Entwicklungsfortschritt verborgen?

Konflikte als Wachstumsressource

Jede Krise birgt eine Chance und ist eine Wachstumsressource. Ohne Auseinandersetzung gibt es keine Entwicklung und Dauerharmonie führt letztlich zum Stillstand. Die Gesamtheit eines Problemkomplexes wird vielfach erst in der Betrachtung der Widersprüche deutlich. Erst im Widerstreit konkurrierender Standpunkte und Bestrebungen können neue Perspektiven zum Leben erweckt werden, auch wenn dieser Weg von den Betroffenen meist eher als Last erlebt wird, vor allem dann, wenn sie mittendrin stecken.

Konflikte sind kein Fehler im System oder eine Führungsschwäche. An der Unfähigkeit des Krisenmanagements allerdings kann eine mangelnde Leitungskompetenz deutlich werden. Im Zuge der großen Veränderungen in der gegenwärtigen Einrichtungspolitik, die Spannungen, Widerstand und Gegnerschaft geradezu hervorbringen, können Lösungen nur in der ganzheitlichen und integrativen Behandlung der beiden widerstreitenden Lager erreicht werden.

Abb. 8.23: Jede Krise birgt eine Chance und ist ein Wachstumsprozess. Der Weg führt meist nicht an Auseinandersetzungen vorbei

Konflikte als Schutz vor Verlust

Ein weiterer Nutzen eines Konfliktes wird durch den Begriff **Verlustangst** charakterisiert. Manchmal befürchten Kampfhähne, durch friedliche Schlichtung auf bestimmte Vorteile verzichten zu müssen, Einfluss zu verlieren, Terrain abgeben zu müssen. Vielleicht kann ja auch durch das Beibehalten des Konfliktes eine anstehende notwendige Veränderung, die als Bedrohung erlebt wird, verhindert oder sonst ein unangenehmes Erschwernis vermieden werden.

Konflikte aus Streitlust

Den dritten Nutzen des Konfliktes findet man in der **Streitlust.** Etliche Menschen fühlen sich erst im Streit lebendig. Gegenpositionen zu besetzen bedeutet für sie eine Art vertrauter Interaktion und Beziehungsaufnahme. „Gegensätze ziehen sich an", „Streiten verbindet" oder „Nur wer sich auseinandersetzt, kann sich auch zusammensetzen" sind bekannte Lebensweisheiten der „Streithennen".

Die eigene Rolle im Konfliktgeschehen

Die Wahl des Konfliktlöse-Instrumentes hängt von der **eigenen Rolle im Konfliktgeschehen** ab. Hierbei ist einerseits das Ausmaß der Beteiligung wesentlich, d.h. die Nähe oder Distanz zum Konfliktherd, andererseits die Hierarchierelation. Daraus ergeben sich fünf mögliche Konstellationen und Strategien für die Person, die an der Konfliktlösung interessiert ist (→ Tab. 8.24).
Bei einer persönlichen Beteiligung ist es in den meisten Fällen richtig, eine neutrale Person hinzuzuziehen, da die eigene Verwicklung so genannte Blinde Flecken (→ Kap. 8.2.1) erzeugt, die von außen klarer zu erkennen sind. Je unbeteiligter man ist, desto eher kann die neutrale Moderation aus der Helikopter-Position greifen. In der Vorgesetzten-Position ist immer die Macht-/Ohnmachtfrage zu berücksichtigen. Als Leitungskraft ist es ziemlich schwierig, sich ohne Dritte auf gleicher Augenhöhe mit wechselseitiger Öffnung zu begegnen.

Hierarchie	Beteiligung	Strategie
Vorgesetzt	Unbeteiligt	• Mitarbeiter-(Kritik-)Gespräch, einzeln • Konfliktmoderation, beide Parteien
Vorgesetzt	Beteiligt	• Mitarbeitergespräch • Gespräch mit dem Vorgesetzten; beide Parteien • Externe Moderation
Gleichgestellt	Beteiligt	• Kollegiales Gespräch • Gespräch mit dem Vorgesetzten, allein oder beide • Externe Moderation

Hierarchie	Beteiligung	Strategie
Unterstellt	Beteiligt	• Gespräch mit dem Vorgesetzten des Beteiligten • Gespräch mit der Personalvertretung • Gespräch mit dem Vorgesetzten
Extern	Unbeteiligt	• Konfliktmoderation, alle • Mediation, alle • Einzelgespräche • Einbeziehen des Vorgesetzen • Ggf. Einbeziehen der Personalvertretung

Tab. 8.24: Die Konfliktbehandlung ist abhängig von der eigenen Rolle im Konfliktgeschehen

Konfliktkompetenz

Bei Ausschreibungen und im Anforderungsprofil ist oft die Konfliktfähigkeit einer Mitarbeiterin gefragt. Wer konfliktfähig ist, kann Krisenherde souverän handhaben und dazu braucht derjenige **Konfliktkompetenz.** Ein Bündel von sieben konstruktiven Merkmalen macht die Konfliktkompetenz aus.

Merkmal 1: Wissen

Zur Konfliktkompetenz gehört das **Wissen** über das Wesen und die Dynamik von Konflikten. Darüber hinaus muss ein Methodeninventar zur Lösung brenzliger Lagen vorhanden sein. Dazu gehört auch der erfahrene diagnostische Blick, mit welchen Anzeichen sich die Schwierigkeiten im eigenen Arbeitsfeld der elementarpädagogischen Einrichtungen manifestieren.

Merkmal 2: Kenntnis des eigenen Konfliktstils

Beim zweiten Merkmal ist **Selbsterkenntnis** vonnöten: Alle Menschen haben einen persönlichen Konfliktstil, eine individuelle Konflikt-Philosophie, welche das eigene Verhalten bei Auseinandersetzungen moderiert (→ Abb. 8.25). Der Weg hin zu einer Lösung hängt immer von der Persönlichkeitsstruktur ab. Dabei prallen diejenigen, die Klären durch Auseinandersetzen gewohnt sind, mit denjenigen zusammen, die Konflikte mittels Zusammensetzen bereinigen wollen.

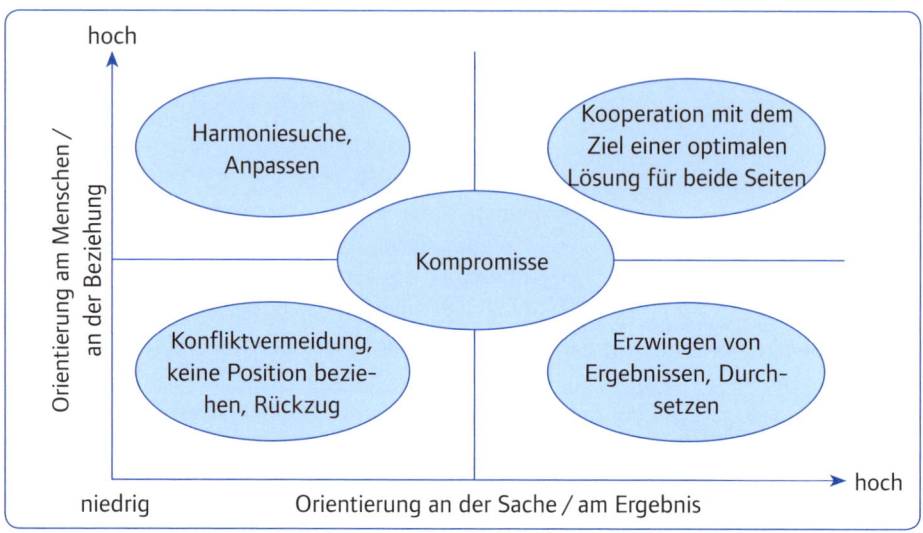

Abb. 8.25: Die fünf klassischen Konfliktstile bzw. Streittypen (nach Blake & Mouton) ergeben sich aus verschiedenen Leitorientierungen. Die Persönlichkeitsstruktur beeinflusst das Konfliktverhalten

Die persönlichen Grundorientierungen im Umgang mit Zwietracht lassen sich auch in Streittypen darstellen: Löwe, Schnecke und Schlange kann man spielerisch im Team zuordnen. Der Löwe neigt rasch zu Angriff und Kampf; die Schnecken machen dicht und verkriechen sich und die Schlange windet sich und verspritzt Gift.

In der Täterpsychologie bei Gewaltkriminalität wird zudem zwischen Pitbulls und Kobras unterschieden. Bei Pitbulls baut sich der Ärger langsam auf, die Aggressivität nimmt stufenweise zu und mündet im vorhersehbaren Angriff. Die selteneren und gefährlicheren Kobras hingegen werden zunehmend ruhiger, um plötzlich und unerwartet blitzschnell, mit Worten, zuzuschlagen.

Merkmal 3: Kenntnis der eigenen „Hörgewohnheiten"

Zum konstruktiven Konfliktmanagement (→ Kap. 8.4.7) gehört das **Wissen** über die **eigenen Hörgewohnheiten,** denn durch Missverstehen und Hineininterpretieren werden die ersten Lunten gelegt. Mit Konfliktkompetenz geht eine gesunde „Vierohrigkeit" einher (→ Kap. 8.1.2). Das bedeutet, die eigenen eingefahrenen, oft einseitigen Gleise der Wahrnehmung zu hinterfragen.

Reflektieren Sie, mit welchem Ohr Sie hören: Neige ich dazu, immer nur sachlich zu hören, ohne den Menschen dahinter wahrzunehmen? Neige ich dazu, vermehrt mit meinem Beziehungsohr zu hören, fühle ich mich dadurch unterschwellig angegriffen und überhöre den Inhalt des Gesagten? Verspüre ich permanent Aufforderungen (Appelle), was mich zum vorschnellen Handeln verleitet? Oder nehme ich übermäßig stark mit dem Selbstoffenbarungsohr dasjenige wahr, was die Person über sich aussagt und verwässere dadurch möglicherweise klare Handlungsnotwendigkeiten?

Merkmal 4: Mut

Das vierte Merkmal ist der **Mut** zur offensiven, aber „sozialverträglichen" Ansprache und damit die Begabung, konstruktive Kritik zu äußern und anzunehmen.

Merkmal 5: Fähigkeit zur Standortverlagerung

Beim fünften Merkmal ist die Fähigkeit zur **Standortverlagerung** gefordert, mittels derer ein Problem auch aus der Perspektive des anderen betrachtet werden kann.

Merkmal 6: Konfliktdynamik nutzen

Als sechstes Merkmal gilt die Bereitschaft, schwierige und unlösbare Kontroversen auszuhalten und stehen zu lassen, statt hektisch zu agieren und die **Dynamik** zwischen den beiden Konfliktpolen zu nutzen, statt sie zu richten.

Merkmal 7: Wille zur Lösung

Beim siebten Merkmal ist der **Wille** nötig, immer die beste Lösung anzustreben, statt faule Kompromisse einzugehen.
Wenn sich zu diesen konstruktiven Merkmalen eine grundsätzliche Bereitschaft gesellt, den Dialog zu suchen, Fehler einzugestehen und nicht nachtragend zu sein, ist der Konfliktmanager perfekt.

Perspektivenkompetenz

Das erfolgreiche Handling einer konkreten Konfliktsituation beginnt mit der flexiblen **Perspektivenkompetenz**. Damit ist nach dem Pädagogen Claus Nowak die Fähigkeit gemeint, eine brenzlige Lage aus drei Richtungen heraus wahrnehmen zu können:

- **Ich-Position** – hier geht es um die eigenen Interessen, Bedürfnisse und Forderungen. Hierbei tun sich solche Erzieherinnen schwer, die sich, von einem Helfersyndrom betroffen, eigene berechtigte Gefühle und Ansprüche nicht zugestehen bzw. diese nicht erkennen können
- **Du-Position** – erfordert eine Standortverlagerung, das Hineinversetzen in das Gegenüber. Eine solche Als-ob-Haltung (→ Kap. 8.2.1) einzunehmen fällt selbstbezogenen Menschen mit entsprechend verkümmerter Außenantenne schwer
- **Meta-Position** – aus einer Distanz zum Ich und zum Du kann ein Konflikt von außen, aus der Helikopterposition wie aus der Wahrnehmung einer dritten, neutralen Person heraus, betrachtet werden. Hoch identifizierten und emotional verwickelten Erzieherinnen wird diese Variante nicht leicht fallen.

Alle drei Haltungen nacheinander auf dem Klärungsweg einzunehmen, erhöht die Erfolgswahrscheinlichkeit und bedarf in der Regel einer kundigen Begleitung.

8.4.7 Konfliktmanagement

Wenn unterschiedliche Menschen miteinander arbeiten, existieren in der Regel bestimmte Spannungsfelder: Themen, die von zwei Seiten betrachtet werden und bei denen jede Partei nachvollziehbare Gründe für den eigenen Standpunkt vorbringen kann. Hier muss das **Konfliktmanagement** unter der Warte eines Ziels und unter der Einhaltung von Spielregeln überlegt werden.

Ziele der Konfliktklärung vereinbaren

Vom systemischen Ansatz ausgehend fragt ein Supervisor zu Beginn eines Konfliktlösungsprozesses, was genau sein soll, wenn die Krise beigelegt ist. Welches sind die **Ziele** der **Konfliktklärung?** In vielen Fällen können die Betroffenen eine solche Zukunftsprojektion mit einer realistisch weiterentwickelten Lage erstellen, welche dann als Leitlinie für die Schlichtung fungiert.
Bei anderen Teams hingegen steht der Wunsch nach Rückkehr zur Harmonie im Vordergrund. Die verständliche Sehnsucht nach einer ausgeglichenen Atmosphäre, bei der aber die Aggressionen permanent unterdrückt werden, macht

jedoch ein rasches, erneutes Aufflammen der Auseinandersetzungen wahrscheinlich. Die Unterschiede zum gegenwärtigen Verhalten sind zu groß.

Die sinnvollen und tauglichen Ziele einer Konfliktklärung sind das
- Schaffen eines Einrichtungsfriedens, sodass Produktivität und Arbeitszufriedenheit wieder eine Chance haben. Die Gegensätze können weiterhin bestehen, die Akzeptanz ist jedoch gewachsen und der Streit deutlich vermindert
- Abstellen der Beeinträchtigungen der Arbeit, der Beeinträchtigung durch „Kunden-Kontakte", durch die Kommunikation und das Betriebsklima
- Wiederherstellen von Vertrauen, Heiterkeit und Energie für Kreativität und Produktivität, Gesundheit, Zufriedenheit und Wohlbefinden
- Entfalten von Innovation und Weiterentwicklung aus der Spannung der Konfliktfelder heraus.

Spielregeln einhalten

Lange bevor die unterschiedlichen Positionen und die damit einhergehenden Spannungen zu Konflikten werden, können der Betriebsfrieden und die konstruktive Arbeit gewahrt werden. Auch wenn der Konflikt bereits zutage tritt, gilt, dass bestimmte **Spielregeln** bei der Konfliktklärung eingehalten werden müssen.

Verbindliche Vereinbarungen

Ein Team mit selbst entwickelten, klaren Spielregeln verfügt über verbindliche **Vereinbarungen** bezüglich der Umgangskultur. Übertretungen werden schwieriger, das Verantwortungsgefühl steigt und alle fühlen sich stärker verpflichtet und eingebunden. Dennoch benötigt eine solche Vereinbarung auch Kontrollen. Diese können kollegial oder abwechselnd durch „Regelwächter auf Zeit" vorgenommen werden. Regeln sollten turnusmäßig auf ihre Tauglichkeit, Aktualität und Widersprüchlichkeit mit neuen Bestimmungen überprüft werden. Oft stellt die befristete Einrichtung eines „Pilotprojektes" mit terminierter Evaluation einen allgemein akzeptierbaren Weg für neue Vereinbarungen dar. Wenn es auf diese Weise überhaupt nicht funktioniert, gilt es herauszufinden, ob die Regel untauglich ist, die Bedingungen problematisch sind, die Toleranzgrenzen zu eng gesehen werden oder die Vermittlung für alle nicht ausreichend war.

Ein häufiger Grund für mangelnde Verbindlichkeit beim Einhalten von Regeln liegt an der Art des Zustandekommens: der Mehrheitsabstimmung. Regelungsbedürftige Spannungsfelder gehen oft mit sehr persönlichen Haltungen und „Herzblut" einher. Deshalb empfiehlt es sich, den „Verlierern" einer Abstimmung besonders viel Aufmerksamkeit und Entgegenkommen zu widmen, gegebenenfalls bringt eine Art „psychologischer Ausgleich" wieder alle in ein Boot. Am besten ist es, bei brisanten Themen etwas länger zu debattieren und einvernehmliche Wege der Konfliktklärung zu finden.

Feedback und gezielte Aussprache

Offene und vertrauensvolle Kommunikation schafft Nähe. Hingegen steigt die Gewaltbereitschaft mit zunehmender physischer und psychologischer Distanz der Kontrahenten. In Friedens-, aber besonders in Krisenzeiten stellt die Kommunikation mit Methoden wie **Feedback** und **gezielter Aussprache** daher den Königsweg bei Vorbeugung und Therapie dar.

Gezielte Aussprache

Die **gezielte Aussprache** über bekannte Konfliktpunkte und über offenkundige Beziehungsstörungen kann unter vier Augen stattfinden und wird oft mit Zivilcourage der Beteiligten herbeigeführt. Genauso gut kann sie in kleinen Gruppen und mit der Leitung stattfinden.

Feedback

Die Anlässe und Gelegenheiten sind nahezu unbegrenzt, bei denen der Einzelne um Feedback bitten kann. Er soll bereit sein, Rückmeldungen anderer hörbereit wahrzunehmen und selbst in angemessener Form zu geben. Das Geben und Annehmen von Feedback soll konstruktiv gestaltet sein (→ Kap. 8.2.1).

Die wichtigen kontroversen Themen gehören in die Mitarbeiterbesprechung. Hier kann mit beiden Methoden eine allgemeine, regelmäßige „Klimainventur" stattfinden. Viele kleine Stolperfallen und kleinere Gefechte lassen sich durch zeitnahe informelle Gespräche zwischen Tür und Angel entschärfen; eine gesunde Einrichtungskultur fördert diese und gewährt Zeit- und Rückzugsräume dafür.

Abb. 8.26: Es gibt viele Anlässe, um ein Feedback zu bitten. Die wichtigen kontroversen Themen gehören in die Mitarbeiterbesprechung

Kollegiale Konfliktlösung

Mit den bislang vorgestellten Instrumenten sollte es nun möglich sein, zumindest die Konflikte zwischen den Kontrahenten als **kollegiale Konfliktlösung** auf den niederen Stufen des Konfliktverlaufs zu klären. Erst wenn das Streitpotenzial die dritte Stufe von Rivalität und Misstrauen erreicht hat, sinken die Chancen eines gelungenen Zwei-Gruppen- bzw. Vier-Augen-Gesprächs deutlich. Für die Konfliktfelder bis zur zweiten Stufe (→ Kap. 8.4.5) gibt es in Anlehnung an die Psychologin Jutta Kreyenberg nützliche Tipps für eine erfolgreiche Gestaltung einer kollegialen Konfliktlösungssitzung.

Vorbereitung

Wenn aufgrund der Initiative einer Beteiligten oder durch Anregung der Leiterin ein „Streitdialog" vereinbart wurde, ist es lohnend, vorab die eigenen aufgewallten Emotionen einer Kontrolle zu unterziehen, zumindest durch eine abkühlende zeitliche Distanz. Die Betroffenen sollen mindestens einmal darüber schlafen und vielleicht die Szenerie mit einer vertrauten Person vorab durchsprechen oder durchspielen. Jede Partei klärt vorher, welches die eigenen Anteile der Krise sind und welche Ziele sie hat, wie groß die Bereitschaft ist, eine einvernehmliche Lösung ohne Gesichtsverlust zu erzielen, und inwiefern nicht doch auch die Positionen der anderen Seite verständlich sind. Zudem gilt es festzulegen, welcher Ort und welcher Zeitrahmen die günstigsten Bedingungen für eine erfolgreiche Verhandlung bieten und – im Falle von zwei größeren Gruppen – wer die Delegation besetzen soll. Hierzu solle immer eingeladen und nicht herbeizitiert werden.

Meinungsabgleich und Neudefinition des Problems

Nach einer freundlichen, persönlich gehaltenen Eröffnung hat es sich bewährt, dass eine Partei in Ruhe redet, während die andere aufmerksam zuhört und lediglich durch Verständnisfragen unterbricht. Der anschließende Dialog beinhaltet sowohl weitere wechselseitige Vertiefungen als auch das interessierte Zuhören und Nachvollziehen der anderen Sichtweise.
Eine kommunikative Grundaussage besagt: Vom jeweiligen Standort aus betrachtet hat jeder auf seine Weise recht. Eine wesentliche Komponente bildet die besondere Sorgfalt für die „tieferen Schichten", die berührten Gefühle, die sachlichen und emotionalen Hintergründe und die persönlichen Werte des Gegenübers. Dieser Meinungsabgleich führt nicht dazu, festzustellen, wer Recht hat, sondern dazu, die Bereitschaft zur Einsicht zu erzeugen und friedliche Wege zueinander zu finden. Als Zwischenbilanz bietet es sich an, nun einmal eine Neudefinition des gemeinsamen Problems vorzunehmen.

Lösungssuche

Wenn keine Denkpause vereinbart wird, gilt es jetzt, gemeinsam an Lösungen zu arbeiten. Diese können entweder im Dialog oder mittels kreativer Methoden wie Brainstorming gefunden werden. Für die entwickelten Vorsätze und Projekte werden letztlich noch Prüfkriterien benannt, anhand derer man feststellen kann, ob die Vorhaben auch umgesetzt worden sind. Ein späterer neuer Termin kann anberaumt werden, für ein kurzes gemeinsames Feedback über das Gespräch sollte immer Zeit sein.

Initiativgespräch

Einer aufmerksamen und wachen Leiterin, die sich regelmäßig in den Gruppen zeigt und an den alltäglichen Interaktionen teilnimmt, wird recht früh auffallen, an welchen Stellen und bei welchen Personen Konflikte vorhanden sind. Um Klarheit zu gewinnen, ihrer Fürsorgepflicht nachzukommen, den Anfängen zu wehren und eine Eskalation abzufedern, bittet sie die einzelnen Beteiligten diskret zu einem Initiativgespräch. Weder die Einladung und schon gar nicht das Ansprechen der konkreten Wahrnehmung sollen vor Dritten geschehen. Die Grundhaltung in einer solchen Aussprache ist wohlwollend, sorgend und lernend.

Möglicher Verlauf

Die Leiterin bereitet sich sorgfältig vor und sammelt Wahrnehmungen und Fakten. Weiter ist die Wahl eines ruhigen Zeitpunktes ohne Störungen in partnerschaftlicher Sitzordnung eine günstige Grundlage.
Zu Beginn beschreibt die Leiterin den Gesprächsinhalt, z. B. ob es um das Betriebsklima geht, um die Arbeitszufriedenheit oder um Belastungen durch mögliche Konfliktherde. Dann folgt die Beschreibung des Gesprächscharakters, z. B. die Fürsorgebereitschaft, und schließlich stellt sie das Gesprächsziel des Initiativgesprächs dar, z. B. den Abgleich von Wahrnehmungen und gegebenenfalls Maßnahmen.
Die Leiterin wird dann im Sinne der Transparenz ihre Wahrnehmungen, Vermutungen und Gefühle benennen und um Rückäußerung und Stellungnahme bitten. Ein Zaubersatz zu Beginn eines solchen Treffens beginnt übrigens mit: „Ich mache mir Sorgen, weil ich den Eindruck habe, dass …" Ungünstig ist ein Satz wie: „In letzter Zeit bist du immer so unwirsch zu deiner Kollegin".
Egal wie die Mitarbeiterin reagiert, es gilt lediglich, interessiert und zugewandt zuzuhören, nachzufragen und gelegentlich das Gehörte zur Überprüfung zu wiederholen sowie zusammenzufassen. Dazu können Sätze verwendet werden

wie „Ich habe dich so verstanden ...". Bewertungen oder Gegenargumente sollen unterbleiben.

Falls die Erzieherin mit Erleichterung reagiert, weil sie sich endlich einmal entlasten kann, können beide über die Brennpunkte und die damit verbundenen Gefühle sprechen, eine gemeinsame Definition des Problems abfassen sowie über Ursachen und vor allem weitere Konsequenzen reden.

> Für einen guten Gesprächsverlauf ist es hilfreich, immer erst die Konfliktlösungsvorstellungen der Mitarbeiterin zu erfragen und danach eine gemeinsame Lösungsstrategie zu erarbeiten.

Möglicherweise erfährt die Leitung aber auch eine spontane Abwehr. Alles wird abgestritten, es sei nur Einbildung oder die Mitarbeiterin will nicht darüber reden und führt gar vehemente Gegenklage wegen vermeintlicher Verleumdung. Auch hier gilt es, Ruhe zu bewahren, zugewandt zuzuhören und Interesse an der Wahrnehmung und Erläuterung der Kollegin zu zeigen. Das Gespräch sollte nicht künstlich verlängert werden, sondern mit Dank für die Gesprächsbereitschaft enden. Die weitere sorgfältige Beobachtung des Geschehens mit dem Hinweis darauf, dass Missstimmungen mittelfristig nicht zu tolerieren sind, muss allerdings zugesichert werden.

Kritikgespräch

Für den Fall, dass ein eindeutiges Fehlverhalten einer Mitarbeiterin zu problematischen Lagen in der Einrichtung beiträgt, muss ein **Kritikgespräch** geführt werden. Es hat zum Ziel, die betreffende Person mit dem kritikwürdigen Verhalten zu konfrontieren, Einsicht zu erzielen und eine Wandlung herbeizuführen. Dafür sollte die Datenlage eindeutig sein, die Beweise fest und der Hauptanteil der zitierten Person am Geschehen gesichert. Grundsätzlich orientieren sich der Ablauf und der Tenor am Initiativgespräch; die Vorgesetzte hat hier allerdings stärker das Fehlverhalten, den gesamten Betriebsfrieden und die Beendigung eines bestimmten Verhaltens im Auge.

Merkmale eines Kritikgesprächs

Ein grobes Raster für ein Kritikgespräch gibt Hilfestellungen für die Praxis:
- Sorgfältige Vorbereitung; ruhiger Zeitraum ohne Störungen
- Positive Gesprächseröffnung

- Problem konkret, sachlich und ruhig benennen; eigene Informationen und Wahrnehmungen ansprechen; keine Verallgemeinerungen
- Möglichkeit der Stellungnahme durch die Mitarbeiterin
- Eigene Bewertung des Sachverhaltes oder des Verhaltens; Soll-Ist-Vergleich; sachlich und eindeutig in den eigenen Aussagen sein, dabei die eigene ehrliche emotionale Betroffenheit allerdings nicht völlig unterdrücken
- Gemeinsame Ursachenanalyse nach dem „Ka-We-Da-Wi"-Raster vornehmen
  - **Ka**nn sie? Sind Fähigkeiten vorhanden, gibt es Hemmnisse durch den Arbeitsplatz? Fühlt sie sich falsch eingesetzt?
  - **We**iß sie? Sind Informationen über Anforderungen und Ziele vorhanden?
  - **Da**rf sie? Gibt es soziale Hemmnisse wie Gruppendruck, Partner; reichen die formalen Befugnisse? Hier kommt die mögliche Nähe zu einem Konflikt, an dem mehrere beteiligt sind, zur Sprache
  - **Wi**ll sie? Ist Motivation und Leistungsbereitschaft vorhanden, demotivieren Kolleg/innen oder gar die Chefin? Auch hier können Konflikte eine Rolle spielen
- Gemeinsame konkrete (veränderte) Problemdefinition mit dem Ziel: Einsicht und Kooperation; keine Abschwächung
- Problemlösung erfragen, suchen, erarbeiten oder vorschlagen
- Zielvereinbarung; eigene Notizen machen oder gemeinsam schriftlich Ziele, Vorgehensweise, Termine und Kontrolle festhalten
- Motivation schaffen; für die Zielerreichung förderliche Ressourcen der Mitarbeiterin ansprechen; das Selbstbild, in anderen Aspekten eine kompetente Erzieherin zu sein, bestätigen
- Positiven Ausstieg suchen.

Unter systemischer Sichtweise hat selten einer die Schuld oder ist der Bösewicht. Allerdings hat diese Perspektive für manche Führungskraft eine verführerische Einfachheit. Problemlösend wirkt ein einseitiges Kritikgespräch aber nur dann, wenn einer Person unstreitig destruktives Verhalten zuzuschreiben ist, welches sie relativ unabhängig von den anderen zeigt.

Konfliktlösungsstrategien mithilfe Dritter

Wenn die streitenden Parteien sich nicht mehr selbst helfen können oder wollen, können sie nach **Konfliktlösestrategien mithilfe Dritter** suchen. Der neutrale Dritte kann als Richter oder Schlichter und als Vermittler oder Moderator auftreten. Im ersten Fall werden die Betroffenen nicht beteiligt und geben die Verantwortung ab. Dies mindert ihre Identifikation mit der Lösung deutlich. Wer die Verantwortung übernimmt, muss Kenntnis von der Konfliktmaterie haben und entweder ein „Urteil" im Sinne von „Recht sprechen" erlassen, wobei in der Regel eine Partei verliert, oder nach eigenem Gutdünken schlichten. Ein Lernen aus Dilemmata ist bei dieser Vorgehensweise nicht wahrscheinlich und ähnliche Konflikte werden immer wieder aufflackern. Ab der fünften und sechsten Stufe in der Eskalationshierarchie wird eine Konfliktlösung mithilfe Dritter nicht mehr zu umgehen sein.

Die moderierte Konfliktlösung

Den Königsweg der **Konfliktlösung** in frühen Stadien des Konfliktverlaufs beschreiten Betroffene, indem sie einen **Moderator** oder Mediator hinzuziehen. Manche Fachautoren unterscheiden zwischen dem stärker strukturierten und methodisch mehr ausdifferenzierten, vorgerichtlichen Verfahren der Mediation und dem klassisch moderiert-begleitenden Vorgehen der Konfliktmoderation. Die Mediation hat große Ähnlichkeiten mit einem Schlichtungsprozess, während sich die Konfliktmoderation eher an den Beteiligten orientiert. Sowohl in der Theorie als auch in der Praxis zeigt jede der beiden Methoden eine sehr große Bandbreite. Die folgende Darstellung geht von einem ganzheitlichen Ansatz der Konfliktlösung durch Konfliktmoderation aus.
Die Rolle des Moderators ist in diesem Ansatz die eines Prozessbegleiters. Die Aufgabe kann von einem Vorgesetzten wahrgenommen werden; eine größere Unparteilichkeit und geringere Rollenverwicklungen sind hingegen bei einem externen Berater wahrscheinlich.
Der Moderator übernimmt die Verantwortung für den Rahmen, der es den Parteien ermöglicht, einen Lösungsweg zu finden. Er bewirkt dies durch seine Kompetenz, seine wertschätzende, empathische und zugewandte Haltung, durch sein Zutrauen in die Lösungsfähigkeit der Parteien, durch das Unterbinden von Regelverletzungen und Entgleisungen und durch seine klar strukturierte demonstrierte Gerechtigkeit im Prozess.
Haben sich die Streithähne zu sehr ineinander verkeilt, schafft er die abkühlende Distanz. Hat der Prozess sich in fortgeschrittenem Stadium unheilvoll beschleunigt, sorgt er für Entschleunigung. Und wie bei Krisen an der Börse, wenn größtes Unheil droht, unterbricht er die Verhandlung und setzt den Fortgang aus. Ein tauglicher Moderator kann sich in die Positionen beider Parteien hineinversetzen und weitestgehend trennen zwischen eigenen Strebungen und denen der Kampfhähne. Auf Seiten der Streitenden benötigt er das Einverständnis für ein solches moderiertes Verfahren und eine grundsätzliche Verhandlungsbereitschaft.

Die moderierte Konfliktkonferenz

Einer **moderierten Konfliktkonferenz** gehen zunächst getrennte Vorgespräche mit den einzelnen Kontrahenten voran. Zunächst werden dabei Informationen gegeben und die Bereitschaft für einen moderierten Lösungsversuch ausgelotet. So kann der Ablauf besser geplant werden. Durch die Gesprächsführung des Moderators kann eine erste Selbstklärung der Beteiligten geschehen, ein geschütztes „Probeöffnen" und ein Anwärmen mit diesem Verfahren. Dann verläuft die moderierte Konfliktkonferenz am besten folgendermaßen:

- **Aufwärmen** – eingangs muss abgeglichen werden, was der Hintergrund und die Intention dieser Moderation sind. Der Moderator erklärt seine Funktion, den Ablauf und mit welchen Methoden er arbeiten wird. Hier bieten sich Visualisierung oder Rollenspiele an. Die Spielregeln werden vereinbart und die Frage geklärt, ob beide Parteien heute bereit und in der Lage sind, diesen Weg zu gehen. Ein angenehmes und ungestörtes Umfeld ist zuträglich
- **Vorausschauen** – jede Partei erhält kurz Gelegenheit, die eigenen Vorstellungen über den Weg und das Ziel zu artikulieren. Kompromisssuche, Akzeptanz der Unterschiedlichkeit, Werben um Verständnis, Suche nach Gleichklang, Wiederherstellen von Frieden könnten als Ziele benannt werden. Eine laute Auseinandersetzung oder eine vorsichtige und behutsame Annäherung im Gespräch könnten neben zahlreichen weiteren gewünschte Wege sein
- **Anhören** – jetzt wird es inhaltlich; die Kontrahenten erklären der jeweils anderen Seite in Ruhe ihre Positionen und die wahrgenommenen Hofbetritte (→ Kap. 8.4.1). Dies ist immer die subjektive Sicht- und Erlebensweise einer Partei. Deshalb haben sich hier „Ich-Botschaften" (→ Kap. 8.2.1) wie „Wir hatten den Eindruck, ihr habt unser Anliegen abfällig behandelt und haben uns verletzt gefühlt" als förderlich herausgestellt. Damit eine solche Vorgehensweise leben kann, erfordert sie auf beiden Seiten ein aufmerksames Zuhören, was höchstens durch Verständnisfragen unterbrochen werden sollte. Gelegentliches gewünschtes Feedback fördert die konstruktive Atmosphäre. Der Moderator kann auch die Stillen und Schüchternen ermuntern, die eigene Sichtweise preiszugeben, statt sich nur der Meinung anzuschließen. Er hört zu, wiederholt die Schilderungen in knapper Form und fragt nach
- **Tauchen** – wie bei einem Eisberg liegt nur ein Teil der Konfliktdynamik für alle sichtbar frei, der größte Teil verbirgt sich unter der Oberfläche. Um zu einer echten Konfliktdiagnose und damit zu realistischen und tragfähigen Lösungen zu gelangen, ist in dieser Phase oft ein wenig Graben nach Ursachen und Anfängen angezeigt: „Worum geht es eigentlich wirklich?" Ein geschulter Moderator kann den Kontrahenten zu Öffnung und Ehrlichkeit

verhelfen und verborgene Interessen, Werte und Gefühle zutage fördern. Meist sind hier Kränkungen, Ängste und Sorgen zu finden. In dieser Phase werden auch mögliche institutionelle, hierarchische, persönliche oder Rollenkonflikte zum Tragen kommen. In dieser Phase besteht die Gefahr, Konflikte zuzudecken und auf „die Umstände" zu verschieben oder nicht relevante Nebenkriegsschauplätze zu eröffnen. Bei recht verfahrener Gemengelage kann auch der „Konfliktkuchen" vergrößert werden. Die Frage „Was wollt ihr noch?" leitet die Sammlung einer umfassenden Beschwerdeliste ein, um hernach Verhandlungsmaterial zu haben
- **Neubenennen** – häufig erhält der Streit nach der Phase des Tauchens eine geänderte Dimension. Er kann neu definiert werden: Welche (verletzten) Interessen und Bedürfnisse stehen nun im Raum und was bedeutet dies für das weitere Vorgehen und die angestrebten Ziele? Was wurde vielleicht sogar an Gemeinsamkeiten identifiziert, was bleibt an Trennendem? Gibt es Berührungspunkte oder gar Übereinstimmungen in der jetzigen Konfliktbeschreibung?
- **Klären** – nun kann das Kernelement eingesetzt werden. Als Wege kommen Techniken wie das Brainstorming zum Einsatz, die eine kreative Vielfalt an Lösungsmöglichkeiten erlauben. An dieser Stelle kann auch ein Vertagen stattfinden, genauso wie die Erkenntnis, dass dieser Konflikt nicht lösbar ist und deswegen ausgehalten werden muss. Hier ist Vorsicht vor faulen Kompromissen und Scheinlösungen geboten. Das beste Ergebnis bildet eine Perspektive, unter der beide Parteien miteinander ohne Gesichtsverlust weiterleben können, die Vergangenheit bereinigt und das gute Klima wiederhergestellt haben und den Eindruck mitnehmen, dass alle möglichst viel gewonnen haben
- **Festhalten** – die Beschlüsse und Vereinbarungen sollen mündlich, wenn nicht sogar schriftlich registriert werden. Dies fällt umso leichter, je konkreter die Ergebnisse und je realistischer die Ziele abgefasst wurden. Eine kleine Arbeitsanweisung, wer was bis wann mit wem mit welcher Kontrolle macht, erweist sich zudem als hilfreich für die verlässliche Umsetzung
- **Sichern** – die nachhaltige Wahrung der errungenen Resultate erfordert es, einige Punkte zu würdigen. Im Sinne von Ergebnis- und Qualitätssicherung hat es sich bewährt, mögliche Stolperfallen, die das Erreichte torpedieren könnten, in Gedanken vorwegzunehmen. Möglicherweise finden sich hier Bedingungen, die bereits früher für ein Fortbestehen der misslichen Lage mitverantwortlich waren. Nie schaden kann ein Folgegespräch zu einem Termin, der vereinbart werden muss, oder ein regelmäßiges kurzes Feedback in den folgenden Wochen
- **Auswerten** – zum Ausklang der Verhandlung ist es sinnvoll, sich eine Rückschau auf den gesamten Verlauf zu erlauben. Damit alle für die Zukunft

lernen können, sollen sowohl die Fehler offen angesprochen als auch die Gewinne durch diesen Klärungsprozess hervorgehoben werden. Mit dem Wissen, welcher Entwicklungsschritt durch diesen Konflikt ermöglicht wurde, und dem Vorsatz, zukünftig in Würde miteinander umzugehen, können sich schließlich alle verabschieden.

Kreative Konfliktlösemethoden

Für die moderierte Konfliktlösung eignen sich verschiedene ungewöhnliche und **kreative Konfliktlösemethoden;** sie bereichern und lockern auf. Die Mediatorin Anita von Hertel, der Management-Trainer James M. Higgins und der Ingenieur Gerold G. Wiese beschreiben:

- Die humorvollen Interventionen. Sie können festgefahrene Situationen wieder in Bewegung bringen und verbissenen Kontrahenten eine etwas heitere Distanz zu sich und zum Problem gewähren
- Die Schattentechnik. Dabei „doppelt" der Moderator einzelne Teilnehmende in der Ich-Form, wenn sie ihr innerstes Anliegen nicht zum Ausdruck bringen können
- Die Napoleon-Technik. Sie ist eine humorvoll-auflockernde Spielart des Brainstormings. In der Phase der Lösungsfindung schlüpft jeder Beteiligte in die Rolle einer berühmten Persönlichkeit und gibt Ideen aus der Perspektive dieser Person zum Besten. Beim „Tausch der Köpfe" wechseln die beiden Konfliktparteien die Rollen; jede Fraktion übernimmt die Argumente und Haltungen der anderen. So wird die Standortverlagerung erleichtert
- Den „Outdoor-Termin". Da Konflikt-Workshops außerhalb des gewohnten Terrains besser funktionieren, kann dies von einer Tagungsstätte auch auf ungewöhnlichere Felder verlagert werden. Am Lagerfeuer, auf dem Segelschiff, auf dem Berg oder im Hochseilgarten sind Dinge möglich, die vielleicht sonst nicht erreicht werden könnten
- Die Adjutanten-Technik. Nicht die Kontrahenten selbst, sondern Dritte, z. B. aus einer Einrichtung, setzen sich stellvertretend zur Klärung zusammen. Im Extremfall waren dies auch schon einmal die Ehepartner.

8.4.8 Mit nicht lösbaren Konflikten umgehen

Manche Konflikte sind nicht lösbar. Sie prägen das alltägliche Miteinander stärker, als der Mensch es wahrhaben will. Doch auch hierfür existieren erprobte Wege, die nicht immer nur Notlösungen sein müssen. So ist der Umgang mit nicht lösbaren Konflikten eine wichtige Kompetenz, die auch einer positiven Atmosphäre in der Einrichtung zuträglich ist.

Konfliktregelung

Die **Konfliktregelung** ist die einfachste Form, mit einer entsprechenden Situation umzugehen. Das Ergebnis eines solchen (Schlichtungs-)Verfahrens bildet ein für alle lebbarer Kompromiss. Bei diesem kann auf einige Facetten verzichtet werden, die die allseits gewünschte wichtigere zukünftige Zusammenarbeit nicht beeinträchtigen. Die unterschiedlichen Grundpositionen haben allerdings weiterhin Bestand und können zu einem späteren Zeitpunkt erneut Anlass für ein Aufflackern des Brandherdes sein.

Vorschriftenregelung

In Institutionen, in denen die Entscheidungsträger wie Träger oder Leitung ein aktives Konfliktmanagement scheuen oder denen hierfür die notwendigen Kompetenzen und Gegebenheiten fehlen, wird gern ein umfangreiches Vorschriften- und Regelwerk erstellt, auf welches man im Krisenfall zurückgreifen kann. Das Berufen auf allgemeingültige Normen und gesetzliche Vorgaben erspart den persönlichen Einsatz und bietet die Möglichkeit, schwierige und als kaum lösbar erachtete Situationen schnell durch Verwalten zu regeln. Mit einer gewissen Portion an Autoritätsorientierung können alle auf diese Weise vorübergehend mit nicht gelösten und nicht lösbaren Konflikten leben.

Abb. 8.27: Nicht lösbare Konflikte prägen das alltägliche Miteinander. Der Umgang mit ihnen erfordert es manchmal, getrennte Wege zu gehen

Burgfriede

Wenn eine unmittelbare Lösung durch Konfliktmoderation unwahrscheinlich ist, kann ab der vierten Stufe des Konfliktverlaufs das vorübergehende Ausrufen eines **Burgfriedens** deeskalierend wirken. Dies wirkt wie ein Stopp-Signal, welches zwar keinerlei Klärung oder Entwicklung, allerdings wieder Luft zum Atmen und Raum zum Arbeiten schafft. Die Parteien vereinbaren eine Gefechtspause, wenn z. B. ein wichtiges Projekt zeitnah abgearbeitet werden muss. Es handelt sich hierbei immer um eine befristete Regelung, die allerdings durch das Unterbrechen einer möglicherweise heißen und hochkochenden Phase für Entspannung und für die Anbahnung einer späteren Lösung sorgen kann.

Konfliktverharrung

Es gibt Situationen, bei denen mindestens eine Partei glaubt, durch **Konfliktverharrung,** also durch Weiterbestehen des Konflikts, bessere Bedingungen als nach einer Klärung des Konflikts zu haben. Ihr droht möglicherweise durch eine Schlichtung ein partieller Verlust, der schmerzvoller fantasiert wird als der immer noch erträgliche Streit.

Beim Konfliktnutzen wurde bereits darauf hingewiesen, dass z. B. erwartete Macht- und Terrainverluste durch Konfliktklärung anstehen könnten, derer man sich durch Verharrung entzieht. Eine „Bewahrer-Fraktion" traditioneller pädagogischer Konzepte ahnt vielleicht ein zumindest teilweises Aufnehmen von progressiven Strömungen nach Schlichtung, was sie durch Verweigerung abzufedern glaubt.

Machteingriffe

Für den Einsatz organisatorischer Disziplinierungsmaßnahmen, so genannten **Machteingriffen,** gibt es verschiedene Gründe. Diese können eine Inkompetenz in Konfliktmoderations-Techniken oder auch mangelnde Bereitschaft sein, sich dementsprechend zeitlich zu engagieren. Auch in einer Situation akuten Entscheidungsdruckes oder in einem fortgeschrittenen Eskalationsstadium etwa ab der fünften Stufe des Konfliktverlaufs, wo tatsächlich nichts anderes mehr greift, kann es zu einem notwendigen Machteingriff kommen.

Irgendwann greift die Heim- oder Einrichtungsleitung qua Amt und aufgrund ihres eigenen Bildes durch und entscheidet nach eigenen Maßstäben, wer Recht bekommt. Ihre Autorität und Durchsetzungsfähigkeit bewirken ein rasches Ende der sichtbaren Auseinandersetzungen. Da es hierbei immer offenkundige Verlierer gibt, nicht selten mit eklatantem Gesichtsverlust und die Konfliktursachen nicht behoben sind, werden diese versuchen, ihre Ziele auf anderen Wegen zu erreichen, die entweder gesetzeskonformer sind oder die bestehenden Regelungen aushebeln. Der äußere Zwang wird vorübergehend befolgt, nicht jedoch akzeptiert. Der Streit wird zwar bei starker Autorität der mächtigen Person/Instanz beherrscht, manchmal sogar reduziert, aber nie geheilt.

Wird ein externer Experte beauftragt, der offiziell Frieden schaffen, jedoch verdeckt das Einrichtungsziel erreichen soll, indem er scheinbar objektiv beweist, dass Einigungsprozeduren nicht mehr greifen und ein Machteingriff unausweichlich ist, so nennt dies der Psychologe Friedrich Glasl einen „verbrämten Machteingriff".

Aushalten oder trennen

Wer als Einzelner oder als Team sich mit der unvermeidlichen Tatsache anfreunden muss, dass ein Konflikt nicht lösbar ist, wird sich entweder trennen oder für eine möglichst erträgliche Variante des Aushaltens entscheiden. Es gilt, fundiert und ehrlich zu klären, ob der Selbstschutz eher durch Standhalten oder durch Kündigen gewahrt ist, ob **Aushalten** oder **Trennen** die richtige Wahl ist. Dabei wird beispielsweise abzuwägen sein, ob die Gesundheit oder die finanzielle Sicherheit ein größeres Gut darstellen. Die Entscheidung fällt im Dialog mit vertrauten anderen Menschen leichter als allein.

Wer sich für das Aushalten und Verbleiben entscheidet, profitiert persönlich am meisten davon, wenn er sich auf eine der drei Alternativen oder Mischmodelle bewusst ausrichtet:
- Sich ein dickes Fell, einen starken Panzer zulegen, die Außenantennen einfahren, eine großmütige Gelassenheit erwerben und sich mental „wegzoomen"
- So oft es einzurichten ist, aus dem Konfliktfeld herausgehen, die Atmosphäre und die Beteiligten meiden, statt sich stets aufs Neue dem Leid auszusetzen und Schläge abzuholen, und notwendige Kontakte gegebenenfalls delegieren
- Einen Ausgleich durch Gegengewichte in der Freizeit oder bei anderen Aktivitäten schaffen, statt dort fortgesetzt über die missliche Lage zu grübeln. Gesundes Umschalten und Vergessen hat nichts mit krankhafter Verdrängung zu tun; diese Fähigkeit kann im Gegenteil sehr heilsam sein.

8.4.9 Konfliktprävention

Mit der **Konfliktprävention** sind Konflikte steuerbar, sodass sie schon in den ersten Stufen des Konfliktverlaufs gelöst oder gestoppt werden und das Miteinander in der Einrichtung sich wieder entspannt.

Eigenes Gesprächsverhalten

In der Interaktion der Erzieherinnen untereinander, mit Kindern, Eltern und von Leiterin zu Mitarbeiterin gibt es zahlreiche Möglichkeiten, durch das **eigene Gesprächsverhalten** Konfliktentwicklungen bereits am Anfang zu bremsen. Statt auf Beschwerden und verärgerte Vorwürfe mit Richtigstellung, Rechtfertigung und Gegenangriff zu reagieren, entspannen in der Regel Antworten wie „Sie machen sich Sorgen um Ihr Kind", „Sie scheinen ziemlich verärgert zu sein" oder „Ich glaube, wir haben nicht genügend gewürdigt, dass Ihnen diese Regelung so wichtig ist". Mit etwas Souveränität kann man sogar „nerviger" Kritik einleitend mit Sätzen wie „Sie engagieren sich ja wirklich mit ganzem Herzen" und „Ich bin sicher, Ihre Kritik wird uns weiterbringen" begegnen, ehe man sachlich darauf eingeht.

Auch der Abschied vom Wühlen in der Vergangenheit mit Aufforderungen wie „Lasst uns konkret Punkte festhalten, wie wir dieses Thema in Zukunft behandeln wollen" wirkt konstruktiv und wirkt einer Eskalation entgegen. Vorsicht ist auch geboten bei Begriffen wie „Recht und Unrecht" oder „richtig und falsch". Wer vorschlägt: „Lass uns einmal die verschiedenen Sichtweisen festhalten" und eine Haltung vermittelt wie „Ich persönlich bin davon überzeugt und bin gespannt, wie sich das mit Ihrer Erlebensweise verträgt", trägt zu einem positiven und klaren Klima bei.

Fortbildung

Je mehr Informationen und Erfahrungen im Umgang mit Spannungsfeldern und aufgearbeiteten Konfliktherden in der Einrichtung versammelt sind, desto größer ist die Chance, dass es gar nicht erst zu Konflikten kommt. Eine betriebsinterne **Fortbildung** (→ Kap. 11.4) oder der ausführliche Bericht einer Mitarbeiterin von einer externen Schulung helfen dabei. Für Leitungskräfte sollte verbindlich sein, an Fortbildungen zur Konfliktprävention und zum Umgang mit Konflikten teilzunehmen.

Konfliktwächter

Eine Blitzlichtrunde zu Beginn jeder Besprechung gibt Hinweise auf Anfangsstadien von Zwietracht. Ebenso dienlich ist eine Mitarbeiterbefragung; deren Durchführung birgt jedoch auch Risiken, wenn sie nicht professionell begleitet wird. Bekannt sein dürften die besonders in Schulen eingesetzten Konfliktlotsen. In einigen Einrichtungen haben sich so genannte **Konfliktwächter** als nützliche Instanzen zur Überwachung eines heilsamen Betriebsklimas erwiesen.

Konflikt- und Gesundheitsmanagement

Den Königsweg beschreiten Institutionen, die ein hausinternes **Konflikt- und Gesundheitsmanagement** im Sinne einer umfassenden Philosophie und Strategie etabliert haben. Das Aufspüren, offensive Klären und zukunftsorientierte Nutzen von Meinungsverschiedenheiten wird Teil des Leitbildes und der Führungsaufgabe. Es gibt konkrete Pläne, geschulte Mitarbeiter und reservierte Zeiten und Räume für das Bereinigen der Brennpunkte in der Einrichtung. Noch einen Schritt weiter führt ein ganzheitliches Gesundheitsmanagement, welches zunehmend Eingang in Unternehmen, Behörden, Schulen und Einrichtungen findet. Auch Mobbing kann man so vorbeugen (→ Kap. 11).

Literaturhinweise zur Vertiefung des Kapitels
„Kommunizieren und Interagieren"

1. Konstruktive Kommunikation

Basu, Andrea / Faust, Liane (2013). Gewaltfreie Kommunikation. Freiburg: Haufe-Lexware
Berckhan, Barbara (2012). Wie Sie anderen den Stachel ziehen, ohne sich selbst zu stechen. Mit schwierigen Menschen gut auskommen. München: Gräfe und Unzer
Berckhan, Barbara (2011). Leicht und locker kommunizieren. So finden Sie eine gemeinsame Wellenlänge. München: Kösel
Buchmann, Knud Eike / Frey-Luxemburger, Monika (2014). Der Ton macht die Musik. Der Taschen-Coach für gelungene Kommunikation. Stuttgart: Klett-Cotta
Dietz, Angela (2014). Gesundes Kommunizieren. Für ein erfolgreiches, wertschätzendes und menschliches Miteinander. Göttingen: BusinessVillage
Gardner, Andrea (2014). Ändere deine Worte und du änderst deine Welt. Bielefeld, 3. Aufl.: Kamphausen, J.
Hadfield, Sue / Hasson, Gill (2013). Freundlich, aber bestimmt. Wie Sie sich beruflich und privat durchsetzen. München: dtv
Rosenberg, Marshall B. (2012). Gewaltfreie Kommunikation: Eine Sprache des Lebens. Paderborn: Junfermann
Schulz von Thun, Friedemann (2010). Miteinander reden – Störungen und Klärungen (1). Reinbek, 48. Aufl.: Rowohlt
Watzlawick, Paul / Beavin, Janet H. / Jackson, Don D. (2011). Menschliche Kommunikation. Formen – Störungen – Paradoxien. Bern, 12. Aufl.: Hans Huber

2. Konfliktregelung

Bähner, Christian / Oboth, Monika / Schmidt, Jörg (2011). Praxisbox Konfliktklärung in Teams & Gruppen. Praktische Anleitung und Methoden zur Mediation in Gruppen. Paderborn: Junfermannsche Verlagsbuchhandlung
Behnke, Andrea (2012). Die 50 besten Spiele zum Umgang mit Konflikten. München: Don Bosco
Fehlau, Eberhard G. (2013). Konflikte im Beruf. Erkennen, lösen, vorbeugen. Freiburg: Haufe-Lexware
Grün, Anselm (2013). Konflikte bewältigen. Schwierige Situationen aushalten und lösen. Stuttgart: Kreuz
Knapp, Peter (2014). Konflikte lösen in Teams und großen Gruppen. Klärende und deeskalierende Methoden für die Mediations- und Konfliktmanagement-Praxis im Business. Bonn: managerSeminare Verlags GmbH
Nickelsen, Kirstin (2012). Konflikte lösen. Praktische Tipps für erfolgreiches Konfliktmanagement. München: C.H. Beck
Rosenberg, Marshall B. (2013). Das können wir klären! Wie man Konflikte friedlich und wirksam lösen kann. Paderborn: Junfermann

Thomann, Christoph / Schulz von Thun, Friedemann (2011). Klärungshilfe 1. Handbuch für Therapeuten, Gesprächshelfer und Moderatoren in schwierigen Gesprächen. Reinbek, 6. Aufl.: Rowohlt

Thomann, Christoph / Kramer, Barbara (2013). Klärungshilfe konkret. Konfliktklärung im privaten, beruflichen und öffentlichen Bereich. Reinbek: Rowohlt

Schroeter, Linda (2013). Konflikte führen. Die 5-Punkte-Methode für konstruktive Konfliktkommunikation. Göttingen: BusinessVillage

Wawrzinek, Ursula (2014). Vom Umgang mit sturen Eseln und beleidigten Leberwürsten. Wie Sie Konflikte kreativ lösen. Stuttgart: Klett-Cotta

Teil IV
Psychologie als persönlicher Gewinn

Seite

9	Überlastungsprophylaxe	450
10	Mobbing-Prophylaxe	472
11	Weiterentwicklung – Supervision, Coaching, Teamentwicklung und Fortbildung	481

9 Überlastungsprophylaxe

Eckhart Müller-Timmermann

9.1	**Stress**	**452**
9.1.1	Belastungsschwerpunkte im Beruf	452
9.1.2	Bewertung von Belastungen	453
9.2	**Burnout**	**455**
9.2.1	Burnout-Merkmale	455
9.2.2	Burnout-Entwicklung	456
9.2.3	Burnout-Risikofaktoren	459
9.3	**Innere Kündigung**	**462**
9.3.1	Entwicklungsprozess	462
9.4	**Prophylaxe und Bewältigung**	**463**
9.4.1	Berufliche Ressourcen nutzen	463
9.4.2	Persönliche Ressourcen stärken	466

Erzieherinnen sind im Grundsatz mit ihrem Beruf und den ihm innewohnenden Chancen zufrieden. Der Umgang mit Kindern, optimalerweise in Ruhe und mit dem einzelnen Kind, bildet dabei die Hauptquelle für ihr Engagement und das Wohlbefinden. Sie erleben ihre Tätigkeit als wichtig und ganzheitlich und schätzen die inhaltlichen und methodischen Freiräume bei der Gestaltung. Auch die Möglichkeiten der flexiblen Zeiteinteilung und die Ressourcen von Teamarbeit gehören zu den Gesundheitschancen des Berufes.

Die Zufriedenheit mit der konkreten Arbeitssituation fällt hingegen häufig anders aus. In den vergangenen Jahren ist die Entwicklung des Erzieherinnenberufes durch einen wachsenden Anspruch an Ausbildung, Kompetenz und Professionalität gekennzeichnet. Qualitätsstandards einzuhalten, wird zunehmend wichtig. Parallel dazu werden die Klientel und deren Umfeld problematischer und Erzieherinnen müssen mit knapperen personellen und materiellen Ressourcen darauf reagieren. Und schließlich sind die beruflichen Perspektiven oft ungewiss und die Karrieremöglichkeiten im Tätigkeitsfeld selbst beschränkt. Mit diesen Faktoren gehen Belastungen und eine erhöhte Beanspruchung einher, was zu höherem Stress und steigender Krankheitsquote führt. Die Zahl der Arbeitsunfähigkeitstage bei Erzieherinnen liegt gegenüber vergleichbaren Berufsgruppen über dem Durchschnitt. Erzieherinnen brauchen deshalb Bewältigungskompetenzen für diese missliche Lage, um Fehlbeanspruchungen und Überlastungen entgegenwirken zu können und die Risikofaktoren Stress, Burnout und innere Kündigung zu minimieren.

9.1 Stress

Der Begriff **Stress** wird häufig als Bezeichnung für empfundene Belastungen, für Hektik oder ein „Zuviel zur gleichen Zeit" verwendet. Doch Stress ist keine Negativreaktion oder Krankheit.

> **Stress**
>
> Psychische und physiologische (Alarm-)Reaktionen, die durch äußere Reize (Stressfaktoren) ausgelöst werden und zur Bewältigung von besonderen Anforderungen befähigen.

Stress ist zunächst eine neutrale physiologische Ressource des Organismus auf eine wahrgenommene Bedrohung und damit ein uraltes biologisches Notfallprogramm. Es verlieh dem Menschen in grauer Vorzeit unmittelbare Energie, um bei einer plötzlichen Gefahrensituation kämpfen oder fliehen zu können. Dieses Notprogramm startet auch heute noch reflexhaft, obwohl in der Gegenwart eher Ruhe, Aushalten und Gelassenheit gefragt sind.

9.1.1 Belastungsschwerpunkte im Beruf

Die arbeitswissenschaftlichen Forschungen im Bereich der konkreten Berufsrisiken in Einrichtungen stecken noch in den Kinderschuhen. Sie zeigen allerdings bereits jetzt, dass sich psychische und körperliche Belastungen auf die Gesundheit und Leistungsfähigkeit von Erzieherinnen auswirken und damit auch die Möglichkeit beeinträchtigen, den erzieherischen Alltag konstruktiv und professionell zu gestalten.

Studien des Arbeitswissenschaftlers Bernd Rudow und des Psychologen Thomas Altgeld zeigen die **Belastungsschwerpunkte:**

- Beeinträchtigung einer effektiven Arbeit durch große Gruppen
- Hohes Ausmaß an Verhaltensauffälligkeiten bei den Kindern
- Mangelnde Anerkennung durch die Leitung sowie deren ungenügendes Konfliktmanagement
- Schlechte Unterstützung durch den Träger
- Chronischer Personalmangel
- Zu viele Arbeitsaufgaben unter zu hohem Zeitdruck bei unzureichender Ausbildung

- Fehlende Möglichkeiten zur Entspannung und Erholung am Arbeitsplatz
- Zu wenig Zeit für die pädagogischen Rahmenaufgaben wie Vor- und Nachbereitung oder individuelle Förderung
- Der zeitweilig enorme Krach
- Oft unbefriedigende materiell-technische Ausstattung
- Hohe körperliche Anforderungen an Stimme, Haltung und das Skelettsystem; die kritische Belastung zeigt sich darin, dass nur etwa 35 % aller sitzenden und rund 50 % aller stehenden Tätigkeiten in einer normalen Körperhaltung erfolgen.

Die aufgeführten Bereiche erleben ca. 10 bis 50 % der Erzieherinnen als deutliche Belastung; dabei rangieren die Probleme mit dem Träger ziemlich weit unten; den Spitzenwert erzielt der Lärm. Insgesamt führen die Strapazen im direkten Kontakt mit dem Kind bis auf Krisensituationen nur selten zu psychischer Belastung. Konflikte in Kindertageseinrichtungen und mit Eltern werden in entsprechenden Befragungen wesentlich häufiger genannt.

9.1.2 Bewertung von Belastungen

Das Gefühl, auf **Belastungen** mit Stress zu reagieren, bildet sich dadurch, dass Menschen eine heikle Situation und ihre Bewältigungsmöglichkeiten dafür automatisch einer **Bewertung** unterziehen (→ Abb. 9.1). Kommen Menschen zu dem Schluss, dass die Aufgabe eine Bedrohung darstellt oder gar das Risiko einer Schädigung birgt, empfinden sie Stress, wie die Psychologen Hans Eberspächer und Richard Lazarus ausführen.

Empfindungen wie „Das macht mich krank", „Wie stehe ich dann da" oder „Da kann ich mir selbst nicht mehr in die Augen sehen" und das Gefühl, dass Schwierigkeiten kaum zu bewältigen sind – „Das habe ich noch nie geschafft", „Die machen mit mir sowieso, was sie wollen" – können zu psychischen und körperlichen Beeinträchtigung oder Schädigungen führen. Dies ist insbesondere dann der Fall, wenn der Stressreiz anhält oder durch andauernde kleine Nadelstiche das Immunsystem durchlöchert.

> Stress ist kein objektiver Sachverhalt. Manch physikalischer Stress wie extremer Lärm, starker Gestank oder Eiseskälte mag hier eine Ausnahme bilden, doch Stress ist zunächst ein subjektives Empfinden – und dies ist nicht von anderen bewertbar.

	Bewertung der Belastung / des Auslösers*	Bewertung der eigenen Bewältigungsmöglichkeit
Neutral	• Irrelevant für die Person	–
Positiv	• Gewinn • Herausforderung • Freude	Annäherung
Negativ	• Verlust • Schaden • Bedrohung • Angst	Vermeidung

* hinsichtlich Gesundheit/Wohlergehen, Geld/Sicherheit, sozialem Ansehen / Fremdbild, eigener Ansprüche / Selbstbild

Abb. 9.1: Die Bewertung einer Belastung und die persönliche Einschätzung ihrer Bewältigungsmöglichkeit führen zum Stressempfinden (nach Eberspächer und Lazarus)

Stressreaktionen

Stressreaktionen können sehr unterschiedlich ausfallen. Bei zu hoher Beanspruchung warnen jedoch typische Alarmzeichen. Die Erzieherin:
- Hat ein Hochdruckgefühl
- Ist aggressiv und gereizt
- Ist hektisch, ungeduldig und hört nicht mehr zu; die Fähigkeit zur Standortverlagerung schwindet
- Ist unflexibel und handelt nach alten Routinen; auch „mentaler Tunnelblick" genannt
- Fühlt sich von allem bedroht und sieht überall Probleme
- Beurteilt alle anderen als „Schwachköpfe"; gibt sich insgeheim allerdings selbst die Schuld an der schwierigen Lage
- Zieht sich zurück und benutzt verstärkt Alltagsdrogen wie Alkohol und Medikamente
- Kann kaum umschalten, abschalten und entspannen.

Nach einer Phase der scheinbaren Unverletzbarkeit steigt die Krankheitsanfälligkeit rapide. Häufig werden der Erfolg eines Projektes und der Selbstwert verkoppelt: „Wenn ich das nicht schaffe, zeigt das allen, was für eine Niete ich bin."

Die langfristigen Folgen der Stressreaktion erklären sich durch die archaischen physiologischen und biochemischen Prozesse in Verbindung mit dem sozial erwünschten Verhalten. Bei Stress fährt der Körper die Adrenalinproduktion hoch, die sympathische Nerventätigkeit steigert sich, der Puls, der Blutdruck und die Atemfrequenz erhöhen sich, die Muskeln spannen sich an und der Zucker- und Fettspiegel (Cholesterin) steigen. Diese körperlichen (Alarm-)Reaktionen waren früher notwendig für das Überleben. Sie setzen Energien frei und wenn diese nicht z. B. zur Flucht oder zum Angriff genutzt werden, richten sie sich bei anhaltenden Belastungen gegen den eigenen Organismus. Dann wird Wachheit zur Schlafstörung, die Anspannung zur Verspannung und der Bluthochdruck chronisch, um nur wenige Beispiele zu nennen; langfristig können Herz-Kreislauf-Störungen, Magenprobleme und ein geschwächtes Immunsystem daraus entstehen.

> Heute gilt es zu lernen, auf die Auslöser des biologischen Notfallprogramms nicht mit den vertrauten Reflexen zu antworten, sondern mit tauglichen Anti-Stress-Techniken zu reagieren.

9.2 Burnout

Burnout ist keine Krankheit, kann unbehandelt jedoch zu gravierenden körperlichen und psychischen Störungen führen. Es handelt sich um einen schleichenden, zur Chronifizierung neigenden Prozess, der über verschiedene typische Stadien bis zum Zusammenbruch mit völliger Erschöpfung, Verzweiflung und Depression führt – und damit häufig zu einer schweren Lebenskrise.

 Burnout *(Burnout-Syndrom; Zustand des Ausgebranntseins)*
Bezeichnet einen Prozess hin zur chronischen Erschöpfung. Burnout-Syndrome sind vielfältig und individuell unterschiedlich in Auftreten und Ausmaß.

9.2.1 Burnout-Merkmale

Die Psychologin Christina Maslach und die Kulturanthropologin Ina Rösing haben die typischen **Burnout-Merkmale** beschrieben, die das Ausbrennen kennzeichnen:

- **Emotionale Erschöpfung** – die Betroffenen fühlen sich chronisch müde und regelrecht ausgelaugt. Das im Erzieherinnen-Beruf so wichtige Mitgefühl nimmt ab. Betroffene spüren nur noch sehr gedämpfte emotionale Reaktionen auf andere Menschen
- **Depersonalisation** – die Authentizität, das ganz persönliche, echte und lebendige Einbringen der eigenen Person in die Arbeit schwindet. Betroffene wahren eine übersteigerte Distanz, die als Professionalität verbrämt wird; in fortgeschrittenen Stadien können sie nur noch mechanisch reagieren, bis sie gerade noch als die Hülle ihrer selbst funktionieren. Typisch sind negative Haltungen, die die Betroffenen in den Augen von Kolleginnen und Klientel als zynisch erscheinen lassen
- **Reduziertes Wirksamkeitserleben** – Ausgebrannte erleben sich nur noch sehr eingeschränkt leistungsfähig. Sie erreichen ihr typisches Empfinden immer weniger, obwohl sie ständig ihren Aufwand hochhalten und oft sogar noch steigern. Während sie im Anfangsstadium das vermeintliche „Schwächeln" noch kompensieren können, resignieren sie in späteren Phasen zunehmend
- **Negativspirale** – die Entwicklung beginnt nicht selten im Gefolge einer Kränkung oder Enttäuschung. Sie erstreckt sich in charakteristischen Phasen meistens über einen Zeitraum von Jahren und verläuft typischerweise in einer selbstverstärkenden Negativspirale. Mit zunehmender Dauer wird die Symptomatik chronisch und zudem ansteckend für das soziale Umfeld.

Die selbstverstärkende Negativspirale bei der Burnout-Entwicklung wirkt ansteckend auf das soziale Umfeld.

9.2.2 Burnout-Entwicklung

Der Verlauf des beruflichen Engagements beginnt in erzieherischen Berufen oft mit (zu) hohem Einsatz, bevor dann eine realistische Arbeitsökonomie greift. Entwickelt sich ein realistischer Kräfteeinsatz nicht, so kann sich eine **Entwicklung** hin zum **Burnout** in Gang setzen.

Berufliches Engagement und Burnout-Entwicklung

Das folgende Fünf-Phasen-Modell charakterisiert den Verlauf des **beruflichen Engagements**; die Phasen drei bis fünf markieren die mögliche **Burnout-Entwicklung** von den ersten Warnsignalen bis zum Zusammenbruch.

Phase 1: Enthusiasmus und Idealismus

Nach der Ausbildung will die Erzieherin sich mit Neugier, Idealismus und Tatendrang in die berufliche Praxis stürzen. Mit vermeintlich unerschöpflichen Energiereserven ist sie bereit, alles Wissen umzusetzen und das Beste zu geben. Erholung scheint unnötig – die Batterie ist vollgeladen. Sie brennt begeistert und leidenschaftlich für die Arbeit mit den Kindern. Misserfolge oder Enttäuschungen werden kaum wahrgenommen oder verdrängt. Es ist die Zeit der Blauäugigkeit, des beruflichen „Honeymoon".

Phase 2: Realismus und Pragmatismus

Phase 2 findet bei Burnout-Gefährdeten nur äußerst kurz statt. Doch hier entscheidet es sich, ob die Konfrontation mit der Wirklichkeit zu einer pragmatischen Handhabung des eigenen Einsatzes führt (→ Kap. 9.2.3). Eine realistische Arbeitsökonomie ist spürbar an einem tauglichen Zeitmanagement mit wohlüberlegter Prioritätensetzung und einer angemessenen Einteilung der eigenen Energie.

> Prioritäten setzen und die eigene Energie ökonomisch einteilen – zwei wesentliche Aspekte, die das berufliche Engagement auf eine realistische Basis stellen und das Risiko des Ausbrennens minimieren.

Die Ziele orientieren sich in dieser Phase am Machbaren, die Balance zwischen Beruf und Privatleben ist recht gut austariert und die notwendige Erholung wird eingeplant und wahrgenommen. Wer das Risiko des Ausbrennens auf diese Weise im Griff hat, kann – sicherlich mit verschiedenen Unebenheiten – ein zufriedenes und kreatives Leben in sozialpädagogischen Einrichtungen führen. Für das Ausbrennen anfällige Menschen überspringen diese Phase oft und erleben sie erst nach einer Therapie.

Reflektieren Sie den Verlauf Ihres beruflichen Engagements; wie gehen Sie mit Ihren Zeit- und Energie-Ressourcen um?

Phase 3: Überdruss und Stagnation

Meist ausgelöst durch ein Frustrationserlebnis beginnt die Erzieherin in dieser Phase damit, sich selbst (in) Frage(n) zu stellen: Stehen Einsatz und Ergebnis in einem gesunden Verhältnis, ist der Rückfluss hoch genug, wird der Einsatz eigentlich gewürdigt oder bin ich überhaupt für diesen Beruf geeignet? Die Kinder, die Eltern und die Teamarbeit sind schwieriger, als anfangs vorgestellt. Die Anforderungen durch das professionelle Herangehen an die berufliche Arbeit stehen in zunehmendem Missverhältnis zu der gesellschaftlichen Anerkennung. Die Konzentration lässt nach, die Ideen kommen nur mühsam und die Freude und Motivation nehmen ab. In dieser Phase fallen Entscheidungen schwerer, die Betroffene steht unter Hochdruck und fühlt sich müde und erschöpft. Es kommen körperliche Schmerzen und Beschwerden dazu und die Infektanfälligkeit wächst. Die graue Wirklichkeit überwiegt allmählich gegenüber der Blauäugigkeit, gepaart mit Frustration und Enttäuschung – die Täuschung endet und die Sinnfrage stellt sich.

Oft legen Menschen in dieser Phase der Burnout-Warnsignale eine hektische Aktivität an den Tag, um sich und anderen zu beweisen, dass sie den Ansprüchen doch gerecht werden können. Psychologen nennen diese Methode nach Paul Watzlawick „mehr desselben": Statt kreativ nach anderen Wegen und Methoden zu fahnden, um ein Ziel zu erreichen, oder statt nach Möglichkeiten zu suchen, die Ziele gegebenenfalls zu korrigieren, steigern Gefährdete ihre Anstrengungen. Das verstärkt das Stressempfinden und führt zu weiteren Tiefs.

Phase 4: Rückzug und Depression

Bis zu Phase 4 konnten sich Betroffene immer wieder am eigenen Schopf aus dem Sumpf ziehen. Wem dies nicht mehr gelingt, bei dem wird die Erschöpfung chronisch. Die Batterie lässt sich von einem bestimmten Entladezustand an nicht mehr aufladen. Nur ein drastisches Reduzieren auf das Nötigste erlaubt es, weiterhin auf Sparflamme zu funktionieren. Betroffene befinden sich nun auf einer Abwärtsspirale mit höherer Drehzahl, der Überdruss wächst, die Lebensgewohnheiten ändern sich notgedrungen und die Krankheitsanfälligkeit steigt rapide. Die Gefahr, dass sich die negative Dynamik auf andere überträgt, wird zunehmend größer: Derjenige ist leicht gereizt, verbreitet negative Haltungen und vergiftet die Atmosphäre mit Selbstmitleid und Zynismus; Schuld sind nur die anderen. Gefühle von Hilflosigkeit und depressive Phasen wechseln sich mit Wutausbrüchen ab. Die Empfindungen von Leere, Festgefahrensein und Verbitterung führen zu Einsamkeit und Isolation.

Phase 5: Apathie und Verzweiflung

Mit Phase 5 ist das Endstadium des Ausbrennens erreicht. Ein Zustand der tiefen Hoffnungslosigkeit und der völligen körperlichen, emotionalen und geistigen Erschöpfung lähmt die Betroffenen. Willentliche Umkehr und Heilung mit eigenen Mitteln sind jetzt kaum mehr möglich. Apathie und ernste Zustände von Depressionen markieren die gravierende psychische Situation; manifeste körperliche Erkrankungen und völliger sozialer Rückzug ergänzen das voll entwickelte Burnout-Bild. Nicht selten kommt es zum Zusammenbruch, der nur noch stationär behandelt werden kann. Diese Phase ist bei manchen mit übermäßigem Konsum von Alkohol, Medikamenten und Drogen begleitet. Das Gefühl der völligen Desillusionierung und Sinnlosigkeit erhöht das Suizidrisiko.

9.2.3 Burnout-Risikofaktoren

Die Möglichkeit einer Burnout-Entwicklung liegt nicht nur an der Art und Weise, wie ein Mensch sein berufliches Engagement umsetzt. **Risikofaktoren** lassen sich auch aus den Bedingungen des Arbeitsplatzes und bestimmten Persönlichkeitsmerkmalen beschreiben.

Risikofaktor Arbeitsplatz

Zwei typische **Risikofaktoren** für das Ausbrennen wohnen dem Arbeitsplatz inne und fallen gerade mit der klassischen Erzieherinnenarbeit zusammen:

- „**High demand, low influence**" – hohe Anforderungen sind mit geringem Einfluss gepaart. Die Ansprüche und Anforderungen steigen permanent, die Zeit wird knapper und die Gestaltungsmöglichkeiten geringer. Dazu kommt oft ein hoher Anspruch an Güte, Perfektion oder auch Kreativität
- „**People work**" – Erzieherinnen arbeiten mit Menschen und wollen und sollen auf diese einwirken. Sie übernehmen für Kinder Verantwortung und Entscheidungen, sollen sich in diese verständnisvoll einfühlen, bei Leid mitfühlen und müssen in bestimmten Situationen nichtauthentische Emotionen zeigen.

Bei der Arbeit mit Menschen sind die Erfolgskriterien „weich" und das heißt für die persönlichen Ansprüche, dass „es immer noch besser sein kann". Eine klare Definition wäre zwar der Burnout-Resistenz zuträglich, doch fällt sie gerade in diesem Bereich schwer: Wann ist eine hundertprozentige Leistung erreicht? Wann genügt der Einsatz? Was stellt das richtige Maß an Verfügbarkeit dar? Diese „Emotionsarbeit" stellt eine hohe Gefährdung dar und bedarf eigentlich eines sorgfältigen Trainings, damit Erzieherinnen die entsprechenden Situationen unbeschadet durchstehen können. Besonders bei so genannten „emotionalen Dissonanzen" *(Missklängen, Unstimmigkeiten)*, bei denen die eigenen Gefühle längerfristig im Widerspruch zu den erwarteten Gefühlen stehen, droht das Ausbrennen (Hochschild).

Um den Burnout-fördernden Bedingungen am Arbeitsplatz aktiv entgegenzuwirken, ist es hilfreich, Leistungen anzuerkennen und häufiger fachkompetente Rückmeldungen zu geben. Hinzukommen die Unterstützung bei Engpässen, Erkennen des und Vertrauen in das Potenzial der Mitarbeiterinnen sowie die Möglichkeit zu Autonomie und Beteiligung. Die Arbeit an einem guten Betriebsklima, eine klare Zielorientierung und eine gute Konfliktkultur verhindern zudem Mobbing (→ Kap. 10) und geben Burnout-gefährdeten Mitarbeiterinnen die nötige Gelegenheit zur Klärung

Risikofaktor Persönlichkeit

Ein **Risikofaktor** für eine Burnout-Entwicklung liegt auch in bestimmten Merkmalen der **Persönlichkeit.** Riskant ist beispielsweise eine überhöhte emotionale Identifikation mit besonderen (Erziehungs-)Idealen, Einrichtungskonzepten, Leitbildern oder pädagogischen Methoden und Ansätzen. Dies ist dann risikoreich, wenn diese gegen etablierte Wege und Vorstellungen durchgesetzt werden müssen, die als rückständig oder ignorant bewertet werden.

Je mehr sich ein Mensch emotional identifiziert, desto höher steigt der Anspruch an sich selbst, bis hin zu einer Selbsttäuschung, und desto größer ist die Gefahr der Enttäuschung, einem wesentlichen Burnout-Gefühl (→ Kap. 9.2.2).

Weiterhin zählen Ängstlichkeit, ein universelles Verfügbarkeitsbedürfnis – nicht „nein" sagen können – und emotionale Labilität zu den Risiken. Umso wichtiger ist es, die Fähigkeit zu entwickeln, sich abzuschirmen und zu erholen sowie ausreichend Gegengewichte zum Berufsstress zu schaffen durch Familie, Freunde, Hobby, Sport und Entspannung.

Risikomuster des Verhaltens

Der Psychologe Uwe Schaarschmidt hat nach umfangreichen Studien ein charakteristisches **Risikomuster** des Verhaltens beschrieben, das die Gefahr umreißt, von Phase 2 in Phase 3 abzugleiten (→ Kap. 9.2.2). Gefährdete
- Verwechseln Überengagement mit Professionalität
- Verschleudern zu lange zu viel Energie an die falschen Menschen und die falschen Projekte
- Verausgaben sich exzessiv für überhöhte Ideale und Ziele und verschleißen ihre Kräfte
- Werden ihrem oft perfektionistischen Anspruch nie gerecht und fühlen sich ständig gestresst
- Beginnen bei Misserfolgen zu zweifeln
- Sind unzufrieden
- Können nicht abschalten und sich auch nicht richtig erholen
- Wollen eine rückläufige Entwicklung oder Stagnation mit der Methode „mehr Desselben" auffangen und sehen eine vermehrte Anstrengung in dieselbe Richtung als zielführend. Dies erzeugt permanent einen größeren Zeitbedarf bei schlechterem Zeit- und Energiemanagement
- Beharren auf ihren Idealen, wenn sich die hehren Ziele entfernen, anstatt sie einer Prüfung zu unterziehen
- Nehmen ihre Überforderung nicht wahr oder sie übergehen sie.

Ein solches Verhaltensmuster birgt Erschöpfungs- und Erkrankungsrisiken. Diese Symptome werden wiederum verleugnet. Der zunehmende Stress nimmt einen immer größeren Raum ein, der eigentlich notwendige Abstand gelingt nicht, die Abschirmung und Erholung wird noch schwerer. Eine zunehmende Gereiztheit und Zynismus, der vormals gesunder Humor war, lassen die Kluft zu heilsamen Menschen wachsen. Eine Unterstützung, die gerade jetzt notwendig wäre, wird nicht mehr gesucht oder sogar brüsk abgelehnt. Dies kann dazu führen, dass die Zufriedenheit mit dem Leben und dem Beruf sinkt und bis hin zu einer Abneigung gegen die Einrichtung führt.

9.3 Innere Kündigung

In wirtschaftlich schwierigen Zeiten, in denen die Anforderungen und Belastungen zunehmen, die personellen Ressourcen knapper werden und die Erwartungen an den beruflichen Einsatz steigen, sinken meist auch die Möglichkeiten, sich „kränkenden" Bedingungen durch berufliche Veränderung, also durch Kündigung, zu entziehen. Der Stellenmarkt ist knapp und die Angst vor Arbeitslosigkeit groß. Wenn bestimmte Faktoren zusammen kommen, ziehen manche Mitarbeiterinnen die **innere Kündigung** vor. Sie wählen die vermeintlich einzige verbleibende Konsequenz: Sie verweigern sich und beschränken ihr Engagement auf den Dienst nach Vorschrift.

9.3.1 Entwicklungsprozess

Neben Persönlichkeitsmerkmalen wie Ängstlichkeit, mangelnder Selbstachtung und geringer Durchsetzungsfähigkeit führen vorwiegend die Bedingungen der konkreten Arbeitssituation sowie das Verhalten der Kolleginnen und der Leiterin zur inneren Kündigung. Bei der inneren Kündigung handelt es sich nicht um eine spontane Entscheidung, sondern um einen langwierigen schleichenden **Entwicklungsprozess** nach einer Vielfalt von einschneidenden negativen Erlebnissen.

Kränkungen werden anfangs noch der eigenen Unerfahrenheit zugeschrieben und die Betroffene bemüht sich um Wissen und Methoden, die Rückschläge besser zu parieren. Dabei werden Bewältigungsstrategien geprobt, die zuweilen einen hohen aktiv-aggressiven Einsatz aufweisen. Dies kann anfangen mit Gedanken wie „Der zeige ich es" und sich steigern zu „Der zahle ich es heim". Weitere Frustrationen führen dann allerdings zur Rücknahme der Anstrengungen und zunehmendem Eifer in der Freizeit. Am Ende wird jegliche Beteiligung komplett verweigert, die zu irgendeinem Misserfolg führen könnte.

Verletzung arbeitsbezogener Werte

Während bei der Burnout-Entwicklung die Überforderung und die Enttäuschung unrealistischer Erwartungen im Vordergrund stehen, spielt bei der inneren Kündigung die **Verletzung** von **arbeitsbezogenen Werten** eine zentrale Rolle. Wo Funktionieren statt Mitdenken gefragt ist, verlieren einsatzfreudige Menschen rasch ihre Motivation (→ Kap. 1.1.2).

Den Werten Gerechtigkeit und Fairness kommen in diesem Geschehen zentrale Rollen zu: Ob der Kollegin der Posten der Stellvertretung angeboten worden ist, auf den man selbst mit viel Einsatz hingearbeitet hatte, ob die Ideen zur Umstrukturierung der Gruppen unbeachtet im Schreibtisch verschwinden oder ob es als willkürlich empfundene Bestimmungen des Trägers oder der Leiterin sind – Nadelstich für Nadelstich gräbt sich in das Gedächtnis ein und sorgt für eine stetig sinkende Arbeitsmoral. Durch die Rücknahme des Engagements versucht die Mitarbeiterin, die erlebte ungerechte Schieflage zwischen Einsatz und Rückfluss wiederherzustellen und das innere Gleichgewicht wieder halbwegs in Balance zu bringen.

Ungerechtigkeiten, die am eigenen Leib erfahren wurden, zeigen ebenso gravierende Nachwirkungen beim Einzelnen, wie wenn es bei Kollegen, im Team oder in der Einrichtung zu unfairen Maßnahmen kam. Da die Einrichtung für viele eine zweite Heimat mit hoher Teambindung und Identifizierung darstellt, wirken entsprechende Handlungen gegenüber anderen demotivierend und führen zu Misstrauen und Entfremdung.

Paradoxerweise erleben Vorgesetzte diese Distanzierung von der Tätigkeit in manchen Fällen nicht nur als nachteilig. Vormals kritisch engagierte Kolleginnen, die nun zahm und gleichgeschaltet wirken, passen schwachen Leitungskräften mitunter besser ins Konzept.

9.4 Prophylaxe und Bewältigung

Die Zufriedenheit mit dem Beruf und dem Leben ist die beste Voraussetzung, um langfristig mit Engagement, Energie, Kompetenz, Effektivität und Erfolg arbeiten zu können. Darüber hinaus bieten sich eine Vielzahl an erprobten und überprüften Hinweisen zur **Prophylaxe** und **Bewältigung** von Stress, Burnout-Risiken und dem Problem der inneren Kündigung an, um gesund zu bleiben.

9.4.1 Berufliche Ressourcen nutzen

Zunächst gilt es, die **beruflichen Ressourcen** tatsächlich zu nutzen und zu stärken. Eines der wichtigsten Instrumente der Erzieherinnen ist hier, die Kommunikation im Team zur Stressmilderung einzusetzen: Die Möglichkeit, in Hochdruckzeiten miteinander zu reden und gemeinsam nach Wegen zur Erleichterung der Situation zu suchen, muss konsequent genutzt werden. Auch die Beteiligung an arbeitsbezogenen Entscheidungen und die Unterstützung im

Kollegiumskreis puffern Risiken ab. Weitere Vorteile bilden die vorhandenen Freiräume hinsichtlich der pädagogischen Inhalte, der angewandten Methoden und der eingesetzten Materialien. Auch die zeitlichen Rhythmen können gemeinsam besprochen und abgestimmt werden. All diese Potenziale bieten einen Grundschutz gegen Unzufriedenheit, Überforderung und Überlastung.

Einrichtungsausstattung und Arbeitsorganisation

Die Umsetzung von bestehenden Arbeitsschutz-Verordnungen könnte Maßnahmen gegen den Hauptstressfaktor Dauerkrach nach sich ziehen. Die Lärmdämmung in den Räumen könnte beispielsweise durch den Einsatz von schallschluckenden Materialien verbessert werden; Stoffe, Teppichböden und Vorhänge können die schlimmsten Beeinträchtigungen abmildern.

Abb. 9.2: Zufriedenheit mit dem Beruf und dem Leben ist die beste Voraussetzung, um langfristig mit Engagement und Effektivität arbeiten zu können

Für die Psychohygiene der Mitarbeiterinnen hat es sich als vorteilhaft herausgestellt, Ruhezonen einzurichten, Rückzugsräume zu schaffen und dafür zu werben, dass zwischen lebendigen und fordernden Aktivitäten „Schleusen" zum Umschalten wahrgenommen werden. Häufig ist für eine räumliche Nachbesserung auch die Eigeninitiative der Erzieherinnen gefordert, da die Mittel und die Zeit für bauliche Maßnahmen in gewünschtem und sinnvollem Umfang oft begrenzt sind. Aber was ist wichtiger als die eigene Gesundheit und das persönliche Wohlbefinden? Das kann beim „Dreimal-tief-Durchatmen" beginnen und mit einem kurzen „Fünf-Minuten-Spaziergang" im nahen Park kultiviert werden. Mit solchen einfachen Maßnahmen kann z. B. der Blutdruck deutlich gesenkt werden.

Gegen die häufigste Folge von Fehlbelastungen, die Nacken- und Rückenbeschwerden, helfen Möbel für Erwachsene wie höhenverstellbare Tische für gemeinsame Aktivitäten von Kindern und Erzieherinnen und erwachsenengerechte Stühle. Damit die Anschaffungen optimalen Gewinn bringen, sollten in Fortbildungen gesundheitsgerechtes Bewegen, Heben und Tragen, physisch förderliches Dehnen und kurzzeitiges Entspannen geübt werden.

Supervision und Gesundheitsförderung

Eine gute Vorbeugung und Bewältigung von Gesundheitsrisiken bieten auch eine konstruktive Kommunikation in der Einrichtung (→ Kap. 8.2.1), die Möglichkeit der Supervision (→ Kap. 11.1) und das Instrument der Teamentwicklung (→ Kap. 11.3).

Eine Aufgabe für die Zukunft stellt die Erstellung und Umsetzung eines Konzeptes „Gesundheitsfördernde Kindertagesstätte" dar. Damit ist die Bündelung einzelner Maßnahmen zur Gesundheitsförderung gemeint, die hier bereits angerissen wurde. Darüber hinaus findet der Gesundheitsgedanke übergreifenden Einlass in das Leitbild, die Ablauforganisation und in die Führungskultur. Der Begriff „Gesundheitsmanagement" hat sich hierfür mittlerweile etabliert.

Führung und Respekt

Bleiben die Risiken unbedeutend und die Erzieherinnen gesund, liegt das zu einem großen Teil auch an der Leiterin. Je nachhaltiger Vorgesetzte die Werte der Mitarbeiterinnen würdigen, desto zufriedener und einsatzbereiter zeigen diese sich. Eine Übersicht zeigt Tabelle 9.3.

Wert	Erlebte Berücksichtigung
Sinn	• Mein Einsatz ist von Bedeutung
Passung	• Meine Fähigkeiten werden genutzt
Transparenz	• Es ist klar, wie Einrichtung und Leitung „funktionieren"
Beteiligung	• Ich erhalte Feedback; mein Mitdenken ist erwünscht
Zutrauen	• Mein Wollen wird gesehen, man lässt mich wachsen
Wertschätzung	• Die Ergebnisse werden gewürdigt; ich werde als Person gesehen
Fairness	• Hier geht es gerecht zu • Das Gehalt entspricht meinem Einsatz und der Verantwortung • Konflikte werden klar angegangen
Unterstützung	• Bei Engpässen kann ich mit Hilfe rechnen
Identifikation	• Ich bin stolz darauf, in diesem Haus zu arbeiten

Tab. 9.3: Eine mitarbeiterorientierte Leitungskultur berücksichtigt die zentralen Werte der Mitarbeiter-Bedürfnisse

Der Medizinsoziologe Aaron Antonovsky hat erstmals Anfang der 1970er-Jahre die Frage nach den Faktoren gestellt, die die Gesundheit erhalten (Salutogenese → Kap. 4.2.1). Er nannte die positive Art, in der Welt zu sein, und das Kohärenzerleben, welches dem „persönlichen Wohlbefinden" in den Richtlinien

der WHO (Ottawa-Charta 1986) entspricht. Auch hier finden sich die zentralen Werte der Mitarbeiter-Bedürfnisse wieder. Die drei Komponenten sind:
- **Verstehbarkeit** – die Transparenz der Prozesse, die Zielorientierung und die Vorhersehbarkeit von Entwicklungen
- **Handhabbarkeit** – Partizipation, die Chancen der Mitgestaltung und die Möglichkeit der Einflussnahme auf das eigene Schicksal
- **Sinnhaftigkeit** – Sinn und Bedeutung des Lebens und des Schaffens, verlässliche Werte und offenkundiger Nutzen des eigenen Einsatzes.

Daraus ergeben sich vier zentrale Aufgaben für die Leitungskraft im Sinne von salutogenem Handeln. Die Leiterin
- Schafft die Möglichkeit zur Entwicklung vertrauensvoller Bindungen an die Menschen, das Kollegium und die Einrichtung
- Bietet als positiv und hilfreich empfundene Rückmeldungen aus dem sozialen Umfeld wie Information, Anerkennung, praktische Unterstützung, Zuwendung, Feedback, konstruktive und subjektive Kritik
- Sorgt für gemeinsame Überzeugungen, Werte und Regeln zur Erleichterung der Berechenbarkeit, der Beeinflussbarkeit und der Kooperation; auch Visionen und Corporate Identity *(Einrichtungsidentität)*
- Lebt eine mitarbeiterorientierte Leitungskultur.

9.4.2 Persönliche Ressourcen stärken

Gestresste und Ausgebrannte sind an ihrer negativen Energiebilanz zu erkennen, denn Belastung und Erholung befinden sich nicht mehr in der Balance. Sie betreiben in vielerlei Hinsicht ein energetisches Missmanagement: Betroffene investieren in die falschen Aufgaben und Ziele, sie verschwenden Zuwendung an die falschen Menschen und sie fahren an den ihnen zur Verfügung stehenden Kraft-Tankstellen vorbei. Schließlich fehlt die Energie dafür, die richtigen, sprich die wesentlichen Aufgaben des Berufs- und Privatlebens entschlossen, zielstrebig und tatkräftig anzupacken. Doch die am wirksamsten zu beeinflussende **Ressource** ist die eigene Person und mithilfe eines klaren Selbstmanagements können negative Entwicklungen aufgefangen und verändert werden.

Selbstmanagement

Das **Selbstmanagement** *(Selbststeuerung)* läuft immer über die eigenen „inneren Dialoge". Schon der römische Kaiser Marc Aurel hat erkannt: „Unser Leben ist das, was unsere Gedanken aus ihm machen."

Die mentalen Antreiber abmildern

Bei Gestressten und Burnout-Gefährdeten sind typische mentale Antreiber anzutreffen. Solche mentalen Antreiber oder überzogenen Glaubenssätze können beispielsweise lauten: „Ich muss mich noch mehr anstrengen", „Ich muss es allen Recht machen", „Ich muss immer alles perfekt erledigen", „Es muss immer ganz schnell gehen", „Am besten, ich mache alles allein", „Ich muss immer stark sein und alles im Griff behalten". Die Transaktionsanalyse (→ Kap. 1.3.2) hat sich bereits frühzeitig mit diesen inneren Einpeitschern beschäftigt; heute stehen sie als allgemein anerkannte Burnout-Risikofaktoren fest.

> Als heilsam hat es sich erwiesen, die Strenge der mentalen Antreiber abzumildern und den Gedankenzwängen persönliche Erlaubnisse entgegenzusetzen.

Ein Mentaltraining hilft, die inneren Antreiber oder Glaubenssätze abzuschwächen und sich beispielsweise Folgendes zu gestatten: „Ich darf Fehler machen", „Alle Menschen machen Fehler", „Ich habe das Recht, nein zu sagen", „Ich gönne mir eine Entspannungsmassage", „Ich erledige ruhig und genussvoll eins nach dem anderen", „Ich traue mich, an andere etwas abzugeben und genieße den Zeitgewinn", „Ich wage loszulassen, Schwächen zu akzeptieren und die Kontrolle nur über die wirklich wesentlichen Dinge zu bewahren".

Das Unveränderbare akzeptieren

Der deutsch-amerikanische Theologe Reinhold Niebuhr und der Kieler Forscher Theodor Wilhelm haben in ihrem berühmten Gebet den Weg für ein sinnvolles Energiemanagement gewiesen: „Herr, gib mir Mut und Kraft zu ändern, was ich nicht ertragen kann, die Gelassenheit, zu ertragen, was ich nicht ändern kann und die Weisheit, das eine vom anderen zu unterscheiden." (Geringfügig abgewandelt)

> Eine bessere Energiebilanz erreichen Fachkräfte, wenn sie lernen, ihr aufopferndes Engagement nicht in Angelegenheiten zu investieren, die kaum oder gar nicht durch sie veränderbar sind.

Manche Menschen, die mit Menschen arbeiten, glauben, ihre Aufgabe bestehe darin, anderen deren Eigenarten zu nehmen oder sie gar in deren Grundcharakter zu wandeln: Die Aufmerksamkeit heischende Mutter soll weniger im Mittelpunkt stehen, das stille Kind möge sich zu einer selbstsicheren, lauten Person wandeln, die hektische Mitarbeiterin soll zu einer ruhigen und besonnenen Kollegin umerzogen werden und der stets etwas verträumt bummelige Sohn wird zum voraneilenden Antreiber genötigt. Wer solche Ziele verfolgt, verschwendet seine mentale Energie. Es fehlt dann die Kraft, Kurskorrekturen dort einzuleiten, wo diese auch Erfolg versprechen – beispielsweise bei überholten Arbeitsbedingungen, bei der Umgangskultur im Team oder bei der so wichtigen Elternbildung und ebenso bei der Gewichtung von Privatleben und Beruf sowie bei sich selbst.

Gesünder wäre es, eine größere Gelassenheit dem wirklich **Unveränderbaren** gegenüber zu entwickeln und statt einer verbissenen Änderungswut humorvoll, das Unabänderliche zu akzeptieren.

Den Blick auf Positives richten

Mentale Energieverschwendung reduziert sich auch durch den **Blick** auf das **Positive**. Erzieherinnen können im beruflichen Umfeld z. B. an die 90 bis 95 Prozent konstruktiv mitziehenden Kinder, Eltern und Kollegen denken, anstatt sich permanent mit den 5 bis 10 Prozent problematischen und nervigen Menschen zu beschäftigen. Die kräftigende Beschäftigung mit den konstruktiven „Energiespendern", mit denen die Arbeit Spaß macht, deren Einsatz man sich sichern will und die sich durch den Zuspruch positiv entwickeln, tut der eigenen Energiebilanz gut. Und es verhindert überdies, dass negatives Verhalten verstärkt wird und sich möglicherweise auf andere überträgt, weil es durch Zuwendung und Zurechtweisung zuviel Aufmerksamkeit erhält.

Die körperliche Gesundheit pflegen

Bewegung mit Freude und gesunde Ernährung mit Genuss bringen Energie für Körper und Seele. Eine Joggingrunde im Wald, ein Spiel mit der Volleyballmannschaft oder der regelmäßige abendliche Spaziergang belohnen den Besorgten und Erschöpften mit mehr Ausgeglichenheit und erholsamerem Schlaf. Wer eine systematische Entspannungsmethode wie die Progressive Muskelrelaxation nach Jacobsen, Yoga, das Autogene Training oder Taijiquan beherrscht, hat eine zusätzliche Möglichkeit zur Gesundheitspflege.

Bei der Ernährung zählen die berühmten „fünf am Tag" – fünfmal Obst und Gemüse – über viel Wasser, bevor der Durst Alarm schlägt, bis hin zu zwei- bis dreimal wöchentlich fetten Fisch, um ausreichend Omega-3-Fettsäuren aufzunehmen, zu den Klassikern der Ernährungsberatung. Beruhigende Kräutertees, pflanzliche Öle und zwischendurch Weingummi oder Lakritz runden das Programm ab.

Zeitmanagement

Ein gezieltes **Zeitmanagement** empfiehlt sich grundsätzlich für alle Menschen in anforderungsreichen Berufen. Es hilft, um systematisch und frühzeitig zu planen, die Prioritäten des eigenen Handelns sinnvoll zu bestimmen und vor allen Dingen auch einzuhalten.
Im Zusammenhang mit der Burnout-Prophylaxe helfen die Techniken des Zeitmanagements bei realistischen Zielformulierungen und bei der wirklichkeitsnahen Gestaltung der eigenen Erwartungen an sich, die Einrichtung, die Kolleginnen, die Leiterin und die berufliche Perspektive.

Abb. 9.4: Kleine „Auszeiten" bringen Energie für Körper und Seele

Emotionsmangement

Die beschriebenen Herausforderungen erleben Erzieherinnen nicht zuletzt wegen des hohen Anteils von „Emotionsarbeit in ihrer Tätigkeit. Damit sie in diesem Bereich keine Überlastung erleben, benötigen sie Fähigkeiten des Emotionsmanagements. Dies bedeutet, eine Balance zwischen den eigenen empfundenen und den beruflich gezeigten (erwarteten) Gefühlen herzustellen, um auf diese Weise die so genannten emotionalen Dissonanzen reduzieren können.

> **Emotionale Dissonanz**
>
> Beschreibt die Anforderung, Emotionen zu zeigen, die spontan nicht gefühlt werden.

Zu emotionalen Dissonanzen kommt es dann, wenn die empfunden und die gezeigten Gefühle auseinanderklaffen: Bei der Emotionsarbeit ist die „So-tun-als-ob-Haltung" weit verbreitet: Die Erzieherin zeigt sich in einer problematischen Situation freundlich, auch wenn sie sich ärgert, weil sie damit in diesem Moment am meisten bewirken kann. Diese Methode wird auch Oberflächen-

Abb. 9.5: Emotionsmanagement bedeutet, eine Balance zwischen den empfundenen und den beruflich gezeigten Gefühlen herzustellen

handeln genannt und muss in bestimmten Situationen als zu diesem Beruf gehörend akzeptiert werden.
Empfindungen zu zeigen, die man gar nicht hat, kann gut funktionieren, birgt aber auch Risiken. Es gibt beispielsweise eine direkte Verbindung zwischen dem Oberflächenhandeln und der emotionalen Erschöpfung. Hier können Fortbildungen oder die kollegiale Supervision hilfreich sein, um die Balance halten zu können mittels einer „distanzierten Anteilnahme"; d.h. warmherzige Besorgtheit und ein routinierter Abstand müssen fortwährend aktiv ausgewogen werden.
Im Gegensatz dazu steht der zweite Bereich der Emotionsarbeit, das so genannte Tiefenhandeln: Der Erzieherin gelingt es in einer Situation, einen Einklang herzustellen zwischen ihren tatsächlich empfundenen Gefühlen und denen, die von ihr erwartet werden.
Ein Schritt in Richtung Tiefenhandeln ist es beispielsweise, zwischen der Person und der Berufsrolle zu unterscheiden und nicht alles persönlich zu nehmen oder die bewusste Auseinandersetzung zu suchen.

Work-Life-Balance bewahren

In den vergangenen Jahren hat sich beim Thema Arbeit und Gesundheit zunehmend ein neuer Begriff etabliert: die **Work-Life-Balance.** Nur wer die verschiedenen Dimensionen des Daseins ausbalancieren kann, so die Verfechter dieses Ansatzes, wird zufrieden arbeiten und leben können. Es werden meist vier Bereiche beschrieben:
- Arbeit, Leistung, Karriere, beruflicher Erfolg und entsprechende Erfüllung, Einkommen und Wohlstand
- Zwischenmenschlicher Kontakt, Anerkennung, Familie, Freunde, Hobby, Freizeitgestaltung
- Gesundheit, Fitness, Entspannung und Erholung, Bewegung und Ernährung, langes Leben
- Sinn, Selbstverwirklichung, Spiritualität, Kultur, Visionen.

Eine völlige und permanente Balance wird kaum möglich sein, denn es muss der gesamte Lebenskreis mit seinen verschiedenen Abschnitten und Schwerpunkten berücksichtigt und alle Dimensionen zu ihrer Zeit gewürdigt werden: Eine Erzieherin mag den Entschluss gefasst haben, über einige Jahre hinweg der Familie und der Entwicklung der Kinder absolute Priorität einzuräumen. Eine andere wird vielleicht mit hohem Energie-Einsatz Fortbildungen und ihr berufliches Engagement in den Vordergrund rücken, um beispielsweise eine attraktive Leitungsposition zu erreichen. Eine andere könnte mit der Einstellung „Ich habe nur einen Körper" sich zeitintensiv Fitnesspraktiken zuwenden und sich systematisch gesund ernähren.

Eine einseitige Gewichtung soll allerdings immer nur von befristeter Dauer sein; wer in Kontakt mit den eigenen Bedürfnissen und im Gespräch mit anderen Menschen bleibt, ist in der Lage, die richtigen Balancen, die zeitgleich nötig und förderlich sind, zu erkennen und zu leben.

Die von dem Psychologen Reinhard Sprenger formulierten Entscheidungsmöglichkeiten umreißen den Spielraum, den das Selbstmanagement bietet. Wer sich stark gestresst fühlt, von Burnout bedroht und von innerlichen Kündigungsgedanken geplagt wird, dem hilft es, sich für eine der drei Möglichkeiten zu entscheiden:

- **Love it** – die Freude an der Arbeit mit großen und kleinen Menschen zurückzuerobern und wieder „ja" zum Beruf zu sagen
- **Leave it** – die kränkenden Bedingungen trotz Angst und Risiken zu verlassen und neue An- oder Herausforderungen zu suchen
- **Change it** – mit allem Engagement sich für die positive Wandlung der Arbeitsbedingungen, des Einrichtungsklimas und der Umgangskultur einzusetzen.

10 Mobbing-Prophylaxe
Eckhart Müller-Timmermann

10.1	**Was ist Mobbing?**	**473**
10.1.1	Mobbing-Kriterien	473
10.1.2	Mobbing-Wirkung	474
10.1.3	Mobbing-Ursachen	474
10.2	**Umgang mit Mobbing**	**476**
10.2.1	Möglichkeiten für Betroffene	476
10.2.2	Möglichkeiten für Träger und Vorgesetzte	478
10.2.3	Mobbing-Prophylaxe	479

10.1 Was ist Mobbing?

Der Begriff **Mobbing** als Beschreibung für Bürokrieg und zielgerichtete Schikanehandlungen in der Arbeitswelt wurde erstmals von dem Arzt und Psychologen Heinz Leymann in den 1990er-Jahren verwendet.

> **Mobbing** *(engl. mob = Meute, Gesindel, Pöbel, Bande oder to mob = anpöbeln, angreifen, über jemanden herfallen)*
>
> Schikane, Intrige oder Psychoterror am Arbeitsplatz und in der Schule. Mobbing kann sich verbal, z. B. durch Beschimpfung, oder nonverbal, z. B. durch Vorenthalten von Informationen, vollziehen.

10.1.1 Mobbing-Kriterien

Mit Mobbing sind nicht einzelne Vorfälle von Unverschämtheiten, Gemeinheiten oder Intrigenspinnen gemeint. Um von Mobbing zu sprechen, müssen ganz bestimmte Punkte erfüllt sein. Die **Mobbing-Kriterien** lauten:

- Gezielte destruktive Handlungen – die Psychologen Axel Esser und Martin Wolmerath beschreiben einen Katalog von 100 Mobbing-Handlungen wie Angriffe gegen die Arbeitsleistung, die soziale Integration am Arbeitsplatz, das soziale Ansehen, das Ehrgefühl, die Privatsphäre oder die Gesundheit
- Schwere und Nachhaltigkeit der Mobbing-Handlungen
- Zielgerichtetheit gegen eine Person – der Mob hetzt den Einzelnen
- Wiederholtes Geschehen – als Richtschnur gilt mindestens ein Terrorakt wöchentlich, im Zeitraum von sechs Monaten
- Machtungleichgewicht zwischen Mobber und Gemobbtem – hier wird ein wichtiger Unterschied zum Konfliktgeschehen deutlich, bei dem sich ja oft gleichstarke Lager unendlich lang bekriegen können
- Beeinträchtigung und Verletzung muss vom Opfer auch als eine solche empfunden werden
- Isolation und Ausgrenzung am Arbeitsplatz im Ergebnis.

Mobbing ist für sozialpädagogische Einrichtungen ein wachsendes Problem. In Relation zu den Beschäftigten tragen die Arbeitsfelder Gesundheit/Soziales ein 7-faches Risiko, Erziehung/Unterricht ein 3,5-faches Risiko und die öffentliche Verwaltung ein 3-faches Risiko. In einer Einrichtung mit 20 Mitarbeiterinnen geschieht im Mittel ein Mobbing-Fall in zehn Jahren, der sich dann über einen

Zeitraum von 1,5 bis 3,5 Jahren erstreckt, laut dem Arbeitspsychologen Dieter Zapf. Da in den gefährdeten Berufen mehr Frauen arbeiten und diese zudem seltener in Führungspositionen zu finden sind sowie offener über entsprechende Vorfälle und Empfindungen Auskunft geben, sind sie statistisch gefährdeter. Die meisten Mobbing-Handlungen gehen von Vorgesetzten oder Kollegen aus, unter Umständen auch gemeinsam. Dateien verschwinden, Informationen werden unterdrückt, sinnlose Tätigkeiten angeordnet oder das Telefon abgestellt. Urlaubsanträge verschwinden, an den Haaren herbeigezogene Abmahnungen ergehen, man wird abgekanzelt und entmutigt. Mobbing-Handlungen zeigen sich auch auf diese Weise: Alles schweigt, wenn der Betreffende den Raum betritt, Gerüchte werden über ihn verbreitet, er wird lächerlich gemacht oder als psychisch krank hingestellt; die Kommunikation findet nur noch hinter seinem Rücken statt. Auch kalte Zugluft und in das Gesicht geblasener Tabakqualm oder (Telefon-)Terror im Privatleben, körperliche Übergriffe und sexuelle Belästigungen sind Beispiele für eine Endlosliste von Schikanen. Mobbing von unten ist selten, da dies durch die bessere Machtposition der Leitung leichter vereitelt werden kann.

10.1.2 Mobbing-Wirkung

Mobbing zeitigt bei den Betroffenen schlimme **Wirkungen.** Sie haben Konzentrations- und Schlafstörungen, Verspannungen und Schmerzen, Magen-Darm- und Herz-Kreislauf-Erkrankungen. Sie zweifeln an sich und ihren Wahrnehmungen, verlieren den Bezug zur Realität und ihr Leben kreist häufig nur noch wie besessen um die Mobbing-Erlebnisse. Sie verfallen in Ängste und Depressionen; können auf der anderen Seite genauso eine unbändige Wut bis zum regelrechten Hass entwickeln. Die Symptome ähneln stark einer posttraumatischen Belastungsstörung. Arbeitsunfälle häufen sich – etwa 80 bis 90 % gehen auf gestörte Beziehungen am Arbeitsplatz und auf ein schlechtes Betriebsklima zurück. All dies führt zum Verlust der so dringend benötigten sozialen Unterstützung; die Opfer geraten in die Isolation. 50 % der Gemobbten tragen sich mit Mord- und Selbstmordgedanken; bis zu 20 % aller Suizide werden auf Mobbing zurückgeführt (Zapf).

10.1.3 Mobbing-Ursachen

Die **Ursachen** für **Mobbing** sind vielfältig. Sie reichen von betrieblichen Gründen über individuelle Faktoren bis hin zu gesellschaftlichen Gegebenheiten und Entwicklungen.

Merkmale von Mobbern

Die Täter sind durch typische Merkmale gekennzeichnet. **Mobber** fühlen sich häufig in ihrem Selbstwert und Status bedroht. Sie sind neidisch auf andere, fühlen sich ohnmächtig, was die konventionellen Konkurrenzinstrumente wie besser arbeiten oder sich besser verkaufen anbetrifft und haben Angst um ihren Status oder gar den Arbeitsplatz.

Aus dem Gefühl der eigenen Überforderung heraus sollen andere bestraft werden. Hinzu kommen Kostendruck und Arbeitsverdichtung in der Einrichtung. Manchmal werden zum Vernichtungsfeldzug Seilschaften gebildet, die dem Täter selbst nützlich sind, aber auch der Organisation dienlich sein können. Mobber sind in der Regel unfähig zur Empathie; sie können und wollen sich nicht in die Lage des Geschädigten versetzen. Sie denken in Schwarz-Weiß-Kategorien und weisen nicht selten eine pathologische Persönlichkeitsstruktur wie Narzissmus auf. Sie können aber auch aus ganz persönlichen Motiven und Problemlagen heraus handeln, z.B. wenn der Partner ein Verhältnis mit dem Opfer hat oder bei einer Alkoholerkrankung.

Merkmale von Mobbing-Betroffenen

Auch die gemobbten Personen haben immer wiederkehrender **Merkmale.** Es gibt allerdings ein so genanntes Meta-Merkmal, welches die meisten übrigen umfasst: die Andersartigkeit. **Mobbing-Betroffene** unterscheiden sich in mindestens einem charakteristischen Merkmal von ihrem jeweiligen Team. Es trifft den Mann unter Frauen, die Junge unter den Älteren, die Schnelle unter den Langsamen oder den Konservativen unter den Progressiven und umgekehrt. Darüber hinaus kennzeichnet ein Bündel von weiteren Attributen die typische Zielperson. Sie ist leistungsbereiter, qualifizierter und gewissenhafter als die anderen, sie verfügt über eine höhere soziale Kompetenz und eine Tendenz zur Konfliktvermeidung. Und sie hat bereits irgendein offenkundiges Handicap oder die Sündenbockrolle inne (→ Kap. 8.3.3).

Einrichtungsmerkmale

Ein Teamklima, das von Missgunst und Neid geprägt ist und in dem Gruppendruck und eine Atmosphäre von Feindseligkeit vorherrschen, sind einrichtungsbezogene Mobbing-Ursachen, ganz nach dem Motto: „Wer Kollegen hat, braucht keine Feinde". Auch die **Einrichtung** insgesamt kann den Nährboden für feindselige Ausgrenzung bieten. Dazu zählen **Merkmale** wie eine hohe Arbeitsbelastung, die oft mit Überforderung einhergeht und zu Stress führt. Ursache ist hier häufig die chronische Personalknappheit.

Auch eine untaugliche Organisation der Arbeit birgt Risiken: Mobbing kann blühen, wenn die Kompetenzen, Zuständigkeiten und Weisungsbefugnisse unklar sind und die wesentlichen Informationen über dubiose informelle Kanäle laufen. Des Weiteren sind eine überbordende Bürokratie, das schlechte Management und eine untaugliche Führung zu nennen, die – sowohl zu lasch als auch zu autoritär – zu Mobbing führen können.

Zudem kann eine mangelnde Personalpflege Mobbing ermöglichen, wenn z. B. die Ursachen von Krankheit und Fehlzeiten nicht ergründet werden, Konflikte nicht angegangen werden, Stress nicht reduziert sowie Burnout nicht entgegengesteuert und Supervision nicht ermöglicht wird. Wenn darüber hinaus noch Umstrukturierungen und gravierende Veränderungen stattfinden, sind Ängste und Revierkämpfe vorprogrammiert.

10.2 Umgang mit Mobbing

Mobbing-Prophylaxe und -bekämpfung ist wie Konfliktmanagement eine wichtige Führungsaufgabe. Aber nicht nur Vorgesetzte können reagieren, sondern auch die Betroffenen selbst können im Mobbing-Fall aktiv werden. Der beste **Umgang** mit **Mobbing** ist allerdings, es erst gar nicht so weit kommen zu lassen – und das heißt für den Einzelnen und für die gesamte Einrichtung, prophylaktisch Mobbing entgegenzuwirken.

10.2.1 Möglichkeiten für Betroffene

Wer von **Mobbing** betroffen ist, kann sich an bestimmten Handlungsstrategien orientieren.

Realität prüfen

Was Betroffenen widerfährt, erscheint manchmal so unglaublich, dass sie an ihrer Wahrnehmung zweifeln. Es gilt jedoch, die eigenen Wahrnehmungen grundsätzlich ernst zu nehmen. Allerdings sollten die eigenen „Hörgewohnheiten" (→ Kap. 8.1.2) daraufhin geprüft werden, ob eine Nachricht auch wirklich so gemeint war, wie sie verstanden wurde. Dafür eignen sich Zeugen und der persönlich vertraute Personenkreis. Besonders jetzt gilt es, die Realitätsorientierung zu stärken und die Wirklichkeit permanent aktiv zu kontrollieren. Es hilft zudem, das Geschehen systemisch zu betrachten und die wechselseitige Bedingung der Interaktion zu hinterfragen, statt sich schuldig zu fühlen.

Ruhe bewahren

Weder Panikreaktionen noch das Hineinfressen sind taugliche Bewältigungsstrategien. Es ist hilfreich, frühzeitig das Gespräch mit Experten zu suchen. Vor allem aber ist ein konstruktives Selbstmanagement angezeigt. Es sorgt dafür, dass der Betroffene umschalten, abschalten und entspannen kann, statt mit Tunnelblick Tag und Nacht auf die Vorfälle zu starren. Dafür ist auch der private Ausgleich hilfreich, indem man allein oder mit Freunden gezielt Angenehmes aufsucht. Auch im Job gilt es, freundlich, besonnen, wachsam und kontrolliert zu bleiben, denn Fehler oder Schwächen nutzt der Gegner gnadenlos aus.

Opferrolle vermeiden

Statt den Kopf verzweifelt in den Sand zu stecken, gilt es, aktiv zu bleiben. Mobbing-Betroffene sollen alle zugänglichen Informationen sammeln, Vorfälle dokumentieren und Zeugen dingfest machen, z. B. Kollegen oder den Hausarzt. Besonders wichtig ist es, Verbündete zu suchen und sich nicht zu isolieren. Dafür bieten sich private vertraute Personen, auch Kollegen, ein Vorgesetzter vielleicht oder die Personalvertretung an. Zu prüfen ist, ob es Vorteile verspricht, eine begrenzte Öffentlichkeit herzustellen.

Souveränität zeigen

Es gilt, in der direkten Konfrontation mit dem Mobber zu demonstrieren, dass sich der Betroffene nicht unterkriegen lässt, auch wenn gerade das besonders schwer fällt. Folgende Reaktionen sind nützlich:
- Bei diskriminierenden Bemerkungen konsequent sachlich nachfragen – „Wann und wo genau ist Ihnen das aufgefallen und wer kann das bezeugen?"
- Mit ein wenig Übung schlagfertig kontern – „Jetzt habe ich es 20 Jahre in dieser Einrichtung geschafft, meine Dummheit zu verbergen und jetzt kommst du und bringst mein ganzes Scheingebäude zum Einsturz – welch eine Schmach!"
- Sich zur Wehr setzen und klare Grenzen ziehen – „Ein für alle Mal: Ich verbitte mir eine solche Bemerkung von dir!"

Die gemobbte Person erscheint in vorteilhaftem Licht, wenn sie offen Klärungsbereitschaft bekundet. Für das eigene Seelenheil zu empfehlen ist, frühzeitig einen Alternativplan in der Tasche zu haben, z. B. die Kündigung oder eine berufliche Umorientierung, um sich sicherer und nicht ausgeliefert zu fühlen.

10.2.2 Möglichkeiten für Träger und Vorgesetzte

Auch für **Träger** und **Vorgesetzte** stellt der Umgang mit Mobbing-Problemen in der Einrichtung eine knifflige Aufgabe dar, die mit viel Fingerspitzengefühl zu handhaben ist. Grundsätzlich gilt, bei spürbaren Konflikten und Anzeichen für Schikanen frühzeitig Flagge zu zeigen. Die arbeitsvertragsrechtliche Linie in der Rechtsprechung des BAG *(Bundesarbeitsgericht)* hebt stets auf die so genannte „Nebenpflicht" des Arbeitgebers ab. Sie ist eine allgemeine Fürsorgepflicht wie der Schutz vor Diskriminierung und Anfeindung und der Schutz der Persönlichkeitsrechte. Zur Wahrung dieser Fürsorgepflicht gehört es, Hinweise ernst zu nehmen, ohne gleich blindwütig zu agieren, die Lage und geschilderten Begebenheiten konsequent zu prüfen sowie zielführende Maßnahmen zu ergreifen.

Gespräche mit dem Mobbing-Betroffenen

Der Wunsch nach einer Aussprache kann entweder vom Betroffenen selbst ausgehen oder vom Vorgesetzten bei auffälligen direkten Indizien oder aufgrund von Hinweisen aus dem Kollegium. Im **Gespräch** mit dem **Mobbing-Betroffenen** lässt sich der Vorgesetzte die Beschwerden vortragen und hört aufmerksam hin, was der Betroffene genau sagt und wie er die eigene Situation empfindet. Dabei kann er nachfragen, um die gemobbte Person und die Vorgänge zu verstehen, sollte sich hingegen vorschneller Bewertungen enthalten. Es gilt herauszufinden, ob es Beweise gibt, ob Zeugen vorhanden sind, das Geschehen protokolliert wurde, was meist erst in fortgeschrittenen Stadien der Fall ist, und wie lange die Vorfälle schon andauern. Wenn sich der Betroffene entlastet und beruhigt hat, kann die Frage nach Vorgehenswünschen oder Lösungsideen der betroffenen Person selbst gestellt werden. Vielleicht sind bereits erste Schritte gemeinsam planbar. Mehr gehört in diesen ersten Termin nicht hinein. Kein Handlungsdruck, schon gar keine Panik, aber auch kein Herunterspielen. Abschließend sollen ein relativ zeitnaher Folgetermin vereinbart sowie ein gemeinsames Kurzprotokoll erstellt werden.

Gespräche mit dem Mobber

Das **Gespräch** mit dem (vermeintlichen) **Mobber** hat den Charakter eines Mitarbeitergespräches (Anlassgespräch, Kritikgespräch). Es dient nicht der objektiven Überprüfung der Aussagen auf ihren Wahrheitsgehalt, sondern dem Kennenlernen der gegnerischen Sichtweise. Auch hier steht nach klarer Nennung des Anlasses und der Beschwerde das aufmerksame Zuhören obenan. Vorschnelle Bewertungen, Vorwürfe und Belehrungen müssen vermieden werden. Die Person soll sich öffnen können, denn es gibt Fälle, in denen dem mobbenden Kollegen das destruktive Verhalten gar nicht bewusst ist. Eine weitere Möglichkeit ist, dass der Mobber seine Handlungen eingesteht einschließlich Begründungen und Rechtfertigungen, bis hin zu der Einschätzung, er sei selbst das Opfer. Und schließlich muss mit aggressiver Abwehr gerechnet werden, mit möglichen Androhungen von Gegenaktionen und rechtlichen Schritten. Das frühzeitige Einbeziehen der Personalvertretung stellt sich übrigens meist als hilfreich heraus, wenn diese mit Mobbing Erfahrungen hat.

Neben dem wohlwollenden Anhören steht immer auch die freundliche, aber klare Grenzsetzung. Es sollte deutlich gemacht werden, welche umgangskulturellen Werte in der Einrichtung Standard sind und dass man deren Einhaltung streng überwachen, das Verhalten aufmerksam beobachten und Übertretungen konsequent sanktionieren werde. Gibt sich der Mobber abwehrend und abstreitend, kann es der Vorgesetzte für dieses Gespräch dabei bewenden lassen und einen späteren Termin in Aussicht stellen.

Gespräche mit allen Beteiligten

Das **Gespräch** mit allen **Beteiligten** folgt den Einzelgesprächen; hier ist die Personalvertretung willkommen und oft auch gewünscht. Die Leitung einer solchen Aussprache erfordert ein Grundrüstzeug an Moderationskompetenzen. Eine externe Konflikt- oder Mobbing-Moderation ist bereits zu diesem Zeitpunkt möglich, jedoch auf alle Fälle nötig beim Scheitern dieses Gesprächs. Supervisoren und Coaches sind in dieser Variante weitergebildet und können bei einer derartigen Schlichtung kompetent die besonderen Konfliktbedingungen berücksichtigen.

Wenn reden nicht rasch Abhilfe schafft, hat sich in der Regel eine (räumliche) Trennung der Kampfhähne als vorteilhaft herausgestellt. Ob zusätzliche Er- oder Abmahnungen erfolgen, muss die Beweislage erbringen.

10.2.3 Mobbing-Prophylaxe

Obwohl der Bereich Erziehung mit einem hohen Mobbing-Risiko behaftet ist, gibt es erprobte Maßnahmen zur **Mobbing-Prophylaxe,** die Intrigen und Psychoterror vorbeugen und die Wahrscheinlichkeit, dass es zu Mobbing kommt, deutlich senken. Obenan steht eine allgegenwärtig verankerte Einrichtungsethik und Einrichtungskultur des „No Mobbing", verbunden mit einem Klima der

„offensiven Konfliktfreundlichkeit". Dies kann in gemeinsam vereinbarten Grundsätzen festgeschrieben sein.

Je offener in Einrichtungen über Konfliktentwicklungen und Mobbing diskutiert, aufgeklärt und informiert wird, desto geringer ist die Chance für verdeckte Schläge.

Analysen des Betriebsklimas, Mitarbeiterbefragungen oder einfach turnusmäßige Gespräche der Leiterin mit den einzelnen Kolleginnen – und zwar nicht nur dann, wenn es Kritik auszuteilen gibt – sind weitere Prophylaxemaßnahmen. In einer Einrichtung wurde erfolgreich das Amt einer „Mobbing-Wächterin" geschaffen; sie war von allen Kollegen autorisiert, bei ersten Warnsignalen Laut zu geben und Verdächtiges anzusprechen. Der Auftrag von allen Kollegen machte ein solches Modell im Gegensatz zum Denunziantentum lebbar.

Besonders wichtig ist es zu wissen, dass Mobbing oft nach Veränderungen beginnt. Jede Leiterin sollte also nach Umsetzungen, Neueinstellungen oder ähnlichen Bewegungen eine deutlich erhöhte Kommunikation mit den direkt und indirekt Betroffenen pflegen.

Zusätzliche Prophylaxe bildet eine gute Schulung der Leitung, der Personalvertretung oder auch der gesamten Einrichtung mittels einer Mobbing-Fortbildung. Entsprechende Betriebsvereinbarungen können weiteren Boden sichern. In etlichen Häusern wird gar ein umfassendes Gesundheitsmanagement gepflegt mit der Maxime, dass alle Kolleginnen abends gesünder und zufriedener nach Hause gehen, als sie morgens gekommen sind. Auch dies kann einen tauglichen Schutz bieten. Das entscheidende Herzstück eines mobbingfreien Arbeitsplatzes ist allerdings das Vorbild des Trägers und der Vorgesetzten. Wenn sie glaubwürdig Transparenz, Mut zum Ansprechen brisanter Probleme und vor allem Fairness praktizieren, also selbst auf Mobbing-Handlungen verzichten, haben Intrigen und Schikanen kaum noch eine Chance. Dieses einfache Mittel wird stark unterschätzt. Wie heißt es doch so passend: „Machen Sie sich nicht so viel Mühe, Ihre Kinder zu erziehen – sie machen Ihnen sowieso alles nach!" Und der Pädagoge Friedrich Fröbel bringt es auf den Punkt: „Erziehung ist Beispiel und Liebe. Sonst nichts."

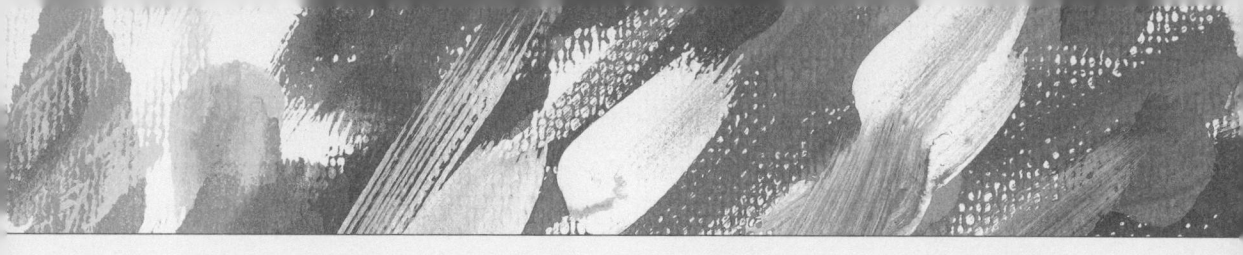

11 Weiterentwicklung – Supervision, Coaching, Teamentwicklung und Fortbildung

Eckhart Müller-Timmermann, Armin Krenz

11.1	**Supervision**	**483**
11.1.1	Was ist Supervision?	483
11.2	**Coaching**	**488**
11.2.1	Was ist Coaching?	488
11.3	**Teamentwicklung**	**490**
11.3.1	Schritte der Teamentwicklung	490
11.3.2	Faktoren einer erfolgreichen Teamentwicklung	492
11.4	**Fort- und Weiterbildung**	**495**
11.4.1	Fortbildung als Konsequenz aus dem Berufsalltag	495
11.4.2	Fortbildung als Persönlichkeitsbildung	497
11.4.3	Fort- und Weiterbildung als berufsbegleitender Lernprozess	499

Die Güte der Arbeit in Tageseinrichtungen für Kinder lässt sich an verschiedenen Einflussgrößen ablesen. Dazu gehören die fachliche Orientierung an aktuellen Erkenntnissen der elementarpädagogischen Forschung, die effektive Strukturierung der Organisation und der Abläufe oder die erfolgreiche Gestaltung der Außen- und Arbeitskontakte. Zunehmend tritt als Qualitätskriterium die professionelle Selbstevaluation *(Selbstbewertung)* der eigenen pädagogischen Arbeit und der Teamentwicklung in den Vordergrund. Selbstevaluation unterstützt die Mitarbeitenden einer Einrichtung bei der wirksamen Umsetzung ihrer beruflichen Kernaufgaben in der täglichen Arbeit. Dabei hat es sich bewährt, die weichen Faktoren (→ Kap. 1.1.2) wie Information und Kommunikation, Gruppen- und Rollendynamik, Spannungen, Differenzen, Konflikte und unangemessene Reaktionen auf andere Menschen spätestens bei den ersten Störungen, besser noch regelmäßig prophylaktisch zum Thema zu machen, zu klären und darüber hinaus für Verbesserungen zu nutzen.

Teams mit einer solch offenen Kommunikationskultur und hohen Beziehungsqualität sind eher selten zu finden. Wenn es Teams schwer fällt, sich mit den eigenen Möglichkeiten und Mitteln selbst zu überwachen, in Frage zu stellen und zu optimieren, können sie hierfür Expertenwissen und -erfahrung von eigens dafür weitergebildeten Mitarbeitern oder von externen Fachleuten einsetzen.

Supervision, Coaching und **Teamentwicklung** helfen, bestimmte Fragen anlassbedingt oder in turnusmäßiger Selbstprüfung zu klären und unterstützen die **Weiterentwicklung** von personaler, sozialer und beruflicher Kompetenz. Dabei werden typische Punkte zur Sprache kommen wie beispielsweise: Wie erfolgreich arbeiten wir zusammen? Wie können wir uns verbessern? Wo behindern uns eigene Denkmuster? Wo blockieren uns unsere Interaktionsformen? Wie können wir Blinde Flecken reduzieren? Warum hat jemand schier unüberbrückbare Schwierigkeiten im Umgang mit einem Kind oder Elternteil? Wo wollen wir unsere Kommunikation förderlicher gestalten? Ein intensives und offenes Befassen steigert die Arbeitseffektivität, verbessert das Betriebsklima, erhält das fachliche Niveau und kann überdies Anregung oder Anlass zur **Fortbildung** geben.

Abb. 11.1: Supervision, Coaching und Teamentwicklung unterstützen die Weiterentwicklung von personalen, sozialen und beruflichen Kompetenzen

11.1 Supervision
Eckhart Müller-Timmermann

Wo Menschen miteinander und vor allem mit anderen arbeiten, geraten zunehmend die Beziehungen und die damit einhergehenden Spannungen in den Blickpunkt. **Supervision** ermöglicht ein Innehalten, ein Heraustreten aus dem regulären Arbeitsalltag und kann dadurch zu einer anderen Sicht der Dinge verhelfen.

11.1.1 Was ist Supervision?

Der Begriff **Supervision** beschrieb gegen Ende des 19. Jahrhunderts in den USA eine Vorgesetztenfunktion, nämlich die Überwachung der Aufgabenerledigung von Mitarbeitern. Anfang des 20. Jahrhunderts wandelte sich das Begriffsverständnis zu einer Art Praxisanleitung oder Praxisberatung im sozialen Bereich. Diese Aufgabe wird heute eher mit dem Begriff Mentoring bezeichnet, z. B. bei der gezielten hausinternen Unterstützung eines neuen durch einen erfahrenen Mitarbeiter.

Supervision

Beratungsform, die persönliche Ressourcen erschließt und sich zu einer komplexen Betrachtungsweise menschlicher Interaktionen im Berufsfeld entwickelt hat – zunehmend auch in der Wirtschaft.

Supervision bedeutet wörtlich ein „Darüber-Sehen", ein „Von-oben-Schauen" und beschreibt damit die Helikopterposition des Supervisors: Er hat einen besseren Überblick als die Mitglieder des Systems Einrichtung, die sich selbst kaum noch unvoreingenommen betrachten können. Denn jeder Einzelne genauso wie Paare oder Teams verfügen über einen so genannten Blinden Fleck (→ Kap. 8.2.1) – sie sind blind gegenüber bestimmten Eigenarten und Verhaltensweisen bei sich selbst, von denen alle Außenstehenden Kenntnis haben. Damit dieser unsichtbare Bereich erhellt werden kann, bedarf es eines unvoreingenommenen „Leihauges" von außen durch eine hilfreiche und kompetente Supervision.

Die Zahl der Träger wächst, die eine solche Selbstüberwachung, Entlastung und Qualitätssicherung als verbindlich für ihre Mitarbeiterinnen vorschreiben. Verbände und große Träger lassen zudem auch zunehmend Mitarbeiterinnen zu

„internen Haussupervisoren" ausbilden. Doch eine effektive Supervision braucht die Freiheit von den konkreten institutionellen Bezügen und Zwängen; ein externer Supervisor kann die für eine fruchtbare Entwicklungshilfe notwendige Vertraulichkeit und Unparteilichkeit am besten gewährleisten.

Anlässe und Aufgabenstellung in der Supervision

Der **Anlass, Supervision** in Anspruch zu nehmen, ist unterschiedlich und entsprechend variieren die **Aufgabenstellungen.**
Die selbstreflektierende Analyse des eigenen beruflichen Erlebens und Handelns kann mit einer unterschiedlichen Ausrichtung erfolgen:
- Die Intervention bei aktuellen Problemen oder Konflikten
- Zur Prophylaxe von individuellen oder Team-Problemen
- Als begleitende Maßnahme bei Aus-, Fort- und Weiterbildung.

Themen

Relevante Aufgabenstellungen bei der Supervision sind beispielsweise die Reflexion des eigenen und teambezogenen beruflichen Handelns als auch die Auseinandersetzung mit der eigenen Person, den anderen Teammitgliedern, der Teamleitung und der Einrichtung. Die Teilnehmenden bemühen sich um Selbstöffnung und Introspektion und bringen in geschützter Atmosphäre belastende Probleme zur Sprache. Dabei können innerseelische Konflikte auftreten, die fühlbar gemacht und durchgesprochen werden.

Supervisor

Supervision hat eher reflexiven denn direktiv-beratenden Charakter. Der **Supervisor** hat die Rolle eines Geburtshelfers und Prozessbegleiters, die er mithilfe gezielter Methoden und hilfreicher persönlicher Haltungen ausfüllt. Er schafft eine Grundhaltung der Wertschätzung füreinander sowie der Offenheit und Angstfreiheit bezüglich brenzliger Lagen und Gefühle und fördert die Klärungsbereitschaft und den Mut zur Aussprache. Er hat dabei sowohl die Einrichtung und die Teamdynamik, zuvorderst allerdings die einzelne Mitarbeiterin im Visier. Ihn zeichnen sowohl Feldkompetenz als auch Beratungskompetenz aus. Zur Feldkompetenz gehört das Praxiswissen über die:
- Arbeitssituation der Erzieherin
- Strukturen und Konflikte von Einrichtungen
- Prinzipiellen Gesundheitsrisiken der erzieherischen Tätigkeit.

Beratungskompetenz ist gekennzeichnet von:
- Supervisionsmethoden
- Beratungs-Strategien
- Menschenkenntnis.

Meist fußt die Vorgehensweise auf einem Bündel von klassischen Methoden, die ihren Ursprung in psychotherapeutischen Schulen (→ Kap. 2.3.2) haben, wie eine systemische Orientierung, verhaltenspsychologische Techniken, tiefenpsychologische Methoden, ein klientenzentrierter und gestalttherapeutischer Ansatz sowie gruppendynamische Elemente.

Formen von Supervision

Zur Bewältigung verschiedener Problemstellungen eignen sich unterschiedliche **Formen** von **Supervision:**
- **Einzelsupervision** – bei individuellen Problemen
- **Gruppensupervision** – Personen verschiedener Einrichtungen beraten schwierige Situationen miteinander
- **Fallsupervision** – fachliche Betrachtung eines Kindes z. B. einschließlich der Person Erzieherin
- **Teamsupervision** – Gegenstand sind die Dynamiken des Teams
- **Einrichtungssupervision** – bezieht die Dynamik einer gesamten Einrichtung mit dem gesamten Team ein. Hier kommen neben den Personen gewichtige und durch Supervision kaum beeinflussbare Momente von Sozial-, Finanz-, Träger- und Verbandspolitik zum Tragen, welche das Einrichtungsklima, die Organisation und das Management beeinflussen
- **Intervision** – kollegiale Supervision ohne externen Supervisor

Team-Supervision

Eine **Team-Supervision** wird in der Regel für einen bestimmten Zeitraum vereinbart, beispielsweise für acht Sitzungen zu je drei Stunden; in jüngster Zeit auch kürzer. Im Gegensatz zu einer Supervision mit deutlich mehr Sitzungen tritt bei diesem Modus kein Gewöhnungs- und Ermüdungseffekt ein. Ein weiterer Vorteil z. B. gegenüber einer einmaligen Tagesveranstaltung ist der, dass Lerneffekte gesichert und kontrolliert werden können. Für eine erfolgreiche Durchführung hat es sich bewährt, die wesentlichen Eckwerte vorab zu vereinbaren:
- Den formalen Rahmen wie Ort, Zeit, Dauer, Finanzierung
- Die Teilnehmenden; die Verbindlichkeit und Verschwiegenheit
- Die Teilnahme der Leitungskraft
- Die Art und Methoden der Supervision sowie mögliche Grenzen.

Intervision

Eine besondere Form der Supervision stellt die **Intervision** *(Kollegiale Supervision)* dar. Sie ist eine kollegiale Beratung ohne externen Supervisor. Die Intervision nutzt die fachliche und soziale (Feld-)Kompetenz der Teammitglieder und bedient sich einer festen, transparenten und gut erlernbaren Struktur und Ablauffolge.

Intervision ist für das Bearbeiten von beruflichen und arbeitsbezogenen Themen geeignet wie Kommunikations- und Interaktionsfragen, Beziehungsprobleme, Entscheidungsschwierigkeiten sowie Konflikte mit Menschen, Rollen oder Aufgaben. Ist das gesamte Team in einen Konflikt verwickelt und psychologisches und gruppendynamisches Know-how erforderlich, sollte zudem eine externe Fachkraft den kollegialen Prozess vorübergehend begleiten

Bei der kollegialen Beratung beteiligen sich alle mit vorab festgelegten Rollen an der Lösungsfindung. In der einfachsten Vorgehensweise gibt es eine Person, die ein Anliegen vorstellt, einen Moderator und die Ratgebenden (alle übrigen Teammitglieder). Der (Kurz-)Ablauf besteht aus sieben Schritten.

- **Schritt 1:** Wahl des Moderators und Sammlung der Beratungswünsche für diesen Termin
- **Schritt 2:** Erste Präsentation der Anliegen – ein konkretes persönliches Problem wird vorgetragen; alle hören zu
- **Schritt 3:** Kurze sachliche Nachfragen der Teammitglieder zum Verständnis – der Moderator unterbindet konsequent alle weiterführenden Gedanken oder Lösungsvorschläge zu diesem Zeitpunkt
- **Schritt 4:** Anwendung einer Beratungsmethode – z. B. Brainstorming oder Diskussion; jetzt sind Anregungen und Lösungsvorschläge durch die Teilnehmenden gewünscht; dabei zieht die Vorstellende sich aus dem Kreis, sie wird nicht mehr angesprochen und reagiert auch nicht mehr auf das Gehörte, lauscht also lediglich dem Verlauf
- **Schritt 5:** Abschluss der Beratungsrunde – die Vorstellende kehrt zurück in den Kreis; Auswahl der Punkte durch die vorstellende Person, die wichtig, weiterführend, gefühlsmäßig berührend waren
- **Schritt 6:** Gemeinsame Überlegungen zur Umsetzung bei Bedarf – ggf. kurzes Rollenspiel oder thematischer Input durch Workshop-Leitung, falls vorhanden
- **Schritt 7:** Feedback, Abschluss.

Die Intervision kann vor Eintreten gruppendynamischer Krisen eine externe Supervision ersetzen.

Mit der Intervision haben Einrichtungsteams ein taugliches Präventions- und Problemlöseinstrument in der Hand. Die besten Ergebnisse zeigen Gruppen, die aus verschiedenen Einrichtungen ggf. des gleichen Trägers kommen und nicht direkt miteinander arbeiten. Zur Implementierung von Intervision sollte immer ein geschulter Experte für ein bis zwei Sitzungen geholt werden, der später auch bei Krisen weiterhelfen kann.

Phasen der Supervision

Die Psychologin Astrid Schreyögg beschreibt den typischen Supervisionsverlauf in einem Prozessmodell Integrativer Supervision:
- **Initialphase** – es werden Themen und Ziele festgelegt
- **Aktionsphase** – es findet die Auseinandersetzung mit den Themen und Problemen mittels reflexiver und erlebnisaktivierender Methoden statt
- **Integrationsphase** – ist von emotionalen Reaktionen beim Integrieren von vertrautem und neuem Material und Sichtweisen gekennzeichnet
- **Neuorientierungsphase** – begleitet die vorbereitende Praxiserprobung.

Laut dem Sozialwissenschaftler Nando Belardi belegen zahlreiche Studien, dass Supervision wirkt.

Supervision wirkt insbesondere auf die persönliche Motivation und Arbeitszufriedenheit, als Stress- und Burnout-Prophylaxe, auf Fehlzeiten und die Problemlösekompetenz der Einzelnen.

Die Kinder und Eltern profitieren ebenfalls deutlich von den Wirkungen der Supervision. Mittlere Auswirkungen sind auf der Teamebene zu verzeichnen wie bei Kommunikationsqualität und Kritikfähigkeit, bei Offenheit und bei der Konflikthandhabung. Die geringsten Effekte sind in Bezug auf die Organisation zu merken. Dies liegt wahrscheinlich daran, dass oft nur Teile eines Kollegiums an den Sitzungen teilnehmen, institutionelle und bürokratische Aspekte in einem solchen Forum nicht gebührend behandelt und Einrichtungsfragen nicht zielführend erörtert werden können.

11.2 Coaching
Eckhart Müller-Timmermann

Coaching steht in der Praxis eher Leitungskräften zur Verfügung. Ursprünglich als Instrument für Sportler zum Erzielen von Höchstleistungen entwickelt, können diese Dienstleistung heute alle Personen mit erhöhter Verantwortung nutzen. Nach einem gelungenen Coaching verschwinden Misstrauen und übermäßige Kontrolle und ein Klima des Vertrauens und ein Geist der Selbstverantwortung entstehen. Mitarbeiterinnen können ihre wertvolle Arbeitsenergie wieder für Kreativität und Produktivität nutzen, statt in den Selbstschutz zu investieren.

11.2.1 Was ist Coaching?

Coaching befasst sich in erster Linie mit den Stärken der Menschen, danach mit den Defiziten. Es hat zum Ziel, die beruflichen Selbstgestaltungspotenziale zu fördern sowie Perspektiven und Lösungen zu entwickeln. Die Ziele sind in der Regel vorab definiert; der Coach hilft, sie zu erreichen.

Coaching
Konzepte, die individuelle Beratung im beruflichen Kontext anbieten. Die Beratung kann personen-, prozess- und organisationsbezogen sein.

Wenn auch beim Coaching Belange der Arbeit im Vordergrund stehen, so werden doch die Person und das Team immer in allen Lebensbezügen gewürdigt. Team-Coaching berücksichtigt noch deutlicher die Prozesse zwischen den Menschen und fördert zudem kollegiales Lernen.

Coaching-Themen

Typische Coaching-Themen sind Veränderungen und Anpassungsprobleme wie:
- Führungsverhalten, soziale Kompetenzen, Ziel- und Werte-Konflikte, neue Verantwortungen, negatives Mitarbeiter-Feedback
- Schwierigkeiten mit Mitarbeitern, differierende Leistungserwartungen
- Selbstmanagement – Zeit, Planung, Organisation
- Gesundheit – Stress, Burnout, Work-Life-Balance

- Sonstige persönliche akute Krisen
- Karriereplanung
- Wichtige Auftritte wie Reden oder Präsentationen und politische Entscheidungen
- Mobbing-Erlebnisse
- Projekte, neue Ziele und Strategien, interpersonelle Konflikte oder Neuausrichtung von Teams.

Coaching-Nutzen

Der Nutzen ist reichhaltig. In professionell moderierten Sitzungen kann der Gesprächsarmut und dem Verharren in ewig gleichen Lösungen entgegengewirkt werden. Coaches gewähren eine gezielt angeleitete Selbstreflexion für eine Standortbestimmung und für ein konsequentes „Aufräumen in den Köpfen". Man kann sich mit den eigenen inneren Ressourcen auseinandersetzen und Orientierung und Zielklarheit beim Anpacken der anstehenden entscheidenden Aufgaben zurückgewinnen. Dies führt zu einer Steigerung der Motivation für die eigene Tätigkeit. Zudem wächst der Mut zum (innovativen) Handeln. Fehlentscheidungen, Betriebsblindheit und lähmende Konflikte verringern sich – und die Mitarbeitenden steigern ihre eigene physische und psychische Gesundheit.

In einer repräsentativen Befragung (Jansen, Mäthner & Bachmann, 2004) gaben 90 % der Klienten einen positiven Nutzen des Coachings für sich an. 62 % schätzten vor allem die Reflexionsmöglichkeit des eigenen beruflichen Handelns, 60 % die Veränderung des eigenen Verhaltens, 49 % die Persönlichkeitsentwicklung, 38 % die Verbesserung interpersonaler Beziehungen und schließlich 36 % die Steigerung von Gesundheit und Wohlbefinden. Alle übrigen Effekte rangierten unter 10 %.

Die Rolle des Coachs

Der **Coach** nimmt meist eine aktivere und zielorientiertere **Rolle** ein als bei der Supervision. Er ergründet Potenziale und erfasst Störfaktoren, lotet Möglichkeiten konstruktiver Lösungen aus und ermutigt, sinnvolle Wege auch tatsächlich zu beschreiten. Er gibt Personen und Teams Klarheit, Orientierung und Bekräftigung in entscheidenden oder festgefahrenen Berufssituationen.

Coaching ist immer Hilfe zur Selbsthilfe – die Aufgabe des Beraters ist vordringlich, sich so bald wie möglich überflüssig zu machen.

Die Qualität eines Coachs ist durch folgende Merkmale gekennzeichnet. Er:
- Verfügt über spezialisierte Beratungsmethoden, um den Klienten gezielt unterstützen zu können
- Zeichnet sich durch umfangreiche Erfahrungen in verschieden Branchen und Organisationen aus, besonders natürlich in Horten, Heimen oder Kindertageseinrichtungen
- Hat fundierte Kenntnisse in Visualisierungs- und Moderations-Techniken
- Nutzt moderne Problemlösemethoden.

Die fachliche, psychologische und menschliche Kompetenz eines Coachs sowie seine fundierte Lebenserfahrung auch im Umgang mit Krisen stehen der Einrichtung für vielfältige Anlässe unter absoluter Diskretion zur Verfügung.

11.3 Teamentwicklung
Eckhart Müller-Timmermann

Die **Entwicklung** eines **Teams** sowie die Überprüfung seines Niveaus bedürfen regelmäßiger Aufmerksamkeit: Ehrliche Auseinandersetzungen, sachliche Fehleranalysen und ein permanentes Streben nach Verbesserungen sichern den Erfolg. Besonders bei Veränderungen, ob auf Personen, Aufgaben, Stunden, Gruppen oder Vorgaben bezogen, stehen die Organisation und die Kultur eines Teams immer wieder auf dem Prüfstand. Die Struktur- und Prozessqualität zu bewahren und zu fördern, bedeutet nicht zuletzt auch ein Engagement bei der Team-Qualitätssicherung.

11.3.1 Schritte der Teamentwicklung

Teams können nur begrenzt von außen geformt werden. Teams müssen wachsen und sich entwickeln, und eine Gruppe von Menschen, die meist nicht freiwillig in ihrem Bereich zusammenkommt, braucht dafür Zeit und bestimmte Wachstumsbedingungen. Ein geduldiges Wachsenlassen stellt oft erhebliche Anforderungen an einen bürokratisch geprägten Träger oder an Vorgesetzte, die allerdings selbst an diesem Vorgang wachsen können, wenn sie die Bereitschaft dafür haben.
Zum Teamaufbau wie auch zur regelmäßigen Überwachung seiner Entwicklung empfiehlt sich eine zeitlich begrenzte externe Begleitung. Der Experte kann gemeinsam mit dem Team die Arbeitspraktiken, die Umgangskultur sowie die

Konfliktlage und sonstige Fallstricke systematisch auf den Prüfstand heben. Mithilfe motivierender Methoden kann er helfen, die angestrebten Ziele zu erreichen.

Ausgangslage klären

Die **Klärung** der **Ausgangslage** bildet den Kern des Teamaufbaus:
- Welche gemeinsame Ausrichtung, Konzeption, welchen Ansatz haben wir?
- Wer von uns identifiziert sich wie stark mit diesen Zielen?
- Wer bringt welche Fähigkeiten mit?
- Welche Erwartungen hat das Team an einzelne Mitglieder?
- Welche individuellen Bedürfnisse werden durch die Teamarbeit gefördert, welche frustriert? Wie soll damit umgegangen werden?
- Wie soll das Verhältnis Kleinteams, Gesamtteam und Einrichtungsleitung gestaltet sein, formal und informell?
- Welche schriftlichen Regeln, welche Team-Charta wollen wir uns geben?

Abb. 11.2: Teams brauchen Zeit, um zu wachsen und sich zu entwickeln – und sie brauchen bestimmte Wachstumsbedingungen, z. B. ein permanentes Streben nach Verbesserung

Teamregeln klären

Beispielhaft werden hier erfolgreich erprobte **Teamregeln** für den kommunikativen Umgang miteinander vorgestellt:
- Jeder spricht für sich und ist für sich verantwortlich
- Jeder ist für die eigene Meinung, Stellungnahme, Frage verantwortlich, jedoch nicht schuldig
- Jeder hat das Recht auf Meinungsänderung
- Jeder bemüht sich um direktes und sachliches Feedback und spricht nicht hinter jemandes Rücken
- Alle sind sich einig, persönliche Angriffe zu vermeiden; niemand braucht sich zu verteidigen
- Alle sind sich einig, Vorwürfe zu vermeiden; niemand braucht sich zu rechtfertigen.

Damit solche Vereinbarungen auch eingehalten werden, kann die Zuweisung eines „Wächteramts" sinnvoll sein. So haben Teams beispielsweise eine Kollegin gewählt, die innerhalb von drei Monaten nach Beschluss einer Regel darauf achtet, dass die Abmachung von allen eingehalten wird. Mit diesem Amt wird auch die Autorität verknüpft, bei Verstößen klar auf die Nichtbefolgung hinzuweisen und die Teammitglieder an die entsprechende Vereinbarung zu erinnern. Auf Teambesprechungen berichtet die „Wächterin" dann über ihre Beobachtungen.

Ziele, Wege und Methoden klären

Professionelle Teamentwicklung geschieht angeleitet über einen definierten Zeitraum mit klar formulierten Schritten:
- **Schritt 1:** Wo wollen wir hin? Welche Ziele haben wir?
- **Schritt 2:** Wo stehen wir jetzt? Wie ist der gegenwärtige Zustand unseres Teams im Vergleich zu den Zielen?
- **Schritt 3:** Welche Wege wollen wir vom Ist- zum Zielzustand beschreiten? Welche Themen sind besonders förderungswürdig? Mit welchen Methoden wollen wir arbeiten?
- **Schritt 4:** Woran werden wir merken, dass die Ziele erreicht sind?

Schritt 3 bildet den Schwerpunkt der Entwicklungsarbeit. Hier werden alle Punkte bearbeitet, die als zielführend eingeschätzt wurden.

Den Blick auch in die weite Zukunft zu lenken – „Wohin wollen wir uns langfristig und grundsätzlich entwickeln?" – gestattet dem Team eine von allen gemeinsam oder von einem Einzelnen entwickelte Vision. Diese beinhaltet den Blick über den gegenwärtigen Tellerrand hinaus und bezieht den Wandel der Werte, der Menschen, der Politik und der Gesellschaft in die Vorausschau mit ein. Visionen zu entwickeln ist ein Kennzeichen einer lebendigen und zukunftsfesten „lernenden Organisation".

11.3.2 Faktoren einer erfolgreichen Teamentwicklung

Bei der Teambildung stehen sechs **Faktoren** auf der Tagesordnung. Sie bewirken eine **erfolgreiche Teamentwicklung:**
- Der allen transparente Sinn der Aufgabe und der Arbeit – eine originäre Führungsaufgabe; dazu gehören Sinnstiftung, Fairness, Vertrauen, Beteiligung, Delegation oder Motivation
- Eine motivierende und klare Führung (siehe Punkt 1)
- Effektive Arbeitstechniken und Methoden zum Erreichen der Ziele – dazu gehören praxisnahe Checklisten, Mitarbeiterbefragungen und wechselseitiges Feedback, Projektarbeit, Blitzlichtrunden, verschiedene Moderationstechniken, effektive Besprechungsmethoden, Qualitäts- und Gesundheitszirkel sowie Intervision

- Einer vertrauensvollen Kooperationskultur
- Einem positiven und konstruktiven Kommunikationsklima
- Einer mutigen und offenen Konfliktkultur.

Merkmale der Teamarbeit

Nach intensiven Gesprächen, Teamdiagnosen und ausgefüllten Checklisten, moderi'erten Problemlösesitzungen und gegebenenfalls Übungen und Rollenspielen lässt sich ein erfolgreicher Entwicklungsprozess an folgenden **Merkmalen** der **Teamarbeit** ablesen. Die Teammitglieder

- Arbeiten zunehmend auf gemeinsam festgelegte Ziele hin, stellen häufiger Fragen aneinander und drücken ihre Meinungen und Gefühle offener aus
- Reden ehrlicher miteinander, hören einander bereitwillig zu und versuchen, andere Positionen zu verstehen
- Akzeptieren Spielregeln und beginnen, selbst neue aufzustellen
- Können die gegenseitige Abhängigkeit eher hinnehmen, einander unterstützen und kleinliche Streits und Vorteile auf Kosten anderer vermeiden
- Trauen sich, das Wissen und die Talente der Einzelnen verstärkt zu nutzen
- Akzeptieren die Positionen und Zuständigkeiten aller
- Beginnen, Konflikte nicht nur unter den Teppich zu kehren, sondern als Chance zur Weiterentwicklung zu nutzen. Deshalb sprechen sie Spannungen an und suchen gemeinsam nach Lösungsmöglichkeiten
- Informieren sich und andere so, dass die Arbeitsabläufe transparent werden
- Beteiligen sich aktiv an Entscheidungsprozessen und akzeptieren die Autorität der Leitung
- Pflegen ein kontinuierliches Qualitätsmanagement, bei dem sie sich um ständige Verbesserung bemühen.

Zu den Merkmalen einer erfolgreichen Teamarbeit gehört es, Regeln einzuhalten und bei Bedarf auch gemeinsam zu verändern. Dadurch erhält eine Gruppe Form, Struktur, Orientierung und Klarheit. Doch in jedem Team gibt es auch Normen und Prinzipien, die nie ausgesprochen, geschweige denn niedergeschrieben worden sind und die doch das Verhalten der Mitarbeitenden bestimmen. Wer sich in der Teamentwicklung an dieses Thema heranwagt, braucht Fingerspitzengefühl.

Das Aufdecken und Überprüfen solcher geheimen Regeln kann in einer moderierten Sitzung Stoff für angeregten Austausch bieten. Manches mag für die Zukunft zur offenkundigen Regel erklärt, anderes vielleicht abgelegt werden. Beispiele für Geheimregeln sind: „Wer fehlt, über den wird geredet", „Nicht immer melden, denn freiwillige Zusatzarbeit wird nicht gewürdigt"; „Man muss sich erst beschweren, ehe man gehört wird", „Wer private Sorgen hat, wird von anderen entlastet", „Wenn man Fachliteratur liest, behandelt einen die Chefin mit mehr Achtung".

Merkmale der Teammitglieder

Teams, die sich erfolgreich entfaltet haben und kontinuierlich weiterentwickeln, zeichnen sich durch charakteristische Stärken aus. Die **Teammitglieder** unterscheiden sich in wesentlichen **Merkmalen** von „Einzelkämpfern" und losen Arbeitsgruppen. Sie
- Erzielen eine hohe Arbeitseffektivität
- Erfreuen sich einer beträchtlichen Gestaltungsmöglichkeit und -bereitschaft
- Sind entlastet durch ein kollegiales Unterstützungssystem – kurzfristig überladenen Kolleginnen werden beispielsweise bei familiären Problemen, in den Tagen vor Urlaubsantritt oder bei plötzlichem zusätzlichem Arbeitsanfall Arbeiten abgenommen; ein funktionierendes Vertretungssystem ist installiert
- Zeigen eine niedrige Fluktuation
- Erfreuen sich einer guten Gesundheit
- Sind resistenter gegen Stressquellen wie Lärm
- Verfügen über eine lockere Kommunikationskultur
- Haben Freude an der Arbeit
- Besitzen ein hohes Wir-Gefühl und Identitätsbewusstsein
- Sind offen, können streiten und haben Vertrauen
- Pflegen und genießen gemeinsame Aktivitäten.

Auch bei einer erfolgreichen Teamentwicklung gibt es Einschränkungen und Grenzen. Nicht jede Kollegin ist vom Naturell her ein Teamworker. Manche „Einzelkämpfer" brauchen etwas mehr Eigenständigkeit, damit sie das Ganze nicht torpedieren. Zu viel „Team" kann auch Angst machen oder beschränken. Mitarbeiterinnen, die einzeln Spitzenleistungen erbringen, brauchen eine längere Leine. Ein gutes Team verkraftet auch das und gewährt souverän entsprechende Freiräume.

Eine Erkenntnis in Teams ist immer wieder: Die Arbeitsstile und der konkrete Umgang mit Menschen bleiben trotz aller Bemühungen um Vereinheitlichung stets eine höchstpersönliche Angelegenheit. Meist existieren zwar eine Konzeption sowie ein bestimmter Ansatz zum Umgang mit Kindern, doch konkret handelt jeder Mensch gemäß seiner eigenen Persönlichkeit und gemäß seinem Menschenbild, welche bereits in früher Kindheit geprägt wurden. Private pädagogische Philosophien können nur begrenzt gewandelt werden – doch ein Austausch darüber ist möglich. Der Dialog über unterschiedliche Herangehensweisen an das Kind mit dem Ziel, andere Stile im vereinbarten Rahmen zu akzeptieren bzw.

sogar zu nutzen, ist unabdingbarer Bestandteil jeder Teamentwicklung und zeichnet ein souveränes Team aus. Solch ein Abgleich erzeugt Verständnis und Toleranz, verbessert die Zusammenarbeit und reduziert Konflikte.

11.4 Fort- und Weiterbildung
Armin Krenz

Regelmäßige **Fort- und Weiterbildung** im Beruf ist ein unverzichtbarer Bestandteil der beruflichen Arbeit. So können selbst gestellte Aufgaben und Anforderungen von außen besser erfüllt und der Bildungs-, Betreuungs- und Erziehungsauftrag noch besser eingelöst werden.

11.4.1 Fortbildung als Konsequenz aus dem Berufsalltag

Was hoffnungsvoll und erwartungsfreudig mit dem Berufsanfang begann, nämlich eine lebendige und aktive Entwicklungsbegleitung mit Kindern zu erleben und zu gestalten, offenbart sich mit der Zeit für viele Erzieherinnen als harter Knochenjob. Zum einen mag dies daran liegen, dass der Berufswunsch mit vielen Idealen und Wunschvorstellungen verbunden war, die mit der erlebten Realität nicht übereinstimmen. Zum anderen wird vielen deutlich, dass die Fachschulen häufig nicht das Wissen und die notwendigen Handlungskompetenzen vermittelt haben, welche für die praktische Arbeit notwendig wären. Dazu ergaben sich aus der PISA-Diskussion, der europaweit durchgeführten Qualitätsoffensive und dem damit verbundenen Qualitätsmanagement vor Ort sowie aus den Diskussionen über die Bildungsrichtlinien neue Ansprüche, die das Kindertageseinrichtungssystem in seinen bisherigen Strukturen vor umfangreiche Aufgaben stellt(e). Hinzu kommen steigende Elternerwartungen, zunehmende Verhaltensirritationen bei den betreuten Kindern und die verschlechterten Rahmenbedingungen – die Liste an Kennzeichen für den Wandel in der Elementarpädagogik und den damit verbundenen Herausforderungen ließe sich noch weiter fortsetzen.

Viele dieser neuen oder veränderten Aufgabenstellungen machen spezifische Handlungskompetenzen der elementarpädagogischen Fachkräfte erforderlich. Dies bedeutet für jede Erzieherin, ihre Kompetenzen sehr genau zu betrachten und diese mit den aktuellen Anforderungen in Beziehung zu setzen. Zeigen sich durch einen „Ist-Soll-Vergleich" Deckungsungleichheiten und erweisen sich diese als hinderlich für eine kontinuierliche Qualitätsverbesserung der Einrichtung, so ergibt sich die Konsequenz, die entsprechenden Bereiche durch Fort-, Weiter- oder Zusatzausbildungen auf- und auszubauen. Hier sollten jedoch nicht ausschließlich persönliche Motive die Wahl der Fortbildungsschwerpunkte begründen, sondern die Fortbildungserfordernisse für die gesamte Einrichtung im Vordergrund stehen.

Während eines Seminars, in dem Leitungskräfte aus Kindergärten und Horten eine Zusatzqualifikation erwerben konnten, begaben sich die Teilnehmerinnen auf eine Gedankenreise: Sie sollten darüber fantasieren, welche Veränderungen es wohl geben müsste, damit ihnen der Erzieherinnenberuf in höchstem Maße gefallen würde. Die Auswahl der Antworten spiegelt die Bedürfnislage klar wider: Es „wären Einrichtungen, in denen

- Die Gruppengröße radikal reduziert wäre, so dass die Kinder selbst mit viel mehr Ruhe und Zeit, mit weniger Konflikten und mehr Raum spielen, lernen und sich bilden könnten und die Fachkräfte weitaus stärker auf einzelne Kinder eingehen könnten als es zur Zeit der Fall ist
- Eine bessere Personalausstattung mit fachlich gut ausgebildeten Kräften vorzufinden wäre
- Fort- und Weiterbildung, Supervision und Coaching ein wirklich fester Bestandteil der Arbeitszeit wären sowie die anfallenden Kosten durch den Träger der Einrichtung übernommen werden würden
- Eltern immer wieder mit uns Fachkräften den Dialog suchen würden, beispielsweise über den aktuellen Entwicklungsstand ihrer Kinder, über unsere gültige Konzeption, unsere Perspektiven und unsere Handlungshintergründe
- Alle Mitarbeiterinnen voller Tatendrang neue, professionelle Handlungsstrategien in ihre Tätigkeit aufnehmen würden, Konflikte im Kollegium grundlegend und abschließend geklärt wären und somit eine Arbeitsatmosphäre existieren würde, die eine volle Konzentration auf die wesentlichen Aufgaben der Arbeit zuließe
- Fachberaterinnen profunde Fachkenntnisse besäßen und sich bei ihren Entscheidungen einzig und alleine von ihrer aktuellen Fachlichkeit leiten ließen, ohne gleich die vielfältigen Politik- und Trägererwartungen an die Einrichtungen zu delegieren
- Mitarbeiterinnen mit noch mehr Profil arbeiten würden, um aus ihrer Fachkompetenz heraus unberechtigte und fachlich unhaltbare Forderungen abzuwehren
- Die Bezahlung den hohen beruflichen Anforderungen entsprechen würde und denen der Grundschullehrerinnen gleicht
- Nicht ständig irgendwelche Modellmaßnahmen für eine begrenzte Zeit in den Mittelpunkt der Pädagogik rückten, sondern vielmehr alle pädagogischen, strukturellen und organisatorischen Schwierigkeiten „an der Wurzel" gepackt und langfristig gelöst werden würden."

Die Träume und Wünsche zeigen, dass die Realität eine andere Sprache spricht. Und damit stellt sich die Frage nach den Ansatzpunkten für Veränderungen, die Erzieherinnen in ihrem Berufsalltag diesen Träumen und Wünschen näherbringen könnten.

Ein besonders bedeutsamer und effektiver Ansatzpunkt ist die Persönlichkeitsbildung. Wer an sich selbst arbeiten möchte, um berufspolitische und fachspezifische Ziele klar zu erkennen und konsequent zu verfolgen, wer sein Methodenwissen und seine Fachkompetenzen persönlichen Unsicherheiten entgegenstellen möchte, der hat den ersten Schritt getan, um mit seiner inneren Veränderungsbereitschaft nach außen zu wirken.

„Niemand vermag ein Ereignis oder einen anderen Menschen weiterzubringen, als er selbst mit sich gekommen ist. Dennoch vermag er selbst nicht weiter kommen, als er die Ereignisse oder einen anderen Menschen zu bringen wagt." (fernöstliche Weisheit)

11.4.2 Fortbildung als Persönlichkeitsbildung

Fortbildung ist eine besonders effektive Möglichkeit, **Persönlichkeitsbildung** und Arbeitsfeldorientierung miteinander zu verbinden. Erzieherinnen können als Person profitieren und ebenso neue Erkenntnisse und erlebte Erfahrungen in ihr Arbeitsfeld übertragen. Dies kann gelingen, wenn sowohl auf Seiten der Referenten als auch auf Seiten der Teilnehmerinnen Fortbildung als Arbeit und Bemühen, aktive Beschäftigung und Suche verstanden wird. Fortbildung als Persönlichkeitsbildung auf beiden Seiten heißt, die eigene professionelle Rolle in Frage zu stellen und sich auf den Weg einer Verunsicherung zu begeben, auf Grenzen zu stoßen, sich mit Grenzen konstruktiv auseinanderzusetzen und diese produktiv zu nutzen.

Wenn Fortbildung als Persönlichkeitsbildung begriffen wird, dürfen weder Inhalte oder Fragen ausgeklammert noch gezeigte Verhaltensweisen sofort verworfen oder gar bestimmte Personen ausgegrenzt werden. Teilnehmerinnen müssen Fehler machen und andere Haltungen als erwartet einnehmen dürfen. Denn dies schafft die Möglichkeit, am konkreten Beispiel im Hier und Jetzt zu arbeiten. Dies bedeutet, dass Teilnehmerinnen ebenso aktiv an der Lösung eines Problems mitarbeiten wie Referenten bereit sein müssen, sich als Suchende auf immer neue Problemfelder einzulassen.

Die Auseinandersetzung mit sich selbst in der Fortbildung bedeutet, sich mit den eigenen Verhaltensmustern zu konfrontieren. Diese Muster müssen thematisiert und aktiv aufgegriffen werden, um neue Möglichkeiten des Umgangs zu erleben und damit den Anspruch von Ganzheitlichkeit einzulösen. Das bedeutet weiterhin, sich mit den eigenen lebensbiografischen Daten auseinanderzusetzen, mit den eigenen Werten und Normen, mit den eigenen Kriterien von Richtigkeit und mit den eigenen Ansprüchen an sich und andere Menschen.

Identität (→ Kap. 1.2.1) als Meilenstein in der Persönlichkeitsbildung kann also nur dort erfahren werden, wo Teilnehmerinnen und Referenten mit ihren unterschiedlichen Sozialisationserfahrungen bereit sind, sich auf einen Lernprozess einzulassen, der nicht nur auf kurzfristige Lernergebnisse ausgerichtet ist. Ein Wachstumsprozess im Bereich der Persönlichkeitsbildung wird immer mit Haken und Ösen versehen sein. Dies kann bedeuten:

- Schmerzen und Unsicherheiten zu ertragen und nicht die Schuld dafür anderen zuzuweisen
- Persönliche Erfahrungen ins Seminargeschehen einzubringen und nicht zu schweigen
- Krisenhafte Ereignisse als Lernchance anzusehen und sich nicht der Situation zu entziehen
- Die eigenen Persönlichkeitsstrukturen anzusehen
- Andere Menschen nicht zu bewerten
- Übertragungen aus der eigenen Lebensbiografie zu identifizieren und nicht an der Aufrechterhaltung des Blinden Flecks (→ Kap. 8.2.1) zu arbeiten
- Eigene Werte als Individualwerte anzuerkennen und sie nicht zum allgemeingültigen Wert zu erklären
- Sich und anderen immer wieder die Möglichkeit zu geben, ins Gespräch zu kommen.

> Persönlichkeitsbildung umfasst damit auch Selbsterfahrung. Es geht darum, sensibler für die eigenen Denkmuster und Handlungsschienen zu werden, Konflikte als Wachstumspotenziale zu begreifen und Geschehnisse in Sinnzusammenhängen zu sehen.

Persönlichkeitsbildung ist die Voraussetzung für jede soziale und fachliche Kompetenz, die dann in einer wirklich identischen und professionalisierten Handlungskompetenz mündet.

11.4.3 Fort- und Weiterbildung als berufsbegleitender Lernprozess

Im Allgemeinen wird von Fortbildungsmaßnahmen gesprochen, wenn es sich um Bildungseinheiten von 1–12 Tagen handelt. Weiterbildungen umfassen ca. 13–30 Tage. **Fort- und Weiterbildungen** dienen der Verbesserung der bisherigen Arbeit. Sie wirken sich nicht nur auf die eigene Professionalität aus, sondern verbessern die pädagogische Qualität der gesamten Einrichtung durch innovative Impulse und neue Sichtweisen. Ein solcher **berufsbegleitender Lernprozess** erfordert verschiedene Eigenschaften:
- Selbstmotivation, Selbststeuerung und Engagement
- Lerninteresse, die Bereitschaft zur Veränderung und Perspektivenorientierung
- Selbstkritik und Selbstverantwortung
- Freude an der Auseinandersetzung mit Theorie und Aufgeschlossenheit.

Zusatzausbildungen

Zusatzausbildungen beziehen sich auf den Erwerb zusätzlicher Berufsqualifikationen, ihr Zeitumfang beträgt häufig zwischen 31 und 150 Ausbildungstagen. Sie enden mit einer Abschlussprüfung und einem Zertifikat. Zusatzausbildungen werden in Vollzeit oder berufsbegleitend angeboten und bieten nicht nur die Legitimation für neue, zusätzliche Schwerpunkte bei der Arbeit, sondern eröffnen auch neue Wege für die Berufs- und Karriereplanung. Das kann für die Fachkräfte von Bedeutung sein, die sich von ihrem bisherigen Tätigkeitsbereich verabschieden möchten und neue Herausforderungen suchen. Dabei sind einige Fragen und Überlegungen von besonderer Bedeutung:
- In welchem Bereich liegen meine besonderen Begabungen?
- Welches Aufgabenfeld, welcher Arbeitsbereich interessieren mich besonders?
- Was gehört zu den möglichen Tätigkeiten?
- Welche Qualitäten und Begabungen sind dafür erforderlich und wie passen sie zu meiner Persönlichkeit?
- Welche Fachkompetenzen und Qualifikationsnachweise sind dafür notwendig?
- Auf welche Weise können und müssen die Begabungen im Hinblick auf das ausgewählte Aufgabenfeld perfektioniert werden?
- Wie umfangreich ist eine solche Zusatzausbildung, in Vollzeit oder berufsbegleitend?
- Welche Anbieter kommen in Frage, wie ist die Zusatzausbildung strukturiert und welchen Ruf haben die entsprechenden Anbieter in der Fachwelt?
- Wie hoch sind die Kosten für die Zusatzausbildung?

- Welche staatliche und berufspolitische Anerkennung haben die Zusatzausbildungen?
- Wie hoch ist der Bedarf an diesem Beruf und wie sehen die Berufschancen aus?
- Wo finde ich ausreichende Informationsmöglichkeiten?
- Will ich meinen Weg alleine planen und durchführen oder suche ich mir einen Begleiter im Sinne eines beruflichen Coachings?

Angebote für Erzieherinnen

Für **Erzieherinnen** gibt es ein umfangreiches **Angebot** an qualitätsorientierten Zusatzausbildungen. Möglichkeiten gibt es beispielsweise für all diejenigen, die beraten, begleiten, coachen, Prozesse supervidieren, evaluieren und sich ein vertieftes Wissen über die flexible Handhabung von Gruppenprozessen aneignen wollen. Wer eine therapeutische Zusatzausbildung plant, sollte sich im Vorfeld über die gesetzlichen Grundlagen einer Therapieberechtigung informieren (→ Kap. 2.3.1).

Die Möglichkeiten reichen von (heilpädagogischer) Musiktherapie über Psychodrama, Trauerbegleitung, Märchentherapie, Medienpädagogik, Theaterpädagogik, personenzentrierte Gesprächsführung, Sozialmanagement, analytische Kinder- und Jugendlichenpsychotherapie, Bioenergetik oder Gestaltpädagogik, Sexualberatung, Motopädagogik, Ergotherapeutik, Konfliktmanagement, Erziehungstherapeutik, Sprachtherapeutik oder Spielpädagogik.

Weiterhin gibt es Zusatzausbildungen in therapeutischem Puppenspiel, sozialpädagogischer Familienhilfe, Trennungsberatung, Mediation, Familien-, Krisen- und Scheidungsberatung, in Familien- und Systemtherapie, in themenzentrierter Interaktion, pädagogischer Psychotherapie, rhythmisch-musikalischer Erziehung, klientenzentrierter Spielpädagogik, Kulturarbeit, Museumspädagogik, Erziehungspsychologie, zur Leitung sozialer Institutionen oder zur Sozialwirtin.

Diese Übersicht macht deutlich, dass der Grundberuf einer Erzieherin die Basis bildet für unzählige Möglichkeiten der beruflichen und personalen Weiterentwicklung. Wenn elementarpädagogische Fachkräfte ihre eigenen Kompetenzen realistisch einschätzen und gleichzeitig ihre Entwicklungsmöglichkeiten ausloten, nutzen und erweitern, dann eröffnet dies viele Möglichkeiten für eine lebendige Persönlichkeits- und Berufsentwicklung.

Literaturhinweise zur Vertiefung des Kapitels „Weiterentwicklung – Supervision, Coaching, Teamentwicklung und Fortbildung"

1. Supervision

Belardi, Nando (2015). Supervision für helfende Berufe. Freiburg, 3. Aufl.: Lambertus
Möller, Heidi (2012). Was ist gute Supervision? Grundlagen – Merkmale – Methoden. Kassel: University Press
Möller, Heidi / Cotte, Silja (2014). Diagnostik im Coaching. Grundlagen, Analyseebenen, Praxisbeispiele. Heidelberg: Springer
Neumann, Angelika et al. (2013). Schematherapeutisch basierte Supervision. Göttingen: Hogrefe
Pühl, Harald (Hrsg.) (2012). Handbuch der Supervision 3. Grundlagen, Praxis, Perspektiven. Berlin: Leutner
Pühl, Harald (Hrsg.) (2012). Handbuch Supervision und Organisationsentwicklung. Heidelberg, 3. Aufl.: Springer
Rappe-Giesecke, Kornelia (2009). Supervision für Gruppen und Teams. Heidelberg, 4. Aufl.: Springer
Schlee, Jörg (2012). Kollegiale Beratung und Supervision für pädagogische Berufe. Hilfe zur Selbsthilfe. Ein Arbeitsbuch. Stuttgart, 3. Aufl.: Kohlhammer
Van Kaldenkerken, Carla (2014). Supervision und Intervision in der Mediation. Einführung – Methoden – Anleitungen. Frankfurt/M.: Wolfgang Metzner

2. Coaching

Drath, Karsten (2014). Coaching-Techniken. Freiburg: Haufe-Lexware
Fischer-Epe, Maren (2011). Coaching: Miteinander Ziele erreichen. Reinbek, 4. Aufl.: Rowohlt
Kaweh, Babak (2011). Das Coaching-Handbuch für Ausbildung und Praxis. Kirchzarten: VAK
König, Eckard / Volmer, Gerda (2012). Handbuch Systemisches Coaching. Für Coaches und Führungskräfte, Berater und Trainer. Weinheim, 2. Aufl.: Beltz
Längle, Alfried / Bürgi, Dorothee (2014). Existenzielles Coaching. Theoretische Orientierung, Grundlagen und Praxis für Coaching, Organisationsberatung und Supervision. Wien: Facultas
Migge, Bjön (2014). Handbuch Coaching und Beratung. Wirkungsvolle Modelle, kommentierte Falldarstellungen, zahlreiche Übungen. Mit Online-Material. Weinheim: Beltz
Ohnesorge, Doris / Fitz, Rudolf Engelbert (2014). Werteorientierung und Sinnentfaltung im Coaching. Vorgehen und Praxisbeispiele nach dem St. Galler Coaching Modell. Heidelberg: Springer
Prohaska, Sabine (2013). Coaching in der Praxis. Tipps, Übungen und Methoden für unterschiedliche Coaching-Anlässe. Paderborn: Junfermann

Richter, Kurt F. (2012). Coaching als kreativer Prozess. Werkbuch für Coaching und Supervision mit Gestalt und System. Göttingen, 3. Aufl.: Vandenhoeck & Ruprecht

Schalk, Christoph / Schalk, Annette (2010). Mitarbeiter coachen. Gemeinsam Ziele erreichen. Berlin: Down to earth

Schmidt-Tanger, Martina / Backwinkel, Holger (2012). Erfolgreiches Coaching für Teams. NLP professional Teammanagement. Paderborn: Junfermann

Schulte, Thomas (2013). Der Weg zum erfolgreichen Coach. Coaching für Fortgeschrittene. Weinheim: Beltz

Szabó, Peter / Berg, Insoo K (2013). Kurz(zeit)coaching mit Langzeitwirkung. Dortmund: borgmann media

3. Teamentwicklung

Bender, Susanne (2009). Teamentwicklung. Der effektive Weg zum „Wir". München: dtv

Bonkowski, Frank (2012). Team-Training. 44 Aktionen, die aus einer Gruppe Individualisten eine individuelle Gruppe machen. Neukirchen-Vluyn, 2. Aufl.: Aussaat

Diedrichs, Annette / Krüsi, Dominique / Storch, Maja (2012). Durchstarten mit dem neuen Team. Aufbau einer ressourcenorientierten Zusammenarbeit mit Verstand und Unbewusstem. Bern: Hans Huber

Edding, Cornelia / Schattenhofer, Karl (2012). Einführung in die Teamarbeit. Heidelberg: Carl Auer

Erger, Raimund (2012). Teamarbeit und Teamentwicklung in sozialen Berufen. Berlin: Cornelsen Scriptor

Gellert, Manfred / Nowak, Claus (2010). Teamarbeit – Teamentwicklung – Teamberatung. Ein Praxisbuch für die Arbeit mit und in Teams. Meezen: Limmer

Haeske, Udo (2013). Team- und Konfliktmanagement. Teams erfolgreich führen – Konflikte konstruktiv lösen. Berlin: Cornelsen Scriptor

Hertlein, Gabi (2015). Team-Arbeit kreativ und erfolgreich gestalten. Team-Besprechungen erfolgreich führen. Methoden für Krippe, Kindergarten, Hort und Heim. Regensburg: Walhalla

Herwig-Lempp, Johannes (2012). Ressourcenorientierte Teamarbeit. Systemische Praxis der kollegialen Beratung. Ein Lern- und Übungsbuch. Göttingen, 3. Aufl.: Vandenhoeck + Ruprecht

Hofert, Svenja / Visbal, Thorsten (2015). Die Teambibel. Das Praxisbuch für erfolgreiche Teamarbeit. Offenbach: Gabal

Krenz, Armin (2010). Teamarbeit und Teamentwicklung. Grundlagen und praxisnahe Lösungen für eine effiziente Zusammenarbeit. Büsingen: K2

Noé, Manfred (2012). Praxisbuch Teamarbeit. Aufgaben, Prozesse, Methoden. München: Carl Hanser

Redlich, Alexander (2009). KonfliktModeration in Gruppen. Eine Handlungsstrategie mit zahlreichen Fallbeispielen und Lehrfilm auf DVD. Hamburg: Windmühle

Van Dick, Rolf / West, Michael A. (2013). Teamwork, Teamdiagnose, Teamentwicklung. Göttingen, 2. Aufl.: Hogrefe

von der Oelsnitz, Dietrich / Busch, Michael W. (2014). Team. Toll, ein anderer macht's! Zürich: Orell Füssli

Anhang

Übersicht Startzeitpunkte von Entwicklungsmerkmalen	504
Psychologische Testverfahren	512
Literatur	528
Autoren	556
Register	557

Startzeitpunkte bestimmter Entwicklungsmerkmale im Alter von 0–6 Jahren

Lebensjahre / Lebensmonate	Grafikbereich (Monate 0–24+)
GROBMOTORIK	
Dreht sich in Bauchlage und zurück (ohne Unterstützung)	
Sitzt ohne Unterstützung°	
Bewegt sich vor- oder rückwärts	
Steht mit Unterstützung	
Kriecht*	
Setzt sich auf*	
Zieht sich in den Stand°	
Kann frei stehen	
Kann frei laufen*	
Rennt°	
Wirft kleinen Ball mit einer Hand	
Übersteigt kleine Hindernisse	
Steigt auf eine Stufe frei herauf und herunter	
Hüpft auf der Stelle	
Wirft einen Ball über den Kopf°	
Springt hoch°	
Fängt Ball mit aktiver Fanghaltung	
Übersteigt Zwischenraum von 15 cm Breite	
Hält 2 Sek. auf einem Fuß das Gleichgewicht°	
Kann Dreirad fahren	
Rollt Fuß von der Ferse bis zu den Zehen ab°	
FEINMOTORIK / WAHRNEHMUNG	
Dreht den Kopf nach einem Geräusch	
Ergreift eine Rassel°	
Greifreflex verschwindet°	
Streckt die Hand aus°	
Verhält sich anders zu Fremden als zu Vertrauten	
Nimmt Gegenstand von einer Hand in die andere	
Schaut fallendem Gegenstand nach	
Greift mit Daumen und Zeigefinger°	
Steckt einen Würfel in eine Tasse°	
Kritzelt°	
Baut Turm (aus 3 Würfeln)	
Malt eine vertikale Linie nach°	
Malt einen Kreis°	
Zeichnet einen Menschen Kopf, Körper, Gliedmaßen°	

Hervorgehoben sind die Monate, in denen die Kinder zum ersten Mal ein bestimmtes Verhalten zeigen Startalter für *10–90 % der Kinder bzw. °25–95 %

Startzeitpunkte bestimmter Entwicklungsmerkmale im Alter von 0–6 Jahren

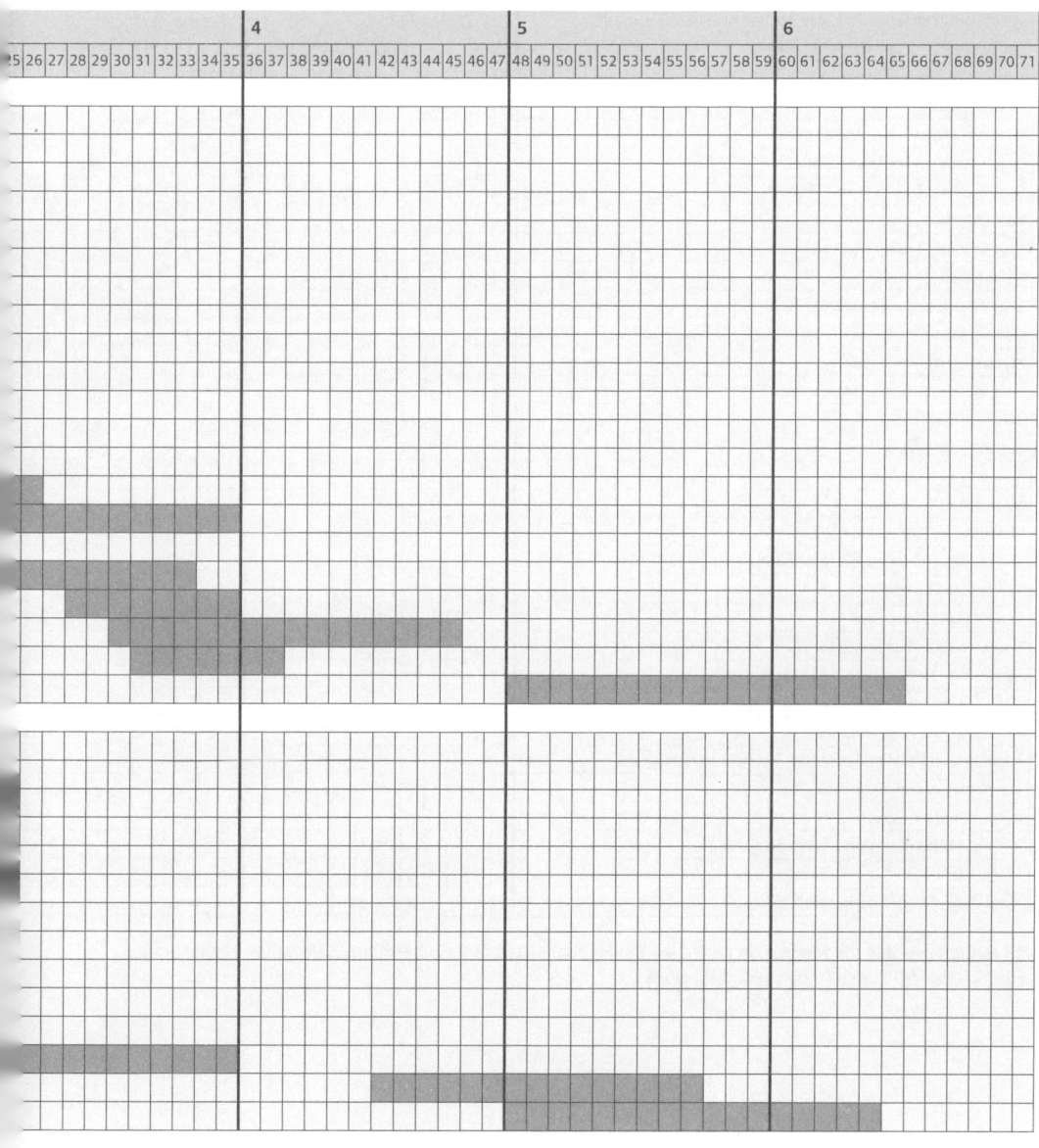

Frühe bis späte Startzeitpunkte bestimmter Entwicklungsmerkmale (nach Herschkowitz und Chapmann Herschkowitz, 2004; Largo, 2005; Weber et al., 2004)

	Lebensjahre	1												2										
	Lebensmonate	0	1	2	3	4	5	6	7	8	9	10	11	12	13	14	15	16	17	18	19	20	21	22
SPRACHE																								
Gurrt (Töne wie „oooh" und „aah")*																									
Vokalisiert / lallt*																									
Lacht*																									
Vokalisiert / lallt wenn es angesprochen wird (e-eche, öre)*																									
Lautfolgen (bah-bah-bah) / Brabbeln *																									
Versteht Aufforderungen wie „Gib mir …"																									
Imitiert Laute*																									
Benutzt „Mama" und „Papa" gezielt*																									
Sagt 1 Wort (außer Mama, Papa)*																									
Sagt 3 Wörter (außer Mama, Papa)*																									
Versteht „in"*																									
Sagt 6 Wörter (außer Mama, Papa)*																									
Versteht „auf"*																									
Sagt 12 Wörter (außer Mama, Papa)*																									
Gebraucht „in"*																									
Kombiniert Wörter°																									
Sagt 20 Wörter (außer Mama, Papa)*																									
Zeigt auf Bilder°																									
Spricht über eigene Handlungen																									
Spricht Vier-Wort-Sätze*																									
Verwendet Pronomen*																									
Versteht „unter"*																									
Begleitet Handlungen z.T. sprachlich																									
Verwendet Mehrzahl*																									
Erzählt von Erlebnissen*																									
Spricht verständlich, auch für Nicht-Familienmitglieder°																									
Verwendet Drei- und Mehrwortsätze																									
Kann Geschichten nacherzählen																									
Hört gespannt Geschichten zu																									
Versteht wenn-dann oder Mittel-Zweck-Bezeichnungen																									
Verwendet zusammengesetzte Sätze																									
Versteht Fragen „Wann …?"																									
Kann auf Bitten Lärm unterbrechen																									
Fragt „Warum …?"																									
Kann sieben Wörter definieren°																									

Hervorgehoben sind die Monate, in denen die Kinder zum ersten Mal ein bestimmtes Verhalten zeigen Startalter für *10–90 % der Kinder bzw. °25–95 %

Startzeitpunkte bestimmter Entwicklungsmerkmale im Alter von 0–6 Jahren

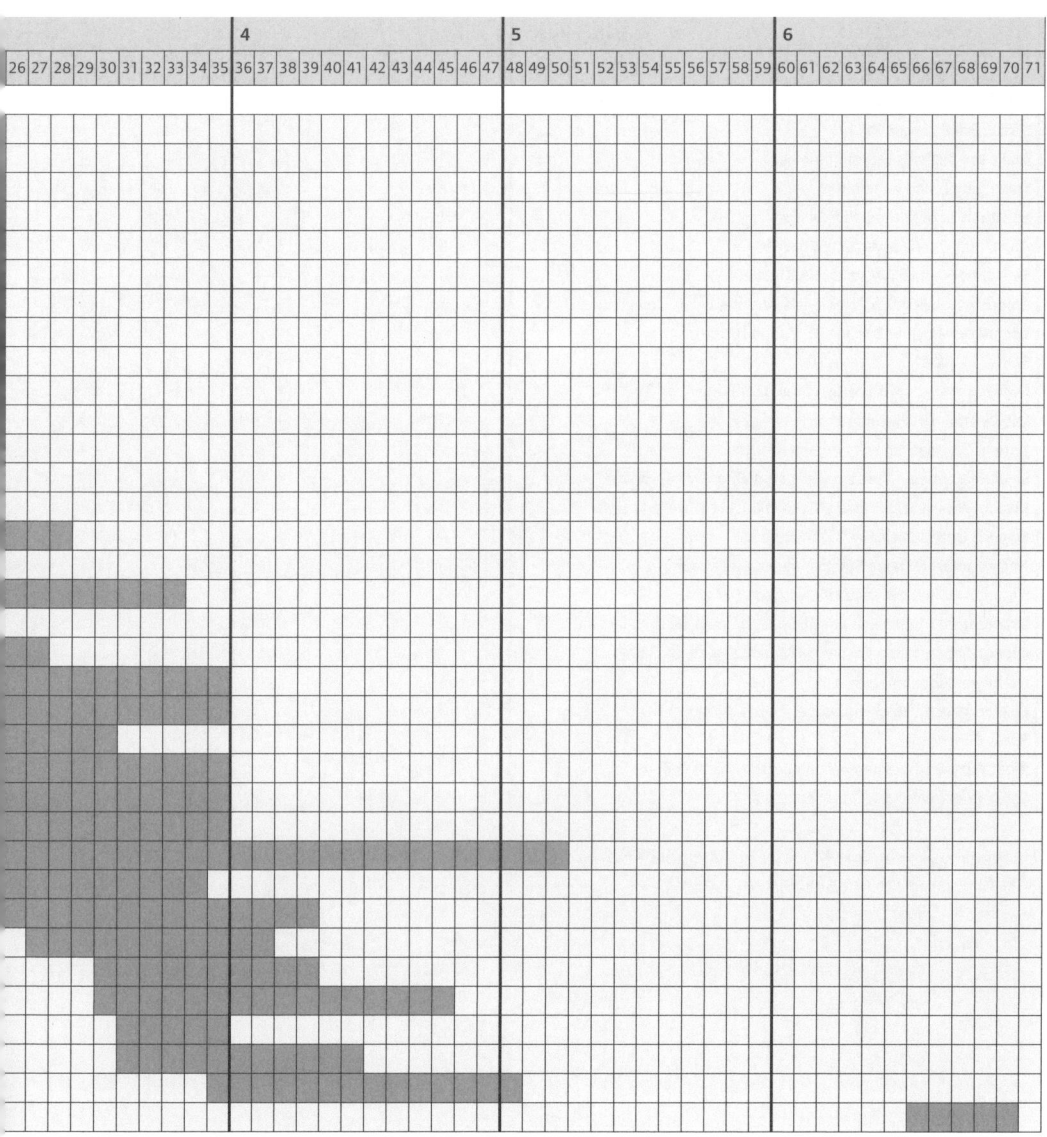

Frühe bis späte Startzeitpunkte bestimmter Entwicklungsmerkmale (nach Herschkowitz und Chapmann Herschkowitz, 2004; Largo, 2005; Weber et al., 2004)

Lebensjahre	1												2										
Lebensmonate	0	1	2	3	4	5	6	7	8	9	10	11	12	13	14	15	16	17	18	19	20	21	22
SPIEL																							
Spielt „Backe backe Kuchen" °																							
Ahmt von sich aus Handlungen nach																							
Spielt geben und nehmen																							
Spielt mit Behälter/Inhalt*																							
Ahmt Trink- und Essverhalten nach*																							
Einfaches Symbolspiel (z. B. ein Klotz als Auto)°																							
Produziert absichtlich Effekte mit verschiedenen Objekten																							
Komplexeres Symbolspiel (z. B. Puppe füttern)°																							
Spielt „Fußball"																							
Ordnet Formen nach Größe, Farbe oder Form																							
Passt Formen in Formbrett ein																							
Tauscht Spielsachen mit anderen Kindern																							
Spielt mit anderen Kindern (Fangen, Fahren, mit Puppen)																							
Macht Fantasiespiel, ohne dass die Objekte anwesend sind°																							
Erkennt Unterschiede in Suchbildern																							
Nimmt unterbrochene Spielhandlung wieder auf																							
Gestaltet Rollen mit sozialem Ich nach																							
Ordnet nach Merkmalen wie viel-wenig, hoch-niedrig																							
Ordnet Gegenstände nach zwei Merkmalen zu																							
Hat bevorzugte Spielpartner																							
Ersetzt manche Spielhandlungen durch Wörter																							
Spielt Bilderlotto																							
Setzt Puzzle zusammen aus mindestens sechs Teilen																							
Spielt Brettspiele°																							

Hervorgehoben sind die Monate, in denen die Kinder zum ersten Mal ein bestimmtes Verhalten zeigen Startalter für *10–90 % der Kinder bzw. °25–95 %

Startzeitpunkte bestimmter Entwicklungsmerkmale im Alter von 0–6 Jahren

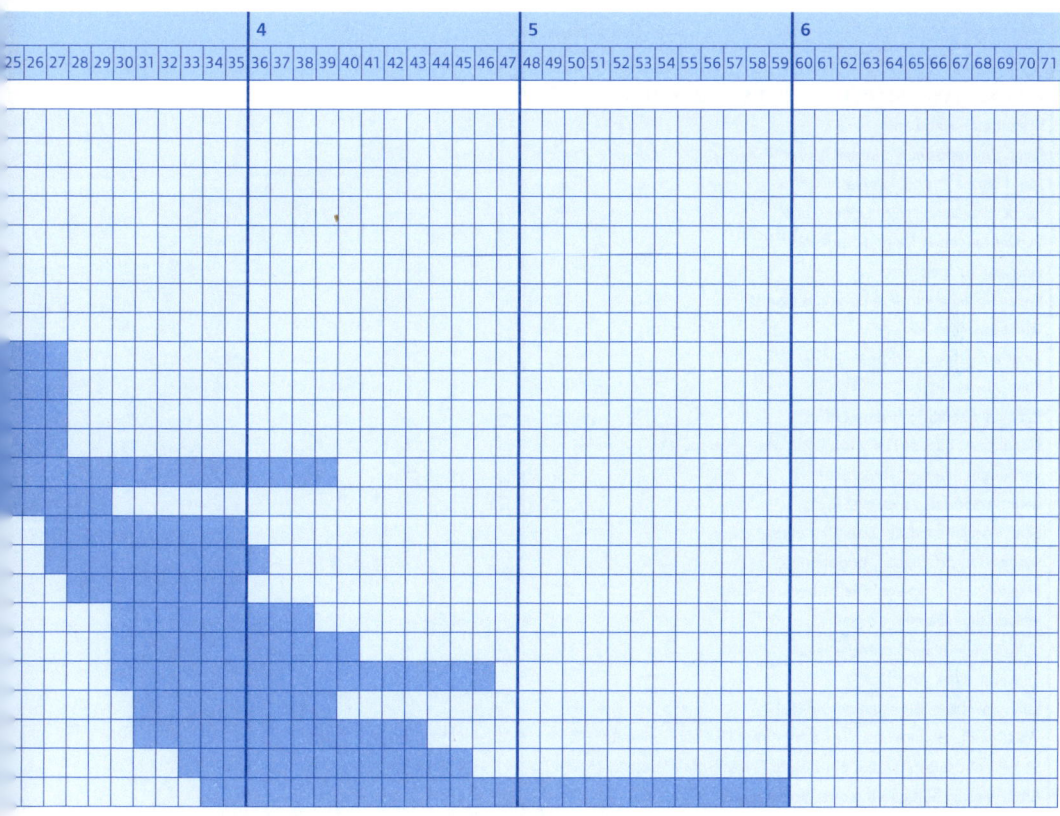

Frühe bis späte Startzeitpunkte bestimmter Entwicklungsmerkmale (nach Herschkowitz und Chapmann Herschkowitz, 2004; Largo, 2005; Weber et al., 2004)

	Lebensjahre	1												2										
	Lebensmonate	0	1	2	3	4	5	6	7	8	9	10	11	12	13	14	15	16	17	18	19	20	21	22
LEBENSPRAXIS/SELBSTSTÄNDIGKEIT/IDENTITÄT																								
Schaut eine Hand an°																									
Nimmt feste Esswaren in den Mund*																									
Hält Flasche mit beiden Händen*																									
Sucht nach vermisstem Gegenstand																									
Versteht eigenen Namen eindeutig																									
Hört auf zu speicheln*																									
Erste Versuche mit dem Löffel zu essen*																									
Trinkt aus einer Tasse*																									
Zeigt auf erfragte Körperteile*																									
Folgt Anweisungen*																									
Isst selbstständig mit dem Löffel*																									
Signalisiert, dass es Harn- und Stuhldrang verspürt*																									
Verwendet eigenen Vornamen*																									
Beginnt Speisen zu kauen*																									
Erste Versuche mit der Gabel zu essen*																									
Sortiert Objekte nach Kategorien°																									
Erkennt sich im Spiegel (Selbstbewusstsein)																									
Vollständige Darmkontrolle*																									
Vollständige Blasenkontrolle tags*																									
Verwendet das Wort „ich"*																									
Kann abwarten, bis es an der Reihe ist																									
Vollständige Blasenkontrolle nachts* (bis 75 Lebensmonate)																									
Ist bestrebt selbstständig, ohne Hilfe Erwachsener zu handeln																									
Gibt freiwillig Süßigkeiten oder Spielzeug ab																									
Putzt sich die Zähne°																									
Bereitet für sich oder andere selbst Müsli zum Frühstück zu°																									

Hervorgehoben sind die Monate, in denen die Kinder zum ersten Mal ein bestimmtes Verhalten zeigen Startalter für *10–90% der Kinder bzw. °25–95%

Startzeitpunkte bestimmter Entwicklungsmerkmale im Alter von 0–6 Jahren

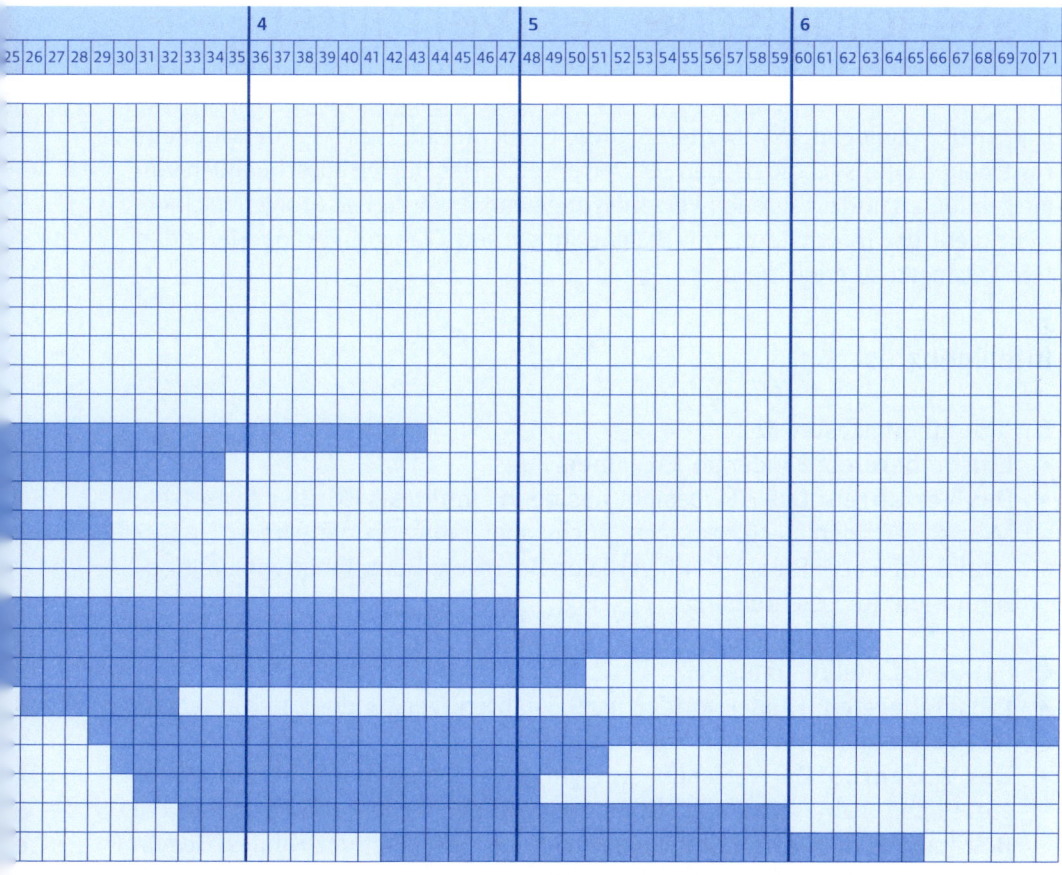

Frühe bis späte Startzeitpunkte bestimmter Entwicklungsmerkmale (nach Herschkowitz und Chapmann Herschkowitz, 2004; Largo, 2005; Weber et al., 2004)

Psychologische Testverfahren

Diplom-Psychologen, Psychotherapeuten, Gutachter und auch Förderschullehrer arbeiten mit psychologischen Testverfahren. Diese dürfen ausschließlich von ausgebildeten und erfahrenen Personen angewandt werden. Die folgende Übersicht dient der Information, um Erzieherinnen den Dialog mit kooperierenden Einrichtungen zu erleichtern.

Intelligenztests

BTS: Begabungstestsystem
- **Einsatzbereich:** Kinder ab 7;6 Jahren
- **Das Verfahren:** Das BTS besteht aus neun Untertests (Muster fortsetzen; Mensch zeichnen; Regelerkennen; Buchstaben raten; Grundrechnen; Unpassendes streichen; Erfassen von verbalen Begriffen; Buchstaben zählen; Konzentration; Rechtschreibung.

CFT 1: Grundintelligenztest 1
- **Einsatzbereich:** Kinder von 5;3 bis 9;5 Jahren. Verwendung in Kindergarten, Vorschule, Grund- und Sonderschule.
- **Das Verfahren:** Das Verfahren ermöglicht mit seinen fünf Untertests (Substitutionen, Labyrinthe, Klassifikationen, Ähnlichkeiten und Matrizen) die Bestimmung dieser Grundintelligenz, d. h. der Fähigkeit des Kindes, Regeln zu erkennen, Merkmale zu identifizieren und rasch wahrzunehmen. Der Test gibt darüber Aufschluss, bis zu welchem Komplexitätsgrad das Kind bereits in der Lage ist, insbesondere nonverbale Problemstellungen zu erfassen und zu lösen.

CMM 1–3: Columbia Mental Maturity Scale
- **Einsatzbereich:** 6- bis 9-jährige Grundschüler der 1.–3. Klassen
- **Das Verfahren:** Mit der CMM 1–3 liegt ein Gruppenintelligenztest für Grundschüler vor, der als Niveautest eine Abschätzung der allgemeinen Intelligenz erlaubt. Die CMM 1–3 ist ein sprachfreies Verfahren.

HAWIK-III: Hamburg-Wechsler-Intelligenztest für Kinder III
- **Einsatzbereich:** Kinder und Jugendliche von 6;0 bis 16;11 Jahren. Zur Untersuchung des allgemeinen geistigen Entwicklungsstandes sowie zur Abklärung von Leistungsstörungen.

- **Das Verfahren:** Der HAWIK III ist ein Intelligenztest für die diagnostische Einzelfalluntersuchung. Erfasst werden über verschiedene spezifische Untertests (Bildergänzen, Allgemeines Wissen, Zahlen-Symbol-Test, Gemeinsamkeiten finden, Bilder ordnen, Rechnerisches Denken, Mosaik-Test, Wortschatz-Test, Figurenlegen, Allgemeines Verständnis, Symbol-Test, Zahlennachsprechen und Labyrinth-Test) die praktische, die verbale und die allgemeine Intelligenz.

HAWIVA-III: Hannover-Wechsler-Intelligenztest für das Vorschulalter III
- **Einsatzbereich:** Kinder von 2;6 bis 7;3 Jahren. Untersuchung allgemeiner und spezieller intellektueller Leistungsfähigkeit.
- **Das Verfahren:** Das Verfahren ist ein individuell durchzuführender Intelligenztest für Kinder im Kindergartenalter und die ersten Jahre des Schulalters. Mit diesem Verfahren können verschiedene Leistungsbereiche in zum Teil neu adaptierten und gefassten Untertests hinsichtlich der intellektuellen Leistungsfähigkeit untersucht werden. Bei den Adaptionen der Untertests wurden aktuelle kognitionspsychologische und neuropsychologische Erkenntnisse bei der Testentwicklung umgesetzt.

K-ABC: Kaufman Assessment Battery for Children — Deutsche Version
- **Einsatzbereich:** Kinder zwischen 2;6 und 12;5 Jahren.
- **Das Verfahren:** Die K-ABC ist ein Testverfahren, das Intelligenz und Fertigkeiten auf der Basis eines neuartigen Konzepts misst. Die Grundlage der K-ABC ist die Definition der Intelligenz als Fähigkeit, Probleme durch geistiges Verarbeiten zu lösen, so dass bei der Diagnose der Prozess der Lösungsfindung und nicht der Inhalt der Aufgabe im Vordergrund steht. Die K-ABC ist in vier Skalen gegliedert: „Skala einzelheitlichen Denkens", „Skala ganzheitlichen Denkens", „Fertigkeitenskala" und „Sprachfreie Skala".

KFT-K: Kognitiver Fähigkeitstest — Kindergartenform
- **Einsatzbereich:** 5- bis 6-jährige Kinder. Einzel- und Gruppentest. Einsatz in der Schuleingangspädagogik und Einzelfallhilfe, bei der individuellen Begabungs- und Bildungsförderung in Kindergärten und Vorklassen.
- **Das Verfahren:** Der KFT-K ist ein Niveautest zur Ermittlung kognitiver Lernfähigkeiten von 5- bis 6-jährigen Kindern. Er vermittelt Informationen über Sprachverständnis, Erkennen von Relationen, schlussfolgerndes und rechnerisches Denken und dient damit der Erfassung relevanter Lern- und Leistungsvoraussetzungen.

KFT 1–3: Kognitiver Fähigkeitstest für 1.–3. Klassen
- **Einsatzbereich:** 1. bis 3. Grundschulklassen. Einzel- und Gruppentest.
- **Das Verfahren:** Der KFT 1–3 dient der differenziellen Erfassung schulisch relevanter intellektueller Lern- und Leistungsvoraussetzungen. Mit seinen vier Subtests erfasst er Sprachverständnis, Beziehungserkennen, schlussfolgerndes und rechnerisches Denken.

SON-R 2½–7: Snijders-Oomen Non-verbaler Intelligenztest
- **Einsatzbereich:** Kinder im Alter von 2 Jahren und 6 Monaten bis 7 Jahren. Der Test ist besonders geeignet zur Untersuchung von Kindern, die in der verbalen Kommunikation behindert sind (z. B. gehörlose und schwerhörige Kinder) oder für Kinder aus Migrantenfamilien, in deren Herkunftsfamilie nicht deutsch gesprochen wird.
- **Das Verfahren:** Dieser sprachfreie Individualtest dient der Messung der Intelligenz bei Kindern. Die Subtests Kategorien, Analogien und Situationen dienen zur Erfassung des logischen Denkens; die Subtests Mosaike, Puzzles und Zeichenmuster zur Erfassung des räumlichen Vorstellungsvermögens.

Leistungstests

DL-KE: Differenzieller Leistungstest KE
- **Einsatzbereich:** Kinder von 5–7 Jahren. Der DL-KE dient der Erfassung des Leistungsverhaltens bei konzentrierter Tätigkeit
- **Das Verfahren:** Der DL-KE ist ein Figurendurchstreichtest, der für die Eingangsstufe der Grundschule Bearbeitungsmaterial auf einem angemessenen Konzentrationsniveau zur Verfügung stellt. Er ermöglicht eine Analyse des Leistungsverlaufs und die Belastbarkeit von Schulanfängern in Aufmerksamkeit erfordernden Situationen. Er soll Überbelastungen und die damit verbundenen Störungen der Leistungsmotivation vermeiden helfen, lässt problematische Leistungsstörungen frühzeitig erkennen und gibt Hinweise für eine differenzielle Förderung bei verschiedenen allgemeinen Leistungsstörungen.

Enzephalopathie-Fragebogen
- **Einsatzbereich:** Der Enzephalopathie-Fragebogen ist ein computerisierter Test, der zur Erfassung der mangelnden Impulskontrolle, Hyperaktivität, kognitiver Leistungsmängel und emotionaler sowie sozialer Auffälligkeiten bei Kindern im Alter von 5;6 bis 9;6 Jahren eingesetzt werden kann.

- **Das Verfahren:** Der Test beruht auf dem Konzept einer frühkindlichen Hirnschädigung, minimalen zerebralen Dysfunktion oder Teilleistungsstörung. Er erfasst die verhaltensrelevanten Aspekte einer frühkindlich erworbenen zerebralen Beeinträchtigung. Es werden insgesamt fünf Verhaltensdimensionen ermittelt: Hyperkinese, Soziale Anpassung, Emotionale Labilität, Intelligenz, Erziehbarkeit. Ein Gesamtwert gibt ferner das Ausmaß der Verhaltensauffälligkeit an.

Persönlichkeitstests

EWL-KJ: Eigenschaftswörterliste für Kinder und Jugendliche
- **Einsatzbereich:** Kinder und Jugendliche von 9 bis 16 Jahren
- **Das Verfahren:** Die EWL-KJ ist ein Inventar zur Selbstbeurteilung des aktuellen Befindens nach 10 Befindenskomponenten und den Bereichen Positives und Negatives Befinden. Bei jedem der 40 Eigenschaftswörter ist zu entscheiden, in welchem Maße es dem augenblicklichen Empfinden entspricht. Der Bereich Positives Befinden richtet sich auf 3 Qualitäten positiver Valenz, nämlich Entspanntheit, Gutgestimmtheit, und (leistungsbezogene) Aktiviertheit. Der Bereich Negatives Befinden richtet sich auf 7 Qualitäten negativer Valenz, nämlich Erregtheit, Schlechtgestimmtheit, Ärger, Ängstlichkeit, Aggression, Deprimiertheit und Desaktiviertheit.

FKSI: Frankfurter Kinder-Selbstkonzept-Inventar
- **Einsatzbereich:** Kinder ab 3;0 bis 13;11 Jahren. Es dient zur Untersuchung der Entwicklung der Persönlichkeit des Kindes und Jugendlichen sowie zur genaueren Abklärung von Persönlichkeitsstörungen.
- **Das Verfahren:** Das FKSI ist ein Persönlichkeitstest, der bei jüngeren Kindern in Form eines Fragespiels durchgeführt wird. Bei älteren Kindern und Jugendlichen kann er als Gruppentest in Fragebogenform eingesetzt werden. Die differenzierten 11 Selbstkonzepte werden als zur Persönlichkeit des Kindes gehörend verstanden und als die kindliche Persönlichkeit mitkonstituierend. Sie beziehen sich auf fünf Bereiche des Selbst: (1) auf den Bereich Körper mit drei Skalen: körperliche Erscheinung, Gesundheit und körperliches Befinden sowie körperliche Effizienz. (2) auf den Bereich Emotion, Gestimmtheit, Selbstsicherheit mit drei Skalen: emotionale Gestimmtheit, Angsterleben und Selbstsicherheit; (3) auf den Bereich Moral-Selbstwertschätzung mit der Skala Moralorientierung; (4) auf den Bereich kognitive Leistung mit der Skala allgemeine kognitive Leistungsfähigkeit und (5) auf den Bereich psychosoziale Interaktion mit Personen der unmittelbaren Umwelt mit drei Skalen: Selbstbehauptungs- und Durchsetzungsfähigkeit, Wertschätzung durch andere und Kontakt- sowie Umgangsfähigkeit.

FPI-R: Freiburger Persönlichkeitsinventar
- **Einsatzbereich:** Jugendliche ab 16 Jahren
- **Das Verfahren:** Das FPI-R umfasst 138 Items, die sich zu folgenden Skalen zusammensetzen: Lebenszufriedenheit, Soziale Orientierung, Leistungsorientierung, Gehemmtheit, Erregbarkeit, Aggressivität, Beanspruchung, Körperliche Beschwerden, Gesundheitssorgen, Offenheit; außerdem die zwei Sekundärskalen Extraversion und Emotionalität.

FTT: Fairy Tale Test / Märchentest
- **Einsatzbereich:** Der Märchentest ist für Kinder von 7–12 Jahren geeignet und dient als eine Grundtechnik zur klinischen Anamnese
- **Das Verfahren:** Der Märchentest ist ein projektiver Persönlichkeitstest und beruht in der neuen Auflage auf 21 Zeichnungen von bekannten Märchenfiguren wie z. B. Rotkäppchen, Schneewittchen etc. Hier ist das Kind aufgefordert, gezielte Fragen zur jeweiligen Figur und Situation aus den Märchen zu beantworten. Dabei werden die Märchenillustrationen jeweils in drei verschiedenen Variationen dargeboten, unter denen das Kind wählen kann. Die Antwort des Kindes wird auf dem Testbogen festgehalten und später ausgewertet. In der Neuauflage sind die 20 Persönlichkeitsdimensionen um sechs erweitert worden (Moral, Selbstwert, Sexualität, Schutzbedürfnis, Beziehung zum Vater, Wiederholungen).

HAPEF-K: Hamburger Persönlichkeitsfragebogen für Kinder
- **Einsatzbereich:** Kinder zwischen 9 und 13 Jahren
- **Das Verfahren:** Der Fragebogen liegt für unterschiedliche Arbeitsfelder in zwei Formen vor: Teil 1 umfasst die Skalen Emotional bedingte Leistungsstörungen, Initiale Angst- und Somatische Beschwerden sowie Aggression. Teil 2 des Fragebogens umfasst die Skalen Neurotizismus, Reaktion auf Misserfolg sowie Extraversion.

HT: Hamstertest
- **Einsatzbereich:** Kinder ab 4 Jahren
- **Das Verfahren:** Der Hamster-Test ist ein illustrierter projektiver Fragebogen zur Untersuchung der emotionalen Stabilität von Kindern und ein der Prophylaxe dienendes Verfahren im Rahmen der Persönlichkeitsdiagnostik von jüngeren Kindern. Es erfasst jene Gebiete, in denen sich Symptome emotionaler Labilität von Kindern besonders deutlich abzeichnen. In Form einer vorgelesenen, von einem Kind farbig gezeichneten Bildergeschichte werden den Kindern insgesamt 19 Fragen gestellt, welche den folgenden Themenbereichen zugeordnet werden können: Ängste, kindliche Gewohn-

heiten und Interessen, Verhalten bei Frustration, Beziehung zu anderen Kindern und Erwachsenen.

KV-S: Konfliktverhalten situativ
- **Einsatzbereich:** Persönlichkeitspsychologische Diagnostik für Heranwachsende (und Erwachsene) zur Erfassung von Ressourcen und Defiziten im Umgang mit sozialen Konfliktsituationen.
- **Das Verfahren:** Der KV-S untersucht verschiedene Persönlichkeitsauffälligkeiten zur Beschreibung der Persönlichkeit wie Schuld- und Schamkomplexe, Musterübertragung, Problemlösebereitschaft, Psychopathologie, Nervosität, Empathie, Depressivität, Somatisierung und Selbstkontrolle. Die insgesamt 17 Persönlichkeitsdimensionen werden in sechs verschiedenen sozialen Konfliktsituationen erfasst. Der KV-S ist ein Selbstauskunftsbogen, der nicht nur Defizite (Irritationen) erfasst, sondern auch Ressourcen.

PFK 9–14: Persönlichkeitsfragebogen für Kinder zwischen 9 und 14 Jahren
- **Einsatzbereich:** Kinder von 9–14 Jahren; er dient unter anderem zur Früherkennung von potenziell verhaltensauffälligen Kindern.
- **Das Verfahren:** In diesem Testverfahren werden 3 Äußerungsbereiche der Persönlichkeit unterschieden: Verhaltensstile (VS), Motive (MO) und Selbstbild-Aspekte (SB). Der PFK 9–14 ist dementsprechend in 3 Teile gegliedert. Dabei werden folgende Primär-Dimensionen erfasst: Emotionale Erregbarkeit (VS 1), Fehlende Willenskontrolle (VS 2), Extravertierte Aktivität (VS 3), Zurückhaltung und Scheu im Sozialkontakt (VS 4), Bedürfnis nach Ich-Durchsetzung, Aggression und Opposition (MO 1), Bedürfnis nach Alleinsein und Selbstgenügsamkeit (MO 2), Schulischer Ehrgeiz (MO 3), Bereitschaft zu sozialem Engagement (MO 4), Neigung zu Gehorsam und Abhängigkeit gegenüber Erwachsenen (MO 5), Maskulinität der Einstellung (MO 6), Selbsterleben von allgemeiner Angst (SB 1), Selbstüberzeugung (SB 2), Selbsterleben und Impulsivität (SB 3), Egozentrische Selbstgefälligkeit (SB 4), Selbsterleben von Unterlegenheit gegenüber anderen (SB 5).

PFT: Rosenzweig PF Test, Form für Kinder
- **Einsatzbereich:** Kinder im Alter von 7 bis 14 Jahren.
- **Das Verfahren:** Der Picture Frustration Test ist ein projektives Verfahren und dient der Untersuchung der Frustrationstoleranz, d. h. der Belastbarkeit einer Persönlichkeit in sozialen Konfliktsituationen. Der PFT besteht aus 24 skizzenartig gezeichneten Situationen, in denen eine Person frustrierende Äußerungen an eine zweite Person richtet, deren Antwort das Kind assoziativ ergänzen soll. Die Antworten werden bei der Auswertung nach Reakti-

onsformen signiert (z. B. aggressive Reaktionen; Selbstbeschuldigung; resignatives Verhalten; Ausweichtendenzen; Eigeninitiative etc.).

SEE: Skalen zum Erleben von Emotionen
- **Einsatzbereich:** Jugendliche ab 14 Jahren (und Erwachsene) in Einzel- und Gruppentestungen.
- **Das Verfahren:** Die insgesamt 42 Items der SEE bestehen aus kurzen Ein-Satz-Statements, die sich in sieben faktorenanalytisch gewonnene und voneinander unabhängige Skalen gliedern: 1. Akzeptanz eigener Emotionen; 2. Erleben von Emotionsüberflutung; 3. Erleben von Emotionsmangel; 4. Körperbezogene Symbolisierung von Emotionen; 5. Imaginative Symbolisierung von Emotionen; 6. Erleben von Emotionsregulation; 7. Erleben von Selbstkontrolle. Die Skalen messen dabei, wie die Personen ihre eigenen Gefühle wahrnehmen, sie bewerten und damit umgehen.

Entwicklungstests

BBK: Beobachtungsbogen für Kinder im Vorschulalter
- **Einsatzbereich:** Kinder im Alter von 4 bis 6 Jahren.
- **Das Verfahren:** Der BBK dient der systematischen Verhaltensbeobachtung von Kindern in der Gruppe. Er bietet die Möglichkeit, Kinder mit Verhaltensproblemen durch direkte, teilnehmende Beobachtung zu erfassen und Verhaltensänderungen durch wiederholte Beobachtung zu dokumentieren. Der Beobachtungsbogen besteht aus einer Liste von insgesamt 78 Verhaltensweisen, die sich (1) auf das Ankommen des Kindes, (2) sein soziales und emotionales Verhalten in der Gruppe sowie (3) auf sein Spiel-, (4) Sprach- und (5) Arbeitsverhalten beziehen.

BUEVA: Basisdiagnostik für umschriebene Entwicklungsstörungen im Vorschulalter
- **Einsatzbereich:** Zur Erkennung von Teilleistungsstörungen bei Kindern im Alter von 4 bis 5 Jahren bzw. zum Zeitpunkt der Einschulungsuntersuchung
- **Das Verfahren:** Dieses Verfahren erlaubt eine rasche und ökonomische Vorgehensweise zur Erhebung der allgemeinen Intelligenz, der Artikulation, der expressiven und rezeptiven Sprache sowie der Visuomotorik. Bei Fünfjährigen wird zusätzlich die Aufmerksamkeitsleistung mit zwei Untertests erhoben.

DESK 3–6: Dortmunder Entwicklungsscreening für den Kindergarten
- **Einsatzbereich:** Das DESK 3–6 ist ein Screening-Verfahren zur Früherkennung von Entwicklungsgefährdungen von Kindern im Alter von 3 bis 6 Jahren, das von Erzieherinnen im Kindergarten durchgeführt werden kann.
- **Das Verfahren:** Das DESK 3–6 besteht aus Aufgabenbögen für 3-jährige, 4-jährige und für 5- und 6-jährige Kinder. Jeder Aufgabenbogen enthält eine Reihe Entwicklungsaufgaben zur Feinmotorik, zur Grobmotorik, zur Sprache und Kognition und zur sozialen Entwicklung. Dabei werden die Entwicklungsaufgaben entweder als Beobachtungsaufgaben oder als Durchführungsaufgaben vorgegeben.

ET 6–6: Entwicklungstest 6 Monate–6 Jahre
- **Einsatzbereich:** Der ET 6–6 ist ein Inventar kriteriumsorientierter Entwicklungsdiagnostik mit Altersnormen für Kinder von sechs Monaten bis sechs Jahren.
- **Das Verfahren:** Der ET 6–6 überprüft sechs Entwicklungsbereiche: Körpermotorik, Handmotorik, kognitive Entwicklung, Sprachentwicklung, Sozialentwicklung und emotionale Entwicklung. Ab dem vierten Lebensjahr wird ergänzend der Subtest Nachzeichnen vorgelegt. Das Verfahren gliedert den gesamten Altersbereich in 12 Altersgruppen.

FPSS: Fragebogen zur Erfassung praktischer und sozialer Selbstständigkeit 4- bis 6-jähriger Kinder
- **Einsatzbereich:** Kinder von 4 bis 6 Jahren.
- **Das Verfahren:** Der FPSS stellt im Rahmen der allgemeinen Entwicklungsdiagnostik von Kindern ein Instrumentarium zur Erhebung des praktischen und sozialen Entwicklungsstandes eines Kindes dar. Er besteht aus einem Elternfragebogen und einem Fragebogen für Erzieherinnen. Erfragt werden Fähigkeiten im Bereich der praktischen Selbstständigkeit (Waschen, An- und Ausziehen, manuelle Geschicklichkeit) und im Bereich der sozialen Selbstständigkeit (Kontakte zu anderen Menschen, zu Bett gehen, Bewältigung schwieriger Situationen, Spiel mit anderen Kindern, Verhalten außer Haus).

HSET: Heidelberger Sprachentwicklungstest
- **Einsatzbereich:** Kinder von 3 bis 9 Jahren.
- **Das Verfahren:** Der HSET ist ein spezieller Entwicklungstest zur differenzierenden Erfassung der sprachlichen Fähigkeiten von Kindern im o. g. Alter. Er besteht aus 13 Untertests: Verstehen grammatischer Strukturen (1), Singular-Plural-Bildung (2), Imitation grammatischer Strukturformen (3), Korrektur semantisch inkonsistenter Sätze (4), Bildung von Ableitungsmorphemen (5), Benennungsflexibilität (6), Begriffsklassifikation (7), Adjektivableitung (8),

In-Beziehung-Setzung von verbaler und nonverbaler Information (9), Enkodierung und Rekodierung gesetzter Intention (10), Satzbildung (11), Wortfindung (12) und Textgedächtnis (13).

PET: Psycholinguistischer Entwicklungstest
- **Einsatzbereich:** Kinder im Alter von 3 bis 10 Jahren
- **Das Verfahren:** Der PET ist ein Individualtest zur Ermittlung spezifischer Fertigkeiten und Störungen bei Kindern. Er besteht aus folgenden Untertests: Grammatik-Test, Wörter ergänzen; Laute verbinden; Objekte finden; Zahlenfolgen-Gedächtnis und Symbolfolgen-Gedächtnis. Diese bewährte Testbatterie dient als differenzialdiagnostischer Ausgangspunkt zur Gestaltung eines Trainingsprogramms, das auf jedes Kind individuell abgestimmt werden kann.

SSV: Sprachscreening für das Vorschulalter
- **Einsatzbereich:** Das Sprachscreening ist im Alter von 3;0 bis 5;11 Jahren einsetzbar.
- **Das Verfahren:** Das SSV erlaubt eine standardisierte Erfassung des erreichten Sprachentwicklungsstandes und damit die Identifikation von Risikokindern im späteren Alter. Die jeweiligen Untertests repräsentieren diejenigen sprachlichen Meilensteine, die eine eindeutige Definition dessen geben, was unter einer Sprachentwicklungsstörung zu verstehen ist.

WET: Wiener Entwicklungstest
- **Einsatzbereich:** Kinder zwischen drei und sechs Jahren. Der WET ist vor allem für gezielte förderdiagnostische Fragestellungen konzipiert und liefert wichtige Informationen über den gesamten Bereich der Kindesentwicklung.
- **Das Verfahren:** Der WET erlaubt die Diagnose des allgemeinen Entwicklungsstandes bei Kindern zwischen drei und sechs Jahren. Ausgehend von einer kontextualen Entwicklungstheorie werden alle relevanten Funktionsbereiche wie Motorik, visuelle Wahrnehmung und Gedächtnis sowie kognitive, sprachliche und emotional-soziale Fähigkeiten erfasst. Dabei haben die Testaufgaben spielerischen Charakter und lehnen sich an bekannte Spielprinzipien an.

Schulfähigkeit

BISC: Bielefelder Screening zur Früherkennung von Lese-Rechtschreibschwierigkeiten
- **Einsatzbereich:** Kinder zu Beginn oder Mitte des letzten Jahres vor dem Schulbesuch
- **Das Verfahren:** Das BISC erlaubt die individuelle Identifizierung von Kindern vor dem Schulbesuch mit einem Risiko zur Ausbildung von Lese- Rechtschreibschwierigkeiten. Das Verfahren basiert auf der Annahme, dass eine nicht ausreichend ausgebildete Phonologische Bewusstheit sowie Aufmerksamkeits- und Gedächtnisprobleme für die Ausbildung von Lese-Rechtschreibschwierigkeiten verantwortlich sind. Aus den ermittelten Ergebnissen lassen sich unmittelbar Schlüsse für Förderungen ziehen.

BEDS: Beurteilungsbogen für Erzieherinnen zur Diagnose der Schulfähigkeit
- **Einsatzbereich:** Kinder im so genannten Vorschulalter
- **Das Verfahren:** Der BEDS soll die Möglichkeit geben, die von den Erzieherinnen vorgenommenen Beobachtungen in strukturierter Form zusammenzufassen und für die Beurteilung der Schulfähigkeit nutzbar zu machen. Da der BEDS nicht nur die kognitive Entwicklung erfasst, sondern auch das Sozial- und Arbeitsverhalten, ist es vor allem zur Unterstützung von Einschulungsverfahren geeignet.

DSL: Dortmunder Skala zur Erfassung von Lehrerverhalten durch Schüler
- **Einsatzbereich:** Ab dem 11. Lebensjahr
- **Das Verfahren:** Mit Hilfe dieses Fragebogens lässt sich feststellen, ob die Schüler/innen eine Lehrkraft eher unterstützend oder eher streng erleben. Dazu werden den Kindern 25 Fragen vorgegeben mit der Bitte einer anonymen Beantwortung. Interpretiert werden dabei die Mittelwerte, nicht die Antworten einzelner Schüler/innen.

DVET: Duisburger Vorschul- und Einschulungstest
- **Einsatzbereich:** Kinder im Alter zwischen 4 und 7 Jahren
- **Das Verfahren:** Der neu normierte DVET ermöglicht die Feststellung grundschulrelevanter kognitiver Fähigkeiten und feinmotorischer Fertigkeiten. Der Test ist vor dem Schulbeginn wie auch in den ersten Wochen nach Schulbeginn als Kleingruppentest einsetzbar. Mit dem DVET können in allen angegebenen Altersgruppen allgemeine und spezielle Schwierigkeiten bei Kindern erkannt werden, so dass früh mit individuellen kompensatorischen Maßnahmen begonnen werden kann.

GSS: Göppinger sprachfreier Schuleignungstest
- **Einsatzbereich:** Schulanfänger
- **Das Verfahren:** Dieses neu gestaltete Testverfahren erfasst die folgenden Bereiche in 10 Untertests: Formauffassung/Unterscheidungsvermögen; Feinmotorik; Erfassung von Größen, Mengen- und Ordnungsverhältnissen; Beobachtungsgabe; kritisches Beobachten; Konzentrationsfertigkeit; Merkfähigkeit; Gegenstands- und Situationserfassung; Sprach- und Inhaltserfassung sowie allgemeine Entwicklungshöhe.

KEV: Kieler Einschulungsverfahren
- **Einsatzbereich:** Schulanfänger
- **Das Verfahren:** Das KEV dient der Feststellung der Schulfähigkeit und kann gleichzeitig durch die spielerische Darbietung Freude auf die Schule wecken. Das Verfahren gliedert sich in drei Teile: Elterngespräch, Unterrichtsspiel und ggf. Einzeluntersuchung. Neben dem kognitiven wird auch der soziale, motivationale und emotionale Entwicklungsstand des Kindes erfasst. Es können Beobachtungen zu folgenden Bereichen gemacht werden: Wahrnehmung, Mengen, Denkfähigkeit, Gliederungsfähigkeit, Formwiedergabe, Sprache und Sprechverhalten, Gedächtnis, allgemeine Motorik und Feinmotorik, Leistungsmotivation, Arbeitsverhalten, Sozialverhalten und Emotionalität.

KST: Kettwiger Schuleingangstest
- **Einsatzbereich:** Kinder im Alter zwischen 5;9 und 7;2 Jahren
- **Das Verfahren:** Beim KST handelt es sich um einen Gruppentest zur Erfassung der Schulfähigkeit. Er prüft die Koordination von Auge und Feinmotorik, Formauffassung sowie die Erfassung und Wiedergabe von geordneten Mengen.

Klinische Verfahren

ALS: Aussagen-Liste zum Selbstwertgefühl für Kinder und Jugendliche
- **Einsatzbereich:** Kinder und Jugendliche im Alter von 8 bis 15;11 Jahren.
- **Das Verfahren:** Die ALS dient der differenzierten Erfassung des Selbstwertgefühls von Kindern und Jugendlichen. Durch die Methode der Selbstverbalisation können Art (Qualität) und Ausmaß (Quantität) des Selbstwertgefühls in Abhängigkeit von verschiedenen Lebens- und Verhaltensbereichen (Schule, Freizeit, Familie, Heimgruppe) bestimmt werden.

AVT: Anstrengungsvermeidungstest
- **Einsatzbereich:** Kinder und Jugendliche von 10 bis 15 Jahren.
- **Das Verfahren:** Ziel des Tests ist es, die schulbezogene Anstrengungsvermeidung zu erfassen. Eine zweite Skala ermittelt den schulischen Pflichteifer.

EAS: Erfassungsbogen für aggressives Verhalten in konkreten Situationen
- **Einsatzbereich:** Kinder von 9;0 bis 12;11 Jahren
- **Das Verfahren:** Der Erfassungsbogen für aggressives Verhalten ist ein situationsspezifischer Test zur Erfassung des Merkmals Aggression in verschiedenen konkret dargestellten Alltagssituationen. Die 22 Items beziehen sich auf Alltagskonflikte zwischen Kindern sowie Aggressionen gegen Gegenstände und Autoaggression. Das kindspezifische Reaktionsprofil soll folgende Fragen klären: Gegen wen richtet sich und wie äußert sich das aggressive Verhalten? In welchem Intensitätsgrad und in welchen Umweltbereichen tritt es auf? Initiiert das Kind von sich aus Konflikte oder ist es eher ein parteiergreifender Beobachter? Wie viele und welche sozial erwünschten, d. h. angemessenen Reaktionswahlen zeigt das Kind?

ESI: Erziehungsstil-Inventar
- **Einsatzbereich:** Jungen und Mädchen im Alter von 8 bis 16 Jahren
- **Das Verfahren:** Mit dem ESI können Hinweise auf problematisches Erziehungsverhalten der Mutter, des Vaters oder beider Eltern gewonnen werden. Es dient der Suche nach den Ursachen von (insbesondere angstbesetzten) Verhaltensproblemen von Kindern, der Unterstützung bei der Exploration sowie der Interpretation weiterer Testdaten und der Erfolgskontrolle von modifikatorischen Interventionen.

FIT-KIT: Familien- und Kindergarten-Interaktions-Test
- **Einsatzbereich:** Kinder von 4 bis 8 Jahren.
- **Das Verfahren:** Der FIT-KIT ist ein spielbasierter interaktionsdiagnostischer Test und erfasst über verschiedene Untertests (Problem-, Kooperations-, Konflikt-, Ideen-, Kummer- und Spaßsituationen) sowohl typische Verhaltensdimensionen von Erziehungspersonen (Kooperation; Hilfe; Abweisung; Restriktion; Bekräftigen kindlicher Ideen; Trösten; Emotionale Abwehr sowie Faxen und Toben) als auch von Kindern (Hilfesuche, Diplomatie und Renitenz) und ermöglicht so die Darstellung von Interaktionsprofilen.

IVE: Inventar zur Erfassung von Impulsivität, Risikoverhalten und Empathie bei 9- bis14-jährigen Kindern
- **Einsatzbereich:** Jungen und Mädchen im Alter von 9–14 Jahren.
- **Das Verfahren:** Das IVE ist ein Selbstbeurteilungsfragebogen für Kinder und Jugendliche zur Erfassung von Impulsivität, Risikoverhalten und Empathie. Die Skala Impulsivität erfasst anhand von 16 Items Aspekte kognitiver und motivationaler Impulsivität. Die Skala Risikoverhalten ermittelt das Ausmaß von riskantem und Sensationen suchendem Verhalten mit ebenfalls 16 Items. Die Skala Empathie (16 Items) umfasst den Bereich Einfühlungsvermögen und Sensitivität gegenüber den Gefühlen anderer Menschen.

MEI: Mannheimer Elterninterview
- **Einsatzbereich:** Kinder und Jugendliche im Alter zwischen 6 und 16 Jahren.
- **Das Verfahren:** Das MEI ist ein strukturiertes, standardisiertes Interview, das Hinweise auf das Vorliegen einer behandlungsbedürftigen Irritation beim Kind liefert und darüber hinaus ermöglicht, Art und Ausmaß einer Irritation zu ermitteln. Das Interview ist in drei Teile gegliedert: 1. Demografie und Sozialstatistik von Eltern und Kind; 2. Kinder- und jugendpsychiatrische Symptomatik; 3. Sozio-familiäre Bedingungen und wichtige Lebensereignisse. Alle Fragen des Interviewheftes sind bestimmten Themenbereichen zugeordnet (z. B. Kopfschmerzen, Ängste, Schlafstörungen, Sprachstörungen, Schulische Leistungsstörungen, Kontaktstörungen). Dabei sind die Fragen zu Einzelsymptomen gruppiert, an deren Ende nach jeweils eindeutig festgelegten Kriterien beurteilt werden kann, ob und in welcher Ausprägung ein bestimmtes Symptom vorliegt.

MVL: Marburger Verhaltensliste
- **Einsatzbereich:** Eltern von Kindern zwischen 6 und 12 Jahren.
- **Das Verfahren:** Die MVL ist ein Elternbefragungsbogen zur qualitativen und quantitativen Abklärung von kindlichem Problemverhalten im Grundschulalter. Sie besteht aus 80 Items, die die Verhaltenskategorien emotionale Labilität, Kontaktangst, unrealistisches Selbstkonzept, unangepasstes Sozialverhalten und instabiles Leistungsverhalten betreffen.

PF 11–14: Problemfragebogen für 11- bis 14-Jährige
- **Einsatzbereich:** 11- bis 14-Jährige, mit Einschränkungen auch 9- bis 16-Jährige.
- **Das Verfahren:** Der PF 11–14 dient der systematischen Exploration von Kindern und Jugendlichen. Insgesamt 233 Fragen können so beantwortet werden, dass sie ein Problem bei Kindern anzeigen. Die Items sind im Frage-

bogen in fünf psychosoziale Bereiche gegliedert: „Über mich", „Meine Familie", „Ich und die anderen", „Meine Schule" und „Allgemeines".

SAT: Schulangst-Test
- **Einsatzbereich:** Kinder von 7 bis 13 Jahren
- **Das Verfahren:** Der SAT ist ein verbalthematisches Verfahren, das Schulängste aufspüren will. Dazu werden 10 Bildtafeln zu schulisch bedeutsamen Situationen dargeboten, zu denen das Kind jeweils eine Geschichte erzählt. Auf dem Hintergrund psychodynamischer und motivationaler Persönlichkeitstheorien werden die Geschichten nach fünf Merkmalsbereichen der Angst inhaltsanalytisch ausgewertet (emotionale Befindlichkeit; körperliche Zeichen; Ich-Abwertung; soziale Angst und zukunftsorientierte Bedrohung).

Scenotest
- **Einsatzbereich:** Kinder und Jugendliche
- **Das Verfahren:** Der Scenotest wurde speziell zur Erfassung unbewusster Probleme bei Kindern und Jugendlichen entwickelt. Er gibt Hinweise auf bewusst verschwiegene oder der Reflexion nicht zugängliche Zusammenhänge und lässt allgemein Schlüsse auf die Einstellung gegenüber Menschen und Dingen der Welt zu. Der hohe Aufforderungscharakter des standardisierten Materials evoziert bei Kindern und Jugendlichen leicht eine Szenengestaltung, in der das Alltags- und Beziehungserleben, Ängste, Wünsche und Bewältigungsstrategien erkennbar werden können.

VBV 3–6: Verhaltensbeurteilungsbogen für Vorschulkinder
- **Einsatzbereich:** Kinder im Alter von 3 bis 6 Jahren
- **Das Verfahren:** Der VBV 3–6 dient der differenzierten Erfassung von Verhaltensauffälligkeiten auf der Grundlage des Urteils von Eltern und Erzieherinnen im Kindergarten. Dabei sind die Items folgenden vier Dimensionen zugeordnet: Sozial-emotionale Kompetenzen, oppositionell-aggressives Verhalten, Aufmerksamkeitsschwäche/Hyperaktivität vs. Spieldauer und emotionale Auffälligkeiten.

Neuropsychologische Verfahren

GFT: Göttinger Formreproduktions-Test
- **Einsatzbereich:** Kinder und Jugendliche von 6 bis 15 Jahren
- **Das Verfahren:** Der GFT ist das erste im deutschsprachigen Raum speziell für die Diagnose der Hirnschädigung bei verhaltensirritierten Kindern konstruierte Messinstrument.

TÜKI: Tübinger Luria-Christensen Neuropsychologische Untersuchungsreihe für Kinder
- **Einsatzbereich:** Kinder im Alter von 5 bis 16 Jahren
- **Das Verfahren:** Die TÜKI ermöglicht eine umfassende Diagnostik und Differenzialdiagnose neuropsychologischer Störungen und ihrer spezifischen Lokalisation. Das Verfahren gliedert sich in folgende 15 Untersuchungsbereiche: Gesamtkörperkoordination; motorische Funktionen der Hände; orale Praxie; sprachliche Regulation motorischer Vollzüge; akustisch-motorische Koordination; höhere hautkinästhetische Funktionen; Stereognosie; höhere visuelle Funktionen; räumliche Orientierung; räumliches Denken; rezeptive Sprache; expressive Sprache; Lernprozess; mnestische Prozesse und Denkprozesse.

Medizinpsychologische Verfahren

FSKN: Frankfurter Selbstkonzeptskalen
- **Einsatzbereich:** Jugendliche ab 13 Jahren und Erwachsene
- **Das Verfahren:** Das Selbstkonzeptinventar FSKN besteht aus 10 eindimensionalen Skalen zur Bestimmung des jeweiligen Bildes oder der Selbstkonzepte, die die Person in wichtigen Bereichen des Selbst von sich entwickelt hat. So zeichnen die mit den FSKN differenzierten Selbstkonzepte die individuelle, multidimensionale Struktur des Selbst in bedeutsamen Teilen nach.

GBB-KJ: Gießener Beschwerdebogen für Kinder und Jugendliche
- **Einsatzbereich:** Kinder und Jugendliche von 9 bis 15 Jahren.
- **Das Verfahren:** Der Gießener Beschwerdebogen für Kinder und Jugendliche ist ein Fragebogen zur Erfassung subjektiver körperlicher Beschwerden. Er ist aus Problemfeldern der Kinder- und Jugendlichenpsychosomatik heraus entstanden und enthält 59 Items aus den Bereichen Allgemeinbefinden, Vegetativum, Schmerzen, Emotionalität und Kinderbeschwerden.

SOEBEK: Soziale Orientierungen von Eltern behinderter Kinder
- **Einsatzbereich:** Eltern geistig und/oder körperlich behinderter Kinder zwischen dem 1. und 14. Lebensjahr
- **Das Verfahren:** Der SOEBEK ist das erste deutschsprachige Verfahren zur Erfassung des Bewältigungsverhaltens von Eltern behinderter Kinder. Testziel ist die Beurteilung von Bewältigungsreaktionen, wie sie sich in der subjektiven Wahrnehmung der in ihren sozialen Kontext eingebundenen Elternperson abbilden. Der Fragebogen besteht aus 58 Items, die sich in die Skalen „Intensivierung der Partnerschaft", Nutzung einer sozialen Unterstützung", „Fokussierung auf das behinderte Kind", „Selbstbeachtung/Selbstverwirklichung", „Stressbelastungsskala" sowie in Einzelfragen zu thematischen Schwerpunkten und Fragen zur Zufriedenheit mit sozialer Unterstützung gliedern.

SVF: Stressverarbeitungsfragebogen mit SVF 120 und SVF 78
- **Einsatzbereich:** Erwachsene ab 20 Jahren
- **Das Verfahren:** Der SVF ermöglicht die Erfassung bzw. Verarbeitungsmaßnahmen in belastenden Situationen. Der SVF besteht aus 114 Items, mit denen folgende 19 zeitlich relativ stabile und situationsunabhängige Merkmale erfasst werden: Bagatellisierung, Herunterspielen, Schuldabwehr, Ablenkung, Ersatzbefriedigung, Selbstbestätigung, Situationskontrolle, Reaktionskontrolle, Positive Selbstinstruktion, Soziales Unterstützungsbedürfnis, Vermeidung, Flucht, Soziale Abkapselung, Gedankliche Weiterbeschäftigung, Resignation, Selbstbemitleidung, Selbstbeschuldigung, Aggression und Pharmakaeinnahme.

Literatur

Kapitel 1

Armin Krenz

Ainsworth, M. D. S. (1979). Attachment as related to mother-infant interaction. In: Rosenblatt, J. et al. (Hrsg.). Advances in the Study of Behaviour. Bd. 9. San Diego, CA: Academic Press, S. 1–51

Ainsworth, M. D. S. (2004). Feinfühligkeit versus Unfeinfühligkeit gegenüber den Mitteilungen von Babys. In: Grossmann, K. E. / Grossmann, K. (Hrsg.). Bindung und menschliche Entwicklung. Stuttgart: Klett-Cotta, S. 414–421

Asendorpf, J. B. (2000). Psychologie der Persönlichkeit. 2. Aufl. Berlin: Springer

Babcock, D. E. / Keepers, T. D. (1980). Miteinander wachsen: Transaktionsanalyse für Eltern und Erzieher. München: Kaiser

Baum, H. (1998). Das Kind in mir. Was mich und meinen Erziehungsstil prägt. Freiburg: Herder

Baumann-Bay, L. / Baumann-Bay, A. (2003). Mach deinen Beruf zur Berufung. Eine Anleitung zur Selbst- und Sinnfindung. Stuttgart: Kreuz

Corsini, R. J. (Hrsg.) (1987). Handbuch der Psychotherapie, Bd. 2. Weinheim: Beltz-PVU

Berry, C. R. (1993). Die Erlöser-Falle. Lust und Frust der Helfer-Typen. München: Econ

Bowlby, J. (2001). Frühe Bindung und kindliche Entwicklung. 4. Aufl. München: Reinhardt

Callahan, C. (2005). Spielraum. In: ManagerSeminare, Heft 83, Februar 2005, S. 31–36

Cattel, R. B. (1973). Personality pinned down. In: Psychology Today, Heft 7, S. 40–46

Cattel, R. B. (1978). Die empirische Erforschung der Persönlichkeit. 2. Aufl. Weinheim: Beltz

Damasio, A. R. (1997). Decartes' Irrtum. Fühlen, Denken und das menschliche Gehirn. 3. Aufl. München: List

Damasio, A. R. (2001). Ich fühle, also bin ich. Die Entschlüsselung des Bewusstseins. 3. Aufl. München: List

Damasio, A. R. (2003). Der Spinoza-Effekt. Wie Gefühle unser Leben bestimmen. München: List

De Roeck, B.-P. (1984). Jeder ist seines Unglücks Schmied. Gelnhausen: Burckhardthaus-Laetare

Ernst, H. (2006). Wie bin ich? Selbsterkenntnis – die schwierigste aller Künste. In: Psychologie Heute, Heft 4, S. 20–29

Fees, K. (2000). Werte und Bildung. Werteorientierung im Pluralismus als Problem für Erziehung und Unterricht. Opladen: Leske + Budrich

Geue, B. (1992). Wie ich mir das Leben zur Hölle mache und andere erfolgreiche Strategien, sich selbst zu schaden. Zürich: Kreuz

Graf, J. (2006). Erst Wurzeln, dann Flügel. In: Psychologie Heute, Heft 2, S. 46–51

Grossmann, K. / Grossmann, K. E. (2004). Bindungen – das Gefüge psychischer Sicherheit. Stuttgart: Klett-Cotta

Großmann, U. (1998). Kleiner Ratgeber für Erzieherinnen – Hilfen für die Vielfalt des Berufsalltags. Neuwied: Luchterhand

Gruntz-Stoll, J. (1994). Probleme mit Problemen. Dortmund: borgmann

Gruschka, A. (1998). Kinder stärken, Dinge klären. Die Erziehung der Erzieher. In: Welt des Kindes, Heft 4, S. 6–12

Hobmair, H. (Hrsg.) (2005). Pädagogik/Psychologie, Bd. 2. Troisdorf: Bildungsverlag EINS

Holmes, J. (2002). John Bowlby und die Bindungstheorie. München: Ernst Reinhardt

Howes, C. (1998). Continuity of care: The importance of infant, toddler, caregiver relationships. In: Zero to Three, Heft 18, Nr. 6, S. 7–11

Huhn, G. / Backerra, H. (2005). Zur Selbstmotivation führen. In: QZ – Qualität und Zuverlässigkeit, Heft 4, S. 170 f.

Kellers, R. (2006). Was wir über uns wissen, wissen wir durch Vergleiche. In: Psychologie Heute, Heft 4, S. 27–29

Kellner, H. (2004). Jetzt mach ich mein eigenes Ding! Raus aus dem Frust, rein in den Traumberuf. Krummwisch: Königsfurt

Keupp, H. (1997). Diskursarena Identität: Lernprozesse in der Identitätsforschung. In: Keupp, H. / Höfer, R. Identitätsarbeit heute. Frankfurt/Main: Suhrkamp

Krenz, A. (1999). Kompetenz und Karriere. Für ein neues Selbstverständnis der Erzieherin. 3. Aufl. Freiburg: Herder

Krenz, A. (2001). Qualitätssicherung in Kindertagesstätten. München: Reinhardt

Langfeld, H. P. (Hrsg.) (1996). Psychologie. Grundlagen und Perspektiven. 2. Aufl. Neuwied: Luchterhand

LeDoux, J. E. (2001). Das Netz der Gefühle. Wie Emotionen entstehen. München: dtv

LeDoux, J. E. (2003). Das Netz der Persönlichkeit. Wie unser Selbst entsteht. Zürich: Walter

Leman, K. / Carlson, R. (1994). Kindheitserinnerungen. Der Schlüssel zur Persönlichkeit. München: mvg

Missildine, W. H. (1990). In dir lebt das Kind, das du warst. 9. Aufl. Stuttgart: Klett-Cotta

Morgenroth, H. (1995). Den roten Faden finden. München: Kösel

Müller, C. W. (2007). Menschen zu Menschen bilden. Berlin, Düsseldorf, Mannheim: Cornelsen Scriptor

Netz, T. (1998). ErzieherInnen auf dem Weg zur Professionalisierung. Studien zur Genese der beruflichen Identität. Frankfurt/Main: Peter Lang

Ochmann, F. (2003). Die Macht der Gefühle. In: Stern, Nr. 35, S. 96–107

Pommerenke, U. (2004). Motivation und Erfolg. Strategien und Self-Coaching für ErzieherInnen. Offenbach: Gabal

Pommerenke, U. (2007). Ich kann's – ich mach's. Persönlichkeitsentwicklung im Erzieherinnenberuf. Berlin, Düsseldorf, Mannheim: Cornelsen Scriptor

Rau, J. (2004). Den ganzen Menschen bilden – wider den Nützlichkeitszwang. Weinheim: Beltz

Roeck, Bruno-Paul de (1982). Gras unter meinen Füßen. Gestalttherapie für Jedermann. Gelnhausen: Burckhardthaus

Roth, G. (2001). Fühlen, Denken, Handeln. Wie das Gehirn unser Verhalten steuert. Frankfurt/Main: Suhrkamp

Saint-Exupéry, A. de (1993). Man sieht nur mit dem Herzen gut. Freiburg: Herder

Schmid, W. (2003). „Ich hab mich selbst so lieb" – Über die Lebenskunst der Kinder. In: Psychologie Heute, Heft 10

Schmid, W. (2002). Schönes Leben? Einführung in die Lebenskunst. 5. Aufl. Frankfurt/Main: Suhrkamp

Schwarz, A. A. / Schweppe, R. P. (2004). Der Träumer, der Weise, das innere Kind. München: Kösel

Stavemann, H. H. (2001). Im Gefühlsdschungel. Weinheim: Beltz-PVU

Suess, G. J. (2006). Neue Erkenntnisse aus der Bindungsforschung. In: Manuskripte im Rahmen der didacta. Hannover, S. 1 f

Suess, G. J. / Pfeifer, K.-W. (Hrsg.) (2000). Frühe Hilfen. Die Anwendung von Bindungs- und Kleinkindforschung in Erziehung, Beratung und Therapie. 2. Aufl. Gießen: Psychosozial

Terhart, E. (1992). Lehrerberuf und Professionalität. In: Dewe, B. et al. (Hrsg.). Erziehen als Profession: zur Logik professionellen Handelns in pädagogischen Feldern. Opladen: Leske + Budrich

Thiersch, R. (Hrsg.) (1999). Die Ausbildung der Erzieherinnen – Entwicklungstendenzen und Reformansätze. Weinheim: Juventa

Tschöpe-Scheffler, S. (1998). Lebenskompetenzen unterstützen. In: Praxis Spiel & Gruppe, Heft 2, S. 86–89

Tugendhat, E. (1979). Selbstbewusstsein und Selbstbestimmung. Sprachanalytische Interpretationen. Frankfurt/Main: Suhrkamp

Watzlawick, P. (1983). Anleitung zum Unglücklichsein. 6. Aufl. München: Piper

Kapitel 2

Peter Dentler

Bandura, A. (1976). Lernen am Modell. Stuttgart: Klett-Cotta

Bettelheim, B. (1977). Kinder brauchen Märchen. München: DVA

Dentler, P. (1981). Methodenkritisches Verständnis. In: Hauss, K. (Hrsg.). Medizinische Psychologie im Grundriß. Göttingen: Hogrefe

Fromm, E. (1976). Anatomie der menschlichen Destruktivität. München: DVA Kreisman, J. / Straus, H. (1992). Ich hasse dich – verlass mich nicht. München: Kösel Langfeld, H.-P. / Nothdurft, W. (2004). Psychologie. Studienbuch für soziale Berufe, Band 5. München: Reinhardt

Legewie, H. / Ehlers, W. (1992). Knaurs moderne Psychologie (Neubearbeitung). München: Droemer Knaur

Lorenz, K. (1965). Das sogenannte Böse. Zur Naturgeschichte der Aggression. München: dtv

Milgram, S. (2004). Obedience to authority: An experimental view. New York: Harper Perennial Classics

Pauls, H. (2004). Klinische Sozialarbeit. Grundlagen und Methoden psycho-sozialer Behandlung. Weinheim: Juventa
Pietschmann, H. (1990). Die Wahrheit liegt nicht in der Mitte. Stuttgart: Thienemann
Popper, K. (1966). Logik der Forschung. Tübingen: Mohr
Postman, N. (1986). Das Verschwinden der Kindheit. New York: Prentice-Hall
Schwarz, G. (2004). Est Deus in nobis. Die Identität von Gott und reiner praktischer Vernunft in Immanuel Kants Kritik der praktischen Vernunft. Berlin: TU Verlag
Selg, H. (2004). Auswirkungen von Gewaltdarstellungen in Massenmedien auf Aggressivität von Kindern. In: Krenz, A. (Hrsg.). Handbuch für ErzieherInnen. In Krippe, Kindergarten, Vorschule und Hort. Lieferung 12/2004. München: Olzog
Steinbuch, K. (1966). Die informierte Gesellschaft. Geschichte und Zukunft der Nachrichtentechnik. Stuttgart: DVA
Traxel, W. (1968). Über Gegenstand und Methode der Psychologie. Bern: Hans Huber
Wegener, H. (1963). Die Rehabilitation der Schwachbegabten. München: Reinhardt
Zimbardo, P. / Gerrig, R. J. (2004). Psychologie. Bern: Springer

Kapitel 2.3

Peter Dentler

Baumann, U. / Perrez, M. (1998). Lehrbuch Klinische Psychologie und Psychotherapie. Klassifikation, Diagnostik, Ätiologie, Intervention. Göttingen: Huber
Bender, D. / Lösel, F. (1998). Protektive Faktoren der psychisch gesunden Entwicklung junger Menschen: Ein Beitrag zur Kontroverse um saluto- und pathogenetische Ansätze. In: Margraf, J. / Siegrist, J. / Neumer, S. (Hrsg.). Gesundheits- oder Krankheitstheorie? Saluto- vs. pathogenetische Ansätze im Gesundheitswesen. Berlin: Springer
Davidson, G. C. / Neale, J. M. (2002). Klinische Psychologie. 6. Aufl. Weinheim: Beltz-PVU Dentler, P. (2005). Clinical Social Work: Eröffnet die Situation in den USA Perspektiven für Deutschland? In: Geißler-Piltz, B. (Hrsg.). Psychosoziale Diagnosen und Behandlung in Arbeitsfeldern der klinischen Sozialarbeit. Münster: LIT-Verlag
Freud, S. (1982). Totem und Tabu. Studienausgabe Bd. 9. Frankfurt/Main: Fischer Taschenbuch (Originalausgabe 1912)
Grinder, J. / Bandler, R. (1982). Therapie in Trance. Hypnose: Kommunikation mit dem Unbewußten. Stuttgart: Klett-Cotta (Originalausgabe: TRANCE-Formations. Neuro-Linguistic Programming and the Structure of Hypnosis. Moab/Utah: Real People Press 1981)
Harlow, H. F. (1962). Social deprivation in monkeys. In: Scientific American, Bd. 207, S. 137–146
Hufeland, C. W. (1806). Selbstbiographie. In: Bildnisse jetztlebender Berliner Gelehrten mit ihren Selbstbiographien. Lowe, S. M. (Hrsg.) Sammlung 1, Nr. 3; Berlin: 20 S., BER 1: At 1842
Jungnitsch, G. (1999). Klinische Psychologie. Psychologie in der Sozialen Arbeit, Bd. 2. Stuttgart: Kohlhammer
Kreisman, J. / Straus, H. (1992). Ich hasse dich – verlass mich nicht. München: Kösel

Linehan, M. (1993). Skills training manual for treating borderline personality disorder; diagnosis & treatment of mental disorders. New York: Guilford Press

Pauls, H. (2004). Klinische Sozialarbeit. Grundlagen und Methoden psycho-sozialer Behandlung. Weinheim: Juventa

Petermann, F., Kusch, M. / Niebank, K. (1998). Entwicklungspsychopathologie. Weinheim: Beltz-PVU

Rauchfleisch, U. (2001). Arbeit im psychosozialen Feld. Göttingen: Vandenhoeck & Ruprecht

Richter, H.-E. (1970). Patient Familie. Reinbek: Rowohlt

Schlippe, A. von (2003). Lehrbuch der systemischen Therapie und Beratung. Göttingen: Vandenhoeck & Ruprecht

Schmidbauer, W. (1977). Die hilflosen Helfer. Reinbek: Rowohlt

Schmidt, G. (2004). Liebesaffären zwischen Problem und Lösung. Hypnosystemisches Arbeiten in schwierigen Kontexten. Heidelberg: Carl-Auer-Systeme

Shapiro, F. / Forrest, M. (1998). EMDR in Aktion. Die neue Kurzzeittherapie in der Praxis, Paderborn: Junfermann

Shazer, S. de (2006). Der Dreh – überraschende Wendungen und Lösungen in der Kurzzeittherapie. Heidelberg: Carl-Auer-Systeme

Sieland, B. / Siebert, M. (Hrsg.) (1991). Klinische Psychologie für Pädagogen. Aachen-Hahn: Hahner

Spitz, R. (1967). Vom Säugling zum Kleinkind. Stuttgart: Klett-Cotta

Zimbardo, P. / Gerrig, R. J. (2004). Psychologie. Berlin: Springer

Kapitel 3

Armin Krenz

Alt, C. (2001). Kindheit in Ost und West. Wandel der familialen Lebenssituationen aus Sicht der Kinder. Opladen: Leske + Budrich

Baacke, D. (1999). Die 0- bis 5-Jährigen. Einführung in die Probleme der Frühen Kindheit. 2. Aufl. Weinheim: Beltz

Behnken, I. / Zinnecker, J. (Hrsg.) (2001). Kinder – Kindheit – Lebensgeschichte. Seelze-Velber: Kallmeyer

Berentzen, D. (1992). Die Zukunft der Kindheit. Ratschläge von gestern für die Kindheit morgen. In: Psychologie heute, Heft 3, S. 52–57

Bremer, P. (2000). Ausgrenzungsprozesse und die Spaltung der Städte. Zur Lebenssituation von Migranten. (Stadt, Raum, Gesellschaft, Band 11). Opladen: Leske + Budrich

Büchner, P. (2002). Kindheit und Familie. In: Krüger, H.-H. / Grunert, C. (Hrsg.). Handbuch Kindheits- und Jugendforschung. Opladen: Leske + Budrich, S. 475–498

Büchner, P. / Fuhs, B. (1996). Der Lebensort Familie. In: Büchner, P. / Fuhs, B. / Krüger, H.-H. (Hrsg.). Vom Teddybär zum ersten Kuss. Wege aus der Kindheit in Ost- und Westdeutschland. Opladen: Leske + Budrich, S. 159–200

Bundesministerium für Arbeit und Sozialordnung (Hrsg.) (2001). Lebenslagen in Deutschland. Der erste Armuts- und Reichtumsbericht der Bundesregierung. Berlin Bundesministerium für Familie, Senioren, Frauen und Jugend (Hrsg.) (2005). Zwölfter Kinder- und Jugendbericht über die Lebenssituation junger Menschen und die Leistungen der Kinder- und Jugendhilfe in Deutschland. Berlin

Bundesministerium für Gesundheit und Soziale Sicherung, BMGS (Hrsg.) (2005). Lebenslagen in Deutschland. Der Zweite Armuts- und Reichtumsbericht der Bundesregierung. URL: www.bmgs.bund.de/download/broschueren/A332.pdf (Zugriff: 03.03.2005)

Davidson, G.C. / Neale, J.M. (2002). Klinische Psychologie. 6. Aufl. Weinheim: Beltz-PVU

DeGrandpre, R. (2002). Die Ritalin-Gesellschaft. ADS: Eine Generation wird krankgeschrieben. Weinheim: Beltz

deMause, L. (1977). Gequält, missbraucht, ermordet. In: Psychologie heute, Heft 7, S. 48–55

deMause, L. (1989). Grundlagen der Psychohistorie. Frankfurt/Main: Suhrkamp

Deutsches Jugendinstitut (Hrsg.) (1993). Was für Kinder. Aufwachsen in Deutschland. München: Kösel

Deutsches Kinderhilfswerk e.V. (Hrsg.) (2002). Kinderreport Deutschland. Daten, Fakten, Hintergründe. München: kopaed

Dudek, P. (2002). Geschichte der Jugend. In: Krüger, H.-H. / Grunert, C. (Hrsg.). Handbuch Kindheits- und Jugendforschung. Opladen: Leske + Budrich, S. 333–349

Ellneby, Y. (2001). Kinder unter Stress. München: Beust

Europäische Kommission und EUROSTAT (2004). Living conditions in Europe. Statistical pocketbook. Data 1998–2002. Luxemburg: Office for Official Publications of the European Communities

Feil, C. (2003). Kinder, Geld und Konsum. Die Kommerzialisierung der Kindheit. Weinheim: Beltz

Fritzsche, Y. (2000). Modernes Leben: Gewandelt, vernetzt und verkabelt. In: Deutsche Schell (Hrsg.). Jugend 2000. 13. Shell Jugendstudie, Band 1. Opladen, S. 181–219

Gaschke, S. (2000). Ende der Kindheit. In: Die Zeit, Nr. 17, 19.04.2000

GEO Wissen (1993). Kindheit und Jugend. In: GEO Wissen, Nr. 2 (September)

Geulen, D. (Hrsg.) (1989). Kindheit. Neue Realitäten und Aspekte. Weinheim: Deutscher Studien Verlag

Grossmann, K. E. / Grossmann, K. (Hrsg.) (2003). Bindung und menschliche Entwicklung. Stuttgart: Klett-Cotta

Grüninger, C. / Lindemann, F. (2000). Vorschulkinder und Medien. Eine Untersuchung zum Medienkonsum von drei- bis sechsjährigen Kindern unter besonderer Berücksichtigung des Fernsehens. Opladen: Leske + Budrich

Hamann, G. (2004). Habe alles, bekomme mehr. In: Die Zeit, Nr. 22, 19.05.2004

Hanesch, W. / Krause, P. / Bäcker, G. (2000). Armut und Ungleichheit in Deutschland. Reinbek: Rowohlt

Haug-Schnabel, G. (2005). „Die Super Nanny". Schnelle und simple Methoden im Sinne einer „Fastfoodpädagogik". In: Forschung & Lehre, Hochschulpolitik aktuell, Heft 4, S. 1 f.

Hebenstreit, S. (1996). Über das Kind, die Welt und die Zukunft. In: Theorie und Praxis der Sozialpädagogik, TPS, Heft 5, S. 254–258

Hobmair, H. (Hrsg.) (2005). Pädagogik/Psychologie, Band 2. Troisdorf: Bildungsverlag EINS

Huhs, B. (2002). Kindheit, Freizeit, Medien. In: Krüger, H.-H. / Grunert, C. (Hrsg.). Handbuch Kindheits- und Jugendforschung. Opladen: Leske + Budrich, S. 637–652

Hüther, G. (2005). Die Macht der inneren Bilder. Wie Visionen das Gehirn, den Menschen und die Welt verändern. Göttingen: Vandenhoeck & Ruprecht

Hurrelmann, K. (1999). Sind unsere Kinder Gewinner oder Verlierer? Kindheit heute. In: kindergarten heute, Heft 4, S. 6–11

Hurrelmann, K. (2004). Lebensphase Jugend. Eine Einführung in die sozialwissenschaftliche Jugendforschung. 7. Aufl. Weinheim: Juventa

Jaide, W. (1988). Generationen eines Jahrhunderts. Wechsel der Jugendgenerationen im Jahrhunderttrend. Opladen: Leske + Budrich

Jampert, K. (1998). Unverdrossen die Welt annehmen. In: Kinderleben – gestern und heute. In: Schüler 1998, Heft 12, S. 20–23

Kerner, C. (1993). Missbrauchte Kinder – Erste Hilfe an Leib und Seele. In: GEO Wissen: Kindheit und Jugend, Nr. 2 (September), S. 113–119

Korczak, J. (1984). Das Kind lieben. In: Dauzenroth, E. / Hampel, A. (Hrsg.). Frankfurt/Main: Suhrkamp

Korczak, J. (1987). Wie man ein Kind lieben soll. 9. Aufl. Göttingen: Vandenhoeck & Ruprecht

Korczak, J. (1987). Verteidigt die Kinder. 3. Aufl. Göttingen: Vandenhoeck & Ruprecht

Korczak, J. (1988). Das Recht des Kindes auf Achtung. In: Heimpel, E. / Roos, H. (Hrsg.). 4. Aufl. Göttingen: Vandenhoeck & Ruprecht

Kötters, C. (2000). Wege aus der Kindheit in die Jugendphase. Biographische Schritte der Verselbständigung im Ost-West-Vergleich. Opladen: Leske + Budrich

Krappmann, L. (1989). Soziale Kinderwelt und kindliche Entwicklung. Ein Beitrag zur Soziologie der Kindheit. In: DJI Jahresbericht, München, S. 193–199

März, F. (1993). Macht oder Ohnmacht des Erziehers? Von pädagogischen Optimisten, Pessimisten, Realisten. Bad Heilbrunn: Klinkhardt

Mansel, J. (Hrsg.) (1996). Glückliche Kindheit – Schwierige Zeit? Über die veränderten Bedingungen des Aufwachsens. Opladen: Leske + Budrich

Medienpädagogischer Forschungsverbund Südwest (2003). KIM-Studie 2003. Kinder und Medien. Computer und Internet. Basisuntersuchung zum Medienumgang 6- bis 13-Jähriger. Baden-Baden. URL: www.ppfs.de/studien/kim/KIM2002.pdf (Zugriff 18.01.2004)

Nauck, B. / Bertram, H. (Hrsg.) (1995). Kinder in Deutschland. Opladen: Leske + Budrich

Neumann, K. (1981). Kindsein. Zur Lebenssituation von Kindern in modernen Gesellschaften. Göttingen: Vandenhoeck & Ruprecht

Projektgruppe Kinderpanel (2004). Lebenswelten von Kindern – mit ihren Augen gesehen. Erste Ergebnisse aus dem DJI-Kinderpanel. In: DJI Bulletin, Nr. 67, S. 4–7.

Rolff, H.-G. / Zimmermann, P. (1997). Kindheit im Wandel. Eine Einführung in die Sozialisation im Kindesalter. 5. Aufl. Weinheim: Beltz

Unverzagt, G. / Hurrelmann, K. (2002). Konsum-Kinder. Was fehlt, wenn es an gar nichts fehlt? Freiburg: Herder

Winkels, T. (1987). Kindheit im Wandel. Überlegungen zum Kindsein heute. In: Wehrfritz Wissenschaftlicher Dienst, WWD, Nr. 35/36, S. 1–7

Wygotski, L. S. (1985). Ausgewählte Schriften. Köln: Pahl-Rugenstein

Wunsch, A. (1998). Droge Verwöhnung. Plädoyer für eine andere Erziehung. In: Die Zeit, Nr. 41, S. 89
Zeiher, H. (1990). Kindheit: Organisiert und isoliert. In: Psychologie heute, Februar, S. 20–25
Zinnecker, J. / Silbereisen, R. K. (1996). Kindheit in Deutschland. Aktuelles Survey über Kinder und ihre Eltern
Zinnecker, J. / Behnken, I. / Maschke, S. / Stecher, L. (2002). null zoff & voll busy. Die erste Jugendgeneration des neuen Jahrhunderts. Opladen: Leske + Budrich

Kapitel 3.1

Gabriele Haug-Schnabel

Bensel, J. (2009) Wie Sie Ihr Schreibaby verstehen und beruhigen: Entlastung für Eltern – Beruhigung fürs Baby. München: ObersteBrink

Bensel, J. / Haug-Schnabel, G. (2013, 11. Aufl.). Kinder beobachten und ihre Entwicklung dokumentieren. Kindergarten heute – Wissen kompakt/spezial. Freiburg: Herder

Berk, L. E. (2011, 5. aktualisierte Aufl.). Entwicklungspsychologie. München: Pearson Studium

Bischof-Köhler, D. (2011, 4., überarb. u. erw. Aufl.). Von Natur aus anders. Die Psychologie der Geschlechtsunterschiede. Stuttgart: Kohlhammer

Borke, J. / Keller, H. (2014). Kultursensitive Frühpädagogik. Stuttgart: Kohlhammer

Drößler, T. (2004). Kids – zwischen Pokemon und Minirock. Erhältlich über: https://www.familienhandbuch.de/kindheitsforschung/schulkindalter/kids-zwischen-pokemon-und-minirock

Elschenbroich, D. (2002). Weltwissen der Siebenjährigen. Wie Kinder die Welt entdecken können. München: Goldmann

Erk, S. / Kiefer, M. / Wunderlich, A. P. / Spitzer, M. / Walter, H. (2003). Emotional context modulates subsequent memory effect. NeuroImage, 18, 439–447

Grossmann, K. E. (1977). Skalen zur Erfassung mütterlichen Verhaltens von Mary D. S. Ainsworth. In: Grossmann, K. E. (Hrsg.). Entwicklung der Lernfähigkeit in der sozialen Umwelt. München: Kindler, S. 96–107

Grossmann, K. / Grossmann, K. E. (2003). Elternbindung und Entwicklung des Kindes in Beziehungen. In: Herpertz-Dahlmann, B. / Resch, F. / Schulte-Markwort, M. / Warnke, A. (Hrsg.). Entwicklungspsychiatrie. Biopsychologische Grundlagen und die Entwicklung psychischer Störungen. Stuttgart: Schattauer, S. 115–135

Gutknecht, D. (2012) Bildung in der Kinderkrippe. Wege zur Professionellen Responsivität. Stuttgart: Kohlhammer

Hassenstein, B. (2007). Verhaltensbiologie des Kindes. Münster: MV-Wissenschaft

Hassenstein, B. (2004). Klugheit – Bausteine zur Naturgeschichte unserer geistigen Fähigkeiten. Berlin: Bucheinband.de

Haug-Schnabel, G. (2005). Störungen der Ausscheidungen. In: Schlottke, P. F. / Silbereisen, R. K. / Schneider, S. / Lauth, G. W. (Hrsg.). Störungen im Kindes- und Jugendalter – Grundlagen und Störungen im Entwicklungsverlauf. Band 5: Klinische Psychologie, Enzyklopädie der Psychologie. Göttingen: Hogrefe, S. 575–608

Haug-Schnabel, G. (2006). Impulse zum Umgang mit Aggressionen im Kindergarten. In: Bannenberg, B. / Rössner, D. (Hrsg.). Erfolgreich gegen Gewalt in Kindergärten und Schulen. München: C. H. Beck, S. 135–157

Haug-Schnabel, G. (2007). „Zu dick, zu dünn, wer bin Ich?" Die Entwicklung des Körperbewusstseins bei Kindern und die Bedeutung eines positiven Selbstbilds als protektiver Faktor im Entwicklungsverlauf. In: Moderne Ernährung Heute, Heft 1, S. 1–6

Haug-Schnabel, G. (2008, 7. Aufl.). Wie Kinder sauber werden können. Was Sie als Eltern wissen müssen, damit das Sauberwerden klappt. München: ObersteBrink

Haug-Schnabel, G. (2011a). Physiologische und psychologische Aspekte der Sauberkeitsentwicklung. KiTaFachtexte. Erhältlich über: www.kita-fachtexte.de/fileadmin/website/FT_haug_schnabel_2011.pdf

Haug-Schnabel, G. (2011b). Die Sauberkeitsentwicklung unter dem Aspekt des Erlangens von Autonomie und Kontrolle. KiTaFachtexte. Erhältlich über: www.kita-fachtexte.de/fileadmin/website/KiTaFT_Haug_Schnabel_II_Sauberkeitsentwicklung_2011.pdf

Haug-Schnabel, G. (2012). Der Umgang mit Aggression ist eine Entwicklungsaufgabe. Konflikte sind Teil der Kooperation – nicht ihr Gegensatz. In: Kalcher, A. M. / Lauermann, K. (Hrsg.) Die Macht der Aggression. Wien: G & G, S. 47–65

Haug-Schnabel, G. (2015). Ich brauch' keine Windel mehr! Typische Entwicklungsschritte erkennen und achtsam unterstützen. Kleinstkinder in Kita und Tagespflege, 2, S. 6–9

Haug-Schnabel, G. / Bensel, J. (2012a, 11. Aufl.). Grundlagen der Entwicklungspsychologie. Die ersten 10 Lebensjahre. Freiburg: Herder

Haug-Schnabel, G. / Bensel, J. (2012b) Wie kommt das Kind zum Wort? Sprachentwicklung und -förderung. Kindergarten heute – wissen kompakt/spezial. Freiburg: Herder

Haug-Schnabel, G. / Bensel, J. (2014, 10. überarbeitete Aufl.). Kinder unter 3 – Bildung, Erziehung und Betreuung von Kleinstkindern. Kindergarten heute – wissen kompakt/spezial . Freiburg: Herder

Haug-Schnabel, G. / Bensel, J. (2015a). Häufigkeiten, Ursachen und Entwicklungstendenzen von Aggression und Gewalt in Kitas. In: Melzer, W. et al. (Hrsg.). Handbuch Aggression, Gewalt und Kriminalität bei Kindern und Jugendlichen. Bad Heilbrunn: Verlag Julius Klinkhardt, S. 250–255

Haug-Schnabel, G. / Bensel, J. (2015b). Lebens- und Bildungsräume für Kinder – Raumgestaltung in der Kita. Kindergarten heute – praxis kompakt. Freiburg: Herder

Haug-Schnabel, G. / Schmid-Steinbrunner, B. (2015). Stark von Anfang an – Kinder auf dem Weg zur Resilienz begleiten. Aktualisierte Neuauflage. München: Oberstebrink

Haug-Schnabel, G. / Schnabel, N. (2010, 3. Aufl.). Pubertät – Eltern-Verantwortung und Eltern-Glück. Wie Sie Ihr Kind beim Erwachsenwerden begleiten. München: Oberstebrink

Herschkowitz, N. / Chapman Herschkowitz, E. (2004). Klug, neugierig und fit für die Welt. Gehirn- und Persönlichkeitsentwicklung in den ersten sechs Lebensjahren. Freiburg: Herder

Hillenbrand, C. / Hennemann, T. (2005). Prävention von Verhaltensstörungen im Vorschulalter. In: Vierteljahresschrift für Heilpädagogik und ihre Nachbargebiete 74 (2), S. 129–144

Hüther, G. (2001). Bedienungsanleitung für ein menschliches Gehirn. Göttingen: Vandenhoeck & Ruprecht
Hüther, G. / Hauser, U. (2012). Jedes Kind ist hoch begabt. Die angeborenen Talente unserer Kinder und was wir aus ihnen machen. München: Albrecht Knaus.
Juul, J. (2002). Was gibt's heute? Gemeinsam essen macht Familie stark. Düsseldorf: Patmos Verlag
Kasten, Hartmut (2013, 4. überarb. Aufl.). 0–3 Jahre. Entwicklungspsychologische Grundlagen. Berlin: Cornelsen Scriptor
Kirkilionis, E. (2010, 2. Aufl.) Bindung stärkt. Emotionale Sicherheit für Ihr Kind – der beste Start ins Leben. München: Kösel
Krappmann, L. (2001). Bindungsforschung und Kinder- und Jugendhilfe – Was haben sie einander zu bieten? In: Neue Praxis, Heft 4, S. 338–346
Largo, R. H. (1999). Kinderjahre. Die Individualität des Kindes als erzieherische Herausforderung. München: Piper
Largo, R. (2013, 12. Aufl.). Babyjahre: Entwicklung und Erziehung in den ersten vier Jahren. München: Piper
Largo, R. H. / Benz-Castellano, C. (2005). Entwicklungsaufgaben und Krisen in den ersten Lebensjahren. In: Thun-Hohenstein, L. (Hrsg.). Übergänge. Wendepunkte und Zäsuren in der kindlichen Entwicklung. Göttingen: Vandenhoeck & Ruprecht, S. 75–87
Mayer, D. / Bernhard, C. / Peters, A. (2013). Spielumwelten im Kindergarten: Auswirkungen auf Geschlechterunterschiede in Spielverhalten und Kompetenzentwicklung. Frühe Bildung 2 (4), S. 185–195
Meaney, M. (2010). Epigenetics and the biological definition of gene x environment interactions. Child development, 81 (1/2), S. 41–79
Michler-Hanneken, A. (2008). Mit Kindern im Wald. Möglichkeiten und Bedingungen in einem natürlichen Spiel- und Lebensraum. Berlin: Deutsche Gesetzliche Unfallversicherung
Miklitz, I. (2005). Ene, mene, muh, und raus bist du! Zum Kommunikationsverhalten von Erzieherinnen. In: KiTa spezial, Heft 2, S. 31–33
Niebank, K. / Petermann, F. (2002). Grundlagen und Ergebnisse der Entwicklungspsychopathologie. In: Petermann, F. (Hrsg.). Lehrbuch der klinischen Kinderpsychologie und -psychotherapie. Göttingen: Hogrefe, S. 57–94
Renz-Polster, H. (2009). Kinder verstehen. Born to be wild: Wie die Evolution unsere Kinder prägt. München: Kösel-Verlag.
Rohrmann, T. (2009) Gender in Kindertageseinrichtungen. Ein Überblick über den Forschungsstand. Erhältlich über: www.dji.de/fileadmin/user_upload/bibs/Tim_Rohrmann_Gender_in_Kindertageseinrichtungen.pdf
Rovee-Collier, C. (1997). Dissociations in infant memory: Rethinking the development of implicit and explicit memory. In: Psychological Review, 104, S. 467–498
Schäfer, G. E. (Hrsg.) (2011, 4. aktualisierte Aufl.). Bildung beginnt mit der Geburt. Berlin: Cornelsen Scriptor
Siegler, R. / DeLoache, J. / Eisenberg, N. (2011, 3. Aufl.). Entwicklungspsychologie im Kindes- und Jugendalter. Heidelberg: Springer Spektrum
Spitzer, M. (2000). Geist im Netz – Modelle für Lernen, Denken, Handeln. Berlin: Spektrum Akademischer Verlag

Strauch, B. (2003). Warum sie so seltsam sind. Gehirnentwicklung bei Teenagern. Berlin: Berlin Verlag

Sturzbecher, D. / Großmann, H. (2002). Partizipation als Strategie zur Gewaltprävention. In: Pädagogisches Landesinstitut Brandenburg (Hrsg.). Information für Schule und außerschulische Arbeit zu Gewalt, Rechtsextremismus und Fremdenfeindlichkeit. Ludwigsfelde: PLIB

Szyf, M. (2013). Verankerung frühkindlicher Erfahrungen im Erbgut. Spektrum der Wissenschaft Spezial Biologie – Medizin – Hirnforschung 2, S. 30–35

Tomasello, M. (2003). Kulturelle Transmission. Eine Betrachtung aus dem Blickwinkel von Schimpansen und kleinen Kindern. In: Keller, H. (Hrsg.). Handbuch der Kleinkindforschung. Bern: Hans Huber, S. 29–48

Unzner, L. (1999). Bindungstheorie und Fremdunterbringung. In: Suess, G. J. / Pfeiffer, W.-K. P. (Hrsg.). Frühe Hilfen. Gießen: Psychosozial Verlag, S. 268–288

Weber, C. (Hrsg.) (2009, 3. vollständig überarb. und erweiterte Aufl.). Spielen und Lernen mit 0- bis 3-Jährigen. Der entwicklungszentrierte Ansatz in der Krippe. Berlin: Cornelsen Scriptor

Zimmer, R. (Hrsg). (2011). Psychomotorik für Kinder unter 3 Jahren. Entwicklungsförderung durch Bewegung. Freiburg: Herder

Zimmer, R. (2014, überarb. und erweiterte Neuausgabe). Handbuch der Bewegungserziehung. Grundlagen für Ausbildung und pädagogische Praxis. Freiburg: Herder

Kapitel 3.1.4

Armin Krenz

Brazelton, T. B. / Greenspan, S. I. (2002). Die sieben Grundbedürfnisse von Kindern. Was jedes Kind braucht, um gesund aufzuwachsen, gut zu lernen und glücklich zu sein. Weinheim: Beltz

Greenspan, S. I. (2003). Das geborgene Kind. Zuversicht geben in einer unsicheren Welt. Weinheim: Beltz

Haug-Schnabel, G. / Bensel, J. (2012, 11. Aufl.). Grundlagen der Entwicklungspsychologie. Die ersten 10 Lebensjahre. Freiburg: Herder

Haug-Schnabel, G. / Schmid-Steinbrunner, B. (2015). Stark von Anfang an – Kinder auf dem Weg zur Resilienz begleiten. Aktualisierte Neuauflage. München: ObersteBrink

Kagan, J. (2001). Die Natur des Kindes. Weinheim: Beltz

Kasten, H. (2007). 0–3 Jahre. Entwicklungspsychologische Grundlagen. 2. Aufl. Berlin, Düsseldorf, Mannheim: Cornelsen Scriptor

Keller, H. (Hrsg.) (1997). Handbuch der Kleinkindforschung. 2. Aufl. Bern: Hans Huber

Krenz, A. (2005). Was Kinder brauchen. Aktive Entwicklungsbegleitung im Kindergarten. Berlin, Düsseldorf, Mannheim: Cornelsen Scriptor

Kuhl, J. / Völker, S. (1998). Entwicklung und Persönlichkeit. In: Keller, H. (Hrsg.). Lehrbuch Entwicklungspsychologie. Bern: Hans Huber

Largo, R. H. (1999). Kinderjahre. Die Individualität des Kindes als erzieherische Herausforderung. München: Piper

Largo, R. H. (2013, 12. Aufl.). Babyjahre: Entwicklung und Erziehung in den ersten vier Jahren. München: Piper

Mogel, H. (1995). Geborgenheit. Psychologie eines Lebensgefühls. Heidelberg: Springer

Neumann, U. (2004). Lass mich Wurzeln schlagen in der Welt. Von den seelischen Bedürfnissen unserer Kleinsten. München: Kösel

Neumann, U. (2003). Wenn die Kinder klein sind, gib ihnen Wurzeln, wenn sie groß sind, gib ihnen Flügel. 19. Aufl. München: Kösel

Rossmann, P. (2001). Einführung in die Entwicklungspsychologie des Kindes- und Jugendalters. 3. Aufl. Bern: Hans Huber

Steinebach, C. (2000). Entwicklungspsychologie. Stuttgart: Klett-Cotta

Tschöpe-Scheffler, S. (1999). Kinder brauchen Wurzeln und Flügel. Erziehung zwischen Bindung und Autonomie. Mainz: Grünewald

Tschöpe-Scheffler, S. (2003). Fünf Säulen der Erziehung. Wege zu einem entwicklungsfördernden Miteinander von Erwachsenen und Kindern. Mainz: Grünewald

Wustmann, C. (2004). Resilienz. Widerstandsfähigkeit von Kindern in Tageseinrichtungen fördern. Berlin, Düsseldorf, Mannheim: Cornelsen Scriptor

Kapitel 4

Joachim Bensel

Andres, B. / Laewen, H.-J. (2011). Das infans-Konzept der Frühpädagogik. Bildung und Erziehung in Kindertagesstätten. Weimar: verlag das netz

Antonovsky, A. (1997): Salutogenese. Zur Entmystifizierung der Gesundheit. Tübingen: dgvt

Baumrind, D. (1971). Current patterns of parental authority. In: Developmental Psychology Monographs, 4, S. 1–103

Baumrind, D. (1989). Rearing competent children. In: Damon, W. (Ed.). Child development today and tomorrow. San Francisco, CA: Jossey-Bass, S. 349–378

Bender, D. / Bliesener, T. / Lösel, F. (1996). Deviance or resilience? A longitudinal study of adolescents in residential care. In: Davies, G. / Lloyd-Bostock, S. / McMurran, M. / Wilson, C. (Eds.). Psychology, law and criminal justice: International developments in research. Berlin: De Gruyter, S. 409–423

Bensel, J. (2002). Steinzeitbabys im Atomzeitalter – Auswirkungen der fehlenden Passung zwischen biologischen Bedürfnissen und neokulturellen Umwelten. In: Alt, K. W. / Kemkes-Grottenthaler, A. (Hrsg.). Kinderwelten. Anthropologie – Geschichte – Kulturvergleich. Köln: Böhlau, S. 25–40

Bensel, J. / Haug-Schnabel, G. (2013, 11. Aufl.). Kinder beobachten und ihre Entwicklung dokumentieren. Kindergarten heute – wissen kompakt/spezial . Freiburg: Herder

Bensel, J. (2006). Separation stress in early childhood – Harmless side effect of modern caregiving practices or risk factor for development? In: Bentley, G. / Mace, R. (Eds.). Substitute Parents: Alloparenting in Human Societies. London, UK: Berghahn Books, S. 287–303

Bogatzki, A. (2015). TOR schaffen – Transparenz, Orientierung, Resilienz. Ein Projekt zur resilienzfördernden Raumgestaltung in einer Kindertageseinrichtung in Berlin. KiTa-Fachtexte. Verfügbar unter: www.kita-fachtexte.de/uploads/media/KiTaFT_Bogatzki_2015.pdf

Borke, J. / Keller, H. (2014). Kultursensitive Frühpädagogik. Stuttgart: Kohlhammer.

Devereux, E. C. Jr. / Bronfenbrenner, U. / Suci, G. J. (1962). Patterns of parent behavior in the United States of America and the Federal Republic of Germany: A cross-national comparison. In: International Social Science Journal, 14, S. 488–506

Fröhlich-Gildhoff, K. / Becker, J / Fischer, S. (Hrsg.) (2012a). Gestärkt von Anfang an. Resilienzförderung in der Kita. Weinheim: Beltz

Fröhlich-Gildhoff, K. / Becker, J. / Fischer, S. (2012b). Prävention und Resilienzförderung in Grundschulen – PRiGS. Ein Förderprogramm. München: Ernst Reinhardt

Fröhlich-Gildhoff, K. / Dörner, T. / Rönnau, M. (2012c, 2. Aufl.). Prävention und Resilienzförderung in Kindertageseinrichtungen - PRiK. Traningsmanual für ErzieherInnen. München: Ernst Reinhardt

Fuhrer, U. (2009, 2. überarb. Aufl.). Lehrbuch Erziehungspsychologie. Bern: Hans Huber

Gardner, H. (2013, 4. Aufl.). Intelligenzen. Die Vielfalt des menschlichen Geistes. Stuttgart: Klett-Cotta

Graf, J. (2004). Unsere Familie – ein starkes Team. Erhältlich über: https://www.familienhandbuch.de/familienforschung/kinder-in-der-familie/unsere-familie-ein-starkes-team

Graßl, W. / Romer, R. / Vierzigmann, G. (2000). Mit Struktur und Geborgenheit – Kinderdorffamilien aus der Sicht der Kinder. In Sozialpädagogisches Institut im SOS-Kinderdorf e. V. (Hrsg.). Heimerziehung aus Kindersicht. München: Eigenverlag, S. 40–61

Griebel, W. / Niesel, R. (2015). Der Eintritt in den Kindergarten – ein bedeutsames Ereignis für die Familie. Erhältlich über: https://www.familienhandbuch.de/kindertagesbetreuung/erziehung-im-kindergarten/der-eintritt-in-den-kindergarten-ein-bedeutsamer-ubergang.

Griebel, W. / Niesel, R. (2005). Forschungsergebnisse und pädagogische Ansätze zur Ausgestaltung des Übergangs vom Kindergarten zur Grundschule. In: Fthenakis, W. / Gisbert, K. / Griebel, W. (Hrsg.). Auf den Anfang kommt es an. Bonn: Bundesministerium für Bildung und Forschung, S. 191–251

Hassenstein, B. (2007). Verhaltensbiologie des Kindes. Münster: MV-Wissenschaft

Haug-Schnabel, G. (2000). Risikopfade in die Pubertät. Trennung, Übergang, und Einfügung in eine neue Welt. In: Psychopraxis, Heft 8, S. 33–40

Haug-Schnabel, G. (2003). Bindungsbedürfnis – Zweit- und Drittbindung als emotionale und kognitive Korrekturerfahrung. In: Heim, R. / Posch, C. (Hrsg.). Familienpädagogik. Familiäre Beziehungen mit Kindern professionell gestalten. Innsbruck: Studien-Verlag, S. 65–75

Haug-Schnabel, G. / Bensel, J. (2014, 10. überarbeitete Aufl.). Kinder unter 3 – Bildung, Erziehung und Betreuung von Kleinstkindern. Kindergarten heute – wissen kompakt/ spezial . Freiburg: Herder

Haug-Schnabel, G. / Bensel, J. (2015). Lebens- und Bildungsräume für Kinder – Raumgestaltung in der Kita. Kindergarten heute – praxis kompakt. Freiburg: Herder

Haug-Schnabel, G. / Bensel, J. / Fischer, S. (2015). Kinder über 4 in der Kita. Entwicklung begleiten – Lebenskompetenzen stärken. Freiburg: Herder

Haug-Schnabel, G. / Schmid-Steinbrunner, B. (2015). Stark von Anfang an – Kinder auf dem Weg zur Resilienz begleiten. Aktualisierte Neuauflage. München: ObersteBrink

Herrmann, T. / Stapf, A. / Krohne, H. W. (1971). Die Marburger Skalen zur Erfassung des elterlichen Erziehungsstils. In: Diagnostica, Heft 17, S. 118–131

Kazemi-Veisari, E. (2004). Kinder verstehen lernen. Wie Beobachten zu Achtung führt. Seelze-Velber: Kallmeyersche Verlagsbuchhandlung GmbH

Keller, H. (2011). Kinderalltag. Kulturen der Kindheit und ihre Bedeutung für Bindung, Bildung und Erziehung. Berlin: Springer-Verlag.

Krohne, H. W. / Pulsack, A. (1995). Das Erziehungsstil-Inventar (ESI). Manual. Göttingen: Beltz Test

Krohne, H. W. / Hock, M. (2006). Erziehungsstil. In: Rost, D. H. (Hrsg.). Handwörterbuch Pädagogische Psychologie. Weinheim: Beltz, S. 147–155

Kunze, H.-R. / Gisbert, K. (2005). Förderung lernmethodischer Kompetenzen in Kindertageseinrichtungen. In: Fthenakis, W. E. / Gisbert, K. / Griebel, W. (Hrsg.). Auf den Anfang kommt es an. Bonn: Bundesministerium für Bildung und Forschung, S. 15–117

Ladwig, A. / Gisbert, K. / Wörz, T. (2001). Kleine Kinder – starke Kämpfer! Resilienzförderung im Kindergarten. In: Theorie und Praxis der Sozialpädagogik, Heft 4, S. 43–48

Laevers, F. (Hrsg.) (1997). Die Leuvener Engagiertheits-Skala für Kinder LES-K. Deutsche Fassung der Leuven involvment scale for young children. Handbuch zum Videoband. Erkelenz: Fachschule für Sozialpädagogik

Laewen, H.-J. / Andres, B. (Hrsg.) (2007). Forscher, Künstler, Konstrukteure. Berlin: Cornelsen Scriptor

Leu, H.-R. / Flämig, K. / Frankenstein, Y. / Koch, S. / Pack, I. / Schneider, K. / Schweiger, M. (2007). Bildungs- und Lerngeschichten. Bildungsprozesse in früher Kindheit beobachten, dokumentieren und unterstützen. Weimar: verlag das netz

Lösel, F. / Beelmann, A. / Stemmler, M. / Jaursch, S. (2006). Prävention von Problemen des Sozialverhaltens im Vorschulalter: Evaluation des Eltern- und Kindertrainings EFFEKT. Zeitschrift für Klinische Psychologie und Psychotherapie, 35, S. 117–126

Ludwig, P. (Hrsg.) (1997). Summerhill: Antiautoritäre Pädagogik heute. Ist die freie Erziehung tatsächlich gescheitert? Weinheim: Beltz

Mayer, H. / Heim, P. / Barquero, B. / Scheithauer, H. / Koglin, U. (2004). Papillo. Programm Ordner I. Augsburg: beta institut Verlag

Mayr, T. (1998). BEK – Beobachtungsbogen zur Erfassung von Entwicklungsrückständen und Verhaltensauffälligkeiten bei Kindergartenkindern. München: Staatsinstitut für Frühpädagogik

Olweus, D. (2006). Gewalt in der Schule. Was Lehrer und Eltern wissen sollten – und tun können. Bern: Hans Huber

Pascal, C. / Bertram, T. (2003). Erfassung des Erzieherverhaltens in pädagogischen Situationen – eine Skala für die kollegiale Beobachtung. In: KiTa spezial, Heft 1, S. 4–8

Renz-Polster, H. (2011). Menschenkinder. Plädoyer für eine artgerechte Erziehung. München: Kösel

Rönnau-Böse, M. / Fröhlich-Gildhoff, K. (2014). Resilienz im Kita-Alltag. Was Kinder stark und widerstandsfähig macht. Freiburg: Herder

Rutter, M. / Maughan, B. / Mortimore, P. / Ouston, J. (1979). Fifteen thousand hours: Secondary schools and their effects on children. Cambridge, MA: Harvard University Press

Scheithauer, H. / Petermann, F. (1999). Zur Wirkungsweise von Risiko- und Schutzfaktoren in der Entwicklung von Kindern und Jugendlichen. In: Kindheit und Entwicklung, 8 (1), S. 3–14

Scheithauer, H. / Niebank, K. / Petermann, F. (2000). Biopsychosoziale Risiken in der frühkindlichen Entwicklung: Das Risiko- und Schutzfaktorenkonzept aus entwicklungspsychopathologischer Sicht. In: Petermann, F. / Niebank, K. / Scheithauer, H. (Hrsg.). Risiken in der frühkindlichen Entwicklung. Entwicklungspsychopathologie der ersten Lebensjahre. Göttingen: Hogrefe, S. 65–97

Schiefenhövel, S. / Schiefenhövel, W. (1996). Am evolutionären Modell – Stillen und frühe Sozialisation bei den Trobriandern. In: Gottschalk-Batschkus, C. E. / Schuler, J. (Hrsg). Ethnomedizinische Perspektiven zur frühen Kindheit. Berlin: VWB, S. 263–282.

Schneewind, K. A. (2010). Familienpsychologie. Stuttgart: Kohlhammer

Schröder, A. (2003). Die begrenzte Reichweite der Bindungstheorie für Jugendarbeit und Jugendhilfe. In: Neue Praxis, Heft 1, S. 189–198

Sears, W. / Sears, M. (2010). Das Attachment Parenting Buch: Babys pflegen und verstehen. Leipzig: tologo Verlag

Sinhart-Pallin, D. (2010). Erziehung. In: Pousset, R. (Hrsg.). Handwörterbuch für Erzieherinnen und Erzieher. Berlin: Cornelsen Scriptor, S. 113–117

Suess, G. J. (2005). Sicherer Halt für den Aufbruch ins Leben. Neueste Erkenntnisse der Bindungsforschung. In: kindergarten heute, Heft 11–12, S. 6–12

Vygotskij, L. S. (2014). Denken und Sprechen. Weinheim: Beltz

Weltzien, D. (2014). Pädagogik: Die Gestaltung von Interaktionen in der Kita. Merkmale – Beobachtung – Reflexion. Weinheim: Beltz

Werner, E. E. (1989). Sozialisation: die Kinder von Kauai. In: Spektrum der Wissenschaft, Heft 6, S. 118–123

Wustmann, C. (2005). Resilienz. In: Fthenakis, W. / Gisbert, K. / Griebel, W. (Hrsg.). Auf den Anfang kommt es an. Bonn: Bundesministerium für Bildung und Forschung, S. 119–189

Zimmermann, P. / Becker-Stoll, F. / Grossmann, K. / Grossmann, K. E. / Scheuerer-Englisch, H. / Wartner, U. (2000). Längsschnittliche Bindungsentwicklung von der frühen Kindheit bis zum Jugendalter. In: Psychologie in Erziehung und Unterricht, 47, S. 99–117

Kapitel 5

Armin Krenz

Auerbach, S. (2001). Spielerische Intelligenz. München: Beust
Baer, Ulrich (1981). Wörterbuch der Spielpädagogik. Basel: Lenos
Beins, H. J. / Cox, S. (2001). „Die spielen ja nur!?" Psychomotorik in der Kindergartenpraxis. Dortmund: borgmann

Caillois, R. (1958). Die Spiele und die Menschen. Maske und Rausch. Stuttgart: Kohlhammer
Chateau, G. (1969). Das Spiel des Kindes. Natur und Disziplin des Spielens nach dem dritten Lebensjahr. Paderborn: Schöningh
Einsiedler, W. (1991). Das Spiel der Kinder. Zur Pädagogik und Psychologie des Kinderspiels. Bad Heilbrunn: Klinkhardt
Flitner, A. (1977). Spielen – Lernen. Praxis und Deutung des Kinderspiels. München: Piper
Flor, D. / Petillon, H. (1997). Abschlussbericht Spiel- und Lernschule. Saarburg: Staatliches Institut für Lehrerfort- und -weiterbildung
Fritz, J. (1991). Theorie und Pädagogik des Spiels. Eine praxisorientierte Einführung. Weinheim: Juventa
Hanifl, L. / Hartmann, W. / Rollett, B. (1994). Die Auswirkungen des Wiener Spielprojekts in der Volksschule auf die Schullaufbahn und Persönlichkeitsentwicklung der Schüler der 9. Schulstufe unter besonderer Berücksichtigung der sprachlichen Kreativität. In: Olechowski, R. / Rollett, B. (Hrsg.). Theorie und Praxis. Aspekte empirisch-pädagogischer Forschung – quantitative und qualitative Methoden. Frankfurt/Main: Peter Lang
Huizinga, J. (1956). Homo ludens. 2. Aufl. Reinbek: Rowohlt
Kathke, P. (2001). Sinn und Eigensinn des Materials. Band 1 u. 2. Berlin, Düsseldorf, Mannheim: Cornelsen Scriptor
Keller, M. (1973). Spiel und kognitives Lernen, ein Widerspruch? In: Daublebsky, B. (Hrsg.). Spielen in der Schule. Stuttgart: Klett
Keller, M. (1976). Kognitive Entwicklung und soziale Kompetenz. Stuttgart: Klett
Kohl, M. F. (2004). Matschen. Kreatives Arbeiten mit verschiedenen Modelliermassen. Seelze-Velber: Kallmeyer
Lange, U. / Stadelmann, T. (2002). Sand – Wasser – Steine. Spiel-Platz ist überall. Berlin, Düsseldorf, Mannheim: Cornelsen Scriptor
Liebertz, C. (2000). Das Schatzbuch ganzheitlichen Lernens. Grundlagen, Methoden und Spiele für eine zukunftsweisende Erziehung. 2. Aufl. München: Don Bosco
Loo, O. van de (Hrsg.) (2005). Kinder-Kunst-Werk. Künstlerisches Arbeiten mit Kindern und Jugendlichen. München: Kösel
Mogel, H. (1994). Psychologie des Kinderspiels. 2. Aufl. Heidelberg: Springer
Oerter, R. (1999). Psychologie des Spiels. Weinheim: Beltz
Partecke, E. (2002). Kommt, wir wollen schön spielen. Praxishandbuch zur Spielpädagogik im Kindergarten. Berlin, Düsseldorf, Mannheim: Cornelsen Scriptor
Partecke, E. (2004). Lernen in Spielprojekten. Praxishandbuch für die Bildung im Kindergarten. Weinheim: Beltz
Portmann, A. (1976). Das Spiel als gestaltete Zeit. In: Bayerische Akademie der Schönen Künste (Hrsg.). Der Mensch und das Spiel in der verplanten Welt. München: Akademieverlag
Retter, H. (1991). Kinderspiel und Kindheit in Ost und West. Spielförderung, Spielforschung und Spielorganisation in einzelnen Praxisfeldern – unter Berücksichtigung des Kindergartens. Bad Heilbrunn: Klinkhardt
Rossetti-Gsell, V. (1998). Spielen – Sprache der kindlichen Seele. Freiburg: Herder

Samuelsson, I. P. (1990). Learning to learn. A study of swedish preschool children. New York: Springer

Scheuerl, H. (1985). Zum Stand der Spielforschung. In: Einsiedler, W. (Hrsg.). Aspekte des Kinderspiels. Pädagogisch-psychologische Spielforschung. Weinheim: Beltz

Seitz, R. (1998). Phantasie & Kreativität. Ein Spiel-, Nachdenk- und Anregungsbuch. München: Don Bosco

Steininger, R. (2005). Kinder lernen mit allen Sinnen. Wahrnehmung im Alltag fördern. Stuttgart: Klett-Cotta

Treeck, M.-J. G. van (1990). Spielend fördern. Integriertes Lernen durch Spiel. Dortmund: borgmann

Weber, C. (2004). Spielen und Lernen mit 0- bis 3-Jährigen. Berlin, Düsseldorf, Mannheim: Cornelsen Scriptor

Wege, B. vom / Wessel, M. (2004). Spielen im Beruf. Spieltheoretische Grundlagen für pädagogische Berufe. Troisdorf: Bildungsverlag EINS

Weinberger, S. (2001). Kindern spielend helfen. Eine personzentrierte Lern- und Praxisanleitung. Weinheim: Beltz

Kapitel 5.2.2

Armin Krenz

Auerbach, Stevanne (2001). SQ – Spielerische Intelligenz. München: Beust Verlag

Barth, Karlheinz (1992): ErzieherInnen beurteilen Kinder auf ihre Schulfähigkeit. Ein Plädoyer zur Verbesserung der Schulreifediagnostik. In: kindergarten heute, Heft 2, S. 40–50

Bellenberg, G. (1999). Individuelle Schullaufbahnen. Eine empirische Untersuchung über Bildungsverläufe von der Einschulung bis zum Abschluss. Weinheim: Beltz

Berger, M. (1986). Schulreife – Anfrage an einen fragwürdigen Begriff. Wehrfritz Wissenschaftlicher Dienst, WWD, Nr. 32/33, Februar, S. 10

Breuer, H. / Weuffen, M. (1993). Lernschwierigkeiten am Schulanfang. Schuleingangsdiagnostik zur Früherkennung und Frühförderung. Weinheim: Beltz

Bronfenbrenner, U. (1988). Wie wirksam ist kompensatorische Erziehung? Stuttgart: Klett-Cotta

Dollase, Rainer (2006): Die Fünfjährigen einschulen – oder: Die Wiederbelebung einer gescheiterten Reform der 70er-Jahre des vorigen Jahrhunderts. In: KiTa aktuell NRW, Nr. 1, S. 11–12

Elschenbroich, D. (2002). Weltwissen der Siebenjährigen. Wie Kinder die Welt entdecken können. München: Goldmann

Faust-Siehl, G. / Schmitt, R. / Valtin, R. (Hrsg.). Kinder heute – Herausforderung für die Schule. Frankfurt/Main: Arbeitskreis Grundschule e. V.

Faust-Siehl, G., u. a. (2002). Die Zukunft beginnt in der Grundschule. Empirische Empfehlungen zur Neugestaltung der Primarstufe. Reinbek: Rowohlt

Flor, D. / Petillon, H. (1997). Abschlussbericht Spiel- und Lernschule. Saarburg: Staatliches Institut für Lehrerfort und -weiterbildung

Gerbert, F. (1997). Versuchskaninchen Kind. In: Focus, Heft 27, S. 151 ff. Goleman, D. (1996). EQ Emotionale Intelligenz. München: Hanser
Gottman, J. (1997). Kinder brauchen emotionale Intelligenz. Ein Praxisbuch für Eltern. München: Diana
Griebel, W. / Niesel, R. (1999). Vom Kindergarten in die Schule: Ein Übergang für die ganze Familie. In: Bildung, Erziehung, Betreuung, Heft 2, S. 8–12
Griebel, W. / Niesel, R. (2002). Abschied vom Kindergarten – Start in die Schule. München: Don Bosco
Hacker, H. (1998). Vom Kindergarten zur Grundschule. Theorie und Praxis eines kindgerechten Übergangs. Bad Heilbrunn: Klinkhardt
Helmke, A. (1992). Selbstvertrauen und schulische Leistungen. Göttingen: Hogrefe
Hetzer, H. (1936). Die seelischen Veränderungen des Kindes bei dem ersten Gestaltswandel. Leipzig
Holt, John, (2003): Wie kleine Kinder schlau werden. Selbstständiges Lernen im Alltag. Weinheim: Beltz Verlag
Hössl, A. (1995). Misslungener Start in die Schule. Zur Situation des Übergangs. In: Welt des Kindes, Heft 4, S. 6–11
Hopf, A. / Zill-Sahm, I. / Franken, B. (2004). Vom Kindergarten in die Grundschule. Weinheim: Beltz
Johannson, Marie (2007): Meine Lieblingslehrerin. In: kinder, Heft 7, S. 28–31
Kammermeyer, G. (2001a). Schulfähigkeit. Kriterien und diagnostische/prognostische Kompetenzen von Lehrerinnen, Lehrern und Erzieherinnen. Bad Heilbrunn: Klinkhardt
Kammermeyer, G. (2001b). Schuleingangsdiagnostik. In: Faust-Siehl, G. / Speck-Hamdan, A. (Hrsg.). Schulanfang ohne Umwege. Frankfurt: Grundschulverband, S. 96–118
Klein, G. (1999). Kinder schulfähig machen? Zur Diskussion um einen erfolgreichen Schulanfang. In: kindergarten heute, Heft 1, S. 6–13
Krenz, A (1989). Spielen und Lernen. Zusammenhänge zwischen Spiel- und Schulfähigkeit bei Kindern im Kindergartenalter. In: kindergarten heute, Heft 1, S. 44–47
Krenz, A. (2001). Kinder spielen sich ins Leben. Der Zusammenhang von Spiel- und Schulfähigkeit. Wehrfritz Wissenschaftlicher Dienst, WWD, Nr. 75, S. 8 f.
Krenz, A (2006). Ist mein Kind schulfähig? Ein Orientierungsbuch. 4. Aufl. München: Kösel
Lee, Jeffrey (2004). Abenteuer für eine echte Kindheit. Die Anleitung. München: Piper Verlag
Meise, S. (2004). Spielend lernen. In: Psychologie heute, Heft 5, S. 28–31
Müller-Mees, E. (2003). Kinderspiele für alle Sinne. 150 verblüffende Ideen. Stuttgart: Urania
Olechowski, B. / Rollett, B. (Hrsg.) (1994). Theorie und Praxis. Aspekte empirisch-pädagogischer Forschung – quantitative und qualitative Methoden. Frankfurt/Main: Peter Lang
Pee, L. (1991). Was noch vor dem Spielzeug kommt. In: Kinder, Heft 6, S. 16 f., 41 f. Pee, L. (1996). Wieviel Spiel-Raum hat Ihr Kind? In: Kinder, Heft 7, S. 16, 20, 22, 31
Pohl, Gabriele (2006). Kindheit – aufs Spiel gesetzt. Warum Spielen nötig ist, damit Kinder ihre körperlichen, seelischen und geistigen Fähigkeiten entfalten können und was sie dazu brauchen. Berlin: Dohrmann Verlag

Portmann, R. (1991). Schulreifetests: Warum sie nicht halten, was sie versprechen. In: Theorie und Praxis der Sozialpädagogik, TPS, Heft 1, S. 16 ff.
Portmann, R. (1995). Schulfähig sind ja alle Kinder. In: Welt des Kindes, Heft 4, S. 12 ff.
Pramling Samuelsson, I. (1990). Learning to learn. A study of swedish preschool children. New York: Springer
Scheuerl, H. (1985). Spiel ist keine Spielerei! Grundsätzliche Bemerkungen über ein zeitloses Thema der Pädagogik. In: Welt des Kindes, Heft 9, S. 383–388
Singer, K. (2000). Wenn Schule krank macht ... Wie macht sie gesund und lernbereit? Weinheim: Beltz
Speichert, H. (1991). Angst als Ursache von Schulversagen. In: Theorie und Praxis der Sozialpädagogik, TPS, Heft 1, S. 11–14
Thüringer Sozialakademie (Hrsg.) (Jahr?). Was heißt hier schulfähig? Der Übergang vom Kindergarten zu Grundschule und Hort. Tagungsbericht. Jena: Eigendruck Witzlack, G. (1968). Zur Diagnostik und Entwicklung der Schulfähigkeit: Berlin Witzlack, G. (1995). Das Brandenburger Einschulungsmodell. In: Ministerium für Bildung, Jugend und Sport des Landes Brandenburg (Hrsg.). Der Übergang von der Kindertagesstätte in die Grundschule – Dokumentation der Referate und der Diskussion der Fachkonferenz am 27. u. 28. 11. 1995 in Potsdam. Potsdam
Zeller, W. (1952). Konstitution und Entwicklung. Göttingen: Hogrefe

Kapitel 6

Armin Krenz

Blank-Mathieu, M. (Hrsg.) (2006). Erziehungswissenschaft, Band 1. 3. Aufl. Troisdorf: Bildungsverlag EINS
Forgas, J. P. (1999). Soziale Kommunikation und Interaktion. Eine Einführung in die Sozialpsychologie. 4. Aufl. Weinheim: Beltz-PVU
Goldstein, E. B. (2002). Wahrnehmungspsychologie. 2. Aufl. Heidelberg: Spektrum Akademischer Verlag
Hobmair, H. (Hrsg.) (2005). Pädagogik/Psychologie, Band 1. Troisdorf: Bildungsverlag EINS
Kickhöfer, B. (1994). Psychologie. Quellen und Materialien. München: Bayerischer Schulbuch-Verlag
Langfeld, H.-P. / Nothdurft, W. (2004). Psychologie. Studienbuch für soziale Berufe. 3. Aufl. München: Ernst Reinhardt
Legewie, H. / Ehlers, W. (1994). Knaurs moderne Psychologie. München: Droemer Knaur
Mietzel, G. (2002). Wege in die Psychologie. 11. Aufl. Stuttgart: Klett-Cotta
Tausch, R. / Tausch, A. (1979). Gesprächspsychotherapie. 7. Aufl. Göttingen: Hogrefe
Ulrich, D. (2000). Einführung in die Psychologie. 3. Aufl. Stuttgart: Kohlhammer

Kapitel 7

Armin Krenz

Becker-Textor, I. (1988). Schwierige Kinder gibt es nicht! In: kindergarten heute, Heft 3, S. 115–119

Becker-Textor, I. (1997). Schwierige Kinder gibt es nicht – oder doch? Problemkinder im Kindergarten. 5. Aufl. Freiburg: Herder

Dilling, H. et al. (Hrsg.) (2000). Internationale Klassifikation psychischer Störungen: ICD 10, Kapitel V. Bern: Huber

Ettrich, K. U. (1985). Kinderbeobachtungsbogen. Berlin: Psychodiagnostisches Zentrum

Finger, G. / Simon-Wundt, T. (2002). Was auffällige Kinder uns sagen wollen. Verhaltensstörungen neu deuten. Stuttgart, 2. Aufl.: Klett-Cotta

Fitting, K. / Saßenrath-Döpke, E.-M. (Hrsg.) (1993). Pädagogik und Auffälligkeit. Impulse für Lehren und Lernen bei erwartungswidrigem Verhalten. Weinheim: Deutscher Studien Verlag

Hauch, G. (2004). „Der Doktor hat gesagt, es ist psychosomatisch ..." Kinderpsychosomatik für Eltern, Therapeuten und alle, die neugierig sind. Dortmund: vml

Kazemi-Veisari, E. (2004). Kinder verstehen lernen. Wie Beobachten zu Achtung führt. Seelze-Velber: Kallmeyer

Kazemi-Veisari, E. (2005). Von der Beobachtung zur Achtung. 10 Thesen. In: KiTa aktuell ND, Heft 6, S. 124 f.

Köck, P. (2004). Praxis der Beobachtung in Kindergarten, Hort, Heim, Schule, Ausbildungsstätten, Fortbildungseinrichtungen. 4. Aufl. Donauwörth: Auer

Kösters, W. (1999). Werden unsere Kinder immer kränker? In: Psychologie heute, Heft 5, S. 51–57

Lattschar, B. (2006). Verhaltensstörung. In: Pousset, R. (Hrsg.). Handwörterbuch für Erzieherinnen und Erzieher. Weinheim: Beltz (Berlin, Düsseldorf, Mannheim: Cornelsen Scriptor 2007), S. 252 ff.

Ledl, V. (2003). Kinder beobachten und fördern. Wien: Jugend & Volk

Lipp-Peetz, C. (Hrsg.) (2007). Praxis Beobachtung. Auf dem Weg zu individuellen Bildungs- und Erziehungsplänen. Berlin, Düsseldorf, Mannheim: Cornelsen Scriptor

Lueger, D. (2005). Beobachtung leicht gemacht. Beobachtungsbögen zur Erfassung kindlichen Verhaltens und kindlicher Entwicklungen. Berlin, Düsseldorf, Mannheim: Cornelsen Scriptor

Mayr, T. (1998). Beobachtungsbogen zur Erfassung von Entwicklungsrückständen und Verhaltensauffälligkeiten bei Kindergartenkindern (BEK). München: Staatsinstitut für Frühpädagogik

Metzinger, A. (2007). Verhaltensprobleme erkennen, verstehen und behandeln. Berlin, Düsseldorf, Mannheim: Cornelsen Scriptor

Nissen, G. (2005). Kulturgeschichte seelischer Störungen bei Kindern und Jugendlichen. Stuttgart: Klett-Cotta

Rohrmann, T. (1996). Beobachtungsverfahren und Befragungsmöglichkeiten von Kindern im Kleinkindalter. München: Deutsches Jugendinstitut, DJI

Romberg-Asboth, I. (1999). Wenn die Kinderseele weint. Seelische Nöte erkennen und verstehen. München: Kösel
Rost, D. H. (2006). Handwörterbuch Pädagogische Psychologie. 3. Aufl. Weinheim: Beltz
Rotthaus, W. / Trapmann, H. (2004). Auffälliges Verhalten im Jugendalter. Dortmund: vml
Rousseau, J.-J. (1975). Emil oder Über die Erziehung. 3. Aufl. Paderborn: Schöningh
Ryffel, C. (2006). Abweichendes Verhalten. In: Pousset, R. (Hrsg.). Handwörterbuch für Erzieherinnen und Erzieher. Weinheim: Beltz, S. 12–15
Sagi, A. (1982). Verhaltensauffällige Kinder im Kindergarten. Freiburg: Herder
Seitz, W. (2006). Verhaltensstörungen. In: Rost, D. H. (Hrsg.). Handwörterbuch Pädagogische Psychologie. Weinheim: Beltz-PVU, S. 840–847
Steinbrügge, L. (1987). Das moralische Geschlecht. Weinheim/Basel: Beltz
Steinhausen, H.-C. (2000). Seelische Störungen im Kindes- und Jugendalter. Erkennen und Verstehen. 2. Aufl. Stuttgart: Klett-Cotta
Strätz, R. / Demandewitz, H. (2005). Beobachten und Dokumentieren in Tageseinrichtungen für Kinder. 5. Aufl. Berlin, Düsseldorf, Mannheim: Cornelsen Scriptor
Strätz, R. (2005). Beobachtung und Dokumentation: Pflichtaufgaben der Erzieherin. In: Bertelsmann Stiftung (Hrsg.). Guck mal! Bildungsprozesse des Kindes beobachten und dokumentieren. Gütersloh: Bertelsmann Stiftung, S. 19–31
Strobel, B. U. M. (2005). Heilpädagogik für ErzieherInnen. München: Reinhardt Süssmuth, R. (1988/89). Kinderleben, Kinderzeiten, Kinderwelten. In: Kinderzeit, S. 7 ff. Textor, M. R. (Hrsg.) (1996). Problemkinder? Auffällige Kinder in Kindergarten und Hort. Weinheim: Beltz
Textor, M. R. (Hrsg.) (2004). Verhaltensauffällige Kinder fördern. Praktische Hilfen für Kindergarten und Hort. 3. Aufl. Berlin, Düsseldorf, Mannheim: Cornelsen Scriptor
Thiesen, P. (2003). Beobachten und Beurteilen in Kindergarten, Hort und Heim. Berlin, Düsseldorf, Mannheim: Cornelsen Scriptor
TPS, Theorie und Praxis der Sozialpädagogik (1997). Beobachten und Dokumentieren, Heft 4. Bielefeld: Luther
Trapmann, H. / Rotthaus, W. (2003). Auffälliges Verhalten im Kindesalter. 10. Aufl. Dortmund: vml
Verbeek, V. (2006). Trierer Beobachtungs- und Förderbogen. Ein praktischer Leitfaden für die Kindertagesstätten. München: Ernst Reinhardt

Kapitel 8.1

Eckhart Müller-Timmermann

Argyle, M. (1986). Soziale Interaktion. Köln: Kiepenheuer & Witsch
Falger, A. (2001). Macht und Machtlosigkeit – Frauensprache in der Männerwelt. Stuttgart: Heinz
Farrelly, F. / Brandsma, J. M. (1986). Provokative Therapie. Berlin: Springer
Forgas, J. P. (1999). Soziale Interaktion und Kommunikation. 4. Aufl. Weinheim: Beltz-PVU

Görgen, F. (2005). Kommunikationspsychologie in der Wirtschaftspraxis. München: Oldenbourg
Jones, E. E. / Gerard, H. B. (1967). Foundations of social psychology. New York: Wiley
Krenz, A. (2005). Wer zu neuen Ufern will, der darf das Meer nicht fürchten. Die Innenqualität in Kindertagesstätten. In: klein & groß, Heft 5
Langfeldt, H.-P. / Nothdurft, W. (2004). Psychologie. Studienbuch für soziale Berufe. 3. Aufl. München: Reinhardt
Oppermann, K. / Weber, E. (1998). Frauensprache – Männersprache. 2. Aufl. Landsberg am Lech: mvg
Patrzek, A. (2004). Wer fragt, der führt. In: ManagerSeminare, Heft 77, S. 30–37
Piontkowski, U. (1982). Psychologie der Interaktion. 2. Aufl. Weinheim: Juventa
Pöhm, M. (2004). Das NonPlusUltra der Schlagfertigkeit. 2. Aufl. Frankfurt/Main: mvg
Samel, I. (1995). Einführung in die feministische Sprachwissenschaft. Berlin: Erich Schmidt
Schulz von Thun, F. (2006). Miteinander reden. Störungen und Klärungen. 43. Aufl. Reinbek: Rowohlt
Strohner, H. (2006). Kommunikation. Kognitive Grundlagen und praktische Anwendungen. 2. Aufl. Göttingen: Vandenhoeck & Ruprecht
Tannen, D. (2004). Du kannst mich einfach nicht verstehen. Warum Männer und Frauen aneinander vorbeireden. München: Goldmann
Watzlawick, P. (2000). Menschliche Kommunikation. Formen, Störungen, Paradoxien. Bern: Huber
Watzlawick, P. (2005). Anleitung zum Unglücklichsein. Vom Schlechten des Guten. 5. Aufl. München: Piper
Wirsing, K. (2000). Psychologisches Grundwissen für Altenpflegeberufe. 5. Aufl. Weinheim: Beltz-PVU

Kapitel 8.2.2

Armin Krenz

Alt, J. A. (2000). Richtig argumentieren. München: C. H. Beck
Altmann, H. C. (1999). Die hohe Kunst der Überzeugung. 100 Tipps für mitreißende Rhetorik, effektivere Kommunikation und erfolgreiche Verhandlungen. Landsberg: mvg
Altmann, H. G. (1995). Überzeugt reden, verhandeln, argumentieren. München: Heyne
Bachmair, S. u. a. (1983). Beraten will gelernt sein. Ein Übungsbuch für Anfänger und Fortgeschrittene. 2. Aufl. Weinheim: Beltz
Birkenbihl, V. F. (2000). Fragetechnik schnell trainiert. Das Trainingsprogramm für Ihre erfolgreiche Gesprächsführung. 11. Aufl. Landsberg: mvg
Blickhan, C. (2005). Die sieben Gesprächsförderer. Miteinander reden lernen. Paderborn: Junfermann
Bower, S. / Kayser, D. (1996). Erfolgreich reden und überzeugen. Der praktische Rhetorikkurs. Freiburg: Herder

Cicero, A. / Kuderna, J. (2000). Die Kunst der Kampfrhetorik. 3. Aufl. Paderborn: Junfermann
Cicero, A. / Kuderna, J. (2001). Clevere Antworten auf dumme Sprüche. Killerphrasen kunstvoll kontern. Paderborn: Junfermann
Cole, K. (1999). Kommunikation klipp und klar. 2. Aufl. Weinheim: Beltz
Crisand, E. (2003). Das Sachgespräch als Führungsinstrument. Heidelberg: Sauer
Dilts, R. B. (2001). Die Magie der Sprache. Paderborn: Junfermann
Egan, G. (1990). Helfen durch Gespräch. Ein Trainingsbuch für helfende Berufe. Weinheim: Beltz
Eisler-Mertz, C. (1998). Mit Worten überzeugen. Die gekonnte Gesprächsführung in Beruf und Alltag. Landsberg: mvg
Etrillard, S. (2003). Spitzengespräche. Faire Kommunikation durch gekonnte Gesprächsführung. Paderborn: Junfermann
Fournier, C. von (2000). Charisma. Stockheim: Schmidt
Gordon, T. (2012). Lehrer-Schüler-Konferenz. Wie man Konflikte in der Schule löst. München: Wilhelm Heyne Verlag in der Verlagsgruppe Random House GmbH
Huisken, J. (2004). Methoden in Heilpädagogik und Heilerziehungspflege: Gesprächsführung. Troisdorf: Bildungsverlag EINS
Knoll, J. (1995). Kleingruppenarbeit. Anregen und zentrieren. In: Pädagogik, Heft 6
Lemmermann, H. (1991). Schule der Debatte. München: mvg Lemmermann, H. (1993). Lehrbuch der Rhetorik. München: Olzog Lemmermann, H. (1996). Schule der Debatte. München: mvg
May, R. (1991). Die Kunst der Beratung. Mainz: Matthias Grünewald
Niedenhoft, H.-U. / Schuh, H. (1997). Argumentieren – diskutieren. Eine Taktikfibel für die Praxis. 2. Aufl. Köln: Deutscher Instituts-Verlag
Nierenberg, J. S. (1989). Verstehen und überzeugen. Techniken für einen erfolgreichen Dialog. 3. Aufl. München: mvg
Nix, U. H. (1990). Überzeugend und lebendig reden. 3. Aufl. München: mvg
Normann, R. von (1992). Schlagend argumentieren. München: Heyne
Pallasch, W. (1990). Pädagogisches Gesprächstraining. Lern- und Trainingsprogramm zur Vermittlung therapeutischer Gesprächs- und Beratungskompetenz. Weinheim: Juventa
Pesch, L. (2001). Moderation und Gesprächsführung: wie Kindergärten top werden. Berlin, Düsseldorf, Mannheim: Cornelsen Scriptor
Portner, D. (2000). Überzeugend diskutieren. Diskussionstechniken zum besseren Durchsetzen Ihrer Ziele. Weinheim: Beltz
Rechtien, W. (1988). Beratung im Alltag. Psychologische Konzepte des nichtprofessionell beratenden Gesprächs. Paderborn: Junfermann
Reck, R. R. / Long, B. G. (1990). Unschlagbar verhandeln. Die beiderseitige Gewinnstrategie. München: mvg
Schuh, H. / Watzke, W. (1983). Erfolgreich Reden und Argumentieren. Grundkurs Rhetorik. München: Hueber-Holzmann

Kapitel 8.3

Armin Krenz

Akademie Remscheid für musische Bildung und Medienerziehung (Hrsg.) (o. J.). Lehrbrief 1. Gruppendynamik. Remscheid

Antoni, C. H. (Hrsg.) (1994). Gruppenarbeit in Unternehmen. Konzepte, Erfahrungen, Perspektiven. Weinheim: Beltz

Antoni, C. H. (2000). Teamarbeit gestalten. Grundlagen, Analysen, Lösungen. Weinheim: Beltz

Blanz, M. (1999). Wahrnehmung von Personen als Gruppenmitglieder. Untersuchungen zur Salienz sozialer Kategorien. Münster: Waxmann

Bennis, W. / Biedermann, P. W. (1998). Geniale Teams. Das Geheimnis kreativer Zusammenarbeit. Frankfurt/Main: Campus

Block, C. H. (2000). Von der Gruppe zum Team. München: C. H. Beck

Brocher, T. (1980). Gruppendynamik und Erwachsenenbildung. Braunschweig: Westermann

Dorlöchter, H. / Maciejewski, G. / Stiller, E. (1996). Phoenix. Der etwas andere Weg zur Pädagogik. Ein Arbeitsbuch, Band 1. Paderborn: Schöningh

Fengler, J. (1996). Konkurrenz und Kooperation in Gruppe, Team und Partnerschaft. München: Pfeiffer

Forgas, J. P. (1987). Sozialpsychologie. Eine Einführung in die Psychologie der sozialen Interaktion. Weinheim: Psychologie Verlags Union

Francis, D. / Young, D. (1989). Mehr Erfolg im Team. Reinbek: Rowohlt

Jay, R. (1998). Erfolgsgeheimnis Teambildung. Ein Team bilden, die Motivation steigern, Arbeitserfolge sichern. Niedernhausen: Falken

Kirsten, R. E. / Müller-Schwarz, J. (1973). Gruppen-Training. Stuttgart: DVA

Krenz, A. (2006). Teamarbeit und Teamentwicklung. Grundlagen und praxisnahe Lösungen für eine effiziente Zusammenarbeit. Wehrheim: Gruppenpädagogischer Literatur

Langmaack, G. / Braune-Krickau, M. (1998). Wie die Gruppe laufen lernt. Weinheim: Psychologie Verlags Union

Lück, H. E. (1985). Psychologie sozialer Prozesse. Opladen: Leske

Maaß, E. / Ritschl, K. (1997). Teamgeist. Spiele und Übungen für die Teamentwicklung. Paderborn: Junfermann

Maddux, R. B. (1999). Team Bildung. Wien: Carl Ueberreuter

Philipp, E. (1996). Teamentwicklung in der Schule. Konzepte und Methoden. Weinheim: Beltz

Pohl, M. / Witt, J. (2000). Innovative Teamarbeit zwischen Konflikt und Kooperation. Heidelberg: Sauer

Rosenkranz, H. (1990). Von der Familie zur Gruppe zum Team. Paderborn: Junfermann

Sader, M. (2000). Psychologie der Gruppe. 7. Aufl. Weinheim: Juventa

Schultz-Gambard, J. (Hrsg.) (1987). Angewandte Sozialpsychologie. Konzepte, Ergebnisse, Perspektiven. Weinheim: Psychologie Verlags Union

Stangor, C. (2004). Social groups in action and interaction New York: Psychology Press

Stöger, G. (1996). Besser im Team. Weinheim: Beltz
Thomas, A. (1991). Grundriss der Sozialpsychologie. Band 1. Grundlegende Begriffe und Prozesse. Göttingen: Hogrefe
Will, F. (2002). Was bremst mein Team? 20 Situationen und ihre Lösungen. Weinheim: Beltz
Witte, E. H. (1989). Sozialpsychologie – Ein Lehrbuch. München: Psychologie Verlags Union
Yzerbyt, V. (2004) The psychology of group perception – perceived variability, entitativity and essentialism. New York: Psychology Press

Kapitel 8.4

Eckhart Müller-Timmermann

Esser, A. / Wolmerath, M. (2003). Mobbing. 5. Aufl. Frankfurt/Main: Bund
Glasl, F. (2002). Konfliktmanagement. 8. Aufl. Bern: Freies Geistesleben
Gloger, A. (2002). Kompetent in Konflikten. In: ManagerSeminare, Heft 57, S. 20–28
Haynes J. M. / Mecke, A. / Bastine, R. / Fong, L. S. (2004). Mediation – Vom Konflikt zur Lösung. Stuttgart: Klett-Cotta
Hertel, A. von (2003). Professionelle Konfliktlösung. Frankfurt/Main: Campus
Higgins, J. M. / Wiese, G. G. (1996). Innovationsmanagement. Berlin: Springer
Kain, W. u. a. (2006). KLIK – Konflikte lösen im Kindergarten. Ein praxiserprobtes Trainingsprogramm zur Konfliktbewältigung für Kinder von 5–7 Jahren. Berlin, Düsseldorf, Mannheim: Cornelsen Scriptor
Krenz, A. (1989). Konflikte und Probleme in (sozial)pädagogischen Einrichtungen. In: Krenz, A. (Hrsg.). Handbuch für ErzieherInnen. In Krippe, Kindergarten, Vorschule und Hort. 19. Lieferung, März 1989. München: Olzog
Krenz, A. (1994). Methoden zur konstruktiven Problemlösung. In: Krenz, A. (Hrsg.). Handbuch für ErzieherInnen. In Krippe, Kindergarten, Vorschule und Hort. 11. Lieferung, Juni 1994. München: Olzog
Kreyenberg, J. (2004). Handbuch Konfliktmanagement. Berlin: Cornelsen
Mempel, S. / Müller, E. / Zielke, M. (1980). Konfliktnäherung in der Psychotherapie. In: Hautzinger, M. / Schulz, W. (Hrsg.). Klinische Psychologie und Psychotherapie, Bd. 2. Tübingen/Köln: DGVT/GwG
Nowak, C. (2005). Konfliktmanagement in Teams. Tutorial Osterberg-Institut
Paschen, M. / Dihsmaier, E. (2004). Richtig handeln bei Konflikten. In: ManagerSeminare, Heft 80, S. 44–49
Sommerfeld, V. Konflikte zwischen Erzieherinnen. In: Krenz, A. (Hrsg.). Handbuch für ErzieherInnen. In Krippe, Kindergarten, Vorschule und Hort. 31. Lieferung, S. 1–15

Kapitel 9

Eckhart Müller-Timmermann

Antonovsky, A. (1997). Salutogenese. Zur Entmystifizierung der Gesundheit. Tübingen: dgvt

Altgeld, T. (2004). Gesundheitsförderung in Kindertagesstätten muss mit und bei den Erzieherinnen und Erziehern beginnen. In: KiTa spezial, Heft 1, S. 37–40

Brinkmann, R. / Stapf, K. H. (2005). Innere Kündigung. Wenn der Job zur Fassade wird. München: C. H. Beck

Burisch, M. (2005). Das Burnout-Syndrom. 3. Aufl. Berlin: Springer

Eberspächer, H. (2002). Ressource Ich. Der ökonomische Umgang mit Stress. 2. Aufl. München: Carl Hanser

Enzmann, D. / Kleiber, D. (1993). Helfer-Leiden. Heidelberg: Asanger

Fengler, L. (2001). Helfen macht müde. Stuttgart: Klett-Cotta

Hochschild, A. R. (2006). Das gekaufte Herz. Die Kommerzialisierung der Gefühle. 2. Aufl. Frankfurt/Main: Campus

Hofmann, E. (2001). Weniger Stress erleben. Neuwied: Luchterhand

Kunz, T. (2006). Arbeitsplatz Kita. In: Kinder, Kinder, Heft 1, S. 4 f.

Lazarus, A. / Fay. A (2000). Ich kann, wenn ich will. Anleitung zur psychologischen Selbsthilfe. München: dtv

Maslach, C. / Leiter, M. P. (2001): Die Wahrheit über Burnout. Wien: Springer

Müller-Timmermann, E. (2006). Ausgebrannt – Wege aus der Burnout-Krise. 12. Aufl. Freiburg: Herder

Rösing, I. (2003). Ist die Burnout-Forschung ausgebrannt? Heidelberg: Asanger

Rudow, B. (2005). Belastungen und der Arbeits- und Gesundheitsschutz bei Erzieherinnen in Sachsen-Anhalt. Merseburg Projektbericht

Schad, M. (2002). Erziehung (k)ein Kinderspiel. Gefährdungen und Belastungen des pädagogischen Personals in Kindertagesstätten. Schriftenreihe der Unfallkasse Hessen, Bd. 7

Schaarschmidt, U. / Fischer, A. W. (2001). Bewältigungsmuster im Beruf. Göttingen: Vandenhoek & Ruprecht

Schonert-Hirz, S. (2002). Energy. Alles wollen, alles können, alles schaffen. München: Gräfe & Unzer

Seiwert, L. J. (2005). Wenn du es eilig hast, gehe langsam. Mehr Zeit in einer beschleunigten Welt. Frankfurt/Main: Campus

Sprenger, R. (2004). Die Entscheidung liegt bei dir. Wege aus der alltäglichen Unzufriedenheit. 13. Aufl. Frankfurt/Main: Campus

Tausch, R. (2004). Hilfen bei Stress und Belastung. 13. Aufl. Reinbek: Rowohlt

Waiblinger, A. (1989). Neurosenlehre der Transaktionsanalyse. Berlin: Springer

Kapitel 10

Eckhart Müller-Timmermann

Hirigoyen, M.-F. (2002). Wenn der Job zur Hölle wird. Seelische Gewalt am Arbeitsplatz und wie man sich dagegen wehrt. München: C. H. Beck

Kollmer, N. (2003). Mobbing im Arbeitsverhältnis. 3. Aufl. Heidelberg: C. F. Müller

Müller-Timmermann, E. (2000). Die machen wir jetzt richtig fertig. Mobbing – Kalter Krieg in der Einrichtung. Rundbrief Überregionale Arbeitsstelle Frühförderung Brandenburg, 1/00, S. 22–26

Kapitel 11

Eckhart Müller-Timmermann

Antoni, C. H. (2000). Teamarbeit gestalten. Weinheim: Beltz

Belardi, N. (2005). Supervision. 2. Aufl. München: C. H. Beck

Fatzer, G. (Hrsg.) (2005). Supervision und Beratung. Ein Handbuch. 11. Aufl. Köln: EHP

Jansen, A. / Mäthner, E. / Bachmann, T. (2004). Erfolgreiches Coaching. Wirkfaktoren im Einzel-Coaching. Kröning: Asanger

Krenz, A. (2002). Teamarbeit als Voraussetzung für eine qualitätsgeprägte Elementarpädagogik. Wehrfritz Wissenschaftlicher Dienst, WWD, Nr. 76, Januar 2002. URL: http://www.wehrfritz.de/templates/go.mb1?mb_f020_id=kM7aPNYBtqAsLsLWDL.H9&mb_v301_ch=1b86a&nav_id=91&seiten_zahl=13 (Zugriff 14. 06. 2007)

Krenz, A. / Wiebe, E. (2005). Einführung und Gestaltung regelmäßiger Mitarbeitergespräche in der KiTa. In: Krenz, A. (Hrsg.). Handbuch für ErzieherInnen. In Krippe, Kindergarten, Vorschule und Hort. 57. Lieferung 11/2005. München: Olzog

Krenz, A. (2006). Teamarbeit und Teamentwicklung. 2. Aufl. Wehrheim: Gruppenpädagogische Literatur

Migge, B. (2005). Handbuch Coaching und Beratung. Weinheim: Beltz

Müller-Timmermann, E. (1999). Einmal in der Woche haben wir Team. Rundbrief Überregionale Arbeitsstelle Frühförderung Brandenburg, 1/99, 2/99, 3/99

Müller-Timmermann, E. (2004). Gemeinsam sind wir besser – Teamarbeit in der Einrichtung. In: Krenz, A. (Hrsg.). Handbuch für ErzieherInnen. In Krippe, Kindergarten, Vorschule und Hort. 51. Lieferung, 6/2004. München: Olzog

Rappe-Giesecke, K. (2003). Supervision für Gruppen und Teams. Berlin: Springer

Rauen, C. (2002). Coaching. Göttingen: Hogrefe

Rauen, C. (Hrsg.) (2006). Coaching-Tools. 4. Aufl. Bonn: ManagerSeminare

Schreyögg, A. (2003). Coaching. Frankfurt/Main: Campus

Schreyögg, A. (2004). Supervision. Ein integratives Modell. 4. Aufl. Paderborn: Junfermann

Tietze, K.-O. (2003). Kollegiale Beratung. Reinbek: Rowohlt

Watzlawick, P. (2005). Anleitung zum Unglücklichsein. Vom Schlechten des Guten. 5. Aufl. München: Piper

Kapitel 11.4

Armin Krenz

Berry, C. R. (1990). Die Erlöser-Falle. Lust und Frust der Helfer-Typen. München: Kösel

Fengler, J. (1998). Helfen macht müde. Zur Analyse und Bewältigung von Burnout und beruflicher Deformation. 5. Aufl. Stuttgart: Klett-Cotta

Gerlach, S. (2003). Nachdenklichkeit lernen. München: kopaed

Hartmann, M. et al. (2005). Kompetent und erfolgreich im Beruf. Wichtige Schlüsselqualifikationen, die jeder braucht. Weinheim: Beltz

Krenz, A. (2005). Elementarpädagogik und Professionalität. Lebens- und Konfliktraum Kindergarten. Offenbach: Gabal

Krenz, A. (2005). Erhebung zur Berufs(un)zufriedenheit bei ErzieherInnen in der Kindergarten- und Hortarbeit. Kiel: unveröffentlichte Studie

Netz, T. (1997). Erzieherinnen auf dem Weg zur Professionalität. Frankfurt/Main: Peter Lang

Langemayr, M. (2004). Erzieherinnen bilden – Zum Berufsbild der Erzieherin im Kontext des bayerischen Bildungs- und Erziehungsplans. In: KiTa aktuell, Bayern, Nr. 6, S. 131 ff.

Nuber, U. (1993). Die Egoismus-Falle. Warum Selbstverwirklichung so oft einsam macht. Stuttgart: Kreuz

Schmidbauer, W. (1992). Helfen als Beruf. Die Ware Nächstenliebe. Reinbek: Rowohlt

Schmidbauer, W. (1997). Wenn Helfer Fehler machen. Liebe, Missbrauch, Narzissmus. Reinbek: Rowohlt

Schmidbauer, W. (2000). Hilflose Helfer. Über die seelische Problematik der helfenden Berufe. Reinbek: Rowohlt

Schoenaker, T. / Seitzer, J. / Wichtmann, G. (1995). So macht mir mein Beruf wieder Spaß. Ein Selbsthilfebuch für Erzieherinnen. München: Kösel

Seitz, R. (1998). Erzieherin zwischen Lust und Frust. München: Don Bosco

Weiss, A. (1982). Ketzerische Gedanken zum weiblichsten aller Berufe. In: Theorie und Praxis der Sozialpädagogik, TPS, Heft 1, S. 17–21

Mobbing-Beratung im Internet (Auswahl)

www.juracity.de www.mobbing-net.de www.mobbing-web.de www.no-mobbing.org www.sozialnetz-hessen.de

Herausgeber sowie Autorin und Autoren

Armin Krenz, geb. 1952, Studium der Sozialpädagogik – FB Erziehungswissenschaften – (Universität Essen), war von 1985–2013 Mitinhaber des außeruniversitären Instituts für angewandte Psychologie und Pädagogik (IFAP) in Kiel. Gleichzeitig war er europaweit als Wissenschaftsdozent mit dem Schwerpunkt Professionalität im Beruf / Qualitätsentwicklung / humanistisch orientierte Entwicklungspädagogik tätig. Von 2012–2014 übernahm er eine Honorarprofessur für Entwicklungspsychologie und Elementarpädagogik in Bukarest und 2013 wurde ihm aufgrund der Entscheidung des Senats der Staatlichen Landesuniversität Moskau vom Ministerium für Bildung der akademische Grad „Professor h. c." sowie „Dr. h. c." verliehen. Dort hält er in regelmäßigen Zeitperioden Vorlesungen zu entwicklungspsychologischen/-pädagogischen Schwerpunktbereichen.

Dr. rer. nat. Dipl.-Biol. Joachim Bensel, Verhaltensbiologe und Entwicklungsforscher, Mitinhaber der Forschungsgruppe Verhaltensbiologie des Menschen (FVM) in Kandern (www.verhaltensbiologie.com). Lehraufträge an der EH Freiburg (Kindheitspädagogik) und der Universität Salzburg (Elementarpädagogik). Forschungsschwerpunkte: Bildung, Betreuung und Erziehung von Kleinkindern in Kindertageseinrichtungen („NUBBEK"), Handlungskonzepte für Krippen, Kindergärten und Horte zur Erkennung von Kindeswohlgefährdung („KiWo-Skala"), chronische Unruhe bei Säuglingen als Ausdruck fehlender Passung zwischen biologischen Bedürfnissen und zivilisatorischem Angebot („Freiburger Säuglingsstudie"). Fachbuchautor und Referent in Aus-, Fort- und Weiterbildung für Erzieherinnen, Elternbildner, Kinderärzte, Hebammen und Lehrer.

Prof. Dr. Peter Dentler, geb. 1946, ist Klinischer Psychologe, Psychotherapeut, Coach und Lehrsupervisor (DGSv). Er lehrt an der Fachhochschule Kiel am Fachbereich Soziale Arbeit und Gesundheit mit den Schwerpunkten Klinische Psychologie, Beratung, Gruppendynamik, Teamentwicklung und Konfliktbearbeitung. Er ist außerdem in der Aus- und Weiterbildung an verschiedenen Einrichtungen der Elementarpädagogik tätig.

Dr. rer. nat. habil. Gabriele Haug-Schnabel, Verhaltensbiologin und Ethnologin, 20 Jahre Privatdozentin an der Universität Freiburg, lehrt aktuell „Pädagogik der Kindheit" an der EH Freiburg und „Early Childhood Education (Elementarpädagogik)" an der Universität Salzburg. Sie ist Gründerin und Leiterin der Forschungsgruppe Verhaltensbiologie des Menschen (www.verhaltensbiologie.com). Sie initiiert, leitet oder begleitet interdisziplinäre Forschungsprojekte zur kindlichen Entwicklung und Qualität in der außerfamiliären Betreuung.

Eckhart Müller-Timmermann, geb. 1950, ist Wirtschafts- und Gesundheits-Psychologe mit Approbation als Psychotherapeut. Er ist seit 1982 Gründer und Mitinhaber des außeruniversitären Instituts für angewandte Psychologie und Pädagogik IFAP in Kiel. Er ist als Referent in der Erwachsenenbildung, Berater und Coach tätig. Seine Schwerpunkte bilden im Bereich Personalentwicklung die Themen Führungskompetenzen, Teambildung, Konfliktmoderation und Mobbing-Prävention sowie im Bereich Gesundheitsförderung die Themen Zeitmanagement, Stressreduzierung, Burnout-Prophylaxe, psychische Erkrankungen und Selbstmanagement.

Register

A

Abschreckung 425
Adjutanten-Technik 442
Aggression(s) 78 f., 122, 138, 140, 193,
    214, 310, 324, 366, 397, 426, 432,
    515, 516, 517, 523, 527
    -potenzial 273
    -spiel 262
    -trieb 107
Aktion(s)
    -feld 243
    -forschung 66
    -gruppen 393
    kindliche 163
    motorische 152
    -radius 274
Aktives Zuhören 358 ff.
Akzentuierungseffekt 289
Alarmreaktion, körperliche 452
Allomütter 133
Alpha-Rolle 407
Als-ob-Spiel 260
Alternativfrage 367
Amygdala 121, 163, 191
Analytische Psychologie 67, 87, 323
Anamnese 206, 314 f., 516
Angst 115, 121, 122, 123, 126, 130,
    136 f., 141, 146, 192 ff., 214, 221, 241,
    300, 310, 323, 330, 370
Anlage-Umwelt-Diskussion 105,
Annäherungs-Annäherungs-Konflikt 417
Annäherungs-Vermeidungs-Konflikt 418
Antreiber, mentale 467
Anwalt des Teufels 373
Apathie 459
Appellaspekt 345
Appetenz, bedingte 168
Arbeit(s)
    -modell, inneres 123, 194, 221, 239

    -schutzverordnung 464
    -zufriedenheit 374, 433, 436, 487
Argumentationsplan 384 ff.,
Attribution 228 f.
Autogenes Training 86
Autonomie 114 f., 144, 171 ff., 217 f., 220,
    276, 460
Autoritäre Erziehung 213
Aversion, bedingte 168
Axiome der Kommunikation 339 ff.

B

Behaviorismus 66 f., 68
Behinderung 84
Belastung(s) 99, 158, 159, 170
    -schwerpunkte 452 ff.
Belohnung 20, 107, 167 f.
Beobachtung(s) 32, 62, 63, 76, 80, 104,
    206, 245 f., 287 f., 296 ff.
    -bögen 245, 306 ff., 518
    defizitorientierte 245
    -form 303 ff.
    kollegiale 218
    -planung 328
    ressourcenorientierte 246
Beratung(s) 417
    -gespräch 311, 380, 383, 385
    kollegiale 486
    -kompetenz 484, 485
Berichtssprache 352
Beruf(s)
    -bild 25, 38, 41 f.
    -motivation 15 ff
    -zusatzausbildung 499 ff.
Beta-Rolle 407, 408 f.
Betreuung, außerfamiliäre 133 f.
Beurteilungsfehler 287 ff.
Bewegung(s) 67, 146 f.
    -bedürfnis 116, 152, 324

-defizit 141
-spiel 261 f.
-stereotypie 168
Beziehung(s) 132, 160
-aspekt 340 f., 344 f., 352, 362, 377
-erfahrung 127, 129, 148, 160, 176, 221
-fähigkeit 220 f.
-gestaltung 42, 210 ff.
-normen 397
-qualität 127, 147, 157, 174, 239, 482
-sprache 352
-störung 92, 319, 326 f., 399, 400, 434
Bezugserzieherin 167, 217, 239
Bezugsperson 67, 109, 110, 127, 138, 149, 154, 181, 187, 205
Bildung 27, 38, 45, 171 ff., 204
Bildungsrichtlinie 33, 495
Bildungsumwelt 107
Bindung(s) 75, 116, 123, 143
-bedürfnis 123, 195
-erfahrung 122 f., 158, 187, 192 ff., 221, 237, 239
-forschung 36, 39, 45, 48, 117, 119, 122, 185, 191, 195, 238
-person 122, 123,
-qualität 144
-theorie 122 f., 126, 133, 132 f. 158 ff., 178, 193 f., 228
-verhalten 75, 122, 123, 126, 158, 159, 193
Bioenergetik 500
Biofeedback 91
Blasenkontrolle 510
Blinder Fleck 363
Borderline-Störung 91
Botschaft 52, 157, 249, 337 ff.
Du- 371
Ich- 345, 358, 371, 440
verschlüsselte 337
versteckte 371
Bridging 247
Burgfriede 443

Burnout 372, 455 ff.
-entwicklung 456 ff.
-merkmale 455 ff.
-prophylaxe 463 ff.
-risikofaktoren 459 ff.
-warnsignale 458

C
Charakter 30
Coaching 488 ff.
Coping 220, 238, 241 f.
Corporate Identity 466

D
Datenerhebung 300 ff.
Demokratische Erziehung 213 f.
Demontage 425
Denkschule 62, 65
Depersonalisation 456
Depression 455, 458, 474
Deprivation 106, 149 f., 203, 265
Devianz 247 f.
Dialektisch-behaviorale Therapie 91
Diskontinuität 111 ff.
Dissonanz, emotionale 460, 469
Dissoziale Entwicklung 139
Dokumentation 74, 137, 206, 311
Double bind 91, 362
Drohung 425
Du-Position 432
Dynamische Psychologie 86 f.

E
Ehrverletzung 425
Eingewöhnung 133, 217, 238 f.
Einnässen 169 f.
Einrichtung, therapeutische 93
Einzelsupervision 485
Eltern-Ich 48–52
EMDR 91
Emotion(s) 113, 121 f., 130
-arbeit 459
-management 469 f.
-regulation 112, 139, 518
Emotionale Dissonanz 469
Emotionale Entwicklung 121 ff., 307, 519

Emotionale Erschöpfung 456
Emotionale Kompetenz 153, 230, 525
Emotionale Unterstützung 212, 214, 215
Emotionalisierung 423
Empathie 153, 178, 180, 240, 241, 324, 345, 395 f. 524
Empfindung 286
Empirie 62 ff.
Empirismus 63, 64
Energiebilanz 466, 467, 468
Entscheidungsfrage 367
Enttäuschung 460
Entwicklung(s) 101 ff.
    -aufgabe 125 f., 150, 200, 219, 223, 236 f., 246, 519
    -begleitung 134, 141, 200 ff., 219 ff., 324, 495
    -defizit 140, 149
    dissoziale 139
    -fenster 161
    -forschung 101–104, 107, 108, 109, 125, 223, 225–227
    kognitive 153–155, 307, 310, 519, 521
    lokomotorische 151
    -merkmale 124, 180, 297, 504 ff.
    motorische 115, 124, 145–147, 150–152
    Persönlichkeits- 39 f.
    -psychologie 69, 95, 99, 185, 295
    -stagnation 203
    -stand 101, 108, 228, 258, 308
    -theorie 102, 112, 520
    -verlauf 101, 103, 106, 108, 111–113, 144 ff., 296
    -verzögerung 125, 324
Epigenetik 105
Erkenntnistheorie 61
Ernährung, gesunde 468
Erschöpfung, emotionale 470
Erwachsenen-Ich 48, 49, 50–52
Erzieher-Kind-Interaktion 188
Erzieherin 15 ff.
    als Bindungspartnerin 239
    als Coping-Vorbild 241 f.
    als Emotions-Coach 240
    als Empathie-Befähigerin 240 f.
    als kognitive Herausforderin 242 ff.
    als ressourcenstärkende Beobachterin 245
    als Übergangsbegleiterin 235 ff.
Erzieherverhalten 218
Erziehung(s) 171 ff.
    -auftrag 173, 495
    -geschlechtssensible 111
    -klima 110, 180, 231, 248
    -kraft 209
    -praxis 110, 211
    -prinzipien 210 ff.
    -psychologie 209, 500
    -stil 110, 122, 211–216, 244, 523
    -verhalten 212, 214, 523
    -verhältnisse 98
    -vorstellungen 210 f.
    -wissen 211, 218
Eskalationsdynamik 423 ff.
Ess-Erfahrungen 128
Evolution 102, 126, 154, 219
Experiment 63, 66, 74, 77
Exploration 127, 312 f.

F
Fachkompetenz 377, 407, 408
Fallsupervision 485
falsifizieren 79
Familienaufstellung 92
Familientherapie 81, 85, 89 f., 339
Familienzentrum 34
Feedback 362–365, 434, 486
Fehlernährung 105
Feinmotorik 125, 307, 308, 309, 310
Feldkompetenz 484
Fingerspiel 156
Forming 402
Fortbildung 446, 481 ff.
Frage 365 ff.
    -formen 366
    -stellungen der Psychologie 70
Freies Spiel 264 ff.
Fremdbeobachtung 299 ff.

Fremdbestimmung 82
Fremdeln 146
Fremder Hofbetritt 416, 419, 440
Fremde Situation 158
Freud'sche Fehlleistung 68
Freud'sche Psychoanalyse 31, 67 f.
Frühpädagogik, kultursensitive 216
Funktionslust 152, 255

G
Gamma-Rolle 407 ff.
Gauß'sche Glockenkurve 72
Gefühlsansteckung 241
Gefühlsnormen 397, 398
Gender 352
Genetische Potenz 106, 107, 220
Genogramm 92
Geschlechtsstereotypes Verhalten 142
Gesichtsausdruck 348, 351
Gespräch(s) 358 ff.
    -barrieren 391
    -führung 366, 372, 374 ff., 377, 440
    -kompetenz 375, 376 ff.
    -planung 380
    -regeln 371
    -screening 366
    -technik 383 ff.
Gestalt
    -gesetze 283 f.
    -psychologie 66, 69, 88, 283
    -therapie 88
Gestaltungstherapie 87
Gesundheit(s) 223 f.
    -förderung 465
    -Krankheits-Kontinuum 224
    -management 446, 465, 480
    -pflege 468
Gewalt 78 f., 122, 425
GInA 218
Grobmotorik 125, 307, 309, 310
Große Psychotherapie 85
Großhirn 279
Großhirnrinde 149, 163, 200
Grundbedürfnisse 114 ff.

Gruppe(n) 392 ff. ff.
    -arten 393 f.
    -dynamik 66, 92
    -entwicklungsphasen 400 ff.
    -interaktion 345 ff.
    -normen 142, 397
    -prozesse 394 ff.
    soziale 393 ff.
    -struktur 322, 404 ff.
    -supervision 485
    -zusammenhalt 398 ff.
Grusel 136

H
Habituation 164
Halo-Effekt 289
Haltungsdialog 146
Handlungskompetenz 27 ff., 179, 242, 495, 498
Handpuppenspiel 262
Hard Facts 22
Hebelgesetz der Kommunikation 372
Heimerziehung 247
Helikopterposition 432, 483
Hemmung, bedingte 168
Hermeneutik 62
Hippocampus 163 f.
Hortkinder 141 ff.
Humanistische Psychologie 68, 88
Humanistische Psychotherapie 85
Humor 56, 136, 157, 372 ff., 442
Hunger 127, 128, 129, 165, 241
Hypnotherapie 92
Hypothese 78 f.
Hypothetisches Konstrukt 76 f., 79

I
Ich
    -Autonomie 114 f.
    -Botschaft 345, 358, 371, 440
    -Ideal 68, 118 ff.
    -Kompetenz 114
    -Position 432
    -Psychologie 87
    -Zustände 49 ff.

Identifikationstendenz 288
Identität(s) 24 ff.
   berufliche 25
   -bildung 24 f. 40, 152
   persönliche 32, 290
Imitationslernen 165
Indexpatient 92
Individualpsychologie 31, 67, 67, 87
Information(s) 146, 294 ff.
   -frage 368
   -kodierung/-dechiffrierung 337, 520
   -verarbeitung 149, 154
Inhaltsaspekt 341, 347
Initiativgespräch 436 f.
Innere Kündigung 462 ff.
Innerer Konflikt 417 f.
Inneres Arbeitsmodell 239 f.
Innere Sicherheit 201
Instrumentelles Lernen 79, 167 f.
Intelligenzprofile 146
Interaktion(s) 345 ff.
   Erzieher-Kind 232
   -muster 305, 355 ff.
   -niveau 355
   -partner 109, 139, 153, 162 f. 348, 364
   problematische 346
   -spiel 263 f.
   -verhalten 52, 218
Interpunktion 341 f., 362, 424
Interview 76, 80, 316
Intervision 485, 486 f.
ISO-Norm 74

K

Katamnese 206, 314 ff.
Katathymes Bild-Erleben 87
Katharsistheorie 79
Kausalität 70, 74 ff.
Kids 143 f.
Killerphrasen 372, 391 f., 422
Kinder- und Jugendbericht 97, 217
Kinderspiel 254 ff.
Kindertherapie 81, 88 f.
Kindesentwicklung 101, 102, 104, 520

Kindeswohlgefährdung 93
Kindheit(s) 95 f.
   -entwicklung 102, 255
   -erfahrung 98, 150
   -Ich 49, 51 f.
Kindliches Einnässen 169 f.
Klassische Konditionierung 66, 165
Kleine Psychotherapie 85
Klientenzentrierte Therapie 88, 485
Klinische Hypnose 88
Klinische Psychologie 69, 321
Ko-Konstruktion 184
Kodierung 337
Kognitive Entwicklung 98, 102, 153 ff., 307, 310
Kognitive Fähigkeit 268
Kognitive Kompetenzen 242, 260
Kohärenzgefühl 224 f.
Kollektivbrüter 133
Kommunikation(s) 358 ff.
   analoge/digitale 342 f.
   -aspekt 348
   -axiome 370
   geschlechtsspezifische 352 f.
   -kanal 338, 346, 353
   konstruktive 358 ff.
   -kultur, offene 482
   -modell 336
   -prozess 186, 305, 353 ff.
   -quadrat 344 ff.
   Raum- 349–351
   soziale 336–338
   -sperren 387 ff.
   -störung 322
   symmetrische/komplementäre 343 f.
   verbale/paraverbale/nonverbale 347 ff.
   -versuche 131
   Viererschritt der 343 ff.
Konflikt 415 ff.
   -entstehung 421 ff.
   -feld 401, 416, 420, 433
   innerer 417 f.
   -kennzeichen 415 f.

-kompetenz 27, 37, 429 ff.
-lösung 138, 404, 428, 432, 435 ff., 438 ff.
-management 432 ff.
-moderation 439 f.
-nässen 169
-nutzen 444
-potenzial 97, 274, 420
-prävention 445 ff.
-psychologie 415
-stil 429, 430
-themen 421
-verlauf 423
-wächter 446
zwischenmenschlicher 418 f.
Konstruktionsspiel 110, 259
Kontingenz 167, 355 ff.
Kontinuität 103, 111 ff., 284
Kontrolle 50, 74, 143, 212, 217
Kontrollfrage 368
Kontrollüberzeugung 230, 233
Körperreiz 285
Körpersprache 156, 284, 325, 340, 347
Korrelation 74 ff.
Kraftüberschusstheorie 254
Krankheitsbegriff 84
Krieg, totaler 426
Kritikgespräch 437 f.
Kündigung, innere 462 ff.

L
Langzeitbewertung 288
Laufen können 130
Leben(s) 102 f.
    -ereignis 104, 229, 236, 248, 314, 524
    -kompetenz 19 f., 231
    -praxis 125, 510
    -spanne 95, 103
Leidensdruck 73, 84, 320
Leistungsbereitschaft 177, 242, 438
Leniency-Effekt 290
Lern
    -formen 164 ff.
    -partner 108, 181, 205

-prozess 109, 134, 161 ff., 169 ff., 176, 196, 200, 218, 235, 244, 261, 273 ff., 498 ff.
-strategie 137, 243, 311
-theorie 67, 79, 81 f., 90 f.
-ziel 205, 264, 268
Lernen 79, 161 ff.
    am Modell 79, 82, 91
    durch Einsicht 79, 91
    durch Habituation 91
    durch klassische Konditionierung 66, 79, 91, 165
    durch operante Konditionierung 66, 79, 167 f.
    instrumentelles 79, 167 f.
Leuvener Engagiertheitsskala 245
Life-Skills 19
Logotherapie 87
Lösungsorientierung 370

M
Machteingriff 425, 444
Mailänder Modell 89
Mandelkern 163, 164
Mediation 429, 439, 500
Medien, resilienzfördernde 231
Menschenbild 31, 68, 85, 88, 494
Menstruation 112, 142
Mentale Antreiber 467
Mentaler Tunnelblick 424, 454, 477
Mentoring 483
Metaebene 361 f.
Metakommunikation 341, 358, 361 ff., 371
Misstrauen 396, 424, 435, 463, 488
Mitarbeiter
    -bedürfnisse 465, 466
    -gespräch 428, 478
Mobber 473, 475, 477, 478 ff.
Mobbing 472 ff..
    -Betroffene 475, 477, 478
    -Kriterien 473
    -Prophylaxe 479 f.
    -Ursachen 474 ff.
    -Wirkung 474

Moderation 418, 428 f., 439 f. 443 f. 479, 490, 492
Monitoring 215 f.
Monokausalität 289
Montessori-Pädagogik 96, 188, 211, 218
Motivation 15 ff., 41 f., 44 ff., 69, 107, 153, 187, 200, 243, 246, 281, 285, 313, 400
    extrinsische 20
    intrinsische 21, 41, 200 f., 270
Motorik 125, 145 ff., 150 ff., 175, 206, 262, 269, 301, 304, 307 ff., 504
Multifinalität 229
Musikspiel 262
Mutter-Kind-Dyade 132 f.

N

Nacherhebung 315
Nachricht 336, 344
    Appellaspekt 345
    Beziehungsaspekt 345
    Sachaspekt 344
    Selbstoffenbarungsaspekt 345
Napoleon-Technik 442
Narzissmus 87, 475
Negativspirale 456
Neurobiologie 39, 44, 48, 100, 185, 189, 195
Neurolinguistisches Programmieren 91, 92
Neuronale Plastizität 100
Nicht-Botschaft 340
Norm 47, 70 ff., 77, 189, 248, 282, 320
    -abweichung 73, 84, 320
    soziale 71, 73, 77, 96
    statistische 72 f.
Normalität 70 ff., 125
Norming 403

O

Oberflächenhandeln 470
Objekt 84, 292, 318
    -kommunikation 348 f.
    -manipulation 348
    -wahrnehmung 282
Objektivität 76 ff.
Omega-Rolle 408

One-down-Technik 373
Operante Konditionierung 66, 79, 167 f.
Operationalisierung 78, 79 f., 205
Opfer 138, 140, 473, 474
    -rolle 477
Optimismusdämpfung 137
Optische Wahrnehmung 283
Ottawa-Charta 466
Overmanagement 215

P

Paradoxe Verschreibung 92
Partizipation 38, 111, 140, 172, 189, 249 f., 466
Peer-Group 139, 157, 160, 249, 322
Performing 403
Personale Ressourcen 230 f.
Persönlichkeit(s) 30 ff.
    -bildung 27, 45, 323, 497 f.
    -entwicklung 39 f., 110, 149, 177, 193, 200, 266, 489
    kindliche 272, 311
    -merkmale 21, 31 f., 105, 118, 204, 269, 291, 297, 459
    -struktur 23, 32, 298, 429
    -theorie 31, 290, 525
Perspektive(n) 229, 233, 244, 256
    -kompetenz 432
    -übernahme 112, 233, 240 f.
Plastizität, neuronale 100
Polarisierung 402, 423, 425
Prädisposition 317
Präfrontalhirn 144
Primacy-Effekt 289
Primärtherapie 88
Problem
    -fixierung 47, 370
    -kinder 317
Problematische Interaktion 346
Professionalität 33, 39, 41, 49, 451, 456, 499
    im Beruf 38, 41, 49
Programmieren, Neurolinguistisches 91, 92
Progressive Muskelrelaxation 86, 468

Projektionstendenz 288
Prophezeiung, sich selbst erfüllende 424
Propriozeption 146
Psychische Grundbedürfnisse 116, 261
Psychische Störung 67, 320
Psychoanalyse 31, 49, 67 f., 79, 81 f., 84, 85 ff., 91
Psychodiagnostik 316
Psychodrama 87, 500
Psychohygiene 464
Psychologie 60 ff., 449 ff.
    Analytische 67, 87, 328
    Dynamische 86 f.
    Entwicklungs- 69, 94 ff.
    Erziehungs- 210 ff.
    Gestalt- 66, 69, 88, 283
    Humanistische 68, 88
    Individual- 31, 67, 87
    Klinische 69, 321
    Methoden der 70 ff.
    Schulen der 65 ff.
    Tiefen- 67, 68, 86 f., 349
Psychologische Kontrolle 215
Psychologischer Psychotherapeut 84
Psychologische Testverfahren 316, 512 ff.
Psychopharmaka 82 ff.
Psychotherapie 81 ff., 321, 339, 415, 500
    Familientherapie 81, 85, 86, 88, 89 f., 339
    Gruppentherapie 85
    Humanistische 85, 88, 91
    Kinder- oder Spieltherapie 88
Psychoanalyse 31, 49, 67 f.
    Richtlinienverfahren 84, 88
    Systemische Therapie 85, 92
    Verhaltenstherapie 81, 90 f.
Pubertät 143 f., 144, 157, 249, 319
Pygmalion-Effekt 290

Q

Qualitätsoffensive 495
Qualitätssicherung 74, 201, 441, 483, 490
Quantitätssicherung 74
Quengeln und Jammern 170

R

Rational-Emotive-Therapie 88, 91
Rationalismus 63, 64
Raumgestaltung 110, 224, 349
Raumkommunikation 349 f.
Rautenhirn 128
Realität 113, 256, 287
Recency-Effekt 289
Reflexion 30 ff., 142, 145, 253, 361
Reframing 92, 362
Reggio-Pädagogik 218
Reifungsprozess 128, 134
Reiz 107, 126, 161, 164 ff., 226, 236, 280
Resilienz 222 ff.
    -definitionen 222
    -faktor 223, 260 ff., 242
    -förderung 231, 235 ff.
    -formen 233
    -forschung 222, 235
Ressourcen 224, 227
    personale 230 f.
    soziale 230, 231 ff.
Ressourcenorientierte Beobachtung 246 f.
Richtlinienverfahren 84, 88
Risiko 227 ff.
    -faktor 225, 227–229
    -größe 228 f.
    -kompetenz 130
    -theorie 78 f.
Rivalität 424, 435
Rolle(n) 305, 329, 344, 352
    -dynamik 399, 482
    -funktion 406 f.
    -modell 226, 405 ff.
    -rangfolge 405, 407 ff.
    -spiel 87, 110, 233, 260, 262, 275, 351, 440, 486, 493
    -zuweisung 202, 405
Rückwärtsuntersuchung 75
Rückzug 430, 458

S

Sättigung 99, 118
Sachaspekt 338, 344
Sachebene 340, 365, 368, 403

Sachkompetenz 29
Salutogenese 223, 465
Sanktionsnormen 397, 398
Sauberkeitserziehung 134
Säugling 99, 103, 109, 111, 127 f., 130 ff.,
    146, 153, 157, 164 ff., 203, 225, 317
    inneres Arbeitsmodell 221, 239
    Kompetenzen 99, 109, 127
Scaffolder 245
Scaffolding 244 f.
Schattentechnik 442
Schlaf-Wach-Rhythmus 126, 127 f.
Schlagfertigkeit 372 f.
Schlussfolgerungen, stillschweigende 290
Schubladendenken 279
Schulen der Psychologie 62 ff.
    Analytische Psychologie 67, 87, 328
    Behaviorismus 66 f.
    Berliner Schule 66
    Frankfurter Schule 64
    Freud'sche Psychoanalyse 67 ff.
    Humanistische Psychologie 68
    Individualpsychologie 31, 67, 87
    Leipziger Schule 65
    Tiefenpsychologie 67 f.
Schulfähigkeit 267 ff., 305, 316, 385 f.,
    521
Schutzfaktor(en) 122, 192, 209, 210,
    226, 227, 229 ff., 235 ff.
    personale Ressourcen 230 f.
    soziale Ressourcen 230, 231 ff.
Seelische Störung 319, 320
Selbst-/Fremdwahrnehmung 47, 204, 363
Selbstachtung 47, 53, 462
Selbstbeobachtung 299 f.
Selbstbestimmung 47 f., 82, 217
Selbstbewusstsein 20, 25, 136, 154, 240,
    246 f., 307, 311, 383, 510
Selbstbildungsprozesse 47, 178, 189
Selbstdarstellung 292, 369
Selbsterfahrung 39, 42, 66, 98, 263, 411,
    414, 498
Selbstevaluation 482
Selbstkompetenz 28, 261, 376 f.

Selbstkonzept 48, 53 ff., 117, 120, 515
Selbstmanagement 90, 232 f., 417, 466 ff.,
    471, 477, 488
Selbstmotivation 15 ff.
Selbstoffenbarungsaspekt 345
Selbstregulation 214 ff., 244
Selbstständigkeit 47, 82, 116, 122, 125,
    152, 160, 171 ff., 192, 214, 226, 274,
    307, 387, 410, 510 f.
Selbstwertgefühl 48, 53 ff., 117 ff., 159,
    196, 232 f., 310, 368, 522
Selbstwirksamkeit 119, 141, 181, 220,
    229, 232 f.
Selbstwirksamkeitsüberzeugung 48, 121,
    230, 232 f.
Sender/Empfänger 336 f., 340, 341 ff.,
    358, 361 ff.
Sensible Phasen 162
Sensitivität 218, 524
Sequentialitäts-Effekt 290
Sichere Basis 239 f.
Sichere Bindung 123, 157, 158, 179, 192,
    194, 220 f., 230, 231
Signallernen 165
Situations- und Verhaltensanalyse 228 ff.
Soft Facts 22
SORKC-Modell 90
Soziabilität 145, 147 f., 160 f., 171, 175
Sozial-emotionales Klima 140
Soziale Beißhemmung 416 f., 425
Soziale Bezugnahme 138, 155
Soziale Entwicklung 149, 262, 307, 315
Soziale Gruppe 393
Soziale Kommunikation 336 ff.
Soziale Partizipation 140
Soziales Regelspiel 261
Sozialgesetzbuch 84, 217
Sozialisation(s) 105, 133, 210, 249, 352
    -einflüsse 210
    -erfahrung 161, 498
Sozialkompetenz 29 f., 47 f., 120, 161,
    265, 376, 377, 392
Sozialverhalten 113, 147, 230, 310, 316,
    324, 350, 522

Spannungsfeld 421, 423, 432, 433, 446
Spezialhunger 129
Spiel 252 ff.
  -bedingungen 273 ff.
  -definition 256 f.
  -fähigkeit 264, 267, 274, 276
  -formen 258 ff.
  -material 258, 264, 275
  -theorie 256
  -therapie 81, 85, 88 f.
Sprach(e) 69, 145, 147 f., 155–157, 206, 280, 301
  -entwicklung 124, 131 f., 146, 154, 157, 228, 307, 519 f.
  -gestaltung 377, 378 ff.
Spracherwerb 111, 130, 132
Sprechkultur 130, 143
Stammesgeschichte 102, 126
Standort
  -bestimmung 299, 489
  -verlagerung 359, 368 f., 431, 432, 442, 454
Statistik 70, 72, 80
Stereotypen-Effekt 290
Stereotypisierung 289
Stichprobe 72, 80
Stillen 128, 146, 165, 219
Stillschweigende Schlussfolgerungen 290
Stimulation 105, 106, 107, 111, 113, 134, 146, 162, 183, 218
Storming 401, 402
Störung 67, 83, 91, 140, 203, 215, 223, 235, 275
Stottern 140
Streitlust 428
Streittypen 430
Strenge-Effekt 289
Stress 122, 129, 163, 193, 221, 222, 225, 237, 242, 265, 372, 452 ff.
  -bewältigung 463 ff.
  Eingewöhnungs- 237 ff.
  -empfinden 454, 458
  -prophylaxe 463 ff.
  -reaktion 454 f.
  -reiz 453

Stressor 224, 227
Stufentheorie 112
Subjektmanipulation 348
Suggestivfrage 367, 371
Supervision(s) 465, 470, 476, 483 ff.
  Formen 485
  kollegiale 470, 485, 486
  Team- 485
Supervisor 432, 479, 483, 484 ff.
Symbol 166, 336 ff., 364
Symbolspiel 260 f., 508
Symmetrische Kommunikation 343
Symptomträger 92
Synergie 343 f.
Systematische Desensibilisierung 90, 91
Systemische Therapie 85, 92
Systemzerstörung 426

T
Taijiquan 86, 468
Team 481 ff.
  -arbeit 300, 353, 409,120 ff., 416, 120, 451, 458, 491, 493 f.
  -aufbau 490, 491
  -coaching 488 ff.
  -entwicklung 401, 412, 413, 490 ff.
  -fähigkeit 409 f., 411
  -geheimregeln 493
  -kultur 413 f.
  -regeln 491 f.
  -supervision 485
  -wächter 491
Teildisziplinen der Psychologie 62 ff.
Temperament 140, 157, 228 ff., 237, 249
Teufelskreis 141, 319
Theaterspiel 263
Therapeutische Einrichtung 93
Therapie
  -berechtigung 500
  dialektisch-behaviorale 91
  Verhaltens- 81, 84, 85, 90 f.
Tiefenhandeln 470
Tiefenpsychologie 67 ff., 86, 349
Transaktion(s)
  -analyse 48, 49 ff., 88, 467

gekreuzte 51, 52
latente 51, 52
-reaktion 51
-stimulus 51
Trauma 203
Trennung(s)
-erfahrung 228
-protest 238
Triebtheorie 66
Tunnelblick 424, 454, 477

U
Überdruss 372, 458
Übergänge 112, 234, 236, 401
Übergeneralisierung 156, 157
Übertragung 86, 250, 288, 498
Übertreibung 373
Umweltreiz 180, 282, 285 f.

V
Verdrängung 68, 86, 445
Verhalten(s)
-analyse 203, 328 ff.
-änderung 79, 82, 91, 161 ff., 316, 370, 518
-auffälligkeit 75, 317 ff., 452, 515, 525
-beobachtung 80, 169, 296, 297, 303 ff., 518
-biologie 209, 219
-kontrolle 214 f., 216
-muster 106, 143, 221, 239, 263, 327, 357, 426, 461, 497
-signale 163
-störung 82, 225, 227, 247, 248, 318 ff.
-therapie 81, 84, 85, 90 f.
Verlustangst 157, 228, 229, 428
Vermeidungs-Vermeidungs-Konflikt 418
Vernichtung 426
Verstärkung 82, 91, 167, 181
Versteckte Botschaft 371
Verzweiflung 455, 459
Vierohrigkeit 346, 430
Vorgeschichte 314

Vorpubertät 142, 157
Vulnerabilität 227, 234

W
Wahrheit 76 ff.
Wahrnehmung(s) 53, 63, 66, 69, 113, 130, 146, 278 ff.
-fehler 287 ff.
-kompetenz 290 ff.
Körper- 120
optische 283
Selbst- 47, 204, 291, 363
Fremd- 47, 290, 291, 300
-spiel 259
Weiterbildung 34, 45, 239, 495 ff.
Wertebildung 292
Wirksamkeitserleben 456
Work-Life-Balance 470 f.
Wortexplosion 156

Y
Yoga 468

Z
Zeitmanagement 457, 469
Zentraltendenz 288
Zielbestimmung 330 f.
Zielorientierte Gesprächsführung 375, 377, 382
Zone der nächsten Entwicklung 244 f.
Zusatzausbildung 84, 85, 496, 499 f.
Zwei-Faktoren-Modell 212 ff.

Familie willkommen!
Gezielt auf Bedürfnisse von Familien eingehen

Vanessa von Schlevogt, Herbert Vogt (Hrsg.)
Wege zum Kinder- und Familienzentrum
Ein Praxisbuch

Immer mehr Kindertageseinrichtungen berücksichtigen bei ihrer Arbeit die Bedürfnisse von Familien. Entsprechend kommen neue Aufgaben auf die Mitarbeiter/innen, die Teamleitung und den Träger zu. Durch Kooperationen und Vernetzungen im Sozialraum ergeben sich veränderte Rahmenbedingungen für eine erfolgreiche Arbeit.

Dieses Buch wendet sich an alle, die sich auf den Weg zum Kinder- und Familienzentrum machen wollen oder bereits gemacht haben und gibt Informationen und Praxisbeispiele zum Thema.

Wege zum Kinder- und Familienzentrum
208 S., kartoniert
978-**3-589-24864-3**

www.cornelsen.de/fruehe-kindheit

Aktuelle Preise und weitere Informationen finden Sie im aktuellen *Kita-Katalog* sowie im Internet unter *www.cornelsen.de/fruehe-kindheit*

Cornelsen Verlag • 14328 Berl